정상운 교수 정년퇴임 기념

# 한국성결교회와 역사

정상운 교수 정년퇴임 기념
# 한국성결교회와 역사

| | |
|---|---|
| 발행 | 2023년 12월 4일 |
| 지은이 | 정상운 |
| 발행인 | 정상운/ 윤상문 |
| 디자인 | 박진경, 표소영 |
| 발행처 | 성결교회와 역사연구소/ 킹덤북스 |
| 등록 | 제2009-29호(2009년 10월 19일) |
| 주소 | 경기도 용인시 기흥구 동백동 622-2 |
| 문의 | 전화 031-275-0196 팩스 031-275-0296 |

ISBN 979-11-5886-298-5  03230

Copyright ⓒ 2023 정상운
이 책은 저작권법에 따라 보호받는 저작물이므로 무단전재와 복제를 금지하며,
이 책의 내용의 전부 또는 일부를 이용하려면 반드시 저작권자와 킹덤북스의
서면 동의를 받아야 합니다.

이 책은 성결교회와 역사연구소 지정 고병헌연구기금에 의해서 발행되었습니다.

※ 잘못된 책은 구입한 곳에서 교환하여 드립니다.
※ 책 가격은 표지 뒷면에 있습니다.

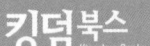
킹덤북스(Kingdom Books)는 문서사역을 통해 하나님의 나라를 확장하고,
한국 교회와 세계 교회를 섬기고자 설립된 출판사입니다.

정상운 교수 정년퇴임 기념

# 한국성결교회와 역사

지은이 **정상운**

**성결교회와 역사연구소** 킹덤북스

# Korea Holiness Church and History

by

Sang-Un Jeong, Ph.D.

2023

Institute of the Sungkyul Church and History

## 서문

한국성결교회는 1907년 5월 30일 외국선교사 주도의 교파형 선교로 세워진 장로교나 감리교와 달리 한국인 전도자 정빈과 김상준의 자생적 개척(自生的 開拓)에 의해 시작되었다.

한말(韓末) 이후 이 민족과 한국교회 역사에서 성결교회 본연의 역할을 힘입게 감당해 온 한국성결교회는 21세기에 들어와 이 시대를 성경적 복음주의로 계도하고 변혁시키는 주체적 동인(動因)의 역할을 요청받고 있다. 한국성결교회에 주어진 천부적 사명은 19세기 성결운동의 영향 가운데 동양선교회(Oriental Missionary Society, OMS)를 통해 전수된 중생, 성결, 신유, 재림의 사중복음(四重福音)의 전파이다.

따라서 한국성결교회는 처음 출발할 때 '복음전도관' 명칭 그대로 복음전도의 선교지향적 교단으로써 어떤 특정한 신학사조나 사변적 교리에 매이지 않고 성경적 복음주의에 견고히 서서 창립 본연의 사명을 감당해야 한다. 식어진 선교 열정을 회복하고, '동아시아를 넘어 세계로(Beyond East Asia to the World)'로 까지 하나님 나라를 확장시키는 일에 더욱 앞장서서 나가야 한다. 또한 성결의 내면적 신앙체험을 사회적으로 외연화시키는 '21세기 성결운동'을 일으켜서 성결교회가 이 시대 희망의 보루(堡壘)가 되어야 할 것이다.

주지하는 바와 같이, 지나간 과거 역사는 기록으로 끝나지 않고 살아 있어서 우리들에게 영향을 미치고, 내일의 방향을 제시해 준다. 따라서 지난 백여년간 성결교회 역사에 대한 연구와 이해는 1907년 초기 성결교회로부터 해방이후 오늘에 이르기까지 성결교회 형성과정과 발전에 대한 역사적 교훈 뿐만 아니라 미래의 방향과 역할까지 제시해주는 혜안(慧眼)을 가져다 준다.

본서의 내용은 그동안 발표한 이전의 글을 묶어 오자와 문맥 등 어색한 부분들을 수정하고, 독자들의 심층적 이해를 돕기 위해 한국성결교회 관련 사료들을 부록으로 실었다. 『성결교회역사총론』(개정판)에 이어 그동안 발표한 글들을 보충하여 새롭게 출판하는 『한국성결교회와 역사』를 통해 한국성결교회를 바르게 이해하는 일에 조금이나마 일조하기를 바라는 마음 간절하다.

이번에 발행되는 본서는 1987년부터 성결대학교 신학과 교수로 37년을 봉직한 교수정년 퇴임 기념으로 '성결교회와 역사연구소'에서 발행하게 되었다. 필자가 1999년에 성결대 인준연구소로 '성결교회와 역사연구소'를 발족하고 줄곧 연구소 소장을 24년간 맡아왔는데, 교수정년 퇴임으로 본서를 출간하도록 협력하고 도와주신 모든 분들께 지면이나마 깊은 감사를 드린다.

그동안 연구소 연구 활동을 위해 지정연구비를 조성해 주신 ㈜금비, 삼화왕관 고병헌 회장님께 깊은 감사를 드린다. 그리고 지금까지 연구소를 후원해주시고 섬겨주신 분들과 연구소 소속 교수님들께 감사드린다. 김상식 총장님의 따뜻한 격려와 킹덤북스(KingdomBooks) 윤상문 대표님과 편집진, 원고 정리를 도운 조교들에게도 감사함과 함께 고마움을 전한다.

모쪼록, 『한국성결교회와 역사』를 통해 성결교회 역사연구가 더욱 활성화 될 뿐만 아니라, 한국성결교회의 역사적 전통이 이 땅에 뿌리를 깊게 내려 성경적인 복음적 전통으로 든든히 세워지고, '그가 오실 때 까지(Till He Comes)' 본연의 사명인 사중복음 전파를 통해 하나님 나라가 확장되는 역사가 왕성히 일어나기를 소망하며, 이 모든 영광을 하나님께 돌린다.

2023년 12월 4일
수리산 기슭에서
정 상 운

# 목차

서문     5

1. 한국성결교회의 역사적 배경     11
2. 동양선교회의 초기 역사(1901-1917년)     47
3. 정빈의 생애와 사상     75
4. 정빈의 사상(2)     125
5. 김상준의 생애     149
6. 김상준의 신학사상     179
7. 한국성결교회의 기원(1907-1910년)     203
8. 경성성서학원의 초기 발전과정(1907-1940년)     229
9. 한국성결교회의 민족운동     259
10. 한국성결교회의 의회 제도     291
11. 1936년 성결교 총회 분립     315
12. 만주에서의 한국성결교회의 선교 활동     345
13. 한국성결교회의 초기 문서운동     395
14. 한국성결교회의 여성운동(1907-1945년)     433
15. 한국성결교회와 부일 행위     465
16. 한국성결교회의 재건(1945-1950년)     493
17. 한국성결교회와 6.25 한국전쟁     523
18. 한국성결교회의 분립     555
19. 성결교회 백주년과 21세기 비전     589

Korea Sungkyul Church & History

# 부록

| | | |
|---|---|---|
| 부록 1 | 성결교회의 주요 인물 스케치 | 598 |
| 부록 2 | 월력(月曆)으로 본 성결교 인물 | 610 |
| 부록 3 | 日本ホーリネス教會 分裂事件의 原因되는 兩方의 書翰 | 673 |
| 부록 4 | 성결교 해산 성명서(1943.12.29) | 675 |
| 부록 5 | 李明稙 先生을 論함 | 677 |
| 부록 6 | 한숭홍 교수의 김응조 목사 신사참배 주장과 그 비판 | 700 |
| 부록 7 | '독립 유공자 김응조 목사 친일 의혹'에 대한 한국기독교역사연구소의 의견 | 736 |
| 부록 8 | 한국성결교회 100주년의 역사적 의의 | 740 |
| 부록 9 | 예수교대한성결교회 100주년 선언문 | 743 |

# 1

## 한국성결교회의 역사적 배경

# 한국성결교회의 역사적 배경

## I. 여는 글

1907년 5월 30일에 출발한 한국성결교회는 칼빈주의와는 대조적으로 18세기 웨슬리 신학적 전통 위에 서 있다. 그러나 감리교회와 달리 19세기 북미 성결 운동과 근대 복음주의 운동의 다양한 영향을 받아 20세기 초 사중복음을 고조하는 일본 동경에서 설립된 동양선교회의 역사적 배경을 공유하고 있다.

## II. 요한 웨슬리(John Wesley)의 부흥운동

한국성결교회의 신학적 정체성은 18세기 웨슬리의 부흥운동으로부터 시작된 웨슬리안 성결운동의 전통에서 시작되었다.[1] 영국에서

---

1) 정상운, 『한국성결교회사(1)』 (서울: 도서출판 은성, 1997), 232.

요한 웨슬리(J. Wesley)를 통해 일어난 부흥 운동은 18세기 영국 국교회에 대한 갱신운동이었다. 18세기 초반의 영국은 산업혁명이 발생하면서 세계를 주도할 경제대국으로 급성장하는 한편, 신대륙에서의 식민지 경쟁에서도 주도권을 차지했다. 그러나 종교적으로는 심각한 영적 침체에 빠졌다. 당시의 영국 국교회는 경건의 실상이 없고 태만하다는 비판에 직면해 있었다. 목사들의 설교는 기독교의 교리 보다는 실천이 없고 공론에 불과한 윤리적 측면에만 치우쳤으며,[2] 이러한 영국국교회의 타락과 부패의 세속화 현상은 사회에도 그대로 반영되었다.

영국의 사회적 상황은 산업혁명의 발흥으로 인해 영적인 가치기준을 중시하던 사회에서 물질만능주의와 실용주의가 우선시되는 사회로 변화하였다. 산업혁명의 변천 시기로 자본 지주가 득세하였고, 빈부의 격차는 극심하였다. 또한 노동자와 농민은 착취당하고 음주, 방탕, 싸움, 강도, 절도, 살상, 매춘 등 사회적 타락상이 극심하던 시기였다. 각 도시들이 성장하고 상업이 발달함에 따라 인구는 증가되었지만, 이에 발맞추어 종교의 진흥과 도덕의 개선이 뒤따라오지 못하였다. 경찰의 통제도 지극히 무력하였기 때문에 런던과 버밍엄에서 폭동이 자주 일어났고 폭도들은 집들을 방화하고 감옥 문을 열며 약탈과 강도짓을 마음대로 자행하였다. 노예매매는 국가의 지도자들에 의해 장려되었다. 그 결과 기독교는 급격히 영향력을 상실하고 도덕적 수준이 저하되었다.[3]

---

2) 李明稙, 『朝鮮 耶蘇教 東洋宣教會 聖潔教會 略史』(京城: 東洋宣教會 聖潔教會 出版部, 1929), 4. 이하 『略史』로 줄임.
3) 기독교교양과목위원회, 『이야기교회사』 (안양: 성결대학교 출판부, 2009), 135-36.

사상적으로는 이신론(理神論)이 1700년을 전후하여 유럽 전역을 휩쓸고 있었다. 자연신론은 일종의 자연종교 체계로서 초월적 신을 상정하되, 그 신은 창조주일 뿐 세상에는 관심을 가지거나 관여하지 않으며, 우주나 세계는 그 자체의 운명에 일임되어 있다고 보았다. 또한 하나님의 계시나 기적 등의 초월적인 능력은 존재할 수 없는 것으로서 부정되었다. 즉 그리스도의 신성과 속죄를 부정하는 합리주의가 정통주의 신학계에 침투하여 기독교를 종교사상 중 하나에 불과한 것처럼 보이게 되었다.[4]

이러한 도덕적 타락을 정화할 능력을 교회마저 상실하면서 종교적·영적으로 침체에 빠져있었던 18세기 영국 사회에 커다란 전환기가 찾아왔다. 신앙의 부흥과 교회의 진흥, 윤리 도덕의 실행과 사회 개량운동 등 놀라운 영적 부흥운동의 중심인물은 바로 웨슬리였다. 그는 영국 링컨션 주 엡워드(Epworth)의 목사관에서 성공회 주교인 아버지 사무엘 웨슬리(Samuel Wesley)와 경건한 어머니 수산나 웨슬리의 19남매 중 열다섯 번째 자녀로 태어났다. 어려서는 아버지로부터 엄격하고 철저한 신앙 훈련을, 어머니로부터는 헬라어, 라틴어, 프랑스어를 배웠다. 그는 옥스퍼드 대학 처치칼리지를 졸업하고 1726년 링컨칼리지 연구원을 지내면서 아버지 교회에서 부제로 일하였다.[5]

1728년 9월 사제 서품을 받은 웨슬리는 1729년 옥스퍼드대학교로 돌아와 동생인 찰스 웨슬리를 비롯한 몇 명의 학우와 신성클럽

---

4) Ibid., 135-36.
5) 이성주, 『웨슬리神學』(서울: 성광문화사, 1988), 100-36.

(Holy Club)을 만들어 당시의 혼탁하고 퇴폐적인 영국사회 속에서 엄격한 규율을 지키며 사회봉사 활동에 힘을 썼다. 그로 인해 웨슬리는 이때부터 '엄격한 규율 준수자들'이란 뜻의 메소디스트(Methodist)라 불리게 되었다. 그는 1735년 찰스 웨슬리와 영국 해외 전도회의 파송을 받아 미국의 조지아 주로 선교를 떠났으나 실패하고 2년 뒤 귀국했다.[6]

그는 조지아 선교 여행 때 경험하게 된 모라비아 교도들의 독특한 신앙관과, 영국 런던에서 만난 피터 뵐러(Peter Boeler)라는 모라비안 목사와의 교제를 통하여 구원에 있어서 성령의 순간적 역사와 구원의 확신, 이신칭의 신앙에 대한 새로운 통찰을 얻게 되었다. 그러던 중, 웨슬리는 1738년 5월 24일 런던 시내 올더스게잇 거리에서 열린 모라비안 집회에 참석하는 도중 '이상하게 마음이 뜨거워지는 체험'을 하게 되었다. 웨슬리는 그 순간 오랜 기간 고민해왔던 회의와 불안이 일시에 사라지고, 죄와 사망의 법으로부터 구원 받았다는 강한 확신을 갖게 되었다.[7]

그러나 올더스게잇의 체험을 통해 구원의 확신을 받고 기쁨과 감격을 맛보긴 하였지만, 그는 여전히 모라비안들이 일반적으로 가지고 있었던 계속적인 기쁨과 평화와 자신감을 가질 수 없었다. 인간의 힘으로는 끌어낼 수 없는 놀라운 사랑의 감정이 자신의 내부로부터 분출되어 나오는 체험을 하였음에도, 모라비안들이 가르치는 '모든 불안과 의심으로부터 완전히 해방 받는 상태'를 맛볼 수는 없

---

6) Ibid.
7) 기독교대한성결교회 역사편찬위원회, 『한국성결교회사』(서울: 기독교대한성결교회 출판부, 1992), 10.

었던 것이다.

　이러한 혼란을 종식하기 위해, 웨슬리는 올더스게잇 체험이 있은 지 20여일 후 모라비안 교도들을 만나러 독일로 향했다.[8] 그는 독일에서 마리앤본(Marienbon), 헤른후트(Herrnhut) 등 모라비안 교도들이 집단으로 모여 사는 마을을 방문하여 그들과의 교류를 통해 마음속에 남아있던 불안과 의심을 정복하고, 앞으로의 독자적인 신앙 노선과 선교 방향을 분명히 설정하며 복음전파의 선두에 설 수 있게 되었다.

　영국으로 돌아온 웨슬리는 자신이 확립하게 된 '믿음으로 의롭다 함을 받는' 신앙을 더욱 공고히 하고 전파하기 위하여 그가 묵고 있던 후튼(James Hutton)의 가정에서 기도와 성경공부, 회원들 간의 신앙적 교제를 위한 작은 모임을 시작하였다. 후에 패터래인(Fetter Lane) 신도회로 불리워지게 되는 이 모임에서, 오순절 마가의 다락방에서와 같은 성령의 역사가 나타나기 시작하였다. 1739년 1월 1일 철야예배에서 웨슬리와 찰스(Charles), 휫필드(George Whitefield, 1714-1770)를 포함한 70여 명의 형제들이 모인 가운데 성령의 강력한 임재가 나타났다.[9] 이후 웨슬리의 설교에는 능력이 나타나서 그가 설교할 때에 사람들이 회개하며 성령 받는 역사가 나타나기 시작하였다.

　웨슬리의 사역은 브리스톨(Bristol)로 확장되었다. 웨슬리보다 먼저 성령의 충만함을 받고 부흥사역을 하던 휫필드는, 부흥운동을 통

---

8) Wesley, John, *The Journals of Rev. John Wesley*, A.M. edited by Nehemiah Curnock. 8 vols. (London: The Epworth Press, 1738). May 26; May 27; June 7. 이하 *Journals* 로 줄임.

9) *Journals*, January 1, 1739.

하여 얻게 된 새신자들을 조직하고 육성하는 일을 위해 신성클럽의 회원으로서 각별히 친한 사이였던 웨슬리에게 브리스톨로 와서 신도회를 인도해 주기를 요청하게 되었다. 처음에 웨슬리는 휫필드가 교회 밖에서 전도활동을 한다는 점을 탐탁지 않게 여겼으나, 야외집회에 실제로 참여하면서 예수님의 산상설교와 같이 수많은 군중에게 설교하기 위해서는 야외집회가 필요하다는 점을 인정하게 되었다.[10] 그는 1739년 브리스톨에 도착하여 신자들을 조직하고 지도하는 한편, 영국 국교회의 압력과 배척에 맞서 야외집회를 더욱 힘차게 추진하며 본격적인 노방 설교를 시작하게 되었다. 웨슬리의 능력있는 사역에 힘입어 브리스톨에서 짧은 기간 동안 거대한 부흥의 역사가 일어났다. 웨슬리의 부흥운동은 점차 확대되어 새로운 신도회를 조직하는 결과를 낳았고, 이러한 신도회는 1739년 5월에 그들 자신의 집회 장소를 위해 땅을 매입하고 건물을 지음으로서 최초의 신도회 회관이 브리스톨에 서게 되었다. 그리고 1744년 6월 25일부터 5일 동안 최초의 신도회 대회를 개최함으로서 조직적으로 발전해 나갔다.[11] 웨슬리가 '전세계는 나의 교구'를 외치며 거리로 나가 대중에게 설교하기 시작한 이래 그는 이러한 거리설교를 하루에 4-5차례씩, 평생 4만 2천 회나 하였다. 또한 1747년에는 아일랜드, 1751년에는 스코틀랜드를 각각 방문하여 설교하였고, 1760년에는 북미에 선교사를 파송하기도 하였다. 웨슬리는 이러한 선교의 과업을 달성하기 위해 매년 약 12,800km, 평생 약 40만km의 거리를 여행

---

10) Robert G. Tuttle, Jr., *John Wesley, His Life and Theology* (Michigan: Zondervan Pulishing House, 1978), 256.
11) 이성주, 『웨슬리神學』, 100-36 참조.

하였다. 이러한 웨슬리의 부흥운동은 당시 수많은 사람들에게 과거의 죄악된 생활에서 탈출하여 커다란 회심을 일으키는 영적인 변화의 계기를 마련해주었다.

이처럼 놀라운 부흥사역을 가능케 하였던 웨슬리 신학의 중심은 온전한 '성화'와 그리스도인의 '완전'에 대한 교리를 강조하는 성결운동에 있었다.[12] 그는 종교개혁자들의 사상을 견지하면서 어느 한 쪽의 극단에 치우치지 않으려 하여, '성화'라는 중세의 전통과 '신앙'이라는 종교개혁의 전통으로 균형을 이룬 종합적인 신학적 토대 위에 서 있기를 원했다. 웨슬리는 초대 교회 교부들 중에 이그나티우스(Ignatius)와 사이루스(Ephraem Syrus), 클레멘트(Clement), 마카리우스(Macarius) 등의 문헌연구와 그 밖의 프란시스(Francis), 토마스 아켐피스(Thomas A Kempis) 같은 카톨릭 신비주의 전통들을 통하여 성서의 중요한 주제가 성화에 있다는 것을 인식하였다.[13] 그동안 성화의 교리는 종교개혁자들이 충분히 취급하지도 못하고, 또한 강조하지도 못하여 간과된 교리였는데, 이를 웨슬리가 재발견하여 강조한 것이다.

웨슬리는 중생을 성화의 첫 단계로 보았다. 이것을 그는 초기성화로 보았는데, 중생 때로부터 점진적인 성화가 시작된다는 것이다. 성화를 타락한 하나님의 형상의 회복으로 보는 점에 있어서 웨슬리는 칼빈(Calvin)과 동일한 견해를 가지고 있었다. 그러나 칼빈과 더불어 루터(Luther)나 쯔빙글리(Zwingli)와 같은 종교개혁자들이 현세에서의 온전한 성화를 인정하지 않았던 것에 반해 웨슬리는 온전한 성

---

12) 기독교대한성결교회 역사편찬위원회, 『한국성결교회사』, 10.
13) Albert C. Outler, ed., *John Wesley* (New York: Oxford University Press, 1964), ix.

화가 가능하다고 주장하였다. 즉 구원이 하나님의 은총으로만 가능하고, 또한 완성된다는 점에서 웨슬리는 종교개혁자들과 전적으로 그 의견을 같이 하였지만, 성화 과정의 성격에 있어서는 서로 이해를 달리하고 있었던 것이다. 웨슬리는 구원을 중생이라는 일회적 사건으로만 보지 않았으며 하나님의 은총의 역사로 인해 중생 체험 이후 자신의 무능과 자기 안에 아직도 남아있는 죄를 깨닫고 믿음으로 받는 "제2의 축복(Second Blessing)", "제2의 은총(Second Blessing)", 또는 "온전한 구원(Full Salvation)", "그리스도인의 완전(Christian Perfection)"이라 불리는 두 번째 은총의 경험이 가능함을 주장했다.[14]

웨슬리의 성결론에 따르면 신자가 경험하는 구원의 과정은 첫째, 회심 또는 중생이고 둘째는 그리스도인의 완전 또는 성결이다. 첫째 체험에서 신자는 그의 자범죄를 사함 받는다. 그러나 아담의 타락 이후 유전된 죄성(罪性)은 남아있는데, 이는 제 이차적 축복인 성결의 은혜에 의해 제거 받는다는 것이다.[15] 그는 중생 이후에 오는 또 하나의 순간적인 체험인 "온전한 성화(Entire Sanctification)"[16]를 주장함에 있어 "완전한 사랑(Percect love)", "그리스도인의 완전(Christian Perfection)"이라는 용어를 자주 사용하였는데, 이 완전이라는 용어로 인해 그의 사상에 동조하지 않는 많은 이들로부터 비난과 질책이 담긴 비평을 받게 되었다.[17]

---

14) 정상운, "세속화시대의 성결신학", 『한국기독교와 역사』 16집(한국기독교역사학회, 2002), 13.
15) 배본철, 『세계교회사』(서울: 도서출판영성네트워크, 2009), 433.
16) 정상운, 『한국성결교회사(1)』, 19.
17) Ibid., 19.

그러나 웨슬리에게 있어서 그리스도인의 완전은 절대적 의미의 완전, 즉 다시 타락하여 죄를 지을 가능성이 전혀 없는 '죄 없는 완전(sinless perfection)'[18]은 아니었다. 웨슬리는 완전의 교리에 대해서 자신이 저술한 『그리스도인의 완전에 관한 평이한 해설(A Plain Account of Christian Perfection)』을 통해 이를 분명하게 설명하였다.

모든 거룩한 사람은 성서적 의미에서 완전한 사람이다. 그렇지만 우리는 절대적 의미의 완전은 이 지상에는 없다는 것을 알고 있다. 더 이상 계속적으로 발전할 여지가 없는 최고 등급으로서의 완전은 없는 것이다. 어떤 사람이 아무리 높은 수준에 도달했더라도 아무리 훌륭하게 완전해졌더라도 그는 계속해서 은혜 안에서 성장해나가야 한다. 다시 말해서 그의 구원자 되시는 하나님의 사랑과 그를 아는 지식에서 매일 전진해야 되는 것이다.[19]

이처럼 웨슬리의 완전은 상대적인 개념으로 하나님 사랑과 이웃 사랑의 완전한 사랑이며, 최고 수준의 성숙한 신앙의 단계를 의미하는 것이다. 웨슬리는 현세에서 온전한 성화를 체득한 자도 무지나 실수로부터 오는 잘못에서 벗어날 수 없으며 죄의 가능성 가운데 언제나 놓여 있다는 사실을 인식하며, 실수와 죄를 구별하여 비자발적 실수는 죄에 포함시키지 않음으로써 완전 개념을 확립하였다. 결국 웨슬리가 말하고자 한 온전한 성화, 또는 완전은 독립적이거나

---

18) 배본철, 『세계교회사』, 433.
19) *Sermons II*, 151(Christian Perfection).

자력적인 완전이 아닌 신 의존적인 발전 지향의 완전이었던 것이다.

주지하듯이 웨슬리의 부흥운동에 있어서 핵심적인 원동력이 되었던 것은 바로 이러한 성화의 교리에서 비롯된 성결운동이었다고 볼 수 있다. 웨슬리는 올더스게잇의 체험 이후 죄인은 죄에 대한 죄책에서 용서받을 뿐 아니라, 죄의 부재성에서 온전히 씻음을 받아야 한다는 성화의 교리를 신학적으로 정립하고, 이를 강조하고 전파하는 것을 자신의 특별한 시대적 사명으로 여겼다.[20] 이처럼 그의 성결운동은 올더스게잇의 체험을 기점으로 하여 불붙기 시작했으며, 이후로 지속적으로 부흥 확대되기에 이르렀다. 따라서 웨슬리 신학의 영향을 받은 감리교, 구세군, 나사렛 등의 교단들은 일반적으로 성결의 교리를 강조하는 경향이 두드러지게 되었다. 이처럼 웨슬리의 성결운동의 영향을 받은 현대 기독교 내의 많은 교단들은 이러한 신학적 유산을 토대로 웨슬리적인 성결과 그리스도인의 완전의 교리를 주장하고 있으며, 한국성결교회 또한 바로 이러한 웨슬리의 성화 교리에 근거를 둔 성결운동에 그 신학적 기원을 두고 있는 것이다.

## Ⅲ. 19세기 북미성결운동

### 1. 19세기 성결부흥운동

한국의 성결교회는 그 신학적 기원을 감리교회와 마찬가지로 웨

---

20) Robert Z. Chiles, *Theological Transition in American Methodism: 1790-1935* (Nashville: Abingdon Press, 1965), 38.

슬리 신학에 두고 있다. 따라서 웨슬리 부흥운동과 한국성결교회는 신학적 맥락에서 보면 동일선상에 서 있다고도 볼 수 있으나, 성결교회는 웨슬리 계통의 감리교회와는 또 다른 사명을 띠고 새롭게 설립되었다는 사실에 주목할 필요가 있다. 그것은 한국성결교회는 18세기 웨슬리의 신학적 유산을 그대로 전승하지 않고, 웨슬리 부흥운동의 영향 아래 19세기의 미국교회의 특수 상황 가운데 일어난 성결운동의 다양한 내용들로 형성된 신학적 배경과 강조점들을 가지고 있다.[21]

19세기의 미국의 성결 부흥운동은 미국 감리교 내부에서 전개되었다. 19세기 초 미국에서는 새로운 신앙이 잉태되고 배양되는 분위기가 여러 요소들로 결합되어 미국의 토착화 운동으로 나타났지만, 그 중에서도 특히 주목할 만 한 점은 자유교회(Free Church) 및 종교다원주의(Religious Pluralism)의 발전과 1800년대 이후 미국을 휩쓸었던 제2차 대각성이라는 부흥운동(The Second Great Awakening: 1790-1840년)의 영합이었다. 특별히 개척지에서 다양한 종류의 종교적 혁신을 위한 통로였던 신앙 부흥운동은 인격적이고 개인적인 종교경험을 강조했으며 그것은 전통적 교리의 정박지(碇泊地)를 파고 들어갔다.[22]

미국의 감리교는 이미 1738년 이후부터 뉴욕(New york)과 볼티모어(Baltimore) 등지에서 세워지고 있었으며, 웨슬리의 아일랜드(Ireland) 선교 당시 그의 설교를 통해 회심을 경험한 뒤 미국 뉴욕에 정착하여 살고 있던 필립 엠베리(Philip Embury), 바바라 뤼클(Barbara Ruyckle)

---

21) 정상운, 『한국성결교회사(Ⅰ)』, 12.
22) George C. Bedell, Leo Sandon, Jr. and Charles T. Wellborn, *Religion in America* (New york: Macmillan Publishing Co., 1982), 188.

등 몇몇 이민자들에 의해 1768년에는 존 스트리트(John Steet)에 미국 최초의 감리교회가 건설되었다.[23] 1784년, 웨슬리는 미국에 거주하는 감리교도들을 위해 영국 국교회 사제인 토마스 콕(Thomas Coke)을 '감리사(Superintendent)'로 안수하였으며, 평신도 설교자였던 프랜시스 애즈베리(Francis Asbury)도 감리사로 세울 것을 명령하였다.[24]

이처럼 18세기 영국에서 시작된 웨슬리의 성결부흥운동이 미국으로 전파되면서, 웨슬리의 성화의 교리는 웨슬리에 의해 미국으로 파송된 설교자들에 의해서 끊임없이 강조되어왔다. 초기 지도자들은 웨슬리가 강조한 그리스도인의 완전에 역점을 두었다. 영국령 북미주의 최초의 감리교 설교자인 웹(Thomas Webb)은 성화의 필요성을 말하였으며, 애즈베리(Francis Asbury) 또한 웨슬리의 성결론을 완벽하게 따르고 있었다.[25] 그러나 19세기에 들어오면서부터 감리교에서는 점차적으로 성화에 대한 관심과 열정이 퇴조되기 시작했다. 전통적인 감리교 부흥운동과 성화된 기독교인의 경험은 그 당시 교회 내에서 거의 용납되지 않았다. 그리스도인의 완전(完全)이 비감리교 부흥사들에 의해 선포되고 있음에도, 그 본거지에 해당하는 감리교 내부에서는 오히려 냉대를 받는 아이러니한 현상이 발생하였던 것이다.

감리교 내부에서 성화 교리에 대한 관심의 퇴조를 보여주는 또 하나의 예는 감리교 『교리 장정』(Discipline)에서 웨슬리의 '기독교인

---

23) 기독교대한성결교회 역사편찬위원회, 『한국성결교회사』, 11.
24) Ibid., 11.
25) Vinson Synan, *The Holiness-Pentecostal Movement in the United States*(Grand Rapids: William B. Eerdmans Publishing Company, 1971), 20.

의 완전'의 문구 삭제였다. 본래 감리교의 교리장정에는 이 문구가 포함되어 있어 설교자들이 이것을 반드시 설교해야 하였으나, 1812년부터 별책으로 출판한다는 이유로 이 문구를 교리장정에서 삭제하였다. 교리장정에서 '기독교인의 완전'이 빠지고 별책으로도 출판되지 않은 것은 이 교리가 감리교 내에서 강조되지 못하고 있었다는 사실을 방증하는 것이었다.[26] 당시 감리교는 개척지에서 회심을 이루기 위한 복음의 일차적 요구에 적극적으로 대응하였고, 이차적 양육의 측면을 무시하였다. 개종을 성취하기 위한 복음의 설교에 모든 전력을 쏟음으로써 기독 신자의 계속적인 양육이라는 측면에는 관심을 기울이지 못하였던 것이다.[27]

이러한 상황 속에서 미국 감리교회에 재차 성결운동을 강조하는 조류가 형성되었다. 19세기 초에 일어난 성결운동의 시작을 명확하게 어느 해, 어느 사건으로 결론 내릴 수가 없으나, 1819년 메사추세츠(Massachusetts)에 있는 웰프리트(Welfleet)의 한 천막집회에서 놀라운 성결의 역사가 일어났다. 뉴 잉글랜드(New England)의 뛰어난 설교자로 알려진 메리트(Timothy Merritt)는 집회에 참석한 이들에게 성결의 은혜를 체험케 하였다. 그는 성도들에게 성결의 은혜를 받게 하고, 그 은혜 중에 성장할 수 있도록 많은 노력을 다하였다.

이러한 목적으로 그가 1825년에 저술한 『기독교인 입문서』(The Christian's Manual: a Treatise on Christian Perfection with Directions for Obtaining That State)와 감리교 내 성결의 부흥운동을 위해 1839년 출간한 『기

---

26) 정상운, 『한국성결교회사(1)』, 30.
27) Ibid., 30.

독교인 완전에 대한 안내서』(The Guide to Christian Perfection)는 이후에 발생할 성결운동에 대한 선구자적 역할을 하였다.[28] 이 책은 첫 번째 이슈로서 미국 부흥운동의 전통 내에 고군분투한 새로운 세력의 현존을 알렸으며, 이후의 편집자들에 의해 감리교 울타리 안에서 일어난 성결부흥운동의 유력한 기관지가 되었다.

이후의 성결운동은 뉴욕시의 한 감리교 평신도들의 모임에서 점화되었다. 사라 랭크포드(Sarah Warrall Lankford)가 1835년 성결의 경험을 한 이후 자신의 집 응접실을 제공하여 시작한 '여성들을 위한 감리교 기도모임(Methodist prayer meetings for women)'은 훗날 '성결의 촉진을 위한 화요모임'이라는 연합집회로 발전하여 온전한 성화의 교리와 체험을 전파하는 성결운동의 본산지가 되었다.

이 모임을 대중적으로 발전시킨 것은 사라 랭크포드의 자매인 푀베 파머(Phoebe Palmer)였다. 랭크포드는 파머에게 자신이 시작한 기도 모임의 지도자를 제안하였고, 파머는 자신의 성화에 대한 경험과 가르침을 토대로 이 모임을 주도적으로 이끌어 나갔다. 그녀가 가진 성화의 체험은 다른 사람들에게 회심의 확신을 가져다주었고, 화요모임이 성장됨에 따라 초기 기독교 성자들에게 나타난 완전을 성취하는 방법을 듣기 위해 점점 더 많은 사람들이 그녀의 집으로 모여들었다. 1839년에 이르러 이 모임은 남성과 여성, 다른 교단의 신자들에게까지 개방되었으며 모임의 참석자 중에는 교수, 평신도, 설교자 및 여러 교파의 주교와 목사 등이 포함되어 있었다. 파머는 이 모

---

28) Abel Stevens, *A Compendious History of American Methodism* (New York: Calton and Porter, 1863), 371.

임을 통해 미국 성결부흥운동의 주요 인물이 되었다.[29] 그녀가 발행한 『성결의 안내』(Guide to Holiness) 잡지의 정기 독자가 1873년 4만 명을 육박할 정도였다.[30]

파머는 어린 시절 자매인 랭크포드 부인과 함께 감리교에서 자라났다. 이러한 성장 배경은 그녀가 웨슬리의 신학적 영향을 받았으며, 웨슬리안의 전통과 신앙적 영향권 아래 있음을 보여준다. 그러나 그녀는 웨슬리의 성결론을 그대로 답습하지 않고 그것을 자신만의 신학으로 발전시켜나갔다. 일반적으로 제단신학(Altar Theology)이라 불리는 파머의 성결론은 그녀가인의 성화의 경험과 성서적 이해를 바탕으로 성결을 '제단 앞에 자신을 드리는 것'이라는 성경적 은유로 해석함으로서 "제단(Altar)" 혹은 "제단신학"이라는 용어를 발전시킨 것에서 비롯되었다.

파머는 십자가에 달리신 그리스도가 제단이며, 성전의 제단은 대제단(great Alter)이신 그리스도를 대표하는 것이라고 보았다. 성경에서는 제단이 제물을 거룩하게 하며(마 23:19), 제단에 닿는 것을 무엇이든 거룩하다고 기록(히 13:10)되어 있는데, 그녀에 따르면 이것이 바로 새 계약의 핵심이며 아버지의 약속이었다. 따라서 성화는 오랜 과정을 거쳐야만 이루어지는 것이 아니라, 바로 우리 자신을 제단에 바치는 그 순간의 결단에 의해 이루어진다는 것이었다.[31] 다시 말해 우리가 우리 자신을 제단의 제물로 바치면 그리스도께서 그 제물을

---

29) Donald W. Dayton, *Theological Roots of Pentecostalism*(Peabody: Hendrickson Publishers, 1994), 65.
30) 서울신학대학교 성결교회역사연구소, 『한국성결교회100년사』(서울: 기독교대한성결교회 출판부, 2007), 8.
31) Ibid.

거룩하게 하심으로서 성결을 체험할 수 있다는 것이다.

> 하나님을 위한 희생적인 섬김을 위하여 끊임없이 헌신하려는 단 하나의 목적으로 자신을 제단위에 놓은 모든 사람에게 … 그는 불이 내려오도록 하실 것이다. … 기다리는 모든 영혼을 위해 그는 이것을 행하시는 데에 지체하지 않으실 것이다. 왜냐하면 그는 우리를 기다리고 계시기 때문이다. 그리고 제단 위에 희생제물을 올려놓는 순간에 거룩하게 하고 태워버리는 불을 주실 것이다.[32]

또한 파머는 "성령세례"를 온전한 성화, 기독교인의 완전과 동일시하였다. 웨슬리의 온전한 성화, 기독교인의 완전, 성결 등이 오순절적 용어인 성령세례로 발전하여 이해되는 이러한 변화는, 웨슬리의 성화 교리가 미국적인 상황에서 오순절적인 헌신과 능력으로 전환되는 과정을 보여주는 것이었다.[33] 파머가 그녀의 설교와 저술을 통하여 이해하고 정립해나갔던 "성결-오순절 운동(Holiness-Pentecostal Movement)"의 시작과 관련되는 개념들은 이후 19세기 미국 성결운동가들에게 큰 신앙적 영향을 주었다.

파머의 성결론이 19세기 웨슬리안의 성결론을 대표할 수 있는가 하는 것에는 다소 논란의 여지가 있다.[34] 하지만 그녀가 19세기 미국교회 내의 성결부흥운동을 일으킨 주요한 인물 중에 하나인 것은

---

32) Richard Wheatly, *The Life and Letters of Mrs, Phoebe Palmer* (New York: W. C. Palmer, Jr., 1876), 176.
33) 정상운, 『한국성결교회사(1)』, 34.
34) Ibid., 35.

틀림없는 사실이다. 이처럼 파머의 신학은 미국 19세기 초반 성결운동의 기원으로서 중요한 전기와 토대를 마련해주었으며, 그녀가 주도한 화요성결집회는 교회 안팎에서 성결 모임의 전형이 되어 19세기 미국 성결운동의 '캠프집회' 전통에도 직접적인 영향을 주었다. 제인스(Edmund S. Janes), 햄라인(Leonidas L. Hamline), 페크(Jesse T. Peck), 심프슨(Matthew Simpson)과 같은 감리교의 지도자급 목사와 감독 등 수많은 성결 지도자들이 이 집회를 통해 배출되었다.

파머의 성결운동은 이후 19세기 후반 웨슬리안 성결운동의 중심이 된 '기독교인의 성결촉진 고양을 위한 전국 천막집회 연합회(The National Camp Meeting Association for the Promotion of Holiness)'로 계승되었다. 한국성결교회의 직접적인 배경이 된 이 단체는 남북전쟁 이후 미국의 감리교 목사 우드에 의해 시작되었다. 1860년에 베스트셀러 『완전한 사랑』(Perfection Love)을 쓴 우드(J. A. Wood)는 장로교 신자로서 웨슬리의 성결론에 매력을 느껴 감리교 목사가 된 인물이었다.[35] 그는 감리교에서 성결의 복음이 점차 약화 되어가고 있는 것에 안타까움을 느끼고, 감리교의 부흥에 큰 영향을 주었던 '천막집회'를 재개하여 쇠퇴해가는 성결의 메시지를 회복시켜야 한다고 생각하였다.

천막집회는 19세기 초 제임스 맥그리디(James McGready)로부터 시작되어 침례교와 감리교에 의해 약 1840년대까지 지속되고 있었다.[36] 당시 천막집회는 수천 명의 사람들을 회개시키며 침례교와 감리교가 서부 변경지역과 남부에서 지배적인 교단으로 성장하는데

---

35) 박명수, 『초기 한국성결교회사』 (서울: 대한기독교서회, 2001), 19.
36) 정상운, 『한국성결교회사(1)』, 38.

크게 기여하였다. 남북전쟁에서 패배한 남부 측 교회의 감독들은 감리교의 여러 신앙적 전통 중 천막집회의 상실에 대하여 깊이 통탄하며 성화에 대한 재강조를 요청하기 시작하였다.

천막집회로 상징되는 부흥운동의 회복만이 시대를 치유할 수 있을 것으로 믿고 있었던 대다수의 보수적인 감리교인들과 마찬가지로, 우드 또한 성결운동의 회복을 위해 다시금 천막집회를 개최해야 할 것을 확신하였다.[37] 그를 통해 성결을 체험했던 드레이크 부인은 그의 생각에 동의하여 자신의 집을 개방하는 한편 성결운동이 시작된다면 천막집회를 위한 비용의 절반을 부담할 것을 자진해서 약속하였다.

우드(J. A. Wood)는 이 아이디어를 뉴져지 감리교 위원회의 오스본(William B. Osborn) 목사와 나누었다. 그리고 오스본 목사는 이에 열성적으로 동참하여 1867년 이 문제를 인스킵(John Inskip) 목사에게 제기하기 위해 뉴욕으로 출발하였다. 인스킵을 만난 오스본 목사는 "나는 하나님께서 우리에게 성결천막집회를 개최하라고 말씀하시는 것을 느낄 수 있습니다"라고 말했다. 오스본의 제안은 인스킵의 동의를 얻어냈고, 그들은 이 문제를 토의하기 위해 성결운동의 제안자들을 초대했다. 그들은 천막집회 장소를 뉴저지의 바인랜드(Vineland)로 결정했고, 일시는 1867년 7월 17일 수요일에서 7월 19일 금요일까지 개최할 것을 결의하였다.[38] 또한 위원회는 그들 스스로 '기독

---

37) George G. Smith, *The History of Georgia Methodism from 1786 to 1866* (Atlanta: n. p., 1913), 396-98.
38) J. A. Wood, *Autography of Rev. J. A. Wood* (Chicago: Christian Witness Co., 1904), 73-74.

교인의 성결촉진 고양을 위한 전국 천막집회 연합회'라 이름하였고 회장으로 인스킵 목사를 선출하였다. 이 연합회는 19세기 후반 웨슬리안 성결운동의 중심이 되었다.[39]

이 운동의 성공을 위해, 연합회의 창시자들은 단 하나의 목적만을 가져야 한다고 생각했다. 따라서 그들은 집회에서 성결 이외에는 어떤 메시지도 제시되지 않도록 하였다. 무디(D. L. Moody)의 부흥운동이 불신자 대중들을 상대로 한 전도운동이라면, 이 집회는 기존 신자들을 상대로 한 은혜운동이었다.[40] 1867년 7월 17일 바인랜드(Vineland) 천막집회를 위해 수천 명의 인파가 남부 뉴저지(New Jersey)의 소나무가 있는 평범한 곳에 놓인 찰스 랜디스(Charles Landies)의 모델마을에 몰려들었고, 10일의 집회기간 동안 그들은 기독교의 성결의 주제에 대한 설교와 권고를 조직위원회의 위원들과 심프슨(Mattew Simpson) 감독에 의해서 듣게 되었다.

이처럼 1867년 바인랜드에서 일어난 연합회의 결성은 19세기 미국 웨슬리안 성결운동의 공식적인 시작으로 간주되었다. 다음해 펜실베니아의 만하임(Manheim)에서 열린 2차 '전국천막집회'는 300명 이상의 교역자와 2만 5천여명 이상의 신자들이 참여하여 대성황을 이루었다. 성결집회가 계속 발전해나가자 회장이었던 인스킵 목사는 개교회의 목회를 포기하고 전적으로 이 일에 뛰어들었다. 그가 성결집회를 이끄는 부흥사로 활동하기 시작한 1871년 한해에만 600여회의 집회가 열렸고 약 1,200명의 회심자와 3,700명의 성결

---

39) Synan, *The Holiness-Pentecostal Movement in the United States*, 36.
40) 박명수, 『초기 한국성결교회사』, 20.

체험자를 얻을 수 있었다. 이후 집회는 라운드 레이크(Round Lake)와 뉴욕 및 다른 도시에서도 개최되었고, 1867년부터 1883년까지 총 52번의 집회가 열렸다.

이후에도 성결운동은 확산을 거듭하여 1887년까지 전국적으로 67개의 성결집회를 위한 캠프장소가 마련되었고, 11개의 천막집회 장소가 생겨났다.[41] 1888년에는 전국적 규모의 연합회가 3개, 미국 전역에 걸친 지역 연합회가 26개, 캐나다에 2개가 형성되었다. 1887년에 전국성결연합회에 등록한 206명의 부흥사는 1891년에는 304명으로 증가하였다. 또한 파머 여사의 화요성결집회와 같은 주중집회도 전국적으로 널리 확산되었다. 1891년에는 대부분 가정에서 열리는 354개 이상의 주중집회가 있는 것으로 전국성결연합회에 보고되었다.[42] 이처럼 19세기 후반의 웨슬리안 성결운동은 수많은 새로운 성결 교파들을 형성하였으며, 한국성결교회 또한 19세기 말에 일어난 성결운동의 영향권 아래에서 형성된 교단이라 할 수 있다.

## 2. 19세기 말 새로운 성결교파들의 형성

### 1) 만국성결연맹 및 기도동맹(IHUPL)

19세기 말 성결운동 단체의 대부분 교회들은 역사적인 웨슬리적 신학 전통에 충실하였다. 그들은 신앙과 관습에 있어서 웨슬리적이었고, 교회의 창시자들은 주로 감리교 목사들이었으며, 그들의 원래

---

41) 기독교대한성결교회 역사편찬위원회, 『한국성결교회사』, 15.
42) Peters, *Christian Perfection and American Methodism*, 138.

회원들은 감리교의 성결운동에서 개종한 자들이었다. 따라서 이 교단들의 대다수는 엄격한 칼빈주의 교리들을 거부하고 회개, 신앙, 그리고 성결 및 그리스도인의 완전에 대한 웨슬리의 견해를 절대적으로 지지하였다.[43]

1870년부터 1885년을 거치는 동안 인스킵을 비롯하여 많은 성결파 부흥사들은 미국 전역을 순회하면서 대대적인 성결부흥집회를 인도하였다. 이에 영향을 받은 지방 교역자들은 전국연합회를 본따서 각 지역별로 지역연합회를 구성하였다. 처음에는 동부지역에서 시작된 지역연합회가 1870년대와 80년대를 거치면서 중서부·남부·남서부·서부로 확산되었다. 이처럼 성결운동이 미국 전역에 확산되고 다양한 교파의 사람들이 회원으로 영입되면서, 성결운동의 지도권은 초기 감리교 지도자들의 손에서 각 지역의 지도자들에게로 이양되었다. 1870년대 절정을 이루었던 전국성결연합회의 성결운동도 새로운 국면에 접어들게 되었다.

성결운동이 활기를 더해갈수록 전국성결연합회와 지방성결연합회의 분화도 가속화되었다. 지방성결연합회는 전국성결연합회와는 달리 타교파의 부흥사들 및 제 2의 은혜를 향유하고 있는 사람들과도 친교를 가지며 중생과 성결뿐만 아니라 재림과 신유를 강조하였다. 또한 이 무렵 성결집회를 통해 성결의 은혜를 체험한 사람들이 기존교회와 마찰을 일으키는 일이 점차 잦아지게 되면서 성결운동 지도자들이 이들을 양육하고 성결의 은혜를 지속적으로 유지하게 할 수 있도록 별도의 성결집회를 요구하는 일이 발생하였다. 감리교

---

43) 기독교대한성결교회 역사편찬위원회, 『한국성결교회사』, 17.

도들이 절대적 비중을 차지하고 있었던 전국성결연합회는 이러한 개별적 모임을 자제하였으나, 부흥사의 구성이 감리교인으로 제한되어 있지 않았던 지방성결연합회는 이러한 모임을 계속 발전시켜 나갔다.

와너(D. S. Warner)를 위시한 몇몇 지방성결연합회 지도자들은 기성교회의 반대에 직면하면서, 교파적인 교권제도가 아닌 진실한 '하나님의 교회', 즉 새로운 신약성서의 교회를 만들기를 희망하였다.[44] 성결운동이 전국적으로 확산되면서 점차 초교파적인 모임으로 발전되었고, 상대적으로 성결운동에 대한 감리교 지도자의 규제가 강화되면서 마찰을 빚게 되자, 이들에 의해 새로운 교단을 만들고자 하는 시도가 일어났다. 감리교를 적극적으로 비판하고 성결파 사람들에게 감리교를 떠나 새로운 성결단체를 만들자고 주장했던 이들은 감리교나 기존 교파 속에서는 성결운동을 할 수 없다고 판단하고 탈퇴를 선언한 후 인디애나에 독자적인 '하나님의 교회'를 만들었다.

이러한 문제를 다루기 위해 1885년 시카고에서 개최된 제1차 성결총회(General Holiness Assembly)에서, 지방성결연합회의 교역자들에 의해 제기된 새로운 독립성결교단의 설립 인준에 대한 요청이 전국성결연합회에 의해 반대를 받게 되자 미국 전역에는 수많은 성결단체들이 독자적으로 조직되기 시작하였다. 이에 1893년과 1900년 사이에만 무려 23개의 성결 종파들이 발생되었다.[45] 그러나 1894

---

44) Myung Soo Park, "Concepts of Holiness in American Evangelicalism: 1835-1915" (Ph. D. Dissertation, Boston University, 1992), 123.
45) 박명수, 『초기 한국성결교회사』, 26.

년 감리교 총회의 결의에 의해 성결집회가 불법이 되면서, 감리교회를 떠나지 않고 그 안에서 갱신 운동을 지속하고자 하였던 웨슬리안 성결운동가들은 전통적인 웨슬리안의 가르침을 유지하고자 하는 감리교회의 주류에 의해 결국 추방되었다.

소위 추방파(Put-outline)로 불리는 교단 가운데 가장 대표적인 것이 나사렛교회와 만국성결교회이다. 이 중 한국성결교회와 더욱 밀접한 관계가 있는 웨슬리안 성결단체로는 1897년 9월에 마틴 냅(Martin Wells Knapp, 1853-1910)이 세스 리스(Seth Cook Rees)와 더불어 조직한 '만국성결연맹과 기도동맹(I.H.U.P.L)'[46]을 들 수 있다. 나사렛 교회가 전국성결연합회의 성격을 충실하게 따라가는 단체였다면, 만국성결연맹은 그에 비해 좀 더 급진적인 노선을 갖고 있었다.[47] 이들로 인해 이후에는 기존 감리교회와는 차별성을 가진 새로운 교회 조직과 신학적 배경의 성결운동의 양상이 나타나게 되었다.[48]

만국성결연맹은 웨슬리안 성결운동의 전통에 서 있지만, 19세기 말의 미국복음주의 운동의 전반적인 흐름에 깊은 영향을 받았다.[49] 만국성결연맹과 기도동맹의 조직을 주도한 냅은 감리교 목사로서 활동하던 1882년, 웨슬리안 성결운동의 지도자이며 선교운동에 큰

---

46) 만국성결연맹과 기도동맹(I.H.U.P.L)은 1900년에 와서 만국사도성결연맹(International Apostolic Holiness Union)으로, 1905년에는 만국사도성결(International Apostolic Holiness)로 개명되었다. 1913년에는 만국사도성결교회(International Apostolic Holiness Church)로 불렸고, 1922년에는 세계기독교회, 오순절국제선교회, 순례자교회와 합동하여 만국성결교회(International Holiness Church)로 개칭하였다. 1925년에는 필그림 성결교회(Pilgrim Holiness Church)로 명칭을 변경하였으나, 1968년에는 웨슬리안 감리교회와 병합하여 현재는 웨슬리안 교회(Wesleyan Church)로 부른다(정상운, 『한국성결교회사(1)』, 50).
47) 박명수, 『초기 한국성결교회사』, 83-84.
48) 서울신학대학교 성결교회역사연구소, 『한국성결교회 100년사』, 23.
49) 박명수, 『초기 한국성결교회사』, 84.

영향을 미친 윌리엄 테일러(William Taylor)의 집회를 통하여 은혜를 받고 성결의 체험을 한 후, 1886년부터는 일반목회를 그만두고 전임 부흥사로서 부흥운동에 전념하였다.⁵⁰ 그는 출판사역에도 관심을 기울여 출판사를 만든 후, 자신을 포함한 성결운동가들이 저술한 성결에 관한 책과 잡지를 간행하였다. 냅이 간행한 잡지『부흥사』(The Revivalist)는 성결운동의 중요한 언론매체가 되었으며, 그의 출판소와 성서학교는 웨슬리안 성결운동의 센터가 되었다. 1897년 초에 냅은 오순절성결연맹과 기도동맹(Pentecostal Holiness Union and Prayer League)이라는 단체를 조직하였고, 이는 후에 만국성결연맹의 출범으로 이어졌다.

1897년 만국성결연맹과 기도동맹이 조직되자 리스는 회장이 되었고, 냅은 부회장이 되었다.⁵¹ 퀘이커 출신의 성결부흥사였던 리스는 1888년 미시간의 래이진 밸리(Raisin Valley)에서 목회를 할 동안, 그리스도인과 선교사 동맹(Christian and Missionary Alliance)의 미시건 협조처(Michigan Auxiliary)의 회장으로 봉사하며 설립자인 심프슨(Albert B. Simpson)에게 큰 영향을 받았다. 심프슨과 리스는 세계선교 및 그리스도의 전천년 재림과 신유에 대해 큰 강조점을 두었다는 점에서 서로 유사한 공통점을 갖고 있었다. 리스는 웨슬리안 성결부흥사와의 관계로 인해 1866년 냅의 집회에 초청을 받았으며, 이것이 계기가 되어 1897년에 와 같이 만국성결연맹을 조직하게 되었다.

지금까지 살펴본 바, 만국성결연맹의 특징을 다음과 같이 정리할

---

50) Ibid., 87.
51) Thomas, Paul Westphal and Paul William, *The Days of Our Pilgrimage: The History of the Pilgrim Holiness Church* (Marion: The Wesley Press, 1976), 12-14.

수 있다.[52]

첫째, 만국성결연맹은 웨슬리안 성결운동이었다.

만국성결연맹이 주장한 성결론은 냅의 베스트셀러인 『내주하시는 그리스도』, 『애굽에서 가나안으로』, 『이중적 치유』 등에 잘 묘사되어 있다. 이 책들을 통해 냅은 성결이란 그리스도께서 왕으로 내주하시는 것이라고 설명하고, 인간 영혼의 치유를 위해서는 칭의와 성화가 필요하다고 주장하며 전형적인 웨슬리안의 성결론을 반복하였다. 또한 웨슬리안 성결론을 이스라엘 백성이 애굽에서 가나안으로 들어가는 것에 비유하여 홍해 바다를 건너는 것은 중생으로, 광야는 중생 이후의 상태로, 요단강을 건너는 것은 온전한 성결로 각각 설명하였다.

둘째, 만국성결연맹은 중생, 성결, 신유 재림을 순복음(Full Gospel)[53]으로 여기고 이를 강조하였다.

이들은 웨슬리가 가르친 중생과 성결의 도리를 강조하면서도, 동시에 당시에 고조하고 있는 순복음도 보존하기를 원했다. 신유의 체험은 19세기 성결운동에서 많이 발생하던 현상으로, 특히 죄의 회개를 강조하는 성결부흥집회에서 나타나는 경우가 많았다. 또한

---

52) 박명수, 『초기 한국성결교회사』, 104-14.

53) 북미 오순절 협회(Pentaecostal Fellowship of North America)의 교리선언 속에서 '구원, 성화(성령세례), 신유, 재림'이라는 사중 유형의 네가지 테마는 19세기 말 성결-오순절운동에서의 교단별 신학적 차이에도 불구하고 '온전한 복음(Full Gospel or Whole Gospel)'이라는 용어로 강조되었다. '사중복음'이라는 용어를 최초로 사용한 이는 심프슨으로, 그는 1887년 올드 오챠드(Old Orchard) 총회의 첫 번째 설교에서 '사중복음(The Fourth Gospel)'이라는 제목으로 설교하며 이 용어를 처음 언급하였다. 후에 동양선교회 초대 총재 나카다 쥬지(中田重治)는 타교회 신자들이 '온전한 복음'에 대한 용어사용을 오해하자 심프슨의 사중복음을 차용하여 명칭을 변경하였다(정상운, 『사중복음』 (안양: 성결교회와 역사연구소, 2010), 21.

은 피켓(Pickett)과 가드비(W. Godbey) 등의 영향으로 전천년설을 받아들여 그리스도의 육체적 재림은 성서의 중요한 가르침들 중의 하나이며, 순복음을 전하기 위해서는 재림의 복음을 무시하지 말아야 한다고 주장하였다. 또한 만국성결연맹과 기도동맹의 초기 역사에서 리스가 끼친 영향은 전천년설과 신유사상이 만국 성결연맹과 기도동맹에 자연스럽게 수용되는 결과를 낳았다.[54] 따라서 이들은 웨슬리안 성결운동으로부터 오순절 운동까지의 다리 역할을 담당하며 중생과 성결이라는 웨슬리안 이중 구원에 더하여 신유와 전천년적 재림을 가르쳤으며, 이러한 내용으로 인해 급진적인 웨슬리안 성결운동으로 간주되었다.[55]

셋째, 만국성결연맹은 소외된 사람들을 위한 선교를 강조하였다.

19세기 당시에는 많은 미국의 도시들이 산업화되면서 일자리를 구하기 위해 밀려든 가난한 사람들이 술, 마약, 환락 등에 빠져들고 있었고, 도시는 범죄의 온상이 되고 말았다. 19세기 말과 20세기 초의 성결운동은 바로 이들을 주요 선교대상으로 삼았다. 특히 리스는 슬럼(도시빈민 거주지)·선원·감옥·도심지역·병원·노방의 6개 전도대를 구성하고, 기존 교회가 관심을 갖지 않는 지역을 찾아다니며 복음을 전하여 천 명 이상의 불신자를 그리스도에게로 인도했다.

넷째, 만국성결연맹은 교권주의를 거부하고 성도들의 순수한 공동체를 지향하였다.

---

54) 정상운, "사중복음과 한국성결교회의 신학적 배경", 『한국기독교와 역사』 제8호, 1998, 247.
55) A. M. Hills, *A Hero of Faith and Prayer: Life of Rev. Martin Wells Knapp* (Cincinnati: Mrs. M. W. Knapp, 1902), 130-57.

이들은 교회가 근본적으로 인간의 제도에 영향을 받는 것이 아니라 성령의 인도하심과 말씀에 의해 움직인다는 믿음에 따라, 기존 감리교회가 교역자들의 행동을 규제한 것과는 달리 멤버들의 행동을 그들의 양심에 맡기고 자유롭게 보장하였다. 만국성결연맹과 기도동맹의 초기 헌법을 고찰해보면 이 연맹이 신자들의 형제애적 연합으로서 기성교회 조직 자체를 반대하는 것이 아니라, 신자들의 영적 생활의 증진 즉 성결을 위한 단체임을 말하고 있음을 알 수 있다.[56]

다섯째, 만국성결연맹은 선교지향적인 단체였다.

세계복음화(World Evangelization)는 만국성결연맹이 만들어진 중요한 목적 가운데 하나였다. 이들은 특히 복음이 미치지 못한 미지의 오지 선교에 깊은 관심을 가지고 있었다. 내프는 1900년에 '하나님의 성서학교와 선교사 훈련원'(God's Bible School and Missionary Traning Home)을 설립하여 선교사 양성에 힘을 기울였다.

만국성결연맹은 카우만(Charles E. Cowman)의 동양선교회(Oriental Missionary Society) 설립에도 깊은 영향을 주었다. 평소 신앙잡지 『부흥사』(The Revivalist)를 구독하였던 카우만은 냅을 찾아가서 일본 선교에 대한 자신의 소명에 대해 상담을 받기도 하였다. 이후 만국성결연맹은 동양선교회 초기 설립과정에서 신앙잡지 『부흥사』(The Revivalist)를 통해 세계 전역에서 선교기금을 모금하여 동양선교회를 재정적으로 후원하는 공헌을 남기기도 하였다.

---

56) 정상운, "사중복음과 한국성결교회의 신학적 배경", 248.

## 2) 기독교연합선교회(C&MA)

한국성결교회의 태동에 있어서 모체 역할을 하였던 동양선교회는 만국성결교회뿐만 아니라 기독교연합선교회로부터도 적지 않은 영향을 받았다.

기독교연합선교회(Christian and Missionary Alliance)는 1881년 칼빈주의 목회자였던 알버트 심프슨(Albert B. Simpson)이 조직한 복음성막(Gospel Tabernacle)에 그 기원을 두고 있다. 심프슨은 캐나다 프린스 에드워드(Prince Edward)의 베이뷰(Bayview)에서 1843년 12월 15일 제임스 심프슨(James Simpson)의 넷째 아들로 태어났다. 그는 장로교회의 장로였던 부친의 가르침에 따라 유아 때부터 청교도적인 신앙교육을 받으며 성장하였다.[57]

신학 공부를 위해 낙스(Knox) 대학에 입학한 그는 대학시절에 유아들은 세례를 받아야 한다는 유아세례 옹호와 또한 세례는 침수례가 아닌 관수례의 약례를 받아야 한다는 논문을 썼다. 1866년에 학교를 졸업한 이후 그는 토론토에 거주하는 마가렛 헨리(Margaret L. Henry)와 결혼하였으며, 캐나다 낙스(Knox) 장로교회로 부임하여 8년간의 사역 가운데 교회부흥을 크게 일으켰다.[58]

그러나 캐나다의 추운 날씨로 인하여 그의 건강은 악화되었고, 주변 지인들의 조언에 따라 켄터키(Kentucky)의 루이빌(Louisville)에 세워져 있던 체스트너트(Chestnut)가 교회로 사역지를 옮기게 되었다. 1874년에 시작된 이곳에서의 목회는 약 6년간 계속되었다. 이 시기

---

57) Ibid., 251.
58) Ibid., 252.

의 목회사역 기간 동안 그는 대학교에서 배운 칼빈주의의 엄격하고 폐쇄적인 구조의 가르침에 대하여 재고하게 되었다. 심프슨은 하나님을 갈망하며 기도하고, 성경을 공부하는 중에 캠페인을 위해 전국을 여행하던 복음 전도팀 휘틀(Major Whittle)과 복음송 가수 블리스(R. Bliss)를 만나 교제하게 되었다. 이 만남 이후 그는 처음으로 종교적 각성과 동시에 대중전도를 지향하게 되었다.[59]

또한 심프슨은 루이빌에서 생활하는 동안 그 지역의 소외된 자들의 대중전도의 필요성을 인지할 뿐만 아니라 세계선교에 대한 비전을 갖게 되었다.[60] 그는 이곳에서 성결의 체험을 가졌는데, 그는 죄의 시각에 대한 또 다른 깊은 경험으로부터 예수 그리스도는 성결의 은혜를 베푸시는 주님이심에 대해 분명한 확신을 갖게 되었다. 그 때는 중생을 경험한 지 15년이 되는 해였다.[61] 이후 그는 1880년에 뉴욕으로부터 초청을 받았다. 버쟈드(Burchard)박사가 '13번가 교회'(Thirteenth Street Church)를 사직하자, 그 교회 제직들이 심프슨을 그의 후임자로 확신하여 그를 청빙하게 되었던 것이다. 그는 뉴욕에 와서 The Gospel in All Lands라는 선교잡지를 출간하였다.

뉴욕에서의 목회사역에도 불구하고 직접 심프슨의 마음을 짓누르는 것이 있었는데, 그것은 그가 칼빈주의 목회자로서 전과 다르게 신유 체험의 강조와 약례 대신 침수례를 주장할 뿐더러, 유아세례를 반대하는 자신의 행동이 장로교회 교리와 상충된다는 점이 교회 제

---

59) Ibid.
60) A. E. Thomson, A. B, Simpson - *His Life and Work* (Harrisburg: Christian Publication, 1960), 3-37.
61) A. B. Simpson, *The Four-Fold Gospel* (New York: Christian Alliance Publishing Co., 1925), 6.

직들과 마찰을 일으키게 될 것이라는 우려와 소외되고 버림받은 빈민층 대중의 전도에 대한 책임감의 발동이었다.[62] 그는 대중 복음전도의 개인적 염원을 이루기 위해서는 전통적인 틀에서 탈피하여 신앙으로 새로운 일을 시작해야 함을 깨닫고, 2년 후에 자진하여 교회를 사임하였다.[63] 장로교를 이탈한 후 몇 주일이 지난 뒤 심프슨은 17명의 창단 멤버와 함께 모임을 조직하여 44번가 가까이 8번가 동쪽에 위치한 건물에 정착하였는데, 이것이 복음성막(Gospel Tabernacle)의 출발이었다. 이 조직은 기독교연합선교회(Christian and Missionary Alliance, 약칭 C&MA)로 발전되어 오늘에 이르고 있다.

1882년에 심프슨은 성서훈련원(Bible Training School)을 설립하였고, 후에 나약(Nyack)으로 옮겼는데 이 성서학교는 북미 최초의 성서학교가 되었다. 이는 평신도의 세계선교를 위한 훈련을 목적으로 세워졌다. 심프슨은 허드슨 테일러(Hudson Taylor), 앤드류 머레이(Andrew Murray)의 선교 방법론에 영향을 받아 '하나님께서 믿음을 통하여 그들의 필요를 채우실 것이다'라는 신앙선교(Faith Mission)의 원칙 아래 학력이 다소 떨어지는 복음전파에 대한 선교적 열정이 있는 평신도들을 선발하여 성경에 대한 철저한 교육을 시킨 후에 선교사로 활동하게 하였다.[64] 1887년에는 해외에 선교사를 파송하기 위한 평신도 중심의 선교단체인 기독교인 동맹(Christian Alliance)과 복음주의 선

---

62) 정상운, 『사중복음』, 148.
63) Charles Edwin Jones, *A Guide to the Study of the Holiness Movement* (Metuchen: the Scarecrow Press, 1974), 498.
64) 정상운, "사중복음과 한국성결교회의 신학적 배경", 255.

교사동맹(Evangelical Missionary Alliance)이 설립되었다.[65] 이 두 단체는 1897년에 공식적으로 기독교연합선교회(Christian and Missionary Alliance)으로 통합되었다.

   기독교연합선교회의 신학적 특성은 동양선교회의 신학 정립에 지대한 영향을 미쳤다. 그 첫 번째는 '사중복음'의 강조에서 찾아볼 수 있다. 19세기 말 오순절 운동에서 특징적으로 쓰여지던 용어는 'Full Gospel(순복음)'으로, 이는 '구원·성화(성령세례)·신유·재림'이라는 사중유형의 4가지 테마를 함축하는 표현이었다. 교회들마다 각기 신학적인 차이를 나타내면서도, '순복음'(Full Gospel or Whole Gospel)은 성결-오순절 운동으로부터 유래된 각 교단(교회)들에서 강조되었다. 1887년 그는 올드 오챠드에서 열린 총회의 설교에서 '사중복음'(The Fourfold Gospel)이라는 말씀을 전하며 처음으로 사중복음이라는 용어를 사용하였다.[66] 그는 사중복음이란 그리스도께서 우리에게 제공하시는 축복을 가장 완전한 방법으로 요약한 것이라고 강조하며,[67] 그리스도께서 우리의 구세주요, 성케 하시는 자요 치료자시며, 재림의 왕임을 가르쳐주었다.[68]

   두 번째는 그리스도인과 선교사동맹이 교리적 입장으로 채택한 세대주의적 전천년설이었다. 1886년 여름, 심프슨은 기존의 성결 체험을 추구하는 천막집회를 벗어나 보다 성숙한 삶과 세계 선교를

---

65) Keith Bailey, *Bringing Back the King* (Nayack: Christian and Missioanary Alliance, 1988), 3-7.
66) The Word, *The Work and The World,* September. 1887, Supplement, 48f.
67) Bailey, *Bringing Back the King*, 46.
68) A.B. Simpson, *The Four-fold Gospel* (Harrisburg: Christian Publication, 1887), 4.

가르치는 여름 집회를 올드 오챠드 야영지에서 개최했다. 그당시 블랙스톤은 시카고의 성경 강사 중 한 사람으로서 예수님의 재림(전천년설)을 주요 내용으로 피력하였다.[69] 집회 마지막 날 그는 세계의 복음 확장과 예수 재림에 대한 상호적 관계를 설교하였고, 이것은 심프슨과 참가자들을 감동시켜 '그리스도인 동맹'(The Christian Alliance)과 '복음주의 선교사 동맹'(Evangelical Missionary Alliance)을 창립하게 한 주요한 요인이 되었다.[70]

심프슨은 세계복음화를 그리스도의 재림과 관련시켜, 세계선교 사역의 완수를 주의 재림을 위한 핵심적인 요소로 생각했다. 따라서 세대주의적인 전천년설을 수용한 심프슨은 임박한 종말의식을 갖게 되었고, 이것은 전 세계에 황급히 복음을 전해야 한다는 선교적 열정으로 이어졌다. 따라서 심프슨은 기존 교파와 다르게 기성교인의 확보 또는 현지 토착교회의 설립방법보다도 선교의 주목적을 오로지 직접적으로 복음전파 하는 것에 우선을 두었다. 이러한 생각은 그로 하여금 새로운 교파의 설립보다는 세계선교에 더욱 주력하게 하였고, 그의 주요 사역도 전천년 재림을 설교하는 것으로 집중되었다.[71]

세 번째는 신유의 강조였다. 심프슨의 신유 체험은 신유가 사도 시대를 마지막으로 종결되었다는 장로교단의 교리와 상충되는 것이었다. 이 일로 인해 심프슨은 동역자들로 부터 비난을 받게 되었고, '13번가 장로교회'를 사임하게 되었다. 이로부터 그는 진부하고

---

69) Bailey, *Bringing Back the King*, 72.
70) 정상운, "사중복음과 한국성결교회의 신학적 배경", 258.
71) Ibid., 255.

형식적인 장로교를 떠나 자유로운 성령의 역사에 모든 것을 위탁하는 새로운 사역을 시작하였다.[72] 심프슨은 신유 사역에서 믿음의 기초는 그리스도의 속죄라는 것을 가르쳤다. 그는 만약 질병이 인간의 타락으로 온다면 그것은 구원자에 의하여 원상태가 될 수 있음을 주장하였으며, 이것의 결론을 이사야서 53장 4~5절, 마태복음 8장 17절, 시편 103장 2~3절, 출애굽기 15장 25~26절과 같은 성경구절 들로부터 이끌어냈다.[73] 따라서 그는 예수 그리스도의 생애를 바탕으로 신유론을 주장하며, 아담의 타락으로 인하여 죄와 질병이 이 땅에 들어온 것이라면 그리스도의 사역으로 말미암아 그리스도의 부활을 통한 사죄와 신유의 가능성이 주어졌음을 말하고 있다.[74]

## Ⅳ. 닫는 글

이처럼 사중복음, 세대주의적 전천년설, 신유에 대한 심프슨의 강조는 1894년 그가 강사로 초청받아 설교한 집회에서 선교사로 헌신할 것을 결단하게 된 카우만에게도 깊은 감명을 가져다 주었다. 따라서 한국성결교회 신학은 19세기 말 웨슬리 신학의 맥락에 선 복음주의적인 신학의 전통을 가진 만국성결연맹과 기도동맹, 그리고 기독교연합선교회 등의 미국 성결운동이 동양선교회를 통해 반

---

72) 정상운, 『사중복음』, 99-100.
73) Sawin, "The Fourfold Gospel", 12.
74) 정상운, "사중복음과 한국성결교회의 신학적 배경", 261.

영되고 전수된 것이라 정의할 수 있다.[75]

[정상운, 「한국성결교회 백년사」, 25-64.]

---

75) Ibid., 267.

# 2

## 동양선교회의 초기역사
(1901-1917년)

# 동양선교회의 초기역사
(1901-1917년)

## I. 여는 글

한국성결교회는 평양에서 부흥운동의 불길이 치솟아 오르던 1907년에 조선 땅 한 중심인 경성에서 시작되었다. 성결교회의 처음 시작한 평양교회 길선주 장로가 경성에 내려와 경기도 사경회(京畿道 査經會)를 개최하여 경성지역 각 교회에 큰 부흥이 일어났다.[1] 한국성결교회 창립의 주역인 정빈과 김상준 두 전도자는 성령의 역사가 끓어오르던 경성에서 '동양선교회 복음전도관'이란 간판을 걸고 '순복음(純福音)'으로 불리운 사중복음을 전함으로써 이 땅에 성결교회의 기초석을 놓았다. 이로부터 해방 이전까지 한국성결교회는 복음전도관 시대(1907-1921년)부터 기성교단으로 경화된 성결교회 시대(1921-1943년 12월 교단 해산 당함)까지 교단(복음전도관 포함)명칭 앞부분에 동

---

1) 車載明, 『朝鮮예수敎長老會史記』 (京城: 新門內敎會堂, 昭和3), 181.

양선교회가 들어갔다. 이것은 1940년 일본제국주의에 의해 동양선교회 선교사들이 강제로 퇴거당할 때까지 한국성결교회는, 특히 1910년 4월 토마스(J. Thomas) 목사가 조선 감독으로 파송 받았을 때부터 독자적으로 교회를 치리하여 나가지 못했다는 것을 보여준다.[2]

성결교회는 8·15해방 이후에야 선교사 없이 교단재흥 준비위원회를 결성하고 1945년 11월 9일 '동양선교회' 명칭을 뺀 '기독교 조선 성결교회'로 교단명칭을 개칭하였다.[3] 따라서 초기 한국성결교회의 정체성 규명과 형성과 정연구에는 동양선교회에 대한 이해가 선행되어야 한다.

그러나 지금까지 동양선교회에 대한 국내학자들의 연구는 미진하였다. 이명직 목사의 1929년 「朝鮮 耶蘇敎 東洋宣敎會 聖潔敎會 略史」와 1992년 이응호 교수의 「한국성결교회사 1·2」에 그칠 뿐이고, 본격적인 연구논문은 나오지 못한 것이 동양선교회에 대한 지금까지의 연구 전부를 차지한다. 다행히 서울신대 교수였던 John J. Merwin의 1983년 Fuller 신학교 선교학 박사학위 논문 "The Oriental Missionary Society Holiness Church in Japan 1901-1983"과 「神學과 宣敎」(서울신대 교수논문집) 10집(1985년)에 수록한 "The Early Develpoment of the Oriental Missionary Society, 1901-1917"과 "The OMS and Its Founders in Relation to Holiness Movement(9집, 1984)"이 있을 뿐이다.

---

2) 李明稙, 『朝鮮耶蘇敎東洋宣敎會 聖潔敎會 略史』(京城: 東洋宣敎會 聖潔敎會 出版部, 1929年), 189. 이하 「略史」로표 기함.
3) 정상운「, 『한국성결교회사(I)』(서울: 은성, 1997), 229.

## Ⅱ. 1900년 전후 일본교회의 상황

기독교(개신교)보다 일찍 천주교는 사비에르(Frencis Xavier, 1506- 1552)에 의해 1549년 일본에 상륙하였고, 1612년 현지 통치자들(native rulers)에 의해 박해를 받을 때에는 상당한 지역에 걸쳐서 포교에 성공한 결과를 갖게 되었다.[4]

개신교가 일본에서 처음 시작한 것은 미·일 조약이 맺어진 1858년부터 비롯된다.[5] 사와 마사히코(澤正彦)은 이에 다음과 같이 말한다:

> 1854년에 일본은 250년 간의 쇄국정책에 종지부를 찍고 미국과 화친조약을 체결하였으며, 1858년에는 해리스(Harris)가 방문해 미일수호통상조약을 체결하게 되었다. 이 조약에는, "일본에 있는 미국인 스스로가 그 나라의 종교를 믿고, 예배당(교회)을 거류지에 건립해도 된다"고 규정하고 있다. 이와 동시에 일본인에게는 기독교가 종래와 같이 금지되어 있으나 나가사키에서의 후미에(踏繪)는 앞으로 폐지한다고 통고되었다. 이와 같이 일본의 개국과 함께 일본에서의 기독교 예배의 길이 처음으로 열렸다.[6]

따라서 일본에서의 개신교 출발점은 일본이 250년간 쇄국정책을

---

4) Williston Walker, A History of the Christian Church (New York: Charles Scribner's Sons, 1969), 380.
5) 사와 마사이코, 『일본기독교사』 (서울: 대한기독교서회, 1995), 20.
6) 사와 마사이코, 『일본기독교사』, 27.

풀고 개화정책을 밟은 1850년대 에도(江戶)말기 때부터 시작되었다.[7]

도꾸가와 막부(德川幕府)의 기독교 금지정책을 그대로 인계하고 있던 메이지 정부는 구미 열강의 압력에 의하여 1873년 기리시단(切支丹: 천주교) 금제고찰(禁制高札)을 철폐하게 되었다.[8]

그러나 메이지 정부의 금지령 해제는 기독교를 공인하는 법령이 아니었다. 정부의 기본철학은 한마디로 표현하자면 '화혼양재'(和魂洋才)라 할 수 있다. 화혼양재의 '혼(魂)은 화(和)하고, '재(才)'는 양(洋)이다. 즉 정신(魂)은 일본 전통의 천황제, 또는 동양도덕을 가지고, 기술(才)은 서양에서 구하여 근대화를 추진한다는 이중의 모순된 철학의 혼합이었다. 한편 메이지 정부의 서양인에 관한 관심은 서양 세계의 기초를 이루고 있는 정신(기독교)에 있는 것이 아니라 그 결과인 서양의 정치제도나 물질적 번영에 있었다.[9] 기독교는 조약 개정과 선진 자본주의 제국에의 대항으로 취하게 된 서구화 정책과 문명개화의 물결을 타고 급속히 발전하였다. 그러나 헌법 및 교육칙어 공포(敎育勅語 *1890년 일본의 메이지 천황이 천황제에 기반을 둔 교육방침을 공포한 칙어)에 의하여 천황제 이데올로기의 완성에서 발생한 격렬한 기독교 배격에 의하여 교회는 극도의 침체를 계속하였다.[10]

일본에 최초의 개신교 선교사가 전도를 시작한 것은 1859년(安定 6년)이었으나, 최초의 개신교회가 세워진 것은 그때로부터 13년 뒤

---

7) 에도시대(1600-1867년)는 메이지시대(1867-1911년), 다이쇼시대(1912-1926년)로 변천되었다.
8) 한석희, 『일제의 종교 침략사』, 김승태 역 (서울: 기독교문사, 1990), 75.
9) 사와 마사히코, 『일본기독교사』, 28.
10) 한석희, 『일제의 종교 침략사』, 75.

인 1872년으로 기독교 금지령이 철폐되기 한 해 전 일이었다.[11] 이 교회는 요코하마 예수공회(耶蘇公會)로 불려졌다. 그러나 일본의 개신교는 1890년을 전후로 해서 점차 교파 교회가 되면서 그 형태가 정비되기 시작했다. 그들은 주로 미국이나 영국의 선교회와 관련을 갖고 있었기 때문에 그 모태가 되는 교회의 교파적 성격을 답습하였다. 그러나 당시의 일본교회가 교파적 형태를 갖추고 있다 하여도, 천황제 국가의 지배원리가 종교적 이데올로기로 맞부딪치고 있었고, 신교의 자유 종교 분리가 확립되지 않는 불안정한 때였다.[12]

사와 마사히코는 일본 개신교가 메이지유신 이래 비교적 순조롭게 성장을 가져왔음에도 불구하고 신교의 자유를 얻은 1889년을 경계로 교세가 확장되지 못한 이유에 대해 다음과 같이 말한다:

> 기독교인이 법적 근거를 가지고 공인되었다는 해석은 1889년 헌법에 있는 '신교(信敎) 자유'였지만 이것마저 교육칙어(敎育勅語-천황제 절대철학의 표본)와의 관련 때문에 기독교인은 묵인이나 공인과 함께 천황제 추종을 대전제로 해서만이 그 존재가 허용되기에 이르렀다.[13]

일본에서 초기 선교사들은 보수적인 순복음신앙의 소유자들로 부흥운동의 주자(走者)들이었다. 따라서 1887년까지의 기독교 전파의 역사는 부흥운동적인 것이었다.[14] 그러나 독일의 자유주의 신학

---

11) 山崎鷲夫, 千代崎秀雄,「日本ホーリネス敎國史」(東京: 日本ホーリネス敎, 昭和 四十五), 4.
12) 도히 아키오,『일본기독교사』, 김수진 역 (서울: 기독교문사, 1991), 133.
13) 사와 마사히코,『일본기독교사』, 29.
14) 山崎鷲夫, 千代崎秀雄, 4.

(新神學)이 들어와 조합기독교회의 목사들인 아베(安部磯雄), 요코이(横井小楠), 가네모리(金森通論)가 신앙을 버리고 정치계로 빠진 것을 시작으로 하여 일반교회에서는 성서신앙을 중요시 않게 되는 경향이 눈에 띄게 일어났다.[15]

1895년 10월 일본 조합교회는 나라대회(奈良大會)를 개최하여 대회선언 문을 발표하였는데, 이 선언문에는 신신학에 의한 자유주의 입장을 갖는 사람들도 포용하는 내용을 담고 있었다. 당시 홍고유미죠(本鄕弓町)교회의에 비나(海老名彈正)와 후지미쵸(富土見町)교회의 우에무라(植村正) 사이에 신신학 인정의 문제를 놓고 벌인 논쟁 등으로 인해 1900년경 기독교의 발전은 답보 상태가 계속되었다.[16] 그러나 1900년대에 들어와 겨우 교세를 회복하여, 1901(명치 34)년 긴자(銀座), 교바시(京橋)의 여러 교회에서 일어나서 요꼬하마(横濱), 오사카(大阪), 교토(京都)로 급속히 확대된 부흥의 분위기로 20세기 대거 전도가 활발히 전개되었다.[17]

## III. 동양선교회 초기 시작시대(1901-1904년)

일본의 개신교회는 1890년을 전후로 해서 점차 교파교회가 되면서 그 형태를 정비하였다. 그들은 주로 미국이나 영국의 선교회와 관계가 있기 때문에 그 모태가 되는 교회의 교파적 형태를 답습하

---

15) 山崎鷲夫, 千代崎秀雄, 4.
16) Ibid., 4-5.
17) 한석희, 『일제의 종교 침략사』, 75.

였다.[18] 따라서 대부분의 교파들은 유럽과 미국으로부터 직접 들어온 기독교의 이해와 실천을 주장하면서 외국 선교회의 지배를 받거나 원조에 의존하였다.[19] 도히 아키오는 다소 도식적으로 생각되지만 일본의 교단과 선교회들을 다음과 같이 분류하고 있다:

1) 복음주의적 교리를 주장하는 교파: 일본 복음 루터교회와 그외의 루터파 교회, 일본 침례교회, 일본 미보(美普)교회, 복음교회, 일본 기독동포교회.
2) 자유주의적 기독교를 주장하는 교파: 유니테리언협회, 보급(普及)복음교회, 일본 동인(同仁)기독교회.
3) 순복음(역주: 현재 한국의 순복음계통과는 다름)을 주장하는 교파: 동양선교회 성결교회, 일본 자유감리교회, 나사렛교회, 제7일안식일예수재림교회, 일본 아라이 안스교회, 일본 오순절교회, 하나님의 교회, 일본전도대.
4) 무교파주의를 주장하는 교파: 기독교회(제자파), 일본 크리스천교회, 일본 동맹 기독협회.
5) 독자적인 기독교 이해와 실천을 주장하는 교파: 구세군, 기독우회(基督友會).[20]

이 가운데 순복음을 주창하는 선교단체로 시작하여 이후에 독특한 경로를 통해 동양선교회 성결교회라는 교파로 형성된 단체가 동

---

18) 도히 아키오, 『일본기독교사』, 133.
19) 도히 아키오, 『일본기독교사』, 152.
20) 도히 아키오, 『일본기독교사』, 152.

양선교회이다. 동양선교회는 미국과 영국의 교파적 선교회 조직과 직접적 관계를 갖지 않고, 일본인 나카다 쥬지(中田重治)와 미국인 카우만(C. E. Cowman)등이 일본 동경에서 새로 중앙 복음전도관이란 선교회를 1901년에 조직함으로 시작되었다.[21]

### 1. 중앙복음전도관

카우만은 처음에는 인도로 가서 복음을 전하려고 계획하였다.[22] 그러나 부인의 건강이 인도 기후에 견딜 수 없다는 진찰결과를 받고 하나님의 때를 기다리며 에반스톤(Evanston)의 개렛신학교(Garret Theological School)의 특별과정과 무디성서학원(Moody Bible Institute)을 다니며 신학수업과 함께 선교의 꿈을 키워갔다.[23] 무디성서학원에서 일본유학생 나카다 쥬지(中田 重治) 목사를 만나 일본선교에 대한 요청을 받는 중에 1900년 8월 11일 드디어 일본선교의 소명을 받았다.[24]

카우만과 그의 부인 레티 카우만(Lettie B. Cowman)은 오로지 하나님만 의존한 채 1901년 2월 1일 샌프란시스코항을 떠나 21일 항해 끝에 요코하마 항에 입항하였다.[25] 2월 22일 차이나호에서 내린 카우만 부부는 나카다 쥬지의 마중을 받고, 지난 4년 간의 서신왕래에

---

21) 정상운, 『한국성결교회사(Ⅰ)』, 56.
22) 정상운, 『한국성결교회사(Ⅰ)』, 85.
23) Mrs. C. E. Cowman, 86.
24) Mrs. C. E. Cowman, 95.(Called to Japan, August 11, 1900. 10:30 A.M.)
25) Mrs. C. E. Cowman, 121-2.

서 나눴던 전도협력의 준비를 실행으로 옮기는 독립전도를 하게 되었다.[26] 카우만과 나카다는 동경 시내의 간다(Kanda)구역의 진보초(Jinbo-Cho)에 이층건물을 세내었다.[27] 이곳은 포장마차 거리로 지금의 동경당(東京堂) 서점의 뒤 주위에 열칸(十間) 정도의 이층건물이 위치한 장소였다.[28]

카우만은 이 건물의 임대를 위해 시카고를 출발하기 전에 성서학원 건립을 위해 써달라던 240달러를 일년분 집세 세금으로 지불하여 개수하였다. 동년 4월 1일 이들은 일본의 수도인 동경에서 중앙복음전도관(中央福音傳道 館)을 개관하면서 동양에서 선교의 첫걸음을 내딛게 되었다. 다음의 글과 같이 중앙복음전도관은 밤에는 전도집회의 장소로 사용되었으나, 낮에도 성서학원으로 쓰였다:

> 이 해 4월 1일이 개교일, 학교가 더럽혀져 있었기 때문에 빨간 페인트를 칠하고, 2층의 양쪽 날개 부분에서는 카우만 부부와 남자의 기숙사로 각각 사용하고, 아래층에는 나카다 부부의 주거와 성서학교의 교실로, 밤에는 그것이 전도관으로 쉽게 바뀌었다. 카우만에 의하면, 최초의 학생은 4명, 그러나 2, 3개월 내에 10명으로 늘어 났다.[29]

처음 시작할 때는 경제적인 어려움으로 인하여 한 건물을 여러

---

26) 山崎鷲夫, 千代崎秀雄, 1.
27) John J. Merwin, "The Early Development of the Oriental Missionary Society, 1901-1917", 「神學과 宣教」 제 10집(1985), 271.
28) 山崎鷲夫, 千代崎秀雄, 2.
29) 山崎鷲夫, 千代崎秀雄, 2.

용도로 밖에 쓸 수 없었다.³⁰ 그런데 중앙(中央)이란 이름에 걸맞지 않게 지부(支部)도 없이 중앙이란 명칭을 사용하였다. 명칭이 상당히 과장된 것은 신앙적 기량이 크고, 또한 동경의 중앙에 복음전도관을 시작하였기 때문인 것 같다. 1905년이 되서야 서서히 중앙복음전도관은 아사쿠사 전도관을 지부로 가지면서 동경에서 서서히 활동범위를 넓힐 수가 있었다.³¹ 중앙복음전도관이란 명칭을 통하여 처음 출발할 때의 최초방침이 초교파적인 영혼구원을 위한 선교 단체에서 비롯되었음을 다음의 글은 보여 준다:

전도관의 최초의 방침

중앙복음전도관이라는 이름이 전해주는 것을 통하여, 처음에는 오로지 교파를 초월한 영혼 구원 전도의 하나의 시초적인 움직임이 있었고, 지방에 전도관을 설치하며, 교회의 볼모지와 복음의 볼모지에 설치하는 것이 최초의 방침이었다.³²

최초의 지방전도관은 1901년 가을에 야마까다현(山形縣) 다께오까(楯岡)에 세워졌다. 다께오까는 당시 오꾸바네(奧羽) 철도의 종점으로 일본에서 복음이 전해지지 않은 곳이었다.³³

교파를 초월하여 중앙복음전도관을 통해 복음이 우쓰노미야(宇都官), 야마가타켄(山形縣楯岡), 신조(新庄), 야치(谷地), 시즈오카켄(靜岡縣), 이

---

30) 정상운, 『한국성결교회사(Ⅰ)』, 59.
31) 山崎鷲夫, 千代崎秀雄, 2-3.
32) 山崎鷲夫, 千代崎秀雄, 34.
33) 山崎鷲夫, 千代崎秀雄, 3.

즈한또(伊豆半鳥)까지 전해졌다. 간다(神田) 전도관은 연중무휴로 전도집회를 계속 열었고, 일요일 오후에는 성별회(聖別會)를 중심으로 운동을 계속하였다.[34]

옛날 산파학교에서 시작한 최초의 전도관은 집회장 내부에 붉은 천에 흰색으로 '그리스도 예수가 죄인을 구하시기 위해 세상에 오셨다'든가, 와 '예수 그리스도의 피로 모든 죄를 사하셨다'는 히브리어 문자를 헝겊에 수놓아 강단 뒤에 장막처럼 늘어놓았고, 마치 이것은 보는 사람들로 하여금 구세군의 집회당과 같은 느낌을 가져다 주었다.[35] 집회시에는 둥근 북과 탬버린을 자주 사용하였고, 1904년(明治 37年) 경에는 적극적으로 악기(바이올린, 트럼펫)와 합창을 활용했다.

1905년(明治 38年) 2월 건국기념일에는 간다미도요초(神田 美土代町)에 YMCA 건물을 빌려서 '성서적 순복음대회'(聖書的 純福音大會)를 열었고, 당시 '광고'에 기재된 것처럼 아주 용장(勇壯)하며, 쾌활한 복음창가(福音唱 歌)[36]와 복음창가대의 합창 그리고 바이올린 연주, 피아노 합주, 창가독창, 기타합창, 천마비파(薩摩琵琶), 손풍금, 하모니카 연주 등 다양한 악기를 사 용하며 음악을 복음전도의 유용한 도구로 사용하였다.[37] 복음전도관 집회의 내용에는 복음전도회(福音傳道會), 성결집회(聖潔集會), 기독재림회(基督再 臨會), 신유집회(神癒集會)라는 사중복음(四

---

34) 山崎鷲夫, 千代崎秀雄, 34.
35) 山崎鷲夫, 千代崎秀雄, 35.
36) '복음창가(福音唱歌)'는 1900년(明治 33年)에 미시다니(三谷種吉)와 당시 벅스톤 선교사 밑에서 일하던 송강이 1905년 출판한 것으로서 1894년 경에 예배나 성별회 때에 자주 불렀던 사사오가 출판한 「구원의 노래(救の歌)」를 본받아 내용을 확대하고 주일학교용 노래를 더한 것으로서 전부 104편의 노래가 수록되어 있다. 이것은 당시의 찬미가풍의 노래와 상당히 다른 것으로써 군가풍의 노래도 있었고, A. B. Simpson의 노래를 미시다니가 번역한 것도 수록되어 있다. 이후 1909년에는 리바이벌 창가가 발행되었다.
37) 山崎鷲夫, 千代崎秀雄, 35.

重福音)을 명백히 나타내고 있다.[38]

## 2. 동경성서학원

앞서 살펴본 바와 같이 동경성서학원(Tokyo Bible Institute)은 따로 독립 된 건물을 가지지 못하고, 1901년 4월에 개설한 중앙복음전도관 건물을 학교실로 병용(竝用)하였다.[39] 10칸 정도의 낡은 이층집 건물 각층에는 방이 두 개씩 있었는데 일층에는 나카다 목사의 사택과 성서학원의 교실로 그리고 이층에는 카우만 부부 사택과 수양생들의 기숙사로 사용하는 등 가족적 분위기의 소규모의 학교로서 출발하였다.

복음전도관과 함께 성서학원으로 한 건물을 두 용도로 사용한 것은 경제적인 어려움이 주된 요인이었으나, 복음전도를 통한 영혼구원과 전도자 양성이라는 이중목표를 실현하기 위해서였다.[40]

처음에는 동경성서학원 간판은 붙이지 않았고, 다만 좁은 입구 위에 큰 글자로 '예수교 전도관 / 매일 밤 예배 / 누구나 환영(Jesus Doctrine Mission Hall / Services Every Night / Every Welcome)' 간판을 걸었다.[41]

1901년 당시 동경의 인구는 거의 300만 명이었으며, 매우 혼잡한 도시였다.[42] 인구밀집 도시인 동경 한복판에 세워진 성서학교에

---

38) 山崎鷲夫, 千代崎秀雄, 35.
39) Edward & Esther Erny, *No Guarantee But God* (Greenwood: The Oriental Missionary Society, 1986), 13.
40) 정상운, 『한국성결교회사(Ⅰ)』, 60-61.
41) Edward & Ester Erny, 13.
42) Edward & Ester Erny, 11.

처음으로 5명의 학생이 등록하였으나, 2~3개월 만에 10명으로 되었다.⁴³ 초기의 교사진은 카우만과 나카다(中田重治)외에 박스톤(Berclay Fowell Buxton) 선교사 가정에서 성경을 연구하고 있던 사사오(笹尾)가 신학교수로, 박스톤 전도대 음악 지휘자인 미다니(三谷種吉)가 음악교수로 같은 해 가을에 합세하였고, 1902년 8월 카우만의 요청에 따라 킬보른(E. A. Kilborune)이 전신기사직을 사임하고 일본으로 건너와 합세하였다.⁴⁴ 1903년(明治 36年)에는 예일대학 출신인 다께다(武田駒吉)가 가세하여 조직신학을 담당했는데, 동년 1월의 『불의 혀(焰の舌)』에 의하면 수양자는 남자 21명, 여자 6명으로 총 27명으로 늘어나게 되었다.⁴⁵

1904(明治 37年) 10월 31일에 헌당식이 행해지고, 그 전의 장소인 간다(神田)에서 가시와기(柏木)로 이전하였다.⁴⁶ 이때 카우만은 6월 레티 카우만의 심장병으로 인해 미국으로 귀환하여 치료와 모금을 하고 있었기 때문에 일본에 있지 않았다.⁴⁷ 캠퍼스는 요도바시 가시와기(Kashwagi Yodobashi) 4번가에 위치하였는데, 그곳에서는 90명에서 110명까지의 남녀 학생들을 수용할 수 있는 기숙사뿐만 아니라, 강의실, 도서관 그리고 식당까지 갖게 되었다. 이후에 그들은 선교사들과 나카다 가족을 위한 사택을 지었다.⁴⁸

---

43) 山崎鷲夫, 千代崎秀雄, 2.
44)「略史」 17.
45) 山崎鷲夫, 千代崎秀雄, 36.
46) 山崎鷲夫, 千代崎秀雄, 37-38.
47) Merwin, 278.
48) Robert D. Wood, *In These Mortal Hands: The Story of the Oriental Missionary Society*, the First 50 Years (Greenwood: OMS International, 1983), 52.

동경성서학원은 가시와끼로 이전한 뒤에 대대적으로 수양생 모집 광고를 하였는데, 일정한 입학 시기가 없이 수시로 헌신자들을 받아들였다. 대체로 수양생들은 처음 들어와 두 달간 적응기간을 통과한 후 약 2년간의 수양과정을 거쳤는데, 졸업생들에게는 졸업증서도 주지 않았다.[49]

동경성서학원은 매일 밤 야간 전도회와 주간성서학교의 수업으로 하루 종일 사람들의 출입이 끊어지지 않았다.[50] 매일 저녁 집회는 오후 7시에 시작되었는데, 모인 군중들 부근에서 노방연설을 하였다. 매주 일요일에는 오전 8시에 일본어로 성서수업, 9시 30분에는 영어설교, 주일학교 일본어로 오후 1시에 그리고 2시부터 4시까지는 일본어로 성결집회가 진행되었다. 야간집회는 일본어로 마련되었다. 따라서 수양생들은 주로 오전에는 학과공부를 하고, 오후에는 시장과 거리에 나가 노방전도와 개인전도를 하였고, 저녁에는 전도집회에 참여하였다. 동경성서학원에서 가르쳤던 주요과목은 '여호수 아기', 신약은 '디모데전·후서', '성서신학', '웨슬리의 기독자 완전론', 그리고 매일 1시간씩 필수로 주어진 '영어', '창가'(음악)이었고, 1909년에는 오전 8시 30분부터 11시까지 1과목당 50분씩 3과목을 가르쳤는데 교과목은 '고린도전·후서', '성서신학'(이상은 나카다 목사 담당), '창세기', '묵시록 강의', '성결'(사사오 목사담당), '사도행전', '개인전도'(다니구찌 교수)가 있었고, 11시부터는 음악과 영어를 매일 가

---

49) 山崎鷲夫, 千代崎秀雄, 46. *당시 입학안내서를 보면 졸업증서 대신에 '성령세례'로 대신한 것을 볼 수 있다.
50) 山崎鷲夫, 千代崎秀雄, 26.

르쳤다.⁵¹ 성서학원은 초기시작 때부터 신학교육기관이라기보다는 복음전도를 위한 훈련의 장소로 사용되었다.⁵² 이것은 19세기 말에 북미에서 세워진 대부분의 성경학교들과 같이 신앙선교운동의 훈련센터로서의 특징을 보여주고 있고, 이것은 한국에서 설립된 초기 경성성서학원에도 동일한 양상으로 나타나고 있다.⁵³

특별히 동경성서학원에서는 성결운동(Holiness Movement)에서 공통적으로 나타나는 일련의 유형들 가운데 4가지 교리적 테마로 나타나는 사중유형인 구원과 성결, 신유, 재림을 강조하였다.⁵⁴ 이것은

---

51) 「焰の舌」, 38호(1909. 5. 10), 8 ; 이응호, 『한국성결교회사 1, 2』에서 재인용.
52) 정상운, 『한국성결교회사(Ⅰ)』, 64
53) 1914년경의 경성성서학원의 일과를 토마스 감독 부인은 다음과 같이 설명하고 있다:
   우리는 아침 6시에 일어난다. 그리고 7시 30분까지 개인기도 시간을 갖는다. 이때 식당에서 식사종이 울린다. 8시 부터 8시 30분까지 방청소시간이다. 8시 30분부터 강당에서 모두 기도회를 갖기 위해서 모인다. 9시부터 10시까지 토마스가 구약을 강의한다. 10시부터 10시 30분까지는 옥스 선교사와 내가 노래를 가르친다. 10시 30분부터 11시 30분까지는 이장하 형제가 성서교리를 가르친다. 이 과목은 나의 책임이었는데 딸 게네스(Gweneth)가 온 이후로는 시간이 없어서 이 형제가 맡게 되었다. 11시 30분부터 12시 30분까지 김상준 형제가 신약을 가르친다. 우리의 성결교육은 철저하다. 우리의 성결교육은 철저하다. 우리는 성경 각 장을 거기에 맞는 주제와 함께 철저하게 공부하여 모든 학생이 성결전체를 통달하도록 만든다.
   12시 30분부터 1시까지 점심시간이다. 그리고 30분 동안 실외로 나가서 레크리에이션 시간을 갖도록 한다. 1시반 부터 2시반까지 모든 학생들은 오전시간에 연습지에 필기한 것을 다시금 정성스럽게 노트에 정서하면서 복습하여 다음 시험을 준비하게 한다. 시험은 보통 성결 각권이 끝날 때마다, 그리고 교리를 한 항목씩 끝낼 때마다 치르게 된다. 그리고 이 노트는 후에 현지사역에서 실지로 사용된다.
   2시 30분부터 5시까지 학생들은 각각 맡겨진 사역을 감당해야 한다. 여기에는 심방, 가두설교, 전도지 배포, 여성 집회 등이 있고, 이런 것들은 시내 복음전도관에서 이루어지거나 한국인의 가정에서 행해지기도 한다. 음악을 배우는 학생들은 강당으로 가서 옥스 선교사로부터 여러 시간 동안 주의 깊게 음악을 배우게 된다.
   5시 30분에 학생들은 식사를 하게 되고, 6시 30분까지 개인기도시간이다. 이때 일부학생들은 가두집회나 저녁집 회를 인도하게 된다. 저녁집회는 월요일을 제외하고 매일 밤 열린다. 월요일은 쉬는 날이다. 학생들은 빨래도 하고, 옷도 꿰메고, 대청소도 한다. 이 날은 방문객이 허용된다.
   Mrs. Thomas, "A Day in a Missionary Life", The Way of Holiness (Feb. 1914): 4; 박명수, "경성성서학원 초기역사연구", (제16회 성결교회역사연구소 정기 세미나 자료집), 19에서 재인용.
54) 정빈, "성서학원 형편", 248.

온전한 복음(Full Gospel, 오히려 한국에서는 '순복음'으로 잘못 번역되어 알려짐) 또는 사중복음(四重福音)으로 불리었다. 19세기 기독교 연합선교회(C.& M.A.)의 창시자인 심프슨(A. B. Simpson)의 Four-fold Gospel에서도 강조되는 사중유형은 대체적으로 성결(오순절) 운동의 복잡한 발전과정의 마지막 단계이며, 정점으로 이해되었다.[55]

나카다 목사는 「사중복음(四重の福音)」을 자신이 동경성서학원 초기부터 전파하고, 가르친 내용의 핵심적 부분으로 생각하였다.[56] 동경성서학원은 1905년을 전후로 하여 기존의 일본 전도자 지망생뿐만 아니라, 동양 여러 나라 즉, 조선, 중국학생들도 받아들여 함께 수양을 시켰다. 조선 사람으로는 정빈과 김상준이 1905년 한국인 최초로 입학하게 되었다.

## IV. 동양선교회 조직시대(1904-1917)

### 1. 동양선교회 조직

중앙복음전도관과 동경성서학원을 통한 초기 시작시대는 점차 시간이 흐름에 따라 새로운 교단적인 상태를 향한 운동의 시초로 나아갔다.[57] 앞서 살펴 본 바와 같이 1901년 나가다와 카우만 선교

---

55) Donald W. Dayton, Theological Roots of Pentecostalism (Peabody: Hendrickson Publishers, 1994), 22.
56) 米田勇 編, 「中田重治全集」全3卷 (東京: 中田重治全集刊行會, 明治50), 第1卷: 365.
57) Merwin, 279.

사부부가 일본 동경에 복음전 도관과 성서학원을 세운지 얼마 되지 않아 점차 일본인 전도자와 킬보른이 합류하므로 전도활동이 활발히 일어나게 되었다.[58]

첫 번째 조직은 미국의 전신기사단과 사도성결연맹에 의해 비공식적으로 후원하는 독립적인 선교회였다.[59] 그러나 세월이 갈수록 초기 복음전도관에서 좀 더 조직적으로 발전된 행정체제를 갖춘 선교회 체제가 필요하게 되었는데, 이에 부응하여 1905년 11월 동경에서 설립된 것이 동양선교회(Oriental Missionary Society)였다.

동양선교회 조직을 통해 창립멤버들은 한국인, 중국인도 집회에 참가했기 때문에 널리 동양 각 지역에 전도할 것을 계획하였다.[60] 동양선교회는 이름 그대로 일본에서 전개하던 성결운동을 앞으로 동양 여러 나라에서도 전개할 것을 목적으로 한데서 연유가 되었다. 나카다 목사는 동양선교회의 조직을 끝내고 성결운동에 총 매진할 것을 일본 전국에 선포하였고, 동양선교회의 성격을 밝히기 위해 1905년 12월 2일자로 '동양선교회란 무엇인가'의 글을 통해 다음과 같이 말하고 있다:

> 동양선교회는 동양 여러 나라에 순복음을 전하기 위하여, 나라 안팎의 성도들로부터 조직된 단체입니다. 종래의 성서 학원과 그리고 각지의 복음전도관은 본회에 부속하여 있는 것입니다. 일본, 또는 외국에 있

---

58) 정상운, 『한국성결교회사(Ⅰ)』, 66.
59) John Jennings Merwin, "The Oriental Missionary Society Holiness Church in Japan 1901-1983." (D. Miss. Dissertation, Fuller Theological Seminary, 1983): 100.
60) 도히 아키오, 153.

는 어떠한 단체, 그리고 교회를 대표하는 것이 아니고, 완전히 독립한 것(단체)입니다.[61]

동양선교회는 이사직 조직을 두어 전도관, 성서학원 운영, 성서배부와 축호전도 등 사무를 총괄하게 하였다.[62] 따라서 섭외와 재정은 카우만 목사 부부와 킬보른이 맡고, 성서학원 원장은 사사오 목사, 전도(Evanglism)의 일은 나카다가 맡게 되었다.[63]

동양선교회는 점차로 부흥 발전의 일로에 들어서자 각지에 있는 복음전도관의 발전과 통일을 위해 좀더 효율적인 조직체계를 요하였다.[64] 이에 1908년 4월 선교회 기구의 조직 개편이 행해져 초대 총리로 나카다 쥬지를 선출하였다. 당시 동양선교회 조직개편의 내용은 다음과 같다:

협의원 : 카우만 부부, 나카다 쥬우지, 사사오 데쯔 사부로우, 킬보른 (5인)
총리 : 나카다 쥬우지
부총리 : 사사오 데쯔 사부로우
회계 : 카우만, 킬보른

---

61) 「焰の舌」, 제144호, 1
62) Merwin, "The OMS and Its Founders in Relation to the Holiness Movement", 「神學과 宣教」, 第 9輯 (1984), 329.
63) Horinesu no Mure Shinobo Koide, *Horinesu no Mure Ryaku Shi* (Outline History of the Horinesu no Mure) (Tokyo: Horinesu no Mure Publlishing Department, 1974), 14; J. J. Merwin의 "The Early Development of the Oriental Missionary Sociesty, 1901-1917년", 287에서 재인용.
64) 정상운, 『한국성결교회사(Ⅰ)』, 67.

순회전도자 : 아끼야마(秋山田五郎)[65]

따라서 동양선교회는 선교회조직 개편된 다음 달부터 성서학원과 복음전도관에 관한 사무는 총리가 취급하고, 협의원의 결의에 의해 처리하는 행정 체계를 가지게 되었다.[66] 새롭게 편성한 임원 조직 가운데에는 도우또우의 오가사와라 전도(小笠原傳道), 차전(車田)의 전신원전도(電信員傳道), 이노우에이지조(井上伊之助)의 대만 원주민전도, 아베시다로(安倍千太郞)의 폐 결핵 병원전도(病院傳道), 구치(好地由太郞)의 감옥전도 등 다양한 특수선교에 대한 조직도 갖고 있었다. 동양선교회는 초기 선교 때부터 선교의 다양한 패턴을 가지고 일본인들에게 접근하며, 독특한 신앙 체험과 함께 전도에 박차를 가하였다.[67] 동경성서학원은 카우만 부부, 킬보른, 나카다, 사사오 등을 포함하여 11명의 교수들이 담당하였다.[68] 동양선교회는 전국 17개소에 복음전도관을 개설하고 있었고, 그 이듬해부터는 연회를 개최하였다.[69]

2. 성교단 사건(聖敎團 事件)

일본에서의 1910년까지 동양선교회에서 차지하는 카우만의 정치적 위상은 나카다 쥬지에 비해서는 열세였다. 그것은 1905년 초

---

65) 山崎鷲夫, 千代崎秀雄, 42.
66) 山崎鷲夫, 千代崎秀雄, 42.
67) 山崎鷲夫, 千代崎秀雄, 42.
68) 小出忍, 『ホリネスの群 略史』(東京: ホリネスの群事務所, 1974), 14-5.
69) 도히, 아키오, 153. 17개소 복음전도관을 말할 때는 1907년 정빈과 김상준이 설립한 경성의 복음전도관을 포함한 숫자를 말한다.

기 조직 때와는 달리 1908년 복음전도관의 발전과 통일을 위해 조직 개편을 했을 때 동양선교회 총리로 나카다 쥬지, 그리고 부총리에는 사사오 목사가 선출되는 등 미국 선교사들이 제외된 일본인 체제로 바뀌었기 때문이다. 따라서 1905년과 같이 협의회 체제의 공동운영이었으나, 수장(首長)은 카우만이 아닌 나카다 쥬지였다.[70] 그러나 조직개편을 통해, 동양선교회가 일본인 중심 체제로 바뀌었지만, 여전히 경제적인 실권은 카우만과 킬보른에게 있었다. 카우만과 킬 보른은 동양선교회 기관지인 Eletric Messages와 '만국성결연맹 및 기도동맹'의 Revialist를 통해 동양선교회를 알리고 구미신도들로부터 선교헌금을 답지하였다.[71] 당시의 Revialist는 해외선교사들에게 보내지는 선교헌금을 모으는 주요한 수단이 되었고,[72] 선교기금은 아프리카 기금과 일본기금으로 구분되어 있었다.[73]

1909년부터 1910년 사이 카우만 부부와 킬보른은 미국에서 한국 서울에 성서학원을 건립하려고 모금운동을 하였다. 카우만과 킬보른은 나카다의 허락 없이 미국선교단체로서 동양선교회를 합병시키고자하여 공식적으로 1910년 11월 10일 일리노이주의 시카고에서 동양선교회를 등록시켰다. 명칭도 일본에서의 조직과 마찬가지였으나 미국 조직(U. S. A. organization) 임원명부에는 나카다와 사사오가 빠져있었다. 대신 미국에서의 동양선교회 임원 조직명부에는 카

---

70) 鄭祥雲, 『聖潔教會와 歷史研究(II)』 (서울: 이레서원, 1999), 135.
71) 鄭祥雲, 『聖潔教會와 歷史研究(II)』, 135.
72) C. O. Moulton, "Brother and Sister Moulton", *God's Revivalist* (April 17, 1902), 9.
73) Melvin E. Dieter and Lee M. Haines, Jr., *The Days of Our Pilgrimage: The History of the Pilgrim Holiness Church* (Marion: The Wesley Press, 1976), 45.

우만 부부와 킬보른이 등재되어 있다.[74] 이후로 동양선교회 초대 총리가 카우만으로 지금까지도 잘못 알려지게 된 것은 시카고에서 행한 카우만의 이 일로부터 연유된다.

1911년 4월 23일 일본으로 돌아온 카우만과 킬보른는 얼마 지나지 않은 5월달에 서울로 가서 그곳에 땅을 매입하기 위해 떠났다. 나카다 총재의 권위와 동양선교회 기금사용의 질서를 무시하는 이러한 성급한 행보는 결국 나카다와의 갈등으로 나타나게 되었다.[75]

1911년 10월 동양선교회의 전도 방침과 관리상의 문제로 카우만과 나카다 사이에 의견이 상충되었고, 급기야는 나카다 목사는 동양선교회를 떠나서 새로운 교단인 일본성교단(日本聖敎團)을 만드는 결과로까지 내딛게 되었다.[76] 같은 해 10월 25일 발행한 「焰の舌」제297호에 보면 일본성교단(聖敎團)에 촉구하는 나카다의 말이 당시의 상황을 잘 드러내 주고 있다:

> 나는 요즈음 동양선교회에서 나왔다. 그 이유는 미국의 형제들과 일본의 공동사업이라고 하는 해석을 두고 근본적인 차이가 있음을 알고, 십년간 관계해 온 신자들을 인도한 정신을 가지고 14일 기꺼이 나오게 된 데는 다음과 같다. 여기에서 분명히 말해 두지만, 이것은 결코 외국을 배척하는 생각에서 일어난 것은 아니다. 십년간 주장 해 온 사업의 성질, 또한 발전하는 속에서 숨겨져 있는 것이 있다. (중략)

---

74) Merwin,"The Oriental Missionary Society Holiness Church in Japan, 1901-1983", 105.
75) 鄭祥雲,「聖潔敎會와 歷史硏究(II)」, 136.
76) 도히 아키오, 154.

요즈음 나는 요도바시 교회와 신전교회의 신자들과 함께 성교단을 조직하였다. 예를 들어 이름을 일본성교단 오도바시 교회라고 하였다.[77]

분열은 1개월 만에 끝이 났고, 동양선교회는 본부와 지부를 완전히 나누어 일본지부 활동을 모두 일본인 교역자에게 위임하는 것으로 하여 끝이 났다.[78] 성교단 사건으로 인해 나카다 쥬지는 일본인이 자주적으로 전도하기 위해서는 교인 구성원을 갖고 있는 교회를 설립하지 않으면 안 된다고 생각하게 되었다. 이와는 달리 사사오 목사는 1913년 4월부터 동양선교회를 떠나서 자유스럽게 순회전도에 나섰다. 사사오는 나카다의 방법 중에 선교회가 교단이 된다는 사실을 알고, 이것이 초기 선교회의 근본취지가 아니라는 것을 확신하고 있었다.[79]

또한 나카다의 동역자였던 와다나베(渡邊善太)도 성교단(聖敎團)사건으로 인해 그의 곁을 떠나게 되었다.[80] 동양선교회는 1913년 선교회 조직을 다시 구성하였는데, 총리로 카우만이 선출되고, 일반 전도사역에는 레티 카우만, 킬보른, 나카다 그리고 사사오가 맡게 되었는데, 사사오는 동양선교회 및 성서학원 교수직을 곧 사임하고[81] 일본 각지의 순회전도자로 나섰다.[82]

동양선교회는 1914년 4월부터 일본 각지에 분산되어 있는 복음

---

77) 山崎鷲夫, 千代崎秀雄, 47-8.
78) 정상운, 『한국성결교회사(Ⅰ)』, 69.
79) 정상운, 『한국성결교회사(Ⅰ)』, 68.
80) 도히 아키오, 154.
81) 小出忍, 19-20.
82) 山崎鷲夫, 千代崎秀雄, 52.

전도관을 동양선교회 지부로 부르고, 1910년부터 진행되어 온 지방 전도운동에 박차를 가했다.[83] Oriental Missionary Standard라는 선교회 잡지를 통해 동년에는 구미에 흩어져 있는 동양선교회 후원자들이 보내오는 전도비를 통해 일본 전역의 46부·현(시·도)중의 28개 부·현을 가가호호 방문해서 쪽복음과 전도지를 배부하였다. 1917년에는 나머지 19개 부·현까지 모두 전도 계획을 실천에 옮기는 성공을 거두게 되었다. 지방전도대 운동은 이후에 한국에서도 재현되었다.

### 3. 일본 성교회(日本 聖敎會)

동양선교회는 처음부터 교육사업과 사회사업에 손을 대지 않고 구령제일의 전도사업에 주력하였다.[84] 이것은 동양선교회가 당초 전도를 위한 조직체로서의 교회조직이 아니었기 때문이었다. 각지에 전도관이 있었고, 전도자도 상주해 있었지만 일요일 집회는 오후에만 행하였고 다른 교파 교인들이 모여도 그것은 신앙훈련을 위한 것으로 보였다.

그러나 전도관에서 기독교를 접하고 다른 교회에 출석을 해도 그 기독교에 대한 이해와 집회방법이 다르기 때문에 의문을 품은 사람

---

83) 우리에게 잘 알려진 찬송가 460장 작사자이며, 동경성서학원장을 지낸 사사오 목사(1868-1914년)는 1914년 자신의 육체가 이미 타서 없어지는 초와 같은 병약한 중에도 가고시마 섬에서의 전도사역을 끝으로 동경으로 돌아온지 일개월 후인 12월 3일 가시와끼에서 46세의 나이로 주님의 부르심을 받았다.
84) 山崎鷲夫, 千代崎秀雄, 59.

들도 적지 않았다.[85] 일본 전역에 걸친 지방전도운동으로 1911년에 27개 고장에 소재지를 둔 복음전도관이 1917년에는 46개소로 늘어났다.[86]

　이처럼 지방전도대의 활동이 일단락되고, 각 현의 주요한 지점에 전도를 개시하게 되자 정식으로 교회조직이 필요하게 되었다.[87] 나카다는 자신들의 기독교를 표명하고 그것을 통해 교인들을 지도하기 위해서는 교회조직이 필요하다는 결론에 도달하자 마침내 1917년에 동양선교회 성교회를 조직하였다.[88] 일본성교회 설립은 1917년 10월 25일부터 성서학원 강당을 회장(會場)으로 하여 동양선교회 대회가 열려서 나카다를 중심으로 하여 킬보른, 아끼 야마, 유우고로오, 탄바 헤이자부로우 등의 설교가 있었다. 또한 250여 명이 모여 요도바시 교회에서 연합예배를 드리고, 47세 나이에 최초로 일본 성결교회의 감독이 된 나카다 쥬지의 안수식이 거행되었다. 마지막 날인 21일에는 성서학원 중앙 정원에 있는 침례못에서 30여 명의 합동 침례식도 가졌다.[89]

　새 교회는 감독제도였고, 감독국에 의해서 모든 사업일체가 운영되었다. 감독국의 서기는 쿠루마다 아끼즈끼(車田秋次), 회계 야마자끼 테에지(山崎 亭治)가 임명되었다. 그후 5년마다 목회자와 교인들이 모이는 총회, 매년 목회자가 모이는 연회 및 5개 부회에서 교회정치를

---

85) 도히 아키오, 154.
86) 山崎鷲夫, 千代崎秀雄, 46.
87) 山崎鷲夫, 千代崎秀雄, 61.
88) 도히 아키오, 154.
89) 山崎鷲夫, 牛代崎秀雄, 61.

시행하였다.⁹⁰ 그리고 '동양선교회' 명칭을 일본성교회 앞에 명시하는 것은 교회가 자급할 때까지 계속되었다.⁹¹

일본성교회가 동양선교회에서 정치적으로 자치의 길을 걸어 나가자, 동양선교회는 1921년 동양선교회의 본부를 한국 경성으로 옮겼다.⁹² 일본성교회는 나카다의 지도아래 강력한 결속을 다지며, 동양선교회의 보조가 1920년 후반에 가서 정체되자, 이것을 계기로 해서 제10회 연회(1928. 4)는 일제히 목사 생활비 보조금을 폐지하고, 동양선교회로부터 독립하여 경제적인 자급의 길을 걷게 되었다.⁹³

## Ⅳ. 닫는 글

동양선교회는 나카다 쥬지와 카우만이 1901년 4월 1일 동경에서 중앙복음전도관을 설립함으로 시작되었다. 중앙복음전도관은 19세기 근대 복음주의 선교운동의 영향으로 생긴 것으로 제도화 속에 놓여있는 기성교회가 제대로 감당하지 못하는 복음전파의 사역을 감당할 목적으로 구령본위의 선교사역을 시작하였다.

따라서 이 목적을 위해 처음 시작부터 전도자 훈련을 목적으로 성서학원을 동시에 개설하였는데 이것이 바로 동경성서학원이었

---

90) 도히 아키오, 154.
91) 도히 아키오, 62.
92) Edward & Esther Erny, 57. "In 1931, when the OMS Church in Japan became entirely self-supporting, the headguarters of the Society was moved to Korea." 이 글에서 1931년은 1921년으로 고쳐져야 한다.
93) 도히 아키오, 314-16.

다. 1904년 조직된 동양선교회는 동양선교라는 목적에 부응하여 동양의 여러 나라에 죽어가는 영혼을 구하는 선교 사역을 감당하였고, 1973년에 와서는 'OMS International'이란 이름으로 개명하여 남미의 브라질, 유럽의 그리스, 스페인 등 동양뿐만 아니라 세계 각지에 광범위한 선교사역을 감당하는 국제적인 선교기관으로 발전하였다. 지금까지 살펴본 바 1901년부터 1917년 일본성교회가 설립되는 초기 시작 시대까지의 연구결과는 다음과 같다.

첫째, 동양선교회는 처음 출발할 때 미국 감리회나 아니면 만국사도성결 연맹(만국성결교회)의 지부로서 그들과의 직접적인 관계 가운데 시작하지 않았다. 동양선교회는 만국성결교회로부터 재정적, 인적 지원을 받았으나, 초교파적인 독립된 선교단체에서부터 시작되었다.

둘째, 동양선교회는 초기 설립 때부터 일본성교회 시대에도 마찬가지로 사변적인 신학적 전수를 지양하고, 성서에 근거한 중생(구원), 성결(성령세례), 신유, 재림이라는 사중복음을 전파하는 일을 근본기조의 중심으로 삼았다. 이것은 일본 뿐만 아니라 한국과 중국 그리고 그 밖의 다른 나라들로부터 발견되어온 동양선교회와 관련된 교회들의 교리적 강조점으로서 19세기 미국의 성결운동의 전통을 반영한 것이었다. 이것은 동양선교회 설립자들이 충실하게 고수한 성서적 신앙의 일관된 내용이기도 하였다.

셋째, 교권과 제도를 거부한 동양선교회는 교파형 교단조직체가 아니었으나, 시간이 흐름에 따라 점차적으로 복음전도관과 교역자들의 숫자적 증가는 조직의 필요성으로 나타나 1904년 동양선교회가 조직되고, 1917년 일본 성교회라는 교파형 교단으로까지 경화되는 결과를 낳게 되었다. 이러한 현상은 한국에서도 똑같이 재현되어, 1907년 전도관에서 시작한 한국성결교회는 1921년 장로교, 감리교와 같이 목회본위의 기성교단으로 전환되었다.

넷째, 초기 중앙복음전도관 시대와 달리 동양선교회의 조직이 이루어지자, 조직의 도입은 결국 카우만과 나카다 사이의 주도권 싸움으로 발전하였다. 이것은 1917년 동양선교회에서부터 일본성교회가 나누어지는 결과를 낳았고 이후에 일본성교회는 동양선교회로부터 정치적 자치와 함께 경제적인 자립의 독립된 단체로 발전하였다. 이것과 달리 한국에서는 동양선교회 선교사들이 1941년 일제로부터 선교사들이 강제 추방당할 때까지 동양선교회의 정치적 통제아래 예속되는 대조된 현상을 보여준다.

1932년 자치선언에도 불구하고 한국성결교회가 동양선교회 선교사의 지배 아래에 놓인 것은 한국에서는 나카다와 같은 정치적 지도력의 부재현상과 함께 경제적인 자급의 실패가 주요인으로 작용했기 때문이다.

다섯째, 일본에서의 동양선교회 복음전도관의 전도방법과 동양성서학원의 교육방침(예를 들면, 성서학원의 성결교육, 전도실습, 음악교육 치중 등)이 초기 한국성결교회 시대에도 그대로 반영되어 직접복음전도와 사중복음 강조 그리고 선교우선주의가 한국성결교회의 전통적 특성으로 남게 되었다.

[성결대학교, 「교수논문집」28집(1999년)]

# 3

정빈의 생애와 사상

# 정빈의 생애와 사상[1]

## I. 여는 글

동양선교회(The Oriental Missionary Society, 약칭하여 O.M.S)의 창립자인 카우만(C. E. Cowman)과 킬보른(E. A. Kilbourne)은 극동 지방에 선교할 목적으로 1901년에 일본 동경에 선교 단체를 만들어 그 뜻을 펴기 시작했다:

本 宣敎會는 主 降生 一千九百一年 二月에 하나님의 明白한 使命과

---

[1] 지금까지 나타난 사료에 의하면 창립자 鄭彬은 목사 안수를 받지 않았다. 따라서 鄭彬 목사로 지칭하여 사용함은 잘 못된 표현이다. '鄭彬論(鄭彬의 생애와 사상)'에 관한 논문은 필자가 최초로 『韓國基督敎史硏究』제18호(1988. 2. 5)에 발표하였고, 이것이 「活泉」428호(1988. 3. 4.)에 다시 발표되었을 때 필자의 원고와는 상관없는 '목사' 칭호가 첨가되었고, 이와 같은 잘못이 「성청」제67호 목차에서도 '鄭彬 목사'로 나타나고 있다. 필자는 聖潔敎 창립의 주역이며 京城 聖書學院의 최초의 한국인 교수와 武矯町 福音傳道館 주임 교역자인 鄭彬에게 목사라는 칭호를 붙여 쓴 적이 없다. 목사 칭호를 붙이는 것은 창립자에 대한 극진한 예우(?)로서 이해가 가나, 사료로 나타나기 전까지는 鄭彬 목사라는 칭호나 표제 붙임은 바른 표현이 아니라고 생각된다. 또한 차제에 이 원고는 이미 1988년에 발표한 내용을 부분 수정이나 보완한 원고임을 밝혀 둔다.

聖神의 指示하심을 받아 일어난 團體인데, 그 目的은 東洋 모든 나라에 純福音을 傳하고자 함이라.[2]

동양선교회는 선교 정책 및 방법에 있어서 토착민 전도자 양성을 주로 하여 양성된 전도자들을 전도에 직접 종사하게 하였고, 설립된 교회는 자립자급하도록 유도하여 후원하였다.[3]

이 같은 선교 정책의 일환으로 1901년 동경에 동양선교회 복음전도관을 세우고 이듬해인 1902년에 동경성서학원(Tokyo Bible Training Institute)을 개설하여 일본 전역에서 선교의 열매를 맺기 시작했다. 하나님의 크신 섭리는 어디에 있었는가? 동양선교회가 일본에서 미처 눈을 떼기도 전인 1907년 5월 30일 구한 말 주변 열강의 횡포로 날로 쇠약해져 가는 암울한 조선 땅에 동경성서학원을 졸업하고 귀국한 정빈, 김상준(金相濬) 두 한국 젊은이에 의해 한국성결교회가 태동하게 되었다.[4]

동양선교회에서 한국에 초대 감독으로 파송한 외국 선교사인 영국인 토마스(John Thomas) 목사는 이미 진남포(鎭南浦) 전도관(1908년), 개성 전도관(1909년)이 설립된 후인 1910년 4월[5]에 조선에 부임하게 되

---

2) 東洋宣敎會 聖潔敎會 理事會, 『聖潔敎會 臨時約法』(京城 : 東洋宣敎會 聖潔敎會 出版部, 1933), 1.
3) O.M.S.(Oriental Missionary Society : 東洋宣敎會)의 주한 선교부 실행 위원회의 Everett N. Hunt는 O.M.S.의 세 가지 기본 계획을 "① 모든 피조물에게 복음을 전한다. ② 피선교지 국민을 교역자로 훈련한다. ③ 피선교지 국민 스스로의 교회를 설립케 한다."로 설명한다. 「活泉」, 통권 323호, 25.
4) 李明稙, 『朝鮮耶蘇敎 東洋宣敎會 聖潔敎會 略史』(京城 : 東洋宣敎會 聖潔敎會 出版部, 1929), 143. 以下『略史』로 略 함.
5) 하나님께서는 놀랍도록 한국을 위하여 역사하셨다. 이 새로운 과업을 위하여 선교사가 필요하였는데, 주께서는 John과 Emily Thomas 등 영국에 있는 선택한 두 영혼 위에 손을 얹으사 새로운 선교 사업을 맡기시기 위하여 한국 에 보내셨다."L.B.

었다.⁶

한국성결교회 창립의 주역을 맡아 사역하다가 무명의 전도자로 생을 마친 복음의 선구자 정빈, 그는 한국성결교회사에서 차지하는 비중이 가장 크다고 할 수 있는데도 그 동안 사료의 빈곤이나 연구의 무관심으로 역사의 그늘에 가려져 장년 한국성결교회 선교 80주년을 보낸 1988년 이 시점에서도 아쉽게도 뚜렷한 글로 표명된 것이 없었다.⁷

## II. 정빈의 생애

### 1. 성장과 입신

정빈(鄭彬)은 1871년 척화비(斥和碑)가 이 땅에 세워지고 신미양요(辛未洋擾)의 여파로 인해 천주교에 대한 박해가 계속 심화되어가는 중

---

Cowman, *Charles E. Cowman: Missionary Warrior* (L.A.: OMS Press, 1946), 207.

6) 韓國聖潔敎會의 창립의 주역은 金相濬이 아니라 韓國聖潔敎會의 모체인 武矯町 福音傳道館의 주임 교역자였으며, 한국인으로서는 최초로 京城聖書學院의 교수가 되었던 鄭彬이다. 韓國聖潔敎會 창립자의 이름이 보통 가나다 순인 金相濬, 鄭彬의 순서로 또는 金相濬만으로 말해지거나 글로 쓰여지는데 이것은 鄭彬, 金相濬의 순서로 바로 써야 함이 옳다.
성결교 창립시에 金相濬은 武矯町 福音傳道館의 부교역자였고 鄭彬을 도와 사역에 힘썼다. 金相濬은 1912년이. 되어서야 鄭彬에 이어 주임 교역자가 되었다. *Missionary Warrior*나 *In these Mortal Hands*에 보면 영문으로 Kim(김상준)에 앞서서 Jung(정빈)이 먼저 나온 것을 볼 수 있고, 또한 반대로도 나타난다. 그러나 1929년에 발간 된 韓國聖潔敎會 최초의 교회사 책인 『聖潔敎會略史』에 보면 김, 정과 같은 고정적인 순서로 언급되는데, 이것은 아마도 李明稙 목사의 집필 과정에서 다른 어떤 사료적 근거 없이 주관적인 생각에 따라 기록한 것으로 생각된다.
7) 다만 1987년 이전 『기독교 대백과 사전』(13권)의 '정빈' 항목에 간단히 몇 줄로 정리되어 있을 뿐이다.

인 1873년경[8] 황해도 해주(海州)[9]에서 태어났다.

그는 8세부터 서당에 들어가 학문을 배우기 시작했고, 계속해서 자기 적성에 맞는 대로 외국어와 산술, 그리고 또 다른 학문까지 익히기 시작했다. 정빈은 학문에 대한 남다른 열의가 있어서 신학문을 습득하는데 열심을 다하여 주력하였다. 「달편지」[10]에 보면 다음과 같은 글이 있다 :

> 八歲부터 入學하야 漢文으로 始作하고 算術과 또다른 學術까지 硏究하고 자나깨나 이것들의게 종사하야 와스되[11]

동기는 확실히 모르나 그는 나이어린 10살 쯤에 이미 기독교로 입신하게 되어 교회에 나가 신앙생활을 하였다.[12]

정빈은 일본으로 유학을 가기 전에는 1893년에 선교사 모삼열(牟三悅, Moore)과 조사 김영옥(金泳玉), 천광실(千光實)의 전도로 인해 그 이듬해에 세워진 연동(蓮洞)교회의 청년 신자였다.[13] 정빈은 이미 일본 유학을 떠나기 전에 성경 말씀에 대한 지식과 신앙의 깊이가 있었

---

8) 「달편지」 1936년 3월 17일자(김영관, "쇼생은 행년 육십 여세에 온전히 아는 바는 오직 한아뿐이요, 슘님(성령님) 안으로 과거 삼십 년간을 도라보아.")
9) 李明稙, 『略史』, 145.
10) 매월 동아 기독교(동아 기독대) 총부에서 개교회로 보냈던 교단 기관지 성격을 띤 월보로 교단 소식, 교역자 이동, 간증 등이 기록되어 있다.
11) 「달편지」, (1936년 3월 17일자), 활자 관계로 표기할 수 없는 현대체가 아닌 이하의 원문의 글은 필자가 임의로 바꿔 썼음.
12) 「달편지」, (1936년 3월 17일자)
13) 車載明, 『朝鮮예수教長老會史記』 (京城 : 신간내 교회당, 1928), 20.

다.¹⁴ 「그리스도 신문」에 보면 아래와 같은 글이 있다:

> 나도 밋는 날브터 오늘까지 新約은 사오 편을 보와셔 舊約보다 매우 갓갑게 지내 여 왓사외다. … 예수를 자기 쥬로 아는 쟈면 이 몃 가지는 (救援, 聖潔, 神癒, 再臨의 四重福音을 말함) 발셔 그 흉중에 예산한 거신즉 실샹은 (朝鮮에서) 드른 거시 업사 외다.¹⁵

## 2. 동경성서학원과 일본에서의 활동

정빈은 1905년 7, 8월경에 일본으로 건너갔다. 정빈이 일본 유학을 떠난 지 3, 4개월 후인 1905년 11월 17일 서울에서는 을사조약(乙巳條約)이 굴욕적으로 체결되고 교회의 비통은 극에 도달하였다.¹⁶ 정빈은 이 당시 시국을 바라보면서 다음과 같은 글을 썼다:

> 대뎌 차셰상에서 한국 사람이 되고 엇지 깃븜이 잇스며 엇지 감사함이 잇스리오. 오늘날 우리의 디위가 어느 디경에 니르럿는지 말할 수 업시 외국가 잇는 쟈나 내디에 잇는 쟈나 이 세상 영광은 조곰도 없스니 … 지금 우리들이 만 번 어려운 가온대 쳐하엿슬지라도 내디 젼경의 실낫 갓흔 명맥이 아니며 … 신의 날개 아래로 모흐시는 때오. 은혜를 가지시고 비 주듯시 하려 하시는 시졀이라. 이제부터는 락심된 쟈가 위로

---

14) *The Oriental Missionary Standard*, Dec. 1915, vol. 14, No. 2. .2 참조.
15) 「그리스도 신문」, 1906년 5월 10일자.
16) 閔庚培,『한국기독교회사』(서울 : 대한기독교서회, 1982), 508.

를 밧을 때오. 울든 쟈가 쟝차 우슬 날이 잇슬 터인데 하나님의 집사 여러 자매 형데의 소임이 엇지 분쥬치 아니하리오.[17]

정빈은 구한 말 일본에서 제국주의의 횡포와 침략을 막아 내지 못하고 조선이 일본의 식민지로 전락할 불운한 위기에 처하게 되자 기독교로의 입신을 통하여, 즉 한민족의 회생의 기회를 기독교 안에서 발견하고자 하였다.

정빈의 유학 시절은 일제에 의해 주권이 사실상 빼앗기고 침략의 마각이 여실히 노출된 울분과 참담의 시기였다. 1894년 갑오경장(甲午更張) 이후로 신문물을 수용하기 위해 도일한 초기 일본 유학생들은 자연히 그들 스스로의 조직과 일종의 민족적 사명감에서 하나의 집단적 활동체를 필요로 하였다. 이에 일본에서 조직된 최초의 일본 유학생 단체가 '조선인 일본 유학생 친목회'였다.

그러나 이 단체가 해체되고 '제국 청년회'가 새로 조직되었는데, 얼마 후 다시 해체되었다. 이후에 약간의 공백기 뒤에 지연 중심으로 여러 갈래의 학파로 분파되면서 다시 유학생 조직이 결성되었는데, 그 중의 한 단체로 1905년 겨울경에 '태극학회(太極學會)'가 조직되었다.[18]

이 태극학회는 주로 관서 지방의 유학생들이 주류를 이루었다. 이 학회는 일본에 처음 발을 들여놓은 유학생들의 일어 학습을 돕는 것이 발단이 되어 유학생들의 친목과 학술 연구에 목적을 두는

---

17) 「그리스도 신문」, 1906년 3월 8일자.
18) 太極學會 이외에도 낙동강 친목회, 공수회, 한양회 등이 있었다.

것으로 시작되었으나, 이러한 창립 의도와는 달리 사실상 그 이면에는 민족 주체 의식의 확립과 철저한 국가 관념 속에 외침(外侵)으로부터 무너지는 위태로운 조국 현실을 직시하여 구원하고 해결하고자 하는데 그 목적을 두고 있었다.

정빈은 태극학회의 청을 받아 매주일마다 태극학회 회원 가운데 기독교를 알기 원하는 유학생들에게 설교를 하는 시간을 가졌다:

> 本會 會員이 基督敎를 硏究하기 위하여 聖書學院에서 聖書 專攻하시는 鄭彬氏게 每日 總會日에 三十分式 設敎하기를 囑託하다.[19]

이렇게 태극학회에 연결되어 성서를 가르치는 중에 기독교를 전하면서 그들의 모임에 자주 회동하였으나, 정빈은 일제에 대항하는 정치적 구국 운동에 다른 깊은 관계를 갖지 아니하였다. 왜냐하면 정빈은 십자가 외에 다른 것에서는 이 나라의 소망스런 전정(前程)을 생각할 수 없었기 때문이었다:

> 그러나 나의 깃브고 감샤한 거슨 다름이 아니라 이왕브터라도 우리의 전정은 예수 교로야 텨를 완전히 할 줄노 생각하고 교회가 쟝셩하기만 긔도하며 바라더니[20]

가족을 뒤로 남겨 둔 채 도일(渡日)한 1905년 가을 어느 날,[21] 동경

---

19) 「太極學報」, 창간호(1095), 53.
20) 「그리스도신문」, 1906년.
21) 「그리스도신문」, 본국을 떠난 후 칠팔삭 동안에'로 보아 일본에 도착한 것은 1905

성서학원을 방문하였던 고명우 의사의 소개로 정빈은 김상준과 함께 외국인에게는 낯선 전통 한국식 복장으로 동경성서학원에 나타났다. 호기심에 찬 선교사들과 일본 사람들이 뛰어나오자 두 한국인은 웃으며 넙죽 인사하였다. 아무도 그들의 신원을 알 수 없었는데, 갑자기 한국인 두 사람 중의 하나가 큰 웃음을 지으며 "할렐루야!"라고 소리치자, 킬보른이 이에 "아멘!"으로 화답하였다.[22]

곧 두 사람은 동경성서학원의 교수, 학생들(중국인 학생 1인)과 한 가족이 되어 신학 수업을 받기 시작했다. 정빈은 새벽부터 밤늦게 까지 일본 말을 배우기 위해 노력했고,[23] 얼마 안 가서 그는 일본 말을 말하고 이해할 수 있게 되었다:

> 그들은 일본에서 전격적으로 복음을 전하기 위하여 학생들을 훈련시킨다는 동경 성서학원에 대한 소식을 들었다. 그들의 이름은 한국에서 잘 알려진 이, 김, 그리고 정 씨 성의 사람들이었다. 일본어에 서툴렀으나 그들은 학생으로서 입학이 허락되었다. 얼마나 그들이 일본어를 배우는 데 열성을 다했든지 짧은 시간에 그들은 드문드문 회화뿐만 아니라 강의까지 이해하게 되었다.[24]

---

년 7, 8월경이었고, 그 해 가을 정도 입학했을 것으로 사료된다. (Robert D. Wood의 *In These Mortal Hands : The Story of the Oriental Missionary Society. The first 50 years*에는 1904년 어느 날 정, 김 두 사람이 동시에 동경에 나타난 것으로 기록되었는데, 이것은 연대를 잘못 계산한 것으로 생각된다.)

22) Wood. *In These Mortal Hands*(Greenwood, Indiana: OMS International, Inc., 1983), 75.
23) Wood. *In These Mortal Hands*, 76.
24) Cowman, *Charles E. Cowman*, (1946), 205.

정빈은 당시 남녀 학생 합하여 50인 정도가 공부한 동경성서학원의 형편과 학과 수업에 대해 고국의 성도들에게「그리스도 신문」을 통해 다음과 같이 소개하였다:

> 동경성셔학원은 륙년 전에 창립한 거신대 교사는 미국 사람 길보른 래호 이돈니랑 씨와 일본 사람 중전중치와 셰미철삼랑이니 학원의 교수하는 일은 이 두 사람이 쥬 장하고 학도는 남녀 병하여 오십 여인인데 … 성경 공부는 등급이 업시 다 일층으로 교슈하고, 과정은 신구약 중에서 혹 신학과도 잇고 강의도 잇셔셔 오전 구시브터 십일 시까지 교사가 특별히 가라치고 그 외에는 자기가 각기 공부하고 오후면 번차례 로 남녀가 패패로 갈나 나아가셔 길 젼도도 하고 밤이 되면 전도관이 따로 잇셔셔 그 곳스로 모혀 개회하고 전도하다가 밤열 시가 지나야 잘 자리로 도러오고²⁵

정빈은 동경성서학원에서 주로 성경에 관한 공부와 노방 전도 및 호별 방문 등 전도 실습에 대한 것을 배웠는데, 특별히 심프슨(A. B. Simpson)에 의해 주창되고, 후에는 웨슬리(J. Wesely) 신학과 함께 한국 성결교회의 교단 신학으로 형성된 '사중복음(The Four-fold Gospel)'²⁶에 대해서 공부하게 되었다:

---

25)「그리스도신문」, 1906년 3월 15일자.
26) A. B. Simpson에 의해 처음 밝혀지고 주창된 四重福音은 東京聖書學院에서 주요한 과목으로 가르쳐 왔는데, 이것은 19세기 聖潔 - 五旬節運動을 통해서는 '4대 표제(four themes)'로 말해진다. 일본에서는 나카다 쥬우지의『四重の福音』이 1938년에 책으로 출간되었는데, 이에 앞서서 그의 제자인 한국의 金相濬 목사가 먼저『四重敎理』(1921. 6. 13.)라는 책을 출판하였다.

이곳셔 밋는 목덕의 데일 특별한 됴목은 네 가지이니, 데일은 救援이오, 데이는 聖 潔이오, 데삼은 神癒(약 아니 쓰고 기도만 하여 나음을 받는다)요, 데사는 再臨이라는 것시 다른 敎會보다 다르다.[27]

정빈이 입학한 지 얼마 되지 않아 세 번째 한국 유학생으로 이장하(李章夏)가 동경에서 그들과 합류하였다.[28] 이장하는 여가의 시간에 찬송가를 한국어로 옮겼고, 정빈은 많은 책들을 번역하는 작업을 하였다.[29]

### 3. 동양선교회 복음전도관의 개척

1907년 5월 2일, 정빈은 김상준과 함께 동양선교회 소속 동경성서 학원을 졸업하고 귀국하였다. 정빈은 그해 5월 30일에 김상준과 함께 경성 종로 염곡(鹽谷)에 다 쓰러져 가는 조선식 기와집 몇 간을 세내어 '동양선교회 복음전도관'이라는 간판을 붙이고 복음전도관을 개설하니, 이로써 한국 땅에 외국 선교사의 도움 없이 독자적으로 성결교회가 정식으로 출범하게 된 것이다.[30]

물론, 한국에 선교를 시작하기 전에 동양선교회(O.M.S.)는 인적, 재정적인 부족으로 인해 일본 선교에 있어서도 큰 성과를 이루지 못한 개척기였다. 동양선교회의 기관지인 *Eletric Messages*에서는 처

---

27) 「그리스도신문」, 1906년 3월 15일자.
28) Wood, *In These Moral Hands*, 76.
29) Wood, *In These Moral Hands*, 76.
30) 「活泉, 통권」, 83호, 44.

음 전도관을 매입할 때 재정적인 원조를 했다고 말하나,[31] 그것을 다 인정한다 해도 염곡에 다 쓰러져 가는 집 몇 간을 전세로 빌리게 되는 정도였고, 정빈은 이곳에서도 쫓겨나 셋집을 몇 번이나 옮겨다니는 재정적인 어려움에 처하게 되었다.[32] 카우만과 킬보른은 1907년 내한 후 2주 만에 일본으로 그냥 돌아갔다. 이처럼 동양선교회가 조선에서의 선교 사업을 시작할 만한 여유를 가지지 못할 때에 최초로 한국성결교회를 창립함으로써 자국인의 모국 선교의 장을 열었던 정빈은 이미 동경 유학 시절 그곳 복음전도관에서 한 주간에 수십 명씩 결신하는 부흥의 모습을 보면서 그의 가슴 속에는 한국 땅에서의 복음 전도의 청사진을 가지고 있었다:

쥬 압헤 일을 맛혀 가지고는 … 우리 나라 教會에도 이와 갓치 하엿스면 됴겠다 하엿소.[33]

동족이 동족에게 직접 복음을 전함으로써 자국인이 동족 선교의 장을 연 선교적 주체로서의 역할 감당은 외국 선교사의 주도로 이루어진 장·감과는 다른 모습으로 이 민족사에 비추어졌다.

한국 성결교 창립의 주역인 정빈은 처음부터 특정한 교파 의식을 갖지 않고, 일본에서 공부하고 실습하여 익힌 전도 방식으로 악대와 가두 전도 연설, 호별 방문에서 복음을 전하여 결신시키고, 결신자

---

31) *Electric Messages*, vol. 7. No. 2(1908. 12).
32) 『略史』, 51.
33) 「그리스도신문」, 1906년. "쥬일이면 남녀가 사쳐로 허여져 나가서 길에셔 찬미하여 라발도 불어 사방으로 사람을 모화놋코 남녀가 차례로 연셜 한번식 돌녀가며 모든 사람에게 이갓치 전도하고"

들은 인근 다른 교파 교회로 인도하였다.[34] 이명직(李明稙)은 『朝鮮 耶蘇敎 東洋宣會 聖潔敎會 略史』에서 아래와 같이 적고 있다:

> 그런데 그 名稱을 福音傳道館이라 함은 다름이 아니라 最初에 東洋宣敎會 創立者인 카우만, 길보른 總理들의 精神을 敎派를 세운다든지 또는 宣敎事業이라는 野心에 잇는 것이 아니라 순연히 救援의 福音을 未信者에게 넓히 傳하여야 되겠다는 精神으로 좃차 잇게 된 名稱이였나니라. 그래서 처음으로 오직 傳道로만 主張을 삼고 牧會에는 注力지 아니하엿슴으로 敎會를 組織하지도 아니하고 따라서 政治도 업섯다.[35]

따라서 초기 한국성결교회의 출발은 단일한 하나의 기성 교파로 시작하지 않고 복음전도관, 문자 그대로 복음 전도를 위한 선교 동기에서 시작되었다. 이에 민경배(閔庚培) 교수는 "초교파적인 동양 선교를 위한 단체에서 출발하여 경화(硬化)된 교회가 성결교회였다."고 규명하고 있다.[36]

정빈은 부교역자 김상준과 함께 매일 저녁 한 사람은 장등을 들고 한 사람은 북을 치며 황토현(黃土峴)에 가서 "믿기만 하오. 믿기만 하오."[37] 찬송을 부르며 전도를 하였다. 그러나 이같은 직접 전도 방법은 많은 오해를 빚기도 했다:

---

34) 『略史』, 16.
35) 『略史』, 16.
36) 閔庚培, 『韓國基督敎會史』, 161.
37) 중앙 성결교회 출판 위원회, 『중앙교회 70년사』(서울 : 중앙성결교회, 1978), 33.

未信者는 물론하고 信者의 眼目에도 萬物의 때와 갓치 보일 뿐 아니라 '굿중패'나 '남사당패'와 갓다고 하였더라. 그러나 金, 鄭 량인은 엇더한 方法이던지 령혼을 救 援함에는 개가죽이라도 무릅쓸 경우에는 그것이라도 사양치 아니하겟다는 主義로 오직 忠誠을 다하야 역사하는 중에 하나님께서 權能으로 함께 하셧더라.[38]

이같이 노방 전도는 갖은 조롱과 비판 중에도 그 성과가 커서, 한 말 불운한 역사의 뒤안길에서 한 가닥의 소망을 찾는 많은 이 땅의 백성들을 그리스도 앞으로 인도하였고, 1908년에 이르러 구리개(현 무교동)[39]에 한옥을 마련하여 전도관으로 사용하게 되었다.

1907년 평양, 원산, 목포를 중심으로 일어난 신앙부흥운동의 불길은 1908년 서울로 확산되어, 그 해 겨울에는 무교정(武矯町) 전도관에 많은 사람이 몰려들고 신도나 선교사, 교역자 할 것 없이 모인 회중들이 각기 죄를 통회 자복하고 성령의 능력을 받는 대역사가 일어났다.

한국성결교회의 오순절(五旬節)과 같은 대신앙 부흥의 역사는 특별히 연동장로교회의 부흥의 도화선이 되었다.[40] 이로 인해 연동교회의 조사(詞事)[41]인 이명헌(李命憲), 집사 원세성(元世性), 배선표(裵善杓), 박용희(朴容羲), 여조사인 원경신(元儆信, 원세성의 부인) 등이 성결교회로 이

---

38) 『略史』, 51.
39) 당시의 武矯町은 여인네들의 머리 장식과 갓을 파는 장사치들로 붐비는 곳이었고, 가까이 인접한 다동은 경성에서는 기생촌으로 유명한 환락적인 유곽 지대였다.
40) 「活泉」, 통권 83호, 45.
41) 당시의 조사(助事)는 오늘날의 전도사와 같은 직책으로 한 선교사에 예속되지 않고 형편에 따라 다른 선교사와 함께 사역을 하기도 하였는데, 당시에는 한국교회의 유일한 한국인 지도자였다.

명하여 성결교회 초창기의 한 일원이 되었다.[42]

연동교회의 조사인 이명헌과 원세성 등 많은 사람이 동양선교회 복음전도관에 참석하여 설교를 듣고 큰 은혜를 받아 이명을 하자, 배동석(裵東奭)이라는 청년은 단순한 민족주의적 감정에 치우쳐 미처 기독교를 알기도 전에 복음전도관을 미신과 친일의 집단으로 매도하여 복음전도관과 그 추종자들을 파괴, 암살하고자 하는 계획을 가지고 있었으나 실행에는 옮기지 못하였다:

> 동경성셔학원에서 卒業하고 처음으로 경성에 건너와서 구리개에다가 동양션교회 聖潔敎會(福音傳道館)를 設立하고 傳道하는 중에, 성신의 큰 復興이 니러나서 각 敎會 교역쟈와 신쟈들이 만히 참예할 때에 련동교회 조사 리명헌 씨와 집사 원셰셩 씨도 참예하고 큰 恩惠를 밧아 가지고 자긔 敎會에 가셔 간증하는 중에, 그 敎會에서도 또한 만흔 신쟈들이 은혜를 밧아 가지고 悔改하며 自服하게 되엇다. 이 때에 愛國心이 팽챵한 배동셕 군의 눈에는 아모것도 아니게 보엿다. 배군은 큰 감졍을 품고 생각하기를, 宗敎는 國家를 文明케 하고 샤회를 改良하며 愛國心을 培養하는 것이어늘 뎌 동양션교회는 國家와 샤회를 해롭게 하고 사람을 迷信으로 引導하니 맛당히 폭발탄을 던져서 破滅케 하고 또한 그 迷信에 침혹된 원셰셩, 리명헌 두 사람은 暗殺하리라고 쟉뎡을 하엿셧다.[43]

부흥의 역사가 한창 일어나던 즈음 어느 주일 정빈이 설교하는

---

42) 『略史』, 53.
43) 「活泉」, 통권 제3호, 38.

중에 이렇게 말하였다:

> 소위 信者로서 조고마한 병에 걸니게 되면 한갓 藥이나 의사에게만 의지하고 하나님의 權能을 밋고 긔도하는 일을 하지 못하는 것은 불가한 일이라.⁴⁴

이것을 들은 당시의 대한매일신보 기자는 1909년 9월 14일자 대한매일신보 논설을 통하여 전도관은 어리석은 백성들을 유혹하여 일본에 복종케 하는 음험한 마귀의 단체라는 근거없는 비판적인 오해를 담은 글을 실었다:

> 소위 동양전도관이라는 거시 나기로 우리는 처음에 료량하기를 이것도 젼하고 진실한 텬국의 적자와 진정한 구세쥬의 신도를 모화 샹데를 찬양하는 쳐소인가 하야 노래를 부르고 이 젼도관을 환영코져 하엿더니 이제 듯건대 음험하다 이 젼도관이여 참 독하다 … 이 젼도관이여 그 도를 젼하는 관이 아니라 화를 젼하는 관이니 … 이 에 동양전도관을 설시하여 한국 동포를 속이는대, 첫째는 한국 동포의 자유하는 생각을 막아셔 아모됴록 형편 되어 가는 대로 행동을 하도록 하며 비루하고 굴복하는 거슬 됴흔 거스로 알도록 하고져 함이니 음험하고도 참 독하다 이 젼도관이여 쥬의 말슴을 외오며 쥬의 일흠을 빌어셔 그 마귀의 술업을 행하는도다.⁴⁵

---

44) 「活泉」, 통권 제83호, 45.
45) 「活泉」, 통권 제83호, 45.

이미 대한매일신보에서는 4월 21일자 논설을 통하여 정빈과 김상준을 '남산의 늙은 여우와 같은 종교계의 요물'로 단정하며 그들은 일본에서 공부하고 귀국한 친일파이며 과학을 무시하고 의약을 죄악시하는 미신적 행위를 조장하는 자들이라고 중상적인 모략을 행하였다:

> 슬흐다 종교계에 요물이 생겻고나 오호라 종교계에 요물이 횡행하는 도다 … 뎌 요물은 엇던 물건이뇨 하면 긔독교 신쟈라 하는 소위 일본 동경성셔학원에서 졸업하엿다 자칭하고 젼됴하는 한인 모모 수삼 인이 곳 이것이니라.[46]

이로 인하여 을사늑약(乙巳勒約 *1905년<대한제국 광무9년>에 일제가 한국의 외교권을 빼앗기 위해 강제적으로 맺은 조약) 이후 반일 사상이 극도에 달한 경향 각지인들에게 의혹과 실책을 사게 되었지만, 이것은 부질없는 중상모략으로 드러났다.

주의 은혜와 주임 교역자인 정빈과 부교역자인 김상준, 이장하, 박기반(朴基磐)의 헌신적인 노력으로 무교정 복음전도관은 계속 부흥일로를 걷게 되었다. 1911년 3월 경성 무교정 복음전도관 안에 임시로 성서학원이 개설되었는데,[47] 이때 정빈은 한국인으로서는 최초로 성서학원의 교수가 되어 학생들을 가르치게 되었고, 내한한 조선 감독 토마스 목사는 원장이 되었다.

---

46) 「대한매일신보」, 1909년 4월 21일자.
47) 『略史』, 34.

이듬해인 1912년 3월 죽첨정(竹添町, 현 충정로) 3정목(丁目) 35번지에 정식으로 경성성서학원이 신축되어 이전하자,[48] 정빈은 무교정전도관 주임 교역자직을 사임하고 신학 교육에만 전념하게 되었다.[49]

1914년 9월 30일에 정빈에 이어 무교정 복음전도관 주임 교역자가 된 김상준은 무슨 이유인지는 모르나 정빈과 서로 의견 충돌을 일으키게 되었다. 정빈은 성서학원 강당 칠판에 김상준에 대한 12개 조문을 기록하고 킬보른 총리에게 송사를 요구하였다. 이에 킬보른은 칠판에 기록한 것을 취소하고 서로 주 안에서 화해할 것을 권하였다.

김상준이 정빈에게 찾아가 용서를 빌었으나, 정빈은 송사에 대한 판결을 요구하며 끝내 사직서를 제출하고 북간도로 떠나고 말았다.[50]

### 4. 정빈과 대한기독교회(동아기독교)

북간도로 건너간 정빈은 아무런 제약 없이 복음을 전하다가 3년 후인 1917년 다시 성결교회(동양선교회)로 돌아와 동양선교회의 파송을 받고 안성(安城)교회를 창립하였다.[51]

정빈은 당시 경기도 3대 읍 중의 하나인 4천 세대 정도가 사는 안

---

48) 『略史』, 34.
49) 『기독교 대백과 사전』, '정빈' 항목.
50) 『略史』, 36.
51) 『略史』, 146.

성읍에 파송되어 다른 부교역자 없이 교회 개척에 착수하였고,[52] 1년 동안 열심으로 순복음(사중복음)을 전하면서 수십 명의 결신자를 얻게 되었다. 1922년 경기지방 감리목사 이명헌의 보고에 따르면 안성교회는 120명의 신자를 가진 대교회로 성장하였음을 알 수 있다.

1919년 9월에 정빈은 인천교회에 다시 파송되어 부교역자 김흥수(金興洙), 최병애(崔丙愛) 전도사와 함께 율목리에서 3년간 목회하였다.[53]

이후 1921년 9월 종래에 사용하던 복음전도관이라는 명칭을 폐지하고 교회를 조직하여 교회의 명칭을 성결교회로 바꿔 교단으로 경화되어 갈 무렵, 그는 인천교회를 사직하고 다시 북간도로 떠났다.[54]

정빈이 성결교회를 떠난 사건은 창립자에 대한 여러 가지 안타까움과 함께 부정적인 평가(교단 의식의 미약)와 또한 여러 의문을 던져 준다.

그러나 처음 이 땅에 복음전도관(성결교회)을 세울 때에 두 가지 선교 원칙(첫째, 어떠한 새 교단을 만들지 않는다. 둘째, 복음을 받아들이지 않는 곳에 가서 직접 복음을 전한다.)에 입각한 행동의 발로이지 않았나 생각된다.

1921년 재차 북간도로 건너간 정빈은 나라를 잃고 실의에 젖어 단지 생존만을 위해 살아가는 대다수의 재만(在滿) 한국인들에게 중생, 성결, 신유, 재림의 사중복음을 전하였다.

---

52) 『略史』, 75.
53) 『略史』, 81-82.
54) 『略史』, 16.

기독교는 당시 치안 부재와 사회 불안의 이국 만주 땅에서 한 가닥의 생로(生路)를 찾아 영하 40도의 혹한이 주는 고통을 이겨내며 질병과 굶주림 속에서 심리적, 정신적 안정을 갈구하는 재만 한인들에게 커다란 안식처를 제공하였다.

조선 말기 계속되는 흉년과 관리들의 착취, 1912년부터 1920년까지 시행된 이래 토지 수탈정책으로 경제적 기반을 잃고 몰락한 농민들의 대거 이주, 그리고 일제 강점과 3·1 운동으로 일어난 민족주의자들의 정치적 망명으로 1920년 재만 한인의 총수는 46만 명을 헤아렸다. 그리고 1930년에는 61만 명에 달하였으니 선교 정책적인 면에서 볼 때 만주 땅은 1930년 전후 그 시대가 만들어 낸 선교의 황금 어장이었다.[55]

따라서 1920년대부터 국내 교회의 만주 선교는 본격적이고 조직적인 선교 활동을 펼치기 시작했다. 따라서 기독교는 1934년에는 교회당 162곳, 교인 31,886명이었고, 2년 후인 1936년에는 233교회, 38,251명 신자를 가진 재만 한인 사회에서 가장 유력한 종교로 등장하게 되었다.[56]

정빈은 두만강 대안(對岸)의 북간도에서 동아독교회의 한 일원이 되어 전도 활동을 펼쳐 나갔다.[57] 정빈은 1921년 북간도에 오기 전에 이미 1914년 처음 북간도를 밟았을 때 동아기독교의 전신인 대한기독교회의 일원이 되었다.

---

55) 1945년에는 2,100,000명에 달하였다.
56) 현규환, 『한국 유이민사』(상) (서울 : 어문사, 1967), 520-21.
57) '동아기독교회'는 현 기독교 한국 침례교회의 교단 명칭이다. 일제 통치 아래서 기독한국침례회는 몇 차례의 교단 명칭 변경이 있었다. 대한기독교회(1906-1921)→ 동아기독교회(1921-1933) → 동아기독대(1933-1940) → 동아기독교회(1940-49).

그는 대한기독교회가 훈춘 지역에서 왕청(旺淸) 지역으로 교회 설립을 확장하는 시기인 1915년 왕청현 하남 교회를 개척하였고,[58] 그 해 봄에는 감로(監老)로서[59] 새로 창립된 200명 교인을 가진 나자구 교회의 주임으로 이춘보 전도사와 함께 사역하였다.

따라서 재차 동아기독교회에 온 정빈은 감로로서 북만주 간도의 용정(龍井) 교회에서 시무하였는데, 이 교회는 1922년 봄에 박노현의 전도로 창립 된 30여명의 교인을 가진 개척 교회였다.

정빈은 용정교회에서[60] 복음을 전하는 일 외에 1921년 이종덕(李鍾德) 감목의 뜻에 따라 만주 종성동에 세워진 종성동 성경학원에서 교수(교사)로서 성경을 가르치는 일을 하였다:

> 만주 종성동에서 성경 학원을 실시하고 남북 각지에서 남녀 다수의 학생들을 모집하여 이감목 원장과 정빈(鄭彬)씨(일본 청산학원 신학부 출신, 무명 전도로 일생을 바친 분) 제 선생으로 유지(維持)해 왔으나 3년 후 3월 말에 부득이한 사정으로 인하여 중지하였다.[61]

---

58) 김태식, "재만 동아기독교 선교 활동에 대한 연구", (석사 학위 논문, 침례신학대학 대학원, 1986), 36.
59) 감로(監老)는 동아 기독교의 개교회나 지방 구역(지방회 전도)에서의 일반 교인들의 직분이다.
60) 김태식, "재만 동아기독교 선교 활동에 대한 연구", 40.
대한기독교회 교규는 제2장 '교역 및 그 성독(聖督)'에 보면 대한기독교회의 임원은 감목 1인 아래에 목사 약간을 두고, 목사 아래에 감로(안수 받아야 감로 직분을 받을 수 있음), 그 다음에 교사, 전도인(또는 전도사) 당원으로 구성하였다. 감목과 안사는 대한기독교회 목사에 한해서 주어졌고, 그 이하의 직분은 지방 목회(개교회)의 산하에 두어 시행하였다. 아래의 글은 감로의 직분에 대해 자세히 설명해 주고 있다.
제8조. 감로는 목사의 지휘를 받아 월 2회씩 당해 구역 내에 있는 교우의 가정을 순하여 신앙을 향상토록 권장하고 교회에 대한 헌금을 관리하며 목사가 침례 및 성찬을 베풀 때 목사를 보좌한다. 목사 부재시에는 혼·장의 집례를 대행한다.『대한기독교 침례회사』, 17.
61) 김용해 편,『대한기독교 침례회사』(서울 : 대한 기독교 침례회 총회, 1964), 38.

이종덕 감독은[62] 1949년 3월 1일에 다시 강경(江景)에서 교역자 양성의 필요로 성경학원을 개원하였으나, 이때 교수의 명단 중에는 정빈의 이름이 빠져 있다. 이로 미루어 보아 정빈은 1949년 이전에 주께 부름 받은 것으로 사료된다:

> 1949년 3월 1일 강경에서 성경학원을 설치하고 원장 이종덕 목사와 교사로 김용해, 한기춘, 장일수, 제목사, 이건창 선생과 전국 각 구역에서 응모(應募)된 五十二 인의 수강생으로 개원되어 1기 과정을 수료하였다.[63]

1931년 만주사변(滿洲事變) 이후 괴뢰 정권인 만주국이 만주 내에 있는 기독교를 하나로 통합하려고 할 때, 정빈은 동아기독교와의 관계는 계속 유지하면서 다만 복음의 교사와 전도자로서 수다한 영혼들을 주 앞으로 인도하는 일[64]에만 전력을 다하다가 끝내는 60이 넘는 노년의[65] 무명 전도자로서 이름 없이 빛도 없이 생명이 있는 동안 복음만 전하다가 아골 골짝 빈들과 같은 황막한 만주 땅에서 주 오시는 날까지 잠들게 되었다.

---

62) 이종덕 목사(1884~1950년 순교)는 기독교한국침례회의 전신인 동아기독교의 2대 감목으로 동아 기독교 초창기에 펜윅(M. C. Fenwick)과 함께 한국침례교회를 이끌어 간 핵심적인 중심 인물이다. 한국침례교회를 세우는데 결정적인 역할을 담당했던 그는 탁월한 정치적인 두뇌로 정교 분리 원칙을 고수했고, 순복음을 가르치고자 후진 양성을 위해 만주 종성동에 성경 학원을 세웠다. 1950년 7월 25일 강경 금강 연변의 갈대밭에서 공산당에 의해 순교당했다.
63) 김용해 편, 『대한기독교 침례회사』,79
64) 「그리스도신문」에 게재한 자신의 글 중에서.
65) 「달편지」 1936년.

## III. 정빈의 사상

한국성결교회는 1907년 5월 30일 정빈과 김상준에 의한 주도적인 자생적 개척(自生的 開拓)을 통해 시작되었다. 그러나 성결교회 창립자 2인 중의 한 사람인 김상준과는 달리 정빈에 대해서는 창립 80년이 지나도록 단 한 편의 글도 나오지 않았다. 따라서 정빈 사상의 연구에 대한 시도는 지금까지 거의 황무지와 같았다. 왜냐하면 지금까지 한국 성결교 창립자 정빈의 생애에 대한 언급조차도 없었던 것이 한국성결교회의 역사연구의 현실이었고, 1987년에야 비로소 필자의 '정빈론'을 통해 처음으로 지상에 발표되었기 때문이다. 박명수 교수는 필자의 정빈 연구에 대해 다음과 같이 말하고 있다:

> 정상운 교수는 수년 전부터 성결교회의 자료를 발굴하기 위하여 노력하여 왔다. 특별히 그는 성결교회 최초의 전도자인 정빈에 관한 새로운 자료를 발굴하여 초기 성결교회의 연구에 큰 공헌을 하였다. 지금까지 성결교회의 자료가 『활천』을 중심으로 맴돌았는데 그는 그 지평을 일반 교계 신문과 일반 문헌에까지 확대하여 성결교회 역사 연구의 폭을 넓혔다.[66]

이 글이 암시하는 바와 같이 그 동안 창립자 정빈이 가졌던 사상의 윤곽 조차도 그려낼 수 없었던 것이 성결교회의 과거의 모습이었다. 그것은 사료의 한계(사료의 귀중성 인식 부족과 이로 인한 보관 및 발굴에 대

---

66) 박명수, '서평, 정상운 교수의 『새벽을 깨우는 사람들 - 인물로 본 성결교회사』,' 『들소리 신문』, (1996.9.8.), 6면.

한 소극성)와 한국교회사에서 성결교회만이 가진 타교회(교단)와 다른 독특한 특성인 성결교회성에 대한 역사의식의 빈곤에서 연유되었음을 솔직히 인정하지 않을 수 없다. 따라서 1987년 창립 80주년 이전에는 성결교회를 처음 이 땅에 심고 거름을 준 정빈에 대해서는 앞에서 지금까지 쓰여진 단편적인 몇 줄의 글들을 통하여 역사적 사실과는 다르게 굴절된 시각으로 보여지거나 빈 공백으로 보여질 수밖에 없었다. 그러므로 그 동안 이것은 성결의 후학들에게 실증사적인 분석과 비판 없이 다음의 내용으로 잘못 받아들여져야 했다:

> 당시 북간도에는 많은 애국 독립 운동가와 그 가족이 몰려와 살았는데 정빈 씨는 그곳에 가서 자유롭게 전도하는 한편 독립운동에 투신하고 싶은 충동을 받고 떠났 다고 한다.[67]

이것은 서울신학대학 교수논문집에서도 같은 내용으로 반복되고 있다:

> 정빈 : 정확한 자료는 없고 황해도 해주 출생, 개화 사상의 영향 받아 기독교 입교, 1905년 성서학원, 1907년 귀국, 1912년 성서학원 교수로 봉직하였다. 의견 충돌로 1914년 사임, 북간도 구령 사업에 종사. 후설에 의하면 독립운동 하였다 함.[68]

---

67) 기독교대한성결교회 역사편찬위원회, 『성결교회사』 제1집(기초 집필 초) (서울 : 기독교 대한 성결교회, 1981), 58.
68) 崔熙範, "서울神學大學70年史小考", 『神學과 宣敎』 제7집, (1981), 12.

이 같은 내용의 글은 정빈이 성결교를 떠나 자유 전도뿐만 아니라 정치적으로 독립운동에 투신했다는 암시를 주고 있는데, 이것은 사실과 전혀 다른 내용이다. 따라서 정빈에 대한 지금까지의 연구는 필자의 논문이 발표되기 전까지는 위의 내용으로 만족해야만 했고, 이것은 통설에 가까운 내용으로 후학들에 게 무비판적으로 받아들여져야 했다.

이러한 사료 한계의 현실에서 일부분 남아 있는 정빈의 글들을 통해 그의 사상을 조명해 보려는 시도가 무리인 듯 싶으나 그가 성결교 창립과 초기 선교 활동에서 차지하는 비중이 크고, 바야흐로 선교 2세기를 앞둔 한국성결교회의 정체성 규명과 미래적 방향 설정에 다소나마 유익을 줄 것으로 사료되어 그동안 수집하고 책으로 펴낸 내용을 통하여 그의 사상을 다음과 같이 3가지로 나누어 살펴보고자 한다.

### 1. 순복음(純福音)이라 불리운 사중복음의 강조

정빈은 한말 일제에 의해 한민족의 주체성이 점점 상실되어 가는 불운한 역사적 정황 앞에서 당시의 민족적 과제였던 개화와 민중의 요망인 반봉건적 의식 개혁과 사회 개혁을 선교의 과제로 삼기에 앞서서 이 민족의 구원의 첩경을 기독교의 수용에서 찾았다.[69] 그래서 구국(救國)은 정빈에게 있어서 는 곧 복음 수용으로 받아들여졌다. 그는 일본이라는 새 침략 세력 앞에서 반일적 감정과 민족의식을

---

69) 宋吉燮, 『韓國神學思想史』(서울 : 大韓基督敎出版社, 1987), 92.

형성하고자 하는 대중적인 정치 운동(자주 독립 사상과 충군 애국적인 신앙 고백 등)을 통해 이 민족의 구원과 자유의 길을 모색하지 않았다. 그는 한말이라는 역사적인 상황과 현실에 타협하여 복음이 자기 본질을 상실하고 변질됨으로써 기독교가 민족 구원의 혼합 종교로 전락됨을 방지하고자 노력하였다.

정빈에게 있어서 민족 구원의 복음이란 사회 구원의 복음과 정치 구원의 복음이 아닌 순수 복음, 영혼 구원의 복음이었다. 따라서 그에게 있어서는 종교 개혁에서 주창된 복음적 사상이 한말과 일제 강점이라는 우리 한민족의 역사적 현실 앞에서 그 순수성을 잃어버리지 않는, 초기 한국 감리교와는 다른, 실로 인상적이며 전통적인 기독교 신학 정수인 순복음 신앙으로 나타났다. 정빈이 초기 복음전도관 시대에 주창한 순복음(純福音) 내용은 동경성서학원에서 처음부터 가르치고 전하여 온 사중복음(초기에는 순복음으로도 사용되었고, 「활천」에 나타나는 빈도도 사중복음과 같이 많이 나오고 있음)이었다. 정빈은 일본에서 고국에 보내는 글 가운데 동경성서학원을 소개하며, 그곳에서 새로운 가르침으로 배운 사중복음을 다음과 같이 말하고 있다:

또한 이곳에서 믿는 目的에 第一 特別한 條目은 네 가지이니, 第一은 救援이요, 第二는 聖潔이요, 第三은 神癒(藥 아니 쓰고 祈禱만 하여 나음을 받는다고 함)요, 第四는 再臨이라는 것이 다른 敎會보다 다를 수 있소. 예수를 자기 主로 아는 자면 이 몇 가지는 벌써 그 흉중에 예산한 것인즉 실상은 들은 것이 없습니다.[70]

---

70) 鄭彬, "성서학원 형편", 『그리스도 신문』, 1906년 3월 8일자.

심프슨(A. B. Simpson)의 표현을 빌리자면, 사중복음이란 기독교 교리(복음) 가운데 중요한 4가지 메시지로, '그리스도께서 우리에게 주시는 축복을 가장 완전한 방법으로 요약한 것'이었다.[71] 심프슨이 1887년 올드 오차드(Old Orchard) 총회의 첫 번째 설교에서 '사중복음(The Fourfold Gospel)'이라는 제목으로 설교를 했을 때부터 처음으로 사중복음이라는 용어가 사용되기 시작했다.[72]

그러나 사중복음의 4중 유형, 또는 더 나아가서 5중 유형의 5중 복음이라는 형태는 심프슨 고유한 독점물이 아니다. 데이튼(Dayton)의 설명을 빌리자면 '온전한 복음(The Full Gospel)'[73]이라는 용어는 오순절운동(Pentecostalism)에서 특징적으로 사용되는 것으로서, 북미 오순절협회(Pentecostal Fellowships of North America, 약칭 PFNA)의 광범위한 교리 선언 속에서 일부분이 침잠되어 있는 테마군(Constellation of themes)을 말한다.[74]

따라서 구원, 성결(성령 세례), 신유, 재림이라는 4중 유형의 4가지 테마는 19세기 말 성결 - 오순절 운동(Holiness-Pentecostal Movement)에서 유래된 교회들로부터 다소간 신학적 차이를 드러내면서도 온전한 복음(순복음, Full Gospel 또는 Whole Gospel)이라는 용어로 각 교단(교회)들마다 강조하였다. 이것은 19세기 심프슨을 통하여 성결 - 오순절

---

71) A. B. Simpson, *The Four-Fold Gospel* (Harriesburg: Christian Pub., 1925년), 4.
72) The Word, *The Work and The World*, 1887, Supplement, 4.
73) '온전한 복음(The Full Gospel)'이라는 용어는 초기 한국성결교회의 저작물에서는 '순복음'으로 번역되어 사용되었고, 이것은 동시에 '사중복음'을 의미하기도 했다.
74) Donald W. Dayton, *The Theological Roots of Pentecostalism* (Peabody: Hendrickson Publishers, 1994), 15.

운동의 복잡한 발전 과정의 마지막 단계와 정점을 이루게 되었다.[75]

동양선교회 제1대 총리인 나카다 쥬우지(中田重治)는 사중복음이라는 용어를 처음 말한 자가 확실히 '그리스도인과 선교사 동맹(Christion and Missionary Alliance)'의 심프슨임을 말하며, 그의 용어를 빌려 일본에서 동양선교회의 처음 출발부터 사중복음의 전파를 최고, 최대의 과제로 삼았 다.[76] 나카다 쥬우지는 다음과 같이 말한다:

> 우리 敎會(필자 주 : 동경성서학원)는 只今부터 33年前 神田表 神保町에서 福音을 傳하고 가르친 當初부터 '四重福音'을 目標로 하여 싸워 온 것을 여러분이 알고 있다. 以後에도 더욱 더 이 깃발을 높이 들고 前進할 생각이다.[77]

정빈은 1907년 5월 2일 귀국하면서 일본 동경성서학원에서 교수들로부터 배운 사중복음을 이 땅의 백성들에게 전하기 시작했다.[78] 지금까지 발굴된 사료를 통하여 재림의 복음을 제외하고 우리는 다음과 같이 사중복음에 대한 그의 사상을 엿볼 수 있다.

### 1) 중생(重生)

정빈은 십자가 복음에서 이 민족의 구원을 바라보며 실의에 젖어

---

75) 위의 책, 22.
76) 米田勇編, "四重の福音", 『中田重治全集』 第2券 (東京 : 中田重治全集刊行會, 昭和 50年), 282.
77) 米田勇 編, "四重の福音", 『中田重治全集』, 第2券, 283.
78) Mrs. C. E. Cowman, "How the Korean Work Began", *Electric Messages*, Vol.2(1908. 12), 13.

있는 일본 유학생들과 고국의 백성들에게 교계 신문과 유학생 잡지를 통해 문자 그대로 복된 소식(Good News)인 십자가 중생의 복음을 전하였다. 다음의 글은 「태극학보」(太極學報)에 실린 '면면(面面) 그리스도'의 글 가운데의 일부이다:

그런데 지금은 이 쟈유 두 글자를 모르는 사람이 업고 그 듕에라도 이 두 글자를 목마른듯시 사모하는 나라는 대개 아라사와 청국과 우리 한국이라. 이럼으로 아라사 뢰 동쟈는 쟈유의 꿈을 꾸고 청국 처녀들은 쟈유의 노래를 부르고 한국은 오쳑 동자 라도 쟈유를 바라는 사상이 간절함으로 사람 사람이 날마다 머리를 동편으로 돌니고 태평양에셔 건너 오는 배만 기다리며 금번에난 혹 쟈유실은 배가 올가 하고 이갓치 渴望을 품엇도다. … 중략 … 그러나 만일 그 나라에셔 쟈유를 허락할지라도 그거시 온젼한 쟈유라고 하지 못타리니 이는 무타라 사람들이 다 죄를 가지고 잇는 연고요 죄인의게는 쟈유가 업느니 셩경 말씀에 내가 원하는 션은 행치 아니하고 원치 아니 하는 악은 행하는도다(羅七〇十九). … 중략 … 그런즉 참쟈유가 별한 곳에 잇는 것 시 아니오 곳 하나님 말삼 속에 잇나니 구코져 할진대 곳 사람 사람의 발합헤 잇는 거시라. 엇지 먼 곳까지 가리오. 이는 세상이 어리석게 녁이고 낮게 보는 십자가에셔 흘닌 예수의 피가 사람 마음 가온대 비상한 능력을 행하야 죽은 쟈를 살니고 병든 쟈를 곳치고 마귀의 결박밧은 쟈들을 自由解放하나니.[79]

동아기독교(현 침례교) 총부에서 개교회로 보냈던 초기 침례교회 교

---

79) 太極學會, 『太極學報』, 第4號 (光武10年), 41-43.

단 기관지인 「달편지」에 보면 다음과 같은 글이 있다:

져로 온젼히 깨닷게 하시고 의심업게 하시고 그 우에 또 담대케 하심을 밧으온 거슨 죄인이 구쥬님의 높흐신 십자 공로뿐 밋으오면 누구던지 텬당으로 영접함을 밧으 올 일 이것 한가지 온젼히 아온 거시올시다.[80]

「그리스도신문」에는 다음의 글이 나와 있다:

이 글(성경)을 읽어야 십자가의 피가 자기와 엇더케 샹관되는 거슬 분명히 깨다를 거시오 주 예수께셔 우리 구원의 쥬가 되시고 영원한 약속의 쥬가 되시는 줄을 깨다를 거시오.[81]

위의 글을 보면 하이델베르그(Heidelberg) 논쟁에서 진정한 신학이란 십자가 신학이며,[82] 의인(義認, Justification)의 개념을 십자가 신학과 동일한 것으로 간주한 루터(M. Luther) 및 16세기 종교 개혁자들과 마찬가지로 정빈은 십자가 대속의 공로에 대한 믿음으로 구원받음을 강조하였다.[83] 그리고 그는 한말 한국 민족의 참 자유는 영혼 구원에서 비롯됨을 확신하고 있었다.

---

80) 「달편지」, 1936년 3월 17일자.
81) 鄭彬, "성경 읽은 경험", 『그리스도 신문』, 1906 5월 10일자.
82) Paul Althaus, *The Thoelogy of Martin Luther*, Trans. by Robert C. Schultz, (Philadelphia: Fortress Press, 1988), 25.
83) Paul Althaus, *The Thoelogy of Martin Luther*, Trans. by Robert C. Schultz, 32. "누구든지 그 마음에 알고 있는 그리스도를 믿고 있으면, 그를 주께서 의롭다고 여기신다. 이것이 은혜가 죄용서를 받고 의로워지는 방법이며 공로이다."

정빈의 중생관(重生觀)은 동양선교회에서 1925년에 출간한 『동양선교회 성결교회 교리급 조례(東洋宣敎會 聖潔敎會 敎理及條例)』의 '칭의(稱義, The Justfication of Man)'에서도 동일한 개념으로 나타난다:

> 사람이 하나님 앞에 옳다 함을 얻는 것은 우리의 善行과 功勞로 얻을 수 없고, 오직 예수 그리스도의 功勞와 우리의 信仰으로 말미암아 義롭다 하심을 얻나니 이것이 明白한 敎理도 되고 마음에 眞正한 安心도 얻는다.[84]

### 2) 성결(聖潔)

정빈은 중생 후에 오순절 성령의 불, 즉 성령 세례로 마음 가운데 적고 큰 모든 더러운 죄악(원죄에서 씻음)을 온전히 멸해야 됨을 말하고 있는데, 그는 이것을 가리켜 오순절 은혜 또는 오순절에 예비하신 2차 은혜라고 말한다.[85] 다음의 글은 「그리스도신문」에 기고한 정빈의 글이다:

> 또 여긔서 밋는 사람의 특별히 배흘 대건사가 잇스니 곳 오순절 은혜라. 밋는 사람이 흔히 회개하는 은혜만 밧으면 족한 줄노 알고 이만하엿스면 죡히 텬국에 가겟다 하나 이는 만족지 못한 생각이라. 회긔하는 은혜만 밧으면 전 모양보다 좀다른 거시 잇기는 하나 그 마음 가온대 영

---

84) 吉寶崙, 『東洋宣敎會 聖潔敎會 敎理及條例』 (京城 : 東洋宣敎會本部, 1925), 12. 이하 『敎理及條例』로 略함.
85) 「그리스도 신문」, 1906년 5월 10일자.

원한 안식은 엇지 못하노니 이런 사람은 신심이 든든치 못하야 밋기 젼보다 괴로운 형편은 더 만흘 터이오, 하나님과 죵시 친근한 관계를 엇지 못하여 긔도를 할지라도 힘은 업스니 그럼으로 이 오순절에 예비하신 둘재 은혜를 밧아야 하나님과 갓가워져서 그의 깃브게 밧으시는 완젼한 제물을 드릴 수가 잇고 셩신의 불노 마음 가온대 적고 큰 모든 더러운 거슬 온젼히 소멸하여 바린 후에 아름다운 새사람을 입을 수가 잇노니 그런 연후에야 영원한 안식에 드러가 졍결한 생의 가운데 날을 보내는 즐거움이 잇슬 터이요, 영원한 기업을 내 거스로 든든히 바라는 마음이 잇슬 것이니 엇지 아름답지 아니하리오. 이 은혜는 우리 밋는 자의 데일 필요하고 크게 상관되는 대건사로 생각하옵니다.[86]

이러한 성결론에 대해 가졌던 정빈의 사상은 18세기 웨슬리의 직접적인 영향이라기보다는 19세기 중엽 미국의 성결 - 오순절 운동의 영향을 받아 이루어졌다. 19세기 중엽 미국교회가 대부분 급진적인 자유주의 신학으로 오염되고 교회가 혼돈 속에 빠져 제 구실을 못할 때 한 세기 전 영국에서 일어난 웨슬리의 부흥 운동을 회복하고자 일어난 운동으로, 순복음의 제목 아래 구원(중생), 성결(성령 세례), 신유, 재림(전천년설)이라는 4중 유형을 제창하며, 특별히 그것은 구원얻은 자들의 중생 이후에 주어지는 성결이라는 2차 은혜(Second Blessing)를 받아야 함을 강조하였다. 정빈은 19세기 말 성결운동에서 나타나는 성결의 이해와 마찬가지로 중생 이후에 2차적 은혜로 주어지는 성결의 체험은 오순절 성령 세례를 통하여 인간 내면에 있

---

86) 「그리스도 신문」, 1906년 5월 10일자.

는 모든 부패성이 소멸(제거)시키는 것으로 생각하였다.

동양선교회는 19세기 후반부 미국 서부 지역에서 풍미하던 성결운동의 강조점을 초기 설립 때부터 재강조하기 시작했다.[87] 특별히 동양선교회는 성결은 성령의 능력, 즉 성령세례로 이어진다는 웨슬리안 성결론을 주장한 만국사도성결연맹과 기도 동맹의 영향을 받았다. 따라서 정빈의 성결론은 『敎理及條例』에서도 다음과 같이 동일하게 나타남을 볼 수 있다:

> 完全한 聖潔이라 함은 그리스도로 말매암아 聖神의 洗禮를 밧음이니, 卽 거듭난 後에 信仰으로 瞬間밧을 經驗이니라.[88]

### 3) 신유(神癒)

동양선교회는 19세기 말 성결파에서 공통적으로 나타나는 4중 유형 중의 하나인 신유(Divine Healing) 교리적 강조점의 하나로 받아들였다. 이것은 『故理及條例』에 다음과 같이 기록되어 있다:

> 聖經에 病을 곳치는 敎理가 記錄되어 잇슴은 우리가 밋는 바라, 마가 16章 17~18節과 야고보 5章 14節~15節의 말삼대로 하나님의 子女들이 信仰障으로 祈禱하야 病 곳침을 밧을 特權이 잇나니라.[89]

---

87) J. J. Merwin, "The Oriental Missionary Society Holiness Church in Japan 1901-1983", *D. Miss. Dissertation*, Fuller Theological Seminary, 1983, 73-74.
88) 『敎理及條例』, 12.
89) 『敎理及條例』, 16-17.

신약 성경의 증거대로 하나섬의 자녀들이 믿음으로 기도하여 고침을 받는 신유의 역사를 인정하는 동양선교회의 교리와 같이 정빈은 염곡복음전도관 때부터 신유의 복음을 강조하였다. 초기 복음 전도 활동시 부흥의 역사가 일어날 때, 정빈은 설교하는 중에 다음과 같이 말하였다:

소위 信者로서 조고마한 병에 걸리게 되면 한갓 藥이나 의사에게만 의지하고 하나님의 權能을 밋고 긔도하는 일을 하지 못하는 것은 불가한 일이라.[90]

이것을 들은 당시의 대한매일신보 기자는 1909년 9월 14일자 논설을 통하여 다음과 같이 복음전도관은 어리석은 백성들을 유혹하여 일본에 복종케 하는 음험한 마귀의 단체라는 근거 없는 비판적인 오해를 담은 글을 실었다:

소위 동양 젼도관이라는 거시 나기로 우리는 처음에 됴량하기를소위 동양 젼도관이라는 거시 나기로 우리는 처음에 됴량하기를 이것도 젼하고 진실한 텬국의 적자와 진정한 구세쥬의 신도를 모화 상데를 찬양하는. 쳐소인가 하야 노래를 부르고 이 젼도관을 환영코져 하엿더니 이제 듯건대 음험 하다. 이 젼도관이여. 참 독하다. … 이 젼도관이여. 그 도를 젼하는 관이 아니라 화를 젼하는 관이니 … 이에 동양 젼도관을 설시하여 한국 동포를 속이는데, 첫째는 한 국 동포의 자유하는 생각을 막

---

90) 武矯町教會, "武矯町教會의 略史", 「活泉」, 통권 83호, (1929년 10월) 45.

아셔 아모됴록 형편 되어가는 대로 행동을 하도록 하며 비루하고 굴복하는 거슬 됴흔 거스로 알도록 하고져 함이니 음험하고도 참 독하도다. 이 전도관이여. 쥬의 말씀을 외오며 쥬의 일흠을 빌어셔 그 마귀의 슐업을 행 하는도다.[91]

이미 대한 매일신보에서는 4월 21일자 논설을 통하여 정빈과 김상준을 남산의 늙은 여우와 같은 종교계의 요물로 단정하여, 그들은 일본에서 공부하고 귀국한 친일파이며 과학을 무시하고 의약을 죄악시하는 미신적 행위를 조장하는 자들이라 하기까지 중상적(中傷的)인 악평을 하였다.[92]

## 2. 복음 전도(Evangelization) 우선주의

이러한 정빈의 복음주의 사상은 교파 의식을 배제하고 복음전도 우선주 의를 지향한 직접 복음전도로 일관되어 초기 한국성결교회의 본연적인 생리적 특성을 형성하게 하였다. 따라서 정빈과 김상준 두 사람에 의해 시작된 한국성결교회는 출발 당시로부터 교파 의식을 지양하여 특별한 교단 명칭을 갖지 않고 구령 제일과 전도 본위의 복음전도관으로서 출발하였다.

그리하여 한국성결교회는 하나님만 오로지 의지하고 구원의 복음을 불신자에게 전해야겠다는 신앙 선교(faith mission)정신으로 오직

---

91) 「대한매일신보」, 1909년 9월 14일자.
92) 「대한매일신보」, 1909년 4월 21일자.

전도에만 주장을 삼고 목회를 하지 않고 10여 년 동안 선교단체로 있다가 1921년 9월에서야 조선야소교 동양선교회 성결교회로 개칭하게 되었다.

그러므로 처음부터 정빈의 심중에는 어떤 특정한 교단의 교리 선전이나 교파의 교세 확장, 또는 서구 신학사상의 단순한 소개나 무비판적인 이식이 아닌 일본 동경성서학원에서 배운 바 성서에 근간되는 사중복음 전파를 그의 최고, 최대 과제로 삼았다. 따라서 김상준과 함께 정빈이 초기에 전도 활동을 할 때 이들이 가졌던 두 가지 선교 원칙은 다음과 같은 내용의 것이었다:

> 정, 김 두 사람이 복음전도관을 세우고 전도를 시작할 때 이들은 두 가지 선교 원칙을 세웠다. 하나는 새 교단을 만들려는 것보다는 그들이 받은 바 신앙 체험을 아직도 복음을 받아들이지 않는 동족에게 전하려는 것이었고, 또 하나는 직접적인 전도, 즉 노방 전도였던 것이다.[93]

이들의 선교 방법은 당시로서는 대담한 방법으로 세인(世人)들로부터 '남사당패'(男社당牌 * 무리를 지어 이곳 저곳을 떠돌아 다니면서 노래나 춤을 팔던 남자들), '뙴패'라는 비난에 찬 부정적인 말을 듣기도 하였다.

정빈은 한말(韓末)의 불운한 시대적 상황에서 이것에 대한 깊은 인식과 책임을 통감하여 목회 활동에 앞서서 선교 활동에, 이차적인 교육보다는 일차적인 전도에 주력하였다. 그래서 밤에는 노방에서 가두 전도를 하거나 부흥 집회를 열어 결신자를 얻고 낮에는 이들

---

93) 宋吉燮, 『韓國神學思想史』, 170.

의 가정을 호별 심방하여 교파에 상관됨 없이 건전한 교회이면 가까운 교회로 인도하여 주었다. 다음의 글은 이것에 대해 잘 말해 준다:

> 이 名稱을 사용하게 된 동기는 東洋宣敎會 창립자 카우만 길보른 總理들의 정신을 따라 교파를 세운다든지 혹은 선교 사업을 한다는 사업적 정신보다도 순전히 구원의 福音을 듣지 못한 불신자들에게 전하여야 되겠다는 救靈熱에 불타서 일어난 단체이므로 名稱까지도 福音傳道館이라고 命名한 것이다. 따라서 傳道方法도 간접적 방법을 지양하고 직접적 방법을 택하여 밤에는 노방에서 樂隊를 앞세우고 宣傳하여 會館으로 모으고 福音을 외쳐 결심자를 얻고 낮에는 그들을 訪問하여 敎派에 구애됨이 없이 가까운 敎會로 지도하곤 하였는데, 이 傳道가 每日 계속하게 되었으니 초시대 傳道者들의 救靈熱은 大端하였던 것이니 敎會 조직이나 교세 확장이 아니고 日久月深 救靈傳道에만 全力하였으니 이것이 聖潔敎會의 母體인 福音傳道館이다.[94]

장로교와 감리교에 비해 복음 전도에 우선하여 직접 전도에 주력하게 된 초기 한국성결교회의 모습은 오늘의 상황에서보다는 그 당시의 상황에서 다시 새롭게 해석되고 조명되어야 한다. 성결교회가 개인 영혼 구원에 관심을 갖고 직접 전도에 주력하다 보니 상대적으로 사회적 관심을 통한 간접 전도의 소홀성을 나타냈고, 더 나아가서는 다분히 타계주의적이며 개인 구원에 집착하는 모습으로 한

---

94) 이천영, 『성결교회사』(서울: 기독교 대한 성결교회 출판부, 1970), 26.

국교회사에 비쳐진 것은 사실이다. 따라서 오늘에 와서는 직접 전도로 일관된 초기 전도 방법의 문제점과 개선책에 대한 논의가 성결교회 자체 내에서 일어나고 있고, 간접 전도로 인한 효율성도 강조되고 있다.

그러나 20여 년이란 기간 동안 앞서서 선교사들의 도움 아래 이 땅에 교회의 뿌리를 내리고, 장·감 위주의 선교 구역 분계선이 그어지며 병원과 학교 등 교육선교와 의료선교의 간접 전도가 이루어진 상태에서, 또한 1907년 동양선교회로부터 정식 선교사가 파송되기도 전에 시작한 초기 선교의 어려움과 열세를 생각해 볼 때 당시 정빈이 가졌던 복음 전도 우선의 직접 전도 방법은 매우 인상적이고 효과적인 복음 전도 방법이었고, 당시의 정빈과 김상준이 취할 수 있었던 최선의 전도 방법이었다.[95] 다음 글은 초기 부흥의 모습을 보여 준다:

그리하야 그 소문이 각 교회(各敎會)에 전파되자 모든 교회 사람들이 아 - 그 북치고 길가에서 전도하는 전도관이야 하고 모혀와서 집회(集會)에 참예하야 설교를 듯게 되엿는데 一千九百八年 겨울(冬)에 성신의 크신 부흥의 역사(復興의 役事)가 니러나는 때에 온 경성교회가 다 움직이게 되엿고 모든 교회 교역자(敎役者)와 선교사(宣敎師)들까지 참석(參席)하야 긔도하는 중 성신의 능력(能力)이 나타나시는 때에 각 각 뎌희

---

95) 북장로교 선교사인 엘린우드(F. F. Ellinwood)는 1890년에 쓴 글에서 "우리 선교지역 중에는 특수 지대에 과잉 집중하는 과오를 범한 줄 안다. 우리는 한국에서 새로운 선교 정책을 실시하여 지리적 분산과 복음의 광포를 기하려 한다. 우리는 한국 전역에 선교사 상주처를 설치할 터이다."라고 말하였다. W. M. Baird, "Our Mission in Korea", *Woman and Mission*, Vol.3., No.2 (February, 1927), 403; 백낙준, 『한국개신교사』, 187에서 재인용.

죄를 통회자복(痛悔自服)하고 거듭나는 은혜와 성결(聖潔)의 은혜를 밧고는 깃븜을 이긔지 못하야 손바닥을 치며 찬미를 부르고 굴네버슨 송아지와 갓치 뛰게 되였더라.[96]

아쉽게도 정빈은 한국성결교회의 주도적인 자생적 개척(自生的 開拓)이라는 큰 공헌을 했음에도 불구하고 끝까지 성결교회에 남아 지키지 못했다는 비판적 지적을 후학들로부터 받고 있다. 김상준도 이 일에 있어서는 마찬가지였다.

정빈은 1914년 9월 30일에 이유는 알 수 없으나 김상준과 서로 간의 의견 충돌을 일으키게 되었고, 킬보른 총리의 중재와 김상준의 용서를 구함에도 불구하고 칠판에 12개 조문을 기록한 채 성결교회를 떠나 만주의 대한기독교회(현 침례교)로 자리를 옮기게 되었다. 그 후 1917년 다시 돌아와서 안성교회(1917년)를 창립하고, 1919년에 다시 인천교회를 창립하였다. 그러나 1921년 재차 성결교회를 사직하고 북간도로 넘어가 대한기독교회의 일원이 되었다.

정빈이 성결교회를 재차 떠난 이유가 무엇이었을까? 처음 창립 때 성결교회를 이 땅에 개간하고 심은 그 개척의 각별한 애정마저도 버리게 한 이유가 무엇이었을까? 이 일은 우리에게 궁금증과 함께 아쉬움을 가져다준다. 정빈과 김상준이 불화를 일으킨 사건은 12개 조문을 통해서 분명히 알 수 있으나, 이것이 사료를 통한 기록으로 남겨지지 않았기 때문에 당시 상황과 정빈의 분명한 사상을 구체적으로 알 수 없다. 그러나 우리는 1914년과 1921년 이 두 해에 초기

---

96) 『略史』, 52.

성결교회에서 행해졌던 일과 정빈의 성결교회를 떠난 사건이 서로 맞물려져 있는 사건임을 알 수 있다.

1914년 4월 22일에는 한국성결교회에서 최초로 1907년부터 염곡, 무교정 복음전도관에서 함께 사역했던 김상준이[97] 이장하, 강태온, 이명직, 이명헌과 함께 목사 안수를 받았다.[98] 당연히 초기 목사 대상자 명단에 들어가 있어야 할 정빈의 이름이 누락되어 있다. 1914년에 이어서 두 번째 떠난 해인 1921년은 1907년부터 사용했던 복음전도관이라는 명칭을 버리고 기성교단(既成敎團)의 조직 형태인 동양선교회 조선 야소교 성결교회로 경화되어 가는 바로 그 해 였다. 따라서 우리는 1914년, 1921년 이 두 해로부터 다음과 같은 내용을 도출해 낼 수 있다.

그것은 이 두 해가 성결교회(복음전도관)도 기성교회와 같이 목사라는 성직제도와 교단 조직을 가진 기성교단, 즉 제도화된 전통교회의 성격을 지니게 되는 해였는데, 이것에 대해 정빈은 회의적인 생각을 갖고 있었다.

처음 성결교회를 떠난 정빈은 1914년부터 1917년까지 그리고 1921년 이후 동아기독교로 재차 옮겨 많은 교회를 개척하였고, 당시 말콤 펜윅(Malcolm C. Fenwick, 1863-1935)에 이어 동아기독교의 한국인 최초 지도자였던 이종덕 감목과 친밀한 교분을 쌓으며 함께 사역했다.

---

97) 金相濬은 1907년부터 1912년까지 武矯町(염곡 포함) 福音傳道館의 부교역자를 맡았고 주임 교역자는 鄭彬이었다. 또한 鄭彬이 1912년 武矯町 福音傳道館을 사임하고 한국인 최초로 京城聖書學院 교수가 되었을 때, 비로소 武矯町 福音傳道館의 주임 교역자직을 맡았다. 따라서 1914년 당시에도 초기 韓國聖潔敎會의 비중은 金相濬이 아닌 鄭彬에게 더 치중되어 있음을 알 수 있다.
98) 土肥昭夫, 『日本プロテスタントキリスト教史』(東京 : 新教出版社, 1980), 154.

그는 이종덕 감목이 시무하였던 만주 종성동교회의 성경학원 교사가 되었는데, 그 때도 처음 떠날 때 목사직이 아닌 감로(監老)의 평신도급 지도자로 머물러 있었다.

그리고 정빈이 성결교회를 떠나게 된 원인 중의 하나는 일본에서 공부할 때 자신에게 가르침을 준 사사오 목사의 영향에서 받은 결과라고 볼 수 있다. 사사오 목사는 1911년 일본성교단(日本聖敎團) 사건 이후 나카다 쥬우지가 일본의 토착 교회 설립에 박차를 가했으나 사사오 목사는 1913년 4월 선교회가 교단이 된다는 사실을 알고 이것이 동양선교회 초기의 근본 취지로부터 이탈하는 것으로 생각하였다.[99] 실제로 이러한 일이 진행될 때 사사 오 목사는 동양선교회 및 성서학원 교수직을 사임하고 일본 각지로 순회 전도자로 떠났고, 1914년 12월 30일 과로로 인해 46세의 나이로 소천하였다.[100]

사사오는 회심자를 얻거나 이들을 모아 특정한 지역에 교회를 설립하는 것이 일차적인 목표가 아니었다. 임박한 그리스도의 재림을 앞두고 오로지 복음만을 직접 불신자에게 전파하는 것이 생의 주요 목표였다. 이 같은 양상은 19세기 말에 일어났던 신앙선교회의 특징이 반영된 형태의 것이었다.

특별히 사사오 목사는 1890년부터 영국에서 일본으로 건너와 성결운동을 일으키며 선교 사역을 행하였던 벅스톤(Barclay Fowell Buxton)의 제자로서 특정한 한 지역에 선교 활동의 범위를 제한시키는 것을 지양한 그의 영향을 크게 받기도 하였다. 또한 이것은 동양선교

---

99) 山崎鷺夫, 千代崎秀雄, 『日本ホ-リネス敎團史』(東京 : 日本ホ-リネス敎團, 昭和45), 33.
100) Ibid.,

회 형성에 지대한 영향을 끼쳤던 만국성결연맹 및 기도동맹(1897년)이 교파적인 교권 형성을 반대하고 진실한 하나님의 교회, 즉 새로운 신약 성서의 교회에 대한 표방의 반영이기도 하였다.

정빈은 동경성서학원 수학 당시 존경하고 따랐던 동양선교회 초대 부총리였던 사사오와 마찬가지로 계급 사회적인 성직 제도나 이것이 더 구체적인 가시적 조직으로 드러난 기성교단 형성에는 회의적인 생각을 가지고 있었다. 정빈의 스승이었던 사사오 목사가 일본 성교단을 떠나고 죽은 일이 정빈의 사역지 변경에 전혀 영향을 주지 않은 무관한 일은 아니었을 것이다. 따라서 1914년과 1921년에 19세기 신앙 선교단체와 비슷한 초기 복음전도관의 특징을 갖고 있었던 동아기독교로의 전향은 정빈이 당시에 취할 수 있는 최상의 선택으로 나타났다.

## 3. 구습(舊習)에 대한 개화사상

기독교는 19세기 초(1832년, Karl Gutzlaff)부터 20세기 초엽까지 서세동점(西勢東漸 *서양세력이 동양을 지배)의 역사와 더불어 한국에 전파되었다. 안으로 정치, 경제, 사회의 여러 분야에 있어서 아직 외세를 맞이할 준비가 공고히 이루어지지 못했던 이 나라는 이 때 자주화와 개화를 동시에 추진하지 않을 수 없었다. 이것은 물밀듯이 들어오는 외세를 적절히 통제하여 자기 체질화시키는 작업이었기 때문에 외래문화의 수용을 통한 개화와 함께 주체성이 강조되었다.[101] 따라서

---

101) 李萬烈, 『韓國基督敎文化運動史』(서울: 대한기독교 출판사, 1987), 4.

이 땅에서는 기독교의 전래와 함께 개화의 중요성이 강조되었다.

사료의 한계로 정빈의 구체적인 개화 의지를 살펴볼 수는 없지만 정빈은 개화의 한 방편으로서 교육의 필요성을 주장하였고 또한 당시 한국 사회의 구습에 젖어 생성된 한국교회의 의식 구조와 비합리적인 생활에 대하여 자신의 개화 의지를 「그리스도신문」을 통해 고국의 성도들에게 펼쳐 보였다. 정빈은 「그리스도신문」을 통해 일본 유학생활 가운데 한국보다 앞서서 개화의 문을 연 일본 사회의 여러 모습을 자세히 관찰하여 구습에 젖은 한국교회에 서구적 합리주의와 기독교적인 새로운 윤리관을 제시하였다. 그는 조상 대대로 내려온 과거의 전통적인 구습이라도 그것이 해(害)하고 이(利)하지 못하면 과감히 수정하고 개혁해야 함을 다음과 같이 역설하였다:

> 우리는 구습이 되어 그리하고라도 예수만 잘 밋엇스면 쓰지 혹 이러케 생각들어 가나 외국을 와셔 남의 풍속을 보고 그 일에 대해야 올코 그른 것과 이긔고 지는 형편을 비교하여보니 우리들의 이왕한 모든거시 다 지혜업는 일이오 또 첫째로 쥬의 뜻세도 합당치 아니하여이다. 혹 누가 말하기를 수백년 나려온 풍속을 일죠일셕에 곳칠 수가 잇나 그렁뎌렁 지내며 보지 이러케 말하는 이가 만흘터이나, 아름답지 못 한 규모는 오란거시라도 곳쳐야 올코 또는 일을 행하는 날이 업스면 엇지 열매 잇는 날이 잇겟소.[102]

정빈은 이에 조선에 있는 서울 교회들이 교회당 안에 휘장을 치

---

102) 「그리스도신문」, 1906년 3월 8일자.

고 남녀를 구분하여 앉히는 유교 전통의 구습에 젖은 당시의 부조리한 형편을 다음과 같이 지적하며 교회 안의 휘장 철폐론을 주장하였다:

> 또한 말삼은 다름 아니라 내가 이곳 와셔 보니 셩경 공부할 때나 긔도회로 모일 때나 남녀 학도들이 한 방안에 좌우로 갈라안고 긔도 찬미하고 그중에 깃븜을 엇은 쟈나 근심이 있는 쟈나 회중에 니러서고 혹 자복도 하고 혹 증거도 하면 여러 형뎨 자매가 듯고 그 중 근심하는 쟈는 위하여 긔도하야 그 마음에 평안함을 엇도록 간절히 근구하고 또 깃븜으로 증거하는 쟈의게는 일시 찬송하야 그 밋음과 깃븜을 더욱 배양한즉 우리 갓흔 외국 사람의게까지 애졍이 균일하게 밋침으로 항샹 위로함을 밧삽 나이다. 이것슬 보고 우리 교회의 형편을 생각하니 다른 곳슨 널니 보지 못하엿슨즉 자셰히 아지 못하거니와 셔울노 말하야도 이런 풍속이 적고 또한 이때까지 회당 한 복판에다가 휘장을 치고 내외를 불통하야 삼사년을 회당에 단녀도 어느 형뎨와 어느 자맵지를 아지도 못하고 지내는 사람들이 만흐니 이러케 서로 막고 통하졍이 업서셔야 애졍이 생기며 교회가 엇지 진보될 수가 있소.[103]

전통사회의 이변으로도 받아들여질 당시 교회 안의 휘장 철폐의 문제는 1913년 예수교 장로회 조선 총회에서 조심스럽게 다루어져 개교회 당회의 사정과 형편대로 해야 한다는 신중론이 나왔다.

또한 정빈은 직접 복음전도에 우선하여 동경에서나 무교정 복음

---

103) 「그리스도신문」, 1906년 3월 8일자.

전도관 에서도 개인 전도, 노방 전도, 심방 전도를 통해 복음을 전하여 상대적으로 병원이나 문서 매체를 통한 간접 전도의 소홀성을 보이기도 했지만, 교육을 통한 구국(救國)의 가능성을 일본에서 공부하는 유학생들을 통해서 내다보았다:

> 지금 동경셔 한국 유학생의 수효가 한 삼백여명 된다는대 그 중에 각각 목덕이 잇셔셔 혹 신학 전문하는 이도 잇고 혹 실업 전문하는 이도 잇고 다른 보통 학과 사학에 일참된 사람도 잇는대 그 공부에 정도는 일본 사람들의 말을 더러도 어학은 각국 사람 중에 데일 수히 깨닷고 공부의 진보가 매우 속하다 하옵니다. 실제 내가 목도하여 보는 대도 한국 학생의 등급이 조곰도 일본 사람의게 느리지 아니하니 미우 감샤한 일이오 우리의 장래 전정이 다 이곳셔 유학하는 청년들의게 잇는 줄노 분명히 밋 삼니다.[104]

정빈은 또한 종래 한국의 남존여비 구습으로 당시의 사회적 통념이 여자들을 무슨 물건같이 여겨 집안에 가두고 자식이나 낳게 하고 음식이나 만들게 하며 잘잘못간에 구박이나 하며 심하면 두드려 주며 여편네가 주제넘게 한다 하며 평생에 날 빛을 못 보게 하는 여자에 대한 봉건적 생각을 비판 하였다.[105] 여성이 국가 산업에 미치는 막대한 영향을 일본에서 실업에 종사하는 삼십만 명의 숫자를 제시하여, 설명하고, 국가 사회에 미치는 여성의 역할과 그 지위 향

---

104) 「그리스도신문」, 1906년 3월 15일자.
105) 「대한 그리스도인 회보」, 1899년 2월 15일자.

상에 대한 개화사상을 피력하였다:

　　일본은 동경 안에 실업에 종사하는 녀자만 삼십여만 명이라는대 금년 정월에 이곳 셩서 학원에서 한쥬일 동안 젼도할 일노 각쳐각지에서 다 모혀 의론하엿는데 각기 그 디방을 좃차 그녀자들의게 젼도하기로 결심하는 거슬 보니 우리나라 교회 갓흐면 엇지 이런 긔회가 있어서 수다한 령혼을 쥬압흐로 인도할 수 있겠소.[106]

당시 이러한 일련의 개화파 선각자들에 의한 여권 신장론(女權 伸張論)은 한말까지 유교적 전통에 입각하여 남존여비의 가족 윤리를 수렁하게 하고 남녀의 평등한 의무와 권리를 향유하는 계기를 가지게 하였다. 정빈의 이와 같은 개혁 의지는 한국성결교회가 1911년 3월에 경성 무교정 복음전도관에 임시로 성서 학원을 개원하였을 때 남녀 공학제의 제도를 받아들여 남자들처럼 여성들도 입학을 허용하여 구 가정교육 외에도 이와 다른 신교육을 받게 하였다:

　　략 1년 동안을 시내 전도관(市內傳道館)에서 十여명의 남녀 수양생을 모화서 교수 하다가 一千九百十二年 三月에 죽첨뎡 三뎡목(竹添町三丁目) 三十五번디에 신축중(新築中)이던 성서학원이 고성(固成)되매 봉헌식(奉獻式)을 거행하고 신축 학원으로 이전하엿더라. 이 때는 남녀공학제(男女共學制)가 되어 남녀 학생이 한 강당(一講堂)에서 배호게 되니, 교실(敎室), 교수(敎授), 경제(經濟) 문뎨에는 유익되는 방면이 업지 아니하

---

106) 「그리스도신문」, 1906년 3월 8일자.

나, 남녀 지식 뎡도의 우열(優劣)의 차이가 현수(縣殊)하야 곤란한 점이 만핫고 또는 조선의 녀자들이 구가뎡 교육(舊家庭敎育)을 밧은 외에는 다른 교육이 업슴으로 …107)

따라서 1912년부터 1922년까지의 경성성서학원의 총 졸업생 80명 중에서는 여학생들이 1/4에 해당하는 22명을 차지하였고, 이들은 남자 교역자와 함께 졸업하여 초기 전도 사역에 큰 역할을 감당하게 되었다.

## Ⅳ. 닫는 글

한국성결교회의 모체인 염곡(무교정) 복음전도관은 동양선교회의 부분적인 경제적 협력도 있었지만 구령 제일과 뜨거운 전도 열정을 가진 자생적 개척의 장을 주도적으로 펼친 정빈에 의하여 시작되었다. 한국성결교회가 자국인에 의해 시작되어 동족에게 복음을 전파하게 된 것은 한국 개신교 선교 역사상 자주 찾아볼 수 없는 특이한 일이었다.

한국성결교회는 이제 1996년을 11년이 지나면 창립 100주년을 맞는 성숙기에 와 있다. 따라서 자국인에 의해 한국성결교회가 처음 세워졌다는 주체적인 창립의 긍지와 더불어 더 나아가서 선교 우선주의라는 교단의 생리적 특성과 목회 본위의 사중복음을 주창하는

---

107) 『略史』, 34-35.

교단으로서 선교 2세기를 향한 한국성결교회의 역할과 책임에 대한 진지한 논의를 하여야 한다. 그러나 이 일은 무엇보다도 성결교회 초기 신학적 정체성의 규명이라는 작업 위에서 전개되어야 한다. 따라서 창립자 정빈의 사상 이해는 그 중요성을 더해 준다.

정빈은 19세기 말 성결운동에서 주창되어온 중생, 성결(성령 세례), 신유, 재림이라는 4중 유형이 심프슨의 그리스도인과 선교사 동맹(C & MA)과 냅(Martin Wells Knapp) 및 리스(Seth Cook Rees)의[108] 만국성결연맹 및 기도동맹(International Holiness Union and Prayer League)을 통하여 일본 동양선교회(동경성서학원)에서 재강조된 순복음(온전한 복음)으로 불린 사중복음 전파를 자신의 선교 활동을 통하여 재현시켰다. 이것은 곧 19세기 선교회들이 추구한 신앙 선교에서 나타나는 제도적인 성직 제도 거부와 전통 교회의 교파주의에 대한 지양성으로 나타났고, 직접 전도를 통한 선교 본위의 신앙 단체로 초기 성결교회(복음전도관)를 고착화시키는 결과를 갖게 하였다.

그러나 직접 전도 우선으로 시작된 한국성결교회는 현 시점에서는 다원화하고 급변하는 현대 문명 속에 엄청나게 늘어나는 사회학적 관심과 요구에 능동적으로 대처하는 복음 전도의 역동성과 다양성이 있어야 한다. 그것은 정빈이 가졌던 초기 직접 전도 우선의 정신이 간접 전도의 다양한 현실성으로 함께 묶어져 직·간접 전도 방법으로 병행되어 실시되어야 한다는 것이다. 즉, 간접 전도 방법에 있어서는 직접 복음 전도의 정신과 내용이 분명히 부각되어야 하고, 직접 전도 방법에 있어서는 간접 전도 방법의 다양성이 고려되어야

---

108) 심프슨의 애찬자로, C & MA의 미시간 지역 회장을 지냈고, 후에 萬國聖潔聯盟 및 祈禱同盟의 초대 회장에 피선됨.

한다.

또한 정빈은 직접 복음 전도를 통한 영혼 구원에만 치중하거나 이와 달리 반대로 치병이나 교육 사업을 통한 사회 구원으로만 치닫는 양극단에 치우치지 않았음을 우리에게 보여준다. 물론 해방 이전까지 성결교회의 밖으로 비친 교단적 특성은 사중복음의 전파, 성결의 체험 강조, 재림 신앙의 고취라는 보수적 내세 지향의 교단으로 자타에게 인식되었다. 그러나 정빈의 개화사상을 통해 성결교회 초기의 모습은 개화와 구국이라는 민족적 과제 앞에 신앙적 편협성에 찌든 단순한 직접 복음 전도로만 점철되었던 교단이라는 단순한 비판적 인식을 불식시킨다. 그것은 정빈이 복음의 영혼 구원이라는 신앙 열정뿐만 아니라, 구한 말 기독교의 교육 역할에 대한 강한 의지를 동시에 갖고 있었기 때문이다. 이것은 지금까지 연구를 통하여 초기 성결교회 지도자들이 직접 복음 전도에 치중하여 사회 구원과 개혁을 등한시했다는 일반적인 비판적 통설을 깨는 이례적인 면이다.

정빈은 당시 역사적 정황에서 민족 과제인 개화 문제를 인식하면서도 개화와 반봉건적 의식 개혁과 사회 개혁에 앞서서, 민족 회생의 유일한 방편을 기독교로의 입신, 즉 순복음이라는 사중복음의 수용을 통해서 가능한 것으로 보았다.

[①정빈의 생애: 한국기독교역사연구소의 『한국 기독교사 연구』 제18호(1988.2.5.)에 최초로 발표됨, ②사상: '정빈의 사상'은 1988년에 성결교 신학대학의 교지 『聖潔』 3집에 발표되었으나, 연구 정도가 미비하여 성결신학연구소 논문집인 『聖潔神學硏究』 제1호 (1996.11.)에 보완되어 발표]

# 4

## 정빈의 사상 (2)

# 4

# 정빈의 사상(2)

## I. 여는 글

올해로 창립 108주년을 맞이하는 한국성결교회는 정빈과 김상준에 의한 자생적 개척을 통해 시작되었다. 이들은 일본 동경성서학원에서 배우고, 실습한 대로 조선땅 한 복판인 경성(현 서울)에서 오전에는 성경교실을 열고, 오후에는 노방전도, 밤에는 성별회를 통해 수많은 영혼들을 그리스도께로 인도하였다. 이들이 본격적으로 동족(同族)에 대한 구령열을 불태우며 복음전도를 시작한 것은 1907년 5월 2일 동양선교회 카우만(C. E. Cowman)일행이 이 두 전도자의 귀국과 함께 내한하여 두 주간 동안 제2의 동양선교회 선교지로서 조선땅이 가능한지의 여부를 탐색하고 돌아간 뒤였다. 정빈과 김상준은 두 주간 동안 힘써서 순복음(純福音)으로 불렸던 사중복음(四重福音)을 전파하여 짧은 시간임에도 불구하고 '동양선교회 염곡복음전도관'을 5월 30일에 개설하여 이 땅에 처음으로 한국성결교회를 창립하였다.

그러나, 1907년 이후 한 세기가 지난 이 시점에서도 한국성결교회 창립의 주역인 정빈에 대한 연구는 거의 전무라고 해도 틀린 말이 아닐 정도로 미진한 상태를 보이고 있다. 정빈에 대한 연구는 단순한 연보(年譜) 차원의 짧은 기록을 제외하면 지금까지 지면으로 표명된 것은 고작 두 편에 불과한 그것도 필자의 논문이 전부이다. 정빈의 생애에 관한 최초의 기록은 1929년에 발간한 이명직 목사의 『朝鮮耶蘇教東洋宣教會 聖潔教會 略史』에서 찾아볼 수 있다:

> 정빈(황해도 해주인)
> 1905년 동경성서학원에 입학하다./ 1907년 졸업하고 귀국하여 김상준과 더불어 경성 종로 염곡에 복음전도관을 세우고 역사에 착수하다./ 1912년 경성성서학원 교사가 되다./ 1914년 사직하고 동양선교회를 떠나 북간도에 가서 자유롭게 전도에 종사하다./ 1917년 다시 동양선교회로 돌아와 안성교회를 창립하다./ 1919년 인천교회를 창립하다./ 1921년 다시 사직하고 북간도로 가서 자유전도에 착수하다.[1]

위의 내용이 한국성결교회 창립 80주년인 1987년까지 한국성결교회 창립자 정빈에 대한 모든 기록의 전부이었다. 따라서 1988년 필자의 정빈의 생애에 대한 연구논문이 나오기까지 이명직 목사의 『略史』 기록(1929년)에 머물렀고, 정빈에 관한 더 이상의 연구 진척이 없었다.[2] 이미 앞선 연구에서 필자가 지적했듯이 "후설에 의하면 독

---

1) 李明稙, 『朝鮮耶蘇教 東洋宣教會 聖潔教會略史』 (京城: 朝鮮耶蘇教 東洋宣教會 聖潔教會, 1929), 145-46. 이하 『略史』로 줄임
2) 정빈에 관한 본격적인 최초의 연구논문은 필자가 1988년에 「韓國基督教史硏究」, 제

립운동하였다고 함"이라는 구절을 이명직 목사의 기록에 한 줄 첨가하는데 그쳤다. 정빈에 대한 본격적인 연구논문은 필자에 의해 1988년에 처음 발표되었고, 이것이 더 진척되어 1996년에 "정빈(鄭彬)의 사상연구"로「聖潔神學硏究」1집에 발표되었다. 그러나 이후 정빈에 대한 논문은 2015년 현재에 이르기까지 단 한편도 나오지 못했다. 따라서 여전히 사료의 제한이라는 한계성을 절감하며 이번 연구도 다소 무리한 연구를 하는 면이 없지 않음을 인지한다. 그럼에도 불구하고 필자가 정빈에 대해 발굴한 일차 자료들 중에서 아직까지 공개되지 않은 것들을 중심으로 정빈의 사상을 재차 조명함으로서 성결교 정체성 규명에 대한 초기 한국성결교회 연구의 지평을 조금이나마 넓혀가고자 한다.

## II. 펴는 글

### 1. 성서론

1925년에 출간된 『東洋宣敎會 聖潔敎會 敎理及條例』를 보면 동양선교회의 목적이 나와 있다. 그 목적이란 다름 아니라, "동양선교회는 죄 되지 않는 범위 내에서 양심의 자유로 말미암아 각 개인이 모인 단체인데 초시대(初時代)와 사도들의 모범을 쫓아서 성경적으로 성결의 은혜를 받게 하며, 복음이 땅 끝까지 보급되기 위하여 순

---

18호(1988.2.5.) 한국기독교역사연구소에 '鄭彬論'으로 발표되었다.

복음을 전하는 것"이다.³ 동양선교회의 다섯 가지 세부목적 가운데 세 번째 해당되는 것은 "성경의 진리대로 죄인들이 회개하여 거듭나는 것과 거듭난 사람들이 불과 성신의 세례로 거룩하여 지는 것과 예수 그리스도의 재림과 모든 신령한 은혜와 은사를 받는 것을 증거하여 받게 하는 일"이다.⁴

따라서 한국성결교회는 한국성결교회의 모체인 동양선교회의 목적에 따라 일본에서 처음 시작할 때 목회자나 신학자 배출을 목적으로 하지 않았다. 오직 성서를 강조하여 동양에 성경적 진리인 순복음으로 불린 사중복음(四重福音)을 전파할 전도자 육성을 목적으로 세운 동경성서학원을 표방하여 경성성서학원을 세웠다. 정빈이 일본에 건너가 동경성서학원에서 공부할 때 이와 같은 동양선교회의 성서중심의 강조점이 그대로 학업과 생활 속에 받은 영향으로 다음의 글에 나타나고 있다:

> 내가 이곳 성서학원에 와서 얼마동안 지내는 중에 스스로 깨닫는 일도 많다. 이곳에서는 공부하는 것이 성경과정 한 과정뿐인즉 자나 깨나 앉으나 손에 성경을 떠나지 아니하니 자연 주와 가까워지고, 친한 줄 깨닫는 까닭에 항상 감사한 마음이 끊이지 아니하였다.⁵

정빈은 이처럼 일본 동경성서학원에서 성경을 주 텍스트로 삼아

---

3) 吉寶崙, 『東洋宣敎會聖潔敎會 敎理及條例』(京城: 東洋宣敎會本部, 大正 14年), 3-4. 이하 『敎理及條例』로 줄임.
4) 『敎理及條例』, 4.
5) 정빈, "감사", 「그리스도신문」, 1906년 3월 8일. 이하의 글들을 필자가 임의로 현대체로 바꿈.

공부하였는데, 그는 성서의 절대적 권위를 신봉하고, 신구약 성서 66권이 구원의 진리에 대한 최고 근간이자 생활의 규준으로 생각하였다. 다음의 글은 정빈의 성서관을 그대로 드러내준다:

> 처음 믿는 사람이 성경을 읽으면 신약부터 시작하여 읽는 것이 마땅합니다. 우리의 구원과 소망이 다 신약에 와서 확실히 열매를 보겠으며 불가불 이 글을 먼저 숙독하여 십자가의 뜻부터 마음에 새기고, 예수의 행적을 눈에 익혀야 할 것입니다. - 중략 - 대저 누구든지 이 글을 읽어야 하나님의 사랑이 얼마나 크신 것을 깨달을 것입니다. 이 글을 읽어야 사람이 얼마나 더러운 물건이며 사람에게 자랑할 것이 있는지 없는지 밝히 깨달을 것입니다. 이 글을 읽어야 사람의 할 본분이 어떠한 것을 깨달을 것입니다. 이 글을 읽어야 십자가의 피가 자기와 어떻게 상관되는 것을 분명히 깨달을 것입니다. 주 예수께서 우리의 주인이 되시고 영원한 약속의 주가 되시는 줄을 깨달을 것입니다. 우리의 소망이 조금도 의심이 없을 것입니다.[6]

정빈은 성경을 강조하여 죄인된 인간이 성경을 읽어야 그 속에서 십자가 대속(代贖)이 자기와 상관됨을 비로소 깨닫고 영원한 약속의 구원의 주가 예수 그리스도 되신 것을 믿을 수 있음을 말하고 있다. 또한 정빈의 성서론은 그가 동경성서학원에서 수학할 때 동양선교회가 강조하고, 주창하였던 신약성서의 핵심 요제인 중심내용으로 사중복음을 이해하게 되었다:

---

6) 정빈, "성경을 읽은 경험", 「그리스도신문」 1906년 5월 10일.

이곳 수양생으로 받는 규모는 물론 아무 교회 사람이든지 공부하기 원하는 자는 자비생이나 급비생이나 일반으로 공부시키고, 또한 이 곳에서 믿는 목적에 제일 특별한 조목은 네 가지이니 제일은 구원이요, 제이는 성결이요, 제삼은 신유(약 아니 쓰고 기도만 하여 나음을 받는다고 함)요, 제사는 재림이라는 것이 다른 교회보다 다르다고 할 수 있소. 예수를 자기 주로 아는 자면 이 몇 가지는 벌써 그 흉중에 예산한 것인즉 실상은 들은 것이 없습니다.[7]

정빈의 성서관은 킬보른의 『教理及條例』의 동양선교회 16개 신조 중에서 네번째 신조 '성경은 구원받기에 넉넉함'에서도 동일한 강조점으로 나타나고 있다:

제4절 / 성경은 구원받기에 넉넉함

성경은 구원함에 필요한 모든 조건을 기록한 책이다. 그러므로 무엇이든지 성경에 기록하지 않고 혹은 성경에 증명하지 아니한 것은 마땅히 믿을 교리가 아니며 또한 구원함에 합당하지 아니한 줄로 인정해야 한다. 성경은 곧 구약과 신약인데 이것은 교회에서 작정한 책이며 영구히 의심할 것 없는 책이다.[8]

---

7) 정빈, "성서학원 형편, 일본동경류 어학생 정빈(二)", 「그리스도신문」 1906년.n.d.
8) 『教理及條例』, 10.

## 2. 구원론

정빈의 구원론은 예수 그리스도의 십자가 죽음을 통한 대속의 강조에서 그대로 드러나고 있다. 정빈은 십자가 구원론을 '낡은 족속이 다리가 되신 중보자 예수를 통해 새 족속으로 건너감'으로 「달편지」에서 다음과 같이 설명하고 있다:

> 낡은 족속에서 새 족속으로 건너가려면 하나님의 은혜와 권능으로 다리 놓아 주심을 받기 전에는 아무나 못 건너가오. 그런고로 우리 아름다우신 주님 예수께서는 죄인이 하나님께로 건너가는 다리로 되셨나이다. 그뿐 아니오라 그 다리 저쪽에는 괴약한 냄새도 많고 또 여러 가지 까다로운 색채(色彩)가 많으나 그 다리 이쪽에는 오직 향기로운 냄새뿐 거기서 죄인의 독한 냄새가 주님의 대속하신 향기로운 냄새에 다 삼킨 바 되고 또 여러 가지 죄인들의 까다로운 색채가 빛 되신 구주님께 다 사로잡혀 한 순전한 색채로 변하여[9]

정빈은 하나님과 사람사이에 중보자(仲保者)로서 구속의 주 예수 그리스도를 믿어야 죄인이 구원을 받을 수 있음을 '面面 그리스도'에서 다음과 같이 말하고 있다:

> 예수께서 이 세상에 오신 목적은 죄에 빠진 이 세상을 구속하여 살 길로 인도하고, 각기 자기 길로 달아나 나누어진 백성을 당신의 전능하신

---

9) 김영관, 「달편지」, (원산) 1936년 3월 17일.

날개 아래로 모으고자 하시기를 저 암탉이 자기 새끼를 보호함 같이 하시사 필경은 이 세상 죄를 대신하사 자기를 십자가에 못박는 지경까지 이르시고 그 귀하신 피로 약속을 세우사 영원한 구속의 주인이 되셨으니 그 사랑과 은혜가 어떻게 크고 넓은 것을 가히 알 것이다.

그런고로 성경에 가라사대 "하나님이 세상을 이처럼 사랑하사 독생자를 주셨으니 누구든지 저를 믿으면 멸망치 않고 영생을 얻으리라. 하나님이 그 아들을 세상에 보내신 것은 세상을 죄정하려 하심이 아니오. 그 아들로 세상을 구원하시려고 하는 것이라. 저를 믿는 사람은 죄를 정하지 아니하고 믿지 아니하는 사람은 벌서 죄를 정하였으니 이는 하나님의 독생자의 이름을 믿지 아니함이라.(約3:16-19) 이같이 예수를 하나님과 사람 사이에 중보(仲保)를 삼으사 아무리 큰 죄인이라도 다 용납하고 구속하기로 작정하였으니 이것은 곧 사람의 의뢰할 만한 약속이라.[10]

이와 같은 정빈의 구원론은 동양선교회 16개 신앙개조 중 제2절 '예수 그리스도'의 "참 하나님도 되시고 참 사람도 되신 그리스도로 십자가에 못 박혀 고난을 밧고 죽으시고 장사하엿스매 이것으로 하나님과 사람 사이에 화목제물이 되사 인류의 자범죄만 사하실 뿐 아니라 유전하여 나려오는 원죄까지 구속하시고"[11]와 제7절 '칭의'의 "사람이 하나님 압헤 올타함을 엇는 것은 우리의 선행과 공로로 엇을수 업고 오직 예수 그리스도의 공로가 우리의 믿음으로 말매암아 의롭다 하심을 엇나니"[12]와 상통하는 전형적인 복음주의적인 구

---

10) 鄭彬, "面面 그리스도", 「太極學報」, 제4호 (光武 十年 十一月 四日): 40.
11) 『略史』, 11.
12) 『略史』, 12.

원관을 보여주고 있다.

정빈은 1905년 체결된 을사늑약(乙巳勒約)을 통해 일제로부터 외교권을 빼앗겨 자유를 빼앗긴 암울한 조선의 정치적 상황을 보며, 자유를 영안의 영적인 속자유와 육안의 세속적인 겉자유로 구분한다. 그리고 자유의 근본은 오로지 하나님으로서 온전한 참 자유는 인간이 죄를 가지고 태어나므로 스스로 얻을 수 없다고 말하고 있다:

지금은 이 자유 두 글자를 모르는 사람이 없고, 그 중에라도 이 두 글자를 목마른 듯이 사모하는 나라는 대개 아라사와 청국과 우리 한국이라. 이러므로 아라사뢰 동자는 자유의 꿈을 꾸고, 청국 처녀들은 자유의 노래를 브르고, 한국은 오척 동자라도 자유를 바라는 사상이 간절함으로 사람이 사람이 날마다 머리를 동편으로 돌리고 태평양에서 건너어는 배만 기다리며 금번에나 혹 자유실은 배가 올가하고 이같이 渴望을 품었도다. 그런즉 이 세상에서 자유가 얼마큼 귀한 것인지는 가히 알니로다. 그런고로 전세계에 왕래하며 이 자유를 구하려 하는 손님이 하늘에 구름과 바다에 물결과 같은지라. 그러나 전세계 형편을 볼진대 겉자유가 속자유의 힘을 비러가지고 그 나타난 세력이 여러 배가 확장이 되었는고로 저 손님들의 肉眼에는 법률, 정치와 문학 기예의 허여진 자유만 보고 그 발자취가 그곳에 그쳐서 배회주저하며, 혹 어떤 사람은 자유를 만나기는 하였으나 그 자유를 쓸곳이 업슴을 탄식하며 다만 자기의 나라에서 자유의 문열기만 기다리는 사람도 있도다. 그러나 만일 그 나라에서 자유를 허락할 지라도 그것이 온전한 자유라고 하지 못하리니 이는 뭇나라 사람들이 다 죄를 가지고 잇는 연고요, 죄인에게는 자유가 없나니 성경 말삼에 '내가 원하는 선은 행치 아니하고, 원치 아니하는 악은 행하는도다(羅 7:19)' 하였으니 이것이 죄인의 사진(寫眞)이오, 이것이 참자유를 얻지 못한 증거라.[13]

그러므로 인간이 초자연적인 참 자유를 가지려면 예수 그리스도의 십자가의 흘린 피를 통하여 비로소 얻게 됨을 말하고 있다:

> 그런즉, 참 자유가 별한 곳에 있는 것이 아니오, 곧 하나님의 말씀 속에 있나니 구코자 할진대 곧 사람 사람 발 앞에 있는 것이라. 어찌 먼곳까지 가리오? 이는 세상이 어리석게 여기고, 낮게 보는 십자가에서 흘린 예수의 피가 사람 마음가운데 비상한 능력을 행하야 죽은 자를 살리고, 병든 자를 고치고, 마귀의 결박받은 자들을 自由 解放하나니.[14]

### 3. 여권신장론

한국사회에 기독교가 전파될 때 미친 영향중에 가장 큰 하나는 여성에 대한 가치관의 변화를 들 수 있다. 유교의 폐쇄적인 전통에 따라 남존여비의 가정윤리를 고수하였던 한국사회에 남녀의 평등한 권리와 의무를 누리도록 노력한 점은 분명 기독교가 우리나라에 끼친 긍정적인 면으로 나타난다.[15] 하나님은 여성이나, 남성을 구별하지 않고 평등하게 지으셨다는 기독교의 인간론은 여성의 권리신

---

13) 鄭彬, "面面 그리스도", 41.
14) 鄭彬, "面面 그리스도", 42-43.
15) 이만열, 『한국기독교수용사』 (서울: 두레시대, 1998), 429.

장(權利伸張)에 지대한 영향을 미쳐 남녀평등의 주장과 함께 남존여비(男尊女卑)의 구습을 타파하였다. 그리고 더 나아가 여성의 근대교육 기회부여와 사회적 역할을 감당하게 하였다. 당시에는 여성해방의 복음이라 말할 정도로 기독교가 유교의 지배체제와 가치관에 대한 혁명적인 반동으로 나타난 것은 조선시대가 철저한 봉건주의적인 남성중심의 가계(家係) 아래 여성은 출산과 가사노동, 생산 활동의 도구로만 살아왔기 때문이다.

정빈은 일본에서 유학하면서 일본의 근대화를 위해 일본여성들이 이바지한 구체적인 사례를 들며 남존여비에 찌들어 남녀를 엄격하게 구별하는 유교적인 가르침과 전통적 습속에 대해 자신의 개화의지를 강하게 펼쳐 보였다. 즉, 일본 동경과 달리 지금도 자신이 일본 유학을 가기 전에 다녔던 서울 장안(당시, 한양)에 있는 교회가 교회 한가운데에 휘장을 치고 남녀를 구별하여 예배를 드리는 모습을 누가복음 23장 50절과 에베소서 2장 14절을 가지고 지적하며 비판하고 있다. 정빈은 예수께서 십자가에 죽으실 때 성소 휘장 한가운데를 터놓아서 하나님과 죄인 된 인간의 막힌 담을 헐어 교통하게 한 것과 같이 서울 장안에 있는 교회의 예배당 가운데를 휘장을 쳐서 남녀를 구별하고 교제와 소통을 막는 것은 남존여비의 구습임으로 폐지해야 한다고 강조하였다.[16]

정빈은 숭유억불(崇儒抑佛)의 국가시책 아래 남성 중심의 조선사회로부터 차별, 격리, 제외되어 있는 여성들에 대한 고착된 의식과 제

---

16) 정빈, "감샤", 「그리스도신문」 1906. 3.8. 이하, 여기에 대한 기존의 연구는 「聖潔神學研究」 제1집(1996. 11.)을 참고하라.

도를 개혁과 갱신의 대상으로 생각하였다.[17] 따라서 여성은 열등하고, 보호받아야 하는 존재라는 당시 사회적 습속(習俗)을 넘어서 일본 동경에서만 해도 실업에 종사하는 여성이 30여만 명에 달한 것과 같이 남성들과 비교하여 조금도 다를 바 없는 동등한 존재로 국가 사회에 중요한 일익을 맡고 있다고 피력하였다.[18] 정빈의 여성관은 그가 1907년부터 염곡복음전도관에서 가졌던 아침성서교실(Morning Bible Class)이나 이후 경성성서학원에서 최초 한국인 교수가 되어 학생들을 가르칠 때 처음부터 시행하였던 남녀공학제 수업에서도 잘 드러나고 있다.

### 4. 교육론

19세기 말엽 초기 한국교회 역사를 보면 알렌(Allen), 언더우드(H. G. Underwood)와 아펜젤러(H. G. Appenzeller) 그리고 스크랜튼(W. B. Scranton) 등 선교사들의 계속된 입국을 통해 시행된 교파형 선교의 특징은 의료선교와 교육 선교이었다. 이 두 가지 선교형태는 당시 봉건적이며 수구적인 유교전통을 중시한 우리 사회에 새로운 서구문화의 실용성에 대한 계몽과 개화사상을 심어주었다. 또한 주변 강대국을 비롯한 열강들의 침략에 대해 구국의 새로운 방편을 요청하였던 역사적 정화에 있어서 매우 효과적인 것으로 나타났다. 정빈은 1906년 정치적으로 암울한 절망에 놓인 우리나라를 바라보며 일본에 와서

---

17) 이우정, 『한국기독교 여성백년의 발자취』 (서울: 민중사, 1985), 30-31.
18) 정빈, "감샤".

선진문물과 지식을 배우는 한국유학생을 통하여 장래 한국의 미래가 달려 있음을 말하며 교육의 중요성을 말하고 있다:

> 지금 동경에 한국 유학생의 수효가 한 삼백 명이 된다는데 그 중에 각각 목적이 있어 혹 신학을 전문하는 이도 있고, 혹 실업을 전문하는 이도 있고, 다른 보통학과 사범학에 입학한 사람도 있는데, 그 공부의 정도는 일본 사람의 말을 들어도 어학은 각국 사람 중에 제일 쉽게 깨닫고, 공부의 진보가 매우 빠르다고 합니다. 실제 내가 목도하여 보는대로 한국학생의 등급이 조곰도 일본사람에게 느리지 않으니 매우 감사한 일입니다. 우리 장래 앞날이 다 이 곳에서 유학하는 청년들에게 있는 줄로 분명히 믿습니다.[19]

정빈은 당시 우리나라 인구가 2천만인데 비해 일본유학생이 300여명 밖에 되지 않음으로 이렇게 적은 유학생 숫자로는 한국사회 발전을 이룰 수 없음을 개탄하였다:

> 우리 이천만 사회 가운데서 유학자가 겨우 삼백여명인즉, 또 다른 곳으로 간 사람은 얼마나 되는지 알지 못하거니와 외국 유학하는 사람이 이같이 희소하니 사회상 앞날이 어찌 쉽게 발달할 수 있겠습니까?[20]

정빈은 외국 유학을 통해 우리나라보다 진보된 학문과 기술을 배

---

19) 정빈, "한국어학생형편(2)", 「그리스도신문」, 1906.3.15.
20) 정빈, "한국어학생형편(2)", 「그리스도신문」.

우고, 익혀야 우리나라도 다른 열강과 같이 선진국가가 될 수 있음으로 더 많이 나라 밖으로 나가 공부를 해야 함을 주장하였다. 그리고 다른 미국이나 영국 같은 유럽에서 공부하는 것보다 일본에서 공부하는 것이 우리나라에 더 유익함을 말하고 있다. 그 이유로는 일본이 지역적으로 우리와 가깝고 풍속이 비슷한 것이 많아서 실제적으로 도움을 많이 줄 수 있고, 영국과 미국은 지금 개발도상에 있는 일본과 달리 이미 선진국대열에 진입하여서 우리 실정과 부합되지 않음을 다음과 같이 말하고 있다:

> 나의 지금 소견으로 생각하면, 일본에서 유학하는 학생들이 다른 영, 미국 같은 나라에 가서 공부하는 사람들보다 더 유익함을 많이 받은 줄로 믿습니다. 그 소이연을 말하자면 다름이 아니라, 영, 미국은 다 자란 나라라 우리 눈에 보인 것이 다 풍성하고 좋은 것 뿐인즉, 우리가 그 좋은 것만을 본받자 하면 우리에게 적당치 못한 것이 많아서 행하기 어려울 것입니다. 일본은 우리와 지경이 상접하여 풍속이 같은 것이 많을 뿐만 아니라 그 먹고 입는 것이 다 우리 한국 사람에게 합당한 것이 많고, 지금도 일본 인민의 실질상 정황을 살펴보면 지극히 가난하고 지극히 괴로운 중에서 이왕부터 참고 견뎌 가면 절용, 절식함으로 오늘날 저만큼 일들을 하여 그 공효가 우리 같은 외국 사람까지 미쳐서…[21]

정빈의 연보를 보면, 1907년 복음전도관 때부터 1945년 해방 이전까지 그의 복음사역 가운데 특징적인 모습이 교육의 중요성을 강

---

21) 정빈, "한국어학생형편(2)", 「그리스도신문」.

조하여 직접 본인이 교육선교를 실천한 일로 나타난다. 복음전도관에서 아침성서교실과 경성성서학원 교수, 만주 종성동성경학원 교수로 계속 교육선교사역이 이어진다.

### 5. 복음전도 사역론

한국성결교회 창립의 주역으로서 초기 성결교회의 복음전도관시대 제1세대 지도자였던 정빈은 일본 동경성서학원을 졸업하고 귀국한 뒤 1907년부터 1914년까지 초기성결교회의 기초를 놓는 사역을 감당하였다. 이것을 좀 더 세분하여 살펴보면 성결교회로 교단전환이 되기 훨씬 이전인 1907-1911년까지 염곡(無敎町)복음전도관 주임 교역자로 있다가 1911년 3월에 무교정복음전도관에 임시로 성서학원이 개원될 때 토마스(J.Thomas) 조선감독은 원장, 정빈은 교수가 되고, 이장하는 통역을 맡게 되었다. 이듬해인 1912년 죽첨정에 학원 건물이 신축되어 성서학원이 이전되면서 정식 개원할 때 정빈은 이장하와 함께 한국인 최초로 경성성서학원 교수가 되었다.[22] 경성성서학원은 진격적으로 이단과 속화와 죄악을 대적하여 분투하려는 주의(主義) 아래 남녀전도자를 양성하여 순복음(사중복음)을 동양(Asia) 전체에 전파하여 영혼을 구원할 목적으로 설립된 동양선교회(Oriental Missionary Society)의 교역자 양성기관이었다.[23]

정빈은 무교정복음전도관을 시작하고 경성성서학원에서 교수로

---

22) 『略史』, 34-42.
23) 『略史』, 33.

전도자 육성에 전념하다가 1914년 9월 30일에 칠판에 12개조문을 기록하고 김상준에 대해 문제를 제기하고 이에 김상준이 용서를 구하는 것을 듣지 않고 돌연 사직서를 제출하고 북간도 용정으로 떠났다.[24] 1914년은 김상준, 이장하, 강태온, 이명직, 이명헌 5인이 처음으로 제1교회 최초로 목사안수를 받은 해이다.[25] 무교정복음전도관 부교역자들이 다수가 모두 한국성결교회 최초로 목사안수를 받을 때 목사안수 명단에 함께 올라왔어야 할 정빈은 오히려 안수를 받지 않고 잠시 성결교를 떠났다가 1917년에 다시 돌아와서 경성성서학원 교수와 안성복음전도관, 인천복음전도관을 개척하였다. 그러다가 1921년 장로교, 감리교와 같이 선교본위의 복음전도관 체제에서 기성교단 체제인 목회본위의 성결교회로 전환되자 다시 교단을 떠나 이전에 사역하였던 북간도의 동아기독교회(현 침례교 전신에 해당)로 떠났다.[26]

성결교회를 재차 떠난 정빈은 1906년 말콤 펜윅(M. Fenwick, 1863-1935년) 선교사를 중심으로 충청도 강경교회에서 첫 대화회(大和會)[27]를 개최하고 한국 뿐만 아니라 남북 만주와 시베리아까지 전도영역으로 삼은 대한기독교회(1921년 동아기독교회로 변경)의 일원이 되었다. 그리고 그곳에서도 성결교회에서 복음전도사역을 한 것과 같이 복음전도 사역에 진력하였다. 정빈이 동아기독교회에서 가진 직분은 감

---

24) 『略史』, 36.
25) 『略史』, 190.
26) 여기에 대한 정빈연구는 필자가 쓴 "정빈(鄭彬)의 사상연구", 113-28을 참조하라; "정빈(鄭彬)의 사상연구", 「聖潔神學硏究」 1輯, 관련 페이지 재인용.
27) 동아기독교회 당시 대화회(大和會)는 현재 일 년에 한번씩 개최되는 침례회 교단총회와 같은 성격의 회합이다.

로(監老)이었다. 정빈은 동아기독교회에 처음 올 때도 왕청현교회, 나자구교회 등을 개척하였고, 다시 와서도 전도사역을 계속하였으나 성결교회에서와 같이 여전히 목사안수를 받지 않고 사역을 하였다. 1906년에 발표된 대한기독교회의 내규의 제2장 '教役 및 그 職務' 3조, 8조를 보면 감로 직분과 맡은 역할이 다음과 같이 나와 있다:

> 第2條 本敎會의 任員은 知左하다.
> 監牧 1人, 牧師若干人, 監老若干人, 敎師 若干人, 傳道人 若干人, 堂員 若干人
> 第3條 元老敎友 監牧 技師는 本敎會의 牧師로 하고 監老, 敎師, 傳道人, 堂員은 地方 敎會에 둔다.…
> 第8條 監老는 牧師의 指揮를 받아 月 1回式 當該區域內에 있는 敎友의 家庭을 巡廻하여 信仰을 向上토록 勸獎하고 敎會에 對한 獻金을 管理하며 牧師가 浸禮 및 聖餐을 베풀 때 牧師를 補佐한다. 牧師 不在時에는 婚, 葬의 執禮를 代行한다.
> 第9條 敎師는 牧師를 補佐하고 當該區域內 또는 他地方에 傳道하고 入敎志願書를 얻어 敎會 設置에 盡力하여야 한다.[28]

1936년 3월 17일 「달편지(月報)」에는 '정빈 선생님'으로 소개되어 있다.[29] 정빈은 일본 유학시절부터 일본 유학생모임인 태극학회에 나가 매 주일 유학생을 대상으로 설교를 하기도 하고, 당시 한국교

---

28) 金容海 편, 『大韓基督敎浸禮會史』 (서울: 대한기독교침례회총회, 1964), 16-17.
29) 김영관, 「달편지」 (원산, 1936년 3월 17일).

회 교계신문을 대변할 정도로 권위가 있었던 그리스도 신문에 여러 차례 자신의 생각을 기고할 정도로 신학 교수급이라고 말해도 가히 틀리지 않을 정도의 수준에 올라와 있었다. 귀국 후 정빈은 장로교, 감리교신학교와 어깨를 당당히 겨루었던 경성성서학원 초대교수가 되었고, 동아기독교회에서도 만주 종성동성서학원 교수를 하였다. 그리고 초기성결교회나 동아기독교회(현 한국침례교전신)에 속할 때는 모두 여러 교회를 전도, 개척하였다. 그럼에도 불구하고, 1914년 목사안수를 받지 않고 성결교를 떠났던 정빈은 동아기독교회로 가서 목사안수를 받지 않았다. 1922년 제17회 대화회에서 이종근 교사가 목사안수를 받고, 1933년에는 이윤용, 한기춘 교사가 목사안수를 받았으나 정빈은 교사보다 상위 직분인 감로직에 있었으나 목사안수를 받지 않고 동아기독교회의 평신도 지도자격인 구성원으로만 있었다.

어느 한 곳에 머물러 목회를 하거나, 교단 행정가로 남지 않고 어떻게 보면 일부러 그런 자리를 피하였다고 말할 수 있을지 모르겠다. 정빈은 1917년 초기성결교회로 돌아와서 복음전도관 체제에서 교단으로 전환되는 1921년에 동아기독교회로 다시 넘어가지 않았다면 해방 이전 성결교회 제2세대인 이명직 목사를 대신하여 한국성결교회 제1세대 최고지도자로 남았을 수도 있었을 것이다.

정빈이 재차 성결교를 떠날 때 동아기독교회로 가게 된 이유는 성결교회가 기존 복음전도관 체제에서 1921년 기성교단으로 전환한 것과 밀접한 관계가 있으나, 구체적으로 우리에게 사료를 통해 직접적으로 소개된 적은 없다.[30] 다만 분명한 것은 정빈의 북간도로 재차 행보는 해방이전 최고지도자로 동아기독교회를 이끌어 갔던 펜윅 선교사와 상당 부분 함께 공유하고, 일치하는 부분이 많았던 영향으로 볼 수 있다. 펜윅 선교사는 경건주의적 근본주의(pietistic fundamentalism)의 특성들을 가지고 있는 자로서 정치적인 이슈들에 관여하며 정치적인 활동을 하기보다는 성결과 전도에 매진하였다.[31] 펜윅은 동아기독교회가 일인 감목 중심의 계급정치를 가졌어도 만인제사장 교리에 입각하여 교회의 유일한 목자는 그리스도이고, 목사들과 감로들은 목자를 도와 양과 같은 성도들을 지키는 개와 같은 자로 생각하였다. 따라서 세대주의적 전천년설을 받아들이고 복음전도를 그리스도인들의 가장 중요한 사역으로 생각하여 오지선교(산골이나 빈들)에 전념한 펜윅의 사상은 정빈이 가진 평상시 소신과 상호 일치하는 것이었다.[32] 「大韓基督敎浸禮會史」 38쪽에서 정빈에 대해 소개하는 "무명전도로 일생을 받친 분" 이라는 표현대로 정빈은 가시적 교회목회나 제도적인 교단에 있어서 직분이나 명예, 교권에는 초연하고 오로지 예수 십자가 복음을 전하는 무명의 복음전도 사역에만 일평생 단심으로 전념하였던 전도자의 헌신을 보여주고 있다:

　　소생은 행년 六十여세에 온전히 아온 바는 오직 하나 뿐이요… 죄인
　　이 구주님의 높으신 십자공로뿐 믿으오면 누구든지 천당으로 영접함을

---

30) 좀 더 자세한 내용은 필자가 1988년, 1996년에 발표한 논문들을 참조하라.
31) 김용국, 『한국침례교사상사 1889-1997』 (대전: 침례신학대학교 출판부, 2005), 58.
32) 김용국, 『한국침례교사상사 1889-1997』, 148-50.

받으올 일 이 한가지 온전히 아는 것이 올시다.[33]

## III. 닫는 글

지금까지 정빈사상에 대한 재차 연구를 하여 도출되는 평가와 결론은 다음과 같다.

첫째, 두 번째 진행된 정빈의 사상 연구에서 보듯이 여전히 역사 연구는 사료가 있는 것이라는 기본 명제를 새롭게 실감하게 해준다.
그러나 사료제한이라는 커다란 벽을 넘지 못하는 연구의 한계에도 불구하고 정빈에 대한 연구는 시도 자체부터 역사적 중요성을 띠고 있다. 그것은 정빈이 성결교 창립의 주역으로서 차지하는 비중이 한국성결교회 역사에 있어서 어떤 다른 인물보다도 점유하는 부분이 크고, 정빈 연구가 성결교 초기 정체성 규명과 확립에 귀중한 단초(端初)와 시사점을 줄 수 있기 때문이다. 이 점에 있어서 정빈이 성결교를 떠나 동아기독교로 가서 사역했던 부분들은 「달편지」를 비롯한 해방 이전 동아기독교의 사료들을 중심으로 심층적인 연구를 해야 할 필요성이 제기된다.
둘째, 정빈은 지금까지 오로지 개인 영혼구원에만 전념한 복음전도자로만 인식되어 왔는데, 그러한 기존의 인식은 정빈의 사역에 대한 구체적인 이해의 부족에서 연유된 것이다.

---

33) 김영관, 「달편지」, (원산, 1936년 3월 17일).

정빈은 앞서 살펴본 바와 같이 당시 남존여비(男尊女卑) 유교적 전통의 패러다임을 깨고 여성의 권리 신장과 사회 참여에 적극적이며 능동적인 자세를 보인다. 그리고 한말 쓰러져 가는 조국의 위태한 현실 속에서 개화와 구국(救國)의 방편으로서 교육의 중요성을 설파하고 그것을 기독교와 관련시켜 논급하기까지 하였다.

또한 다른 한편 정빈의 사상은 19세기 후반 경건주의적 근본주의에서 주창한 성경의 권위 강조, 그리스도의 대속의 죽음과 부활, 전천년적인 재림, 선교 강조로 나타나고 있다. 이러한 두 가지 사상의 강조는 성서적인 복음적인 구원관에 치우쳐 개인 영혼구원이라는 신앙의 초월성 강조에만 머무르지 않고, 현실적 정황의 역사성도 견지하는 균형 잡힌 모습을 보여준다. 그러나 정빈은 종국에 있어서는 결국 사회구원이라는 것도 우선적으로 십자가 복음으로 말미암은 영혼구원에서 발원되고, 포괄되며, 귀결되어야 할 것으로 보고 있다.

셋째, 끝으로 정빈의 사역에서 드러난 이론과 실천을 통한 그의 삶의 여정은 구름처럼 어느 한 곳에 머무르지 않고 바람 따라 흘러가듯이 예수 그리스도 십자가 복음을 통한 구원이라는 목적아래 자신을 필요로 하는 곳은 성령의 인도하심에 따라 어느 곳이라도 불문하고 찾아가 복음전도 사역에 전념하였던 역동적인 사역의 모습을 보여준다.

따라서 이러한 자유로운 선교행보는 동아기독교회의 말콤 펜윅 이전에 동양선교회 동경성서학원장이었던 사사오 목사의 지대한 영향도 배제할 수 없다. 이것은 성결교나 침례교 두 교단에서 동일하게 어느 한쪽도 온전하게 그가 가진 사상과 영향을 바르게 자리매김해 주고 정리, 평가하는데 있어서 그 중요성을 소홀히 여겨 간과하게 할 수 있게 하는 여지를 가져다 준다. 그러나 오로지 하나님 면전에서 복음 안에 살고, 복음을 전하다가, 복음을 위해 죽고자 하여 어떠한 교권이나 인간적인 명예에 매이지 않고 초연하게 오직 복음전도 사역자로만 일평생 살아갔던 정빈의 삶은 오늘을 살아가는 우리들에게 많은 도전과 반성을 가져다준다. 특별히 세속에 빠지고 교권에 눈멀어 참된 지도자 부재와 목회윤리 부재의 상황아래 놓인 현재 한국교회에 많은 시사점을 주고 있다.

해방이전, 질곡의 역사로 점철된 암울한 시기에 성결교회 최고지도자로서 한 시대 성결교회를 이끌고 간 이명직 목사가 1936년 하나님의 교회 사건과 신사 참배에서 보여준 리더십과 행동이 정빈의 사역과 분명하게 그 명암이 대비되고 있는 것은 어쩌면 나만이 갖는 생각이 아닐 수 있다.

[성결신학연구소, 「성결신학연구」, 제27권(2015년)]

# 5

## 김상준의 생애

# 김상준의 생애

## Ⅰ. 여는 글

서세동점(西勢東漸)의 파고 속에서 20세기 말 이 땅은 안으로는 봉건 체제의 내정 개혁을 통한 부국강병과 개화라는 과제를 서 안고 있었고, 밖으로는 서구의 제국주의와 일제라는 외세의 침략 세력에 대항하는 자주 독립이 절실히 요청되었다.

따라서 이 땅에서는 개화와 개혁의 추진력과 민족 세력 형성의 에너지를 필요로 하고 있었다.

이러한 때, 우리 나라에서는 기독교가 다른 동남아 국가와 같이 침략 세력의 공모자로서 대포와 함께 침략의 복음으로 들어오지 않고, 개화의 복음으로 들어오게 되었다.

1885년 4월 5일 부활절날 북장로교의 선교사인 언더우드(H. G. Underwood)와 미 감리회에서는 아펜젤러(H. G. Appenzeller)는 일본 나가사키를 떠나 6일만에 낯선 한국 인천(仁川) 땅을 밟게 되었다. 이들 초기 개신교 미국 선교사들은 서구 기독교와는 달리 정부와 밀착됨 없이 자신들의 교단 선교부의 독자적인 선교 정책에서 자유롭게 선교 활동을 펼쳐 나갔다.

이들의 선교 활동은 한말[1]이라는 시대적 요청에 부흥하여 개화의 선구자로서 반봉건적 개혁 의지로 나타나게 되었다. 선교 사업이 곧, 개화 사업이기도 했던[2] 당시 교회는 개화의 원동력으로서의 교육을 통한 선교 사업을 펼쳐 나갔다.[3]

이렇게 장·감 초기 선교사들의 애씀과 노력으로 한국교회는 절망적인 역사적 현실에서 삶의 의미를 상실한 한민족의 마음 위에 민족구원 신앙(民族救援信仰)으로 서서히 자리를 잡아가고 있었다.[4]

그러는 중에, 1903년 원산(元山)에서 불붙기 시작한 이른바 1907년 성령부흥운동(聖靈復興運動)이 1907년 1월에 평양(平壤)에서 그 절정에 이르러 한국교회는 선교 역사상 처음으로 성령의 뜨거운 은사를 체험하는 은혜의 사건을 가지게 되었다. 이 성령운동은 한국교회의 신앙 내용을 내면적으로 풍성히 하였고, 교회의 경이적인 양적 성장을 가져오게 하였다.[5]

---

1) '한말(韓末)'이란 역사 상황은 민족사적인 관점에서 볼 때 최창규(崔昌圭)에 의하면, "한마디로 민족사가 이질 문명이라는 부외적(部外的) 충격(exogenious impact)으로 세계사의 수세(守勢)로 몰리던 민족적 불행으로 요약된다. 그러한 불행은 한민족의 주체성이 위기(identity crisis)와 당시의 조선 왕조에 대한 정통성(正統性)의 위기(legitimacy crisis)를 함께 내포하고 있었다."라고 한다. 독서신문사 편, 『韓國史의 再照明』, 493.
2) 宋吉燮, 『韓國神學思想史』(서울: 大韓基督敎出版社, 1987), 90.
3) 이만열 외 7인 지음, 『한국 기독교와 민중운동』(서울: 保聖, 1986), 76.
4) 선교사들의 노고는 다음의 글에 잘 나타나 있다.
"그들(宣敎師)은 이러한 困難(言語不通, 交通便東風習의 相 등) 가운데서도 다만 神의 福音을 전하려 죽은 心을 구원하겠 다는 에서 모든 困難과 고초를 介치 않고 金에 바치었다." 金得榥, 『韓國宗敎史』(서울: 에펠文化社, 1963), 387-88.
5) 장로교는 1906년에 교인수가 54,987명에서 그 이듬해인 1907년에는 73,844명으로 늘었고, 북감리교만도 1906년의 18,107명이 39,616명으로 증가되었다.

'한국의 오순절(五旬節)'이라고 불려지는 1907년 성령부흥운동의 불길이 거세게 일어날 때, 한국성결교회(韓國聖潔敎會)는 장·감에 비해 20년이 뒤진 상태에서 조선땅 한복판 경성에서부터 시작되었다.

1907년 황해도 해주(海州) 출신인 정빈(鄭彬)과 평남 용강(龍岡) 출신인 김상준(金相濬)이 두 전도자는 동양선교회(Oriental Missionary Society) 소속인 동경성서학원을 졸업하고, 그 해 5월 30일에 종로(鐘路) 염곡(艶谷)에 다 쓰러져 가는 조선 구식 가옥 몇 간을 전세 내어 동양선교회 복음전도관이라는 간판을 붙이고 전도를 시작할 때 성결교회(聖潔敎會)는 태동하게 되었다:[6]

> 宣敎事業이 점점 擴張됨에 따라 東京 聖書學院을 設立하고 傳道師를 養成하는 中 우리 朝鮮서는 金相浚, 鄭彬 兩氏가 東京에 가서 마치고, 主降生 一九百七年에 歸國하야 鐘路 現在 朝鮮예수교 쩍에 朝鮮 舊式 家屋 一座를 貰내어 가지고 傳道를 始作하였으니, 이것이 지금 十五年 前이며 朝鮮에 東洋宣敎會의 芽이다.[7]

한국 성결교회는 주로 북미 선교사에 의해 주도되어 선교의 장을 열었던 장·감 교단과는 달리 한국인의 주도로 자생적인 교회가 세워지고, 포교가 시작되었다. 이들은 동양선교회의 정식 선교사가 들어오기 전에 선교회의 큰 도움 없이 임시로 빌린 셋집에서부터 동

---

Cf. H. A. Rhodes and A., Cambell, *History of the Korean Mission Presbyterian Church in the U.S.A.* (1884-1934), 547, *Annual Report of Methodist Episcopal Church for 1907*, 425.

6) 「성결」, 제402호, 32.

7) 「活泉」, 제2권 12호, 4.

양선교회 복음전도관(東洋宣教會福音傳道館)이라는 간판을 붙이고 복음 전도를 시작하였다. 동양선교회의 이름으로 외국 선교사가 조선 땅에 들어온 것은 3년이 지난 1910년 4월 10일로 영국인 토마스(John Thomas) 선교사와 그의 부인 에밀리 토마스(Emily Thomas)가 새로운 사역의 임무를 가지고 한국 땅에 조선 감독(朝鮮監督)으로 부임하였다.[8]

자생적으로 세워진 세워진 성결교회에 대해 송길섭 교수는 아래와 같이 말한다:

> 한국성결교회의 전신인 복음전도관은 1907년 5월 30일에 정빈, 김상준 두 사람이 일본 동경성서학원을 졸업하고 귀국하면서 세웠다. 이들은 선교사가 들어오기를 기다리지 않았던 것이다. 동족에 대한 선교는 동족의 힘으로 한다는 뜨거운 소명감에 불탄 자생적 교회 수립의 길을 예비했던 것이다.[9]

정빈과 김상준, 이 두 전도자는 일본에서 공부하고, 실습하여 익힌 노방 전도의 전도 방식으로 복음을 전하였다.[10] 이것은 교육 기관이나 봉사 기관을 통한 체제를 갖춰 이루어진 간접 선교 방식이 아닌 복음 그 자체를 직접 불신 세계에 안겨주는 직접 선교(直接宣教)이었다.[11] 직접적인 복음 전도, 즉 노방 전도는 정빈, 김상준 두 전도자

---

8) Lettie B. Cowman, *Charles E. Cowman: Missionary-Warrior* (Los Angeles: The Oriental Missionary Society, 1946), 207.
9) 宋吉燮, 앞의 책, 170.
10) "쥬일이면 남녀가 사처로 허여져 나가서 길에서 찬미하며 라발도 불어 사방으로 사람을 모화노코 남녀가 차례로 연설 한번씩 돌녀가며 하여 사람 사람에게 이갓치 전도하고" 『그리스도 신문』(1906년).
11) 中央聖潔教會, 『中央教會70年史』(서울: 中央聖潔教會, 1978), 34.

가 세운 두 가지 선교 원칙 중의 하나로 당시로서는 대담한 방법이었다.[12] 물론 이 직접 전도를 할 수 있었던 것은 장·감 초기 선교사들이 앞서서 전도의 문을 열어 그 길을 닦아 놓은 연유에서도 비롯된 것이지만, 어떠한 방법이든지 영혼을 구원함에는 그 무엇이라도 사양치 아니하겠다는 뜨거운 구령열에서 비롯된 것이었다.[13] 외세의 힘이 아닌 자국의 복음의 선구자인 두 젊은이에 의해 세워진 것이 바로 한국 성결교회이다.

한국 성결교회의 모교회인 무교정 복음전도관은 주임 교역자인 정빈의 주도로 세워져 오직 십자가 순복음만을[14] 전하고자 하는 전도 본위의 교단적 특색[15]을 가지고 나아가게 되었고, 같은 창립의 일원인 김상준을 통하여서는 19세기 미국을 중심한 성결운동(Holiness Movement)의 단순한 전도 표제로 알려진 중생, 성결, 신유, 재림의 사

---

12) 宋吉燮, 앞의 책, 170.
13) 李明稙, 『朝鮮耶蘇敎 東洋宣敎會 聖潔敎會略史』(京城:東洋宣敎會 聖潔會出版部, 1929), 51을 참조하라. 이하의 『朝鮮耶蘇東洋 宣敎會 聖潔敎會略史』를 『略史』로 줄임.
14) 정빈의 글을 보면 자주 반복되어 출현하는 '십자가와 보혈의 공로' 라는 말이 있다.
 "다만 은혜로운 셩슘님께서 종을 불쌍이 녁이샤 져의 총명을 열으시고 져로 온전히 깨닫게 하시고 의심업게 하시고 그 후에 또 담대케 하심을 밧으온거슨 죄인이 구쥬님의 놉흐신 십자 공로 뿐 밋으오면 누구던지 뎐당으로 영접함을 밧으올 일 이것 한 가지 온전히 아온거시올시다." -『달편지』 中에서-
 "이는 세상이 어리셕게 녁이고 낫게 보는 십자가에서 흘린 예수의 피가 사람 마음 가온데 비상한 능력을 행하야 죽은 쟈를 살리고 병든 쟈를 곳치고 마귀의 결박 밧은 쟈들을 自由解放하노니..." -太極學報』제4호, 42-43. 중에서 -
15) 1921년 초기의 한국 성결교회는 전도 본위(傳導本位)에서 목회 본위 (牧會 本位)의 정책으로 급전(急轉)하면서 사실상 기성 교단으로 경화되어 전도 본위의 성격을 지향하는 목회 본위의 정책을 실시하는 패러다임의 변형이 있었다. 따라서 직접 전도로 일관된 초기 전도관의 전도 본위의 성격과 정책은 목회 본위의 교단 정책에로의 전향에 필요한 현실적인 간접 전도의 필요성을 직감했어야 했다. 그러나 1907년부터 현금(現今)에 이르기까지의 성결교회는 목회 본위의 정책을 변경 시행하면서도 간접 전도의 가능성을 모색(模索)하거나 폭을 넓히는 데 소극적(消極的)이었다. 따라서 성결 교단이 한국사회에 끼친 공헌도는 지극히 작을 수밖에 없었다. 현 한국성결교회는 다변(多邊)하는 현대사회에서 직접 전도뿐만 아니라 간접 전도도 동시에 그 중요성이 강조되어야 하고, 활성화(活性化)되어 실행(實行)되어야 한다.

중복음이 성서적 근간을 이루는 기독교 교리로서 응축되고 강조되어 신학화하는 계기를 가지게 되었다.[16] 이로 인해 한국 성결교회는 복음주의 노선의 초교파적인 한국 내의 3대교단 중의 하나로까지 괄목할 만한 성장을 이루었다. 이러한 성장의 요인은 한국 성결교회 초창기로부터 교단의 교리적 내용을 주초화 하므로 이론적으로 성결교회를 체계화하는 신학 작업을 시도한 김상준으로 인해서이다.

그러면, 사중복음의 뿌리를 이 민족과 한국교회사 위에 내리게 한 한국 성결교회의 초기 신학자인인 김상준의 생애에 대해 살펴보자.

## Ⅱ. 펴는 글

### 1. 기독교 입신(入信)과 일본 유학

김상준(金相濬)은 1881년에[17] 평안남도(平安南道) 용강군(龍岡郡) 오신면(吾新面) 구룡리(九龍里)에서 엄격한 유교 집안 의성 김씨의 외아들로 태어났다.[18] 부친이 한학자이기 때문에 어릴 때부터 한학을 배워서 한문에 남다른 식견을 가지고 자라났다. 천성이 곧고, 강직한 성격인 그는 성장하면서 부모의 가르침에 따라 자연히 유교의 전통에

---

16) 대표적인 예로 김상준의 『四重教理』, 『默示錄講議』 등을 들 수 있다.
17) 김상준 목사의 외손자 하재창(河在昌) 장로의 증언 (1987년 12월 30일. 대구(大邱) 동산병원에서 직접 청취함).
18) 위의 말.

젖어 들어갔다. 그러나 20살이 갓 넘은 어느날 평양 시장에 나갔다가, 길에서 전도하는 사람들로부터 전도를 받아 기독교에 입신하게 되었다.[19] 사료(史料)의 제한으로 김상준(金相濬)의 입신 동기를 구체적으로 서술하지는 못하지만 다음의 사실을 미루어 짐작할 수 있다.

그 당시의 유림(儒林)들, 즉 사회 체제와 학문 사상 등에 수구성(守舊性) 견지하고 유교적 전통 질서의 확립만을 고수했던 최익현(崔益鉉), 이항로(李恒老) 등의 수구파 인사들은 개화파에 반대하여 위정척사론(衛正斥邪論)을 제기하였다.[20] 수구파 인사들은 기독교는 서교(西敎)인 오랑캐 종교이며, 우리 민족의 고유한 문화 전통과 제전 및 미풍양속을 해치는 위험한 종교로 보았다. 그러나 반면에 지금까지 지켜온 유교는 정학(正學)으로 보고 기존의 정치체제와 논리 사상을 고수하였으므로, 김상준의 부친은 물론, 김상준도 이러한 사고에서 크게 벗어나지는 않았을 것이다.

그러나, 하루 아침에 이러한 사고에서의 코페르니쿠스적인 의식의 전환(轉換)이 찾아 온 것은 아마도 당시 서북 기독교계 인사들과 같이 기독교 복음의 종교적인 동기와 동시에 당시 정황에서 요청된 상실되어 가는 국권과 독립을 회복하는 원동력으로서의 기독교를 현실적으로 인식해서인지도 모른다.

그러나, 김상준의 입교의 동기는 주권의 회복이라는 면에서 또한 당시 무력한 민중들이 기독교의 복음의 진수를 알기 이전에 선교사들의 보호 조치를 통한 민생안전(民生安全)에서 그 힘의 도움을

---

19) 위의 말.
20) 讀書新聞社編, 『韓國史의 再照明』 (서울: 讀書社出版局, 1977), 541.

기독교에서 찾으려고 했던 것과는 다른, 그 이상의 것이었다.

우리는 입신 후의 그의 변화된 삶의 모습을 통하여 그것을 미루어 알 수 있다. 그는 가두 전도를 통해 회개하고 복음을 받아들인 후 상투를 자르고, 조상 대대로 지켜 내려온 선조에 대한 제사를 폐하였는데,[21] 이것은 당시에는 엄청난 일이었다. 이 일로 인하여 부친으로부터 매를 맞고, 김씨 문중으로부터 야소교를 버리라는 회유와 설득을 들었으나, 그는 조금도 자기 소신을 굽히지 않았다. 김상준이 이렇게 끝내 흔들리지 않고 물러서지 않자, 멍석말이로 죽임을 당하는 고난을 받게 되었다. 그러나, 천우신조(天神助)로 그는 엄명을 받은 하인들의 동정을 받아 목숨을 부지하게 되었다.[22] 곽재근(郭載根)은 다음과 같이 말한다:

> 先生은 禮儀를 尊崇하는 가문에서 出生하셧음으로 그 禮儀를 嚴守하다가 一朝에 예수를 믿으시고 先祖의 祭祀를 廢하시매 嚴親에게 叱責과 鞭撻을 無數히 당하섯고 온 門中이 問會를 열고 嚴責 恐喝하얏으나 如一히 信仰의 道를 직히심으로 乃終에는 그 嚴께서 孝의 息이라 하야 獨子이지만 죽이려고 하실 때에 사람을 죽이듯 할 수 없다 하야 개 죽이듯 하라고까지 하심으로 (멍석말이를 하랴 하얏음) 죽을 번 하얏으나 조금도 當치 않으시고 도로혀 信仰에 鍛鍊함을 받을 뿐이로서...[23]

죽을 고비 풀려나온 김상준(金相濬)은 바로 일본으로 가는 배에 올

---

21) 하재창 장로의 증언.
22) 위의 말.
23) 「活泉」, 제 11권 12호, 9.

라 타고 일본 유학을 떠나, 일본에서 정빈(鄭彬)과 함께 지내게 되었다.[24] 하루는 정빈과 같이 카우만(C. E. Cowman) 선교사와 나까다 쥬우지(中田重治)가 세운 동경 요바다시(瀛橋) 가시와 기(柏木町)에 있는 성서학원(Bible Training Institute)을 찾게 되었다.[25] 그들은 킬보른(E. A. Kilbourne) 등 그곳 교수들의 배려(配慮)로 일본어에 익숙치 못함에도 불구하고 학생으로서 입학이 허락되었다.[26]

1905년 정빈(鄭彬)과 함께 동경성서학원(東京聖學院, Tokyo BibleTraining Institute)에 입학한 김상준은 50여명의 그곳 학생들과 같이 열심히 공부하였다.[27] 처음에는 일본어에 익숙치 않아 공부하는 데 많은 어려움을 겪었으나, 그들은 어찌나 배우는 데 열심인지 일상 회화뿐 아니라 강의도 이해하게 되었다.[28]

레티 카우만(Lettie B. Cowman)은 그들의 유학 생활에 대해서 다음과 같이 회고한다:

그들은 저가 他行한 동안에 東京聖書學院에 入學하였던 것이다. 저들은 이 곳에서 進擊的으로 福音을 傳播하기 爲하야 修養시킨다는 消息을 드른 것이다. 그들의 姓名은 朝鮮서 一般的으로 많은 姓 金, 李, 鄭 등

---

24) 하재창 장로의 증언.
25) Robert P. Wood, *In These Mortal Hands; The Story of the Oriental Missionary Society The First 50 Years* (Greenwood: O.M.S. International, Inc., 1983), 75-75.
26) Lettie B. Cowman, 앞의 책, 205.
27) 『그리스도 신문』(1906년).
28) 위의 글.
 "그런데 내가 이곳 와서 처음에는 말을 도모지 몰나셔 몇달을 재미업시 지내엿으나 지금은 대강 대지는 건지겟고 또 매일 공부하는 거슬 이곳 신문에 게재한 즉 거긔셔 번역하여 자세한 말은 볼 수도 잇습니이다."

이였다. 저들은 日本語를 잘 모르나 學生으로 許可하였다. 저들은 얼마나 日本語를 열심으로 工夫하였던지 얼마 못되어 講義를 드를 만큼 되었다. 三年을 經過하야 저들의 修養 期限은 마치고 하나님께서 이와 같은 學校를 저들의 나라에 고 設立하실 것을 믿고 歸國하였다. 저들은 그것이 事實化되기를 祈禱하면서 갓다.[29]

얼마 되지 않아 세번째 한국인 유학생 이장하(李章夏)가 동경(東京)에서 그들과 합류하였다.[30] 한국성결교회의 트리오(Trio)인 정빈(鄭彬), 김상준(金相濬), 이장하(李章夏)는 받은 바 사명을 위해 함께 기도하고, 장차 조국으로 돌아가 새로운 선교의 장을 개척하고자 하는 꿈(vision)을 키워갔다.[31]

김상준의 유학 시절은 일제에 의해 주권이 사실상 빼앗기고, 침략의 마각이 여실히 노출된 울분과 참담의 시기였다. 1894년 갑오경장 이후로 신문물을 수용하기 위해 유학한 초기 일본 유학생들은 자연히 그들 스스로의 조직과 일종의 민족적 사명감에서 하나의 집단적 활동체를 필요로 하였다. 이에 일본에서 조직된 최초의 일본 유학생 단체가 '대 조선인 일본 유학생 친목회'였다. 그러나 이 단체는 곧 해체되고, '제국 청년회(帝國靑年會)'가 새로 조직되었는데, 이것도 다시 얼마 안 가서 해체되었다.

이후에 약간의 공백기 뒤에 지연 중심으로 여러 갈래의 학파로 분파되면서 다시 유학생 조직이 결성되었는데, 그 중의 한 단체로

---

29) 「活泉」, 제11권 7호, 25.
30) Wood, 앞의 책, 76.
31) 위의 글.

1905년 겨울경에 조직된 것이 태극학회(太極學會)이었다. 이 태극학회[32]는 주로 관서 지방(關西地方)의 유학생들이 주류를 이루었다. 이 학회는 일본에 처음 발을 들여놓는 유학생들의 일어 학습을 돕는 것이 발단이 되어 유학생들의 친목(親睦)과 학술 연구(學術硏究)에 목적을 두는 것으로 시작되었다. 그러나, 이러한 창립 의도와는 달리 사실상 그 이면에는 민족주의 의식의 확립과 철저한 국가 관념 속에 외침(外侵)으로부터 무너지는 위태로운 조국 현실을 직시하고, 구원, 해결코자 하는데 그 본래의 목적을 두고 있었다.

정빈은 태극학회의 청을 받아 매주일마다 태극학회 회원 가운데 기독교를 알기 원하는 유학생들에게 설교하는 시간을 가졌다.[33] 따라서 자연스럽게 김상준도 이 모임에 회동(會同)하였는데, 종교적 관심 외에는 별다른 깊은 관계나 활동은 가지지 않았으나, 광무(光武) 10년(1906년) 11월 18일에는 태극학회 총회에 참석하여 태극학보(太極學報)를 위한 의연금(義捐金) 25전을 내놓기도 하였다.[34]

1907년 드디어 유학 수업을 마친 김상준은 정빈과 함께 동경성서학원을 졸업하고 한국어로 번역된 찬송가를 가지고 고국을 향해 떠났다.[35]

---

32) '태극학회' 이외도 '낙동강 친목회', '공수회', '한양회' 등이 있었다.
33) 「太極學報」, 4호, 53.
34) 위의 글, 55.
35) 이장하(李章夏)가 번역한 일본 '복음찬가'를 가리킨다.

## 2. 무교정 복음전도관과 김상준

정빈과 함께 1907년 5월 2일에[36] 귀국한 김상준은 경성(京城) 장안 종로(鍾路) 염곡(鹽谷)에 다 쓰러져 가는 조선 구식 가옥 몇간을 세내어 '동양선교회 복음전도관'이라는 간판을 붙이고 전도 활동을 시작하였다. 1907년 5월 30일,[37] 이 날은 한국 성결교회가 탄생한 역사적인 날이었다.[38]

이들이 어떤 교파적 배경 없이 독자적으로 이 땅에 '동양선교회 복음전도관'을 세우고 전도를 시작한 것은 1905년 11월에 동경에서 동양선교회(Oriental Missionary Society)를 설립한 창설자 카우만과 킬보른의 선교 정신을 이어받아 특정한 교파의 설립 목적이나 간접 전도 방식을 버리고 직접 전도 방식을 택했기 때문이다:

> 그런데 그 명칭을 복음전도관이라 함은 다름이 아니고 最初에 東洋宣教會 창립자인 카우만, 킬보른 총리들의 정신은 따로히 敎派를 세운다던지 또는 선교 사업이라는 野心에 잇는 것이 아니라 純然히 구원의 복음을 미신자의게 넓히 전하여야 되겠다는 정신으로 좃차 잇게 된 명칭이엿나니라. 그래서 처음에는 오직 전도로만 주장을 삼고 牧會에는 주력지 아니하였슴으로 교회를 조직하지도 아니하고 따라서 정치도 업섯다.[39]

---

36) 정상운, "한국 성결교 창립의 주역 鄭彬", 『韓國基督敎史硏究』 제18호 (서울: 韓國基督敎史硏究會, 1988), 31.
37) 『略史』, 51.
38) 일본에서는 1901년 4월 1일에 처음으로 성결교회가 탄생되었다.
39) 『略史』, 16.

이들은 복음전도 본위의 정신으로 일본에서 익힌 전도 방식에 따라 단순하고 원색적인 직접 전도 방법을 택하였다.[40] 이명직(李明稙) 목사는 이들의 전도의 모습을 다음과 같이 말한다:

> 그 전도의 방법은 間接의 方法을 바리고 오직 直接임은 감이 一般인데, 매우 단순하고도 기발(氣潑)하였나니 밤에는 로상에서 등을 들고 라팔을 불며 북을 치고 찬미를 부르고 모여드는 사람 의게 전도하고 다시 行列을 지어 가지고 전도관으로 도라가서 집회를 하고 낮에는 지난 밤에 결심한 사람을 심방하는 일과 개인 전도하는 일노 구령사업을 하였나니 그때뿐 아니라 지금도 그 전도의 방법은 변함이 없나니라.[41]

레티 카우만(Lettie Cowman)은 초기의 전도 모습을 다음과 같이 설명하고 있다:

> 朝鮮 首府 京城에 傳道을 設立하기 爲하야 보내시고 開催하는 첫날에 數十의 靈魂을 救援하심으로 이것이 하나님의 뜻으로 된 것을 確實히 印을 치섯다. 午後에는 聖別會를 열게 되매 많은 신자들이 모여 聖潔

---

40) 앞에서도 일본에서 익힌 전도 방식을 약간 소개했는데, 『그리스도 신문』(1906년)에 보면 다음의 내용이 있다.
"오후면 번차례로 남녀가 패패로 갈나 나아가서 길전도도 하고 밤이 되면 전도관이 따로 잇서서 그곳으로 모혀 개회하고 전도하다가 밤 열시가 지나야 잠자리로 도러오고…"
이러한 노방 전도는 일본 동경성서학원에서 처음 시작되었기보다는 1. 카우만(C. E. Cowman)과 킬보른(E. A. Kilbourne)에서부터 비롯되었다고 볼 수 있다.
"카우만과 킬보른은 그들의 남는 시간을 다양한 영혼 구원하는 활동에 투자하였다. 그들은 거리와 공원에서 복음전도관에 자주 출입하였던 버려진 사람들에게 복음을 증거하였다. 어디서든지 그들은 복음이 담긴 소책자를 나누어 주었다." Edward & Esther Erny, *No Guarantee But God*, 50.

41) 『略史』, 16.

의 恩惠를 求하는 中이 恩惠를 받은 者가 不少하였으며 聖神의 불을 받은 者들은 그 불을 가지고 自己 敎會로 가게 되었다. 다 문어져가는 貰家를 一年 契約으로 借用하여 集會를 계속하였는데 集會는 恒常 熱心으로 듣는 聽衆으로써 充滿하였다.[42]

매일 저녁마다 한 사람은 장등(長燈)을 들고, 한 사람은 북을 치며 황토현(黃土峴)에 가서 '믿기만 하오', '믿기만 하오' 하고 찬송가를 부르는 모습은 신자와 불신자간에 부정적인 안목으로 비춰져 만물의 때(dirt)와 같게 생각하거나, 굿중패나 남사당패와 같다는 조롱을 받았다.[43] 그러나 김상준과 정빈은 오히려 감사하고 어떠한 방법이든지 한 영혼을 구원하는 일에는 개가죽이라도 무릅쓸 경우에도 사양하지 않겠다는[44] 뜨거운 구령열로 충성되게 순복음을 전하였다.

이에 대해 곽재근(郭載根)은 당시의 사회적 상황을 다음과 같이 말한다:

> 朝鮮 敎會 初時代에는 時代가 時代인 만큼 說敎할 때에 傳道, 半演體로 卽, 하나님의 말삼도 傳하려니와 國家를 爲하야 民族을 爲하야 雜同散異로 말하여야 說敎를 잘한다고 하고 單純한 眞理로 罪와 義와 審判만을 말하면 異端이라고 別名을 부치는 때이엿다.[45]

---

42) 『活泉』 제1권 7호, 36.
43) 「活泉」 제7권 10호, 44.
44) 위의 글.
45) 「活泉」 제11권 12호, 10.

하나님께서는 이들의 사역에 함께 하셔서 권능을 베푸셨다. 시대적 감각(時代的 感覺)이 없는 전도 방법이라 하나, 천루(賤陋)한 방법을 통해서도 이들의 전도로 인하여 구원받은 영혼들을 경향간(京都間)에 더하게 하셨다.⁴⁶

이들의 전도는 경성(京城) 시내 각교회 교인들에게 호기심을 발동케 하여 구경 삼아 복음전도관에 들어오게 하였다. 구경 삼아 발을 들여놓은 이들은 김상준의 은혜 넘치는 설교를 듣고 모두 감복하여 큰 은혜를 받았다:

> 처음에는 엇더한 생각으로 왓던지 와서 본즉 建物의 華麗한 것도 업고 의식의 嚴壯한 것도 업스나 김상준씨의 靈力으로 충만한 설교와 明晳한 眞理의 聖經 講義와 은혜의 實驗的을 干證을 듯는 사람은 누구던지 다 그 진리 됨을 認定치 아니할 수 업섯고 그 은혜를 사모치 아니할 수 업섯더라.⁴⁷

당시만 해도 서울의 대부분 교회는 선교사들이 설교를 주로 하여 한국인 설교자는 드물었으나, 그의 설교는 능력이 있어 평판이 대단하였다.⁴⁸

특별히 1908년 겨울에 성령의 큰 역사가 일어나 온 경성(京城)에

---

46) 『略史』. 51.
47) 위의 책, 52.
48) 기독교대한성결교회 역사편찬위원회 『성결교회사』 (제1집) (서울:기독교 대한 성결교회 역사편찬위원회, 1981), 53.
하재창(河昌) 장로의 증언에 의하면 "강도하러 들어왔던 자가 회개하고 칼을 버리는 일도 있었고, 시부모를 죽이려는 며느리가 회개하던 역사가 일어났다."

있는 교회의 교역자들과 선교사들까지 참석하여 기도하는 가운데 자신들의 죄를 통회 자복하고, 중생(거듭나는)의 은혜와 성결의 은혜를 받고는 기쁨을 이기지 못하여 손바닥을 치며 찬미가(讚美歌)를 부르고 굴레를 벗은 송아지 같이 뛰는 오순절(五旬節, Pentecost)의 대역사가 일어났다. 이것은 연동장로교회의 부흥에 도화선이 되었고, 연동장로교회의 조사(助事)[49] 이명헌(李明憲), 집사 원세성(元世性), 배선표(裵善杓), 여조사인 원경신(元敬信) 등이 성결교회로 이명하는 일이 일어났다.[50]

1911년 3월에 이단과 속화의 인본주의적 사상을 대적하여 진리를 사수하고자 하는 목적과 자체 교세의 증가, 그리고 지도자 양성을 위한 필요성의 대두로 인해 경성 무교정(武橋町) 복음전도관 안에 임시로 성서학원을 열게 되었다. 이 대에 초대 원장에는 토마스(John Thomas) 조선 감독이 되고, 교수에는 정빈, 통역에는 이장하가 맡아[51] 10여명의 남녀 학생들에게 2년 동안 집약적(約的)인 성서교육(Inten-

---

49) 당시에 '조사(助事)' 오늘날의 전도사와 같은 직책이었으나, 한 선 교사에 예속되지 않고 형편에 따라 다른 선교사와도 함께 사역하기도 하였다.
"그 때 조사는 한국교회의 유일한 한국인 지도자의 직책이었으며 그후 장로제도가 마련되었을 때 조사들이 대체로 장로가 되어 일정한 교회를 섬기게 되었다." 『연동교회 90년사』(1984), 57.

50) 이명헌(李明憲), 원세성(元世性), 박용의(朴容義) 등이 연동장로교회 집사와 조사로 사역하였음을 아래의 글들이 보여준다.
"京城市外島教會가 成立하다. 先是예 崔寬成 等이 熱心 傳導함으로 教會가 設立되야 禮堂을 建築하얏고 燦盆,朴承明,金鍾商事李明憲,林公振,權映埴하여 視務함으로 一時 盛況을 뭇하얏고...) 또한
教會가 成立하다.先是예 教育에 從事하나이 耶穌教 道理를 하기 爲하야 安城邑內 教會傳道人 朴承明 聘聘하야 基講論을 들은 後 밋기로 決心하고 基의 所營學校內에서 하기를 始作하얏난대 適基時京城 蓮洞教人崔應朴容元世 性 等이 當地에 來寓함을 機會하야 協心協力하야 教會를 設立하리라. 車載明, 『朝鮮예수教 長老會史記』(京城: 新門內教會當, 1928), 147, 195.

51) 『略史』, 34.

sive Bible Training)⁵²을 실시하게 되었다.

그리고 그 다음해인 1912년 3월에는 서대문 건너편에 놓인 '험한 농장(Precipitious Farm)'⁵³이라 불리는 죽첨정(竹添町) 정목 35번지(현 충정로서, 이곳은 애우개 마루턱으로도 불렸다)에 신축 중이던 성서학원이 완공되자 봉헌식을 거행하고 성서학원을 이전하게 되었다. 이로써 성서학원은 교실, 교수, 재정 면에서 발전의 일로에 서게 되었고, 남녀공학제(男女共學制)를 실시하게 되었다.⁵⁴

이에 지금까지 무교정 복음전도관 주임 교역자로 있던 정빈이 완전히 무교정 복음전도관을 사임하고, 성서학원의 교수직에만 전념하게 되자, 김상준은 정빈에 이어 무교정 복음전도관의 제2대 주임 교역자가 되어 그 이듬해인 1913년까지 시무하게 되었다.⁵⁵

---

52) T. Stanley Soltau, *Korea: The Hermit Nation and Its Response to Christianity* (Toronto; Word Dominion Press, 1932), 22.
  "It conducts a Bible Institute in Seoul for men and women students, who receive an intensive bible training for three years before being employed by the mission."
53) Mrs. John Thomas, "Opening of the Oriental Mission Bible Institute, Seoul", *The Korea Mission Field*. 351.
54) 『略史』, 앞의 글, 34.
55) 한국성결교회의 모교회인 현 중앙성결교회(中央聖潔敎會)(당시는 무교정 복음전도관)의 제1대 주임 교역자(主任敎役者)는 정빈이었고, 제2대가 김상준, 제3대가 이명헌이었다. 그러나 이것에 대한 바른 사료적 인식이 부족한 것 같다. 그것은 지금까지 한국 성결교회 창립자의 이름의 순서가 정빈, 김상준의 순서가 아닌 김상준, 정빈의 순서로 대부분 말해지거나 쓰여졌기 때문이다. 여기에 대한 자세한 설명은 필자의 졸작(拙作)인 「活泉」, 428호, 89-96이나 제406호, 86-96을 참고하라.

역대 남녀 교역자-무교정 복음전도관(1907-1919년)

| 주임 교역자 | 정빈(鄭彬) 1907-12 | | | | 김상준(金相濬) 1912-13 | 이명헌(李明懸) 1913-19 |
|---|---|---|---|---|---|---|
| 부교역자 | 김상준(金相濬) 1907-12 | 이장하(李章夏) 1908-12 | 안동원(安東元) 1910-11 | 김두엽(金斗樺) 1911-12 | 이명헌(李明懸) 1912-13 | 김영일(金英一) 1914-15 |
| 여교역자 | 박기반(朴基磐) 1909-10 | | 최홍은(崔鴻恩) 1910-14 | | | 나영은(羅永恩) 1914-17 |

「略史」 p.54, 「活泉」 7권 10호, p.48.

김상준은 1914년 4월 22일에 이장하, 강태온(姜泰溫), 이명직(李明稙), 이명헌(李明憲)과 함께 한국 성결교회 최초로 목사 안수(牧師 按手)를 받았다.[56] 목사 안수 받은 지 5개월이 지난 9월 30일에 정빈과 무슨 이유인지 모르나 서로 의견이 충돌하게 되었다. 정빈은 성서학원 강당 칠판(漆板)에 김상준에 대한 12개 조문(十二個條文)을 기록하고 킬보른 총리에게 송사를 요구하였다.[57] 그러나 킬보른은 칠판에 쓴 것을 취소하고 서로 주 안에서 화해하는 것이 좋다는 중재안을 가지고 정빈을 권하였다. 김상준이 정빈에게 찾아가 용서하기를 청하였으나, 정빈은 송사에 대한 판결을 요구하며 이 일이 관철되지 않자 끝내는 사직서를 제출하고 북간도(北間島)로 떠나가고 말았다.[58]

김상준은 정빈에 이어 성서학원 교수와 사감(domitory- supervisor)이 되어 후학을 가르치는 반면에 아현교회(阿峴敎會)의 주임이 되어 목회도 하게 되었다. 아현교회는 1913년 9월에 성서학원 신학생들의 목회와 전도의 실지 수양(실천 목회)에 필요가 있음으로 성서학원 강당을 임시 예배당으로 사용하였다. 이에 강시영(姜時英), 김상준 두 사람이 전담을 하여 예배를 드리게 되었는데, 수적인 증가로 교회가 커짐에 따라 1915년 9월에 김상준 목사가 아현교회 주임을 맡게 되었다.

1916년 김상준은 아현교회와 성서학원을 사임하고 개성교회 주

---

56) 『略史』, 145.
57) 지금까지 사료의 한계로 12개조문에 어떤 내용이 기록되었는지는 알 수가 없다. 만일 이 내용을 알 수 있다면 좀 더 다각적으로 두 전도 자의 사상에 접근할 수 있는 가능성을 제공해 주었을 것이다.
58) 『略史』, 36. cf. 「活泉」 통권 428호, 89-96, 「聖潔」, 제 405호 86-96, "鄭彬論" 참조

임 교역자로 전임하였다.⁵⁹ 그리고 그 이듬해인 1917년 정빈이 다시 북간도(대한기독교회, 현 침례교)에서 성결교회로 돌아오자 창립의 같은 한 멤버였던 김상준 목사는 돌연(突然)히 성결교회 교역자직을 사임하고 동양선교회를 떠나 전조선 장로교회와 감리교회의 부흥목사가 되었다. 아직도 1914년 12개 조문에 대한 감정이 가라앉지 못해서인가? 참으로 안타까운 일이다. 두 사람이 다시 손을 잡고 이전의 역사를 재흥시켰더라면 성결교회는 지금의 모습과는 다른 더 나은 모습으로 변모했을 것이다.

### 3. 자유 복음 전도와 문서 전도 활동

김상준 목사는 1917년 성결교회를 떠나 10여년간을 전(全) 조선 교회부흥운동에 전력을 다하였다.⁶⁰ 그는 장로교회와 감리교회의 여러 교회들을 순회하며 복음을 듣지 못해 죽어가는 영혼들에게 순복음을 전하는 자유 전도 활동을 하였다. 부흥회 인도의 청을 받아 조선 전역을 돌아다니며 오직 죽어 가는 영혼들을 그리스도 앞으로 인도하고자 하는 그의 뜨거운 구령열은 많은 결실을 거두게 되었다. 성결교 뿐만 아니라 장·감리교를 막론하고 김상준 목사를 통하여 은혜를 받은 자들 중에는 조선 교계에 혁혁(赫赫)한 많은 교역자들이 배출되었다:

---

59) 위의 글. cf. 『略史』, 36, 145에 보면 김상준이 개성교회 주임이 된 것을 볼 수 있으나, 제8장 地方各教會의 세번째로 소개된 개성교회의 역대 설교자 명단에는 그 이름이 빠져 있다. 란 에는 강태온(姜泰溫)이 1909년부터 1916까지, 그리고 박형순(朴瑩淳)이 1916년부터 1918년까지 맡은 것으로 되어 있다.

60) 「活泉」, 제11권 11호, 4

그런고로 肉에 屬한 者는 異端이니 무엇이니 하나 靈에 屬한 者들은 더욱이 先生을 推仰게 되어 眞理의 傳으로 하여 恩惠를 밧고저 渴慕함으로 山間에 修養를 開催하고 聽講受恩한 일과 또는 救靈까지 參詣하야 幇助하며 受코저 하였다 한다. 如是히 追從한 分들은 다 現今 朝鮮 敎界 神靈한 使役者시오, 元老요, 著名한 分들이니.[61]

김상준 목사는 주로 평양과 개성 일대에 집회를 많이 갖고 많은 사람들에게 영감 깊은 설교를 하였다:[62]

> 金相濬 牧師의 轉任
> 巡廻 復興 牧師 金相濬氏는 近日 住宅을 開城高麗町 九十二番 地一二로 搬移하였는데 同牧師를 講聘코자 하는 敎會는 此住所로 通奇하여 주시기를 바란다더라.
> 主의 內에서 諸氏의 사랑을 받는 開城 金相濬[63]

아래의 글은 活泉 100호 기념에 김상준 목사가 보낸 것인데, 이 글 끝에 편지를 쓴 곳을 보면 만주 안동현(安東縣)으로 나와 있다. 따라서 우리는 김상준 목사가 생로(生路)를 찾아 이주한 만주 이국땅 만주 한인사회(韓人社會)까지 들어가 복음을 전한 것을 살펴 볼 수가 있다:

---

61) 「活泉」, 제11권 12호, 10.
62) 「基督敎思想」, 1971년 7월호, 156.
63) 「活泉」, 제7권 11호, 표지 안면.

千九百三十一年 二月 五日 夕陽天에 鴨綠江 쇠다리 건너편 中華民國 安東縣 朝鮮人 敎會에서 全朝鮮長監諸會 巡廻者 金相濬[64]

김상준 목사는 앞서 말한 바 1917년 성결교(동양선교회 복음전도관과 경성성서학원)를 떠난 후 공식적으로 교단과의 직접적인 접촉은 가지지 않았으나, 교단 기관지인 「活泉」을 통해 간접적인 관계는 끝까지 지속했다.[65] 이러한 사실은 「活泉」에 기고한 수많은 글들을 보면 쉽게 알 수가 있다. 1922년 12월에 「活泉」의 창간을 축하하는 '축(祝) 활천사(活泉詞)'(「活泉」 1권 1호), 1929년 8월부터 1930년 2월에 이르기까지 7회에 걸친 '시조(時兆)에 대한 신소감(新所感)과 신교시(新敎示)',[66] 1931년 3월에 「活泉」에 100호를 기념하는 '축(祝) 활천 백호 기념(活泉 百號 紀念)' 그리고 1931년 8월부터 1933년 8월에 이르기까지 12회에 걸쳐

---

64) 「活泉」, 제9권 3호, 23.
65) 혹자는 김상준이 1917년 이후에도 성결교회(복음전도관)와 직접적인 관계를 가진 것으로 생각한다. 그러나 김상준 목사는 1917년 동양선 교회 복음전도관을 떠나 장. 감 순회 전도자가 되었을 때, 경성성서 학원 교수직도 함께 사임했다. '묵시록 강의(默示錄講義)'가 1918년 12월에 '성서학원 저자'인 김상준의 이름으로 출간되었으나, 이 때는 이미 교수직을 사임한 뒤였고, 떠나기 전인 1916년 3월 1일에 탈고하였다. 따라서 성서학원 교수직도 1916년 이후까지는 계속하지 않은 것으로 사료된다. cf. 『묵시록 강의』, 4에 보면 "1916년 3월 1일 於 경성 서대문 밖 성서학원 저자 自識"이라고 나와 있다. 아래 일람표를 보면 우리는 분명히 알 수가 있다.

### 성서학원 역대 직원(교수) 알람표

|  | 1915년 | 1916-18년 |
|---|---|---|
| 원장 | 토마스 | 토마스 |
| 교수 | 토마스, 김상준, 리장하, 토마스 부인 | 토마스, 리장하, 리명직, 토마스 부인 |
| 사감 | 최석모(남자부), 최홍은(여자부) | 리명직(남자부), 최홍은(여자부) |

66) 「活泉」 제7권 제8호, 5에 보면 '時兆에 對한 感과 示'에 대한 다음의 설명의 글을 볼 수 있다.
"休中에 나의 信仰狀態를 낮으로 밤으로 또 새벽으로 默想 과로 探省할 際에 주께서 나의 墮落의 狀態를 밝히 깨우쳐 주시는 同時에 特別 再臨에 對한 準備 如何의 所感을 잘 더 深케 하여 주시기로 드대여 聖經中에 보인 바 末時代의 徵에 對하야 새로온 靈感下에서 考究한" 것이다.

발표한 '다니엘서 강의(但以理書 講義)' 등을 기고하였다.

1917년 김상준 목사가 성결교를 떠나 자유 전도 활동을 펼친 지 2년 뒤인 1919년 3월 1일[67]을 기해 '조선의 독립국임과 조선인의 자주민임을 선언하는 거족적인 독립을 위한 투쟁의 불길이 전국 각지에 일어났다.[68] 고종의 장례일 3월 3일보다 2일 앞당겨서 3월 1일에 발발한 3.1 독립운동은 당일 서울을 비롯하여 평양, 신선, 원산, 의주 등 12개처에서 일어났다.[69]

3.1 운동이 일어날 때 한국 성결교회는 유감스럽게도 민족 대표 33인 중에 이승훈(李昇薰)을 비롯한 기독교인 대표 12인[70] 가운데 한 사람도 그 민족 대표 대열에 참여하지 못하는 민족 주체의 식의 빈약성을 보였다. 그러나 16인 대표나, 또한 범교회적(당시는 전도관)으로 어떤 다른 뚜렷한 독립 행사를 갖지 못한 것은 독립 운동 후에 일제로부터 받을 수난으로부터의 회피나 성결교회만이 가진 민족성과 애국심의 결여와 빈곤에서 결과된 것이라기보다는 오직 순복음만 전하고자 하는 당시 동양선교회(O.M.S.)의 선교 의도에 따라 순전히 구령 부흥운동에 진력하였기 때문이다. 따라서 성결교회는 초기 한국교회사에서 민족 구원이라는 민족 교회 적 기능 성취 동기보다는

---

67) 원래 3.1 독립운동은 고종(高宗)의 장례를 애도하기 위해 전국 각처에서 서울로 군중(群)이 모여드는 3월 3일 고종 장례일을 기회로 이 날을 거사일로 정했으나, 이것은 다시 3월 1일로 앞당겨 변경하였다.
68) Edward & Esther Erny, *No Guarantee But God* (Greenwood: The Oriental Missionary Society, 1986), p. 99.
69) 이만열, 『한국 기독교사 특강』 (서울: 성경읽기사, 1987), 162.
70) 16인 명단은 다음과 같다. 이승훈(李承薰), 양전백(梁甸伯), 이명룡(李明龍), 류여대(劉如大), 김병조(金秉祚), 길선주(吉善宙), 신홍식(申洪植), 박희도(朴熙道), 오화영(吳華英), 정춘수(鄭春洙), 이갑성(李甲成), 최성모(崔聖模), 김창준(金昌俊), 이필주(李弼株), 박동완(朴東完), 신석구(申錫九).

구원사적(救援史的)인 복음주의 입장에서 개인 구원(個人救援)과 구원받은 자의 책임으로서의 성결이라는 성취 동기(成就動機)로서의 모습이 특징적으로 나타나게 되었다.

민경배(閔庚培) 교수는 '한국교회사(韓國敎會史)와 성결교회(聖潔敎會)'에서 다음과 같이 말한다:

> 民族敎會로서의 構造 動機가 비교적 약했다는 말은 비판적 문장으로 받아들여서는 안 된다. 그것은 바로 성결교회가 성결교회로서 서 있는 그 根據는 그 召命이기 때문이다. 이 市民的 意 형식이 교파의 경건주의적 신앙의 순수성 타락으로까지 되었던 것은 한국의 경우 長老敎였고, 역사적으로는 비교적 초기의 감리교에 해당되는 것이었다. 한데 성결교회는 이 民族 救援의 地域的 意義를 시종 無關心하게 보아왔다. 그들에게는 魂의 문제, 그 구원, 그 순결, 그리고 역사적 예수 재림의 기대 속에 영 켜 뭉진 한 영혼 한 영혼의 안부가 관심의 大義를 이루어왔다.[71]

또한 1919년 그 당시의 성결교회는 미처 기성 교단으로 형성되지 않은 일종의 선교 단체로 있었고, 일제상의 한국교회의 교권은 선교사들에 의하여 주도되었기 때문에[72] 어떤 집약된 한국인으로서의 의사의 표시가 어려웠던 처지였다. 그러나 한국 성결교회 성도들도 부정할 수 없는 반만년의 한민족의 피가 흐르는 한국인이었다. 사료의 한계로 구체적인 언급은 피하겠으나, 한국 성결 교회도 3.1 운동

---

71) 「活泉」, 통권 37호, 3.
72) 金南植, 『日帝下 韓國敎會 小宗派運動硏究』, (서울: 새순출판사, 1987), 31.

에 집단적이 아닌 개별적인 참여가 있었던 것은 분명하다.

이만열(李萬烈) 교수는 이에 아래와 같이 말한다:

> 3.1 운동의 준비 단계, 민중화 단계, 정부 조직 운동으로의 전화에서 기독교인의 역할은 매우 컸다. 특히 3.1 운동이 전국적으로 확산되어 가는 과정에서의 기독교인의 참여는 매우 광범위하고 적극적이었다.[73]

1910년 이후로 일본의 식민지 합병의 한 부분이 된 한국인들은 그들의 불행한 운명에만 자신들을 맡길 수가 없었다. 빼앗긴 나라의 독립을 찾고자 민족적인 3.1 운동이 방방곡곡(坊坊曲曲)에서 일어날 때 김상준 목사도 성서학원 사감과 아현교회 주임 교역자를 거친 경성성서학원의 2회 졸업생인 강시영(姜時英) 전도사와 함께 3.1 독립운동에 참여하였다:[74]

> 3. 1 운동이 일어난 1919년은 강목사가 경남 밀양교회를 개척한 다음 해였다. 고향인 평남(平南) 용강(龍岡)에서 애국지사들이 밀양으로 내려와서 3.1 운동에 대하여 의논할 때, 당시 일본 경찰의 감시를 피하여 방 안에 볏섬(벼를 담은 섬)을 둘러쌓은 다음 촛불을 켜 놓고 謀議를 진행하여 향리(鄕里)에 3.1 운동을 봉기케 하였다.

민족적인 3.1 독립운동이 방방곡곡에서 일어날 때 우리 교단의 선구

---

73) 이만열, 앞의 책, 163.
74) 강시영(姜時英)은 김상준과 같은 고향인 평남 용강 출신으로 당시 1919년에는 밀양교회 주임 교역자였다. 1929년부터 1943년까지 주로 대구 봉산성결교회(奉山聖潔教會)에서 시무한 강시영 목사는 경성성서학원 2회 졸업생으로 영남지방 성결 교단 발전에 지대한 공헌을 남겼다.

자인 김상준 목사(하재창<河在昌>장로의 외조부)도 본 운동에 함께 참여하여 조국의 독립을 위하여 투쟁하였다. 이로 인하여 강시영(姜時英) 목사와 김상준(金相濬) 목사는 일본 헌병 보조(憲兵補助)들에게 주모자(主謀者)로 체포되어 평양 형무소에 수감되고 가혹한 문초를 당하는 가운데 많은 고통을 당하였다.

1920년초 중형(重刑)에 처한다는 소식을 듣고 이를 경성성서학원에 호소한 바 이를 들은 성서학원 원장이 평양에 가서 석방을 교섭하고 신원(身元)을 보증한 다음 출옥케 되었다.[75]

1920년 킬보른(E. A. Kilbourne) 원장의 신원 보증으로 평양(平壤) 형무소에서 출옥한 김상준 목사는 더 이상 깊게 독립 운동에 개입하지 않고, 본연의 구령 운동에 매진하였다.

김상준은 수시로 부흥회를 인도하면서 문서 전도 운동에 참여하였다. 김상준이 참여한 출판 기관은 '조선 기독교 광문사(朝鮮 基督教 廣文社)'에서 1923년 1월 30일 경성 돈의동 명월관에서 모여 개칭된 '기독교 창문사(基督教 彰文社)'였다. 기독교 창문사는 1890년대에 창설되어 주로 선교사들의 주관 아래서 그들의 재정 부담으로 펼쳐 나간 '조선성교서회 (Korean Religious Tract Society)'[76]와는 다르게 선교사의

---

75) 대구 봉산성결교회, 『大邱奉山聖潔教會 六十年史』(1985. 12. 30), 32-33.
  윗 글은 강시영 목사의 장녀인 대구 봉산교회 강신복(姜信福) 집사가 목격한 증언을 기초로 『奉山聖潔六十年史』에 기록된 글이다.
76) '죠션성교서회'는 현재의 '대한기독교서회(大韓基督教書會)'의 전신으로 초기 장 · 감 선교사들이 선교한 지 5년만인 1890년에 문서 선교의 필요성을 실감하여 창립하였다. '죠션성교서회'의 초대 임원진은 회장에 올링거(F. Ohlinger), 부회장에 헐버트(H. B. Hulbert), 연락 담당 간사는 언더우드(H. G. Underwood), 기록 담당 간사에는 스크랜튼(Wm. B. and Mary Scranton), 회계에는 동아기독교의 펜윅 (Malcom C. Fenwick)이 맡아 수고하였다.

도움 없이 한국인 자체의 주관과 재력으로 이루어 나갔다. 기독교 창문사에 관계한 이들은 선교사 위주의 문서 선교 운동에 불만을 품은 윤치호(尹致昊), 이상재(李 商), 유성준(兪星濬), 최병헌(崔炳憲) 등, 주로 당시의 신진 학자들과 평신도들이었다:

> 기독교 창문사의 설립에서 우리는 이 무렵 기독교인들의 민족 의식과 문화 의식의 일면을 엿볼 수 있다. 당시 기독교 출판계는 선교사들이 세웠고, 선교사들의 주관 하에 있는 조선야소교서회(현 기독교 서회)가 대표하고 있었다. 그러나, 선교사들의 재정적 지원으로 운영되고 있는 서회는, 한국 기독교인의 요구에 제대로 부응하지 못하는 일면이 있었다. 더구나 정치적으로 중립적인 입장을 견지하려는 선교사들에게는, 한국 기독교인들의 민족주의적인 성격을 출판물 속에 넣기는 곤란했을 것이다. 따라서 한국 기독교 지도자들은 새 시대의 진운(進運)에 부응하여, 우리의 힘으로 만든 출판물로서 한국 기독교인들을 계몽하여야겠다는 자각을 가졌음직하다.[77]

이들은 1919년 3.1 독립운동 직후 언론 창달(言論暢達)과 기독 교출판 문화의 확립을 원한다는 의도 하에서 한국교회의 주체 의식을

---

Gerald Bonwick, "The Birth of the Korean Religious Tract Society", *The Korea Mission Field*, Vol. 10. No. 1, Jan. 1914. 12-13.
"The first officers of the new society were as follows:

| | |
|---|---|
| President | Rev. F. Olinger |
| Vice President | Rev. H. B. Hulbert |
| Corresponding Secretary | Rev. H. G. Underwood |
| Recording Secretary | Dr. W. B. Scranton |
| Treasurer | Rev. M. C. Fenwick |

77) 李萬烈, 『韓國基督敎文化運動史』 (서울: 대한기독교출판사, 1987), 327.

강조하는 동시에 그 운영을 위한 기금 운동을 벌였다. 민족 주체적인 성격을 지닌 기독교 창문사는 예수교서회와 우위를 겨루는 데까지 번창하여 갔고, 차재명(車載明)의 『조선 예수교 장로회 사기(史記)』(上, 1928년), 이능화(李能和)의 『朝鮮基督教及 外交史』(1928년), 백낙준(白樂濬)의 The History of Protestant Moission in Korea(1929년) 등 많은 서적을 출판하였다. 김상준 목사는 창문사 창립을 위한 재정 모금에 크게 힘썼다. 창문사가 창립된 후에 창문사 감사역으로 있던 최병헌 목사와 친분이 두터웠기 때문에 창문사 문서 운동에 참여하게 되었고,[78] 후에는 기독교 창문사의 주간(主幹)을 맡게 되었다.[79]

김상준 목사는 말년에는 황해도 신계군(溪郡) 일대에서[80] 목회를 하였는데, 하나님께서 받은 바 사명에 대하여 너무 과로하게 역사(役事)하였다.[81] 1932년 9월부터 과로로 몸이 약해진 상태에서 서선(西鮮) 각지에서 특별 집회를 인도하다가 끝내는 병세가 악화되어 자리에 눕게 되었다.[82] 김상준 목사가 가진 질병은 당뇨병(diabetes)이었다:[83]

> 하나님의 公道를 누가 能히 反逆하리오. 하나님께서는 주신즉 잇고 부르신즉 가는 것이 吾人의 避치 못할 일이로다.[84]

---

78) 이응호, 『한국성결교회사 논집』, 87-88.
79) 『基督教百科事典』, 3권, 196.
80) 위의 글.
81) 「活泉」, 제11권 12호, 12.
82) 위의 글, 4.
83) 하재창(河在昌) 장로의 증언.
84) 「活泉」, 제11권 12호, 9.

위와 같은 곽재근 목사의 말과 같이, 김상준 목사는 향년 52세로 1933년 10월 12일에 하나님께 부르심을 받았다.[85] 김상준 목사의 운명은 이명직 목사의 말대로 "수한으로 보아 요사로 할 것이나 사실상 저는 순교"[86]라고 보아야 할 것이다:

> 찬미하다 목병이 나서 죽어도 천국에 갈 수 있고, 몸 바쳐 설교하고 기도하다 죽어도 천국에 갈 수 있으나, 역사(役事)에 불충하다 죽으면 그는 천국에 가지 못한다. 주님을 위하여 영혼을 위하여 내가 순교할 수 있으면 더 원이 없겠다. 무슨 복에 나같은 사람이 순교자 반열에 서겠는가.[87]

이러한 사명에 대한 지사충성(至死忠誠)은 새벽에 일찍 일어나 성경을 보고, 매일 아침 평균 2시간 이상[88] 또한 밤마다 12시에[89] 무릎 꿇고 기도하는 경건의 생활에서 나온 성결의 정신에서 비롯된 것이다.

## III. 닫는 글

김상준 목사, 그는 한국 성결교회 창립의 한 멤버로 한국성결교

---

85) 「活泉」, 제11권 12호, 48.
86) 위의 글.
87) 「活泉」, 제11권 12호, 12. 곽재근(郭載根) 목사가 인용한 김상준 목사의 말을 필자가 현대체로 바꿔 옮겼음.
88) 위의 글, 11.
89) 하재창 장로의 증언.

회의 초기 신학 형성과 방향 설정에 기초석을 제공하였다. 즉, 루터 (M. Luther)가 나타나서 카톨릭 상부 구조의 잔해를 청산하고, 그 청산한 토대 위에 칼빈(J. Calvin)이 나타나 종교개혁이라는 건물의 완성을 이룬 것처럼, 성결교회의 개척자인 김상준 목사는 창립의 주역인 정빈과 함께 교파 의식을 지양하고 선교 본위의 교회로 지향하여 정착시킨 터 위에 재림론을 중심으로 한 '사중복음' 이라는 교리 형성에 결정적인 역할을 다하였다.

김상준 목사를 통하여 한국성결교회는 비로소 단순한 부흥회 전도 표제로 일관된 전도 본위의 구령 단체에서 벗어나, 종말론(재림론)을 중심으로 한 사중복음의 교리 신학으로 심화되어 장성하게 되었다. 따라서 사중복음으로 인한 교단 신학의 형성은 한국교회사에서 성결교회의 위상(位相)을 공고히 하고, 성결교단 뿐만 아니라 타 교단을 복음주의로 인도하는 결과를 낳게 하였다.

[성결대학교, 「교수논문집」, 17집(1987년)]

# 6

## 김상준의 신학사상

# 김상준의 신학사상

## Ⅰ. 여는 글

김상준은 1918년 이래로 『默示錄講議』, 『四重敎理』(1921), 『但以理書講議』(1932) 3권의 책을 출간하여 한국성결교회 교리 형성의 기초석을 놓게 하였다. 3대 주요 저서를 통해 김상준의 신학 사상을 살펴봄으로써 한국성결교회 초기의 신학 내용을 규명해 보고자 한다.

## Ⅱ. 펴는 글

### 1. 『默示錄講議』와 전천년설(前千年說)

『默示錄講議』는 '조선 야소교 감리회' 이름으로 대정(大正) 7년인 1918년 11월에 출간되었다. 그러나 출간은 1918년에 했으나, 그보다 2년 앞선 1916년 3월 1일에 탈고했음을 『默示錄講議』 서문을 보면

알 수 있다:

千九百十六年 三月 二日 於京城 西大門 外 聖書學院 著者自識[1]

김상준은 1916년 탈고한 『默示錄講議』를 출간하기 전에 최병헌(崔炳憲)에게 미리 읽게 하여 그 이듬해인 1917년 11월 중순에 최병헌으로부터 다음과 같은 서문을 받아내었다:

自古 今에 聖書를 講解한 博士도 多고 默示錄에도 特別히 專心研究한 者가 不少한 中에 愛我兄弟 金相濬君은 素以篤信好學으로 聖經을 熱讀하야 卓越한 識見과 聖潔한 當世에 兼備한 司役者이라. 多年 講演之暇에 聖神의 感應을 受하며 諸先生들의 博義를 參考하야 默示錄講議 一編을 著述하였시니 彼의 明確한 證論과 對照한 修理가 曲暢旁通하여 可胃修學者의 羅針이오 迷津者의 慈筏이라.[2]

위 글을 보면 탁사(濯斯) 최병헌은 제자격으로 있던 김상준의 학적 실력과 성의를 다해 글을 쓴 것에 대해 극찬한 것을 볼 수 있다.[3] 그리고 김상준은 초기 한국 신학 형성의 선구자의 역할을 다한 최병헌과 친밀한 관계 속에서 많은 가르침과 영향을 받았음을 또한 알 수 있다.

---

1) 金相濬, 「默示錄講議」(京城 : 朝鮮耶蘇教監理會, 1918). 이하의 「默示錄講議」를 「講義」으로 略함.
2) Ibid., 1-2.
3) 「基督敎思想」, 1971년 7월호, 156.

탁사 최병헌은 학식이 뛰어난 자로, 아펜젤러(Appenzeller)와 스크랜튼(Mrs. Mary F. Scranton)과 더불어 감리교 측의 성서번역 위원으로 활약하였기 때문에 성서에 관한 조예가 깊었다.[4] 최병헌은 동서양 사상과 종교에 대한 비교 등 많은 연구를 계속하여 감리교뿐만 아니라 한국교회 초창기의 신학 운동의 방향을 결정하게 하는데 중요한 역할을 다하였다. 「신학월보(神學月報)」[5]에 "죄의 도리"라는 논문을 한국인으로는 처음으로 게재한 그는 1910년까지 한국 신학계를 외롭게 이끌고 간 당대의 독보적인 존재였다. 아펜젤러의 뒤를 이어 1903년부터 정동감리교회의 담임 목사로 있었던 최병헌에게는 어떤 교리적 편견이나 교파적인 파당 의식을 발견할 수 없었다. 그는 교파를 분립하고 구별하여 기존 기독교 교파간에 서로 불신하고 불합(不合)하는 것에 매우 비판적이었다. 「신학세계(神學世界)」 "종교 변증설"(제1회)에 나타난 그의 사상은 다음과 같다:

該信徒들은 恒言하기를 上主께서 亞富羅含(아브라함)과 摩西와 諸先知者들의게 許하심을 見할지라도 我猶太教가 第一宗教가 된다하고 天主教와 (倫敦教) 예수教는 (長老, 監理會, 組合會, 福音傳道會) 同一한 教派로 救主 예수 基督氏의 代人贖罪하심을 信仰하며 天地萬有의 大主宰 耶和華를 崇拜하나니 三位一體 無始無終하신 神이시라. 原理의 宗旨를 論하면 神도 一이오. 洗禮도 一이오. 所望도 一이여늘 門戶를 各位하야 相互

---

4) 宋吉燮, 「韓國神學思想史」(서울 : 대한 기독교 출판사), 123.
5) 1900년 12월에 격월간으로 간행되었던 한국 최초의 신학 잡지로, 1916년(大正 5年) 2월에 「神學世界」(감리교 신학 학술지)에 흡수되었다. 우리 나라 신학 잡지의 효시를 이루는 것으로, 창간 초에는 신학적인 내용보다는 사설 형태의 소 논문과 감리교회의 교단 소식을 주로 담고 있다.

不合함은 實로 可歎할 事이라.[6]

한국성결교회는 그 출발부터 19세기 말 미국의 신앙 선교단체들의 공통적인 특징이기도 한 어느 한 교단에 매이는 것을 벗어나 초교파적이며 순복음주의적인 성격을 표방하고 지향하였기 때문에, 성결교회 창립의 멤버인 김상준과 교파적 분파 의식이 없는 최병헌의 만남은 자연스러운 일이었고, 이것은 초기에 성결교와 감리교의 가교를 만들어 주었다.

김상준이 1916년 성결교회를 떠나 장·감 순회 목사로 전향한 것은 사료의 한계로 더 이상의 언급은 불가능하나, 전향의 원인 중의 하나는 최병헌과의 조우로 인한 영향에서 비롯되지 않았나 하는 생각을 가지게 한다.

4년간 집필한 끝에 『默示錄講議』를 탈고한[7] 김상준은 저자 서문 가운데 '묵시록(현, 요한계시록)은 신비적 난해구가 많아 해석하기 어려운 책이므로 사람들이 배우려 하거나 읽지 않음이 십상이라, 이에 개탄하 여 이 책을 집필하였음'을 다음과 같이 밝히고 있다:

默示라 하였으니 決斷코 不可解의 書가 아닌거슬 可知할지라 然이나 見今我朝鮮 의 多數信者들은 本書中에 神秘的 難解處가 多함으로 因하야 永久不可解의 書로 做 視하고 殆해 不講不讀하니 曰意라. 此가 엇지

---

6) 「神學世界」, 제1권 2호, 24-25.
7) 「默講」, 5, "主께서 聖靈으로 啓迪하여 주사 四個年을 經하야 비로소 此篇을 完成케 하신 恩惠와 …"

우리 主 예수께서 此를 默示하여 주신 本聖旨시리오.[8]

김상준은 영해(靈解)가 가지는 주관적인 해석에 빠지는 오류를 피하기 위하여 미국의 신학자인 사이스 박사와 왓슨(G. D. Waston), 일본에서 가르침을 받았던 사사오 데쯔사부로우 목사[9]등 8~9명의 영해 대가들의 주해서를 참고하였고, 원고 정리와 교정은 감리교의 김유순(金裕淳) 목사[10]와 정달성(鄭達成) 전도사[11]에게 맡겼다:

예수의 血에 心을 관하며 聖靈의 光에 目을 醒하야 東西洋 靈的 大家 미국 사이스, 왓손 兩博士와 內地의 笹尾鐵三郞氏의 解說을 釣採하야 (世俗的 解說은 一竝 除去하고)[12]

崔炳憲 先生의 序文의 勞와 金淳 兄의 較閱의 勞와 鄭達成 兄의 稿筆

---

8) Ibid 3-4.
9) 사사오 데쯔사부로우(Tetsusaburo Sasao, 1868, 8-1914. 12.) 목사는 캘리포니아에 있는 산호세 상과대학(San Jose Commercial College) 재학중인 1887년 12월 30일에 불교에서 회심하여 그리스도인이 된 후, 벅스톤(Thomas F. Buxton)의 권유로 동경 성서 학원 교수가 되어 12년간 초기 동경 성서 학원의 가르침과 행정 책임을 맡았던 성서 학자이다. 1913년 4월 이후로부터 죽는 날까지 일본 전국 각지로 순회 전도를 한 헌신적인 전도자로, 일본 성결운동 지도자 중의 한 사람이다.
John J. Merwin, The Oriental Missionary Society Holiness Church in Japan, 1901-1983, (Diss.: Fuller Theological Seminary, 1983), 57~63, 山畸鷲夫, 千代畸雄, 「日本ホーリネス敎團史」(東京: 日本ホーリネス敎團, 昭和 45年), 30-33 참조.
10) 황해도 신천 출신으로 미국 남가주 성경 전문 대학과 테솔 감리교 신학교를 졸업한 뒤 1917년에 귀국하여 순회 부흥 목사로 사역하다가 1922년부터 평양 남산현 감리교회와 서울 북아현 감리교회 등을 거쳐 1948년에는 감리교 제9대 감독이 되었다.
11) 평남 평원 출신으로 1918년 경성 성서 학원을 졸업하고 강경 교회를 세운 전도사이다.
12) 「默講」, 4.

役의 勞를 玆에 厚謝함.¹³

김상준의 『묵시록강의(默示錄講議)』에 대해 감리교 신학대 김철손 교수는 다음과 같이 말했다:

> 우리 나라에 있어서 최초로 계시록을 체계 있게 해설해 주는 분은 성결교회의 김상준 목사다. … 초창기의 출판물이기는 하나 신학 서적으로서의 격식은 다 갖추었으며 학적인 이론을 토대로 해서 굳은 신념을 가지고 자신 있게 계시록 전체를 풀이하였다.¹⁴

김상준은 『默示錄講議』 7쪽 '차서(此書)를 해석하는 종류'에서 일반적인 계시록 해석 방법인 과거적 해석, 역사적 해석, 미래적 해석 3 가지를 소개하면서, 자신은 앞서 말한 두 해석보다는 미래적 해석을 따라 해석하였음을 다음과 같이 말하고 있다:

> (三) 未來的 解釋 此는 本書 一, 二, 三章 外에는 다 未來에 起할 事件을 記한 者인데다 主께서 再臨하실 方丈前後에 成就될 者라 하나니 古代의 師父等과 近代의 靈의 大家들의 太半 此說을 主唱하는 고로 本著者도 亦此 解釋을 依하야 講解하노라¹⁵

그러므로 김상준 목사는 묵시록의 모든 환상을 상징적으로 해석

---

13) Ibid., 5.
14) 「基督教思想」, 1971년 7월호, 156-57.
15) 「默講」, 7.

하려고 노력하였다. 그래서 서론부에서는 숫자의 상징적 해석을 하여 독자들로 하여금 그 뜻을 영적으로 이해하도록 하였다.¹⁶ 그는 미래적 해석을 따랐기 때문에 공중 재림론을 주장하였으나 천년왕국설에(Millennialism) 있어서는 자의적인 해석보다는 우화적 해석을 취한 초대교회 알렉산드리아(Alexandria) 교부들의 해석과는 다른 전천년설(Pre-millennialism)을 받아들였다. 김상준은 독특한 시대 경륜론, 즉 세대주의적 전천년설(Dispensationalism)을 채택하여 인류의 전 역사를 7시대로 나누어 설명하였다.¹⁷ 다음의 내용은 이것을 잘 말해 준다:

大概 人의 一千年은 곳 神의 一日(彼後三。八)이오. 又日後의 一千年은 又神의 一 安息日의 型이니라. 此世界人類의 七千年 歷史를 區別하면 如左하니
　二千年(二日) 「良心 時代」
　二千年(二日) 「良心과 律法 時代」니 아브라함부터 예수까지
　二千年(二日) 「良心과 律法과 福音 時代」니 基督誕生부터 再臨까지
　一千年(一日) 「良心과 律法과 福音과 예수의 再臨 時代」니 千年時代 卽, 大安息時代니라.¹⁸

김상준은 천년왕국 시대인 대안식 시대에 이르기 전에 예수 재림의 시간이 있어야 한다는 전천년설을 주장하였다. 그리고 예수의 재

---

16) 「基督敎思想」, 1971년 7월호, 157.
17) 「基督敎思想」, 1971년 7월호, 159.
18) 「默講」, 246.

림의 사건도 현재의 역사 안에서 점진적으로 발전되어 이루어지는 것이 아니고, 다음과 같이 순간적인 한 순간의 사건으로 이루어지는 것으로 보았다:

> 혹이 此璉은 곳 人이 복음을 廣布하면 惡魔가 漸次 力窮勢衰하야 恰然히 見縛함과 如히 될 事의 比喩라. 千年後再臨說을 主唱하는 스지 博士의 說하나 取信치 못할 說이니라. 何故이냐 하면 原語에는 過去動詞(애오리쓰토, 텐쓰)니 곳 '執, 縛, 封' 三語의 意가 包含하였은 則 決코 漸次되는 것이 아니오, 瞬間 內에 見縛하다는 意인 故라 하느니라.[19]

따라서 김상준은 후천년설(Post-Millennialism)을 버리고 천년왕국 전에 예수께서 재림하시고, 이미 재림하시기 전에 모든 사건이 끝난 상태에서 새로운 역사 가운데 시작할 것이라는 전천년설을 아래와 같이 택하게 되었다:

> 「千年門」 예수께서 此地上에 再臨하사 以色列人과 및 前者에 被擊한 一般 異邦의 聖徒와 한가지로 此全世를 統治하시며 王노릇하실 一千年間 ……[20]

이러한 전천년설은 한국성결교회 사중복음 가운데 하나인 재림의 복음에 강조를 두는 종말론(Eschatology)에 대한 초기 신학적 기본

---

19) 「默講」, 242.
20) 「默講」, 243.

입장과 내용을 공유한다.²¹ 따라서 김상준의 전천년설에 대한 이론적 논거는 1925년 3월 23일에 발표한 『東洋宣敎會 聖潔敎會 敎理及條例』와 1933년에 간행한 『朝鮮耶蘇敎 東洋宣敎會 聖潔敎會 臨時約法』에 동일한 내용으로 나타나고 있다:

主께서 肉體를 가지시고 親히 千年時代 前에 재림하실 일이 切迫함을 우리가 밋노니 主께서 思치 아니한 時에 오시기를 聖徒들을 迎接하실 일과 그 聖徒들과 갓치 至上에 臨하실 일을 區別할지니라. 또한 至上에 臨하시기 前에 이스라엘人들이 一處에 會集되고 거짓 그리스도가 나 난 後에 오셔서 千年王國을 建設하시나니라.²²

또한 이것은 이명직 목사의 『기독교 4대복음(基督敎 四大福音)』과 김응조 목사의 『말세와 예수의 재림』(1954년)에 일련의 같은 내용의 전천년설로 나타나게 되었고, 현금에 와서는 한국성결교회 교리 신학으로까지 정착되었다.²³

---

21) 1907년 대부흥 운동이 일어날 때 농도 질은 초기 한국교회의 내세 지향적 신앙을 형성케 하였던 길선주(吉善宙) 목사는 자신의 저서인 『해타론』(1904, 大韓聖敎書會)과 『만사성취』(1916년, 광명서관)에서 전천년설의 입장에서 말세론을 피력하고 있다. 그것은 곧 '천년 세계 이전에 예수께서 공중으로 재림하사 공중 혼인 연석(宴席)을 베푸신다'는 내용으로, 이것은 김상준의 전천년설의 주장과 맥락을 같이 한다.
22) 朝鮮耶蘇敎 東洋宣敎會 聖潔敎會 臨時約法』(京城: 東洋宣敎會 聖潔敎會 理事會, 1933), 17.
  cf. 吉寶崙,「東洋宣敎會 聖潔敎會 敎理及條例」(京城: 京城東洋宣敎會, 1925), 17-18에 같은 내용의 글이 실려 있다. 이하 「敎理及條例」로 略함
23) 金應祚,「末世와 예수의 再臨」(서울: 聖靑社, 1954), 87.
  "그리스도가 오시지 않고는 천년 시대가 있을 수 없다. 타락된 인간과 마귀가 남아 있는 동안 행복의 세상이 있을 수 없다. 타락된 인간과 마귀가 남아 있는 동안 행복의 세상이 있을 수 없다. 이미 말하였거니와 천년이 지난 후에 예수가 오신다는 말은 성경에도 없거니와 현실(現實)과도 맞지 않는 말이다. 왜냐하면 말세가 될수록 세상은 점점 악화되고 그리스도 교회는 점점 박해를 받고 있다. 교회가 세상을 주장한다 함은 과거 역사에도 없었거니와 미래 에도 있을 수 없는 일이다."

## 2.『四重敎理』와 사중복음

　　1921년에 출간된 『四重敎理』는 『默示錄講議』에 버금가는 사중복음의 중요한 내용을 담은 책으로, 성결교 신학의 교리 근간을 이루는 데 결정적인 역할을 하였다.[24]

　　사중복음은 19세기 중엽 이후 성결운동으로 나타난 부흥운동에서 일관되게 강조하여 주장된 일종의 전도 표제(또는 부흥회나 전도집회시에 내걸었던 전도 표제)로서 중생·성결·신유·재림의 사중복음의 내용들이었다. 따라서 이러한 사중복음은 동시대 복음주의의 부흥운동으로 부흥회 전도 때에 사용되었다.[25]

　　19세기 성결운동의 복잡한 발전 과정에서 사중유형의 정점으로 심프슨에 의해 주창된 사중복음은 만국성결연맹 및 기도동맹(International Holiness Union and Prayer Bible Institute)을 통하여 무디성서학원(Moody Bible Institute)을 졸업한 카우만과 킬보른, 그리고 일본의 나카다 쥬지를 통해 답습되어 동양선교회복음전도관의 전도 표제로서 재 강조되었다.[26]

　　특별히 일본 동경에서는 킬보른을 비롯한 나카다 쥬지 목사가 동경성서학원(Tokyo Bible Institute)에서 사중복음을 현지 신학생들과 유

---

24) 한영제, 「한국 기독교 문서 운동 100년」(서울: 기독교문사, 1987), 69.
　　이 책에 보면 다음과 같이 『四重敎理』를 설명하고 있다. '1921년 발행된 성결교 교리서, 저자 김상준(金相濬), 발행처 성서학원(聖書學院), 22.2×15.5cm, 한지, 85매, 등사본, 국한문 혼용, 내려쓰기.'
25) 실제로 무디성서 학원에서 열린 선교 대회에서 주강사로 심프슨이 참석하여 복음의 핵심을 이루는 그리스도 중심의 구원의 교리인 '사중복음'과 이것을 전파해야 할 사명을 강조하였다.
26) Letti B. Cowman, Charles E. *Cowman: Missionary Warrior*(L.A.: OMS Press, 1946), 89.

학생들에게 가르치며 전수하였다:

> 동경성서학원은 륙년 전에 창립한 거신데 교사는 미국 사람 길보른 래호이돈니량 씨와 일본 사람 중전중치와 셰미철삼랑이니 학원의 교수하는 일은 이 두 사람이 주장하고 학도는 남녀 병호여 오십여인데…… 이곳서 밋는 목덕의 데일 특별한 됴목은 네 가지이니 데일은 구원이오, 데이는 성경이오, 데삼은 신유(약 아니 쓰고 긔도만 흐여 나음을 받는다 함)오, 데사는 재림이라는 것이 다른 교회보다 다르다.[27]

나카다 쥬지는 1933년에 『四重の福音』 출간하였다.[28] 『사중복음』의 내용은 동경성서학원에서 나카다 쥬지 목사가 평상시 강의하였던 내용으로 1929년 브라질과 영국, 그리고 미국 등 구미 여행에서 돌아와 간행한 책이다. 나카다 쥬지는 다음과 같이 말하고 있다:[29]

> 예전부터 나는 神田에 있는 교회에서 열흘에 걸쳐 '四重의 福音'이라는 제목으로 講演한 적이 있고 그때 적은 것은 지금도 책으로 되어 남아

---

27) 「그리스도 신문」,1906.
28) 확실한 간행 연대는 알 수 없다. 그러나 『中田重治全集』제2권, 282 '四重の福音'에 보면 다음과 같은 글이 나와 있다. '우리 교회는 지금부터 33년 전 神田表 神保町에서 복음을 전하고 가르친 당초부터 사중복음을 목표로 하여 싸워온 것을 여러분이 잘 알고 있습니다.' 따라서 우리는 1901년 4월 1일에 동경 神田表 神保町에 중앙 복음전도관이 세워졌으므로 '四重の福音'이 1933년에 기록되어 책으로 출간되었음을 추정할 수 있다.
29) 나카다 쥬지(Nakada Juji)는 1929년 4월 28일에 브라질(5월 29일 도착), 영국(7월 20일 도착), 미국(9월 17일 도착) 등 세계 여행을 떠나 동년 11월 12일에 일본 요코하마(Yokohama)에 도착했다. 이것은 5번째 여행으로 나카다에게 있어서는 마지막 세계 여행이 되었다.

있읍니다.[30]

『사중복음(四重の福音)』에서 나카다 쥬지는 33년 전 신전표 신보에서 복음을 전하고 가르친 당초부터 '사중복음'을 목표로 싸워 왔음을 말하고 '사중복음'을 처음으로 말한 것은 확실히 그리스도인 동맹의 심프슨 박사인 것 을 밝히고 있다.[31]

나카다 쥬지는 이 책에서 '그리스도의 측량할 수 없는 풍성(キリストの測るべからざる福)'인 복음이 담대무변(擔大無變)한 것에 놀라, 이것을 새롭게 다시 조명하여 보았을 때 지금까지 설명해 온 구원, 성결이라는 것이 좁은 범위에 국한되어 있음을[32] 인식하여 더 넓은 의미의 사중복음을 새로운 각도에서 재림을 중심으로 하여 체계적으로 정리하였다.[33] 나카다 쥬지는 피어슨 파크엘이 '사각의 복음(Four Spuare Gospel)'이라고 말하는 것을 예로 들면서 사중복음은 네 개의 복음이 아니라 하나의 복음을 네 방면에서 본 복음으로 설명하고 있다.[34] 그는 사복음서와 계시록에 나오는 네 가지 생물을 비유하여 사중복음을 설명하였다:

> 우리들은 新·舊約聖經 안에서 四重福音의 標本이 될 만한 것을 많이 찾아낼 수 있다. 우선 처음으로 四福音書는 四重福音과 密接한 關係가

---

30) 米田勇 編,「中田重治」, 제3권 (東京: 中田重治全集刊行會, 昭和 50), 281.
31) 米田勇 編,「中田重治」, 제3권, 282.
32) 米田勇 編,『中田重治』, 제3권, 281.
33) 米田勇 編,『中田重治』, 제3권, 284.
34) 米田勇 編,『中田重治』, 제3권, 283-4.

있다고 말할 수 있다.

　마태福音 - 再臨(다가올 王國에 關하여), 마가福音 - 新生(一般人에게 救援을 나 타냄), 누가福音 - 神癒(醫師적인 觀點에서 나타남), 요한福音 - 聖潔(요 17:17 參照). 또한 啓示錄 4章에 있는 4가지 生物(사자, 송아지, 사람, 독수리) 이스라엘의 聖 幕의 幕에 使用된 4가지 실(백색, 청색, 자색, 홍색) 等도 모두 四重福音의 象徵으로 보면 興味가 있다.[35]

　이상과 같이 사중복음의 전래 과정을 살펴볼 때 19세기 말 미국 성결 운동에서 부흥회 전도 표제와 교리적 강조로서 사용되었던 4중유형이 심프슨의 사중복음으로 정리되는 이론화 작업을 가졌고, 또한 만국성결연맹 및 기도동맹에서도 제창되었으며, 이것이 일본에서 동양선교회를 통해 재차 강조되었다. 그리고 이러한 사중복음이 나카다 쥬지의 『사중복음(四重の福音)』을 통하여 동경성서학원 유학생이던 김상준에게 전수되어 스승인 나까다 쥬지 감독보다 12년 앞선 해인 1921년에 『사중교리(四重敎理)』라는 책을 쓰게 하는데 자연적으로 결정적인 계기를 갖게 하였음을 알 수가 있다.

　『사중교리(四重敎理)』 서문에서 김상준은 '사중교리'에 대하여 다음과 같이 설명하고 있다:

　大槪 四重敎理란 者는 卽 許多한 眞理中의 最切要한 四重의 敎理니 卽 新生[36]과 聖潔과 再臨과 神癒 此四個가 是也라. 此四重敎理는 卽 三

---

35) 米田勇 編, 『中田重治』, 제3권, 283-4. 나카다 쥬지는 신유를 '강화(康化)'라 부르며, 이것을 '육체적 성결'이라는 말로도 사용하였다.
36) 金相濬은 중생은 '신생(新生)'으로도 함께 구별없이 사용하였다. 3 참조.

位神께서 明白히 聖經 中에 言하사 顯示하신 眞理라.[37]

위 글에 나타난 것처럼 김상준은 심프슨과 나카다 쥬지와는 달리 중생·성결·신유·재림중에 신유와 재림의 순서를 바꾸어 중생·성결·재림·신유의 순서로 설명하였다.[38] 이것은 신유가 교리보다는 은혜의 복음으로 받아 들여지기 때문인 것으로 생각된다. 따라서 사중복음은 삼중교리(중생·성결·재림), 사중의 복음(중생·성결·신유·재림)으로 달리 불려지기도 한다.[39]

김상준은 중생(혹은 신생), 성결, 재림, 신유를 다음과 같이 설명한다.

### 1) 중생(重生)

중생에 대해서는 신생명과 연관하여 신생(新生)이라고 달리 말하였다:

罪人이 하루 아침에 그 罪로 퍼진 마음을 眞實하게 悔改하고 하나님께서 사람으로 주신 新生命의 주 예수를 自己의 救主로 받아들여 믿으면 하나님께서 또한 그 約束하신 말씀과 같이 그 靈魂에게 永遠한 生命

---

37) 金相濬,『四重敎理』(京城: 東洋宣敎會 聖書學院, 1921), 1.
38) 吉寶崙,『敎理及條例』, 12.
39) 이천영 교수는 '성결교회 60년의 회고'에서 다음과 같이 말한다. "성결교회가 유달리 수난을 겪음은 사중복음이 교리화했기 때문이라 하겠다. 일시 사중교리라고 불렸던 것이다. 중생·성결·재림은 교리의 신학이다. 그러나 신유 만은 은혜의 복음이다." 또한 「活泉」제3권 1호 '성결교회사 小考 1'에서 "신유를 너무 강조한 나머지 부작용이 있었던 것은 자타가 공인하는 바이지만 그리스도의 이적을 믿는 순수한 신앙심이 고조된 것은 유익된 일이라 할 것이 다."라고 말하였다.

을 주심이라.⁴⁰

김상준의 이러한 중생에 대한 견해는 1925년에 작성된 성결교회 초기 교리의 내용을 담은 『東洋宣敎會聖潔敎會敎理級條例』에 별 무리 없이 동일하게 반영되어 나타나고 있다. 제1편 '교리'의 7절인 '칭의'에는 다음과 같은 내용이 실려 있다:

> 사람이 하나님 압해 올타함을 엇는 것은 우리의 先行과 功勞로는 엇을 수 업고 오직 예수 그리스도의 功勞와 우리의 信仰으로 말매암아 義롭다 하심을 엇나니 이것이 明白한 敎理도 되고 마암에 진정한 安心도 엇나니라.⁴¹

### 2) 성결(聖潔)

성결에 대해서는 다음과 같이 정의한다:

> 聖潔이라는 것은 위에서 陳述한 바와같이 罪根⁴² 卽 人間內部에 殘在한 惡性(原 罪)과 마음의 罪를 主의 寶血과 聖靈의 불로 씻어서 淨潔케 하고 더러움이 없게 하며 티끌이 없게 하는 것이다.⁴³

---

40) 金相濬, 『四重敎理』, 5. 원문의 국한문 혼용체의 글은 필자가 현대 어법으로 바꾸어 고침.
41) 吉寶崙, 『敎理及條例』, 12.
42) 구체적으로 金相濬은 죄를 자범죄(自犯罪)와 전래죄(원죄)로 크게 둘로 구분하여 설명하였다.
43) 金相濬, 『四重敎理』, 21.

이러한 성결에 대한 견해도 초기 성결 개념에 큰 영향을 주었다:

> 完全한 聖潔이라 함은 그리스도로 말매암아 聖神의 洗禮를 밧음이니 卽 거듭난 後에 信仰으로 瞬間에 밧을 經驗이니라. 또한 完全한 原罪에서 淨潔케 씨슴과 其人을 聖別하야 하나님의 聖旨를 일울 能力을 주심이니라.[44]

### 3) 재림(再臨)

재림에 대해서는 또한 김상준은 '주께서 육신으로 재차 이 지상까지 강림 하심'으로 정의하고 있다.[45] 그는 앞서 살펴본 바와 같이 『묵시록 강의(默示錄 講義)』의 전천년설 재림에 대해 다음과 같이 언급하고 있다:

> 대개 再臨이란 것은 1900年前 世上을 罪惡中에서 救援하시려고 成育神하셔서 十字架에 못박혀 죽으셨다가 3日後에 復活하시고 500명의 弟子들이 보는 中에서 昇天하신 主예수(행 1:11)께서 우리들을(擇한 者들만) 救援(괴로움을 면하게)하시려고 肉身으로 다시 降臨하시는 것(肉身이 靈體로 變한 그대로)이다.[46]

이와 같은 재림에 대한 그의 사상은 『교리급조례(敎理級條例)』 제1편 '교리'의 제15절 '재림'의 내용에 잘 드러나 있다.

---

44) 吉寶崙, 『敎理及條例』, 12.
45) 吉寶崙, 『敎理及條例』, 7.
46) 吉寶崙, 『敎理及條例』, 37-38.

**4) 신유**(神癒)

그는 신유를 '의료(醫療)를 쓰지 않고 다만 믿음으로 기도하여 병 고침을 받음'[47]으로 정의하고 있다:

> 信者가 病이 나거든 그 罪過를 깊이 살펴보아 悔改해야 됨을 認定하고, 祈禱하면 醫藥을 쓰지 않더라도 主께서 주님의 能力으로 鬼神이 나가게 하고 罪過와 不治의 病을 毋論하고 한번 接手하심과 한 마디 말씀으로 完全히 낫게 함을 이른바 神癒라 한다.[48]

신유를 이와 같이 정의한 김상준은 『사중교리(四重敎理)』의 '4중교리 제 4신유'란의 제6장 '신유가 과연 미신이뇨'에서 신유는 순전한 진리요 결코 미신이 아님을 강력히 피력하였다. 그리고 만일 신유가 미신이 되면 사죄를 믿는 신앙도 역시 미신이라고 할 수밖에 없음을 지적하였다:

> 엇던 이가 말하기를 神癒를 밋는 것이 迷信이라 하니 大概 神癒는 眞理요 決코 迷信이 아니올시다. 엇던 雜誌를 見한즉 日本에 天理敎와 黑任敎信徒 等은 邪魔를 信 仰하야 其魔能으로 疾病을 醫療한다 하엿스나 此神癒는 其와 如한 邪魔의 能으로 함 도 아니요 又迷信도 아니올시다. 萬一 只今은 末世라 異端과 거즛 것들이 多出하야 主의 聖名(主의 거룩한 일홈)을 비러 가지고 邪能으로 病을 醫하는 이가 有할 것 갓 흐면

---

47) 吉寶崙, 『敎理及條例』, 65.
48) 吉寶崙, 『敎理及條例』, 68.

… 중략 … 萬一 神癒가 迷信되면 赦罪를 밋는 信도 (뿐만 아니라 신성과 밋 성 결을 밋는 밋음들도) 亦是 同一한 迷信이라고 할수 밧게 업소이다.⁴⁹

또한 김상준은 제7장 '신유란 거슨 의약을 절대적으로 금하는 것이뇨'에서 신유라는 것이 타물(他物 *다른 물건)을 일절 의뢰하지 않고 하나님만 신뢰하며 의약을 사용하지 않고 치료의 은총을 받는 것이지만, 병든 자의 신앙에 따라서 의약을 사용하는 것도 죄가 되지 않음을 다음과 같이 밝히고 있다:

> 그럿슴니다. 大概 神癒란 거슨 他物은 全然 不賴하고 다만 神만 信賴하는 것인則 彼速된 醫藥을 需할 理가 업슴니다. 그러나 其病者의 信仰을 따라 할거시지 決斷코 絶對的으로 絶禁하는 것은 아니올시다.⁵⁰

이러한 신유의 내용은 제14절 '신유'에 반영되어 아래와 같이 整理되었다:

> 聖經에 病을 곳치는 敎理가 記載되어 잇슴은 우리가 밋는바 - 라. 마가 十六章 十七 ~ 十八節과 야고보 五章 十四 ~ 十五節의 말삼대로 하나님의 子女들이 信仰으로 祈禱하야 病곳침을 밧을 特權이 잇나니라. 그러나 이대로 하지 못하고 醫藥을 依支하는 者의게 對하야 批評도 하지 말지니라.⁵¹

---

49) 吉寶崙, 『敎理及條例』, 74.
50) 吉寶崙, 『敎理及條例』, 74.
51) 吉寶崙, 『敎理及條例』, 76.

지금까지 살펴본바 이러한 김상준의 『사중교리』는 1921년 구령(救靈)단체인 '복음전도관' 선교단체에서 기성교단인 '조선 야소교 동양선교회 성결교회'로 경화되어 제도적인 교단으로 탈바꿈할 시기에 때맞추어 출간되어 성결교회 신앙의 특성과 정체성이 변모되지 않고 오히려 심화되는 심층적인 또 하나의 계기를 이루게 하였다.

3. 『但以理書 講議와 말세론』

김상준은 「활천(活泉)」제105, 106호인 제9권 8, 9호(1931년 8, 9월)에서부터 "단이리서 강의"를 연재하여 12번째 기고한 제129, 130호의 합호인 제11권 8, 9월호(1933년)을 끝으로 휴재(休載 *한동안 싣지 않음)하였다:

本講義는 照諒하십시오.[52]

"단이리서강의"가 끝까지 『활천』에 게재되지 못하고 1933년 9월호로 끝난 것은 과도한 부흥회 인도로 인한 과로로 질병이 생겨서 한 달 뒤인 10월에 김상준 목사가 소천했기 때문이다. 그러나 불행 중 다행으로 "단이리서강의(但以理書 講義)"는 이미 1년 전인 1932년 11월에 한지 122면 등사본 국한문 혼용 내려쓰기의 양식을 갖춘 책으로 출간되었다:

---

52) 「活泉」, 제129호, 130호, 46.

但以理書講解 終 金相濬 牧師 著述[53]

「활천」에 12번째 연재된 "단이리서 강의"[54]는 다니엘서 제4장 '느부갓네살의 대수몽과 그 결과'의 34~35절인 '7. 왕의 부활과 복위'로 끝나는데 이 『但以理書 講義』는 다니엘서 마지막 장인 12장까지의 내용을 모두 담고 있다. 『但以理書 講義』의 내용 분석은 다음 연구 과제로 남겨 두고, 다만 그 목차를 살펴보면 다음과 같다. 김상준은 다니엘서 12장을 전반부 '역사'(1~6장)와 후반부 '다니엘의 예언'(7~12장)[55]으로 크게 둘로 나누어 다음과 같이 구분하고 있다:

第一章 다니엘과 彼의 三友人의 傳記
第二章 느부갓네살의 巨象夢과 그 結果
第三章 다니엘의 三友人의 犬中見投
第四章 느부갓네살의 大樹夢과 그 結果
第五章 벨사살의 驕慢과 바벨논의 滅亡
第六章 다니엘의 獅穴의 見投함과 거긔서 得救됨
第七章 獸의 異象
第八章 牧羊과 牧山羊의 幻象
第九章 七十週의 預言
第十章 다니엘의 긔도와 榮耀의 幻象

---

53) 金相濬, 『但以理書講義』(n.p. & n.p., 1932), 112.
54) 「活泉」에 연재할 때는 "但以理書講義"의 제목이었으나 책으로 출간된 제목은 『但以理書講議』이다.
55) 金相濬, 『但以理書講義』, 1.

第十一章 열왕의 一覽表[56]

第十二章 (*原文에 內容 없음)[57]

김상준 목사가 『默示錄講議』와 '시조에 대한 신소감과 신교시', 그리고 『但以理書 講義』 같은 말세론에 대한 글과 저서를 유독 집필했던 이유는 일제의 강점으로 인해 암울했던 그 당시의 시대적인 배경과도 관련이 있었다:

> 金相濬 牧師가 暫時도 누울 時間이 없는 復興講師 生活에서 이렇게 성경에서도 默示的인 것을 골라 硏究한 것은 日帝의 총부리 아래에서 呻吟하는 韓國民族, 그리고 韓國敎會의 聖徒들을 慰勞하고 希望을 주어, 한편으로는 日帝를 詛呪하기 爲한 目的이 숨어있었던 것이다.[58]

## Ⅲ. 닫는 글

김상준 목사는 한국성결교회 창립의 한 멤버로 한국성결교회의 초기 신학 형성과 방향 설정에 기초석을 제공하였다. 즉, 루터(M. Luther)가 나타나서 가톨릭 상부 구조의 잔해를 청산한 개혁의 토대 위에 칼빈(J. Calvin)이 나타나 종교개혁이라는 신학적 건축의 완성을 이룬 것처럼, 성결교회의 개척 자인 김상준 목사는 창립의 주역인 정

---

56) 원 목차에 수록할 때 빠진 내용을 필자가 책의 본문 내용 중에서 다시 옮겨다 적음
57) 金相濬, 『但以理書講義』, 1.
58) 이응호, 『한국성결교회사 논집』(서울: 성결교 신학교, 1987), 117.

빈(鄭彬)과 함께 교파 의식을 지양하고 선교 본위인 교회로 지향하여 정착시킨 개척의 터 위에 재림론을 중심으로 한 '사중복음'이라는 교리 형성에 결정적인 역할을 다하였다.

　김상준 목사를 통하여 한국성결교회는 비로소 단순한 부흥회 전도 표제 로 일관된 전도 본위의 구령 단체에서 벗어나, 종말론(재림론)을 중심으로 한 사중복음의 교리 신학을 가진 교단으로 성장하게 되었다. 따라서 사중복음으로 인한 교단 신학의 형성은 한국교회사에서 성결교회의 신학적 위상을 공고(鞏固)히 하고 오늘에 이르기까지 타 교단을 복음주의로 유도하는 결과까지 낳게 하였다.

[성결대학교, 「교수논문집」18집(1988년)]

# 7

## 한국성결교회의 기원(1907~1910년)
### - 자생적 개척의 입장에서 -

# 한국성결교회의 기원(1907~1910년)
- 자생적 개척의 입장에서 -

## I. 여는 글

올해로 우리는 한국성결교회 창립 90주년의 뜻깊은 해를 맞이했다. 성결신학연구소에서는 역사적인 해인 1997년을 맞이하여 신학적 배경으로 본 "한국성결교회의 어제와 오늘"이란 주제로 지난 5월 27일 예성 총회의 후원으로 학술세미나를 개최했다. 세미나 개최의 취지는 '한국성결교회의 신학적 정체성이 무엇인가?'에 대한 진지한 물음에서 비롯되었다. 이 물음은 새삼스러운 질문이 아니라 이미 오래 전부터 시작된 것이었다.

한국성결교회는 1990년에 들어와서 한국성결교회의 정체성 확립에 대한 관심이 그 어느 때보다 증폭되고 있다. 따라서 성결교회의 신학적 배경뿐만 아니라 교단의 기원 문제에 대해서도 다양한 이견(異見)들이 대두되고 있다. 교단 기원에 대해 한국성결교회는 1970년 후반에 기독교대한성결교회(이하 기성으로 略함)에서 처음으로 논의되다가 잠잠해졌는데, 이것이 1980년대 후반에 들어와서 자생론(自生論)이 재차 대두되었다.

그러나 1990년에 들어와서 그동안 통설적인 역사 지식으로 수용되어온 자생론에 대해 반론이 제기되자 이에 대한 역사 규명의 필요성을 느껴 2차에 걸친 연구 발표회를 가졌다.[1] 자생 측에서는 성결교회는 20세기 초 한국이라는 특별 상황에서 한국인의 주도적인 힘으로 형성되어 발전하였고 교회사적으로 초기 교단 형성기에 역사적 자생성이 널리 인정된 교단 임을 주장하고 있다. 이러한 주장을 펴는 이로는 대표적으로 서울신대 강근환 박사 와 이상훈 박사를 들 수 있다.

이에 대해 타생적(他生的) 기원, 즉 동양선교회 입장을 주장하는 측은 성 결교회 선교 초기의 동양선교회의 활동과 이명직 목사의 『朝鮮耶蘇敎 東洋宣敎會 聖潔敎會 略史』와 교단 헌법 등을 근거로 하여 기존의 자생론에 반론을 제기하고 있다. 이에 대한 대표적인 주장을 펴는 이는 서울신대 조종남 박사와 한영태 박사를 들 수 있다.[2] 또한 2차 연구회에서는 한국성결교회의 모체는 동양선교회를 뛰어넘어 만국성결연맹 및 기도동맹(만국성결교회)으로 동양선교회가 만국성결교회의 선교부로서 한국성결교회의 기원이 직접적으로 만국성결교회와의 관련을 통해서 이루어졌다는 새로운 견해가 주장되었

---

1) 한국성결교회 창립 90주년기념 성결신학연구소 학술세미나(1997년 5얼 27일) 강사로는 성기호(주제: 한국성결교회와 기독교 연합선교회), 손택구(한국성결교회와 웨슬리신학), 정상운(한국성결교회의 신학적 배경) 3인이 맡았다.
2) 1차 연구회는 1994년 12월 19일, 2차 연구발표회는 1996년 1월 30일에 성결회관에서 가졌다.

다.³ 이러한 논란은 각자가 기존에 갖고 있는 시각의 반영으로 역사적 사실 유무를 떠나서 해석의 큰 차이를 보이고 있다.

## II. 자생(自生)과 타생(他生)에 대한 상반된 주장

### 1. 타생론적 주장

성결교는 어떻게 해서 설립되었는가? 자생적 개척인가? 아니면, 타생적 개척에서 비롯되었는가? 한영태 박사는 "성결교회는 자생교회가 아니다"에서 다음과 같이 말한다:

> 기독교는 원칙적으로 자생이 불가능한 종교이다. 복음을 전하는 사람이 있어서 전세계의 모든 교회가 세워졌다. 성결교회도 지상명령에 순종한 전도자들에 의하여 세워진 교회이지, 한국에서 스스로(자생) 생겨난 교회는 아니다.⁴

한영태 교수는 성결교회의 교리와 신조를 살펴보면 성결교회가 신학적으로 결코 자생이 아님이 분명하며, 교단 헌법에 있는 교리 조항들은 대부분 동양선교회(OMS) 신조에서 채용한 것이며, OMS는 미국의 순례자 성결교회의 교리와 신조를 그대로 채용하고 있다고

---

3) "제2회 교단 기원에 관한 연구 발표회", 「활천」통권 508호(1996년. 3월), 150-58.
4) 한영태, "성결교회는 자생교회가 아니다", 「들소리신문」(1997년 6월 8일자) 4면.

주장한다.[5] 한 교수는 더 나아가 신학적인 면뿐만 아니라 성결교회 초기 설립 때에도 자생이 아닌 타생적인 설립 과정을 거쳐 형성된 것이 한국성결교회임을 다음과 같이 말하고 있다:

> 동양선교회가 한국선교를 계획하던 중에 한국인 두 사람을 현지 사역자로 가장 적합한 인물로 택하여 지원하였다는 것이다. 김, 정 두 사람이 독자적으로 자립적으로 한국 선교를 시작한 것이 아니라는 것이다. 동양선교회는 당시 일본에서 설립된 지가 얼마 되지 않았기 때문에 한국에 선교사를 파송하고 상주시킬 수가 없었기에 김, 정과 함께 선교를 시작한 다음에는 한동안 외국인 교역자를 후원한 것이다. 그러므로 한국성결교회는 발전과정에서 한국인들이 주도적으로 많은 일을 한 것이 사실이지만, 자생 즉 스스로 생긴 교회는 아니라는 것은 분명하다.[6]

이러한 주장은 이미 앞서서 1991년에 『성결교회의 신학적 배경과 사중복음』에서 조종남 교수가 언급하고 있다. 조종남 교수는 이명직 목사의 『朝鮮耶蘇教 東洋宣教會 聖潔教會 略史』와 1955년에 출간된 『헌법』을 토대로 1907년 동양선교회 복음전도관에서의 사역은 동양선교회의 사역의 일부로 인지되었고, 성결교회의 기원도 동양선교회의 사역에서 비롯되었다는 타생론을 주장하였다:

---

5) OMS가 미국의 순례자 성결교회의 교리와 신조를 그대로 채용하고 있다는 한 교수의 주장은 사실과 다르다. OMS의 신조(1925년)와 만국사도성결교회(필그림성결교회, 1910년)신조를 비교하면 거의 대부분이 공통점을 보이나 차이점도 나타난다. 대표적으로 그것은 만국사도성결교회에서는 유아세례를 받아들이나 동양선 교회는 이것을 채택하지 않고 헌아식을 행하였고, 또한 침례를 보이는 판별성을 보이고 있다.
6) Ibid.

1907년 동양선교회 복음전도관에서의 사역은 동양선교회의 사역의 일부로 인지되어 있었고, 본 교회의 기원을 동양선교회의 사역에서 보고 있음이 틀림없는 것 같다. 그 당시 서울 동양선교회 복음전도관은 인식되어 있었고, 전도관에서 사역하고 있었던 鄭彬과 金相濬은 동양선교회의 교직자로 취급되어 있음을 발견한다.[7]

조종남 교수는 한국성결교회 설립의 타생론적 주장을 다음의 내용을 들어 설명한다. 그것은 첫째는 1907년 귀국시에 정빈, 김상준과 함께 카우만, 킬보른이 함께 나와서 복음전도관을 얻어 주고 사역을 일으켰고, 둘째는 미국에 있는 성도들에게 기도와 헌금을 호소했고, 셋째 1908년에 재차 한국에 나와 150명을 수용할 수 있는 건물과 땅 값을 마련했고, 넷째 1909년 영국의 토마스 부부를 한국선교사로 임명했고, 끝으로 다섯 번째로는 정, 김, 이 세 사람이 서울에서 동양선교회의 책임을 맡은 자들로서 때때로 사업보고를 하고 있음을 들고 있다.[8] 1997년 '들소리신문'에 기고한 한영태 교수의 글은 큰 맥락에서 보면 조종남 교수의 주장에서 크게 벗어나고 있지 않는 동일한 내용임을 알 수 있다.[9]

또한 조종남, 한영태 교수와 달리 타생론적 입장을 취하면서도 동양선교회는 만국성결교회에 예속된 하나의 지부로서 한국성결교회가 동양선교회에 의해서 세워졌다기보다는 이에 앞서서 만국성

---

7) 조종남, 『聖潔教會의 神學的 背景과 四重福音』 (부천: 서울신학대학출판부, 1991), 2-3.
8) Ibid., 3.
9) 조종남 교수와 한영태 교수의 글은 강근환 교수 논문보다 뒤에 나왔다. 물론 이 세 사람의 논문 이외에도 자생과 타생에 대한 주장을 담은 글들이 있지만 편의상 생략한다.

결교회에 의해서 설립되었다는 주장이 새롭게 제기되고 있다. 이 같은 주장은 홍용표 박사에 의하여 주장되었는데, 그 내용은 한국성결교회의 설립의 동인(動因)은 동양선교회 이전에 만국성결교회이고, 동양선교회도 한국성결교회와 마찬가지라는 것이다. 홍 박사는 '한국성결교회와 만국성결교회와의 관계' 논문에서 성결신학(중생, 성결, 신유, 재림)은 자생신학이 아니고 한국에 들어올 당시 미국 성결 신학은 20세기 초반 주류 감리교 신학과 같지 않음을 지적하며 성결신학의 기원을 다음과 같이 말한다:

> 성결신학은 미국교회가 발전하는 과정에서 여러 교리가 교차되며 상황화되었다(Noll, 1992). 19세기 말엽 성결오순절운동의 성결운동은 약간의 다양성을 인정하면서도 공통분모가 있는 초교파적 선교운동이요 성령세례운동(the baptism of, in, or with the Holy Spirit)이다. 이 운동은 성경중심, 사도적, 신약적, 하나님의 교회관, 초대교회적 성령의 체험, 은사, 역사를 강조한다.[10]

홍용표 박사는 한국성결교회를 자생교회라 부를 수 없는 이유를 다음과 같이 말한다:

> 한국성결교회는 한국 사역자와 선교사들이 1907년 5월 2일 부산에 도착하기 전인 1904년 단기 선교사 나카다가 한국에 와서 미국 만국성결교회의 선교부인 동양선교회가 운영하던 도쿄성서학원을 소개하고,

---

10) 홍용표, "한국성결교회와 만국성결교회와의 관계"(제6회 성결교회 역사연구소 세미나, 1997. 9. 23), 3.

한국의 장·감 신자들이 일본 도쿄성서학원에 찾아가니 성결사역자로 훈련시킨 것을 상기해야 한다. 한국 천주교 및 장로교를 비교할 때 성결교회 현지인 사역은 그리 빠른 것만은 아니었다. 자생론을 전개할 때 성결교회에 동역했던 서구 선교사 수 비율은 장로교회 못지 않고 동양선교회가 한국에서 차지한 지리 영역 비율도 장로교에 그리 뒤지지 않는다(1921년 성결교회 선교사는 1.5교회에 1명 꼴이었다. 34교회에 20명 이상의 구미 또는 영국 선교사가 있었다).[11]

만국성결교회와 한국성결교회에 대한 홍 박사의 주장은 본 논문의 범위가 1907-1910년대로 한정하였기 때문에 논외로 하되, 이 주장은 편의상 본고에서는 동양선교회에 포함시켜 연구하고자 한다. 그러나, 이 문제는 성결교회 초기 연구에 중요한 내용을 차지하므로 이후에 다시 한국성결교회와 동양선교회 그리고 만국성결교회의 관계에 대한 연구에서 이 문제를 재론하고자 한다. 그것은 1910년 토마스 목사가 한국에 조선감독으로 부 임한 후 만국성결교회와 한국성결교회와의 관계가 실질적인 면에서 점차로 그 영향 아래 들어갔고, 이와 달리 일본에서는 동양선교회의 주도권이 아직까지는 만국성결교회와 관련을 맺은 카우만과는 달리 나카다 쥬지 목사에게 사실상 주어졌기 때문이다.

---

11) Ibid.,

## 2. 자생론적 주장

강근환 교수는 다음과 같은 내용을 들어 타생론적 주장에 앞서서 한국성결교회의 기원이 자생론적임을 주장하고 있다:

> 그러나 분명한 사실은 오늘날 한국에 聖潔敎會가 설립된 최초의 선교활동은 한국인으로 시작되었다. 이유인즉, 거듭되는 말이지만 비록 한국성결교회의 선구자인 정, 김 및 이 세 씨가 東京 東洋宣敎會 聖書學院에서 수학하고 돌아와 선교활동을 하게 되었다고 하나 그들이 東京聖書學院에 가게 된 것은 東洋宣敎會에 의하여 선택되었거나 초빙되어서가 아니라 어디까지나 그들 스스로의 自意的인 求道的 길이었고 수학이었던 것이며, 그 후 그들의 귀국도 조국에 대한 불타는 선교열에서 결과되었던 것이었고 뜨거운 선교활동이 있기 때문이다. 이러한 그들의 조국선교에 대한 주도적인 행동의 뜨거운 열기에 東洋宣敎會의 宣敎師(創立者)들이 함께 불붙게 되어 그들이 한국선교에 호응케 되었던 것이다. 그러므로 한국선교의 主動者(Initiater)는 어디까지나 한국인이었고 한국인은 能動者이었지 被動者가 아니었으며 오히려 東洋宣敎會가 能動者보다는 被動者가 되었다.[12]

초기 성결교회의 기원에 대해 강근환 교수는 한국인에 의해 시작되고, 한국 땅에서 수립된 한국의 자생적 교파 교단으로 성결교회를 보고 있다. 강 교수는 1907년부터 1910년 토마스(J. Thomas) 목사가

---

12) 姜權謹, "基督敎大韓聖潔敎會의 自生史的 小考", 「서울신대교수논총」 창간호 (1987), 9-10.

동양선교회 초대 감독으로 오기 전 3년 간 기간동안 한국성결교회는 한국인의 손으로 시작되고 닦아진 바탕 위에 세워졌음을 말하고 있다:

> 물론 토마스 감독의 부임으로 동양선교회의 선교사업이 한국에서 본격화되었지만 토마스 선교사가 오기까지의 3년에 걸친 선구자들에 의하여 수행되었던 초기 「福音傳道館」을 중심하였던 선교활동은 선교사가 오기전에 한국인의 손으로 시작되고 닦아진 韓國聖潔敎會 수립의 바탕이 됨으로 이는 한국성결교회사에서는 물론 한국개신교사에서 결코 간과할 수 없는 선교사적 특이하고 귀중한 국면이라 할 것이다.[13]

감신대 송길섭(宋吉燮) 교수는 한국성결교회의 자생적 출발에 대해서 다음과 같이 말하고 있다:

> 한국성결교회의 전신인 "복음전도관"은 1907년 5월 30일 정빈, 김상준 두 사람이 일본 "동경성서학원"을 졸업하고 귀국하면서 세웠다. 이들은 서울 종로 염곡동에 있는 헌 집을 임시로 세를 얻어서 "동양선교회 복음전도관"이란 간판을 걸고 전도하기 시작한 것이다. 이들은 선교사가 들어오기를 기다리지 않았던 것이다. 동족에 대한 선교는 동족의 힘으로 한다는 뜨거운 소명감에 불탄 자생적 교회수립의 길을 예비하였던 것이다.[14]

---

13) Ibid., 11.
14) 宋吉燮, 『韓國神學思想史』 (서울: 大韓基督敎出版社, 1987), 170.

김종웅 박사는 위의 내용과 약간 다른 주장을 펴지만 1996년 Trinity 복음주의 신학교에 제출한 박사논문의 '한국성결교회의 간추린 역사(The KEHC : A Brief History)'에서 다음과 같이 말하고 있다:

> 한국 전역에 성결교리를 전하기 위해 주께로부터 부르심을 받은 정빈과 김상준은 하나님의 말씀을 공부하기 위해 일본에 가기로 결심하였다. 그곳에서 그들은 동양선교회 선교사들을 만났고 동경성서학원에서 공부하도록 받아들여졌다. 능력있는 성결의 복음에 의해 도전받고, 감동된 그들은 3년 후 서울에 선교사역을 시작하기 위해 귀국하였다. 이것은 한국의 서울 중구 무교동에 세운 첫 번째 한국성결교회가 되었다. 한국성결교회의 중요한 특징은 한국인들이 그들의 파트너인 동양선교회 선교사들과 함께 사역을 시작한 것이다. 대조적으로 장·감 교회들은 미국 교단에서 파송한 선교사들에 의해 설립되었다. 동양선교회는 교단적 배경을 가지고 있지 않았다.[15]

김종웅 박사는 계속해서 한국성결교회의 시작과 초기 성장에 대해서 다음과 같이 말한다:

> 한국성결교회 교단은 한국인들이 시작한 토착적인 교회이다. 미국에서 온 장·감 선교사들이 한국에서 그들의 교단사역을 시작하였는데 반하여 정빈과 김상준 두 한국인들은 선교사들이 한국에 와서 성결교회

---

15) Paul Jong-Woong Kim, "The Development of a Church-Planting Stratery for the Korean Evangelical Holiness Church Mission", (D. Min./Miss. Dissertation, Trinity Evangelical Divinity School, 1996), 56.

교단을 세우도록 촉구하였다.[16]

김종웅 박사의 이같은 논지는 큰 범주에서 볼 때 자생론의 범위에 속한다고 볼 수 있다.

## III. 성결교회의 기원에 대한 자생론적 이해

자생론적 입장에서 한국성결교회가 자생적 교단이라고 말하며 주장하는 것은 신학적인 면에서 언급한 문제가 아니다. 성결교회의 처음 출발은 특정한 교단의 교리나 신조를 표방하지 않은 복음전도 우선이라는 선교단체의 성격인 복음전도관에서 시작되었다. 한국 성결교회 기원에 대한 연구는 이 점에 유의해야 한다. 그러나 현실적으로 나타난 한국성결교회 기원에 대해서는 앞서 살펴본 바 2가지 견해 즉 타생론과 자생론적 견해가 상반되어 일치된 견해를 보이고 있지 않다. 한영태 교수는 신학적 관점에서 자생 교회가 될수 없는 이유를 다음과 같이 말한다:

> 자생교회라면 자생신학이 있어야 한다. 이는 얼마나 위험한 발상인가? 한국의 자생신학이라면 통일교회나 전도관의 주장이 자생이라 할 수 있다. -중략- 성결교회 헌법에 "초대감리교회"와 "옛날 웨슬리"를 오늘에 되살린다고 하였는데, 누가 감히 오늘에 와서 그것을 변경시킬 수

---

16) Ibid., 5.

있겠는가? 성결교회는 신학적으로도 결코 자생이 아니다.[17]

그러나 자생측에서 말하는 '자생적 교단'이란 말을 쓸 때 그것은 신학적 이해로서의 '자생적'이 아니다. 초기 설립 과정에 있어서 주도적인 역할 감당으로서의 자생적인 특성을 가진 교단이 바로 한국성결교회라는 인식에서 한국성결교회의 기원을 조명하고 있다.[18] 이 자생성 정의에 대해 강근환 교수는 다음과 같이 말하고 있다:

> 본인의 '자생성'은 신학적, 신앙적 태도에서 비롯된 것이 아니다. 신학적, 신앙적인 면에 있어서는 세계 어느 교회도 자생이 있을 수 없다. 본인이 거론한 자생성은 우리 성결교회가 교단화(Denominational Church)된 때를 말하는 것이다.[19]

또한 일부에서 주장하는 성결교단 신학이 바로 웨슬리 신학이라는 주장은 전체적인 역사적 맥락에서 보면 맞는 말이지만, 그것이 성결교단신학(사중복음)의 전부를 포괄하고 있다는 주장은 바른 역사적 평가가 아니다. 웨슬리 신학의 편중을 둔 조직신학적인 역사인식과 서술의 한계는 이미 필자가 1989년 「성결대 교수논문집」 제 18집 "성결교회성 회복에 대한 연구: 사중복음의 고조(高調)로서의 성결교회성을 중심으로"에서 문제 제기와 「한국성결교회사Ⅰ」(정상운

---

17) 한영태, "성결교회는 자생교회가 아니다." 4면.
18) '自生的'이란 말의 사전적 어의는 자생(自生)='스스로 남, 저절로 생김'이란 뜻으로 자생이란 명사의 접미사 '-的'이 붙어 自生의 성질이나, 상태를 나타내는 말로 쓰인다. 『표준국어대사전』(민중서관, 1985년판), "자생" 항목 참조.
19) 강근환, "제2회 교단 기원에 대한 연구 발표회", 「활천」통권 508호(1996. 3), 158.

저, 은성, 1997)에서 지적한 바 한국성결교회의 형성은 18세기 요한 웨슬리의 부흥운동으로부터의 직접적인 영향으로 이루어지지 않고, 미국 감리교를 거쳐 19세기 후반에 웨슬리의 성결론의 퇴조에 대해 우려를 표명한 감리교회 내의 반동으로 일어난 19세기 성결운동에서 비롯되었기 때문이다. 19세기 후반의 성결운동은 전통적인 웨슬리의 가르침들에서 찾아 볼 수 없는 이질적인 교리적 내용들을 포함하고 있다. 신유와 전천년적 재림이라는 가르침을 담은 순복음이라 불리운 사중복음이 전통적인 감리교회 교리적 노선에서 이탈한 급진적인 웨슬리안주의자들로부터 20세기 초에 동양선교회를 통해 반영되어 한국성결교회 신학으로 전래되었다. 이것은 구체적으로 동양선교회가 만국성결연맹과 기도동맹의 결정적인 연관을 통한 영향뿐만 아니라 그리스도인과 선교사 동맹(C.&M.A.)과 19세기 말 선교운동, 무디의 성서학원 등으로부터도 영향을 받았음을 말해준다.[20]

따라서 초기성결교회의 기원에 대한 단정적인 결론에 앞서서 다음의 사항이 선행되어야 한다. 첫째는, 사료에 대한 일방적인 해석의 이전에 당대의 역사적 상황의 고려이고 둘째는, 다양한 입장의 통전적인 사료분석 그것에 앞서서 '자생성(自生性)' 개념의 정의에 대한 상호인지가 앞서야 한다.

다음의 내용들은 자생론적 입장에서 한국성결교회 기원을 조명해 본 내용들이다.

첫째, 자생적 개척에 있어서 '자생적'이란 한국성결교회 개척의

---

20) 정상운, 『한국성결교회사I』 (서울: 은성, 1997년), 231; 정상운, "성결교회성 회복에 대한 연구", 「성결교신학교 교수논문집」제18집(1989) 참조.

주체가 한국인에서 비롯되었다는 데서 출발한다.

한국인에 의해서 한국성결교회가 세워졌고, 한국인에게 동족인 한국인이 복음을 전하였는데 1907년 5월 개척 때부터 1910년까지 동양선교회 정식 선교사가 들어오기 전까지의 기간에 무엇보다도 초기 개척에 있어서 개척의 동인(動因)의 역할을 동양선교회보다 한국전도자들, 즉 정빈과 김상준이 주도적으로 감당했다는 시각으로 해석된다. 그것은 다음의 내용들이 증명해 준다. 한국성결교회의 출발은 카우만과 킬보른이 정빈, 김상준과 함께 귀국한 날이 아니었고 그들이 돌아간 후에 이루어졌다. 즉 한국성결교회의 경성에서 첫 출발은 카우만과 킬보른이 1907년 5월 2일에 입국하여 2주만에 돌아간 후였던 5월 30일이었다. 저들의 한국 2주간 방문은 선교상 시찰의 목적이었지 구체적인 파송을 통한 설립이 아니었다. 정빈과 김상준은 카우만과 킬보른이 일본으로 돌아간 후 5월말 한달간 저녁마다 노방전도로 얻은 구령자들과 함께 5월 30일에 동양선교회의 선교사 없이 복음전도관이란 간판을 붙이고 처음으로 이 땅에 한국성결교회를 시작하였다.

킬보른은 일본으로 돌아간 후 그 해 7월에 *Electric Messages*에 기고한 글에서 다음과 같이 말하고 있다:

> 서울의 한국 형제들로부터 우편엽서를 받았다. 새로운 선교에서 창립집회(opening meeting)에 5명의 구도자가 나왔다고 말한다. 그들은 힘을 얻어 한주간에 8회 집회를 열고 있었다.[21]

---

21) E. A. Kilbourne, "Reports Voctory", *Electric Messages*. 5, No. 9(July 1907), n. p.

정빈과 김상준 두 사람으로 시작한 창립집회는 당일 5명의 구도자 외에 6개월 내에 275명의 구도자를 얻는 놀라운 결과를 기록하였다.[22]

둘째, 한국성결교회의 선교의 필요성은 동양선교회의 설립자들이 아닌 동경성서학원 유학생인 정빈을 통하여 처음으로 제기되었다.

정빈과 김상준은 일본 동경성서학원에 입학하기 이전 한국에서부터 영원구원의 사명감에 불타 있었던 그리스도인이었다:

> 예수를 자기 주로 아는 자면 이 몇 가지(사중복음:구원, 성결, 신유, 재림)는 벌써 그 흉중에 예산한 것인즉 실상은 들은 것이 없습니다.[23]

일본에서 정빈은 유학생활 중에 전도집회를 통해 주께로 돌아오는 많은 영혼들을 보며 한국선교의 필요성을 느꼈고 이것을 동양성서학원 교수들에게 계속해서 청원하였다. 정빈은 일본에서 1906년 고국의 「그리스도 신문」에 다음의 내용을 피력했다:

> 남녀가 사처로 헤어져 나가서 길에서 찬미하여 나팔도 불어 사방으로 사람을 모아 놓고 남녀가 차례로 연설 한번씩 돌려가며 하여 모든 사람들에게 이같이 전도하고 듣는 사람들은 전도관에 데려다가 밤새도록 개회하고 연설로 전도하다가 믿는 사람이 하나씩 맡겨하다가 십분 동

---

22) Robert D. Wood, *In Mortal Hands: The Story of the Oriental Missionary Society, The First 50 years* (Greenwood, Indiana: O. M. S. International Inc., 1983), 76.
23) 정빈, "성서학원 형편", 「그리스도신문」 제10권 11호(1906년 3월 15일자)

안씩 전파하니 이렇게 … 새로 믿는자가 수십 명씩 … 주 앞에 일을 마치고 나서 우리나라 교회에도 이와 같이 하였으면 좋겠다 하였소.²⁴

카우만 여사는 1908년 *Electric Messages*의 "How the Korea Work Began"에서 다음과 같이 말하고 있다:

> 이 형제들은(정빈, 김상준) 새벽 이른 시간부터 밤늦게까지 공부를 하였다. 어찌나 열심히 일본어를 공부하였는지 곧 일본어를 읽고 말하게 되었다. 이들은 성경을 보며 성결과 연관된 모든 것들을 샅샅이 찾았다. 진리가 그들의 마음을 비출 때 기쁨의 시간이 찾아왔다. 그들은 새로 발견한 죄로부터 '완전한 구원'의 경험을 갖게 된 것을 기뻐하였다. 찬양으로 가득찬 승리하는 그들의 삶은 모든 이들에게 감동을 주었다. 성령으로 충만한 그들은 때때로 "우리는 동족들에게 성결의 복음을 전파해야 한다. 그것은 그들이 필요로 하고 받아야만 하는 것이다"라고 개인적인 소견을 말하였다.²⁵

셋째, 1907년부터 1910년까지 초기 개척 기간의 선교는 동양선교회의 선교사가 파송되어 직접적으로 이루어진 것이 아니라 정빈과 김상준을 비롯한 한국인들에 의해서 이루어졌다.

*Electric Messages*와 *Missionary Warrior* 그리고 *No Guarantee But God*과 *The Vision Lives* 등을 종합적으로 살펴 도표로 나

---

24) 정빈, "셩서학원 형편", 「그리스도신문」 제10권 11호(1906년 3월 15일자)
25) Mrs. C. E. Cowman, "How the Korea Work Began", *Electric Messages*, 7. No.2(-December 1908), n. p.

타내면, 카우만이 1907년 5월부터 토마스 선교 입국까지의 한국 방문기간, 주요 방문 목적은 다음과 같다.

| 횟수 | 방문일자 | 체류기간 | 목적(활동) |
|---|---|---|---|
| 1 | 1907.5.2. | 2주간 | 부산에서 평양까지 선교후보지 조사, 경성에 임시전도관(구식 가옥 1채) 셋집 얻어 줌. |
| 2 | 1908.9.9. | 2주간 | 성서학원 지원을 위해 4,000불 모금한 돈을 가지고 가서 동현에 위치한 기와집 한 채를 임대하여 주고 감. |
| 3 | 1908.11. | | 독립건물 전도관을 건축할 계획 가짐, 집회 개최. |
| 4 | 1909.5. | | 기존의 전도관이 협소하다는 고충을 듣고 무교정에 위치한 집을 계약함. |
| 5 | 1910.12. | | 토마스가 동양선교회 정식 선교사로 부임. |

따라서 1907년부터 1910년 이전의 카우만의 방문은 지금까지 사료로 나타난 바 총 4회로 그쳤으며 전도 집회를 통한 선교 사역보다 선교 사역지의 시찰과 함께 경제적인 일부의 보조를 하였음을 알 수 있다. 경제적인 보조도 1908년 경성성서학원 건축(1912년에 건축이 완공) 일부인 동양선교회에서 모금한 4,000달러를 제외하면 독립 건물의 매입이 아닌 기존 가정집의 임대에 그치는 정도였다. 굳이 동양선교회 선교사들이 한국에서 복음전파를 한 것을 살펴보면, 이들의 짧은 방문기간에 이루어진 설교에서 볼 수 있다. 실제로 카우만이 1908년 9월 내한하여 2주간 방문했을 때 매일 개최한 성결집회에 일본어로 설교하면 이장하가 통역하는 정도에 불과하였다.[26]

정빈과 김상준의 초기 사역을 우리는 *Electric Messages*(1908)에

---

26) Wood, *In These Mortal Hands*, 77.

서 구체적인 통계를 통해 그들의 선교사역의 결과를 알 수 있다:

> 주께서는 지난 한달 동안 여기에 은혜를 풍성히 내리셨다. 우리는 7회의 야외전도 집회, 9회의 성경공부, 5회의 부흥전도집회, 3회의 주일학교를 열었다. 기독교인 집회는 12회, 기도회는 4회 가졌다. 3000장 이상의 전도지가 배포되었고 16명이 회심하였다. 전도관을 연 지 6개월 동안 272명이 그리스도를 발견하였다. 이들중 대부분은 구원을 받았다.[27]

정빈과 김상준은 1907년 11월에 복음가 초판을 발행하는 등 활발한 문서 전도활동을 펼쳤다.[28] 또한 동양선교회에 대한 정빈과 김상준의 동양선교회의 지부로서의 정기적인 공문서식의 보고가 아니라 때때로 이루어진 선교 활동의 보고에 그쳤다.

넷째, 지금까지 성결교회 역사연구는 사료(史料)의 제한(O.M.S의 사료 외에는 다른 입장의 사료가 희박함)으로 주로 동양선교회와 관련된 카우만 중심의 사료에 의존하였던 바가 컸다. 그러나 동양선교회 초기일본 서술에도 주목할 필요가 있다. 우리는 당시의 일본 동양선교회에서의 카우만과 나카다 쥬지(中田重治)와의 초기사역에 있어서 정치적 관계를 살펴보아야 한다. 1907년부터 1910년까지의 한국성결교회의 개척기에 미국 측 동양선교회 사료에는 카우만과는 달리 나카다 쥬

---

27) Bros. Tei and Kin, "Seoul, Korea", *Electric Messages*, 7, No.1 (November 1908), n. p.
28) 李明稙, 『朝鮮耶蘇教 東洋宣教會 聖潔教會 略史』, (京城: 東洋宣教會 聖潔教會 出版部, 1929), 189.

지의 역할이 별로 눈에 띄지 않는 특이한 점을 발견할 수 있다.

일본에서의 1910년까지 동양선교회에서 차지하는 카우만의 정치적 위상은 나카다 쥬지에 비해서는 열세이었다. 그것은 1905년 동양선교회가 설립될 때 카우만 부부와 킬보른은 경제적인 문제와 관련된 섭외와 재무의 일을 맡아보았고, 성서학원 원장에는 사사오, 전도의 직무는 나카다가 맡았다. 그러나 1908년 복음전도관의 발전과 통일을 위해 조직 개편이 이루어질 때 동양선교회 초대 총리에 나카다, 부총리에는 사사오가 선출되는 등 미국 선교사가 제외되고 일본인 체제로 바뀌었다. 카우만과 킬보른은 재정을 맡은 회계로 선임되었다. 협의원인 카우만 부부, 나카다, 사사오, 킬보른 5인 중심의 결의에 따라 동양선교회가 운영되었지만 동경성서학원과 소속 복음전도관에 관한 일체의 사무 행정의 책임은 총리인 나카다에게 주어졌다.

동양선교회가 일본인 중심의 체제로 개편되었으나 경제적인 실권은 여전히 카우만과 킬보른에게 있었다. 카우만과 킬보른은 동양선교회 기관지인 *Electric Messages*와 만국성결연맹 및 기도동맹의 *Revivalist*를 통해 동양선교회를 알리고 구미 신도들로부터 선교헌금을 답지하게 되었다. 1909년부터 1910년 사이, 카우만 부부와 킬보른은 미국에서 한국의 서울에 성서학원을 세우고자 하여 모금운동을 하였다.

그러던 중에 카우만과 킬보른은 나카다의 허락(협의) 없이 미국 선교 단체로서 동양선교회를 합병시키고자 하여 공식적으로 1910년 11월 10일에 일리노이주의 시카고에서 동양선교회를 등록시켰다. 명칭도 일본에서의 조직과 같으나 미국조직기구의 임원 명부에는

나카다와 사사오를 포함시키지 않았다.[29]

1911년 4월 23일 일본으로 돌아온 카우만과 나카다는 얼마 지나지 않은 5월에 한국 서울에 가서 그곳에 성서학원을 설립하기 위한 땅을 매입하였다. 나카다 총리의 권위와 동양선교회 기금 사용을 무시하는 이러한 성급한 행보는 결국 나카다와의 갈등을 빚게 하였다.[30]

마침내 1911년 10월 동양선교회의 전도 방침과 관리상의 문제로 카우만과 나카다 사이에 의견이 상충되었고 이 일은 결국 나카다 목사로 하여금 동양선교회를 떠나서 새로운 교단인 일본성교단(日本聖敎團)을 만들게 하였다. 카우만이 동양선교회의 총리인 나카다와 상의하지 않고 한국 경성에 성서학원을 독단적으로 세우려고 한 것은 두 가지 이유로 생각해 볼 수 있다.

첫째로, 나카다는 일본에서 세운 동경성서학원이 동양선교의 중심부가 되기를 희망했기 때문에 한국에 성서학원이 세워지는 것을 찬성하지 않았다. 그러나 그 후 나카다는 한국에 성서학원을 세우려고 하는 한국인들의 주장에 동의해서 성서학원 설립을 도와주었다.[31] 따라서 카우만은 미리 나카다와의 의견 충돌을 예견하여 조직상 위계질서를 무시하고 단독으로 시행하였던 것으로 볼 수 있다.

둘째로, 카우만은 1908년부터 동양선교회의 총리와 부총리 등 상위 수 뇌조직이 일본인들에게 넘어가는 등 주도권 경쟁에서 밀려

---

29) John Jennings Mervin, "The Oriental Missionary Society Holiness Church in Japan, 1901-1983", (D. Miss. Dissertation, Fuller Theological Seminary, 1983), 105.
30) Ibid., 108.
31) 박명수, "성결교회: 보편성과 민족성", 「활천」, 통권 477호(1993. 7), 66.

나자 경제적인 실권을 가진 잇점을 살려서 자신들의 제 2의 활동거점으로 한국을 택하였기 때문이었다. 이 일은 카우만으로 하여금 미국을 떠날 때부터 잠시 관계를 가진 냎(M. W. Knapp)의 성서학원으로부터 더 나아가 만국성결교회와 좀 더 가까운 밀접한 관계로까지 발전하게 되었다. 당시 한국 정치적 상황은 1905년부터 1910년 기간에 을사늑약(1905년)으로 인한 외교권 찬탈과 일제강점으로 인해 반일 감정이 극에 달하였다. 사실상 초기 복음전도관 개척기에 동경 성서학원을 졸업했다 하여 정빈과 김상준은 친일파로 몰려서 갖은 중상모략을 당하였기 때문에 일본계가 아닌 미국계 선교사를 원한 한국 성결교회의 희망 사항과 카우만의 정치적 계산이 맞아 떨어졌기 때문이기도 했다. 정빈과 김상준은 카우만과 킬보른의 제자격인 아래 사람들이었고 한국에서 선교활동의 성과는 선교사들에게 무한한 가능성을 가져다주었다. 또한 일본에서의 주도권 상실로 인해 카우만은 한국에서의 동양선교회의 또다른 새로운 발판의 계기를 넘보았을 가능성도 배제할 수 없다. 나카다와 카우만의 불화는 1개월 만에 끝났는데, 동양선교회 본부는 카우만이 그리고 일본성교회(당시는 동양선교회 지부)는 나카다가 맡는 역할 분담으로 일단 조정되었다. 카우만이 일본에서 동양선교회의 주도권을 갖게 된 것은 1913년으로 동양선교회는 재차 조직개편을 하여 카우만을 2대 총리로 선택하였다.[32]

이상의 내용을 정리하여 보면, 한국성결교회가 설립되어 1907년부터 토마스 선교사가 정식으로 입국한 1910년 초까지 동양선교회

---

32) 山崎驚夫, 千代崎秀雄, 『日本ホーリネス 教團史』(東京: 日本ホーリネス教, 昭和 45), 33.

의 책임은 어찌되었던간에 제 1대 총리 일본사람 나카다 쥬지에게 있었고, 제 2대 총리였던 카우만에게만 있었던 것은 아니었다.[33]

또한 당시 일본에서의 동양선교회의 현실적 상황은 1907년 당시에 한국 선교에 대해서 구체적으로 선교를 시행할 정도의 자립적 단계에 있지 못하였다. 동양선교회가 일본 복음화 계획을 수립하여 실행한 것은 1910년이었고 일본 전역 47부 현을 가가호호 방문하여 실행한 지방전도 운동이 끝난 해는 1917년이었다.[34]

## Ⅳ. 닫는 글

1907년 한국성결교회가 설립되고 난 후 토마스 목사가 오기까지 초기 기간에 한국성결교회의 기원의 문제를 놓고 자생론과 타생론에 치우쳐 한 쪽만의 해석이 옳고, 다른 상반된 시각의 해석은 틀렸다는 식의 흑백 논리는 불필요한 논쟁과 역사인식에 대한 혼란을 야기시키는 결과를 초래한다고 본다.

그것은 역사해석이란 동시대의 사건을 기록한 단일 사료라도 보는 자의 기존의 이념과 사관에 따라 역사서술이 결정적인 영향을 받기 때문이다. 한국에 귀국할 때 정빈과 김상준이 1907년 한국에 복음 전도를 하기 위해 카우만과 킬보른을 대동하고 귀국했다는 서

---

33) 이명직 목사는 『東洋宣敎會 聖潔敎會 略史』 3쪽에서 카우만이 동양선교회 제1대 총리로 언급하는데 이것은 올바른 역사적 사실이 아니다. "이제 하나님께서 우리 동양선교회 성결교회(東洋宣敎會 聖潔敎會)를 거금 (距今) 二十二年 전에 우리의 뎨 1세 총리(總理) 카우만과 킬보른으로 말미암아 니르키섯는대…"
34) 小出忍, 『ホリネスの群 略史』 (東京: ホリネス群事務所, 1974), 19-20.

술과 카우만과 킬보른이 정빈과 김상준을 대동하고 동양선교회 지부를 한국에 세우기 위해 갔다는 서술은 서로 다른 시각의 차이점을 갖고 있다. 성결교회의 자생론적 개척이라는 개념은 장·감과 달리 이미 한국에서 한국인에 대한 선교적 열망이 있는 한국인이 일본에서 순복음이라 불리는 사중복음을 배우고 돌아와서 한국인에게 복음을 전하고, 한국인으로만의 교회를 처음으로 1907년 5월 30일에 이 땅에 세웠다는 전제하에 출발한다. 이것은 한국성결교회 역사는 한국인의 입장에서 보여진 시각에서 이해되고, 서술되어야 한다는 관점(사관)의 반영이다.

카우만과 킬보른이 일본으로 돌아간 후, 정빈과 김상준은 그 해 5월 30일에 '동양선교회 복음전도관'(東洋宣敎會 福音傳道館)이란 간판을 붙이고 이 땅에 복음전도관을 정식으로 개관하여 전도를 시작하였다. 이 날은 한국성결교회가 이 땅에서 처음 시작하는 성결교회의 시작이 되었다. 이들은 일본에서 배운 신앙선교(Faith Mission)의 발로에 서서 선교적 조건이 취약한 상황에서도 위로 하나님만을 바라보고 이 땅에서의 선교사역을 시작하였다.

물론 한국에 복음전도관이 최초로 정식으로 개관하여 선교를 시작하기 전에 동양선교회의 카우만과 킬보른이 정빈과 김상준이 입국할 때 함께 내한하여 서울에 구식가옥을 세 얻어 주고 갔다. 그러나 이들의 내한은 본론에서 언급한 바 동양선교회의 구체적인 선교계획의 연장이 아니었다. 이들은 한국이 선교사역지로서 합당한 여부의 가능성을 확인하고자 하는 시찰이 주목적이었지, 이곳에서 정착하여 본격적인 선교사업을 착수하려는 뜻은 아니었다.

지금까지 필자에게 사료로 나타난바 카우만과 킬보른이 동행 한 한국방문은 1907년이 처음 있는 일이었다. 일본에서 당시 동양선교회는 인적, 재정적 부족으로 인해 일본 선교에 있어서도 큰 성과를 이루지 못한 개척기였다. 또한 카우만과 킬보른이 동양선교회에서 차지하는 위치도 아직은 최종 결정자로서의 위치를 확고하게 다진 것이 아니었다. 앞서 언급 하였듯이 당시 1907년 그들은 섭외와 재정을 맡았다. 이듬 해인 1908년 동양선교회 초대 총리로 나카다 쥬지(中田重治)가 선출되었다. 처음 임시 전도관을 매입할 때 함께 잠시 내한(來韓)한 카우만과 킬보른이 재정적인 도움을 주어 얻은 것이 사실이나, 염곡에 다 쓰러져가는 집 몇 칸을 전세로 빌리게 되는 미미한 정도였고, 정빈과 김상준은 이곳에서도 쫓겨나 셋집을 몇 번씩이나 옮겨 다니는 경제적인 어려움에 처하게 되었다. 1907년부터 1910년까지 동양선교회의 경제적 보조는 자체 선교기금보다는 만국성결교회 성도들이 해외로부터 답지된 선교헌금이 주종을 이루었다.

따라서 정빈과 김상준의 한국선교는 동양선교회의 주도적인 조선선교 계획의 일환으로 선교사로 파송되어 시작된 것이 아니었고, 그들 스스로 자국 선교에 대한 동기에 의해 시작된 일이었다.[35] 이러

---

[35] 한국성결교회의 개시(開始)는 동양선교회의 주도에 의한 것이 아니라, 정빈과 김상준의 주도적인 행위 '자생적 개척'에서 비롯되었다고 보아야 할 것이다. 정빈과 김상준이 일본 동경성서학원에 간 경로에 대해서 두가지 학설이 있다. 첫째 설은 1904년 러일전쟁 시에 일본 기독교동맹(Japan Christian Alliance)이 나카다 쥬지를 종군 목사로 한국과 만주에 파송, 경성에서 집회를 가졌을 때 정빈과 김상준이 나카다를 만나게 되어 이것이 계기가 되어 다음 해인 1905년 일본 유학이 이루어졌을 것이라는 견해가 있다. "Bro. Nakada's Trip in Korea", *Eletric Messages*, 2, No.11(September 1904), 4 참조. 다른 하나의 설은 다음과 같이 카우만여 사의 글에 나타난 내용을 받아들이고 있다. 즉, 이 두 사람은 1905년부터 성결의 은혜를 갈망하던 차에 어느 날 우연히 동경성서학원을 방문하였던 일본에서 돌아온 한국인 고명우 의사를 만나게 되었다. 그들은 그로부터 동경성서학원과 학교의 가르침을 들은 후, 바로 이곳이야말로 성령에 대해서 들을 수 있는 곳으로 생각하고 결단을 내려 처자식을 뒤에 남겨두고 일본의 동경성서학원으로 갔다는 것이다. Mrs. C. E. Cowman, "How the Korea Work Began", 참조. 이러한 두 가지 견해에 대한 진위

한 한국인 동족이 동족에게 직접 복음을 전함으로 선교적 주체로서 역할 감당을 한 점은 외국선교사의 주도로 이루어진 장·감 교단과 다른 모습으로 이 민족사에 비춰지고, 받아들여지게 되었다.

따라서 한국성결교회 개척에 있어서 그 배후에는 동양선교회의 유대관계와 협조를 분명히 간과할 수 없지만 동양선교회가 영국인 토마스 선교사를 조선감독으로 파송하기 전 1910년까지는 동양선교회와의 유대관계가 장·감과 같은 교파형 선교와 같이 직접적 명령하달식의 종속관계에서 이루어지지 않았다는 사실이다. 분명한 것은, 한국성결교회가 19세기 말 성결운동을 반영한 동양선교회의 교리적 강조점을 그대로 채택하는 신학적인 교리답습이라는 점에서 분명히 자생이(自生) 아니다. 그러나 한국성결교회의 처음 시작은 능동적으로 초기 개척의 장을 열고 선교활동을 펼친 한국인인 정빈과 김상준의 자생적 개척(自生的 開拓)에서 비롯되었다.

[성결신학연구소,「聖潔神學硏究」2집(1997년)]

---

에 상관없이 정빈과 김상준이 1905년 동경성서학원을 전통적인 한국식 복장으로 찾아갔을 때, 킬보른과 수양생들은 그들을 알아보지 못했고, 처음 그들과 나눈 대화는 '할렐루야'와 '아멘'이었다. Wood, *In These Mortal Hands*, 76 참조.

# 8

## 경성성서학원의 초기 발전과정
### (1907-1940년)

## 경성성서학원의 초기 발전과정
(1907-1940년)

I. 여는 글

한국성결교회의 전통 수립은 지금까지 성결교회(초기 복음전도관)를 설립하고 주도해 온 지도자들에 의하여 무엇보다도 신학교 교육을 통한 영향 아래 이루어져 왔다. 2007년 창립 100주년으로 바라보며 성결교회의 미래적 역할과 과제를 궁구하고, 제시하는 작업은 지금까지 성결교회 전통을 형성하게 한 신학교(성서학원)를 통한 교육적 전통을 살펴보는 것이 선결과제인 것은 두말할 필요가 없다. 그것은 신학교육이 전통을 후대에 전하고 가장 대량적이고, 효과적인 수단이 되고, 전통은 신학교라는 매체에 의한 교육을 통하여 가장 잘 전해지기 때문이다.[1]

따라서 성결교회의 신학적 전통이 참된 의미의 살아있는 전통이

---

1) 李正根, "성결교회전통과 기독교교육의 방향", 「活泉」, 375호(1976, 4-6), 34-35.

되려면 복음의 내용이 변질되지 않고, 확장되는 선에서 그것은 끊임없이 새로운 개념을 포용해야 하고 오늘의 상황에서 또한 새롭게 해석되어져야 한다. 한국 성결교회의 뿌리가 되는 성결교회 신학교육의 전통은 단순한 교수 차원을 넘어서서 미래를 향해 열려있는 살아있는 복음적 전통으로 적응되어 발전하 며 나아가야 하기 때문이다.

1907년 원산대부흥운동이 평양에서 정점을 이루며 '한국의 오순절 해'를 연상시킬 정도로 부흥의 열기가 뜨겁게 치솟아 오를 때 이 땅에 한국성결교회(당시 복음전도관)가 세워졌다. 그리고 복음전도관 개설과 함께 몇 년이 안 되어 초기 복음사역자 양성을 위한 정식 신학교육기관인 경성성서학원이 1911년에 세워졌고, 이것은 오늘날 한국성결교회 신학교들(서울신대, 성결 대학교)의 전신이 되었다.

창립 100주년을 7년 앞두고, 지난 90여 년의 역사를 회고하면서 지난 날 한국성결교회의 정체성을 이루며 90여 년의 성결교회 전통을 이룬 신학교(경성성서학원) 초기 역사를 규명하고 분석, 이해함으로써 보다 나은 미래의 새로운 성결교 신학교육 전통 수립의 계기를 가지는 일은 자뭇 중요한 일이라고 생각한다.

1907년 복음전도관에서 시작된 성결교회 초기 출발부터 1945년 해방이전까지 경성성서학원의 시대적 발전과정은 제1기 초기 성서반시대(1907-1911년), 제2기 경성성서학원 시대(1911-1940년), 제3기 경성신학교 시대(1940-1945년)의 3기로 구분할 수 있다. 본고에서는 지면의 제한으로 인해 경성성서학원 시대(1940년)까지 논하고, 이후의 경성신학교 시대는 차후의 연구 주제로 남겨두고자 한다.

## II. 초기 성서반시대(1907-1911년)

### 1. 무디성서학원-동경성서학원

한국에 설립된 경성성서학원은 20세기초 일본에서 동양선교회가 세운 동경성서학원의 영향을 받아 세워진 전도자 양성기관이다. 동경성서학원(Tokyo Bible Training Institute)은 1901년 4월에 개설한 중앙복음전도관 건물을 교사(校舍)로 시작한 가족적 분위기의 소규모 학교로서 출발하였다.[2] 복음전도관과 함께 성서학원으로 한 건물을 두 용도로 사용한 것은 경제적인 어려움이 주된 요인이었으나, 복음전도를 통한 영혼구원과 그 일을 하기 위한 전도자 양성이라는 이중 목표를 실행하기 위해서였다.[3] 동경성서학원은 1901년 처음 시작할 때 5명의 학생이 등록하고 2-3개월이 지난 후에도 10명의 학생 숫자에 불과하였지만 1904년 간다(神田)에서 가시와기(柏木)으로 이전한 후 큰 발전을 이루게 되었다.[4] 동경성서학원은 일정한 입학 시기 없이 수시로 헌신자들을 받아들였고, 두 달간 적응기간을 통과한 학생에 한하여 2년간 수양 과정을 받게 하였다.[5] 동경성서학원은 매일 밤 야간 전도집회를 갖고, 낮에는 성서학원의 수업을 행하였다.[6] 따

---

2) Edward & Esther Erny, *No Guarantee But God* (Greenwood: The Oriental Missionary Society, 1986), 13.
3) 정상운, 『한국성결교회사』 (서울: 은성, 1997), 60-61.
4) 山崎就夫, 千代崎秀雄, 「日本ホーリネス教團史」(東京: 日本ホーリネス教團, 昭和 45年), 37-38.
5) Ibid., 46.
6) Ibid., 26.

라서 수양생들은 오전에 학과공부를 마치고, 오후에는 시장과 거리에 나가 노방전도와 개인전도를 하였고, 밤에는 저녁집회에 참석하였다. 교과과정의 주요과목은 신약은 '디모데전·후서'를 비롯한 성서신학이 주를 이루었고, 그리고 매일 1시간씩 필수과목인 '영어', '창가'를 가르쳤다. 1906년 동경성서학원에서 유학생활을 하던 정빈은 성서학원을 다음과 같이 소개하고 있다:

> 동경성서학원은 육년전에 창립한 것인데 교사는 미국 사람 길보른과 래오이돈니 두 사람과 일본사람 중전중치와 세미철삼랑 두 사람이니, 학원의 교수하는 일은 이 두 사람이 주장하고, 학도는 남녀 합하여 오십여 인인데, 그 중에 자비생도 있고, 급비생도 있고, 외국 사람으로는 청국 사람이 하나입니다. 우리 한국사람은 용강 김상준과 의주 이장하 씨와 정빈까지 한 삼인입니다.
> 성경공부는 등급이 없이 다 일층으로 교수하고, 과정은 신구약 중에서 혹 신학과도 있고, 강의도 있어서 오전 7시부터 십일시까지 교수가 특별히 가르치고, 그 외에는 자기가 각기 공부하고 오후면 번차례로 남녀가 패패로 갈라 나아가서 길 전도도 하고, 밤이 되면 전도관이 따로 있어서 그곳으로 모여 개회하고 전도하다가 밤 열 시가 지나야 잘 자리로 돌아오고, 또 짬짬이 갓 믿는 사람의 집을 찾아가서 기도하며 성경말씀으로 그 귀에 듣지 아니할 만큼 이야기하고 또 며칠에 한 번씩 믿는 사람의 집마다 찾아가서 개회기도, 찬미하며 그 집에 무슨 우환이 있든지 기쁨이 있든지 학원에 돌아와 낱낱이 보고하여 일개인의 형편이라도 조금도 숨김없이 지탄이 없게 주선하게 마련입니다. 이곳 생도들이 밤낮 이같이 하여 일년 삼백 육십 오일에 하루도 쉬는 날이 없으니 하는

법이 참으로 본받을 만하고…[7]

1909년에는 오전 8시 30분부터 11시까지 1과목당 50분씩 3과목을 개설하였는데 교과목은 고린도전·후서, 성서신학, 창세기, 묵시록강의, 성결, 사도행전, 개인전도였고, 11시부터는 음악과 영어를 매일 가르쳤다.[8]

동경성서학원은 신학교육기관이나, 교단교역자 양성기관이라보다는 복음전도를 위한 전도자 양성훈련기관이었다.[9] 이것은 19세기 말에 북미에서 세워진 대부분의 성경학교들과 같이 신앙선교운동의 훈련센터로서의 특징을 보여주고 있고, 이것은 한국에서 설립된 경성성서학원에서도 동일한 양상으로 나타나고 있다.

19세기말부터 미국의 산업화에 따른 사회적 변화는 평신도 중심의 훈련원 성격의 성경학원을 요청하였는데, 이것에 부응하여 처음 세워진 성서학원은 1882년 심프슨(A. B. Simpson)에 의해 설립되어 후에 나약(Nyack)대학으로 발전한 '전도자를 위한 선교사 훈련원(Missionary Training Institute for Christian Evangelists)'이다.[10] 심프슨의 성경학원이 미국에서 처음으로 설립된지 4년 후인 1886년 무디(Dwight Lyman Moody)는 영국과 미국에서 대대적인 영적부흥운동을 일으켰다. 그는 해외선교에 대한 강한 호소를 통하여 기독교 신앙 확산에 큰 영

---

7) 정빈, "성서학원 형편", 「그리스도 신문」(1906).
8) 「焰の舌」, 38호(1909. 5. 10), 8.
9) 정상운, 『한국성결교회사(I)』, 64.
10) Robert L. Niklaus, John S. Swain, Samuel J. Stoesz, *All for Jesus: God at Work in The Christian and Missionary Alliance over One Hundred Years* (Camp Hill, Pennsylvania: Christian Publications, 1986), 58.

향을 불러일으키기 위해 무디성서학원(Moody Bible Institute)를 설립하였다.[11] 무디는 평신도로서 국내 또는 세계선교사역에 헌신하려는 자들을 위해 실제적인 기독교 사역과 함께 수행되는 성경의 깊이있는 훈련과 대도시에서의 전도활동을 향한 성서학원의 비전을 갖고 있었다.[12]

무디는 영국의 복음전도자들이 도시의 버림받은 대중을 위해 노력하는 모 습을 보고, 이런 사역을 위해서 실천적인 프로그램이 필요하다고 주장했다. 무디는 이 학교의 하루 일과를 오전에는 성경을 통해 기독교의 기본 진리를 습득하고, 오후에는 시카고 빈민촌을 다니면서 실질적으로 전도에 참여하게 하며, 저녁에는 전도한 사람을 가까운 교회나, 홀, 기타 조그마한 장소에 모아 집회를 가졌다. 무디는 사실 이런 집회는 프랑스 파리에서 이미 행해지고 있는 방법으로 자기가 도입한 것이며, 또한 이런 실질적인 사역을 인도하기 위해서 무디 자신과 해외에서 온 몇몇 교사 그리고 시카고 주변의 교역자들 을 동원한 것이라고 말했다.[13]

동양선교회의 설립자인 나카다 쥬지(中田重治)와 카우만(C. E. Cowman) 그리고 킬보른(E. A. Kilbourne)은 무디성서학원을 졸업하였고, 이들은 일본에서 전도사역을 처음 시작하면서 무디성서학원과 같은 성격의 성서학원을 설립하였다.[14] 경성성서학원의 처음 출발은 정빈

---

11) 정상운, 『한국성결교회사(I)』, 116.
12) K. William, *D. L. Moody* (New York: The Macmilan Co., 1930), 373.
13) Getz, *MBI: The Story of Moody Bible Institute*, 29-41; 박명수, 「근대복음주의의 주요 흐름」, 282에서 재인용.
14) 동양선교회 창설자인 나카다 쥬지와 카우만 뿐만 아니라 킬보른도 무디성서학원 출신이었다. 나카다 쥬지 목사는 1897년 2월 13일에 입학하여 성령세례의 체험을 갖자 1898년 4월 1일에 떠났고 미 동부지역을 순회한 후 영국에 건너가 벅스톤(T. F. Buxton)을 만난

과 김상준의 이들이 세운 동경성서학원 유학에서 처음 비롯되었다. 정빈은 동경성서학원과 중앙복음전 도관을 통해 그곳 수양생들을 통해 한 주간 내에 수십 명씩 결신하며 주 앞에 돌아오는 부흥의 모습을 보면서 한국 땅에서의 성서학원 설립의 꿈을 키우기 시작하였다. 정빈은 "성서학원 형편"의 글에서 다음과 같이 말하고 있다:

> 남녀가 사처로 헤어져 나가서 길에서 찬미하여 나팔도 불어 사방으로 사람을 모아 놓고, 남녀가 차례로 연설 한번씩 돌려가며 하여, 보는 사람에게 이같이 전도하고 그 듣는 사람들을 전도관까지 데려다가… 새로 믿는자가 수십명씩 주 앞에 돌아오니 주 압헤 일을 맞혀 가지고는… 우리 나라에도 이와 갓치 하엿으면 됴겠다 하엿소.[15]

## 2. 성서반(Bible Class)

정빈과 김상준은 동양선교회 지도자들에게 한국에서도 성서학원을 설립하고자 하는 계획을 자주 피력하였고, 1907년 5월 2일 귀국 후 복음전도관 개설과 함께 성서학원 설립의 구상을 실천에 옮기는 작업을 하였다.[16] 따라서 카우만과 킬보른이 내한하여 다시 일본으

---

후 9월에 일본에 도착하였다. 그러나, 카우만은 나카다의 단기간 수학과 달리 무디성서학원을 6년 기간 수학하였다. 킬보른은 무디성서학원을 1897년에 입학하여 1899년에 졸업하게 되었다.

15) 정빈, "성서학원 형편," 「그리스도 신문」(1906).

16) Lettie Cowman 여사는 *Charles E. Cowman : Missionary Warrior*, 205에서 다음과 같이 말하고 있다. Three years passed by; their Bible training was finished, and believing that God meant for them to have a similar school in their own

로 돌아간 지 14일이 지난 1907년 5월 30일 복음전도관 개설과 함께 정빈은 매일 아침 시간에 성서반(Bible Class)을 열어 성경을 가르쳤다. 카우만 부부는 1908년 9월 한국 방문시에 성경반이 상당한 규모로까지 활성화된 모습을 목격하였다. 아직까지 동양선교회가 한국에 성서학원을 개설할 의향을 가지고 있지 못하였지만 이들은 곧 동경에 세워진 성서학원이 경성에도 세워질 것을 바라보았다. 성경반은 1908년 약 40명의 학생에서 1909년에 이르러 더욱 증가되어 매일 오전, 오후 40-50명 사이의 인원이 모여 공부하는 데까지 발전하였다.[17]

1908년 킬보른이 한국을 방문하고 나서 방문기를 쓸 때 이 성서반을 가리켜 '성서학교(Bible School)' 또는 '조선성결성서학교(Korean Holiness Bible School)' 그리고 '새로운 성서학교(the new Bible School)'라는 명칭으로 사용하였다.[18] 카우만 여사도 성서반을 '성서훈련학교(Bible Traning School)'로 표기하고 있다.[19] 또한 전보(Eletric Messages)는 1908년 12월에 성서반을 '조선성서학교(Korean Bible School)'의 제목으로 60명이 매일 낮과 밤으로 성서반(Bible Classes)에 출석하고 있음을 기사

---

country, they returned, praying that it might become a fact.

17) "How the Korean work Began", *Electric Messages* (April 1909), 4.
18) "Our Visit to Korea", *Electric Messages* (November 1908), 2-3. "The Bible School will be held temporarily every morning, and every evening there will be evangelistic meetings … and have written to us their convictions about it and a friend has made a gift of $ 4,000($ 800) toward it which is held in trust for the building of the Korean Holiness Bible School … Letters have been received the past week telling of great blessing at the new Bible School in Seoul.
19) Mrs. C. E. Cowman, "How the Korean Work Began." *Eletric Messages* (April 1909), 2-3.

로 다루고 있다.[20] 이 같은 내용은 '성서반'이 기존 성서학원에 규모나 내용에 있어서 동경성서학원에 미치지 못하였으나, 당시 동양선교회 지도자들에게 경성의 비친 성서반의 모습은 초급과정의 성서학교였다. 동양선교회 선교사들은 1908년 한국방문시 아직까지 한국에 성서학원을 개설할 의향은 갖고 있지 못했으나, 성서반을 통해 실제적으로 성서학원이 개설된 것으로 인지하였고, 장차 동경성서학원과 같이 경성에도 정식 성서학원이 세워질 것으로 전망하였다. 그리고 이것을 위해 건물과 대지 비용으로 6,000불 이상이 소요될 것으로 계산하였다. 1908년 당시에 성서반으로 사용한 전도관은 150명이 충분히 앉을 수 있는 장소로 중국인 소유자에게 매월 20불씩 내고 6개월간 임대한 곳이었다.[21] 1909년 4월경에는 50명(약간씩 차이가 남, 1908년 12월은 60명씩 출석)이 공부하였는데, 입학하기를 원하는 남녀학생들이 늘어나도 이들을 다 받아들일 수 없었다. 그것은 그들을 받아들일 수 있는 기숙사 시설을 아직 갖고 있지 않았기 때문이었다. 따라서 약 100명의 학생을 수용할 수 있는 기숙사 시설과 오, 육백 명이 앉을 수 있는 큰 전도관 건물을 가진 알맞은 성서학원 건물(Bible School Building)이 그들에게 있어서 급선무였다.

정빈과 김상준 한국 전도자들은 동양선교회 선교사들에게 성서학원을 위한 독립된 건물 설립을 요청하였다. 이러한 모습은 한국교회 역사에서 볼 때 장로교, 감리교와 매우 다른 인상적인 면으로 성서학원 설립에 있어서 다른 교단과 달리 한국 성결교 창립자들은

---

20) "Korean Bible School", *Eletric Messages* (December 1908), 3.
21) "Our Visit to Korea", *Electric Messages* (Vovember 1908), 2-3.

선교사들의 계획보다 한걸음 앞서 나간 적극적이며 능동적인 태도였다. 카우만 여사는 이에 대해 다음과 같이 말한다:

> 대부분 선교지역에서는 선교사들이 선교지 개설할 곳을 찾고, 그들의 사역을 추진하지만, 여기 한국에서의 현지 사역자들의 사역은 선교사들을 끊임없이 확장하도록 압박하고 있다.[22]

한국에서의 성서학원의 처음 출발은 동양선교회에 의해서 시작되지 않고, 동경성서학원을 졸업한 정빈을 비롯한 한국인 전도자들에 의해 주도적으로 시작되었다. 그리고 교사(校舍), 교과과정 등 여러 면에서 완벽하지는 않았지만, 중생, 성결, 신유, 재림 사중복음을 전하는 전도자 육성의 역할을 감당하였다. 그리고 1911년 성서학원이 출범하는데 직접적인 영향을 끼쳤을 뿐만 아니라, 모체 역할을 감당하였다. '성서반(Bible Class)'은 구체적인 교과과정이나 학제 등 우리에게 사료 발굴을 통해 그 내용이 전해지지 않았기 때문에 구체적으로 초기 교육과정을 알 수 없다. 그러나 일본 동경성서학원에서 배운 교과과정처럼 보다 단순하게 평신도의 신앙훈련을 추구하는 사경회(査經會, Bible Class)식의 성경공부 수준보다 약간 높은 수준으로 사중복음을 중심한 전도자 육성 성격의 교과내용으로 추정된다. 따라서 성서반은 정규신 학교(Theological Seminary)에는 미치지 못한 성서학원(Bible Institute) 성격의 초급 전도자 교육과정으로 이해할 수 있다.

---

22) Mrs. C. E. Cowman, "How the Korean Work Began", 3.

감리교에서도 초기 성결교회 복음전도관 시대에서와 마찬가지로 정식 신학교육기관인 신학교가 세워지기 전에 신학반(Theological Class)과 신학회(Theological Association Club)가 그 이전에 있었다. 감리교의 경우에 1893년 이후의 선교사 보고나 서한들은 지속적인 한국인 전도자 교육이 실시되고 있음을 보여주고 있다. 1893년에 시작된 '신학반'은 1894-95년에도 지속적으로 운영되었으며, 1899년에 신학회로 발전되었다. 목회자(전도자) 양성과 권서(勸書 *예전에 여러곳을 다니며 전도를 하면서 성경책을 파는 사람) 및 조역자(助事) 교육을 실시하던 이같은 교육방법은 장차 안수를 받기 원하는 사람과 본처 전도인들을 구분하여 가르치는 신학교로 발전되었는데, 이것이 감신대의 전신인 1907년에 세워진 협성신학교(Union Methodist Theological Seminary)이다.[23]

장로교에서도 일찍부터 이러한 유형의 신학교육을 실시하였는데 북장로회 언더우드가 1888년 12월에 서울 정동에 있는 자기 집에서 처음 신학반(Theological Class)수업을 시작하였고, 이것이 발전하여 1903년 평양장로회 신학교 설립으로 이어졌다.[24] 성결교회의 성서반(Bible Class)도 1912년 경성성서학원 설립으로 이어졌고, 장, 감리교와 달리 명칭도 신학 전수의 '신학반'이 아닌 성서의 내용을 가르치고 강조한 '성서반'이었다. 또한 선교사의 주도하에 이루어진 것이 아닌 한국인 전도자가 주체가 된 특징을 보이고 있다.

---

23) 이덕주, 『초기 한국기독교사 연구』(서울: 한국기독교 역사연구소, 1995), 30-37 참조.
24) 이덕주, 『초기 한국기독교사 연구』, 28; H. G. Underwood's Letter to Dr. Ellionwood, 23rd Dec., 1988 참조.

## Ⅲ. 경성성서학원 시대(1911-1940년)

### 1. 경성성서학원의 설립

1911년 3월 경성 무교정 복음전도관을 임시교사로 삼아 경성성서학원이 개교되었다.[25] 이미, 영국 맨체스타(Manchester)에 있는 스타홀성서학원(Star Hall Bible Institute)의 토마스(J. Thomas) 선교사 부부는 1910년 11월 12일 경성에 도착하였다.[26] 그들이 한국에 온 이후에도 성서학원은 이전과 같이 무교정 복음전도관에서 '성서반'으로 모였다. 그러나 1911년은 1909년과 달리 성서학원의 책임을 지고 조선 감독으로 온 토마스 원장이 주재하고 있었기 때문에 기존의 한국인 교사로 수행된 성서반에서 본격적인 전도자 양성을 목적으로 한 성서학원 체제가 바뀌어서 경성성서학원이 개설되었다. 경성성서학원은 토마스를 원장으로 교수에 정빈과 이장하[27] 두 사람을 교수로 하여 성서반 때와 달리 숫자가 많이 감소된 10여명의 남, 여 수양생들을 모집하여 수업을 시작하였다.[28] 성서반 때와 같이 경성성서학원 시대에도 남녀 공학제 실시는 당시 상황에 있어서는 파격적인 일이었다. 동년 5월 한국을 방문한 카우만과 킬보른은 학교부지 장소를 물색하다가 애오개 마루턱(현, 아현동)으로 정하고, 킬보른 아들 에드

---

25) 「略史」, 34.
26) "Korea's Progress, No longer the Hermit Nation", *Oriental Missionary Society* (December, 1915), 4.
27) 이장하(李章夏)는 1908년 동경성서학원을 졸업하고 귀국하여 경성전도관 사역을 도왔다. 그가 맡은 주업무는 통역하는 일이었고, 1911년에는 정빈과 함께 경성성서학원 사감과 교사를 겸임하여 가르치는 일을 전담하게 되었다.
28) 「略史」, 34.

원 킬보른(Edwin Kilbourne)에게 건축 공사 책임을 맡겼다. 드디어 1912년 3월 31일 죽첨정 3정목 35번지에 신축 중이던 성서학원이 완공되고, 봉헌식을 하게 되었다.[29]

1911년 성서학원이 개원되었지만, 성서학원의 봉헌식을 통해 공식적인 성서학원의 첫걸음을 축하하는 개원 기념집회가 맥퍼슨(Jesse Mcpherson)을 강사로 하여 9월 20일부터 29일까지 개최되었다.[30] 아현동 신축 건물로 성서학원이 이전될 때 학생 수는 남, 여 합해 25명 정도이었고, 그들은 한 강당에서 공동수업을 받게 되었다.

### 2. 경성성서학원의 교육 내용

경성성서학원은 전격적으로 이단 사조와 속화와 죄악을 대적하여 싸우기 위하여 남녀 전도자들을 육성하여 순복음, 즉 사중복음을 동양의 모든 나라에 전하여 영혼을 구원할 목적으로 세워졌다. 수업 연한은 만 3년 과정으로 남녀 공학제를 실시하였고, 교과서는 오직 신·구약성서로 하여 자유주의 신학과 고등비평을 배격하였다. 입학 자격은 25세 이상 30세 이하의 청년 남녀 중에 보통 상식이 있는 자로 신체가 건강하고, 중생의 경험과 사명감이 있는 자들로 한정하였다.[31] 성서학원의 1학기 3개월간의 교육과정은 강의실에서의 이론 수업과 노방전도와 같은 현장학습 그리고 성별회(부흥회)식의 예배로 매일 이루어졌고, 방학기간 9개월은 일선 전도사업에 파송받아 현

---

29) 「略史」, 34.
30) "The Opening Convention in Korea", *Electric Messages* (November, 1912), 1.
31) 「略史」, 33-34.

장 전도실습식의 구령사업에 치중하는 특징을 보이고 있다. 다음의 글은 1914년 당시 경성성서학원의 교육과정을 살펴 볼 수 있는 토마스 원장 부인의 글이다:

> 우리는 아침 6시에 일어난다. 그리고 7시 30분까지 개인기도 시간을 갖는다. 이때 식당에서 식사종이 울린다. 8시부터 8시 30분까지 방 청소시간이다. 8시 30분부터는 강당에서 모두 기도회를 갖기 위해서 모인다. 9시부터 10시까지 토마스가 구약을 강의한다. 10시부터 10시 30분까지는 옥스 선교사와 내가 노래를 가르친다. 10시 30분부터 11시 30분까지는 이[장하]형제가 성서교리를 가르친다. 이 과목은 나의 책임 이었는데 딸 게네쓰(Gweneth)가 온 이후로는 시간이 없어서 이형제가 맞게 되었다. 11시 30분부터 12시 30분까지 김[상준]형제가 신약을 가르친다. 우리의 성경교육은 철저하다. 우리는 성경 각 장을 거기에 맞는 주제와 함께 철저하게 공부하여 모든 학생이 성경 전체를 통달하도록 만든다.
>
> 12시 30분부터 1시까지 점심시간이다. 그리고 30분 동안 실외로 나가서 레크리에이션 시간을 갖도록 한다. 1시 반부터 2시 반까지 모든 학생들은 오전 시간에 연습지에 필기한 것을 다시금 정성스럽게 노트에 정서하면서 복습하여 다음 시험을 준비하게 한다. 시험은 보통 성경 각 권이 끝날 때마다 그리고 교리를 한 항목씩 끝낼 때마다 치르게 된다. 그리고 이 노트는 후에 현지 사역에서 실지로 사용된다.
>
> 2시 30분부터 5시까지 학생들은 각각 맡겨진 사역을 감당해야 한다. 여기에는 심방, 가두 설교, 전도지 배포, 여성 집회 등이 있고, 이런 것들은 시내 복음전도관에서 이루어지거나 한국인의 가정에서 행해지기도

한다. 음악을 배우는 학생들은 강당으로 가서 옥스 선교사로부터 여러 시간 동안 주의 깊게 음악을 배우게 된다.

5시 30분에 학생들은 식사를 하게 되고, 6시 30분까지 개인기도시간이다. 이때 일부 학생들은 가두집회나 저녁집회를 인도하게 된다. 저녁집회는 월요일을 제외하고 매일 밤 열린다. 월요일은 쉬는 날이다. 학생들은 빨래도 하고, 옷도 꿰메고, 대청소도 한다. 이 날은 방문객이 허용된다.[32]

1921년까지 일정한 규칙이 없이 앞서 언급한 내용대로 특별한 학과 설치나 입학과 졸업에 관한 특별한 규정없이 운영하였다. 그 예로 개교 당시 입학 자격에 미달한 학생이라도 교수진의 동의와 회의를 거쳐 특별 입학을 허락하였는데 20세의 나이로 1922년에 입학한 연령 미달의 박현명이 그 경우에 속한다.[33] 졸업에 있어서도 신학생 김응조의 경우 여타 신학생들과 달리 졸업이 인정되었다. 그는 1917년 4월 15일에 경성성서학원에 입학하여 일 년간 일본에 전도 대원으로 파송되어 '대부락 전도운동'에 참여하였고, 귀국 후 1919년 3·1운동 때에 독립운동을 하다가 검거되어 1919년 4월 15일부터 1920년 7월 15일까지 감옥 생활을 하고 나옴으로 3년 수업과정 중에 실상 일 년 밖에 수학 연한이 없었는데도 헤슬롭 원장은 교수회의를 소집하여 옥고 생활과 평소의 실력을 인정하여 1920년 10월 1

---

32) Mrs. Thomas, "A Day in a Missionary Life", *The Way of Holiness* (February, 1914), 4 ; 박명수, "경성성서 학원의 초기역사 (1907-1921), 194-5에서 재인용.
33) 성결교회역사와 문학연구회 편, 『성결교회 인물전』1집 (서울: 一正社, 1990), 70.

일 졸업을 허락하였다.[34] 이것은 졸업과 입학에 있어서 나이나 학력 그리고 수학 과정보다도 수학의 내용에 더 관심을 둔 것을 알 수 있다.

또한 당시 사회의 습속(習俗)을 깨뜨리는 정도로까지 인식되는 남녀 평등주의 원칙 아래에서 입학에 있어서 남녀 차별은 두지 않는 성서학원의 특징을 잘 드러내주고 있다. 그러나 1921년부터 조직 관습에 의하여 전례대로 관리 되어온 학사운영의 불규칙한 점을 고치기 위해 성서학원 규칙(聖書學院 規則)을 제정하였다.[35] 그리고 초기 때부터 실시한 남녀 공학제를 1921년 폐지하고 교사(校舍)도 남녀로 분리하여 남자부와 여자부를 나누어 교육하였다:

일천구백이십일 년에 종래의 남녀공학(男女共學制)를 폐지하고 남녀학원(男女學院)을 분립(分立)하야 경성부에 잇는 원래(元來)의 건축물(建築物)은 녀자학원으로 전용(專用)하고 남자학원은 다시 고양군 룡강면 아현리(高陽郡 龍江面 阿峴里)에 새로히 건축하고 남자부(男子部)와 녀자부(女子部)를 각각 갑을양반(甲乙兩班)으로 난호와 교수하니라[36]

---

34) 정상운, 『새벽을 깨우는 사람들-인물로 본 성결교회사』 (서울: 은성, 1995), 207-10.

35) 「略史」, 38. 성서학원 규칙 제정과 남녀 공학제 제도를 폐지한 원인은 1920년 이장하 교수와 최홍은 사감 사이의 윤리적 부정과 관련된 면직 사건과 관련된 것으로 나타난다. 그러나, 이러한 직접적 요인과 함께 1920년에 들어오기 전 이미 경성성서학원은 늘어나는 학생으로 인해 남자 수양생들의 독립된 건물이 있어야 할 필요성을 느꼈고, 또한 학년별 분반의 필요성으로 인해 학원의 증축을 위한 도움의 요청을 하고 있었다. 이것은 1921년 결실을 이루어 애오개 마루턱 4천평 대지에 연건평 1600평의 5층건물을 준공하게 되었다. John Thomas, "Enlargement of the Korea Holiness Bible School", *The Oriental Missionary Standard* (January, 1918), 11.

36) 「略史」, 38.

1921년 경성성서학원이 남녀 공학제를 폐지했음에도 불구하고 여성들의 입학률은 1920년대에 와서 더욱 증대되어갔다. 1912-1920년 사이 경성성서학원의 총 졸업자 수 전체 63명중의 여학생이 19명으로 30% 비율에서 1929년에 이르러서는 전체 졸업자중에 약 44%를 차지하는 증가율을 보이고 있다.[37] 이 같은 여성교역자의 배출은 남존여비(男尊女卑)와 남녀유별이라는 유교 문화권이 남아 있던 당시 상황에서 남자 교역자들을 통한 대다수 교회 여신도들에 대한 제한된 교육 반경과 전도 기회 한계상황을 뛰어넘어 초기 성결교회가 1929년에는 79교회로 증가되는 성장과 발전에 큰 공헌을 남겼다.[38]

그러나 1930년대를 전후로 해서 점차 성결교회의 여성사역은 제한되어 갔다. 그것은 성서학원의 입학자격에는 남자들과 달리 여자는 가정이 없어야 한다는 조항이 신설되고, 연회 헌법이나 총회 임시약법에 성서학원에 입학하는 신학생 추천자격이 여성이 배제된 남자 중심의 내용으로 한정되는 것이 나타나고 있다.

1927년 2월 27일 연회(年會) 조직 후에 제정된 성결교회 헌법은 성서학원에 입학하는 학생들의 입학자격을 성문화함으로서 학생선발 기준을 좀 더 객관화시켰다.[39] 즉, 전도사는 성서학원에서 정규의 수업을 마친 자로 또는 동일한 복음파 신학졸업자로서 성결교회 규칙과 정신에 일치되는 자를 인정할 수 있고, 성서학원에 입학하고자 하는 자는 당회가 인정하는 자를 순회목사에게 천거하면, 순회목사

---

37) 정상운, 『聖潔敎會와 歷史硏究 (Ⅱ)』(서울: 이레서원, 1999), 95-96.
38) 정상운, 『聖潔敎會와 歷史硏究 (Ⅱ)』95-96.
39) 李泉泳, 『성결교회사』(서울: 기독교대한 성결교회출판부, 1970), 50-51.

는 시취 후에 성서학원에 추천하도록 했다. 다음의 내용은 성서학원 학생 추천자격의 내용이다:

> 신학생으로 추천하려면 자격을 다음과 같이 조사해야 한다.
> 1. 연령 25세 이상 入會한지 3년 이상된 자
> 2. 은혜의 체험이 完全한 자
> 3. 전도의 使命이 明白한 자
> 4. 普通 以上의 학식이 있고, 상식이 변변한 자
> 5. 爲人이 남에게 下視를 받지 않을 자
> 6. 外人에게 惡評을 듣지 않을 자
> 7. 身體가 건강하고 不具자가 아닌 자
> 8. 음성이 청절(*깨끗하고 맑음)하고 口音이 어눌하지 않은 자
> 9. 負債가 없는 자
> 10. 離婚한 일이 없는 자
> 11. 아내가 篤信하며 心疾이 없는 자
> 12. 성경전서를 3회이상 通讀한 자[40]

1933년 성결교회 임시약법에는 위의 12항 가운데 제 12항만 제외된 1~11항의 자격을 전도사 자격 즉, 성서학원 입학자 자격으로 한정하고 있다.[41]

---

40) Ibid., 51.4. "中學校졸업자 또는 同等 학력이 있는 자"라는 李泉泳 교수의 글은 1933년 「臨時約法」, 39쪽의 "四. 普通 以上의 학식이 있고 상식이 변변한가"의 내용으로 바로 고쳐져야 한다. 필자는 임의로 李泉泳 교수의 4항을 「臨時約法」에 따라 수정하였다.
41) 李明稙編, 「朝鮮耶蘇教 東洋宣教會 聖潔教會 臨時約法」(京城: 東洋宣教會 聖潔教會

1930년대에 들어와 경성성서학원은 1932년 자치선언으로 인한 총회조직과 함께 교세 확장을 위한 교역자 양성의 사역을 감당하는 중에 1936년 하느님의 교회사건으로 인한 교단분규와 1938년을 기점으로 하여 일제의 신사참배 강요로 인해 부일의 수모와 진통을 겪게 되었다.[42]

## IV. 경성성서학원의 주요 특징

성서반-경성성서학원(총칭적으로 경성성서학원으로 표기함) 특징은 곧 앞서 두 시대로 나누어 살펴본 바와 같이 다음과 같은 주요한 특징으로 나타난다. 그것은 곧, 동경성서학원의 특징과 직접적으로 연관되는데 동경성서학원은 주지하는 바와 같이 19세기말 성서학원들 중에 무디성서학원의 영향을 받고 이루어졌다. 따라서 19세기말 성경학원운동의 특징은 곧 경성성서학원의 특징과도 공통된 것으로 나타난다.

### 1. 성경 강조

성경학원 운동의 주요한 특징은 성경이 모든 과목의 기초라는 전

---

理事會, 1933), 39-40.
42) 1936년 성결교 분립사건에 대한 자세한 내용은 필자의 졸저 「聖潔敎會와 歷史硏究(Ⅱ)」145-74와 신사참배에 관련된 내용은 『새벽을 깨우는 사람들-인물로 본 성결교회사』, 117-23을 참조하라.

제에서 출발하고 있다. 따라서 성경학원들은 저마다 성경의 권위를 강조하고, 성경에 대한 고등비평적인 연구와 교육을 거부하는 특징을 가지며 성경을 교과서로 삼았다. 기존 신학교에서 가르치는 전통적인 이론중심의 신학교육을 지양하고, 실질적으로 현장에서 활동할 수 있는 사역자를 양성해내는 것을 목적으로 삼고 있다. 따라서 성서학원은 사변적인 신학이론보다는 성경을 철저하게 가르쳐서 성경을 통달하게 하고, 이것을 실질적으로 현장에서 적용할 수 있도록 현장교육을 강조하는 특색을 가지고 있다.[43] 따라서 경성성서학원은 교육의 중심뿐만 아니라 모든 교리의 기초를 다음과 같이 성경에 두고 있다:

> 성경은 구원함에 필요한 모든 조건을 기록한 책이라. 그럼으로 무엇이던지 성경에 긔록지 아니하고 혹은 성경에 증명치 아니한 것은 맞당히 밋을 교리가 아니며 또한 구원함에 합당치 아니한 줄노 인뎡할지니라. 성경은 곳 구약과 신약인대 이는 공회(公會)에서 작뎡한 책이니, 영구히 의심할 것이 없는 책이니라.[44]

성경학원이 근대 복음주의에 공헌한 것은 그들이 자유주의 고등비평을 공격하고, 전통적인 성서관을 보수(保守)한 데 있는 것이 아니라, 새로운 방법으로 성경을 가르쳐 사랑을 기독교 신앙의 핵심으로 돌려놓았다는데 있다. 성경은 과거의 책이 아니라 오늘의 책이

---

43) 박명수, "경성성서학원의 초기역사 (1907-1921)", 「한국기독교와 역사」, 제12호 (2000. 3), 176-77.
44) 「略史」, 11.

며, 성경이 문자에 매여 있는 것이 아니라 성령이 성경을 통해 우리에게 말씀하신다는 성서관을 통해 성경을 오늘 살아있는 하나님의 말씀으로 이해했다. 따라서 고등비평과 같이 성경의 역사적인 연구나 전통적인 신학 교육에서 강조하는 고전어 연구를 중요하게 생각지 않았다. 19세기 말 복음주의는 이런 태도를 성경을 다시금 소수 엘리트의 손에 포로가 되게 하는 것으로 중세 천주교가 성경을 소수 성직자의 손에 가두어 놓는 오류를 범하고 있다고 말한다. 따라서 미국 성경학원은 고전어를 가르치는 대신에 영어 성경을 집중적으로 가르쳤고 영어 성경공부는 미국 성경학원의 교육의 핵심을 차지한다.[45] 이 같은 내용은 실제로 경성성서학원의 교수 정신에서 그대로 나타난다:

> 성서학원은… 동양선교회 교역자 양성(教役者 養成)의 기관인데, 교과서(敎科書)는 오직 신약과 구약으로 하야 금일과 갓치 소위 신신학(新神學)이니 고등비평(高等 批評)이니 하는 사단의 오묘(奧妙)로 말래암아 이단과 사설(邪說)이 류행(流行)하는 동시에 성경의 고귀(高貴)한 가치를 묵살(默殺)학고 하나님의 묵시하신 말삼됨을 부인(否認)하고저 하는 이 시대에서 성경은 우리 인류를 죄악에서 구원하시겠다는 언약 아니라 구원하는 능력이 잇는 하나님의 묵시하신 말삼인 것을 텬계(天啓)에 의하야 톄험(體驗)에 의하야 고됴(高調)하기를 마지 아니하는 것이 우리 성서학원 교수의 정신이 되었고 이것을 의미(意味)하야 일홈을 서학원이

---

45) 박명수, "경성성서학원의 초기역사 (1907-1921)", 11-12.

라 하였나니라.[46]

이같은 성경 강조의 성서학원의 정신은 오늘날에 이르러서도 한국성결교회를 성서적 복음주의 기반에 서서 성서적 기독교를 수호하고, 바로 세우며 전하는 복음주의적인 교단 전통으로 뿌리내리게 하였다.[47]

### 2. 복음전도 실습

한국성결교회가 복음주의를 표방하고, 복음전도를 강조하는 일은 1907년 처음 이 땅에 성결교회가 뿌리를 내리고, 복음전도의 센터를 '염곡복음전 도관'이라고 명명한데서 찾아 볼 수 있다.[48] 초기 출발 시 복음전도관은 '성서반'을 통해 오전에는 성경공부를 하고, 오후에는 길거리에 나가 노방전도를 통한 복음전도를 하고, 밤에는 이들을 데리고 성별회를 하였는데, 이것은 이론과 실천을 병행하고 이론교육-성경공부, 현장교육-전도의 통합적 교육 방법이었다. 이같은 내용은 경성성서학원에도 이론교육보다 전도실습을 중 요시하는 교육과정으로 나타난다.

성서반-경성성서학원의 복음전도 강조의 교육적 특징은 19세기 말 성경 학원운동이 가지는 특색이기도 하다. 고든(Gordon)의 성경학원이나 심프 슨(A. B. Simpson)의 성경학원, 현재의 나약 대학교도 원래

---

46) 「略史」, 33-34.
47) 鄭祥雲, 『성결교회와 역사연구(Ⅰ)』, (서울: 이레서원, 1997), 83.
48) 鄭祥雲, 『성결교회와 역사연구(Ⅰ)』, 83.

이름은 선교사 훈련원(Missionary Training Institute)이다. 무디 성서학원과 마찬가지로 이들 선교훈련원은 세대주의적 전천년설의 영향을 받아 종말론적인 긴박성 아래 온 세상에 복음을 전하는 길이 그리스도의 재림을 준비하는 일로 생각되어 선교를 강조하였다. 경성성서학원은 복음전도 우선주의를 표방한 성서학원을 다음과 같이 소개한다:

> 성서학원은 진격적(進擊的)으로 이단(異端)과 속화(俗化)와 죄악을 대적하야 분투(奮鬪)하자는 주의하(主義下)에서 남녀 전도자를 양성하야 순복음을 동양 전체에 전파하야 령혼을 구원할 목적으로 설립한 동양선교회 교역자 양성(敎役者 養成)의 기관인데[49]

한국성결교회의 창립자인 정빈과 김상준은 노방 전도를 하며 복음을 전파 할 때 개가죽이라도 뒤집어 쓸 경우에도 피하지 않겠다는 정신으로 임하였고, 이러한 투철한 선교정신은 1921년까지 오직 전도에만 주장을 삼고, 목회에 주력치 않는 선교회 성격의 초기 모습으로 성결교회를 남게 하였다. 그리고 동경성서학원을 통해 전수된 경성성서학원의 선교우선의 교육적 전통은 성결교회가 처음 출발부터 함유하고 있는 선교 우선의 교단적 특성으로까지 자리매김을 하게 하였다.

---

49) 「略史」, 33.

## 3. 남녀 공학제 실시

성서학원의 특징 가운데 하나는 남녀 공학제 실시로 이것은 여성 사역에 대한 개방적인 입장에서 나온 것이다. 성서학원은 고등비평을 받아들임으로 성경의 권위를 부정하는 자유주의 신학을 거부할 뿐만 아니라 목회사역을 남성으로만 한정하여 여성들의 신학교 입학을 제한시킨 전통적인 교육풍토를 그대로 답습하지 않았다. 19세기 말 성서학원 창립자들의 여성에 대한 문화 개방은 연령이나, 지식의 우열의 차이가 없듯이 남성과 여성이라는 성별의 차이와 상관없이 여성에게도 남성과 마찬가지로 하나님 사역을 위한 동등한 교육의 기회를 주어져야 한다는 생각에서 나온 것이었다. 실제로 동양선교회의 창립 멤버이며 총리를 지낸 카우만이 1924년 죽은 다음 동양선교회 총리직을 그의 부인인 레티 카우만 여사가 맡아 이끌어 갔고, 만국성결연맹 및 기도동맹의 창립자이며, 하나님의 성서학교 교장이었던 냎(M. W. Knapp)이 1901년 죽은 다음에도 그의 부인이 성경학원을 이끌어 갔다.[50] 19세기 초 성결 부흥 운동의 주요인물로서 '성령세례'란 용어 사용을 통속화하면서 성결의 촉진을 고양하였던 자는 팔머(Phoehe Palmer)여사였다.[51] 따라서 이같은 성서학원 운동에 있어서 여성 사역에 대한 개방적인 풍토는 경성성서학원 초기인 성서반 시대뿐만 아니라 경성성서학원 개설 때에도 동일 하게 나타났다.

---

50) 정상운, 『한국성결교회사(Ⅰ)』, 221.
51) 정상운, 『한국성결교회사(Ⅰ)』, 33-34.

경성성서학원이 성서반 시대나 경성성서학원 개설 때부터 남녀 공학제를 실시한 것은 19세기 말 성서학원 운동의 역할 아래 일본에서 여성들에게도 남자들과 마찬가지로 공부할 수 있는 기회를 부여한 동경성서학원 교육제도와 1907년 한국성결교회를 창립하고 성서반을 이끌어 간 정빈의 개화사상에서 연유된다.[52] 정빈은 동경성서학원에서 유학중에 남녀학생들이 한 자리에서 공부하고, 사역하는 모습을 보며, 당시 조선에 있는 경성(서울) 교회들이 교회당에 휘장을 치고 남녀를 구분하여 앉히는 유교전통에 대한 개혁의 소견을 1906년 「그리스도 신문」을 통해 피력하였다:

> 내가 이곳에 와서 보니 성경공부 할 때나 기도회로 모일 때와 남녀학도들이 한 방 안에 좌우로 갈라 앉고 기도 찬미하고… 중략 … 이것을 보고 우리 교회의 형편을 생각하니 다른 곳은 널리 보지 못하였은즉 자세히 알지 못하거니와 서울로 말하여도 이런 풍습이 적고 또한 이때까지 회당 한복판에다가 휘장을 치고, 내외를 불통하여 삼사년을 회당에 다녀도 어느 형제와 어느 자매인지를 알지도 못하고 지내는 사람들이 많으니, 이렇게 서로 알고 통하는 정이 없어서야 애정이 어디서 생기며 교회가 어찌 진보될 수가 있겠는가?[53]

실제로 경성성서학원은, 1912-1920년까지 총 63명 졸업생중에 여학생 19명을 배출하였고, 1920년대에는 남학생과의 비율이 대등

---

52) 정상운, 『聖潔敎會와 歷史硏究(Ⅱ)』, 94.
53) 정상운, 『聖潔敎會와 歷史硏究(Ⅱ)』, 94-95.

하거나, 더 많은 통계를 나타내고 있다.[54] 경성성서학원 '교수의 정신'에는 경성성서학원이 '남녀 전도자 양성' 기관이라는 분명한 입장을 보이고 있다.[55]

## V. 닫는 글

경성성서학원은 1910년 토마스 감독의 내한으로 이듬해인 1911년 개설되었지만, 경성성서학원은 개교하기 이전에 임시로 설립한 성서반이 1907-1911년까지 경성성서학원의 초기 역할을 감당하였다. 이같은 사실은 한국 전도자들이 동양선교회의 도움으로 정식학교 건물이 짓기 전에 한국인의 주체적인 자생적인 설립동기와 교육적인 노력이 경성성서학원을 배려하는데 있어서 결정적인 역할을 한 것을 보여준다. 동양선교회 선교사들의 기록에도 나타난 것과 같이 한국에서의 성서학원 개설계획과 실행은 언제나 동양선교회 보다 한국인 전도자들이 앞서 나감으로 그들을 이끌어 내는 견인차 역할을 하였다.

한국 성결교회의 설립에 있어서 자생적 개척의 면모가 경성성서학원 설립에 있어서도 동일한 모습으로 나타난다. 또한 경성성서학원의 교육적 특징은 앞서 언급한 대로 그 주요한 특징이 첫째, 성서 강조, 둘째, 전도실습 강조, 셋째, 남녀 공학제 실시 세 가지로 나타

---

54) 「略史」, 47-50 참조.
55) 「略史」, 33.

난다. 성서 강조의 특징은 순복음 즉, 사중복음의 강조로 이어졌고, 이것은 고등비평과 같이 자유주의 신학을 배척하고 성서의 내용을 강조하는대로 나아감으로, 오늘날 한국성결교회를 성서적 복음주의를 표방하는 교단적 특성, 성결교회로까지 고착시키는 영향을 끼쳤다.

직접전도식의 노방전도와 같은 전도실습 강조는 1921년 교단으로서의 명칭 변경과 함께 목회본위의 기성교단으로 경화되었으나, 성결교회를 선교지향의 복음전도 우선주의 교단으로 교단적 성격을 자리매김하는 결과를 낳게 하였다.

남녀 공학제 실시는 1930년대를 거쳐 여성사역자들의 입학 문호가 좁혀져 수학의 범위가 좁혀져 갔지만, 해방이전 유교 사회의 전통적인 뿌리가 깊게 남아있는 한국 사회에서 여성에 대한 여성의 역할감당은 한국성결교회의 초기 발전과정에 큰 공헌을 하였고, 남성위주의 고착된 한국교회에 있어서 남녀평등의 개방성을 열어주는 계기를 가져다 주기도 하였다.

이상과 같은 결론을 통하여 도출된 제언은 다음과 같다.

첫째, 1907년 성결교회 처음 출발시 염곡에서 정빈과 김상준의 주도적인 자생적 개척에 의해 복음전도관이 시작된 것과 마찬가지로 경성성서학원 설립도 이들의 능동적인 자생적 개척에 의해 성서반을 통해 처음으로 시작되었다. 따라서 이후에 성서학원 건물이 세워지고 발전한 사실은 현재의 역사서술에 있어서 한국인들의 독자적인 성서학원 설립에 대한 비전과 실행에 있어서 설립의 동인(動因) 제공, 그리고 한국 전도자들의 노력과 땀이 선교사들의 도움과 재정적 지원이라는 양자 입장에서 선교사 위주의 편향적 서술에서 벗어나 균형적으로 서술되어야 한다.

둘째, 해방이전 성서학원 시대구분은 1907년 성서반이 1911년 경성성서학원으로 그리고 1940년 일제에 의해 전문학교로 승격된 경성신학교로 구분되는데, 1940년까지 주된 강조점은 신학적인 이론교육이 아닌 체험적이고, 실천적인 성서교육이었다. 따라서 한국성결교회의 신학교 교육은 초기의 성서학원 교육 정신에 따라 고등비평과 현대주의적인 자유주의 신학을 지양한 사중복음, 즉 성서중심의 실천적이고, 선교지향적인 성서신학, 역동적인 복음주의 신학교육을 지향하는 방향으로 나가므로 현 다원주의 시대에서도 분명한 신학 교육적 정체성을 간직하고, 오늘의 상황에 적용시켜야 한다.

셋째, 1907년 성서반과 1911년 경성성서학원 시대에 한국성결교회는 신학 교육을 남녀공학제로 실시함으로 남존여비 구습을 타파하는 개화의 일익을 감당하였고, 교회 내의 여성의 역할의 비중을 높였다. 오늘날 신학교 교육도 여성들의 신학교 입학을 허용하고, 교육시켜 배출하는데 끝나지 않고, 그들이 일선 목회와 선교현장에서 하나님 나라 확장과 교단발전을 위하여 힘 있게 일할 수 있도록 여성사역의 범위를 넓히고 확장하는 일에 앞서야 하고, 무엇보다도 지금까지 편향된 여성의 역할에 대한 인식을 전환시키는 교육을 실시해야 한다.

넷째, 성서학원은 현장실습 중심의 전도교육을 실행한 바 직접전도에 따른 영혼구원의 지향의 교육 내용을 보였다. 그러나 이것은 상대적으로 몰역사성의 모습을 드러내 3.1운동에 있어서 소극적인 모습을 보였다. 21세기에 들어 선 성결교회 신학교육은 전통적으로 복음전도의 선교적 특성을 우선적으로 견지하고 나가되, 민족과 사회의 문제도 복음으로 치유하고, 해결하는 신앙의 실존성과 함께 역사성을 동시에 주장하는 통전적인 신학교육으로 나가야 한다.

[성결대학교, 「교수논문집」29집(2000년)]

# 9

## 한국성결교회의 민족운동

### 9

# 한국성결교회의 민족운동

## I. 여는 글

새 천년, 새로운 시대를 맞이한 한국교회는 1980년대 후반부터 둔화되기 시작한 교회성장률이 1990년대에 와서 정지해 버리고 현재에 와서는 감소해 버릴 위기에 놓여져 있다. 그러나 한국교회는 아직도 1천만 성도, 3만이 훨씬 넘는 교회당을 보유하므로 긍정적이나 부정적이든 한국사회의 전 영역에 미치는 영향이 지대하다고 말할 수 있다.[1] 장·감 위주의 교파형 선교가 이 땅에서 시작된 지 100년 조금 넘은 이 시점에서 한국기독교가 양적인 성장 속에 기존의 한국종교들 틈새에서 한국사회에 뿌리를 깊게 내려 정치, 경제, 사회 모든 영역에 영향을 미치게 된 요인은 여러 가지를 들 수 있지만 한말·일제하의 기독교의 민족운동의 참여를 그 하나로 말할 수 있다. 한국 기독교 민족운동은 한국교회의 사회적 성격을 결정하는데

---

1) 1992년 「한국기독교 대연감」(1993년판, 기독신문사) 교세 통계표에 의하면, 한국교회는 교회당 36,832처소, 교직자 67,008명, 신도 12,652,513명의 교세를 보이고 있다.

도 중요한 작용을 하였다. 즉, 개화, 근대화, 민족운동 등에 선구적인 역할을 담당했던 한국기독교는 사회에 대한 강한 책임과 사명을 역사적 전통으로 남겨 놓았던 것이다.[2]

지금까지 한국교회의 민족운동에 대한 연구는 3·1 운동이나 신사참배 거부운동과 같은 특정한 사건에 대한 연구에 집중되었고, 1970년대에 들어와 민족운동이나 민족주의를 다룬 논문들이 발표되기 시작하였다. 1960년대에는 홍이섭의 "민족운동사에 나타난 신교"(「기독교사상」, 1965)와 김양선의 "3·1 운동과 기독교"(「3·1 운동 50주년 기념 논집」, 1969)가 거의 전부를 차지한다. 1970년을 걸쳐 1980년대 와서야 한국교회의 민족운동에 대한 본격적인 연구물이 나오기 시작하였다.

특별히 민족주의 운동 중에서 3·1 운동이나 6·10 만세운동과 관련된 논문들은 장·감 위주의 3·1 운동에 대한 한국교회(기독교)의 참여와 역사적 이해와 관련된 주제가 1970년대와 1980년에 있어서 주류를 차지하였다. 그리고 특정한 개교단으로 연구범위를 한정하여 발표한 논문으로는 윤성범의 "3·1 운동과 감리교"「(기독교사상」, 1978)가 1990년대 초반 이전의 연구에서 돋보인다.

그리고 6·10 만세운동과 관련된 논문은 거의 보이지 않고, 굳이 이것과 관련된 논문을 예로 들자면 천세광의 6·10 만세운동 때에 단독거사를 다룬 필자의 "천세광론"(「믿음으로 일하며」, 광영 한강수 장로 팔순 기념문집, 1996)을 들 수 있다. 지금까지 한국 민족운동 중의 3·1 운동과 6·10 만세 운동에 한국성결교회가 참여한 결과나 영향을 평가한 성

---

2) 노치준, 『일제하 한국 기독교 민족운동연구』 (서울: 한국기독교역사연구소, 1993), 5.

결교회와 관련된 본격적인 논문이 2001년 이전에는 거의 전무하다 시피 했다.[3] 따라서 본고에서는 일제강점기(1910-1945년)의 한국성결교회의 민족운동을 3·1 운동과 6·10 만세운동을 중심으로 분석·평가함으로써 복음전도 선교 지향성의 특성을 가진 성결교회가 나아갈 역사적 좌표를 모색하고자 한다.

## II. 기독교 민족운동 개념

구한말은 내외적인 압력에 의해 유교가치 체계를 중심으로 사회의 각 부분이 견고하게 용해되어 있던 전통사회의 구조가 무너져 가는 상황이었기 때문에 개신교는 천주교에 비하여 쉽게 한국사회에서 자리를 잡을 수가 있었다. 만약 전통사회의 구조가 견고하게 유지되고 있었다면 개신교 역시 한국 사회에서 뿌리를 내리기 위해서는 많은 박해와 시련을 당했을 것이다.[4]

기독교가 전파된 19세기 말에 한국은 봉건사회를 개혁해야 하는 일과 밖으로 제국주의 침략세력에 대처해야 하는 두 가지 과제를 안고 있었다.[5] 한 말의 기독교는 단순히 내세의 행복만을 추구하는 성격을 가진 종교가 아니었다. 오히려 선교사들의 가르침에는 기독교를 믿어 문명진보와 민족적 구원을 성취하기 바라는 내용이 강

---

3) 다만, 활천에 간략하게 실린 박명수 교수의 "3·1운동과 한국성결교회"(「활천」,통권 484호(1994년)이 있을 뿐이다.
4) 노치준, 『일제하 한국 기독교 민족운동연구』, 35.
5) 이만열, "韓末 기독교인의 민족의식 형성과정", 「한국 기독교와 민족운동」(서울: 보성, 1986), 12.

하게 나타나고 있었다. 그리고 이를 받아들이는 한국교인들의 의식 속에서도 개인적인 구원과 함께 민족과 국가의 앞날을 염려하였다.[6] 1905년 일제의 침략이 가속화되면서 일제가 한국 기독교인을 두고 배일적이라고 지적할 정도로 일제의 침략에 대한 저항의식이 민족운동화의 표현으로 나타나 교회의 종교적 의식인 기도회가 위국적 내용의 기도회로 진행되고 일제 침략에 대한 행동적인 저항으로 나타나기에 이르렀다. 이것은 1901년 일제 강점이후 1919년 3·1운동과 이후 1926년 6·10 만세운동에 이르기까지 국권회복을 위한 기독교 민족운동으로 발전되었다.

민족주의는 18-19세기 이후에 나타난 것이라는 점에서는 대부분 학자들이 일치된 견해를 보이나, 서구와 마찬가지로 한국 신학계에 있어서도 이에 대한 합의된 분명한 의견의 일치를 보이고 있지 않다. 한규무의 지적처럼 한국 기독교사 연구에 있어서 지금까지 민족운동의 개념에 대하여 심각하게 고민한 흔적을 잘 찾아볼 수 없다.[7] 더구나, 민족운동을 민족주의 운동의 약칭으로 이해할 때 민족운동에 대한 학자들의 서로 다른 견해로 인해 이론적으로 정형화시키는 것이 어렵고, 각자의 식견에 따라 '내셔날리즘(Nationalism)'이란 용어도 '민족주의', '국민주의', '국가주의' 등으로 번역되었기 때문에 더욱 개념 정의가 분명치 않아 합의된 의견의 일치를 보기가 어려웠다. 그러나 대개 민족주의는 '민족을 으뜸으로 생각하며, 그 독립과

---

6) Ibid., 32.
7) 한규무, "한국기독교 민족운동사 연구의 현황과 과제", 「한국기독교와 역사」제12호 (한국기독교역사연구소, 2000), 78.

통일과 발전을 꾀하려는 사상과 운동'을 가리킨다.[8] 따라서 민족주의 속에는 공통된 전통과 역사를 가진 민족공동체로서의 감정 즉, 민족형성 요소들에 대한 애착, 우월감, 충성심과 같은 집단 감정과 의식이 포함되어 있다.[9]

그러나 민족주의는 이러한 보편적인 인간 감정만 가지고서는 설명할 수 없는 측면이 있다. 그것은 앞서 언급한 바와 같이 민족주의는 근대사회의 산물이며, 역사적 과정을 거쳐 형성된 이념이기 때문이다. 따라서 민족주의 속에는 반봉건, 민주, 국민의 주권, 민족 고유문화의 보존과 발전, 외세로부터의 해방과 독립 등과 같은 내용이 포함되어 있다. 따라서 민족주의 용어는 정치학, 사회학, 역사학 등 여러 분야에서 사용하는 개념이며, 이데올로기적인 시각까지 겹쳐지는 경우 긍정적 혹은 부정적 평가까지 함의된 복잡한 개념으로 정의되어진다. 민족운동이란 민족주의적인 성격을 띤 정신적, 사회적 활동을 총괄하는 개념이다. 이것을 염두에 두고, 해방이전 한국 교회의 민족운동을 생각한다면 한국교회 민족운동의 범위에는 기독교와 관련된 ① 민족의식을 고취하는 여러 활동, ② 주권을 상실한 일제시대 국권회복을 위한 항일, 자주독립운동, ③ 봉건적 관습으로부터 탈피한 민권 운동, ④ 일제의 경제적 수탈로부터 벗어나 민족경제를 증진시키고자 하는 활동, ⑤ 민족의 문화적 전통을 보존하고 민족정체감을 확고히 하는 활동을 들 수 있겠다.[10]

---

8) 차기벽, 『한국민족주의의 이념과 실태』 (서울: 까치, 1978), 13-14.
9) Max Böhm, *Nationalism in Encyclopedia of the Social Science*, Vol. II (NewYork: MacMillan Co., 1939), 231.
10) 노치준, 『일제하 한국 기독교 민족운동연구』, 16-19.

## Ⅲ. 한국성결교회의 민족운동 참여

한국민에게는 기독교가 위기에 처한 나라를 구할 수 있는 하나의 방편으로 여겨졌고, 미국이라는 강대국의 후광 때문에 고통당하는 백성들을 보호할 수 있는 피난처로 여겨지기도 하였다. 초기 한국기독교인들의 입교동기(入敎動機)를 보면 종교적 동기에서 입교한 사람도 적지 않았지만 민족주의적 의식과 관련하여 입교한 사람들도 많이 있었다.[11] 지배층의 신진 관료들이 개화를 통한 구국(救國 *위태로운 나라를 구함)의 방편으로, 일반 민중들은 가렴주구(苛斂誅求 *세금을 가혹하게 거두어들이고, 무리하게 재물을 억지로 빼앗음)와 관리들의 탐학(貪虐 *탐욕이 많고 포악함)을 피하는 수단으로 입교함으로 전자는 개화의식에 후자는 반봉건의식과 각각 연결되어 있었다.[12] 1910년 일제가 조선을 강점한 이후 민족주의적인 항일의식으로 더욱 강하게 표출되어 1919년 3월 1일에 민족의 자주 독립을 위한 3·1운동으로 나타났다.

3·1 운동은 일제의 주권침략과 무력적 강제 점령으로 인해 형성된 민족적 모순을 극복하기 위하여 전 민족이 독립 역량을 발휘해 일으킨 항일 투쟁이었다. 한국기독교는 복음수용 초기부터 일제의 책략에 대한 저항 세력으로 위상을 구축한 바, 다른 민족운동 세력과 연대하여 적극적으로 투쟁을 벌였다.[13] 기독교인들은 계획, 준비 단계에서부터 이 운동에 적극 참여함으로써 교회도 수난을 당하고

---

11) 노치준,『일제하 한국 기독교 민족운동연구』, 37.
12) 이만열, "韓末 기독교인의 민족의식 형성과정", 19.
13) 한국기독교역사연구소,『한국기독교의 역사Ⅱ』(서울: 교문사, 1991), 23.

변화를 겪었다.[14] 1919년에 이르러서는 1908년경 장로교, 감리교, 합하여 10만 명 정도의 교세의 두 배를 넘어선 개신교 전체 신자 수가 219,220명의 양적인 성장을 보이고 있었다. 당시 한국인 인구의 전체 숫자는 1,700만을 헤아리고 있었다. 그러나 이러한 교세는 한국의 기존 종교에 비해서는 비교가 안 될 정도의 약세이었다. 그러나 3·1 운동에서 기독교는 여타 어느 종교보다도 큰 역할을 감당하였다.[15] 그것은 아래의 도표에 나타난 통계와 같이 3·1 운동을 주도한 혐의로 기소되어 입감된 수검자의 종교수치에서 100만의 교세를 내세우던 천도교보다 기독교가 훨씬 높은 수치를 보여주고 있다.

< 3·1 運動으로 인한 入監者의 宗敎別表 >[16]

| 宗敎別 | 天道敎 | 儒敎 | 佛敎 | 基督敎 | 其他 | 無宗敎 | 合 |
|---|---|---|---|---|---|---|---|
| 入監者數 | 1,363 | 55 | 41 | 2,039 | 57 | 5,486 | 9,059 |
| 白分比 | 15 | 0.6 | 0.5 | 22.5 | 0.8 | 60.6 | (100) |

또한 기독교의 3·1 운동 참여를 교파별로 비교하여 보면, 장로교가 단연 우세인 것으로 나타나고 있다. 그것은 전체 입감자 2,032(또는 2,039)명 중에 1,441명이 장로교, 438명이 감리교, 기타 기독교가 153명으로 나타나고 있기 때문이다.[17] 3·1 운동과 관련되어 기독교인들이 당한 대표적인 사례는 평남 강서 사천의 학살사건(3월 3일), 정

---

14) 한국기독교역사연구소,『한국기독교의 역사II』, 24.
15) 김승태, "종교인의 3·1운동 참여와 기독교의 역할"『韓國基督敎史硏究』, 25호 (1989) : 17-24 참조.
16) 독립운동사 편찬위원회(편),『독립운동사 자료집』4, (서울: 고려서림), 476-76.
17) 독립운동사 편찬위원회(편),『독립운동사 자료집』4, 476-77.

주의 학살, 방화사건(3월 4일- 4월 2일), 서울의 기독교인 십자가 학살사건(3월 9일), 의주의 교회당 방화, 파괴사건(3월 하순경), 천안 병천의 학살사건(4월 1일), 수원 제암리교회 방화, 학살사건(4월 15일) 등이 있다.[18] 이 같은 피해사건들은 대부분 장로교, 감리교의 순으로 피해 정도가 나타나고 있다.

1. 성결교의 3·1운동 참여

성결교회의 3·1운동 참여는 지금까지 본격적인 연구를 통하여 그 전말이 드러난 적이 없다. 그것은 지금까지 3·1운동에 대한 연구가 주로 장·감리교를 중심으로 연구되었기 때문이기도 하지만, 근본적으로 민족운동에 대한 성결교회의 비정치화 태도에도 기인하는 점도 없지 않다. 종교와 세속사회를 구분하는 이원론적 신앙 가운데 민족운동과 같은 세속적인 문제에 교역자나 교회가 직접 참여하는 것이 바람직하지 못하다는 생각이 지배적이었기 때문이었다. 따라서 3·1 운동 독립선언서에 서명한 기독교계 인사들이 이승훈, 이갑성 등 평신도 지도자들이 적극성을 띤 반면에 길선주 등 교역자들이 상대적으로 소극적인 모습을 보였지만 그럼에도 불구하고 성결교와 관련된 인사들이 한 명도 서명자에 들어가지 못하였다. 3·1운동 참여로 인한 교회(당시, 복음전도관)나 지도자들의 피해도 장로교, 감리교에 비해서는 극히 미미하였다. 그러나 3·1운동에 참여한 성결교와 관련된 인사들은 지금까지 사료를 통해 나타난 내용은 다

---

18) 한국기독교역사연구소, 「한국 기독교의 역사II」, 36.

음과 같다.

### 1) 김상준

정빈과 함께 1907년 5월 30일 한국성결교회를 개척한 김상준 목사는 1917년 성결교를 떠나 순회부흥 목사로 전 조선교회 부흥운동을 일으켰다.[19] 김상준 목사가 성결교를 떠난 지 2년 뒤인 1919년 3월 1일을 기해 '조선의 독립국임과 조선의 자주민'을 선언하는 거국적인 독립을 위한 투쟁의 불길이 전국 각지에서 일어났다.[20] 김상준 목사는 3·1 운동이 방방곡곡에서 요원의 불길처럼 일어나자, 부흥전도의 일을 잠시 접어두고 밀양으로 갔다. 그곳에서 경성성서학원 사감과 아현교회 주임교역자를 거친 밀양교회 주임 교역자인 강시영 전도사와 함께 용강에서 내려온 애국지사들이 3·1 운동을 모의하고, 봉기할 때 참여하여 조국의 독립을 위해 투쟁하였다.[21] 아래의 글은 강시영 목사의 장녀인 대구봉산교회 강신복 집사가 증언한 글이다:

> 3·1 운동이 일어난 1919년은 강목사가 경남 밀양교회를 개척한 다음 해였다. 고향인 평남(平南) 용강(龍岡)에서 애국지사들이 밀양으로 내려와서 3·1운동에 대하여 의논할 때, 당시 일본 경찰의 감시를 피하여 방안의 볏섬(벼를 담은 섬)을 둘러쌓은 다음 촛불을 켜 놓고 謀議를 진행하

---

19) 「活泉」, 제11권 11호, 48.
20) Edward & Esther Erny, *No Guarantee But God* (Greenwood : The Oriental Missionary Society, 1986), 99.
21) 정상운, 『새벽을 깨우는 사람들 : 인물로 본 성결교회사』서울: 은성, (1995), 69.

여 향리(鄕里)에 3·1운동을 봉기케 하였다.

　민족적인 3·1 독립운동이 방방곡곡에서 일어날 때 우리 교단의 선구자인 김상준 목사(하재창<河在昌>장로의 외조부)도 본 운동에 함께 참여하여 조국의 독립을 위하여 투쟁하였다. 이로 인하여 강시영(姜時英) 목사와 김상준(金相濬) 목사는 일본 헌병 보조(憲兵補助)들에게 주모자(主謀者)로 체포되어 평양 형무소에 수감되고 가혹 한 문초를 당하는 가운데 많은 고통을 당하였다.

　1920년초 중형(重刑)에 처한다는 소식을 듣고 이를 경성성서학원에 호소한 바 이를 들은 성서학원의 원장이 평양에 가서 석방을 교섭하고 신원(身元)을 보증한 다음 출옥케 되었다.[22]

### 2) 강시영

　강시영 전도사는 1915년에 성서학원을 졸업하고 아현교회 주임과 성서학원 사감이 되었고,[23] 김천 복음전도관의 주임교역자 직을 겸직하였다.[24] 또한 1918년 밀양에 사역의 범위를 넓혀 개척한 결과 밀양 복음전도관을 설립하고 주임이 되었다.[25] 강전도사는 밀양 복음전도관에서 사역하는 중에 3·1 운동을 맞게 되었는데, 김상준 목사와 함께 만세 운동에 참여하였다가 평양 형무소에 압송되어 수감

---

22) 대구봉산교회, 『大邱奉山聖潔敎會 六十年史』(大邱: 대구봉산교회, 1985), 32-33.
23) 李明稙, 『朝鮮耶蘇敎 東洋宣敎會 聖潔敎會 略史』(京城: 東洋宣敎會 聖潔敎會 出版部, 1929年) 149. 以下 「略史」로 표기함.
24) 李明稙, 『略史』, 69.
25) 정상운, 『새벽을 깨우는 사람들 : 인물로 본 성결교회사』, 69-70.

되었으나 킬보른(경성성서학원장)의 신원보증으로 출옥하였다.[26]

### 3) 김응조

김응조는 경성에 있는 연희학교, 보성학교, 감리교 협성신학교, 경성성서 학원 등 4학교가 연합으로 남대문에 집결하여 파고다 공원까지 만세를 제창하여 나가는 계획에 참여하였다. 경성성서학원 대표로 참석한 김응조는 3월 1일 오전 8시 남대문을 지나 불란서 영사관 앞에서 태극기를 흔들며 만세를 고창하였다.[27]

일제가 곧 전국에 계엄령을 내리고 체포령을 내리는 동시에 학교에 엄중한 감시를 하자, 경성성서학원이 부득불 방학을 결정함으로써 학생들은 귀향하게 되었다. 김응조는 많은 선언서들을 비밀리에 휴대하여 가지고 영덕에 돌아와 고향에서 만세운동을 전개하려고 했다. 그러나 그는 미리 대기하고 있던 형사들에 의해 체포되고, 병곡지서에 구금당하였다. 다음날, 장날을 기해 수만 명의 군중이 만세운동을 벌이는 중에 성이 난 일부 군중들이 군중 심리에 이끌려 주재소와 면사무소를 파괴하였다. 이 일로 수백 명이 동시에 검거되고, 김응조는 사건의 주동자로 간주되어 도보로 대구 형무소까지 끌려가 투옥되었다. 때는 1919년 4월 15일이었다. 이로부터 5개월이 지난 9월 초순에 대구법정에서 김응조에게 언도 공판이 4년 구형되었으나, 폭행에 가담하지 않았다는 증거가 주재소 구류로 증명되어 1년 6개월 형이 언도되고 수감생활을 하다가, 1920년 7월 15일에 출

---

26) 대구봉산교회, 『大邱奉山聖潔敎會 六十年史』, 33.
27) 김응조, 『나는 기도해서 얻었다』 (서울: 성청사, 1971), 30.

옥하였다.

### 4) 백신영

백신영은 1889년에 경상도 밀양군에서 태어나 20세 전에 홀어미가 되었다. 그녀는 김규식 박사의 부인 김순애의 전도로 예수를 믿게 되었다. 서울로 올라간 그녀는 올라가서 정신여학교를 졸업하였다.[28] 1917년 경성성서학원을 7회로 졸업하고, 개성교회에서 사역하다가 1918년 휴직하였다.[29] 휴직 후 그녀는 모교인 정신여학교의 교사로 부름을 받아 학생들을 가르쳤다. 그러나 교편 생활이 그녀를 붙들어 놓지 못했다. 그 당시 그녀의 마음을 사로잡고 있는 것은 오직 독립운동뿐이었다. 당시에 고등교육을 받은 여성은 모두 국권회복, 남녀평등이라는 과제를 안고 사명감에 불타 있었다.[30] 그녀는 애국지 사들의 옥바라지와 그 가족의 구휼(救恤)을 목적으로 1919년에 조직된 혈성 애국부인회(血誠愛國婦人會)가 처음 조직되어 활약할 당시부터 깊게 관여하였다. 1919년 10월 19일 정신여학교 안에 살고 있는 미국인 선교사 천미례(千美禮)의 2층 방에서 17명이 모여 대조선애국부인회(大朝鮮愛國婦人會)와 혈성애국부인회가 연합하여 대한애국부인회를 결성하였다. 두 부인회를 통합한 것은 여성의 활동이 활발치 못하고, 애국부인회의 활동범위를 전국적 규모로 확대시켜 여성항

---

28) 裵可禮, 『聖潔敎會女性史』 (서울: 기독교 대한성결교회, 1987), 356. 그러나 이와 달리 백신영의 출생은 '1891년 부산 초량(草粱)으로' 『한국여성독립운동사』, 407쪽에 기록되어 있다.
29) 「略史」, 177.
30) 丁堯燮, "日帝下 여성운동의 새로운 展開", 『한국여성독립운동사』 (서울: 3·1여성동지회, 1980), 287.

일운동을 활성화시키고자 하는 김마리아의 생각에서 발전되었다.[31] 백신영은 김마리아가 회장이 되고, 황에스더가 총무로 선출될 때 결사대장으로 임명되었다. 그러나 11월 28일 동료인 교사 오현주의 배신으로 애국부인회가 검거 당할 때 피검되어 1920년 6월 대구 지방법원에서 제령(制令) 위반 및 출판법 위반으로 징역 1년형을 언도받고 항소하였으나 역시 같은 형을 언도받아 다시 상고하고 경성 서대문 경찰서로 이감되었다. 경성고등법원에서도 역시 1921년 5월에 징역 1년이 언도되어 결국 1년 6개월 만에 재판이 끝나 실제의 감옥생활은 2년 6개월을 하였다. 출감한 때는 1922년 4월이었다.[32]

출옥 후, 백신영은 성결교회로 다시 돌아왔다. 일제의 고문과 투옥 중에 죽음과 같은 고통 가운데 건져주신 주님의 은혜를 생각하며 남은 여생을 민족을 위해 복음을 전하며, 성결교 전국부인회를 조직하여 강경, 강릉교회를 섬기다가 1950년 9월 22일에 주님께 부름을 받았다.[33]

---

31) 3·1여성동지회 문화부(편), 『한국여성독립운동사』, 371.
32) Ibid., 407-9. 백신영의 복역 기간과 출옥 일자는 약간씩 차이를 보이고 있다.
   ① 박명수, 『초기한국성결교회사』, 372쪽에서는 "백신영은 3년 구형에 1년 언도를 받았으나 병보석으로 풀려나왔다"고 간단히 언급하고 있다.
   ② 기독교대한성결교회 역사편찬위원회, 『韓國聖潔敎會史』, 215-66쪽에서는 좀더 구체적으로 "11월 28일 동료 오현주의 배신으로 체포되어 대구형무소에서 미결감으로 옥고를 치루다가 20년 5월 20일 병보석으로 출옥했다. 그 는 공판에서 대역죄로 3년 징역을 선고받았으나 1년으로 감형되어 출옥 후"라고 말하고 있다.
   ③ 裵可禮, 『聖潔敎會女性史』, 357쪽에서는 "대구 경찰에 검거되어 2년간 복역하다가 보석된바 있었으나 그녀의 절개는 변치 않았다"고 말한다.
   ④ 이응호, 『한국성결교회사 1,2』, 595-603쪽에서 "백신영 결사대장도 예심 중의 고문으로 몸이 극도로 쇠약해져 있었다. 도저히 회생의 길이 어렵다고 판단한 일본 경찰은 5월 20일 경에 병보석 허가를 내렸다. 그 뒤 6월 29일에 대구지방법원 법정에서 대한애국부인회 임원 11명에 대한 언도 공판에서 백신영은 징역 1년에 언도되었다. 1921년 8월 초순에 형기 만료로 출감한 백신영은"이라고 말한다.
33) 「略史」, 83, 177, 裵可禮, 『聖潔敎會女性史』, 357 참조.

### 5) 한도숙

한도숙(韓萄淑)은 1902년 충청남도 천안군 입장면 양대리에서 한명수(韓明洙)의 2녀로 출생하였다.[34] 그녀는 어린 시절 엄격한 유교 가정에서 한문을 배웠고, 유교 전통의 여성의 미덕이라고 하는 삼종지도(三從之道)를 부모로부터 배우면서 자랐다.[35] 1913년 봄에 감리교 신홍식 목사로부터 세례를 받고 교회 내에 세워진 양대리의 사립여학교인 광명(光明)학교에서 공부하게 되었다.[36] 1919년 3월 1일은 한도숙이 18살이 되는 해로 졸업을 21일 앞 둔 때였다. 양대(良垈)의 사립여숙에는 임영신(任永信)이 초대선생이었는데, 한도숙과 황현숙, 민원숙과 더불어 '良垈의 3淑'으로 불리며 임영신 선생의 총애를 받았다. 2월 28일에 양대 여학교에 함태영이 임영신 선생을 찾아와 독립선언서를 전해주자, 3월 2일 아침 임 선생은 교회 친지 서용란의 집으로 세 여학생을 불러 밤을 세워 등사한 선언문을 보여주고 거사를 함께 계획하였다. 임 선생이 진주로 떠난 후, 한도숙을 비롯한 학생들은 10여 일 동안 낮에 공부하고, 밤에 모여 태극기를 만들었다.

드디어 이들은 1919년 3월 20일 천안 입장의 장날을 택해 독립만세를 거사하였다. 한도숙 외 2명은 오전 10시 전교생에게 태극기를 나눠주고 행렬을 지어 앞장을 섰다. 양대 여학교 교사는 물론하고, 남녀 교인들과 직산 금광 광부 수백 명이 만세대열에 합류하며, 인근의 도심리, 사장리, 길호리, 호모리 등 10부락의 사람들까지 합

---

34) 3·1여성동지회(편), 『韓國女性獨立運動史』, 475.
35) 성결교회 역사와 문학연구회(편), 『성결교회 인물전』 1집(서울: 일정사, 1990), 238.
36) 3·1여성동지회(편), 『한국여성독립운동사』, 475.

세하여 순식간에 천여 명으로 만세시위자들이 늘어났다.[37] 천안만세 사건으로 한도숙외 2명의 여학생은 '천안의 3숙'으로 전국에 알려졌다. 주모자로 체포된 3숙은 공주 감옥에서 3주일 만에 판결을 받고 1년형이 내려 복역을 하다가 음력 섣달그믐께 모범수로 가출옥 하였다.[38] 1년 옥중생활 중에 한도숙은 유관순을 만났고, 10명의 여성들과 함께 일본 경찰로부터 심한 고초를 당했다. 감방 생활에서 기도하던 중, 그녀의 애국심은 불쌍한 영혼을 인도하는 신앙심으로 바뀌었고, 이 때 하나님께 헌신할 것을 다짐하였다.[39] 출옥 후 그녀는 1920년 그녀의 모친의 모교이기도 한 경성성서학원에 입학하여 1923년에 졸업하고, 밀양에 거주하면서 블랙(Miss Emulla Black) 여선교사와 함께 영남 일대의 교회를 순회하며 전도사역을 감당하였다. 1927년 마산 창신공고 교감이던 김기삼과 결혼한 후 영국인 선교사 테이트(Miss Ida Tate)와 함께 제2차 지방순회 전도 길에 올라 약 8년간 활동하였다.[40]

### 6) 김기삼

1941년 경성성서학원을 졸업하여 목사가 된 김기삼은 오사카(大阪)의 이마사도(今里)교회 목사로 부임하며, 선교활동을 하는 중에 재일동포들에게 민족의식을 고취하다가 1943년 2월 22일 일본 경찰에 체포되어 1943년 4월 19일 재판에서 2년 집행유예와 5년의 언도

---

37) 3·1여성동지회(편),『한국여성독립운동사』, 476.
38) 3·1여성동지회(편),『한국여성독립운동사』, 477.
39) 裵可禮,『聖潔敎會女性史』, 359.
40) 성결교회 역사와 문학연구회,『성결교회 인물전』1집, 240.

를 받았다.⁴¹ 이 같은 김기삼의 민족운동참여는 경성성서학원 입학 전인 1919년 3·1 운동 때에도 나타난다.

그는 3·1 운동 만세사건에 가담하여 출판법, 보안법 위반 죄목으로 부산 형무소에서 1년 6개월 옥고를 치렀다.⁴² 김기삼은 1918년 9월 박제원을 파송하여 설립된 동래교회를 중심으로 독립운동을 전개하며 우리 민족의 시대적 요구를 수용하고 사회문화적 선교를 실행하였다.⁴³

### 7) 이상철

이상철 목사는 「활천」의 서기를 맡아 「활천」 창간과 실무의 역할을 맡았다. 1923년 경성성서학원 교수로도 봉직하며 초기 성결교회 발전에 큰 일익을 감당하였다. 그는 1919년 3·1운동이 전국으로 확산되자, 현풍, 고령의 장날을 택해 독립만세운동을 일으켰다. 그리고 상해 임시정부 공채모집위원, 대구 달성군 교통사무 지국장으로 조직적인 항일운동을 펼쳤다.

그는 1920년 8월 이두산과 함께 최급경고문(最急警告文), 경고문, 일본물품 불매고지서, 납세거절 포고문, 독립공채 모집에 관한 인정서, 독립청원서, 「自由誌」등을 입안, 작성하고 이를 등사하여 대구, 달성, 고령 일원에 유출했다. 그리고 워싱턴 국제회의에 대한인은 일본제국주의 식민지 압제에서 벗어나 하루 속히 독립을 열망하므로 미국정부가 대한인의 독립을 지원해 줄 것에 대한 청원서를 대

---

41) 성결교회 역사와 문학연구회, 『성결교회 인물전』1집, 240.
42) 기독교대한성결교회 역사편찬위원회, 『韓國聖潔教會史』, 215.
43) 「略史」, 80.

구의 미국인 부헤리 선교사, 경성의 카우만 선교사, 허인수 선교사 등에게 보냄으로 대한인의 독립의지를 표명하기도 하였다.

이상철 목사는 「독립운동사 자료집」 제5집 '3·1운동 재판기록' 제1285년과 1287쪽에 나타난 김달문과 김은수의 고소문에 나타난 이상철의 독립운동에 대한 역할이 입증되어 1983년 8월 31일에 정부로부터 독립유공자로 표창을 받았다.[44]

## 2. 6·10 만세운동과 한국성결교회

3·1 운동을 통해 우리 민족은 독립을 쟁취하지 못했으나, 그 경험과 교훈은 차기 항일 독립운동의 새로운 발전을 약속했으며 우리 민족은 전 세계에 대하여 일본의 통치를 반대한다는 사실을 분명히 보여주었다.[45]

그러나 시간이 흐름에 따라 3·1 운동의 항일의지가 일제의 교묘한 탄압에 따라 점차 영락(零落)되어가고, 상해(上海)와 만주에서 1922년을 고비로 하여 민족 독립운동이 점차 부진한 상태에 놓이는 등 탄압과 회유의 양단정책(兩端 政策)에 말려들어, 1925년을 분수령으로 좌절, 퇴보하게 되었다.[46] 일제는 3·1 운동이후 3·1 운동 때 결성되었던 범민족세력을 와해시키는 작업을 추진했다. 특히 민족운동 세력 간의 갈등과 마찰을 조장하여 민족의 독립 역량을 소멸시키려는 이간책을 끊임없이 펴나갔다. 이 같은 시대적 환경변화에 대해 민

---

44) 백수복, "이상철", 『성결교회 인물전』제3집 (서울: 도서출판 성지, 1995), 55-67 참조.
45) 민족문화협회(편), 『학생운동』 (서울: 횃불사, 1981), 209.
46) 정상운, 『새벽을 깨우는 사람들: 인물로 본 성결교회사』, 252.

족운동 세력은 단합된 역량과 투쟁 방법론을 도출하지 못하고 자체 분열이라는 비극적 현상을 노출했다.

기독교 민족운동 세력도 같은 운명이었다. 3·1운동 당시 보여주었던 민중 교인층의 독립 열기는 사라졌고 그들에게 동기를 부여했던 지식인·엘리트 계층 기독교인들 중에는 개량주의(改良主義 *체제를 변혁하지 않고 점진적으로 개량함으로써 체제를 유지하려는 입장) 혹은 타협주의로 선회하여 체제 속의 변화를 꾀하는 이들도 없지 않았다.[47]

이처럼 거듭되는 민족운동의 실패 가운데 새로운 활로를 다시 열어준 것은 1926년 6월 10일, 시대적인 변화의 조류 속에 침묵하는 기성세대를 뒤로 하고 피가 끓는 학생들을 중심으로 계획적이며 조직적인 항일운동으로 나타난 6·10 만세운동이다.

6·10 만세운동은 대개 학생 중심의 민족 운동, 천도교, 공산주의 측에 주도되어 3·1 운동만큼의 거족적인 참여와 성과는 없었지만 한민족의 독립 의지를 표방한 거사로 그 의의를 찾고 있다. 3·1 운동 때에 주체세력으로 참여했던 기독교는 6·10 만세 운동과 결부해서는 별로 한 일이 없고 교회 조직을 동원해 참여한 일은 전혀 없었다. 당시 기독교 지도자들은 이 사건에 대해 침묵을 지키고 있었다.[48] 아래의 글은 6·10 만세운동을 다음과 같이 말한다:

> 6·10 만세 사건은 1926년 4월 26일 승하한 純宗의 인산일(因山日)인 6월 10일 일어났다. 그 주도세력은 朝鮮學生社會科學研究會·新興靑年

---

47) 한국기독교역사연구소, 『한국기독교의 역사Ⅱ』, 209.
48) 정상운, 『새벽을 깨우는 사람들: 인물로 본 성결교회사』, 252.

同盟 등의 단체에서 활약하던 학생세력, 朝鮮共産靑年會로 대표되는 공산주의 세력, 天道敎靑年會 세력 등이었다(비록 延禧專門學校를 비롯한 기독교계 학교 학생들이 많이 참여하기는 했으나, 기독교 세력의 조직적인 활동은 아직 밝혀져 있지 않다). 이에 대해서는 鄭世鉉, "6·10 萬歲運動",《韓國近代史論》Ⅱ, 知誠産業社, 1979 참조.[49]

그러나 이와 같은 상황에서 6월 10일 순종의 인산(因山)을 기해 개인적 차원에서 기독교 민족운동에 참여하여 신앙인으로서 민족의 독립을 위해 참여한 인물이 있었다. 그는 경성성서학원에서 재학중이었던 천세광(千世光, 본명은 千世鳳)으로 군위성결교회 집사이기도 하였다. 그는 순종의 인산행렬이 종로 6가에 있는 오간수교(五間水橋)에 이르렀을 때 갑자기 혼자 몸으로 뛰어나가 구한국기와 유사한 십(十)자를 그린 기를 꺼내 흔들며 만세를 고창하였다.[50] 천세광 만세 고창

---

49) 한국기독교역사연구소,『한국기독교의 역사Ⅱ』, 209.
50) 「동아일보」 1926년 6월 11일자인 내용을 보면 다음과 같이 훈련원 부근 학생을 중심으로 8개소에서 궐기했음을 말하고 있다. 훈련원 부근 경과시에 구한국기를 휘두르며 만세를 고창한 사람이 바로 천세광이다.
　사범교 부근 경과(3). 당일 오전 9시 반경에 전기 청년학관 생도 박두종의 학생 아닌 두 사람이 경성사범학교(京城師 範學校) 앞에서 격문서 약 1천여 장을 살포하며 만세를 고창하였다.
　훈련원(訓練院) 부근 경과(4). 당일 오후 1시경에 훈련원 제전(齊殿) 부근에서 학생 1명이 구한국기(舊韓國旗)를 휘두르며 만세를 높이 불렀다.
　동대문내 경과(5). 당일 오후 1시 10분 경에 동대문 부인병원 안에서 대여(大轝)가 지나가신 후 전기 「시대일보」배달 부 김낙환(아직 체포되지 못했다고) 외 두 청년이 격문서를 뿌리며 만세를 고창하였다.
　창신동 부근 경과(6). 경성 창신동 채석장 입구에서 약 50세 가량 된 노인 한 사람이 만세를 고창하였다.(시간은 미상)
　신설리(新說里) 부근 경과(7). 당일 오후 1시 45분 경에 시외 고양군 숭인면 신설리에서 대여(大轝)가 고무회사 앞을 지나가실 때에 어떤 학생이 격문서 1백여장을 살포하였다.
　동묘(東廟) 부근 경과(8). 당일 오후 2시 20분 경에 동대문 밖 동묘 앞에서 학생 4명이 광수교 부근에서 살포한 학생들은 시내 통동(通洞) 71번지 중동(中東) 학교 생도 박용규(朴龍圭), 청진동 곽재형(郭載炯), 낙원동 250번지 휘문고 보교 생도 황정

사건에 대해 경성의 동대문경찰서 사법 경찰관 사무취급 도순사인 시마다 요이찌의 범죄 사실에 대한 의견서는 다음과 같다:

> 범죄 사실
>
> 피의자 천세봉은 19세부터 기독교신자가 되어 지금은 성서학원 학생이다. 대정 15년 6월 10일 국장에 즈음하여 조선의 독립기운을 고취하기 위해 오후 1시 10분경 상여가 오간수교 다리 위를 통과할 때쯤 다리 밑에서 구한국기와 유사한 것 위에다 十(십자)를 그린 기를 꺼내어 만세를 높이 불러 참관자들로 하여금 혼란을 일으키게 하였다. 본이의 주장에 따르면 이것은 기독교 선전을 위한 것이라고 말하지만 6월 10일 성서학원 내에서 학생들에게 만세를 부를 것이니 도와달라고 말하였고 학생 중 김영수는 종교인이 정치에 관여할 바 아니라고 경고하였음에도 불구하고 만세를 불러 대정 8년 제령 제7호를 위반하였다.[51]

앞서 잠시 논한 바와 같이 6·10 만세운동은 기성세대의 민족운동과는 별도로 학생들에 의해 추진되었는데, 조선학생과학연구회를 중심으로 전문학교 학생들로 구성된 사직동(社稷洞)계와 중동학교를 중심으로 한 통동(通洞)계라는 두 갈래를 통하여 계획되고 진행되었다. 기독교 계통의 학교로는 연희, 배재와 피어선 성경학원과 협성학교 학생들이 참여하였는데, 경성성서학원에서는 조직적으로

---

환(黃廷煥), 재동(齋洞) 53번지 중앙고보 교생도 이동환(李東煥) 등이며, 그들은 5월 하순경부터 동사판을 얻어다가 4천여장의 격문서를 등사한 것이라고"(「獨立運動史資料集」, 第3輯(1984年), 172-3) 참조.
51) 「京城地方法院 意見書」(大正 15년 6월 18일).

참여하지는 않았다. 다만 천세광이 개인적으로 만세를 고창하다가 체포되었을 뿐이다.

순종 인산일인 6월 10일이 다가오자 천세광은 태극기를 준비하고 거기에다가 십자가를 그려 넣었다. 그는 아침 일찍 경성성서학원 기숙사에 있는 신학생 30여 명을 모아 놓고, 만세운동에 동참할 것을 권유하자 반대 의사에 밀려 자기 혼자 거사를 하기로 마음을 먹었다. 인산 행렬이 오후 1시 10분경 삼엄한 일경의 호위를 받으며 막 종로 6가의 오간수교에 이르러 다리를 통과하는 순간에 천세광은 품안에 숨긴 태극기를 꺼내 높이 흔들며 "대한 독립 만세"를 외치다가 이미 구석구석에 배치된 일경에 의해 그 자리에서 체포되었다.[52] 잠시 소요가 일어났던 인산 행렬은 계속 진행되었고, 천세광은 동대문 경찰서에 압송되었다.

그는 6월 30일에 열린 경성지방법원 공개 법정에서 판사의 질문에 대해, 자신의 행위는 정치적인 것이 아닌 신앙적인 것임을 주장하고 있다:

문(판사) : 그때 김영수는 무엇이라고 답했는가?
답(천세봉) : 우리 종교인은 그러한 정치운동을 하는 것이 좋지 않다고 말했다. 나 자신도 역시 정치운동을 한다는 것은 좋지 않다고 생각한다.

문 : 왜 자신도 나쁘다고 생각하면서 기를 만들고 또한 만세를 고창하였

---

52) 당시 천세봉(천세광)은 황해도 재령읍 경찰서에서 경성으로 차출되어 나온 농택충미 일본 순사와 경기 도경 박충호 순사에게 체포되어 보안법 위반으로 체포되었다. 참조: 「경성지방법원 심문 조서(1926)」.

는가?

답 : 지난 6여 년 전에는 조선에서 예수교를 믿는 몇 십만이라는 신자를 살해한 사실이 있는데도 불구하고, 현재에는 40여 만의 기독교 신자가 있게 된 것은 이같은 위대한 예수의 힘을 다수 군중에게 나타내 보이기 위하여 십자가를 그린 기를 흔들면서 국장 당일 만세를 부른 것이다.

문 : 그렇다면 그 국장일은 예수의 기념일이라도 되는가?
답 : 국장일 전날 밤까지 성서학원에서 기념전도회를 마치고, 그 이튿날이 국장일이므로 다수 군중이 모일 것같아 이 기회를 이용하여 십자가를 선전하려고 그와 같은 행동을 하였다.[53]

천세봉은 자신의 만세고창 행위가 정치적인 것이 아님을 주장하고 있으나, 일제의 강압통치에 의해 3·1운동 당시 몇 십만(*필자 주 : '몇 십만' 숫자를 잘못 말했거나 아니면 조서 과정에서 오기 추정)이 살해당한 뒤에도 기독교가 40만의 교세로 성장하고 있다고 당당하게 말하고 있다.

그해 7월 7일 그는 경성지방법원으로부터 보안법 위반의 죄목으로 징역 8개월에 집행유예 3년을 선고받았으나 상고를 포기함으로 1개월간 옥고를 치르고 석방되었다. 마지막까지 기소된 11명 주모자 중의 한 사람으로 기소되어 법정 판결을 받은 천세광을 통해 6·10 만세운동에 기독교의 참여가 이루어졌는데, 이 일은 한국교회사와 민족운동사에서 비중있게 다루어져야 한다.

연희전문학교, 배재고등보통학교, 피어선 성경학원과 같은 기독

---

53) 「千世鳳 公判調書」(1926. 6. 30 오전 8시).

교계 학생들이, 6·10 만세운동에 참여한 예가 있으나, 3·1 운동 때처럼 체계적이고, 조직적인 참여는 되지 못했다. 그리고 이들의 참여도 기독교 신앙적 결단을 배경으로 한 것으로 볼 수는 없다. 이 점에서 천세광이 신앙적 동기로 만세를 부른 단독 거사가 갖는 의미는 크다 하겠다.[54]

## Ⅳ. 한국성결교회의 민족운동 참여에 대한 평가

### 1. 부정적 평가

미 북장로교의 주한(駐韓) 선교사는 1895년도 선교보고서에서 한국 기독교의 독특한 성격으로 애국애족의 정신을 지적했다.[55] 일제의 굴레에서의 해방과 나라의 독립을 절규하는 3·1 운동이 1919년에 일어나자 기독신자들은 소극적이 아니라 적극적으로 참여하였으며, 또한 이 운동에 주도적인 역할을 하였다. 기독신자에게 있어서 3·1 운동은 일본의 지배에서 벗어나는 해방이 그들에게는 동시에 종교의 자유를 의미하는 것이기도 하였다.[56] 기독교는 국내외를 막론하고 초기 조직화 단계의 거의 모든 흐름에 기독교인들이 직·간접으로 관여하였으며, 운동이 전국적으로 확산되던 민중화 단계

---

54) 한국기독교역사연구소, 『한국기독교의 역사 Ⅱ』, 210-11.
55) 신기영, 『한국기독교의 민족주의, 1885-1945』(서울: 도서출판 동혁, 1995), 28.
56) 金英才, 『韓國敎會史』 (서울: 개혁주의신행협회, 1996), 174.

에서도 교회는 전국의 조직과 지도자를 제공하였다.[57]

3·1운동 참여로 인해 가장 피해를 많이 본 교단은 장로교회로 체포된 자만 무려 3,804명이었고 그 중에 목사, 장로가 134명이었고, 체포된 전체 사람들 가운데 2,162명이 고문당한 후 방면되고, 41명이 총살형을 당하거나 실형을 당했고, 고문으로 죽은 자가 6명, 파괴된 예배당이 12개소나 되었다.[58] 그러나 한국성결교회는 장로교회와 비교해 볼 때 비교의 상대가 안 될 정도로 그 피해가 미미하였다. 한국성결교회는 1921년에 와서 목회본위의 기성교단으로 경화되었기 때문에 복음전도 우선의 선교회 제도를 벗어나지 못한 전도관 체제로서 특별한 조직이나 행정체계가 없었고, 1907년부터 설립된 복음전도관 수효도 1919년까지 합해도 21개소에 그치는데 머물렀다. 한국성결교회의 민족운동에 대한 소극적 참여는 근본적으로 동양선교회의 정치와 종교를 분리하는 정책에 기인하는 바가 컸다. 이것은 동양선교회 뿐만 아니라 조선에서 사역하는 미국선교사들의 일반적인 특색이기도 하였다.

미국의 교파교회는 한국 선교동기부터 정치적 동요로부터의 교회가 그 혼란의 소용돌이 속에서 어려움을 겪지 않도록 하기 위해 정교분리의 원칙을 고수하였다. 이 같은 일은 구국의 동기로서 교회에 입교한 민족주의적 성향의 개국자들로부터 교회가 보이지 않는 위협을 받으면서도 수호해야했던 가치체계였다.[59] 1910년 일제강점

---

57) 한국기독교역사연구소, 『한국기독교의 역사』, 35.
58) 독립운동사 편찬위원회(편), 『독립운동사 자료집』, 476-77.
59) J. S. Gale, The Vanguard, *A Tale of Korea* (NewYork: Fleming H. Revell, 1904), 232. 선교사들은 1901년 장로회공의회에서 '교회와 정부사이에 몇 가지 조건'이라는 결의문을 통해 정부와 교회의 상호불간섭 등 5가지 결의안을 발표하였다. 「그리

이 이루어지자 선교사들은 때로 반일적 발언을 서슴치 않았다. 그러나 대세는 일제 조선통치의 현실수긍으로 선교사들은 한국인들에게 깊은 동정심을 가지면서도, 정치적 음모나 반일 활동에는 결코 동조하지 않았고, 오히려 일제에 대한 준법적 자세 견지를 권고하였다.[60] 따라서 복음전파라고 하는 종교적 목적에 일차적인 관심을 기울였다. 선교사들은 정치적인 문제에 대해서는 정교분리 정책과 중립적인 태도를 취했다.

한국성결교회는 1910년 토마스 감독의 한국 입국을 통해 한국인 중심의 초기 복음전도관 시대에서 1921년까지 외국선교사 중심의 일인 감독체제 아래에 있었기 때문에 다른 기성교단보다도 선교사들의 절대적 영향을 받았다. 그리고 조직된 행정체계를 갖춘 교단조직 아래의 교회가 아니라 복음전도 우선의 선교회 같은 복음전도관 체제였다. 당시 복음전도관은 영혼구원을 위한 직접 복음전도를 지향하고, 교육과 의료를 통한 간접복음전도를 지양하였다. 1921년 전도체제에서 목회체제의 교단 경화가 있은 뒤에도 성결 교회를 다음과 같이 소개하고 있다:

> 혹이 생각하기를 전도관이 변하야 교회로 조직이 되엿스니 목회에나 힘쓰고 전도에는 전력하지 아니하는 줄노 알는지 모르거니와 원래 동양선교회는 구령제일(救靈 第一) 곳 전도본위(傳道本位)로 니러낫스니 어

---

스도 신문」(1901. 10. 3).
60) "Missionaries and Politics in Korea", *The Missionary Review of the World*, 1910. 3, 220.

대까지던지 성결교회는 목회본위가 아니라 전도를 본위로 하나니[61]

따라서 동양선교회 선교사나 당시 조선의 책임을 맡고 있던 토마스 감독도 정교분리의 원칙을 고수하며, 교회의 비정치화 입장을 견지하였다. 실제로, 동양선교회는 3·1운동이 한국에 일어났을 때 침묵으로 일관하였고, 선교사는 손님이므로 한국의 내정문제에 대해서 간섭하면 안 된다는 입장을 표명하였다.[62] 「活泉」에도 이 같은 입장의 글들이 계속해서 나타난다. 교회와 세상은 분리되어야 하며, 교회는 개인의 영혼의 구원에만 몰두해야 한다는 교회와 세상, 기독교와 사회 등은 서로 분리된 이원론적인 내용을 그 특징으로 하고 있다.[63]

일제강점시대의 이 같은 일련의 자세는 결과적으로 한국성결교회로 하여금 지금까지 사료로 나타난 바 단 한 곳의 복음전도관도 3·1운동에 참여함으로 장로교회처럼 피해를 보는 일이 발생하지 않았다. 한 가지 분명한 사실은 한국의 기독교회가 한 공공기구로서 그 조직의 이름으로 독립운동의 참여를 공언하거나, 또 그런 행동의 자생(自生)을 기대한 흔적은 전혀 없었다 는 점이다. 교회의 조직망이 역으로 이 운동의 기운의 전달과 거사의 동시성을 기하였으나, 기

---

61) 「略史」, 16-17.
62) Robert D. Wood, *In These Mortal Hands: The Story of OMS, The First 50 Years* (Greenwood: OMS International, 1983), 84. 그러나, 동양선교회 선교사들은 3·1운동에 정교분리원칙을 고수하였으나, 3·1운동으로 체포, 구금된 김상준, 강시영이 중형에 처해진다는 어려운 소식을 듣고 평양에 내려가 석방교섭과 신원보증을 해주기도 하였다. 그리고, 김응조와 같은 3·1운동에 연루된 학생들도 옥고와 평상시 학업 실력을 인정하여 낙오시키지 않고 졸업을 시켰다. 김응조, 『나는 기도해서 얻었다』, 42 참조.
63) "교회와 세상", 「活泉」(1927. 3), 55.

독교의 공적 기구나 교회 조직을 경로로 한 것이 아니고, 다만 자발적, 개인적 참여가 있었을 뿐이다.64) 그러나 3·1 운동과 같은 촉박한 민족의 전환기에 거리를 두고 교회의 비정치화의 자세로 관망하는 한국 성결교회(복음전도관, 경성성서학원)의 자세는 영혼구원과 함께 민족구원 이라는 큰 대의를 이룰 기회를 잃어버리고 사회문제에는 더욱 소극적인 자세를 갖게 하였다.

2. 긍정적 평가

3·1 운동이 일어날 때 한국성결교회는 경성성서학원 대표 학생들의 만세 운동 참여가 있었어도 유감스럽게도 민족 대표 33인 중에 이승훈(李昇薰)을 비롯한 기독교인 대표 16인 가운데 한 사람도 한국성결교회 대표로 민족대표 대열에 참여하지 못하는 민족 주체 의식의 빈약성을 보였다. 그러나 16인 대표나, 또한 범교회적(당시는 복음전도관)으로 어떤 다른 뚜렷한 독립 행사를 갖지 못한 것은 독립운동 후에 일제로부터 받을 수난으로부터의 회피나 성결교회만이 가진 민족성과 애국심의 결여와 빈곤에서 결과된 것이라기보다는 오직 순복음만 전하고자 하는 당시 본래적인 동양선교회의 선교의도에 따라 순전히 구령 부흥운동에 진력하였기 때문이다. 따라서 성결교회는 초기 한국교회사에서 민족 구원이라는 민족 교회적 기능 성취동기보다는 구원사적(救 援史的)인 복음주의 입장에서 개인 구원(個人救援)과 구원받은 자의 책임으로서의 성결이라는 성취동기(成就動機)

---

64) 閔庚培, 『日帝下의 韓國基督敎 民族·信仰運動史』 (서울: 대한기독교서회, 1991), 160-1.

로서의 모습이 특징적으로 나타나게 되었다.[65] 민경배 교수는 '한국교회사(韓國敎會史)와 성결교회(聖潔敎會)'에서 다음과 같이 말한다:

> 民族敎會로서의 構造 動機가 비교적 약했다는 말은 비판적 문장으로 받아들여서는 안 된다. 그것은 바로 성결교회가 성결교회로서 서 있는 그 根據는 그 召命이기 때문이다. 이 市民的 民族意識 형식이 교파의 경건주의적 신앙의 순수성 타락으로까지 指目되었던 것은 한국의 경우 長老敎였고, 역사적으로는 비교적 초기 감리교에 해당되는 것이었다. 한데 성결교회는 이 民族 救援의 地域的 意義를 시종 無關心하게 보아 왔다. 그들에게는 靈魂의 문제, 그 구원, 그 순결, 그리고 역사적 예수 재림의 기대 속에 엉켜 뭉진 한 영혼 한 영혼의 안부가 관심의 大義를 이루어왔다.[66]

또한 앞서 언급한 바와 같이 1919년 그 당시의 성결교회는 미처 기성 교단으로 형성되지 않은 일종의 선교단체로 있었고, 일제하의 한국교회의 교권은 선교사들에 의하여 주도되었기 때문에 어떤 집약된 한국인으로서의 의사의 표시가 어려웠던 처지였다. 그러나 한국성결교회 성도들도 부정할 수 없는 한민족의 피가 흐르는 한국인이었다.[67] 3·1 운동이 전국적으로 확산되어가는 과정에서의 기독교인의 참여는 매우 광범위하고, 적극적이었다.[68] 3·1 운동 당시 앞서

---

65) 정상운, 『새벽을 깨우는 사람들: 인물로 본 성결교회사』, 68.
66) 민경배, "한국교회사(韓國敎會史)와 성결교회(聖潔敎會)", 「활천」, 통권 375호, 3.
67) 정상운, 『새벽을 깨우는 사람들: 인물로 본 성결교회사』, 68-69.
68) 이만열, 『한국기독교사 특강』 (서울: 성경읽기사, 1987), 163.

언급한 바와 같이 한국성결교회도 집단적이 아닌 장로교, 감리교와 같이 개별적인 참여를 하였다.

지금까지 김상준, 강시영, 김응조, 백신영, 한도숙, 김기삼, 이상철 등 한국성결교회와 관련된 자들의 직접적인 3·1 운동 참여로 인한 검속과 옥고, 항일운동 등은 한국성결교회가 민족운동에 대한 몰역사성을 가진 소극적 교단이라는 평가를 재고하게 해준다. 특별히, 1926년 6·10만세 운동 때에 기독교의 조직적인 활동이 장로교, 감리교를 막론하고 거의 전무한 상황에서 천세광(천세봉)이 신앙적 동기에서 보여준 단독거사 운동은 신앙적 민족운동으로서 한국성결교회사 뿐만 아니라 한국교회사에 있어서도 그 의의가 지대하다고 말할 수 있다. 이것은 한국성결교회 교인(교직자)들도 기독교 신앙 공동체 안에 있으면서도 그것 밖에 있는 더 큰 민족공동체의 구성원으로서의 당시 사회가 갖고 있는 민족주의 형성의 흐름에 영향을 주고 받는 관계에서 벗어나지 못했다는 것을 말해준다. 이것은 동양선교회 선교사들의 정교분리 원칙 아래 "교회가 현실문제, 그것도 정치적 문제에 개입해도 좋은가?"란 반문에 앞서서 복음전도관이 순수한 신앙선교단체로 머물기를 원하였으나, 한국인 교역자들은 한국 기독교 민족운동인 3·1 운동 더 나아가 6·10 만세 운동에 동참하는 결과를 낳았다.

## V. 닫는 글

한국성결교회의 모체는 동양선교회로서, 동양선교회의 교리적 강조점을 그대로 수용하여 개인 영혼구원의 직접 복음전도를 지향하는 교단이었고, 1921년까지는 기성교단으로 경화되지 않는 일종의 선교회 방식의 복음전도관이었다. 1907년 처음 이 땅에 정빈과 김상준을 통해 개척될 때부터 일제 강점의 과정에 놓인 불운한 정황이었다.

지금까지 살펴본 바와 같이 한국성결교회(복음전도관)는 동양선교회 선교사들의 정·교 분리 원칙에 따른 조직적인 참여를 보여주지 못하는 민족주의 입장에서 볼 때 부정적인 모습도 있으나 장로교, 감리교와 같이 3·1운동에 대한 참여 횟수나 내용에 있어서 부진하지만, 분명히 개인적인 참여를 통해 옥고를 치루었다. 이것은 지금까지 성결교회의 민족교회로서의 몰역사성이라는 사료에 근거하지 않은 성결교회에 대한 부정적 비판을 일소해주며, 통전적 역사해석을 요구하고 있다. 선교사 또는 한국인 지도자들이 「活泉」을 통한 민족주의 문제에 대한 등한시 내지 부정적으로 단정한 표현의 글은 역사적 반성을 하여야 하지만, 동시에 3·1 운동을 통한 민족운동의 참여도 간과해서는 안 되고, 6·10 만세운동을 통한 천세광의 단독 거사는 높이 드러내야 할 것이다. 교회의 본래적 사명인 구원의 방주로서의 영혼구원 사명과 이후에 이것과 동떨어지지 않은 민족에 대한 사회적 구원을 병행함으로 미래에 한국사회에 열려있는 교단이 되어야 한다고 생각한다.

그것은 일제하의 3·1 운동이나 6·10 만세운동은 어느 한 입장에서 평가될 수 있 는 하나의 사회 정치운동이 아니고, 이 나라 백성이

면 누구나 다 참여하게 마련인 민족해방운동이기 때문이다.[69]

[성결대학교, 「교수논문집」30집(2001년)]

---

69) 金英才, 『韓國敎會史』, 175.

# 10

## 한국성결교회의 의회 제도
### - 1945년 해방 이전까지-

# 한국성결교회의 의회 제도
### - 1945년 해방 이전까지 -

## I. 여는 글

1907년 우리나라에서 출발한 한국성결교회의 첫 시작은 기존의 장로교, 감리교와 달리 교단적인 배경과 지원이 없었다. '동양선교회 복음전도관'이란 명칭에서도 알 수 있듯이 일종의 선교회 형태의 전도 단체로서 일본 동경성서학원을 졸업하고 귀국한 정빈, 김상준 두 사람에 의해 창립되었다. 『朝鮮耶蘇教 東洋宣教會 聖潔教會略史』에는 이것에 대해 다음과 같이 말하고 있다:

그런데 그 명칭을 복음전도관이라 한 것은 다름이 아니라 최초에 동양선교회 창립자인 카우만, 길보륜 총리의 정신으로서 따로 교파를 세운다든지 또는 선교 사업이라는 야심에 있는 것이 아니라 순전히 구원의 복음을 미신자에게 널리 전하야겠다는 정신에 따라 정한 명칭이었다. 그래서 처음에는 오직 전도에만 주력하고 목회에는 주력하지 않았

으므로 교회를 조직하지도 않고 따라서 정치도 없었다.¹

이것은 1885년 4월 5일 언더우드(H.G.Underwood)와 아펜젤((H.G. Appenzeller)의 제물포항 입국으로 시작된 장로교, 감리교의 교파형 선교와는 확연히 다른 초기 한국성결교회의 정체성과 성격을 분명히 보여준다. 따라서 본고에서는 처음부터 장, 감과 같이 교단 조직과 의회 정치 제도가 없이 시작된 전도관식 행정 체계가 1945년 해방 이전까지 역사적 과정을 통하여 발전된 내용을 살펴보고, 그것이 가지는 의미를 규명하고자 한다.

## II. 복음전도관 시대 의회 제도: 감독 정치

한국성결교회의 초석을 놓은 정빈과 김상준은 일본 동경성서학원 유학을 마치고 1907년 5월 2일에 귀국하였다. 정빈은 일본 동경성서학원에서 수학할 때 동경성서학원을 통하여 복음 전도가 왕성히 일어나는 것을 목도하며 우리나라에서도 동경과 같은 부흥의 역사가 일어나기를 소원하였다.² 정빈과 김상준은 일본에서 학습하고 임상 실습한 부흥 전도의 청사진을 경성 염곡에 다 쓰러져가는 집

---

1) 李明稙, 『朝鮮耶蘇教 東洋宣教會 聖潔教會 略史』(京城: 東洋宣教會 聖潔教會, 1929), 16. 이하 『略史』로 줄임. 본문은 필자가 기독교고고전편찬위원회 위원장(발행인)으로 성결대 출판부에서 '성결교회 기독교 고전 제2권'으로 李明稙, 『朝鮮耶蘇教 東洋宣教會 聖潔教會 略史』을 현대적인 어법으로 2011년에 출판한 『조선예수교 동양선교회 성결교회 약사』를 사용함.

2) 「그리스도신문」, 1906.

몇 간을 임대하여 '동양선교회 복음전도관'이란 간판을 내걸고 재현하고자 하였다. 따라서 아침에는 성경공부 모임을 이끌고, 저녁에는 사람이 많이 통행하는 황토현의 번잡한 거리에 나가서 한 사람은 등을 들고 불을 밝히고, 다른 사람은 북을 치며 사람들이 어느 정도 모이게 되면 "예수 믿기만 하오. 예수 믿기만 하오" 찬미가를 부르고, 노방 전도를 하였다.³ 그리고 노방 전도를 통해 얻게 된 구도자들을 들을 염곡복음전도관으로 인도하였고, 저녁 성별회 설교를 통하여 수많은 결신자들을 얻게 되었다. 이들은 장감과 달리 일종의 선교회 형식의 복음전도관 체제라 기존 교회에 등록하여 신앙생활을 하도록 각자가 자기 집과 가까운 교회에 출석하게 하였다. 그러나 정빈과 김상준의 영적 감동을 일으키는 영력있는 설교는 결신자들을 복음전도관에 계속 남게 하여 초기 한국성결교회의 일원이 되게 하였다. 당시 이들의 복음 전도의 능력 있는 메시지는 당시 연동장로교회의 한국인 최고 지도자격인 이명헌 조사(助事)와 원경신 여조사(女助事), 그리고 원세성, 배선표, 박용희 집사가 장로교에서 복음전도관으로 이명할 정도로 큰 역사가 일어났다.⁴

이와 함께 동경성서학원을 졸업하고 속속 귀국하여 합류하게 된 이장하, 강태온, 김혁준, 김두엽의 협력 사역이 일어나며 염곡복음전도관에 이어 1908년에 진남포복음전도관, 1909년에 개성복음전도관이 세워지게 되었다.⁵ 염곡복음전도관에 이어 계속해서 복음전도관 세 곳이 세워지게 되자 정빈은 동양선교회에 복음전도관들을

---

3) 『略史』, 51.
4) 『略史』, 53.
5) 『略史』, 189.

치리하고 도와줄 감독을 여러번 청원하였는데, 이것이 받아들여져서 1910년 최초의 동양선교회의 감독으로 영국인 토마스(John Thomas) 목사 내외가 조선(한국)에 파견되었다. 토마스 목사의 감독 파송은 일본에서와 마찬가지로 카우만(C. E. Cowman) 부부가 본래 미국에서 감리교회를 출석하였기 때문에 자연스럽게 한국에서의 동양선교회의 처음 교회 정치의 형태로 감독 정치가 시행되게 되었다.[6]

1910년 11월 12일 영국 맨체스타(Mancheser) 스타 홀(Star Hall)성서학원의 토마스 선교사 부부 내한은 복음전도관 체제의 초기 한국성결교회를 발전일로에 올려놓게 되었다.[7] 경성성서학원의 원장을 맡게 된 토마스 감독의 지도 체제에 따라 한국인 교수로 정빈과 이장하(통역)가 교수가 되었다. 이듬해인 1912년 3월에 죽첨정(현, 아현동고개)에 성서학원 건물이 신축되어 1912년부터 1920년까지 60명이 넘는 남,여 졸업생들을 배출하게 되었다.[8] 졸업생들의 배출은 복음전도관 신개척으로 이어져서 1921년 전까지 30개가 넘는 복음전도관이 세워지게 되었다. 그러나 초기 한국성결교회 복음전도관 시대에 시행된 감독 정치는 여러 면에 걸쳐 실효를 거두지 못했다. 이명직 목사는 이것에 대해 다음과 같이 말하고 있다:

> 동양선교회는 교리뿐만 아니라 제도까지도 인연이 깊은 감리교회의 색채가 많았으니 서기 1910년에 총본부에서 영국인 토마스를 조선의

---

6) 안수훈, 『한국성결교회 성장사』(Los Angeles: 기독교 미주성결교회출판부, 1981), 100.
7) "Korea's Progress, No longer the Hermit Nation", *Oriental Missionary Society* (December, 1915), 4.
8) 『略史』, 47-48.

감독으로 파송하였다. 그러나 토마스는 나이가 이미 늙었으므로 조선어를 배웠으나 능숙치 못하여 일을 처리함에 곤란한 일이 많았으니 무슨 일이든지 직접 하지 못하고 반드시 통역을 써야 했다. 당시로 말하면 아직 헌법이 없었고 정치 회의도 없었고 오직 감독이 만사를 결재하되 통역을 썼으니 조선인의 사정과 심리를 잘 이해하지 못했기 때문에 실수가 많았다.[9]

3.1운동이 일어난 1919년 토마스 감독은 강경 지역에 전도관 시찰을 갔다가 일본 경찰이 외국 스파이로 오해하여 심하게 구타당하였고, 이 일로 인해 병이 생겨 귀국하게 되었다. 후임 감독으로 내한한 헤슬롭(William Heslop) 선교사도 부인의 병으로 인해 일년 뒤 바로 귀국하자 킬보른(E. A. Kilbourne)이 1921년 동양선교회(Oriental Missionary Society)의 총본부가 조선 경성으로 이전과 함께 조선 감독으로 내한하여 일인 감독 정치를 맡아 치리하게 되었다.[10]

---

9) 『略史』, 17.
10) 정상운, 『성결교회역사총론』 (안양: 성결교회와 역사연구소 2012), 443; Edward & Ester Erny, *No Guarantee But God* (Greenwood: The Oriental Missionary Society, 1986), 57.

## Ⅲ. 야소교 동양선교회성결교회시대 의회 제도

### 1. 감독 - 고문회

1920년에 들어와 3.1운동의 실패 후유증이 남아있는 가운데서도 한국교회는 대대적인 전도 운동을 일으켰다. 장로교는 '진흥운동'을, 감리교회는 '백년전진운동'을 펼쳐 나갔다. 1920년 한 해 장로교만 하더라도 5,603명의 신자를 얻게 되었고, 장로교, 감리교 양 교단의 주일학교 수가 10,000명에서 14,000명으로 증가될 정도로 흥왕하였다.[11] 이러한 때 앞서서 언급한 대로 1921년 동양선교회 부총리인 킬보른의 제3대 조선 감독으로의 내한은 복음전도관의 양적 팽창으로 새로운 형태의 조직의 체계화를 요구하는 초기 성결교회 시대적 상황에 부응하여 발전하는 결과를 가져오게 하였다. 그것은 그동안 1907년부터 사용하여 왔던 복음전도관이란 명칭을 폐지하고, 기존 장로교, 감리교 교단의 명칭과 같이 '조선야소교 동양선교회 성결교회(朝鮮耶蘇教 東洋宣教會 聖潔教會)'로 개칭하였다. 이로 인해 성결교회는 초기 성결교회의 복음전도관의 선교회 체제에서 기성교단(既成教團)으로 전환한 목회 본위의 교단으로 발전하게 되었다. 그러나 목회 본위의 교단으로의 전환은 초기 시작할 때 선교 본위의 성결교회의 정체성까지 포기한 것은 아니었다. 이명직 목사는 이것에 대해 다음과 같이 설명하고 있다:

---

11) 김영재, 『되돌아보는 한국기독교』 (수원: 합신대학원 출판부, 2008), 126.

동양선교회가 조선 전도에 착수한 지 15년 동안 이미 설립된 전도관이 33개소에 이르고, 수천의 신도가 생겨남에 따라 이들을 돌아보아야 할 사정이므로 목회 정책을 쓰지 않을 수 없게 되었다. 그리하여 1921년 9월에 전부터 사용하던 복음전도관이란 명칭을 폐지하고 교회를 조직하면서 교회의 명칭을 성결교회라 하였다. 이는 우리가 전하는 복음이 전도관 시대이나 교회 조직 시대가 다름없이 예수 그리스도의 보혈로 말미암아 사람이 범죄나 원죄에서 성결케 되는 복음을 증거하는 것을 나타내는 일이니, 곧 우리의 신앙의 표시라 할 수 있다. 혹 생각하기를 전도관이 변하여 교회로 조직이 되었으니 목회에나 힘쓰고 전도에는 전력을 쏟지 않는 줄로 알는지 모르겠으나 원래 동양선교회는 구령 제일 곧 전도 본위로 일어났으니 어디까지나 성결교회는 목회 본위가 아니라 전도를 본위로 하니, 교역자 뿐 아니라 모든 평신도 전체가 그리스도의 정병이라는 정신으로 일치하였다.[12]

복음전도관에서 성결교회로의 교단 체제의 전환은 복음전도관 시대와 달리 일층 심화되고, 체계화된 교단으로서의 구조 변화를 요구하였다. 킬보른은 조선에 주재하면서, 과거의 감독들과 달리 일인 감독 정치 체제에서 성결교회 본부에 감독 아래 감독의 자문 역할을 하는 고문 제도(감독-고문회)를 만들었다. 1921년부터 1923년까지 3년간 자신과 그의 아들 이 엘 킬보른(E. L. Kilbourne)이 고문회의 회장을 계속 맡고, 한국인으로는 이명직, 이명헌, 최석모 그리고 선교

---

12) 『略史』, 16-17.

사로는 브릭스 부인, 웃-스를 구성원으로 삼았다.[13] 이명직을 비롯한 한국인 교역자들이 비록 회장이 아닌 회원으로 고문회에 3년간 선교사들과 같은 동수 비율로 참여하였지만 이를 통해 제한적이지만 한국목회자들의 뜻이 반영되었다.

2. 이사회 - 교역자회

킬보른(E. A. Kilbourne)을 중심으로 3년간 시행된 고문회 제도는 1924년 2월 킬보른 감독이 미국으로 귀국하게 되자 더 이상 존속되지 않고 폐지되면서 이사회로 바뀌게 되었다. 동양선교회는 성결교회의 최고 정치 기관으로서 이전의 감독의 권한을 대신하는 기구로 이사회를 두어 조선예수교동양선교회 성결교회를 치리하게 하였다.[14] 이명직 목사는 성결교회의 이사회 제도 채택에 대해 다음과 같이 말한다:

> 우리 동양선교회에 이사제를 채용하게 된 것은 실로 진보적이며 이상적 조직이라 할 수 있을 것이다. 성결교회의 이사를 조선교회 총회에서 택하지 못하고 총본부에서 임명하는 것이 모순이라고 볼 수 있으나 이것은 실력문제 또는 시기 문제이니 조선교회에서 자급하는 실력이 진전됨에 따라 될 것이다.[15]

---

13) 『略史』, 18.
14) 『略史』, 19.
15) 『略史』, 19.

동양선교회는 일본에서 나까다 쥬지(中田重治)와의 불협화음이 다시 재현되는 일이 일어나지 않도록 처음부터 조선성결교회는 동양선교회 다시 말하면 동양선교회 총무부의 지휘, 감독을 반드시 받도록 하였다. 따라서 조선에 있는 동양선교회 성결교회를 치리하는 기관으로 이사회를 두고, 그 위에 최고기관으로서 총무부를 두었다. 동양선교회 총무부에서 매년 이사회 임원을 임명하였고, 회장(이사장)이 지배하도록 하였다. 그리고 이사회에 각 지역을 나누어 지방별로 감리목사를 두었고, 매년 임명받은 감리목사가 각 지방을 순회하며 개교회를 돌보고 시찰하여 동양선교회 총무부에 보고하도록 하였다.[16] 아래는 1924-29년까지의 이사회 구성표이다.[17]

| 연 도 | 회 장 | 이 사 |
|---|---|---|
| 1924년 | E. A. 길보륜 | 이명직, 이명헌, 브릭스, 최석모, 웃-스 |
| 1925년 | 웃-스 | 이명직, 이명헌, 브릭스, 최석모 |
| 1926년 | 웃-스 | 이명직, 이명헌, 최석모, 헤인즈 |
| 1927년 | 웃-스 | 이명직, 이명헌, 최석모, 헤인즈 |
| 1928년 | 웃-스 | 이명직, 이명헌, 최석모, 헤인즈 |
| 1929년 | 헤인스(회장 대리) | 이명직, 최석모, 곽재근 |

총무부 산하 이사회의 체제에 따라 한국성결교회는 선교사의 주도 아래 한국교회 자치적인 의회 제도가 없이 치리되었다. 이사회가

---

16) 吉寶崙, 『朝鮮耶蘇教 東洋宣教會 聖潔教會 教理及條例』(京城: 東洋宣教會 出版部, 大正 14年), 19-21. 필자가 2010년에 위 책을 현대체로 바꾸어 '성결교회 기독교 고전 제1권'으로 발행한 『성결지침과 교리급 조례』(성결대학교 기독교 고전편찬위원회) 본문 내용으로 기재함.

17) 『略史』, 19-20.

조직되기 전에 킬보른이 조선 감독으로 주재할 당시 한국 목회자들은 1921년 4월에 정식 의회 제도가 아닌 회합 성격의 '간담회'로 모이게 되었다. 이 모임은 성결교회 남여 교역자들이 매년 한차례 모이는 수양회를 이용하여 간담회 식으로 대화를 하며 상호 간의 목회 유익을 위해 교회 발전에 관한 내용을 나누는 친목적인 모임이었다.

간담회는 1921-1923년까지 지속되면서 선교사 일인 감독 중심의 감독-고문회 시대에 비록 정식 의회가 아니더라도 교단지 「活泉」(1922년 11월 25일)을 발행하고, 은퇴, 질병, 별세한 교역자와 유족들을 위하여 양로국을 조직하고, 내,외국에 순복음(사중복음)을 전하기 위한 전도국을 신설하고 매년 개최되는 교역자 수양회를 위해 들어가는 2천여환의 경비를 부담하는 수양부회도 만들어 성결교단 정초기에 한 몫을 감당하였다.[18]

앞서 논급한대로, 1924년 감독제가 총무부 중심의 이사회제로 바뀌면서 간담회는 한걸음 더 나아간 상태인 '교역자회'로 발전하게 되었다. 교역자회는 간담회와 달리 체계적인 회규도 갖게 되었다.

그러나 실상 그 내용은 한국인 교역자에 대한 독자적인 처분권이 없고, 결의 사항도 이사회를 경유해야 하는 아직도 성결교회의 의회 정치라 말하기에는 한계가 많은 미미한 수준이었다. 교역자회는 아직도 간담회 성격을 완전히 벗어나지 못하였지만, 1924-25년: 용정교회 시찰과 설립, 1926년: 교역자 상조회, 1927년: 매년 11월 2째주 추수감사절 시행, 1928년: 재단법인 동양선교회 유지재단 이사 추

---

18) 『略史』, 26.

천의 의견 개진 등 많은 일을 하기도 하였다.[19]

3. 이사회 - 연회

교단 조직 이후 1920년대 성결교회는 교역자회를 통해 교단 조직의 기능 형태를 갖추게 되었으나, 이것은 주체적인 의회 제도와는 거리가 먼 것으로 동양선교회 선교사의 절대적인 권한과 통제 아래 모든 일을 지배받게 되었다.[20] 이 기간 교역자회가 동양선교회 이사회에 건의나 청원하는 정도의 기구에 머물자 해가 갈수록 점차 한국인 교역자들의 정치 참여 열망이 높아갔다. 마치 이 일을 반영하기라도 한듯 1929년 2월 27일 동양선교회 이사회에서는 미국 총본부의 재가를 받아 경성성서학원 강당에서 연회가 창립되었다.[21] 이로써 한국성결교회 창립 22년 만에 얻게 된 연회 창립을 통하여 마침내 한국인 교역자들의 정치적인 참여의 길이 열리게 되었다. 이에 대해 이명직 목사는 1929년부터 1932년까지 조직된 연회(年會)가 "감독제도하(下)에서 실현된 완전한 정치적 회합"이었다고 말하며,[22] 연회를 통한 우리의 권리 주장을 기뻐만 할 것이 아니라 거기에 부응하는 본분과 책임을 다해야 함을 강조하였다.[23]

카우만 부인과 킬보른이 참석한 상태에서 제1회 연회에서 의장

---

19) 『略史』, 28-30.
20) 정상운, 『성결교회역사총론』, 193.
21) 정상운, 『성결교회역사총론』, 489.
22) 主幹, "第一回 總會를 보고", 「活泉」, 제126호(1933. 5.), 2,
23) 主幹, "聖潔敎會 第一回 年會에 對하야", 「活泉」, 제76호(1929.3.), 1-2.

에 웃-스(H. F. Woods), 부의장 박영순, 서기 이상철, 부서기 이건이 선임되었고, 정회원 19명, 준회원 48명, 전체 67명이 참석하였다. 그리고 동시에 평신도 대표 58명이 회집한 평신도 대회를 개최하였다.[24]

제1회 연회에서는 1928년 교역자회에서 동양선교회 총무부에 건의한 한국인 교역자의 이사회 참가 요청이 받아들여졌다. 이명직 목사가 이사회의 새로운 구성원이 된 것이 발표되고 새로 곽재근 목사가 이사로 피선되었다. 그리고 침례 예식이 병자나 노인, 산모나 기타 부득이한 경우에 약식 시행으로도 병행할 수 있도록 변경되었다. 그리고 교회재판법 제정과 중앙사무국 설립이 결의되었다.[25]

제2회 연회는 1930년 3월 5일-9일까지 경성성서학원에서 개최되었다. 경성성서학원장에 이명직 목사가 임명되고, 지방회 명칭이 청진, 함흥, 안성, 대전, 대구, 밀양, 평양, 이사회 직할지방으로 바뀌고, 이사회 직할지방에 무교정, 체부동, 독립문, 아현, 동막, 신공덕리, 청량리, 철원, 동경, 와세다, 풍교, 나고야교회가 속하게 되었다.[26]

제3회 연회는 1931년 3월 17-22일간 개최되었고, 2회 연회 때 중앙사무국에서 개편된 이사국에 상무 이사와 전국 순회 이사를 새롭게 만들어 전국 순회 이사 제도를 상설화시켰다. 그리고 이사회, 연회, 평신도 대회가 3명 이상 찬성을 얻으면 자유롭게 건의안이나 청원서를 제출할 수 있게 하였다. 이와 같은 연회의 위상 변화와 교회 정치 참여는 과거와 달리 의견 개진 뿐만 아니라 새로운 안건의 결

---

24) 『略史』, 31.
25) 『略史』, 33.
26) "朝鮮耶蘇教 東洋宣教會 聖潔教會 第二回 年會任命記", 「活泉」, 제89호(1930.4.), 59.

정을 통하여 초기 한국성결교회의 교단 발전에 지대한 영향을 미쳤다.

실제로 한국성결교회는 기도소를 포함하여 교회수가 1928년에는 106교회였는데 1932년 말에는 거의 두 배에 이르는 196교회가 될 정도로 큰 증가세를 보였다. 그러나 그럼에도 불구하고 실제상에 있어서는 동양선교회 이사회가 이사 임명권 뿐만 아니라 교역자 임명권도 여전히 가지고 있는 상태였고, 한국인 교역자의 생활비도 전적으로 감당하고 있는 처지였다.[27] 결국, 한국성결교회의 의회 정치에 있어서 연회를 통한 정치적인 한국 교역자의 독립적인 자치 도모는 경제적 자급이라는 현실적 상황과 맞물리면서 경제적 자립이 선행되어야 비로소 정치적 자치가 자유롭다는 이해 속에 1930년 제2차 연회부터 한국성결교회가 해결해야 할 시급한 당면 과제로 떠오르게 되었다. 이명직 목사는 「活泉」에 '자급을 목표로 돌진하라'는 사설을 게재하면서 한국성결교회의 경제적 자급은 물질 문제가 아니라 신앙의 문제로 자급을 위한 온전한 십일조 헌금을 강조하였다.[28] 이것은 자연스럽게 그동안 교회 건축비와 교역자 생활비를 동양선교회에 의존하였던 예속적 관계에서 한국성결교회 성도들의 헌금으로 경제적인 자립과 함께 정치적인 자치를 꾀하고자 시도하였던 '자치 선언(自治宣言)'을 하게 하였다.[29] 1932년 3월 26일 제4차 연회에서 다음과 같이 헤인즈(許仁守) 선교사와 이명직, 최석모, 곽

---

27) 서울신학대학교 성결교회역사연구소, 『한국성결교회 100년사』 (서울: 기독교대한성결교회 출판부, 2007), 229.
28) 主幹, "自給을 目標하고 突進하라", 「活泉」, 제108호(1931.12.), 2-3.
29) 鄭祥雲, 『聖潔敎會와 歷史硏究Ⅰ』 (서울: 이레서원, 1997), 186.

재근 목사 이름으로 '자치 선언'이 발표되었다:

> 하나님의 크신 능력과 넓으신 사랑과 깊으신 은혜를 찬송하여마지 않나니 우리 조선에 순복음이 전파된 지 이미 25년이라. 지금까지 선교본부의 유지를 받아 여기까지 발전됨은 진실로 감사하는 바이니라. 이제는 우리가 자립하지 않으면 아니 될 것은 연회를 조직 후 4개성상의 훈련을 받고 또한 각오를 가지고 왔도다. 일반 교회와 교역자 제위는 비장한 결심과 담대한 용기로 전진하기를 희망하며 이에 우리는 신앙 위에서 조선야소교동양선교회 성결교회 헌법 제3편과 제4편과 부록 제1장으로 제5장까지를 폐지하고 자치를 선언함.
>
> 1932년 3월 26일
> 조선야소교 동양선교회 성결교 리사회
> 허인수, 이명직, 최석모, 곽재근[30]

## 4. 이사회 - 총회

1932년 자치 선언의 기세는 한국인 교역자들의 정치적 자치의 열망과 맞물려 1933년 연회에서 총회로 의회 제도가 바뀌는 결과를 낳게 하였다. 연회 해체에서 총회 신설의 정치 제도 변경은 지금까지 동양선교회에 예속되고, 한국인의 독자적인 행정 능력이 없는 교

---

30) 「朝鮮耶蘇教 東洋宣教會 聖潔教會 第四回 年會會議錄」(1932): 31-32. 본문을 필자가 현대체로 바꿈.

단 정치 구조를 타파하는 획기적인 변혁을 가져다 주었다.

동양선교회의 허락을 받아 1933년 4월 12일에 개최된 제1회 총회에서 무기명 투표를 통하여 한국인 교역자 이명직 목사는 총회장으로, 곽재근 목사는 부총회장으로 선출되었다. 제1회 총회는 성결교회 교회 통치의 최고 권위로서 총회를 인정하고, 총회 조직을 목사와 평신도 대표로 구성하였다.[31] 제1회 총회에서 결의된 특별한 내용은 동양선교회 이사회 이사를 선출하고, 이사 임기 중일지라도 개선(改選)할 권한이 총회에 있음을 헌법에 포함시킨 일이었다.[32] 이와 같은 결정은 동양선교회 총본부에서 쉽게 받아들일 수 없는 파격적인 일로서 동양선교회 입장에서 볼 때 1910년대 일본에서 동양선교회 선교사들과 현지교회 나까다 쥬지와 가졌던 교권에 대한 불협화음을 연상시키는 민감한 사안이었다. 제1회 총회는 이사회를 총회에서 선출한 7명 이사로 구성하고, 이사회 의사 결정은 5인 이상 찬성으로 규정하였다. 제1회 총회는 지금까지 이사장 일인 중심의 절대적인 권한 독점에 제동을 거는 등 새로운 변화된 정치 질서를 요구하였다.

그러나 현실은 아직도 동양선교회 이사회를 총회보다도 한국성결교회의 최고권위 기관으로 인정함으로써 스스로 총회 의회 정치 기구가 동양선교회 이사회에 예속된 상태임을 보여 주었다. 동양선교회 총본부와 사전 조율하지 못한 상태에서 총회에서 이사 선출하는 사안은 자칫 심각한 상황을 가져다 줄 수 있기에 총회 결의를 한

---

31) 정상운, 『성결교회역사총론』, 194.
32) 「朝鮮耶蘇敎 東洋宣敎會 聖潔敎會 第四回年會會議錄」 (1932), 31-32.

상태에서도 총본부의 승인이 있기까지 유보하였다. 그리고 그 이전에 모든 행정 사무 집행권은 종전 이사회에 일임하자는 안건이 가결되었다. 이것은 요즈음 대의 정치에서 찾아볼 수 없는 어정쩡한 회의 진행이었다. 그러나 중앙집권적 정치 제도에서 탈피하고, 한국인 교역자들의 전체적인 의사를 결집하여 실행하고자 하는 근대 민주주의적 대의 정치 제도에 대한 간절한 표방의 첫 시도이었다.[33] 그러나 그럼에도 불구하고, 결과적으로는 지금까지 우위의 위치에 놓인 선교사들도 한국인 교역자들과 동등한 위치에서 총회 대의원으로 참석을 하게 되었고, 종래에 행사하여 왔던 절대 권력을 사용할 수 없게 되었다. 따라서 선교사들과 한국인 교역자들 사이에 교단의 주도권을 둘러싼 미묘한 갈등과 대립이 표면적으로 나타나기 시작하였다.[34]

1934년 4월 23-28일에 경성성서학원에서 열렸던 제2회 총회는 1차 총회와 같이 회장 이명직, 부회장 곽재근 목사를 재차 연임시켰다.[35] 1차 총회 때 이사 선정 권한을 총회에 이양하기로 결정한 내용을 관철하기 위해 이사회 권한에 대한 안건을 통과시키고, 강송수, 변남성, 유기태, 배신환을 교섭위원으로 선정하였다. 그러나 총본부와 교섭 결과 동양선교회는 한국성결교회에 조속한 시일에 이사 선거권을 이양하고 싶으나 이사 선거권은 경제적 자급과 관련된 것으로서 아직 한국성결교회가 경제적 자급이 안 되기 때문에 바로 이

---

33) 정상운, 『성결교회역사총론』, 195.
34) 이덕주, "1936년 성결교 총회분규사건", 「한국기독교회사연구」, 제17호(1987.12.), 19.
35) "東洋宣敎會 聖潔敎會 第二回總會議事撮要", 「活泉」, 제139호(1934.6.), 49-50.

양(移讓)은 시기 상조임을 통보하였다.36 다음은 「活泉」에 게재한 '이사회 공고'의 이사회 직제 변경의 내용이다:

제 1절 조직
제1조 이사는 동양선교회 조선성결교회가 완전히 자급되어 총회에서 선거할 때까지 총본부에서 임명하느니라.
제2조 이사회는 동양선교회 총본부에서 임명한 7인의 이사로 조직하느니라.
제3조 이사회는 동양선교회 조선성결교회를 통치할 최고권위기관이니라.
제4조 이사의 임기는 4년으로 하느니라.37

동양선교회가 총회에 이사 선출권을 넘기는 것은 실제적으로 동양선교회 총본부의 절대 권한을 포기하는 것으로 한국 교역자들과의 마찰과 갈등은 불을 보듯 예상된 일이었다. 동양선교회 총본부에서는 한국성결교회의 요청을 거부하고 이사회를 계속 장악하고 나갔다. 처음 1932년 자치 선언에 참여하였던 것과 달리 선교사 허인수(헤인즈)와 한국인 교역자들과의 갈등은 시간이 지날수록 깊어지게 되어 서로를 반목질시(反目嫉視)하는 입장으로까지 발전되었다.
이러한 와중에 1936년에 개최된 제3회 총회는 개혁과 자치를 요구하였던 신진계층의 지지를 받은 변남성 목사가 무기명 투표를 통해 제3회 총회 총회장으로 선출되었다. 제1, 2회 총회 때 이명직 목사가 총회장으로 선출된 것과 같은 동일한 방식으로 치루어진 합법

---

36) 「朝鮮耶蘇教 東洋宣教會 聖潔教會 第二回總會會議錄」 (1934), 37.
37) "理事會 公告", 「活泉」, 147호(1935.2.), 속지.

적이며 정당한 총회장 교체이었다. 그러나 여기에 대해 불만을 가진 동양선교회 총본부와 이사회는 제3회 총회를 무효선언하고, 새로 총회장이 된 변남성 목사를 3월 25일자로 일방적으로 면직 처분을 하였다. 역사에 지울 수 없는 오점을 남기는 불행한 순간에 대해 이명직 목사는 제3회 총회 무효의 이유를 일방적으로 다음과 같이 말하고 있다:

> 지나간 역사를 회고하건대, 소화8년(1933) 4월에 총회가 조직되어 제1회, 제2회까지 개회하고, 제3회는 소집되었다가 해산되고 말았다. 이것은 실로 불행과 실패의 역사로 남아 있거니와 해산된 이유라고 말한다면 우리 성결교회는 감독제임에도 불구하고, 그 총회의 성질이 의회 정치와 흡사하게 되었다. 그러할지라도 회원이 정치에 숙달한 인물이었더라면 좋았을 것을 태반이 미경력의 청년들이어서 정치의 정의를 도용하려고 암암리에 망동이 잇는 결과로 부득이하야 해산하는 운명에 이르고 금일까지 총본부로부터 임명된 이사원들이 회의제로 지내어온 것이다.[38]

제3회 총회 파행은 결국 동양선교회 이사회로부터 탈피한 한국인 교역자들의 자치적인 의회 제도를 이전으로 다시 후퇴시키는 결과를 가져다 주었다.

---

38) 主幹, "聖潔教會 總會創立",「活泉」, 제216호(1940.11), 2.

## 5. 이사회 - 연회(환원)

동양선교회 이사회는 적법한 절차를 거쳐 선출된 변남성 총회장을 직전 총회 임원들과 손잡고 새 총회를 불신임시켰다. 이것은 결국 1936년 성결교회를 탈퇴하여 반교권적인 성향을 가진 '하느님의 교회'라는 새로운 교단을 창설하는 성결교회 분립 사건으로 이어졌다. 그리고 한국성결교회 총회 의회 정치는 과거의 상태인 감독 정치 체제인 연회로 환원되었다. 연회 환원은 이사 선출권이 동양선교회 총본부에 있고, 한국성결교회의 최고 통치권이 이사회에 있음을 다시 확인하게 해 주었다. 1936년 개정헌법은 이와 같은 강경한 사실을 그대로 보여주고 있다:

> 제6조 동양선교회의 정체는 감독정체니... 동양선교회 총무부는 전 동양선교회를 감독하는 기관이니라.
> 제12조 교회 정치 사무집행기관은 이사회가 있나니 이사는 총무부에서 임면하되 이사중 상무 이사와 순회 이사를 지정하느니라.
> 제15조 교역자의 임면은 이사회에서 행하며, 관청에 대한 수속은 총무부에서 임명한 포교 관리자의 명의로 하느니라.
> 제16조 동양선교회 성결교회의 신조나 정체와 제도 이외의 행동을 취하는 개인이나 교회는 이단 또는 반역자로 인정하느니라.[39]

일제가 태평양 전쟁을 앞두고 미국 선교사들을 적대시하자 1940

---

39) 「헌법」(1936); 기독교대한성결교회, 『한국성결교회사』(1992), 260에서 재인용.

년 한국에 주재중인 미국 공사 마쉬(Marsh)에 의해 본국으로 철수 명령이 하달되었다. 그리고 경성(서울)에 주재했던 동양선교회 선교사들이 일제의 추방 명령에 의해 본국으로 모두 귀국하였다. 이러한 상황에서 1940년 10월 개최된 연회 후에 총회가 다시 창립되었고, 선교사 중심의 이사회에서 한국인 교역자 중심의 총회로 전환되었다. 이명직 목사가 제1회 성결교회 총회 이사장으로 선출되며 한국성결교회의 최고 위치에 있게 되었다. 1942년 명목상 남아있던 동양선교회 선교사 3인이 해임되고, 이건 목사 등 한국인 교역자로 이사가 전원 교체되면서 한국성결교회는 동양선교회로부터 비로소 독립하게 되었다.

한국성결교회 주체적인 총회 의회 정치는 한국 교역자들의 주체적인 노력이 아닌 정치적 상황 변화에 따른 외세(外勢)에 의해 어부지리(漁父之利)로 얻게 된 셈이었다.

## III. 닫는 글

지금까지 1945년 해방 이전까지 한국성결교회 의회 제도를 역사 순으로 살펴보았는데 몇 가지 분석, 정리하면 그 내용은 다음과 같다.

첫째, 한국성결교회는 1907년 처음 출발할 때부터 장로교, 감리교와 같이 기성교단으로 출발하지 않고 선교회 형태인 복음전도관 체제였다가 1921년 교단으로 경화되면서 교단 조직에 따라 의회 제도의 필요가 요구되었다. 이러한 사실은 한국성결교회 의회 정치에 대한 이해는 장로교, 감리교와 같은 연구 결과에서 얻어지는 것과

다른 특징이 있음을 보여준다

둘째, 의회 제도에 대한 분명하고도 일관된 자리매김이 없는 동양선교회의 정책 과정에서 교권에 대한 한국인 교역자와 선교사 간의 주도권 다툼은 한국성결교회의 의회 제도의 정착에 혼란과 어려움을 가져다주었다. 이것은 1945년 해방 직전까지 결국 처음 시작할 때와 별반 다르지 않는 답보 상태에 머무르는 후퇴하는 결과를 가져오게 하였다.

셋째, 1932년 자치 운동의 실패에서 보여주듯이 경제적 자급과 자립이 이루어지지 않은 상태에서 한국성결교회가 동양선교회 선교사들로부터 서둘러 교회 의회 제도에 있어서 독립된 정치적 자치를 도모하는 일은 경제적인 현실적 실효성을 우선적으로 고려해야 할 중요성을 시사해 준다.

넷째, 해방 이전 한국성결교회 의회 정치의 발전을 가로 막았던 주요인들은 선교회식 출발로 인해 기존 장로교, 감리교와 같은 체계화되고, 조직화된 교단 체제와 정책(교리와 조례)의 부재를 들 수 있고, 한국성결교회의 정치적 자치의 열망에 대한 개방된 동양선교회 선교사들의 선교 정책의 폐쇄성과 선교 정책의 비효율성을 지적할 수 있다. 그리고 경제적 자급이 선결되지 않고 동양선교회에 경제적으로 전적으로 의지하는 불안정한 상태에서 시도한 한국인 목회자들의 정치적 자치의 한계와 리더십 부재 등 여러 가지 면이 나타난다.

결국 이러한 제 요인들과 일제 당시 정치, 경제적 상황들은 결과적으로 이 땅에 처음 출발부터 안정된 조직 체계로서 초기 한국성결교회의 의회 정치가 뿌리내리지 못하는 결과를 가져다주었다. 그리고 감독 정치인 초기 교단 정체까지 바뀌고, 환원되는 악순환과 더 나아가 1936년 교단 분규까지 겪게 되었다. 또한 한국성결교회 교역자들의 일치된 의견을 모으고, 그것을 동양선교회 선교사들과 합력하여 교단 성장과 발전으로 이루어 내는 일에 실패했다. 그러나 그럼에도 불구하고 실패라고 쉽게 단언하기보다는 한국성결교회가 선교회에서 교단으로 전환되는 과정에서 나타나는 일련의 발전을 위한 또 하나의 성장 수순으로 보는 것이 오히려 타당한 평가가 아닌가 사료된다.

[성결신학연구소, 「성결신학연구」 26권(2014년)]

# 11

## 1936년 성결교 총회 분립

# 1936년 성결교 총회 분립

I. 여는 글

한국성결교회는 1945년 해방이전에 교단분립의 시련을 겪게 되었다. 1936년 3월 17일에 개최된 제3차 총회에서는 서북계(西北系) 소장목사인 변남성(邊南星) 목사가 무기명 비밀투표를 거쳐 2대 총회장인 이명직 목사에 이어 총회장으로 선출되었다. 이 일은 당시로서는 파격적인 이변이었다.[1] 전국 각지의 총회 총대들이 모여 합법적으로 총회장을 선출했으나, 동양선교회 이사회에서는 일방적으로 총회 도중 총회 무효선언을 내리고 해산을 선언하였다. 이에, 이사회의 결정에 불복한 일부 성결교 목사들이 성결교를 떠나, 그해 11월 29일 새 교단인 하느님의 교회를 창립하게 되었다.

1936년 성결교 총회분규사건은 단순한 성결교회만의 사건이 아

---

1) 李泉泳, 『聖潔敎會史』(서울:기독교대한성결교회 출판부, 1970), 81.

닌 당시 한국교회가 안고 있는 문제점을 표출시킨 사건이었다.[2] 1919년 3.1 운동 직후 표면적으로나마 문화정치를 표방하며 완화된 정책을 보였던 일제는 만주침략(1931년)을 계기로 한국을 아시아 대륙침략의 전초기지화 하면서 강압적 통치 정책을 펴나갔다.[3] 1920년 중반부터 1930년대 기간에 한국교회는 자기모색의 전환기를 맞으며 여러 면에 걸쳐서 갈등과 분쟁이라는 시련을 겪었다. 한국인의 주체적 신앙과 교회수립운동의 노력은 결과적으로 지금까지 볼 수 없었던 다양한 교단과 종파 분립이라는 현상을 갖게 하였다:

> 이 시기 한국 기독교는 교회·교파간, 신학의 진보·보수간, 선교사와 한국인 사이, 서북지방 교인과 중부지방 교인 사이의 갈등과 분쟁으로 내적인 시련을 겪고 있었다. 또한 체제화되고 교권화되는 제도권 교회의 경직성도 문제가 되었다. 이같은 내적 갈등으로 인한 분규와 분파 현상 속에서도 한국인의 주체적 신앙과 교회 수립 운동이 꾸준히 전개되었다. 그러나 이러한 주체적 신앙운동이 제도권 교회로부터 '이단'으로 정죄받게 되면서 한국 기독교 전체의 갱신운동으로 발전하지 못함에 따라 다양한 '종파' 분립현상이 나타나게 되었다.[4]

주지하는 바와 같이 일제하의 한국교회의 교권은 선교사들에 의하여 주도되었다. 반교권적(反敎權的)이라는 말은 반선교사적(反宣敎師的)이라는 말과 동일한 의미를 가지고 있었다는 것이 일제하 한국교

---

2) 이덕주, "1936년 성결교 총회분규사건", 『韓國基督敎會史硏究』, 제17호(1987. 12), 18.
3) 한국기독교 역사연구소, 『한국기독교 역사 Ⅱ』 (서울: 기독교문사, 1991), 147-49.
4) 한국기독교 역사연구소, 『한국기독교 역사 Ⅱ』, 147-49.

회의 특성이었다.[5] 반선교사(反宣敎師)운동과 반교권운동의 한계를 구분짓기는 어려우나,[6] 선교사 주도의 교회에서 한국인의 주도권 행사에 대한 관심이 3.1 운동이후 민족자존적(民族自尊的) 기풍의 진작과 함께 높아 갔다.[7]

일부 선교사들이 갖고 있던 인종 차별주의와 문화 우월주의적 사고, 그것에서 비롯된 비행과 추문 사건으로 한국교회와 선교사 사이엔 긴장 관계가 조성되었다. 여기에다 1세대 선교사들이 지니고 있던 한국교회에 대한 주인의식과 지배의욕, 2세대 선교사들의 한국 문화에 대한 몰이해 등의 부정적 요인들이 복합적으로 작용하여 한국교회와 선교사 간에 위기 상황까지 연출되었던 것이다. 게다가 선교사와 한국교회 사이의 벌어진 틈새를 파고들어 한국교회 안에 반(反)선교사 운동을 획책하려한 일제의 침략적 음모까지 겹쳐서 선교사 문제는 상당히 복잡한 양상으로 전개되었다. 따라서 이같은 1920-30년대 선교사와 한국교회 사이의 갈등은 한국교회 발전의 저해 요인이 되기도 하였다.[8] 이것은 내적으로는 기성교회에 대한 비판과 동시에 혁신운동이었고,[9] 외적으로는 선교초기로부터 절대적인 권위를 행사해온 선교사들의 전횡에 반대한 반교권 운동이

---

5) 金南植, 『日帝下 韓國敎會 小宗派運動硏究』 (서울: 새순출판사, 1987), 31.
6) 김남식은 반선교사 운동과 반교권운동을 둘로 구분하여 반선교사 운동으로는 崔重珍의 '自由敎'와 李萬集의 '自治敎'를 들고, 반교권운동으로는 조선기독교회(1935년), 하나님의 교회(1936년), 적극신앙단을 들고 있다.
7) 金南植, 『日帝下 韓國敎會 小宗派運動硏究』, 175.
8) 한국기독교 역사연구소, 『한국기독교의 역사 II』, 175.
9) 교회에 대한 비판의 소리는 1917년 이광수의 "금일 조선 야소교회의 결점"이란 논문이 발표된 이후로 높아져 갔다. 적극신앙단 신용우는 1920년대의 반기독교 운동은 현재 조직되어 있는 기독교단이나 또는 개인에 대한 절요(切要)한 반성제를 보았다. cf.「開闢」(1925년 11월호), 71과 全炳昊, 『崔泰瑢의 生涯와 思想』(1983) 참조.

었다.[10]

1920-30년대 한국교회의 선교사 비판 내지 배척운동은 한국 기독교인들의 자립과 자치운동으로 발전되어 선교사들의 인종차별적 우월주의, 제도권 교회의 교권적 저항에 투쟁하는 쪽으로 나갔다. 그러나 그 결과 이단 시비에 몰려 제도권 교회로부터 추방을 당하였고, 이들은 자치와 자유를 주장하며 별개의 교회 조직을 형성하기 시작했다.[11] 그 대표적 것은 장로교에서 최중진의 '자유교회', 김장호의 '조선기독교회', 이만집의 '자치교회', 박승명의 '마산예수교회'이다.[12] 이와 같은 현상은 감리교의 경우에는 이용도 목사의 예수교회와 1935년 1월 25일 감리교 만주선교연회 북만지방의 변성옥, 현성원, 한동규 등을 중심으로 설립한 조선기독교회(朝鮮基督敎會)를 들 수 있다.[13] 그리고 성결교회의 경우에는 1936년 11월에 곽재근, 정남수, 변남성을 중심으로 세워진 '하나님의 교회'를 들 수 있다.

## II. 교단 조직(1921)과 자치선언(1932)

한국성결교회는 1907년 성령부흥운동의 불길이 거세게 일어날 때 장·감에 비해 20여 년이 뒤진 상태에서 조선 땅 한복판 경성에

---

10) 基督敎思想編輯部 編, 『韓國敎會와 이데올로기』 (서울: 대한기독교서회, 1983), 197.
11) 한국기독교역사연구소, 『한국기독교의 역사 I』, 192.
12) 한국기독교역사연구소, 『한국기독교의 역사 I』, 197.
13) 全澤鳧, 『韓國敎會發展史』 (서울: 大韓基督敎出版社, 1987), 227-28.

서부터 시작되었다.¹⁴ 순수한 복음전도관으로 시작한 초기 한국성결교회는 특별한 교회조직 없이 15년간 순복음이라 칭한 사중복음을 전하는 일에 주력하였다. 처음 출발시에는 교파를 형성할 의향이 전혀 없었으나 개종한 사람들을 가까운 아무 교회나 권해도 적응치 못하고 돌아옴으로 추종자가 늘고, 그동안 선교목적으로 세워진 전도관이 33곳이나 이르게 되었으므로 자연스럽게 교회의 형태를 취하게 되고 결국 1921년에는 교회체제로 전환하여 동양선교회 성결교회라는 교단조직을 하게 되었다.¹⁵ 이후 교단으로서의 조직정비가 요청되자 같은 해 4월부터 정식의회가 아닌 교회 발전의 유익을 위해 대화를 나누는 간담회(懇談會)를 일년에 한 차례씩 모이게 되었다.

비정치조직인 교역자 간담회는 1924년에 교역자회로 발전되었고, 1929년에는 감리교 제도를 본따서 연회(年會)로 정착하였다. 제1회 연회에서는 레티 카우만(Lettie B. Cowman) 여사와 킬보른(E. A. Kilbourne) 부총리가 참석한 가운데 경성성서학원에서 개최하였는데, 초대 의장에는 우드(Harry F. Woods) 선교사, 부의장에는 박영순(朴瑩淳) 목사, 서기 이상철(李相徹), 부서기 이건(李鍵) 목사를 선출하였고, 58인이 모인 가운데 평신도 대회를 가졌다.¹⁶

그러나 교역자회와 마찬가지로 연회는 독자적인 행정능력을 갖지 못했다. 동양선교회는 1921년 한국에서 성결교회로 교단 조직화할때 모든 교회정치는 동양선교회 총리가 전체를 관장하고, 그 하

---

14) 정상운, 『한국성결교회사(1)』 (서울: 은성, 1997), 136.
15) 鄭祥雲, 『聖潔敎會와 歷史硏究(Ⅰ)』 (서울: 이레서원, 1997), 184.
16) 李明稙, 『朝鮮耶蘇教 東洋宣敎會 聖潔敎會 略史』(京城: 朝鮮耶蘇教 東洋宣敎會 聖潔敎會 理事會, 1929), 23. 이하 『略史』로 표기함.

부 조직으로 고문회를 두어 의견을 청취하는 형태의 조직을 가졌다. 1924년부터 고문회는 이사회로 변경되었고, 선교사 중심의 이사회는 한국인 교역자 중심의 교역자회 뿐만 아니라 이후의 조직된 연회의 모든 기능을 감독, 통솔하였다.[17] 따라서 성결교회는 교단조직 후 10년간은 정치적으로 교단조직의 기능형태를 갖추게 되었으나, 반면에 선교사의 절대적인 권한 아래 모든 일을 지배받게 되었다. 다만 이같은 이사회 조직 외에 재정을 관할하는 재단 이사회가 별도로 있었는데, 재단 이사회에 한국인이 참여한 것은 1929년이 처음으로 이명직 목사가 첫 한국인 재단이사였다.[18] 그러나 1930년에 들어오면서 교회수가 점점 더 증가하고 한국인 교역자가 늘어남으로써 한국인 교역자의 역할과 책임이 요구되자, 종래의 동양선교회라는 선교사 중심의 중앙집권적 정치제도를 탈피하고자 하는 민족 주체적 의식이 한국인 교역자를 중심으로 모아져 1932년에 자치선언(自治宣言)이 선포되고, 그 기세가 교단저변에 확산되기 시작하였다.[19] 따라서 이명직 목사를 중심으로 교회 건축비와 교역자 생활비 거의 전액을 동양선교회 선교부에 의존하였던 관계를 청산하고, 한국성결교회 교인들의 헌금으로 경제적인 자립과 함께 정치적인 자치를 모색하여 자치선언을 하게 되었다.[20] 1932년 3월 26일 제4차 연회에서는 다음과 같은 내용의 자치선언을 결의하였다:

---

17) 『略史』, 31.
18) 이덕주, "1936년 성결교 총회분규사건", 19.
19) 鄭祥雲, 『聖潔敎會와 歷史硏究(Ⅰ)』, 186.
20) Ibid., 186; 「활천」, 통권 454호, 95.

하나님의 크신 능력과 넓으신 사랑과 깊으신 은혜를 찬송하야마지 않나니 우리 조선에 순복음이 전파된 지 이미 二十有五년이라. 지금까지 선교 본부의 유지를 받아 여기까지 발전됨은 진실노 감사하는 바니라. 이제는 우리가 자립하지 않으면 아니될 것은 년회를 조직 후 4개성상의 훈련을 받고 또한 각오를 가지고 왔도다. 일반 교회와 교역자 제위는 비장(悲壯)한 결심과 담대한 용기로 전진하기를 희망하며 이에 우리는 신앙 우에 서서 조선 예수교 동양선교회 성결교회 헌법 제3편과 제4편과 부록 제1장으로 제5장까지를 폐지하고 자치(自治)를 선언(宣言)함.

一千九百三十二年 三月 二十六日
조선 예수교 동양선교회 성결교 리사회
許仁守, 李明稙, 崔錫模, 郭載根[21]

1932년 자치선언의 기세는 1933년으로 확산되어 발전되었다. 이에 이사회에 예속되고, 한국인의 독자적인 행정능력이 없는 연회를 해체하고, 제1회 총회를 개최하여 무기명 투표를 통하여 이명직 목사를 총회장으로, 부회장에는 곽재근 목사를 선출하였다.[22] 동양선교회 총본부의 허락에 의하여 1933년 4월 12일 오후 2시에 경성성서학원에서 가진 성결교회 제1회 총회는 교회통치의 최고 권위로서 총회를 인정하고, 총회 조직을 목사 대표와 평신도 대표로 구성하였다.[23] 특별히 제1회 총회에서는 이사를 선출하고, 임기 내에 개선할

---

21) 「朝鮮耶蘇教 東洋宣教會 聖潔教會 第四回 年會會議錄」(1932), 31-2.
22) 鄭祥雲, 『聖潔教會와 歷史研究(Ⅰ)』, 187. cf. 「朝鮮耶蘇教 東洋宣教會 聖潔教會 第一回 總會會錄」(1933), 3.
23) 鄭祥雲, 『聖潔教會와 歷史研究(Ⅰ)』, 17.

권한이 총회에 있음을 헌법에 포함시켰다:

第六 節에 第九條와 第十 條를 增加하다.
第 九 條 = 總會는 牧師된 會員中에서 理事를 選擧하나니라.
第 十 條 = 總會는 四分之三 以上의 出席과 票決로 任期內에라도 理事를 改選할 權限이 잇나니라.[24]

제1회 총회는 이사회는 총회에서 선거한 7명의 이사로 조직하고, 이사회의 사무처리와 의사결정은 5인 이상의 결의로 규정함으로써 과거 이사장의 독점하였던 절대적 권한에 제동을 거는 등 지금까지의 정치제도에 볼 수 없었던 파격적인 새로운 정치질서를 요구하였다. 그러나 아직도 동양선교회 이사회를 총회보다 동양선교회 조선야소교 동양선교회 성결교회 정치체제(政治體制)의 최고 권위 기관으로 인정함으로 총회의 위상은 사실적으로는 이사회에 예속된 하위 정치제도의 한계를 보였다. 총회이사 선거문제는 중대하고도 민감한 사항인지라 동양선교회 총본부에서 승인이 있기까지 유보하고, 그 이전에 모든 행정 사무집행권은 전이사회(前理事會)에 일임하자는 안건이 가결되었다.[25]

제1회 총회는 동양선교회에서 임명함으로 이사를 일반교회에서 대표로 파송한 대의원들에 의해서 총회에서 선거하여 선출함으로 기존의 하향식 정치 제도에서 상향식 정치제도로 그 방향을 선회시

---

24) 鄭祥雲, 『聖潔敎會와 歷史硏究(Ⅰ)』, 17.
25) 鄭祥雲, 『聖潔敎會와 歷史硏究(Ⅰ)』, 18.

킴으로 결과적으로는 선교사 들의 권한을 약화시키는 일을 초래케 하였다. 동양선교회 총본부의 승인이라는 형식적 절차가 남아 있지만, 이것은 중앙집권적 정치제도에서 탈피하고 한국인 교역자들의 전체적인 의사를 결집하여 실행하고자 하는 근대 민주주의적 대의 정치제도에 대한 간절한 표방이었다. 따라서 선교사는 다른 한국인 목회자들과 동등한 위치에서 총회 회원으로 참여케 되였고, 종래에 행사하던 절대권력을 사용할 수 없게 되었다. 여기에 한국인 목회자들과 선교사들 사이에 교회 주도권을 둘러싼 미묘한 갈등과 대립이 표출되기 시작하였다.[26]

1932년 자치선언과 1933년 제1회 총회를 통한 정치적인 자치와 경제적 자립의 노력을 통한 결과는 자못 지대한 것이었다. 물론, 선교 초기부터 네비우스 방법을 따라 실천한 장로교에 비해서는 경제적 자급의 시기와 액수가 미미한 것이지만, 자치선언에 따른 경제적 자급의 노력은 상당한 결과로 나 타났다.[27] 실제로 북장로교의 선교지역의 경우 1909년에 교회 건물이 840개소 있었는데, 그중에서 20교회 정도가 선교비의 도움을 그것도 부분적으로 받고 있었을 뿐이었다.[28]

---

26) 이덕주, "1936년 성결교 총회분규사건", 19.
27) 한국 장로교는 감리교에 비해서 훨씬 이른 시간에 자립하여 자치하는 교회가 되었다. 그것은 감독교회와 장로교회 라는 교회치리의 형태의 차이에서도 기인하지만, 한국에 온 네 장로교 선교회가 연합하여 네비우스 방법을 따라 실 천한 결과라고 말할 수 있다. 1907년 '조선 장로교 독노회'가 조직되고, 1912년 9월에 제 1회 총회를 개최하였다. 1915년 이후로 단 한번의 예외를 제외하고 한국인이 총회장이 되었다. 따라서 1907년부터 자립한 장로교는 선교사 들은 다만 손님이요, 협조자로서의 역할을 감당하였다. 김영재, 『한국교회사』(서울: 개혁주의 신행협회, 1996년), 125-32 참조.
28) S. A. Moffett, "Evangelical Work", *Quarto Centennial Papers*, 1909, 23 ; 閔庚培, 「韓國基督敎 社會運動史」, 91-92에서 재인용.

1931년부터 1933년까지 한국성결교회의 재정형편을 살펴보면 자치선언을 한 후 자급비중이 현저히 증가되었다. 즉, 1932년에는 자치자금이 전체 수입금액 중의 29%를 차지하는 1,016,794원이었고, 1933년에는 1,236,090 원으로 28.7%에 해당하였다.[29]

이뿐만 아니라 선교에 있어서도 괄목할 만한 결과가 나타났다. 표1에 나타난 것과 같이 1932~34년에 걸쳐서 이 기간에 만주지역에서 신설된 교회는 14개소(기도소를 포함하면 26개소)라는 통계가 나타나고 있다.

표1 재만 성결교회 설립 통계(1925 - 1939년)

| 교회수\년도 | 1925 | 1926~31 | 1932~34 | 1935~38 | 1939 |
|---|---|---|---|---|---|
| 전체교회수 | 1 | 4 | 14(기도소포함) | 21 | 22 |
| 신설교회수 | 1 | 3 | 13 | 7 | 1 |
| 폐지교회수 | | | 3 | | |

안수훈 목사는 자치선언의 결과를 다음과 같이 말한다:

> 과연, 자치 선언은 한국 사람의 힘과 노력으로 '한국성결교회'를 크게 부흥시켜 보자는 뜻에서 이루어진 것이다. 성결교회의 자립 선언이 있은 뒤, 1년 만에 놀라운 결과가 나타났다. 그 결과는 다음과 같다. 신설 교회 50개, 새 세례교인 2,000명, 새 구도자 15,000명, 신축된 교회 13개, 주일학생 3,000명이었다.[30]

따라서 자치선언을 통한 자립선교는 성결교회에 자립적 선교의

---

29) 이덕주, "1936년 성결교 총회분규사건", 20.
30) 안수훈, 「한국성결교회 성장사」, 162; 「活泉」, 제124호(1933), 2.

욕을 고취시킨 나머지 만주선교에 절대적인 영향을 미쳐 재만교회들로 하여금 자립적이고, 자기의존적인 적극적인 교회설립과 성장을 가져오도록 하는 결과를 낳게 하여 해방이전 한국성결교회를 장로교, 감리교와 더불어 한국교회 3대 교단 중에 하나로 부상하는 위치에 올려놓았다.

## Ⅲ. 1936년 성결교 총회분립

앞서 언급한 바와 같이 1932년에 자치선언을 하고, 1933년에 제1회 총회를 창립한 후, 일년이 지난 2차 총회에서 다시 이명직 목사가 총회장으로 선출되면서 경제적 자립과 함께 정치적 자치운동은 계속되었다. 동양선교회는 1회 총회에서 결의한 이사 선출권을 총회에 이양함으로 한국성결교회의 정치적 자치가 이루어지는 것을 반대하고 나왔다.

제2회 총회 둘째 날인 4월 24일 오후 2시 이사회 대표로 회장이 보고하는 중에 이전 총회에서 이사 선정에 관한 내용을 총본부와의 교섭 결과 이사회는 총회에 그 권한을 이양하지 않을 것임을 내시하였음을 말하였다. 그러자 2차 총회에서는 강송수, 변남성, 유기태, 배신환을 교섭위원으로 선출하여 이 문제를 킬보른 총리와 직접 교섭하기로 가결하였다.[31] 그 결과 4월 28일 총본부의 회시(回示)의 결과는 다음의 내용으로 보내왔다:

---

31) 「朝鮮耶蘇敎 東洋宣敎會 聖潔敎會 第二回 總會會錄」(1934), 8-9.

朝鮮敎會의 理事選擧權은 自給과 兼行하여야 할 것과 總本部는 速히 理事選擧權을 朝鮮敎會에 讓與하고 싶으나 朝鮮敎會 自給形便을 보아서 時期尙早이므로 時期를 기다리라는 것이었다[32]

또한, 동양선교회 총본부에서는 총회기간 중 4월 24일 오전 10시에 킬보른 총리의 권사(勸辭)를 통해서 미국의 불경기를 들어 한국 교역자들의 봉급을 끊을 것을 말하며 자치운동에 제동을 거는 부정적 태도를 보였다:

朝鮮敎會가 進步함도 좋으나 聖神의 充滿을 求함을 忘却하면 안될 것이외다. 今後 우리의 責任은 重大합니다. 故로 더욱 聖神의 充滿을 熱求해야 할 것이외다. 東洋宣敎會의 方針은 宣敎師는 漸漸 물러가고 本國人으로 主張하게 하는 것이올시다.
朝鮮에도 하나님이 敎會를 세우시고 指導者를 주셨읍니다. 이는 깊이 하나님께 感謝하는 바입니다. 敎會가 이렇게 發展되였으니 敎會는 物的 自給까지 하지 않으면 안될 것이외다. - 중략 - 本部가 今日부터 自給을 끈을지라도 落心할 것 없습니다. - 중략 - 萬一 米國으로 因해서 도으리라 하엿다면 큰일이외다. 웨 그런고하면 米國은 큰 不景氣이기 때문이 올시다.[33]

동양선교회 총본부에서는 한국성결교회의 요청을 거부하고, 이

---

32)「朝鮮耶蘇敎 東洋宣敎會 聖潔敎會 第二回 總會會錄」, 37.
33)「朝鮮耶蘇敎 東洋宣敎會 聖潔敎會 第二回 總會會錄」(1934), 7.

사회를 장악하고 1935년 총회를 소집하지 않았다. 그러나 한국인 목회자들의 자치, 자립운동은 계속되었다. 1935년 8월 22일에 6지방 순회목회자들과 한국인 이사들이 다시 모여 재차 자치선언을 하였다.[34]

다음달 9월 「活泉」 편집자인 이명직 목사가 경질되고, 허인수(P. E. Haines) 선교사가 임명되었다. 이명직 목사를 비롯한 한국인 이사 전원이 이사직 사임서를 제출하였고, 곧 이사회 진영이 바뀌었다. 새 이사장으로는 허인수(P. E. Haines), 한국인 이사로는 이명직, 곽재근, 최석모, 이건 등이 재임되었다. 이후 「活泉」은 자치, 자립운동을 운운하는 글이 허인수 선교사의 통제하에 실리지 못했고 반면에, 자치, 자립운동에 대한 허인수 이사장의 악평 섞인 글들은 1935년 11월부터 1936년에 이르기까지 거의 매호마다 채워졌다.[35] 선교사들의 권위주의적 태도나 한국교인들의 자치운동의 열망은 표면화되지 않고 내적인 갈등으로 심화되어 갔다. 선교사들은 여전히 주도권을 잡고 있었고, 이사회를 통하여 절대적인 교권을 발휘하고 있었다.[36]

이러한 상황아래에서 제3회 총회는 어수선하고, 불안한 분위기 속에서 뜻하지 않은 이변을 갖게 되었다. 1936년 3월 24일부터 경성성서학원 대강당에서 제3회 총회 및 심령수양회가 열렸다.[37]

---

34) 이덕주, "1936년 성결교 총회분규사건", 21.
35) 허인수(P. H. Haines) 이사장의 글은 1935년 11월(통권 156호)의 "원망하는 자는 도덕적 문둥병자", 을 비롯하여, "僞 형제의 위험", (통권 161호, 1936년 4월), "신앙을 키질하는 금일", (통권 162호, 1936년 5월), "사(思)하고 곡(哭) 하라", (통권 163호, 1936년 6월), "임간사(林間蛇)", (통권 164호, 1936년 7월)등이 게재되었다.
36) 金南植, 『日帝下 韓國敎會 小宗派運動硏究』, 45.
37) "公告", 「活泉」, 제160호(1936), 속지.

3회 총회기간 중에 이사회 회원 중의 한 사람이며, 총회 부회장인 곽재근 목사와 개혁과 자치를 요구하는 신진 계층의 지지를 받은 서부지방회(西部地方會) 회장인 변남성(邊南星)[38] 목사가 무기명 투표를 통해 제3회 총회장으로 선출되었다. 이것이 성결교의 최초 분립이라는 사건을 가져오게 한 문제의 시작이 되었다. 1, 2회 총회에서 선거를 통해 이명직 목사가 선출되었고, 동일한 선거방식에 따라 3회 총회장으로 변남성 목사가 총회장이 되는 합법적인 총회장 교체가 이루어졌다. 그러나 1, 2회 총회와 달리 이사회는 여기에 대해 불만이 대단하였고, 따라서 그 이전의 임원과 제휴(提携)해서 이 3차 총회를 계획적으로 불신임해 버리고 말았다.[39] 이 일에 대해 안수훈 목사는 다음과 같이 말한다:

> 총회장에는 갑자기 지방대표인 젊은 청년인 변남성 목사가 당선되었다. 그리하여, 중앙 대의원들은 큰 충격을 받게 되었다. 곧, 중앙세력이 한데 뭉치어 제3회 총회를 무효로 돌리고, 이사회를 총회 대신의 집권기관으로 하였다. 이상한 일이었다. 전국 지방회에서 파송된 대의원들이 합법적으로 모여 결성한 모든 결의가 어찌하여 모두 무효화가 될 수 있는가? 어떤 법에 의하여 총회의 결의가 무효가 되고, 또한 무슨 이유로 제 3회 총회를 이사회 및 중앙 세력들이 무효 선언을 할 수 있는가?[40]

---

38) 「朝鮮耶蘇敎 東洋宣敎會 聖潔敎會 第二回 總會會錄」(1934), 58.
39) 閔庚培, 『韓國基督敎會史』(서울: 大韓基督敎 出版社), 1982, 37.
40) 안수훈, 『한국성결교회 성장사』, 163.

동양선교회 총본부 이사회는 총회를 무효선언 할 뿐더러, 합법적 선거절차를 통해 총회장이 된 변남성 목사를 3월 25일자로 면직 처분하였다. 또한 더 나아가 동양선교회 이사회는 적법한 총회절차를 거쳐 선출된 총회장을 직전 총회 임원들과 손을 잡고 새 총회를 불신임시킬 뿐만 아니라, 총회체제를 선교사 중심인 이사장 체제로 만들고, 1935년 미국 총본부에서 일방적으로 조선교회에 통보한 이사회 직제 변경안에 따라 9월 3일에 이사회 임원을 새로 구성하였다.[41]

동양선교회 총본부에서 허인수 이사회장으로 발표된 이사는 상무이사로 지일(池逸), 이명직, 최석모, 이건, 박현명 5인과 순회이사로 강시영, 이문현, 김응조, 박영순, 강송수, 이정원 6인이었다.[42] 당시, 성결교의 한국 지도자로 최고위치에 있었던 2대 총회장인 이명직 목사는 변남성 목사의 선거결과에 깨끗이 승복하기보다는 지금까지의 태도와는 달리 이사회편에 섬으로 선교사들의 재신임을 얻게 되었다. 그리고 이사로 복귀할 9월 즈음에「活泉」편집인(주간)직을 다시 갖게 되었다. 다음의 글은 제3회 총회 당시 이명직 목 사가 취했던 이중직 입장을 암시해주고 있다:

그러나 法의 精神은 懇談會니 敎役者會니 年會니 總會니 하더라도 監

---

41) 미국총본부로부터 한국교회에 통보한 '이사회 직제 변경안'의 조직은 다음과 같다.
"第一節 組織
第一條 理事會는 東洋宣敎會 朝鮮聖潔敎會가 完全히 自給되여 總會에서 選擧할 때까지 總本部에서 任命 하나니라. 第二條 理事會는 東洋宣敎會 總本部에서 任命한 七人의 理事로 組織하나니라.
第三條 理事會는 東洋宣敎會 朝鮮聖潔敎會를 統治할 最高權威機關이니라."
"理事會 公告",「活泉」제148호(1935), 속지.
42) "謹告",「活泉」, 제 167호(1936), 속지.

督政治의 中心精神은 언제든지 서서 있었다. 이는 東洋宣教會의 政인 까닭이다. 그런데 여기 대하야 誤解된 思想을 품은 이도 若干 있었든 줄로 생각된다. 그것은 곧 共和政體로 生覺하얏든 것이다. 그러나 監督政體나 共和政體나 그 內容을 보면 差異點은 이것이다.

共和라 하면 各 教會 堂會가 能히 教役者를 請聘하야 세운다는 意味이겠고 監督이라 하면 教役者를 教會가 自立하지 못하고 派送을 받는 것이다. 그러므로 우리 東洋宣教會는 創立 三十年末 派送制를 使用하여 왔으니 監督政體의 制度 그대로 實施된 것이오. 何等의 變化가 없었든 것이다. 또 監督制度는 教會를 統治하는데 매우 必要한 制度인줄로 생각한다. 또는 監督이라든지 監督을 代表하는 理事라든지 委員이라든지 이는 누구든지 自遷하야 될 것이 아니오 選擧로 될 것인데 當分間은 總本部 가 任命한다 하야도 畢竟에는 그 選擧權을 우리 朝鮮人에게 줄 것만은 明若觀火의 일이다.[43]

이사회의 일방적인 제3회 총회 무효선언은 개혁과 자치를 주장하였던 목회자들의 반발을 사게 되었고, 결국은 당시 의식있는 신진 개혁세력들이 성결교를 떠나는 결과를 초래하게 하였다. 제2회 총회 부회장이었던 곽재근 목사를 비롯하여 변남성, 안형주, 서재철, 김광원 등이 탈퇴하게 되었다.[44]

---

43) 主幹, "憲法發表에 對하야", 「活泉」, 제167호(1936, 10), 1.
44) 1936년에 떠난 교역자 이름과 일자는 다음과 같다.
  변남성 3월 25일, 서재철 4월 20일, 김광원 4월 20일, 곽재근 7월 13일부로 사직하였다. 송태용 전도사는 1936년이 아닌 1935년 9월에 장서철, 문학열, 조정현 목사, 리근직(신천교회 전도부인)과 함께 시작하였다. 또한 같은 해 12월에는 장막전도대

## Ⅳ. 하느님의 교회 창설

1933년 1회 총회시 총회에서 이사선출 결정 문제와 관련한 이사회의 부정적인 태도에 대한 반동의 여파와 제3회 총회마저 이사회의 전횡적 독단으로 총회가 파행적으로 해산되자, 한국성결교회는 교단분립이라는 과정을 거쳐 새로운 교단를 창립하는 정치제도의 분극이라는 변형을 보였다. 1935년 12월 27일 이미 동양선교회 이사회에 의해 면직된 정남수 목사는 총독부 당국에 '하느님의 교회' 포교원을 제출하고, 1936년 5월에 당국의 공인을 받았다.

이후 1936년 성결교를 탈퇴한 목사들을 중심으로 11월 25일부터 29일까지 평양 상수리교회에 모여 '하느님의 교회 제1회 공의회(敎會 第一回 公議會)'를 조직하였다.[45] 창립 당시 참가한 교역자들은 약 14명, 15개 교회로 평신도들을 포함하여 30여 명이었다: "곽재근 목사, 변남성 목사, 안형주 목사, 오계석 목사, 양석봉 전도사, 김승만 목사, 송태용 전도사, 서재철 전도사, 김광원 전도사, 김정기 전도사, 정희열 전도사, 한성과 목사, 정남수 목사, 이용선 전도사 등"[46]

이들은 제1회 공의회를 개최하며 하느님의 교회 선언문을 작성하였는데, 작성할 당시 준비위원들은 다음과 같은 내용을 합의하였다:

1. 신도라면 의무화되어 생명적인 신앙을 폐하는 느낌이 있으니 성서

---

대장인 정남수 목사가 사직하였다. cf. 「活泉」, 155호, 158호, 164호 "通信" 참조.
45) 「聖化」, 通卷 24號(1937, 1), 34.
46) 오대용, 『大韓基督敎 하나님의 敎會 五十年 正史』 (서울: 대한기독교 하나님의 교회 총회, 1986년), 47-48.

그대로를 믿을 것.

2. 교회라면 인간의 책략과 모계(謀計)가 없는 하나님만이 말씀하시고 주관하시는 평화스러운 교회로 할 것.

3. 신앙이라면 그리스도와 신부와의 사이에 그 무엇이나 개재할 수 없고 조종할 수 없는 자유로운 신앙으로 할 것.

4. 복음선교라면 물질적 세력으로 상한 갈대 같은 연약한 양심을 짓밟지 않는 순전한 복음의 선교로 할 것.

5. 의타사상을 버리고 자립교회로 키워갈 것.

6. 초교파적인 교회로 육성할 것.[47]

11월 29일 하느님의 교회 제1회 공의회 교역자 대표인 곽재근, 변남성, 이태석, 김광원, 김정기, 윤낙영, 서재철, 송태용[48] 8인의 이름으로 '하느님의 교회 선언'을 발표하였다:

一. 하느님의 教會는 그 名稱을 하느님께서 聖書에 보이심에 依한 것임(고전 1:2, 10:32, 11:16, 22, 15:9, 고後 1:1, 갈 1:13, 살전 2:14, ?前 3:5, 15절 등).

二. 하느님의 教會는 聖書上 元來 單一性 存在이매 이 眞理대로 모든 聖徒들이 主 안에서 하나이 되어야 할 것을 主張함.

三. 하느님의 教會는 信仰個條를 制定치 않고 單純히 聖書를 信仰의 基準으로 함. 四. 하느님의 教會는 政治的 統制機關을 두지 않으며 또한

---

47) 오대용, 『大韓基督教 하나님의 教會 五十年 正史』, 46-47.
48) 「聖化」, 通卷 24號 (1937, 1), 34-35.

聖書 이외의 法規를 세우지 않고 各個敎會가 다만 敎會의 머리이신 그리스도의 統治에 直屬하야 聖書를 唯一의 政則으로 함.

　五. 하느님의 敎會는 各 個敎會의 協同을 要하는 主의 事業에 對하여는 互相聯合 하야 行함.

　主後 一九三六年 十一月 二十九日[49]

하느님의 교회는 정치적 통제기관의 하향식 조직체제를 거부하고, 민주적 대의체제인 공의회제도를 받아들였다. 또한 신앙개조에 매이기보다는 단순히 성서를 신앙의 기준으로 삼는 모습을 보이는 등 교리와 제도에 매인 제도권 교회의 거부, 구체적으로는 동양선교회 이사회 정치에 대한 반동으로 조직된 교단임이 창립 선언에 잘 반영되고 있다.

하느님의 교회에 소속한 사람들은 여러 종파 출신의 배경을 가지고 있다. 이 속에서 새로운 종파를 형성하였고, 또 많은 이들이 이 종파를 떠나는 현상들이 있었다.[50] 정남수 목사는 교역을 그만두고 중국에 갔다가 1948년에 '대한 기독교 나사렛 교회'를 설립하였다.[51] 송태용은 장로교회로 전직하였고, 서재철은 1939년에 나사렛 교회에 가입하였고, 양석봉은 성결교회로 돌아 갔다.

1942년 청량리 하느님의 교회에서 가진 제4회 공의회에서는 하느님의 교회 교단을 일단 해산하고 장로교회로 합동하기로 결의하였으나, 해방 후 2, 3년 동안 8교회가 다시 하나님의 교회로 세워졌

---

49) 「聖化」, 34.
50) 金南植, 『日帝下 韓國敎會 小宗派運動硏究』, 45.
51) 「제34차 중부지방 총회회의록(대한기독교 나사렛 성결교회)」(1989년), 3.

다. 1949년 4월 정남수 목사는 미국 나사렛교회 동양 책임자인 니스 박사와 함께 하나님의 교회가 나사렛 교회에 가입하는 합동문제를 곽재근, 안형주, 서재철 목사와 논의하였다. 이 때 하나님의 교회 측은 과거 성결교회 시대에 선교사들처럼 달리 횡포와 내정간섭을 지양하고 정기적인 재정 원조와 함께 성교회(聖敎會)라는 이름으로 교단 명칭을 사용할 것을 제의하고, 양측은 우호적인 입장에서 검토하였으나 성사되지 못한 채 6·25 동족상잔의 비극이 일어남으로 끝났다.[52]

1954년 제5회 공의회에서는 주한 미군 군목 웨버와 썸멀서(미국 하나님의 교회 목사)의 주선으로 미국 하나님의 교회 선교부에 한국교회의 실정을 보고하였다. 이후에 약간의 선교비와 함께 1961년에는 선교사가 파송되었고, 한 해 전인 1960년 제8회 공의회 때 교단 명칭 '하느님의 교회'를 '하나님의 교회'로 변경하였다.[53]

## V. 닫는 글 : 총회 분립에 대한 평가

1936년 성결교회의 총회분립사건은 지금까지와는 다른 반교권적 성향을 지닌 하느님의 교회라는 새 교단을 낳게 하였고, 성결교회는 1932년 형태로 정치적 상황이 환원되었다. 총회는 연회로 격

---

52) 오대용, 『大韓基督敎 하나님의 교회 五十年 正史』, 106-7.
53) 오대용, 『大韓基督敎 하나님의 교회 五十年 正史』, 266, 270. 선교비 후원은 1938년부터 미국 하나님의 교회에서 경제적 원조를 통한 정치적 간섭을 배제하는 원칙아래에서 약간씩(초기에는 매월 100불) 받았다.

하되었고, 이사 및 임원 선출권은 미국 총본부에 귀속되었으며, 이사회는 명실상부한 최고 권력기관으로 한국성결교회의 모든 것을 지휘, 감독하게 되었다.⁵⁴ 따라서 일제하의 한국 성결교회의 교권은 1940년말 일제에 의해 선교사들이 본국으로 철수하기 전까지 동양선교회 총본부의 선교사에 의하여 주도되었다. 이같은 결과를 낳게 한 1936년 성결교 총회 분립사건은 다음과 같은 몇 가지로 그 역사적 의의와 내용을 평가할 수 있다.

**1. 1936년 총회 분립 원인에 대한 평가의 문제이다.**

성결교회 내에서 나온 저작물로는 성결교의 첫 번째 분립의 원인에 대해 급속한 자급운동으로 인한 교역자 생활비 지급에 대한 지방교회의 불만, 이사회 운영에 대한 한국인 이사들 간의 의견의 불일치, 중앙과 지방 목회자들의 임지 결정에 대한 대립과 불만, 서울 출신 이사들과 서선(西鮮) 출신 이사인 곽재근 목사와의 지방색적인 갈등, 노년층의 연장자를 중심한 세대와 젊은 혁신 세대와의 갈등등 여러 가지를 들고 있다.⁵⁵ 그러나 이와 같은 요인들은 부차적인 표면적인 원인이었고, 이러한 분규의 요인을 가져오게 한 근원(根源)이 되었던 것은 한국성결교회의 정치적 자치권에 대한 동양선교회 총본부 이사회와 한국성결교회 목회자들과의 각자의 이해관계와 갈등에서부터 비롯되었다고 보아야 할 것이다. 이덕주 목사는 이에 대해

---

54) 이덕주, "1936년 성결교 총회분규사건", 23.
55) 1930년대 성결교회의 교역자들의 지방분포도 통계는 장로교와는 달리 서선지방 교역자들의 소수를 차지했고, 중부 지역이 다수를 점유하고 중앙세력으로 나타났다.

다음과 같이 말한다:

근본적으로 이 사건은 한국교회 지도자들과 동양선교회 선교부 사이의 갈등으로 이해하게될 때보다 정확한 해석이 가능할 것이다. 자치운동이 실패로 끝날 수밖에 없었던 이유도 한국인 목회자들 사이의 갈등이 아닌 선교사와 한국인 목회자들 사이의 관계에서 찾아야 할 것이다. 성결교회의 최고 의결기관인 이사회가 총회중에도 불구하고 계속 동양선교회 총본부에서 임명하는 이사들로 구성되어 총회 해산의 결정권을 행사하였으며 「활천」 편집권을 선교사가 쥐고 교계 언론을 장악함으로써 자 치운동의 열기 확산을 중단시켰다.[56]

**2. 1936년 총회분립사건은 한국교회의 자치운동에 대한 선교사들의 일방적인 독선 파행을 보인 사건이었음이 지적되어야 한다.**

선교사가 이 땅에 들어와서 한국교회가 끼친 공헌이 크나, 상대적으로 끼친 해악도 없지 않았다. 초기 한국교회사에 보면, 한국교회와 선교사들 사이에 상당한 깊이의 불신과 갈등의 골이 깊어져 있는 것을 여러 사건에서 찾아 볼 수 있다. 선교사 배척운동이 최고조로 달했던 1926~27년 어간에 선교사들 사이에 선교사들의 새로운 위상 정립을 위한 모색이 행해졌으나, 한국교 회의 형성과 발전에 대한 자신들의 공로 인식을 바탕으로 해서 한국교회에 대한 기

---

56) 이덕주, "1936년 성결교 총회분규사건", 23.

득권을 향유하려는 자세에는 변함이 없었다.[57]

성결교의 경우, 1925년 12월부터 1926년 1월 사이에 동양선교회에서 운영하던 경성성서학원 학생들의 동맹휴학 사건도 같은 맥락에서 해석될 수 있다. 당시 급비교육을 위해 무리한 근로노동을 시키는 일에 개선을 요구했던 학생들을 무기정학시키고, 이에 항의하며 킬보른 원장을 비롯한 교수탄 핵과 동맹휴학을 벌이던 학생들에게 정학을 주고, 10명에게는 퇴학을 시켰다.[58]

이와 같은 선교사들의 고압적이고, 전횡적인 자세는 1930년대 중반에 또 한차례 문제를 일으켜 성결교회가 분열되는 현상을 자초했다.[59] 동양선교회는 1968년 동양선교회 선교정책이 토착인 영도적 인물을 통한 자급, 자치, 자립으로 발전되는 토착교회의 확립이 동양선교회의 설립정책인 것을 표방하였지만, 해방이전의 역사적 현실은 그 반대로 나타났다.[60] 동양선교회 총본부는 이사회 단일 정치체제인 지배관계를 계속 유지해 갔고, 이러한 지배 질서가 1936년 제3회 총회를 통해 신임 변남성 총회장을 비롯한 신진 개혁 세력으로부터 붕괴되어질 것을 우려한 나머지 이사회의 정치에 순응하는 한국교역자들과 손을 잡고 총회를 해산하였던 것이다. 동양선교회는 경제적인 보조를 종속수단으로 삼아 한국성결교회 위에 군림하고 지배하는 통치를 일제에 의해서 강제로 추방당하기전까지 시행하였다.

---

57) 한국기독교 역사연구소, 『한국기독교의 역사 I』, 173.
58) 『略史』, 41.
59) 한국기독교 역사연구소, 『한국기독교의 역사 II』, 171.
60) 정상운, 『한국성결교회사 I』 (서울: 은성, 1997), 237.

동양선교회가 한국에서 교회 주도권에 대한 집요한 집착은 일본에서 나카다(中田重治) 목사와의 불화를 통하여 심화되었던 일로부터 비롯된다. 1911년 10월 동양선교회의 전도 방침과 관리상의 문제로 카우만과 나카다 사이에 의견이 상충되었다. 이것은 나카다 목사로 하여금 동양선교회를 떠나 일본성교단(日本聖敎團)을 만들고 활동하게 하였다.[61] 성교단 사건에 의해 나카다와 카우만 사이에는 각자의 역할 분담이 조정되어 책임영역 구분이 이루어졌다. 즉, 본부(동경성서학원과 동경과 아사쿠사 전도관)는 카우만과 킬보른이 주장하는 동양선교회에 그리고, 지부는 나카다 목사에게 즉, 개척중인 전도관이나, 복음 불모지에 세운 전도관은 일본인 교역자에게 위임하는 형태로 분열은 한 달 만에 매듭이 지어졌던 것이다.[62]

성교단 사건은 초기 선교회의 근본 취지를 벗어난 것으로 인식한 사사오 목사나 와다나베로 하여금 성교단을 떠나는 인적 손실을 갖게 했지만, 동양선교회로 하여금 완만한 경제적 자급 정책과 함께 일본인 교역자들이 교회 정치와 행정에 있어서 선교사들로부터 독립되는 정치적 자치의 길을 열어주었다. 일본 성교회는 1917년 10월에 조직화 되었다.[63] 이 일은 동양선교회로 하여금 1920년 초에 일본에서의 주도권을 나카다 목사에게 전적으로 양도 하도록 만들었고 제2의 그들의 거점을 일본이 아닌 다른 곳에서 찾게 하였다. 일본에서의 동양선교회 선교사들이 주도권을 갖는데 실패한 요인은

---

61) 土肥昭夫, 『일본기독교사』, 김수신 역 (서울: 기독교문사, 1991), 154.
62) 山崎警夫, 千代崎秀雄, 『日本 ホーリネス敎團史』(東京: 日本 ホーリネス敎團, 昭和 四十五), 47.
63) 정상운, 『한국성결교회사 I』, 72.

1917년 카리스마적 지도력을 가진 나카다가 동양선교회 일본성교회를 설립하고 자급, 자치, 자전을 주장하며 동양선교회 총본부의 지배체제로부터 서서히 벗어났기 때문이었다.[64] 일본에서의 동양선교회의 경험은 1921년 동양선교회 총본부가 한국으로 이전되면서, 초기부터 한국성결교회를 선교사 단일체제로 고정화시키는 일에 필요 이상으로 집착하게 만들었다.

앞서 살펴본 바와 같이 한국성결교회는 제1회 총회를 통하여 경제적인 자립을 통하여 정치적인 자치를 실행함으로써 동양선교회의 지금까지의 지배적 감독제로부터 벗어난 자주총회를 구성하고자 하였다. 1934년 2회 총회 시에 한국인 교역자들이 총회에 이사선정 권한을 양도하는 안건 상정으로 인하여 종래의 동양선교회 이사회 대신에 총회가 상위기관으로 바뀌려는 시점에 다다르자 동양선교회는 1936년 합법적 과정을 거쳐 총회장을 선출한 제3회 총회를 일방적으로 해산시키는 과실을 범하였다.

자치와 혁신을 주장한 한국인 목회자와 동양선교회 선교사 사이에 1910년 대의 일본에서의 나카다와 카우만 사이의 주도권 싸움과 같은 현실이 1930년 대에 한국에서 재현된 것이었다.[65] 동양선교회는 이 싸움을 한국성결교회가 경제적으로 완전 자급하지 못했던 취약점을 이용하였다. 곧, 미국의 불황을 명분으로 삼아 경제적인 보조 삭감을 통해서 한국인 교역자들로 하여금 동양선교회 총본부의 지배체제에 순응하도록 하는 일에 성공하였다. 따라서 한국성결교

---

64) 정상운, 『한국성결교회사 I』, 218-19.
65) 정상운, 『한국성결교회사 I』, 226.

회는 경제적으로 동양선교회 선교부 의존을 탈피하지 못한 상태에서 정치적으로 자치를 선언하는 한계성을 스스로 극복하지 못함으로써 자치 운동은 실패로 끝날 수밖에 없었다.[66] 동양선교회 본부는 1937년에 가진 전국적인 교단모임을 제3회 총회 이전인 연회(年會)로 환원시켜 한국인 교역자들의 정치적 위상을 격감시키고 과거의 감독정체로 정치제도를 바꾸어 동양선교회 이사회를 한국성결교회의 최고 권력기관으로 다시 부상시키는데 성공하였다.

3. 자치운동의 실패와 1936년 총회분립의 요인으로는 경제적 미자급 뿐만 아니라 한국교역자들의 불분명한 의식부족도 한 몫을 차지하였다.

당시, 이명직 목사가 일본의 나카다 목사와 같이 강직하게 처음 자치선언의 입장에 서서 한국교회와 선교회사이의 입장을 조정하며 주체적으로 끝까지 이끌어 갔다면, 하느님의 교회 설립은 발생하지 안했을지도 모른다. 이명직 목사는 제3회 총회가 무효가 된 것에 대해 초기의 자세와는 다르게 일방적인 변(辨)을 다음과 같이 말한다:

> 지나간 歷史를 回顧하건데, 昭和 八年(1933) 四月에 總會가 組織되어 第 一回, 第 二回까지 開會하고 第三回는 召集 되었다가 解散되고 말았다. 이것은 實로 不幸과 失敗의 歷史로 남아 있거니와 解散된 理由라

---

66) 이덕주, "1936년 성결교 총회분규사건", 23.

고 말한다면, 우리 聖潔敎會는 監督制임에도 不拘하고 그 總會는 性質이 議會政治라 말하게 되었다. 그렇다 할지라도 會員이 政治에 達觀한 人物이었더라면 좋았을 것을 太半 末歷의 靑年들이어서 政治의 定義를 倒用하려고 暗暗?에 妄動이 있는 結果로 不待乙하야 解散하는 運命에 이르고 今日까지 總本部로부터 任命된 理事員들이 會議制로 지내어 온 것이다.67)

4. 자치운동의 실패와 선교사들의 파행적인 주도권의 강점(强點)은 이에 대한 반동으로 1936년 11월 25일 평양 상수리 교회에서 정치적 통제 기관을 배제하고, 성서 이외의 법규를 새우지 않은 하느님의 교회를 태동시키게 하는 결과를 낳게 하였다.

이것은 변남성, 곽재근 목사를 비롯한 신진 개혁세력이 창설한 1936년 하느님의 교회가 성결교회를 내부적으로 음해하고, 파당을 일으켰다는 반선교사, 불순의 세력이라는 부정적인 평가를 지양하게 해 준다. 또한 지방색 문제, 한국인 이사들 간의 의견 불일치, 젊은 세대와 노년 세대의 갈등구도는 간접적인 요인임을 말해준다. 왜냐하면 해방 이전 주체적인 한국성결교를 수립하려는 한국 목회자들의 의지에 대해 동양선교회 선교사들이 근시안적 관점에서 이것을 불순한 태도로 보고 한국성결교회의 자치운동을 방해(압제)한데서부터 하느님의 교회가 창설되었기 때문이다. 한국 목회자들이 경제적 자립과 자치를 꾀하려던 노력은 긍정적으로 당대가 아닌 오늘

---

67) 主幹, "聖潔敎會 總會創立", 「活泉」, 통권 216호(1940.11), 2.

의 시점에서 민족 주체적 시각에서 새롭게 해석해야 한다. 그것은 1930년대의 성결교회의 분규사건인 하느님의 교회 창설은 3·1 운동이후 한국적 기독교에 대한 논의 발전으로 1920년대부터 30년대에 이르기까지 선교사 주도의 교회에서 한국인의 주도권 행사에 대한 관심의 반영이자[68] 선교사들의 파행적 독점 지배 체제에 대한 반동으로 한국 기독교인들의 자치선언과 함께 자립과 자치운동의 의지와 실행으로부터 시작되었기 때문이다. 1936년 성결교 총회 본규와 그 이후에 모인 동양선교회의 정책 결정은 한국성결교회를 교회 정치적으로 1921년 교단창립 시기인 15년 전으로 후퇴시키는 부정적인 결과를 낳게 하였다.

[성결대학교,「교수논문집」26집(1997년)]

---

68) 金南植,『日帝下 韓國敎會 小宗派運動硏究』, 35.

# 12

## 만주에서의 한국성결교회의 선교 활동
-동양선교회 성결교회를 중심으로(1925~1945년)-

# 만주에서의 한국성결교회의 선교 활동
-동양선교회 성결교회를 중심으로(1925~1945년)-

## Ⅰ. 여는 글

세계는 탈이념(脫理念), 탈냉전(脫冷戰)의 세계로 급변하고 있다. 이러한 세계 정치적 재변혁의 시점에서 최근에 들어와 중국의 옛 만주(滿洲) 땅에 살고 있는 재만(在滿) 교포들에 대한 관심이 고조되고 있다. 이러한 관심은 중국 내 조선족 자치주의 연구로 옮겨지는데, 그 한 예로 전체 조선족 1,763,000명[1] 중의 42%를 차지하는 길림성(吉林省)에 위치한 연변(延邊) 자치주에 대한 학술 연구가 본격적으로 진행되고 있다.

따라서 일제 강점의 암울한 시기 전후에 생존을 위한 개척지와

---

[1] 1982년 당시 중국 당국의 공식 통계에 따르면 조선족의 인구는 176만여 명으로 집계되고 있고, 이 숫자는 중국 인구 의 0.18%에 해당한다. 조선족은 특히 동북의 3省에 밀집되어 있는데 吉林省: 약 110만 명(연변: 75만), 黑龍江省: 약 43만 명, 遼寧省: 약 20만 명, 내몽고 자치주: 약 5만 명, 上海, 北京: 기타 나머지 사람들로 분포되어 있다. 참조: 延邊 朝鮮族 自治州 槪況執筆班, 大村益夫譯, 『中國の朝鮮族』(1987), 3.

독립 운동의 중심지로, 또한 문화 혁명 이후 기독교가 가장 널리 퍼져 있었고 시베리아와 산동에 이어 초기 한국교회의 외지(外地) 선교의 장이었던 만주에 대한 이해가 요구되자, 한국사의 일부분으로서 재만 한인사회와 그 성격에 대한민족운동 측면에서의 연구 활동이 활발히 이루어져 가고 있고, 한국교회사에 있어서도 재만 기독교의 형성과 선교 활동에 대한 연구 작업이 근년에 들어와 시작되고 있다.

그러나 지금까지 만주 선교에 대한 장로교, 감리교, 동아기독교의 만주 선교 활동에 대한 정리 작업이 있었으나, 장·감에 뒤를 이어 1920년대 후반부터 만주 선교에 합세한 동양선교회 성결교회에 대한 연구 논문은 한 편도 나오지 못했다.

따라서 한말 의병 부대 활동과 애국 계몽 운동을 계승한 민족 독립 운동가들의 정치적 망명이 급증하는 1920년대로부터, 일제의 대륙 침략 정책과 연관되어 만주에 이민 정책을 적극화하고 만주 내에서 친일 괴뢰 정권 만주국을 통해 만주국 조선 기독교 연맹을 결성하여 기독교를 하나로 통합하려는 1930년대에 만주에서의 한국 교회의 선교 활동을, 주로 동양선교회 성결교회를 중심으로 살펴봄으로써 한국교회사에서 최초의 해외 선교였던 한국성결교회의 만주 선교를 규명하고자 한다.

## 1. 만주의 지리·역사적 배경

### 1) 지리적 위치

만주(Manchuria)는 지리적으로 우리와 가장 가까운 곳에 있는 지역으로, 아시아 대륙의 동변(東邊)에 위치한 중국 동북부 지역 일대를 가리키는 말이다. 중국인들은 동북부에 위치한 이 지역을 1907년부터 동삼성(東三省: 길림[吉林], 봉천[奉天], 흑룡강성[黑龍江省])으로 불렀고, 한국과 일본에서는 '만주'로 통칭하여 사용하였다.² 또한 만주는 봉천성 일대와 길림성을 합하여 남만주, 흑룡강성 일대와 길림성 북부를 합하여 북만주로 둘로 구분하여 불렀다.³ 만주는 간도(間島)라고도 말하는데, 간도는 동간도와 서간도로 구분된다. 대개 서간도는 압록강(鴨綠江) 대안(對岸)을 가리키는데, 그 지역은 압록강과 송화강(松花江)의 상류 지방인 장백산(長白山) 일대를 말하고, 북간도 또는 동간도는 두만강 대안을 가리키며, 훈춘(琿春), 왕청(汪淸), 연길(延吉), 화룡(和龍) 등 4현(縣)으로 나뉘어져 있는 두만강 북부의 만주 땅을 통칭한다.

1907년경 동3성 시대⁴

1929년경 4성 시대⁵

---

2) 만주(滿洲)는 1907년에 와서는 처음으로 中國 內地와 같은 정치 조직을 시행하여 盛京將軍을 고쳐 東三省總督(最初 東三省總督: 徐世昌)으로 하고, 행정상으로도 중국 내륙과 같은 省制를 채택하여 奉天省, 吉林省, 黑龍江省으로 구획하였다. 이것이 1921년에는 4省으로, 그리고 1941년경에는 19省으로 세분되었다. 玄圭煥, 『韓國流移民史 <上>』(서울: 興士團出版社, 1976), 16.

3) 채현석, "在滿洲 韓國人 敎會에 관한 硏究", 「韓國基督敎史硏究」, 第3號, 7.

4) 間島는 滿洲 吉林省 동남부에 있는 지역으로, 中國에서는 이 지역을 延吉道라고 한다. 間島라는 지명은 丙子胡亂 후에 청국측이 이 지역을 封禁地域으로 삼은 후 淸과 朝鮮 사이에 놓여진 섬과 같은 땅이라는 데서 유래된 것으로 보인다. 그러나 조선 후기에는 우리 농민들이 이 지역을 새로 개간한 땅이라는 뜻에서 墾島라고 적었고, 또 조선의 正北과 正東 사이에 위치한 방향인 艮方에 있는 땅이라 하여 艮島라고 적었다. 朴永錫, 『在滿韓人獨立運動史硏究』(서울: 一潮閣, 1988), 119.

5) "만주 선교", 『基督敎大百科事典』, 제5권, 977.

그러나 보통 '간도'라 하면 노야령 산맥(老爺嶺 山脈)과 흑산령 산맥(黑山嶺 山脈) 사이 혼동강(混洞江)과 목단령 산맥(牧丹嶺 山脈) 사이의 분지를 가리키는 북간도를 말한다.

만주의 정확한 지리적인 위치는 북쪽으로는 시베리아 접경지인 흑룡강 이남 지역, 남쪽으로는 관동주의 만리장성으로 중국 본토에 연결되는 요동 반도 여순 지방의 이북 지역, 동쪽으로 연해주(沿海州) 접경지인 오소리강(烏蘇里江)까지, 서쪽으로는 외몽고 접경까지 이르는 넓은 지역으로 이루어져 있다.

### 2) 역사적 배경

만주는 우리 민족의 조상들이 일으킨 부여(扶餘)에서부터 시작하여 고구려(高句麗), 고구려 멸망 후에는 유민의 근간이 되었던 발해(渤海), 다음에는 계단(契丹)[6]에 이어 금(金)과 청국(淸國)으로 이어진다. 이처럼 만주는 동양사의 진원지로서의 위치를 가질 뿐더러 한국 민족의 역사와도 깊은 연관을 가지고 있다.

단제(丹齊) 신채호(申采浩)는 만주와 조선을 역사적으로 밀접한 공동운명체의 관계로 보고 있다. 따라서 단제는 만주를 한국 민족이 얻게 되었을 때 한국 민족이 강성하게 되고,[7] 반면에 만주를 타민족이 지배했을 때, 그 중에서도 북방 민족이 지배하게 되었을 때에는 한국 민족이 북방 민족의 지배권 내에 들어가게 되었다고 보았다.[8] 그러므로 만주는 역사적으로 볼 때, 영국에 대한 스코틀랜드의 경우와

---

6) 후에는 遼라고 칭하였다.
7) 玄圭煥, 『韓國流移民史』, 3.
8) 『大韓每日申報』, 1908년 7월 25일자.

같이 원주민과 거주민 사이의 불화와 알력이 끊어지지 않았다.[9] 이 훈구(李勳求)는 만주에 대해 다음과 같이 말하고 있다:

滿洲는 有史以來에 잇어서 朝鮮 民族의 發祥地이다. 中國人의 扶餘라고 부르는 그 種族이 卽 朝鮮人이엇다. 그 種族이 생활하던 中心地는 현재의 吉林省 長春北方 扶 餘이 잇던 곳이다. 桑田碧海悠久한 永劫에지인 扶餘族의 活史는 오즉이 顯名으로 그 名譽를 保存한 듯하다. 이 扶餘의 一支派인 高句麗王國은 점차 强大하야져서 어떤 때에는 百萬의 隨唐兵을 遼河流域에서 粉碎하야 버린 歷史가 잇다. 紀元後(611-614, 644-649年) 高句麗는 現代史家들이 朝鮮歷史上 黃金時代를 造成하였든 三國中의 하나로 稱하고 잇다. 그 故土는 現在의 滿洲全土와 老齡沿海州와 朝鮮半島의 北半을 占有하엿다. 이 高句麗가 滅亡한 後에 그 後裔인 渤海(紀元後 699-926년) 滿洲全 土를 領地로 삼고 興期하엿다. 그러나 이 渤海王國이 衰敗期에는 北方民族의 침입, 特別히 契丹民族의 侵入으로 因하야 百姓의 多數가 安全地帶를 찾아 當時에 朝鮮半 島에서 ?業을 가진 王國인 高麗의 邊境으로 避難하여 왓다. 其時로부터 滿洲 平原은 北來民族의 馬蹄에 蹂躪을 당하엿다. 滿洲는 其後 女眞族이 一六三六年에 大淸帝國 을 創建하기까지 契丹, 遼(916-1114년), 金(1115-1234년) 및 蒙古 말갈 民族의 兵火 馬蹄에 蹂躪됨이 되엿엇다.[10]

이렇게 역사적으로 한만(韓滿) 관계는 밀접하게 공동 운명적인 관

---

9) Mrs. Mclane Smith. "Manchuria, Mother of Korea", *The Korea Mission Field*, XXViii, Jan, 1932, No. 1, 24.
10) 李勳求, 『滿洲와 朝鮮人』(平壤: 崇實專門學校 經濟學 硏究室, 1925), 92.

계로 발전하면서, 17세기에 들어와 1636년 국호를 청(淸)으로 개칭한 후금에 의해 명나라가 무너지고, 만주족에 의한 중국 전체의 통일이 이루어지자 만주는 청조(淸朝)의 발상지로서 모든 면에 우대를 받게 되었다. 따라서 청조 말기에는 세계 제국주의 열강들의 진출로 인하여 만주 지역도 러시아와 일본 등의 진출이 빈번해지게 되었다. 이에 청조는 세계 열강 국가들의 각축 속에서, 즉 종래의 청(淸), 일(日), 로(露, 러시아)의 대결에서 일차로 물러나야 했다. 그리고 로, 일의 대결에서 로가 축출되는 와중에 휩싸여 쇠퇴 일로를 걷다가, 1912년 1월에 삼민주의(三民主義)를 창도하는 손문(孫文)이 이끄는 국민당(國民黨)의 혁명에 의해 왕조의 막을 내리고 공화정치 체제인 중화민국(中華民國)으로 바뀌어 건국되었다.[11]

중국 내륙을 통일한 손문 혁명정부는 중국 각 성에 독군(督軍)을 두고, 본토에 완전 귀속시키는 한편, 외세 구축에 분망하였다. 그리하여 1929년에 청도를 일제로부터 접수하고, 1930년 영국으로부터 위해위(威海衛)를 반환 받고, 1931년에는 치외법권의 철폐를 강력히 주장하였다.[12] 그러나 대륙 침략의 야욕에 불타던 일제가 만주에 대한 그 뜻을 펴기 위해 만주사변(滿洲事變)을 조작하고, 무력으로 봉천, 하얼빈(哈爾濱)을 점령하고, 상해를 공격하는 양면 작전을 펴자, 만주는 일제에 의해 완전히 넘어가게 되었다.

일제는 1932년 3월 9일에 청조의 마지막 황제인 부의(溥儀)를 정치적인 목적으로 옹립하여 만주국이라는 괴뢰 정권을 세우고, 국도

---

11) 朴永錫, 『韓民族獨立運動史硏究』(서울: 一潮閣, 1984), 142.
12) 玄圭煥, 『韓國流移民史』, 12.

(國都)도 장춘(長春)을 신경(新京)이라 명명하고 대륙 침략의 근거지로 만주 전역을 삼기에 이르렀다.[13]

## 2. 만주와 재만 한인사회(在滿 韓人社會)의 형성

앞서 살펴본 바와 같이 만주는 고대에 있어서 우리 민족의 활동 무대요 생활 근거지였으나, 나당(羅唐) 연합군에 의해 고구려가 멸망한 이래(668년) 우리 민족은 만주에서 영영 후퇴하고 말았다.[14] 신라의 통일 이후 차츰 말갈족의 생활 무대로 바뀌어져 갔고, 고려 시대부터 조선 전기에는 여진족(女眞族)이 각지에 흩어져 살았는데, 그들은 조선에 번호(藩號)라는 이름으로 조공을 바쳐 왔다.[15] 그러다가 1916년 여진족이 청조를 수립하여 중국 대륙을 통치하게 되자, 만주에 대해 한족의 이주를 엄격히 제한하는 봉금령(封禁令)을 실시하여 여진족 외에는 만주에서 생활 터전을 이룰 수가 없었다. 다음의 글은 당시 청조의 봉금 정책과 조선의 봉경(封境) 정책을 잘 말해 주고 있다:

清朝統治者들은 祖上의 發祥地인 沿邊一帶를 保護하기 위하여 百姓들이 沿邊一帶에 들어가 農事를 짓거나, 蔘을 캐고, 金, 銀, 石炭 등을 캐거나 사냥하는 것을 嚴禁 하였다. 李朝朝鮮에서도 邊界에 대한 管理를 强化하기 위하여 國境을 嚴格히 封鎖하 였다. 清朝의 封禁政策과 李朝

---

13) 玄圭煥, 『韓國旅移民史』, 12.
14) 玄圭煥, 『韓國旅移民史』, 33.
15) 朴永錫, 『韓國獨立運動史研究』, 33.

의 封境政策은 200余年이나 持續되어 沿邊의 開發과 發展을 嚴重히 조애하였다.[16]

그러나 1800년 후기에 들어와서는 청조의 봉금령이 다소 완화되고, 조선인의 만주 이주를 황막한 만주의 개척과 농업 개발이라는 잇점을 바라보고 묵인하게 되었다.[17] 이러한 차제에 조선 후기의 계속되는 흉년과 부패한 관리들의 가렴주구(苛斂誅求)의 행위는 평안도나 함경도의 농민들로 하여금 생존을 위한 월경(越境)을 유발시키게 하였다. 이처럼 두만강, 압록강 대안인 만주로 월경하는 이주민들의 수가 증가하자, 처음에는 강압적인 금지책을 썼으나 후에는 방관하여 1880년에는 월경 이주를 허락하였다.[18] 따라서 1818년에 연변 지구 기민(旗民)의 인구는 350세대에 2,539명이던 것이 1886년에 이르러서는 2,375세대에 12,616명으로 증가되었다.[19]

1890년에는 압록강 대안 지역의 유이민들을 강계군(江界郡), 자성군(慈城 郡), 초산군(楚山郡), 벽동군(碧潼郡) 등지의 군민으로 편입시키고, 서변계 관리사(西邊界 管理使)를 파견시켜 이 지역의 한인들을 보호하고 나서기도 하였다. 따라서 1910년에 일제 강점까지 주로 경제적인 빈곤과 생존을 위한 이주가 늘어나고, 한말에는 정치적인 망명

---

16) 延邊歷史學會 編, 『용드레촌(龍斗村)』(延邊: 延邊人民出版社, 1988), 160.
17) 사실상 1930년 중반에 와서도 滿洲와 朝鮮人 관계를 잘 알고 있는 滿洲國 政府當局은 建國初有에 있어서도 朝鮮人 移民을 환영하였다. 그것은 바로 滿洲開發 특히 滿洲水田의 開發에 있어서 朝鮮農民의 공헌이 지대했기 때문이다(「朝鮮日報」, 1938년 6월 26일자. '滿洲移民問題' 社說 참조).
18) 당시 會寧政府는 淸朝와의 마찰을 피하려고 두만강 대안 지역을 조선과의 사이에 있는 空地라는 뜻으로 間島라 지칭하기도 했다.
19) 延邊歷史學會 編, 「용드레촌(龍斗村)」, 160-61 참조.

인사들의 이주도 시작되었다. 1910년 이후로는 일제의 식민지 통치 하에서 새로운 양상을 띠면서 한국인의 만주 이주가 급격히 증가하였다.[20]

통계적으로 보면 '표1'과 같이 1890년대 약 6만 명이던 재만 한인 총수가 1945년 해방 직전에는 약 216만 명으로 증가하였다.

표 1 재만 한인의 북간도 이주 상황[21]

| 연대 | 이주 인구 | 증가 수 | 비고 |
|---|---|---|---|
| 1885년 | 약 12,000 |  | 『용드레촌』 |
| 1890년 | 약 60,000 | 약 48,000 | 일본 통감부 추정수 |
| 1900년 | 약 75,000 | 약 15,000 |  |
| 1910년 | 약 109,000 | 약 44,000 |  |
| 1920년 | 약 460,000 | 약 350,000 |  |
| 1925년 | 약 530,000 | 약 70,000 |  |
| 1930년 | 약 610,000 | 약 80,000 |  |
| 1935년 | 약 810,000 | 약 200,000 |  |
| 1940년 | 약 1,100,000 | 약 290,000 |  |
| 1945년 | 약 2,100,000 | 약 1,000,000 |  |

이 도표를 보면, 재만 한인의 이주는 1800년 후기에 경제적인 빈곤과 생존을 위해, 그리고 1919년 3.1 운동을 계기로 민족 독립 운동가들의 정치적인 망명, 또한 1930년 초에 들어와서는 일제의 대륙 침략에 대한 정책과 연관되어 조선 총독부의 조선인 만주 이민 정책이 적극화될 때 계속적인 증가를 가져왔음을 보여 주고 있다.[22] 이렇게 해방 직전의 약 216만 명이 되는 재만 한국인의 인구는 당시

---

20) 채현석, "在滿洲韓國人敎會에 관한 연구", 7.
21) 玄圭煥, 『韓國流移民史(上)』, 161-68 참조.
22) 玄圭煥, 『韓國流移民史(上)』, 160.

한국인 총수의 약 10%, 만주 총인구의 7%를 차지하였고, 한국인의 재만 이주는 한, 중, 일 간의 복잡한 정치적인 문제를 내포하면서 재만 한인사회를 형성하게 하였다.[23]

표 2 만주 조선인 이주자들의 이주 동기와 이유[24]

| 이주 동기 및 이유 | 절대수 | 상대수 % |
|---|---|---|
| 본국에서 경제 곤란으로 인하여 | 30 | 14.9 |
| 집에 돈이 없음으로 | 33 | 16.4 |
| 생활난으로 | 72 | 35.8 |
| 의식의 곤란으로 | 2 | 1.0 |
| 본국에서의 사업 실패로 | 24 | 12.0 |
| 여행의 결과로 | 2 | 1.0 |
| 본국의 정치적 이유로 | 7 | 3.4 |
| 만주에서 농업을 하기 위하여 | 18 | 9.0 |
| 만주에서 돈을 모으기 위하여 | 11 | 5.5 |
| 사업의 성공을 위하여 | 1 | 0.5 |
| 친족을 따라서 | 1 | 0.5 |
| 합계 | 201 | 100.0 |

한인들이 만주로 이주하여 재만 한인사회를 형성하게 된 원인은 여러 가지로 나눌 수가 있다. 한인들이 만주로 이주하게 된 중요 동기는 앞서 잠시 논급했듯이 경제적 난이었고, 농업 이민이 주류를 이루었다. 그러나 일제 강점 전후에는 구국(救國)과 애국 항일 운동의 일환으로 정치적인 이민이 이루어졌고, 종교적 신앙의 자유를 찾아 이주하는 복합적인 동기도 나타나고 있다. 다음의 '표 2'는 당시의 재만 한인들의 이주 동기를 잘 말해 주고 있다.

---

23) 채현석, "在滿洲韓國人敎會에 관한 연구", 8.
24) 李勳求, 『滿洲와 朝鮮人』, 103.

'왜 만주에 왔는가?'라는 질문에 대해 201호 농가주(農家主)와 조사원 사이에서 직접 행해진 답변을 근거로 해서 통계를 낸 이 도표는 이주의 주원인으로 가난과 생활난 등 경제적인 난에서 만주 이주가 이루어졌음을 보여주고 있다. 이처럼 주로 정치적인 동기보다 경제적인 동기로 만주로 이주해 온 재만 한인들은 자연적인 악조건과 인위적인 압박 속에서 생존과 개척을 위해 분투하지 않으면 안 되었다.[25]

재만 한인들에게 놓여진 현실은 끝없는 고난의 연속이었다. 극히 일부 한국인들이 어느 정도 향상된 사회, 경제적 지위를 얻기도 했지만, 대부분의 재만 한인들에게 인위적인 생활 압박 조건으로 나타난 각종 곤란한 점은 대체적으로 일제의 재만 기관에 의한 간섭과 통제, 중국 정부 당국 및 관헌, 중국인 지주와 일반 민중에 의한 법적 지위 불인정이나 무리한 행패, 마적(馬賊), 비적(匪賊) 등에 의한 생명과 재산의 위협, 공산주의자들의 잔인한 살상,[26] 한국인 독립 운동가들의 독립 운동 자금 염출을 위한 무리한 요구, 또한 재만 한국인 상호간의 반목에 의한 갈등과 위협 등을 들 수[27] 있는데 그 중에서도 정치적인 불안과 생명에 대한 신변 위험과 생활난이 주종을 차지하고 있다.[28]

그러나 일제의 재만 한국인 이민 정책의 결과로 이주하였던 재만

---

25) 채현석, "在滿洲韓國人敎會에 관한 연구", 8.
26) In Troubled Manchuria, *The Korea Mission Field*, Vol. X X IX. Jan, 1933, No. 1, 20. 27) 채현석, "在滿洲韓國人敎會에 관한 연구", 8.
28) 李勳求, 『滿洲와 朝鮮人』, 103.
29) 李勳求, 『滿洲와 朝鮮人』, 101. 1928년에는 朝鮮移出民의 수가 증가하여서 41,568명이나 되었다.

한인의 일부는 이러한 인위적인 압박을 이기지 못하고 다시 귀환하였으나, 대부분 한국인들은 끝까지 참고 이겨 나갔다.[29] 다음의 글은 만주 야소교 전문학교의 목사인 쿡(W. T. Cook)이 선교부에 보고한 글 중의 일부이다:

滿洲에 오는 朝鮮移民의 苦痛은 심지어 그들의 不幸을 實際로 目睹하는 사람조차 완전하게 描寫할 수가 없다. 겨울날 零下 四十度의 酷寒中에서 白衣를 입은 말없는 群衆은 惑 십여명 惑 이십명 惑 오십명씩 떼를 지어서 산비탈을 기어 넘어온다. 그들은 滿洲의 樹林 많고 巖石 많은 山邊의 척박한 토지로부터 惡戰苦鬪를 하면서 一條 의 生路를 얻기 위하야 新世界를 차저 저와 같이 몰여오는 것이다. 거기에서 그들은 꾸준한 努力으로서 中國人의 田地 우에 있는 山邊不毛地를 광이와 호미질을 하야서 손으로 심고 손으로 거두며 흔히 생을 維持하기에는 到底히 不可能할 草根木皮를 먹 으며 살아가는 것이다. 多數한 사람이 食糧不足으로 말미암아 죽었다. 婦人小兒뿐만 않이오 靑年들도 凍死엿다. 그들의 悲慘한 生活 우에는 또 疾病이 닥쳐왓다. 數名의 朝鮮人이 맨발로 江邊의 깨여진 어름장 우에 서서 바지를 것어올어 고두자나 깊은 어름장이 석인 강물을 건너가서 저편 언덕에서 바지를 나리고 신을 시는 것을 나는 본 적이 있다.

남루한 衣服을 입은 女子들이 身體의 大部分을 露出한 채 幼兒를 등에 업고 간다. 그와 같이 없음으로써 수차에 조곰이라도 體溫을 돕고저 함이다. 그러나 어린아 이의 다리는 남루한 옷 밖으로 나왔기 때문에 점

---

30) 李勳求,『滿洲와 朝鮮人』, 103.

점 얼어부터서 나중에는 조고만 발가락이 맛부터 버린다. 남녀 늙은이는 급은 등과 주름살 많은 얼골노서 끗날줄 모르 는 먼길을 거러 나종에는 氣盡脈盡하야 寸步를 옴기지 못하게 된다.

그들 - 老小强弱을 莫論하고 - 그 故鄕을 떠나오는 것은 모두 다 이 모양이다. 이와 같이 하야서 過去 一年間 1920년에 萬五千이나 되는 朝鮮人이 滿洲에 건너왔다. 現在 東北 滿洲에 散在하는 朝鮮人의 數는 總計 五十萬을 算한다.[30]

## 3. 재만 기독교의 선교 활동

앞서 살펴보았듯이 재만 한인들은 생존 자체를 위협하는 치안 부재의 사회 불안 속에서 생존과 개척을 위해 불굴의 투지로 노력하였다. 이들은 이역(異域)에서의 생활에 심리적, 정신적 안정과 평안을 갈구하였다.[31] 따라서 각종 종교에 적극적으로 귀의함으로 그들의 심신의 위안과 피난처로 삼았다:

宗敎의 眞髓는 性靈을 修練하고 人心을 開導하는 데 있으므로 敎育과 宗敎는 人間 生活에 必須不可缺의 要素이다. 더구나 外地에서의 開拓生活에 있어서 無援 孤獨하였던 우리 在滿僑胞에게는 物質世界에서의 시달림과 困境을 精神世界에서 靈的 糧食을 찾아 慰安을 받았고 依支할 곳을 얻었던 것이다.

---

30) 李勳求, 『滿洲와 朝鮮人』, 103.
31) 채현석, "在滿洲韓國人敎會에 관한 연구", 9.

韓國移住民이 가는 곳마다 第二世의 敎育을 위해서 學校를 세웠듯이 成人自身들은 마음의 依支를 信仰人에 두고 各種의 宗敎生活을 展開하였다.[32]

기독교는 재만 한인사회의 가장 유력한 종교로 나타나게 되었는데, 그것은 다음의 '표 3'을 통해 분명히 알 수 있다. 이 통계는 재만 주 일본 총사관(總事館)에서 조사한 내용으로 1934년이나, 1936년에 모두 기독교 교회당과 교인 수는 전체 종교의 과반수가 넘는 통계로 나와 있다.[33] 기독교가 만주의 한인사회 이주민에게 깊게 뿌리를 내리게 된 것은 만주의 시대적인 정황과 깊은 관련이 있다. 기독교를 중심으로 한인 사회를 형성케 된 요인으로는 다음과 같은 몇 가지 입교(入敎) 요인이 있다.

표3 재만 종교 집합 교회당 및 사원 일람표[34]

| 구분<br>종교별 | 1934년 6월 | | 1936년 6월말 | |
|---|---|---|---|---|
| | 회당 수 | 교인 수 | 회당 수 | 교인 수 |
| 기독교 | 162 | 31,886 | 233 | 38,251 |
| 천도교 | 17 | 1,933 | 14 | 2,035 |
| 시천교(侍天敎) | 7 | 751 | 9 | 891 |
| 불교 | 14 | 2,446 | 23 | 3,899 |
| 유교 | 5 | 17,794 | 5 | 14,515 |
| 기타 | 1 | 126 | 9 | 1,515 |
| 계 | 206 | 54,939 | 293 | 61,156 |

---

32) 玄圭煥, 『韓國流移民史』, 517.
33) 在滿朝鮮人槪況에 의한 것임.
34) 玄圭煥, 『韓國流移民史』, 520.

첫째, 재만 한인들은 중국 관리들로부터 생명과 재산을 보호받기 위한 자위 수단으로 기독교에 입교하였다.

둘째, 재만 한인들은 자녀의 교육 문제를 해결하기 위하여 입교하였다. 각 종교 단체에서는 포교의 수단으로 학교를 경영하였는데, 기독교 계통의 학교는 전 교육 기관의 8할 이상을 차지했다.

셋째, 정착 생활에 따른 심리적인 압박과 외부의 곤란한 일로부터의 정신적인 안정을 갖기 위해 기독교에 입교했다.

넷째, 만주 이주민의 지위 향상과 복리 증진을 위해 자위 단체 조직의 필요성에서 입교했다.

다섯째, 교회라는 신앙 공동체를 중심으로 노동력과 재력을 집결하여 경제적으로 자립하고자 입교했다.

여섯째, 진취적이고 근대적인 의식을 갖고 있는 재만 한인들에게 재래의 전통 종교들은 보수성과 전근대성을 갖는 반면에 기독교는 이와 반대로 서양의 근대 문명과 밀접히 연관되어 있는 종교로 이해되었기 때문이다.

일곱째, 국내에서 항일 독립 운동의 한계에 부딪쳐 만주로 이주한 많은 민족주의자들이 일제로부터 독립을 쟁취하기 위해 교회의 조직을 독립운동의 기반으로 삼고자 해서이다.[35]

따라서 1910년 일제 강점 전후로부터 1945년 해방 때까지 만주는 그 시대가 만들어 낸 선교의 황금 어장이었다.[36]

---

35) 이만열 외 7인, 『한국 기독교와 민족 운동』(서울: 보성, 1986), 394-97 참조.
36) 정상운, "정빈(鄭彬)의 생애와 사상", 『현대 종교』, 통권 177호, 133.

### 1) 장로교

만주 지역에는 일찍부터 장로교를 첫 시발로 하여 선교가 시작되었다. The Missionary Review(1876년 3월호)에 게재된 런던선교회의 보고에 의하면 1807년부터 1876년에 이르기까지 근 70년 동안 개신교의 선교에는 약 30개 기관, 300여명이 넘는 선교사가 활약하였다. 그 중에 141명의 선교사들이 미국 장로교 연합(American United Presbyterian) 등 미국의 12개 기관에서 파송되었고, 143명의 선교사들이 'Scotch National Bible Society' 등 14개의 영국 선교 기관에서 파송되었다.

약 305명에 달하는 만주 지역 선교사들 중에는 우리가 종래 미국 선교사의 입국만을 기준으로 하여 한국 선교의 시발로 삼는 1884년 이전에 만주 지역에서 조선으로 복음을 전하려는 계획을 추진하는 사람이 있었다.[37] 토마스(R. J. Thomas) 목사의 조선 전도와도 관계가 있는 윌리암슨(Alexander Williamson)과 로스(J. Ross), 매킨타이어(J. Macintyre)가 그런 사람들로, 이들 모두는 스코틀랜드인이었고, 장로교에 속한 사람들이었다.[38]

이중에서 만주의 한인들에게 처음으로 선교를 시도한 사람은 1865년 토마스 목사를 한국에 파견하였던 윌리암슨으로, 그는 중국 산동성(山東省) 지푸(芝罘)를 중심으로 활발한 선교 활동을 펼쳤다. 그는 대동강의 제너럴 셔먼호(General Sherman) 사건으로 순교한 토마스 목사의 생사를 확인하기 위해 1867년 경에 2차례에 걸쳐 성경과 전

---

37) 이만열, 『한국 기독교사 특강』 (서울: 성경읽기사, 1987), 199.
38) 이만열, 『韓國基督教 文化運動史』 (서울: 韓國基督教出版社, 1987), 21.

도 문서를 전하며 복음을 전하였다. 이후에 로스 목사는 1872년에 산동성에 파송을 받아 선교를 시작하였으나, 미국 선교사들이 먼저 선교에 착수하였으므로 선교지를 이듬 해에 봉천 서남쪽 바로 밑의 작은 포구인 우장(牛莊)으로 옮겨 그곳을 만주 선교의 중심지로 선정하고 선교 활동에 매진하였다.[39]

로스는 1874년 10월에 한국인 상인들의 왕래가 빈번한 우장에 있는 봉황성(鳳凰成)의 고려문(高麗門)을 방문 후, 한국에 대한 선교 계획을 구체적으로 세워 나갔다. 이후 1876년 재차 고려문을 방문한 로스는 압록강을 건너왔던 의주 출신 한약 장수 이응찬(李應贊)을 만나, 그를 자신의 어학 선생으로 삼아 한글을 배우며 처음으로 신약 성경을 한글로 번역하기 시작했다.[40] 성경의 한국어 번역 사업은 1879년 로스 목사가 안식년 휴가차 본국으로 돌아간 매킨타이어에게 인계되어 계속 추진되었다. 첫 번째 한국인 개종자인 이응찬은 1876년에 매킨타이어에게,[41] 이성하(李成夏), 김진기(金鎭基), 백홍준(白鴻俊)은 앞서 로스 목사에게 세례를 받았다.[42]

그후 1880년에는 매킨타이어가 지도하는 한국인 성경반이 30여 명의 한국인들로 형성되기에 이르렀고, 이때부터 백홍준, 서상륜(徐相崙) 등이 매서인(賣書人)이 되어 의주, 솔내(松川) 등 국내와 만주의 즙안현에서 적극 전도한 결과 1884년에는 솔내(松川)와 즙안현에 한국인

---

39) 宋吉燮, 『韓國神學思想史』(서울: 韓國基督敎出版社, 1987), 23.
40) "Koreans in Manchuria", *The Korea Mission Field*, Vol. XXXI, 223.
41) Charles Allen Clark, *The Korea Church and the Nevius Method* (New York: Fleming H. Revell Company), 65.
42) 李萬烈, 『韓國基督敎 文化運動史』, 23.

교회가 설립되기에 이르렀다.⁴³ 곧, 1884년 12월 만주에 돌아와 활동하던 로스 목사는 즙안현의 한국인 촌락을 방문하여 75명의 한국인에게 세례를 베풀어 만주에서의 첫 한국인 교회를 설립하였다.⁴⁴

만주에서 한국인에 의한 최초의 장로교회 설립은 즙안현 교회보다 5년 뒤인 1898년에 이성삼(李成三), 임득현(林得賢) 등의 전도로 인해 세워진 이양자(裡楊子) 교회였다:

> 中國南滿洲 즙안현 裡楊子敎會가 成立하다. 先是에 李成三, 林得賢 등이 同地에 寓居하야 熱心傳道함으로 數十人이 上繼信主하야 敎會를 遂成하니라.⁴⁵

이렇게 만주에 처음 교회를 세운 장로교의 만주 선교는 대략 2가지 흐름으로 이루어졌다. 하나는 평북 지방을 중심으로 한 미국 북장로교의 압록강 유역(남만주) 선교이고, 다른 하나는 함경도 지방을 중심으로 한 캐나다 장로교의 두만강 유역(동만주) 선교이다. 북장로교는 홍경(興京)에, 캐나다 장로교는 간도 용정에 각각 선교부를 설치하고 만주 선교를 관장하였다. 1912년 조선 예수교 장로회 총회가 조직되어 국내 각 장로교회가 하나로 통합되었지만 만주 선교는 여전히 선교부를 중심으로 두 가지 흐름으로 각기 특색을 유지하였

---

43) 徐相崙은 1884년에 J. Ross 목사로부터 세례를 받았다. "一八八四年에 多人의게 洗禮를 주었는데 該人들 중에 徐相崙氏 參與하얏나니 該氏는 朝鮮人중 最先 役事하든 使役者니라"(필자가 원문의 일부 古語體를 활자 표기상 관계로 現代體로 바꿈).
44) 채현석, "在滿洲韓國人敎會에 관한 연구", 9.
45) 車載明, 『朝鮮예수敎 長老敎會史記』(京城: 新聞內敎堂, 昭和 3), 55.

다.[46] 1940년 만주에서의 장로교회의 교세는 다음의 표와 같다.

표 4. 1940년 만주에서의 장로교회 교세[47]

|  | 남만주 | 북만주 | 동만주 | 합계 |
|---|---|---|---|---|
| 예배 처소 | 37 | 49 | 122 | 208 |
| 교회 | 33 | 38 | 96 | 167 |
| 교인 총수 | 3,872 | 3,408 | 9,783 | 17,073 |

## 2) 감리교

### ① 남감리회의 만주 선교

남감리교회 제12회 선교연회(宣敎年會)에서는 1908년 9월 만주 선교 사업을 벌이기로 결정하고 이화춘(李和春) 전도사를 만주 선교사로 임명하여 매서인 2명과 함께 파송하였다. 이화춘 전도사는 매서인 이응현, 함주익과 함께 동만(東滿) 지방, 특히 북간도 용정에 파견 받아 이주 한인들에게 복음을 전파하였다.[48] 그러나 1909년 9월에 장로교와 감리교의 양교파가 선교 구역을 협정하게 되어 모든 선교 사업을[49] 캐나다 장로교 선교회에 일임하였다.[50] 이화춘 전도사는 장, 감의 분계(分界) 협약에 따라 본국으로 철수하였다:

---

46) "만주 선교", 『基督敎大百科事典』제5권, 997.
47) 玄圭煥, 『韓國流移民史(上)』, 540.
48) Ibid., 541.
49) 李和春 전도사는 龍井村 주변의 한국인을 대상으로 복음을 전파하여 9곳의 교회를 설립하고, 500여 명의 신자를 얻는 선교의 진전을 가져오게 하였다.
50) 李成森, 『韓國監理敎會史(朝鮮監理敎 開拓期)』(서울: 基督敎大韓監理會 敎育局, 1985), 156.

中國 東滿洲 臥龍洞敎會가 成立하다. 先是에 南臨理會宣敎師 河鯉永과 傳道人 李和春이 傳道하야 信者 점흥함에 교회를 설립하였더니 지시하야 장감양교의 분계조약에 의하야 장로회 관리에 귀함에 선교사 富斗一과 牧師 金永濟가 輪行하며 視務하니라.[51]

그러나 이후 1920년 5월에 들어와서 선교 연회에서는 미국 남감리회 선교부의 후원에 힘입어 만주 선교를 재개하기로 결정하였다. 그해 9월 19일에 남감리교 조선연회장 람부스(Lambuth) 감독은 동만주와 시베리아(西伯利亞)에 거주하는 재만 한인을 위하여 기의남(奇義男, W. G. Gram) 목사와 총무 양주삼(梁柱三)과 정재덕 목사를 선교사로 파송하였다. 1921년 7월 31일에 시베리아 만주선교회 제1회 연회가 니코리스크(蘇皇領)에서 람부스 감독의 사회로 개최되었다.

1926년 11월 11일에는 남감리회 북간도 지방회가 양주삼 목사에 의해 간도 두도구(頭道溝)시를 중심으로 처음 개최되었다. 1927년에는 국내에서 남북 감리교회가 합동으로 자치 교회를 조직하고자 하여[52] 감리교회의 교리적 선언과 장정을 준비한 후, 양교회의 합동과 조직에 대한 성명서를 발표하였다.[53] 그리고 3년이 지난 1930년에 제1회 총회를 소집하여 기독교 조선 감리회를 조직하여 만주 선교는 새로운 발전의 계기를 가지게 되었다.

---

51) 車載明, 『朝鮮예수敎 長老敎會史記』, 311-2.
52) 김형석, "1920년대 한국교회의 해외 선교", 「韓國基督敎史 硏究」, 제9호, 7.
53) 李成森, 『韓國監理敎會史(朝鮮監理敎 開拓期)』, 157.

② 미 감리회의 만주 선교

1910년 미국 감리교회 조선 연회는 손정도(孫貞道) 목사를 만주 선교사로 파송하여 하얼빈을 선교 근거지로 삼아 선교 활동을 펼쳤으나, 1912년 일제에 의해 가쓰라 다로(桂太郞) 수상 암살 음모 사건에 연루된 사상범으로 체포되어 압송되었다.[54] 그리하여 선교 활동은 잠시 중단이 되었다.[55] 그러나 미 감리회에서는 더욱 외지 선교를 활발히 추진하기 위해 1918년 6월 연회 기간에 내외국(內外國) 선교회를 조직하고 만주 선교사로 배형식(裵亨植) 목사를 임명하여 파송하였다.[56]

一九一八年 六月 二十二日(金曜) 午後 一時에 貞洞禮拜堂內에서 宣教會를 開하고 會長 崔炳憲氏가 昇席하야 讚頌歌 一四九章을 合唱하고 書記가 點名하니 出席員이 二十九人이라. 前會議 朗讀하니 錯誤가 無함으로 可納하다. 北間島에 宣教師 一人을 今年에난 期於히 派送하자는 魯晋乙氏의 動議가 可決되고 또 年會에 請願하야 南臨 理會의 協議하야 北間島에 宣教師 一人 더 派送케 하기로 交步委員 擇送하자고…[57]

배형식 목사를 통하여 재개된 미 감리회의 만주 선교는 장춘(신경), 하얼빈, 연화가(蓮花街), 사평가(四平街), 합랍소(哈拉蘇), 영고탑(靈古塔),

---

54) 국내로 압송되어 진도에 유배된 孫貞道 목사는 그 후 탈출하여 上海로 망명해서 임시 정부 議政院 의장으로 있다가 다시 滿洲 吉林省으로 와서 吉林教會를 맡아 사역하였는데, 과로로 인해 1931년 2월 19일에 소천하였다.
55) 李成森, 『韓國監理教會史 朝鮮監理會(1930-1945)』(서울: 基督教大韓監理會 教育局, 1986), 338.
56) 『基督教 美監理會 朝鮮年會錄』, 第11回(1918), 37.
57) 『基督教 美監理會 朝鮮年會錄』, 541

철령 (鐵嶺), 무순(撫順), 도뢰소(陶賴所) 등 1921년까지 교회와 기도처가 증가되어, 만주 선교에 먼저 착수한 장로교와 경쟁을 하게 되었다. 이에 발맞추어 1920년에는 미감리회 조선 연회 만주 지방회가 조직되었다.[58] 1824년 1월에 들어와서는 봉천(심양)에서 미감리회 대표 5명과 장로회 대표 8명이 합동으로 협의하여 만주에 선교 구역을 설정하고,[59] 분할한 선교 구역을 2년 후에 재조정하기로 하였다.[60]

③ 조선 감리회의 만주 선교

1930년에 들어와서 국내와 만주에서 제각기 활동하였던 남감리회와 미(美) 감리회는 연합의 필요성을 절감하여 하나의 감리회로 통합하였다. 따라서 그 해 12월 2일 총회에서 기독교 조선 감리회를 결성하고, 헌법의 조례를 제정하여 최고 위원을 총리사라 하고, 초대 총리사에 양주삼 목사를 선출하였다.

이렇게 남, 미 감리회가 하나가 되자, 12월 12일에는 남·북만주 선교 사업에 대한 결의문을 채택하였다. 뿐만 아니라, 1931년 12월에는 남·북만주 선교 활동을 일원화하여 미 감리회 연회 만주 지방회와 남감리회 간도 지방회를 만주 선교 연회로 통합하여 조직하자 만주 선교는 더욱 큰 활기를 띠게 되었다.[61]

이로써 감리교는 1931년 이후로부터 만주 선교의 비약적인 발전을 보였고, 1939년에는 만주 선교회를 북만(北滿), 동만 2개 지방회

---

58) 玄圭煥, 『韓國流移民史(上)』, 541.
59) 李成森, 『韓國監理教會史 朝鮮監理會(1930-1945)』, 340-41.
60) 玄圭煥, 『韓國監理教會史 朝鮮監理會(1930-1945)』, 542.
61) 玄圭煥, 『韓國監理教會史 朝鮮監理會(1930-1945)』, 542.

로 나누어 북만 지방회에는 사평가, 공주령(公主嶺), 고유수(孤榆樹), 신경, 하얼빈, 하동(河東), 주하(珠河), 연수(延壽), 해림(海林), 목단강(牧丹江), 영안(寧安) 등 11구역, 동만 지방회는 대두천(大川), 백초구(百草溝), 도문(圖們), 훈춘, 동흥진(東興鎭), 용정, 두도구, 연길(延吉), 명월구(明月溝) 등 9구역으로 분할하여 선교 활동을 펼쳤는데, 1940년의 만주의 감리교의 교세를 다음 도표의 통계와 같다.

표 5 만주에서의 감리회[62]

|  | 북만 | 동만 | 합계 |
|---|---|---|---|
| 기도회 처소 | 2 | 8 | 10 |
| 교회 | 13(22) | 16(27) | 29(49) |
| 교인 총수 | 1,163 | 3,217 | 4,380(4582) |

* ( ) 안의 통계는 만주 국민생부(國民生部) 후생사(厚生司)편 『재만기독교현세(現勢) 개황』, 405-408에 실린 1939년 7월 1일 현재의 통계 내용으로, 기독교조선 감리회 만주 연회의 통계표와 교회 수에 있어서는 매우 큰 차이를 보이고 있다.

### 3) 동양선교회 성결교회의 만주 선교

앞서 살펴보았듯이 한민족의 연원지인 만주는 일제의 식민지 통치에 희생된 한민족의 피난처와 구국과 항일 투쟁의 발상지이며, 기독교 선교 역사에 있어서는 귀중한 선교의 장이었다. 조선 야소교 동양선교회의 성결교회가 만주 선교에 착수한 것은 장로교, 감리교보다 2, 30년이 늦은 때였고, 그것도 이미 1909년부터 장·감에 의해 선교 분계구역이 할당된 뒤였다.[63] 그리고 한국 침례회의 전신인 대

---

62) 「基督教 朝鮮監理會 西部, 中部, 東部, 滿洲年會 總計表」(昭和 十四年), 5, 6. 李成森, 『韓國監理教會史 朝鮮監理會(1930-1945)』, 352에 보면 '만주선교 연회 통계 개요'(1939. 12. 31.)가 나오는데, 교회 수는 36곳(北滿: 18곳, 東滿: 7)로 나타나고 있다.

63) 이하는 '朝鮮耶蘇教 東洋宣教會 聖潔教會'를 東洋宣教會 聖潔教會 또는 聖潔教會로 略한다.

한기독교회가 1906년에 조직되어, 만주에 전도자(한태영 외 4인)를 파송한 뒤였다.[64] 1920년대부터 국내 교회의 만주 선교는 본격적이고 조직적인 선교 활동을 펼치기 시작했다.[65]

그러나 동양선교회 성결교회는 황막한 만주 전역에 선교의 열정을 가지고 사중복음을 힘써 전해 만주 선교의 대역에 늦게 참여하였지만 짧은 기간에 급성장을 보였다. 이에 반해 만주에서의 성결교회의 선교 활동이나 내용이(만주에 설립된 교회 이름조차도) 드러나지 않았던 것이 한국성결교회의 지나간 역사 연구의 발자취였다. 그것은 만주 선교에 대한 본격적인 연구 논문이 지금까지 한 편도 나오지 않았던 것이 잘 입증한다.[66]

한국성결교회는 그 본래의 생리적인 특성으로 선교 우선주의를 갖고 있다.[67] 1907년 이 땅에 처음 뿌리를 내린 성결교회가 10여 년간 기성교단으로 경화되지 않고 복음전도관으로 있다가 1921년 9월이 되어서야 조선 야소교 동양선교회 성결교회로 개칭한 것은 그 출발부터 성결교회가 갖는 본연적인 선교 정신에서 비롯된다.

① 재만 성결교회의 시작

성결교회가 만주에 처음 선교를 시작한 것은 동양선교회(OMS)[68] 외국 선교부에 의한 것이 아니고, 만주에 거주하고 있는 한국인 성

---

64) 金容海, 『大韓基督教 浸禮會史』(서울: 大韓基督教 浸禮會 總會, 1964), 15.
65) 정상운, "정빈(鄭彬)의 생애와 사상(I), 「현대 종교」, 통권 177호, 133.
66) 그러나 다행스러운 것은 1988년 12월 4일부터 계속 「들소리 신문」에 이응호 교수의 "만주 벌판에 벌어졌던 성결 운동"이 연재되고 있다.
67) 정상운, "성결교회성 회복에 관한 연구(I), 「현대 종교」, 통권 188호, 155.
68) OMS는 Oriental Missionary Society의 약칭이다.

결교인들의 독자적인 노력에 의해서였다. 1924년 간도 지방 용정에 부여(扶餘) 규암(窺岩)교회 박기래(朴機來) 집사와 경주교회 박장환(朴章煥), 한치국(韓淄國) 3인이 이주하여 기도회와 전도 집회를 가진데서 비롯된다. 박기래 집사는 1919년 2월 24일 부여를 떠나, 북간도 용정으로 이주하였다. 다음의 글은 박기래 집사의 이주에 관한 사실을 말해 준다:

本館 執事 朴機來氏 大小家庭은 北間島로 移住하다.[69]

박기래 집사는 1913년 10월 1일에 세워진 규암교회에서 초기에 교회 분란이 있는 중에 신실하게 믿음을 지키며 일하던 일꾼이었다.[70] 박기래를 비롯한 박장환, 한치국 등 3인은 처음에 자신의 3가족 식구들로 예배를 드리며 교역자 파송을 기도하는 중에 성결교회 교역자회[71]에 자주 교역자 파송을 청원하였다:

데 一회 교역자회(一九二四년)
룡뎡에 시찰원 파송, 중국 룡뎡촌에는 일즉이 충청남도 부여군 엿바

---

69) 『窺岩敎會歷史』, 1912년 7월호. 페이지 처리가 되지 않아 페이지를 기재할 수 없다.
70) 李明稙, 『朝鮮耶蘇敎 東洋宣敎會 聖潔敎會 略史』(京城: 朝鮮耶蘇敎 東洋宣敎會 聖潔敎會 理事會, 1929), 63-64. 以下『略史』라 칭한다.
71) 동양선교회 성결교회는 1921년부터 1923년까지 간담회로 모이다가 1924년에 와서 懇談會보다는 한걸음 더 나아가고, 年會에 대한 준비적인 전 단계의 모임을 조직하였는데, 그것이 바로 敎役者會이다. 敎役者會의 會規는 다음과 같다.
　1. 명칭은 동양선교회 성결교회 敎役者會라 함.
　2. 회원은 남녀 교역자와 선교사로 함.
　3. 교역자회에서는 교역자에 대한 처분권의 없었음.
　4. 임원은 회장, 서기, 회계로 함.
　5. 교역자회에서 결의된 사건은 이사회를 경유하야 실행함이더라.

위 교회에서 이주한 박긔래와 경상북도 경주교회로부터 이주한 박장환과 우리 활천 잡지로 말매 암아 은혜를 밧고 장로교회로브터 이래(移來)한 한치국 3인이 그 밋음을 보존할 뿐 아니라, 열심 전도한 결과로 三十여명의 신자가 모히게 되매 곳 교회를 세워 달라는 청원이 데출된지라. 교역자회에서는 이 청원을 접수하고 리사회에 대하야 시찰원을 파송하기로 청원한 결과 최석모를 시찰원으로 파송하다.[72]

뒤늦게 이들의 요청에 의해 교역자회는 최석모 목사를 시찰원으로 파송하여 그곳의 교회 입지와 집회 상황 등을 조사, 보고케 하고, 그 보고를 통해 1925년 이사회에서 선교사 파송을 결의하였다:

데 二회 교역자회(一九二五年)
룡뎡 시찰하러 갓던 최석모의 보고를 밧은 후에 룡뎡에 교회를 세우기로 가결되어 리사회에 제출하는 동시에...[73]

이에 따라 이사회에서는 1925년 3월에 이원근(李元根) 전도사를 간도 용정에 파송하여 용정교회를 이미 개척한 박기래를 비롯한 3인과 함께 설립케 하였다.[74] 이것은 1907년 한국 성결교회의 출발 이

---

72) 『略史』, 28.
73) 『略史』, 29.
74) 『略史』, 120. 李元根 전도사는 間島로 파송받아 떠나는 여정 중에 원산항에서 청진행 船便 중에 間島開拓의 중차대한 사명을 다음과 같이 말하고 있다:
"밤에는 멀니 墨潮湖를 빗최우며 번뜩이고 잇는 燈臺는 暗礁의 危險을 啓示하야 우리의 航路를 引導하엿다. 燈臺여! 너의 使命은 貴하고, 너의 責任은 중하다. 너는 수천만의 생명을 인도하엿스며 또한 將次 引導할 것이다. 萬若 너의 빗치 稀微하거나 빗츨 일는다 하면 數萬의 生命은 모진 暗礁에 부딕쳐 두려운 怒濤에 삼키일 것이다. 주께서 너희는 세상에 빗치다 하섯스니 내가 더 燈臺의 使命이 잇는 것을 다시금

후, 최초의 해외 선교사업이었고, 또한 성결교회 교단으로부터의 공식적인 만주 선교의 첫 출발이었다:

> 이에 一千九百二十五년 三월에 리원근을 파송하야 교회를 설립하니 외국에 잇는 우리 동포를 위하야 교회를 세운 것은 이것이 처음이더라.[75]

1925년 제2회 교역자회에서는 용정에 교회를 세우기로 가결하는 것 외에 이사회에 용정교회 건축비와 교역자 생활비를 전도국비(傳道局費)에서 지출할 것을 결의하여 요청하였다.[76] 이사회는 미리 비축해 두었던 이사회 전도국비에서 사용하기로 결정하고, 1925년 4월 첫째 주일부터 예배를 드리게 하였다.[77] 그리고 그 해 7월에 서울 본부로부터 보내 준 800원으로 140평과 초가 6간을 550원에 매수하고, 초가(草家)를 와가(瓦家)로 바꾸어 수리하였다.[78]

그 후 6년간 교회는 장족의 발전을 가져와서 비좁은 교회당에서 예배를 드리기 어려운 지경에 이르렀다. 그리하여 서울 본부에 청원한 결과, 보내 준 1,180원과 자체 교회의 현금 100여 원을 합쳐서 총 공사비 1,326원 1전으로 1931년 8월 12일에 시공하여 11월 초에 완공하고, 그 해 11월 22일에 이명직 목사를 강사로 하여 교회 봉헌

---

自覺하엿다." 「活泉」, 제3권 9호. 48.
75) 『略史』, 120.
76) 『略史』, 29.
77) 「活泉」, 제10권 제1호, 50.
78) 「活泉」, 50.

식과 부흥회를 가졌다.[79] 부흥 집회 때마다 400여 명이 운집해서 큰 은혜를 받는 등 성황을 이루며, 계속해서 용정교회는 만주의 모교회로서의 위치를 확고히 지켜 나갔다.

② 재만 성결교회의 형성

이원근 전도사에 의해 용정교회가 설립되고 난 후, 그 해에 김장흡(金康洽)이 부교역자로 파송되어 함께 사역하였고, 이듬해는 여교역자인 임노희(林魯姬)가 부임하여 교회는 날로 성장하였다. 따라서 연변에서 제일 처음 개발된 광산인 천보산(天寶山) 은광이 있는 천보산에 지교회까지 설립하고, 교회 건축도 하였다.[80] 다음의 글은 이 같은 내용을 말해 준다.

> 四方으로 熱心 傳道한 결과 텬보산에 지교회까지 설립하고 례배당도 建築하엿나니라.[81]

천보산 교회가 1926년 이후에 세워졌고, 용정 제2교회가 세워졌으나, 1920년대에는 그 밖에 다른 교회가 더 이상 세워지지 않았다. 이것은 1920년대의 성결교회의 만주 선교의 한계를 단적으로 보여 주고 있다. 단적으로 그 원인은 동양선교회 성결교회가 조직적이고 체계적인 계획 아래 지속적으로 선교 사업을 펼쳐 나가지 못했기 때문이다. 이러한 결과가 나온 것은 무엇보다도 만주 선교에 대한

---

79) 「活泉」, 50.
80) 延邊歷史學會 編, 『龍斗村』, 218.
81) 『略史』, 120.

필요성 인식의 부족 때문이었다.

우리는 이것을 1930년 '성결교 제2회 연회 임명기(任命記)'에서 분명히 알 수 있다. 제2회 연회 임명기에는 용정교회와 지교회인 천보산교회가 이원근 한 사람 교역자에게 맡겨지고 따로 만주지방회로 분리되지도 못한 채 청진(淸津)지방회에 속한 한 교회에 불과한 것을 볼 수 있기 때문이다.

그러나 1930년대에 들어오면서 늦은감은 있으나 만주 선교의 필요성이 강조되고, 이것은 동양선교회 성결교회 이사회와 전국 교회 교역자들에게도 공감대를 형성하게 되었다. 그것은 교단 기관지인 「활천」을 통해 분명히 나타난다. 1932년 「활천」에 처음 용정교회의 시찰원으로 파송받아 파송 보고를 한 최석모 목사의 "만주 전도에 대하야"(111호)와 "만주 선교의 급선무"(117, 118호)에서 만주에 이주한 한인들의 비참한 실상이 소개되었고, 만주 땅은 영적인 황무지이기 때문에 성결교회가 힘써서 선교해야 할 곳임을 강조하고 있다:

滿天下 그리스도人이여! '눈을 드러 빛을 보라.' 저 荒幣한 滿洲의 빛을 보라! 그리고 우리 동포들의 부르짖음을 귀잇는 者는 드르라! 아! 참으로 저들의 慘狀은 무엇이라고 일일히 形言할 수 없다. 저들은 眞實노 靈肉間에 死線에서 彷徨하고 잇다. 아! 저들을 무엇으로 救援할가? 生角할사록 畓畓하야 뜨거운 눈물을 禁치 못하겟다. 그렇나 우리들은 失望할 것이 없다. 저! 牧者 없는 羊과 같은 數千의 무리는 바울 先生의 異象中에 나타난 마게도니아 사람과 같이 「와서 우리를 도우라」(행 十六 9) 하니 일즉이 바울 선생에게 주신 福音이 오늘날 우리에게 잇으매 우리도 이 복음을 저들의게 傳播함이 하나님의 命令이신 同時에 能히 저들

을 救援할 수 있는 길이다. ... 중략... 지금 滿洲는 地理的으로 荒蕪地라는 것보다 靈的 荒蕪地이다. 旣設敎會數가 (長老會) 四平街 以南 大連까지 二十個所가 잇는 바 秋收할 것은 많으나 일군이 甚히 적어서 아즉까지 福音을 듯지 못한 者가 半數 이상이나 된다고 한다.... 중략.... 입으로만 사랑을 부르짖음이 무상 有益이 잇겟는가! 卓上空論만 하고 잇을 이 때가 아니다. 只今은 마땅히 깨어서 그리스도의 사랑을 실시할 때이다. 滿天下 그리스도인아! 奮起하라. 그리하야 저 靈的 荒蕪地인 滿洲를 天國福音으로써 힘써 開拓하라![82]

최석모 목사의 이 글이 나오기 전에 이미 동양선교회 성결교회에서는 1932년 1월 29일에 박문익(朴文翼)과 신원식(申元湜) 2인을 봉천에 파송하여 선교에 착수케 하였다.[83] 이들은 일제가 중국 대륙 침략의 발판 확보와 재만 한인의 항일 투쟁과 민족주의의 근거지인 만주를 억압할 필요성에서 획책한[84] 1931년 만주사변[85] 이후, 더욱 황폐해진 만주 봉천에 들어가서 날로 증가하는 여러 피난민 수용소에까지 사중복음을 전하였다.

최석모 목사는 박문익과 신원식의 사역을 활천에 소개하여 만주 선교의 필요성을 실감있게 호소하였는데, 그 영향은 조선과 만주

---

82) 「活泉」, 제10권 제3호, 6-9.
83) 「活泉」, 제10권 제3호, 6.
84) 李雲泰, 『日本帝國主義의 韓國統治』(서울: 博英社, 1986), 32.
85) 滿洲事變은 일제가 만주 일원을 자기 손아귀에 넣고자 하여 일으킨 침략 전쟁이다. 1931년에 들어서서 일제는 滿寶山 事件과 中村大尉 事件 및 柳條溝 滿鐵大爆破事件 등을 구실삼아 滿洲의 군사적 점령을 획책하고, 南滿洲 일대에 일본 군대를 진주시켜 무차별 진압시켰다. 1932년 봄까지 일제는 만주의 대부분을 차지하였고, 만주 주둔군인 關東軍은 淸朝의 마지막 황제인 溥儀를 끌어내고 王道樂土 五族協和라는 기만적 구호를 내걸고 일제의 괴뢰 정권인 만주국을 그 해 3월 1일에 세웠다.

에 걸쳐 지대했다. 따라서 성결교회는 하얼빈에 황성택(黃聖擇), 봉천에 장서철(張瑞哲), 포하(蒲河)에 노인(盧忍) 등을 파송하였고,[86] 봉천성결교회의 어려움을 들은 경성 아현(阿峴)성결교회에서는 유년들로부터 장년에 이르기까지 성경과 구제금을 급송하기도 했다. 다음의 글은 최석모 목사의 '만주 선교의 급선무' 중의 일부이다:

> 우리 조선 안에서 전도할 것도 급하지 아닌 것은 아니다! 져 만주 등지에 잇는 동포들의 참상은 실노 각일각의 위급을 고하는 것이다 ....중략... 아! 순복음! 근일에 밧은 봉천 서신에 의하면 날마다 피란동포 칠팔명식 몰녀드러서는 늙은 부모 어린 쳐자를 끌러 거리거리 류리하며 문전마다 주저 안저 콥흔 배를 움켜잡고 부르짓는 중 설상가상으로 역병까지 류행하야 매일 죽어나가는 참상은 눈을 가진 자 참아 볼 수 업다고 한다. 그리하야 봉천성결교회에서는 피와 눈물을 짜낸 돈 二十여원을 가 지고 한 때를 먹이는 중 어떤 군인으로부터 四十一원의 동정까지 잇서서 二十일 동 안에 한 二十명의 밥을 공급하야 제三수용소에 수용하엿는데 시급한 것은 성경과 성가 전도지 또 안즐 자리라 한다. 이 급한 소식을 먼저 드른 아현교회에서는 어린이들이 부흥성가 二百二十七부, 장년이 성경 二百부 금 三十원을 급송하엿다고 한다.[87]

이처럼 만주 선교 의식의 고취와 본국 교회의 지원, 그리고 만주 전도자들의 열정적인 전도, 이명직 목사의 부흥 성회에 힘입어 성결

---

86) 「活泉」, 제10권 제8, 9호, 50.
87) 「活泉」, 제10권 제8, 9호, 50.

교회의 만주 선교는 1932년에 들어와 새로운 발전적인 계기를 갖게 되어 만주의 선교적 거점인 용정교회에 이어서, 남만은 봉천을 중심으로 발전하게 되었다.

③ 재만 성결교회의 발전

앞에서 살펴보았듯이 장·감은 만주 선교에 진척을 보이고, 그 중요성이 증대되자 만주를 분할하여 장로교는 남만 노회와 간도 노회, 셰리아(시베리아)노회로, 감리교(조선 감리회 만주 선교 연회)는 1931년에 북만 지방과 간도 지방으로 나누어 조직적이며 효과적인 선교 활동을 벌이게 되었다.

이에 성결교회도 1930년대에 들어와 만주 선교가 발전 일로에 이르자, 성결교회 제4회 연회(1932년)에서는 성진(城津)지방회[88]에 재만 성결교회들을 속하게 했으나, 이듬해인 1933년 성결교회 제1회 총회에서는 북부 지방에 옹성습자(甕聲習子)교회 등을 속하게 하고, 따로 선교 지방을 조직하여 일본 지방과 만주 지방을 나누고, 봉천, 포하, 구련둔(溝連屯)교회 등을 만주 지방에 귀속시켰다.

1934년 1월 24일부터 28일까지 성결교회 제2회 북부 지방회가 북청읍(北靑邑) 서리(西里)성결교회에서 열렸다. 이때 북부지방회는 동만 일대를 선교지에 가입시키자는 안건(件)과 지세상(地勢上) 관계와 경제적 문제를 들어 북부지방회를 둘로 분립해야 한다는 건의안을 총회에 제출키로 결의하였다.[89]

---

88) 이전의 淸津地方의 개칭된 이름이다.
89) 「活泉」, 제12권 제3호, 165.

이후에 다른 여타의 지방회와 같이 만주를 2개 지방으로 분할하여, 동만 지방과 북만 지방으로 나누어 만주 선교에 진력하였다. 그리고 이 2개 지방회의 관리에 있어서는 만주 성결교회 본부를 봉천시 대화구(大和區)에 있는 봉천교회 내에 두고 만주 전체를 통과하게 하였다.[90]

(1) 동만 지방 선교 교구

동만 지방의 선교는 용정교회에서부터 시작되었는데, 용정교회의 설립과 부흥은 자연히 동만 지방의 발전과 연결되어졌다. 용정교회 부흥의 계기는 감리교회 출신인 조승각(趙承珏)을 경성성서학원에 지원하게 하여 성결교회 목사가 되게 하였고, 장로교회에서 황성택, 박문익, 김인석(金仁錫), 김선학(金善學) 등 용정교회 교인들이 경성 성서학원을 졸업하고 성결교회 목사로서 동만 선교에 기치를 더하게 되었기 때문이다.[91]

1932년 6월에 김인석 전도사는 천보산 정수동(井水洞)교회로 파송되었다가 명월구에서 신개척함을 필두로 하여, 1934년에 조양천(朝陽川)교회를 김선학 목사가 개척하였다.[92] 이듬해 계속해서 목단강교회, 도문교회가 계속해서 세워졌다. 그리고 동만 현청 소재지인 연길에 이정원(李禎源) 목사가 연길교회를 세우게 되었다. 따라서 선교 개시 10년 동안에 동만 지역 한국인 거주 지역 주요 도시에는 거의 성결교회가 자리를 잡게 되었다. 동만 지역 교구의 1940년대까지의

---

90) "만주 선교", 『基督敎大百科事典』, 제5권, 977.
91) 李泉泳, 『聖潔敎會史』(서울: 기독교 대한 성결교회 출판부, 1970), 78.
92) 「活泉」, 제12권 제3호, 50.

교회 설립 현황은 앞의 '표 6'과 같다.

표6. 동만 교구 교회 설립 현황(1940년까지)[93]

| 교회명 | 설립일 | 설립자 | 소재지 | 기타 |
|---|---|---|---|---|
| 龍井 | 1925.3. |  | 間島省 延吉懸 龍井村 4區 18-9 | 박기래 외 2인 개척 |
| 龍井 第2 | ? | 李元根 | 間島省 延吉懸 龍井村 4區 7 |  |
| 天寶山 | 1926 | 金善學 |  | 폐지됨 |
| 鍾城 | ? | 金善學 |  | 폐지됨 |
| 朝陽天 | 1934 | 金仁錫 | 間島省 延吉懸 朝陽川 |  |
| 明月溝 | 1932 | 朴文益 | 間島省 明月滿市 |  |
| 圖溝 | 1936 | 金仁錫 | 間島省 圖們市 |  |
| 牧丹江 | 1936.3. | 李槇源 | 牧丹江省 牧丹江市 |  |
| 延吉 | 1935(?) |  | 間島省 延吉懸 頭道村 千泰里 |  |
| 太陽村 | 1937.2. |  | 間島省 延吉懸 鳳寧鄕 太陽村 |  |
| 水田柳 | 1937 | 黃聖澤 | 拉濱 線水曲 柳驛前 | 1934년 폐지 |
| 하얼빈 | 1932 | 延吉懸 | 八帖乘德街 110號 |  |
| 甕聲子 | 1932.8.14. | 黃聖澤 | 甕聲子 |  |
| 新京(장춘) | ? | 盧忍 |  | 안경호 자매 |
| 蒙古通遙懸 | 1934.1. |  |  | 전도로 시작 |

(2) 만주 지방 선교 교구

남만에서의 성결교회의 선교 활동은 북만에서보다 7년이 지난 뒤인 1932년에야 비로소 시작하게 되었다. 앞서 논급했듯이 1932년 1월에 동양선교회 성결교회에서 파송받은 박문인과 신원식 2인이 봉천에 들어가, 주로 봉천 피난민 수용소 전도를 통해 많은 선교의 성과를 올리고, 1932년 4월 20일에 봉천교회를 설립함으로써 남만

---

93) 이 도표는 당시(1932-1939년)의 『總會會議錄』과 『年會會議錄』, 「活泉」, 『韓國流移民史(上)』 등을 참조하여 作成한 것임. 표 7도 同一함.

에서의 성결교회의 만주 선교는 개시되었다.

이어서 1932년 8월 25일에[94] 김광준 목사가 북릉(北陵)교회를 설립하였고, 10월에는[95] 안동(安東)교회를 개척하였다. 그 뒤를 이어 포하(浦河)교회와 구련둔교회가 세워지고 심양(瀋陽)에 성결교회가 계속해서 세워져 수 년 내에 남만 중심 지역의 선교가 성과를 거두는 동시에, 봉천교회가 남만 선교의 중심 센터가[96] 되었다.

또한 1937년 4월 1일에는 봉천 일본 총영사관(總領事館)에서 봉천성 심양현 정안촌(靖安村) 어화원(御花園)에 김광준(金光俊) 외 11명의 출원(出願)으로 정식 포교 인가를 받는 등 일제(日帝)라는 정치적인 제약 속에서 만주 선교에 박차를 가했다. 다음의 통계는 남만 지역 교구의 1939년까지의 교회 설립 현황이다.

표 7. 남만 교구 교회 설립 현황(1939년까지)

| 교회명 | 설립일 | 설립자 | 소재지 | 기타 |
|---|---|---|---|---|
| 奉天 | 1932. 4. 20. | 朴文翼, 申元湜 | 奉天市 西塔 제1구, 2 | |
| 北陵 | 1932. 8.25. | 金光俊 | 奉天市 北陵 御花園町 | |
| 蒲河 | 1932. 5. 20. | 金光俊 | 遼寧省 遼中懸 蒲河 | 후에 塔彎으로 이전한 뒤 瀋陽 교회로 개명함. |
| 安東 | 1932. 10. | 金光俊 | 安東懸 四番通 四丁目 | |
| 溝蓮屯 | 1933. 3. 10. | 盧忍 | 奉天市 四溝蓮屯 | |
| 塔彎 | ? | ? | 瀋陽縣 제9구 靖安村 塔滿 | |
| 撫順 | 1934 | 張斗遠 | 南滿 撫順城 永安街 | |
| 錦懸 | 미상 | ? | 滿洲國 錦縣城 내 | |
| 上海 | 1933 | 이현영 | | |

---

94) 『朝鮮耶蘇教 東洋宣教會 聖潔教會 第2回 總會會議錄』(1934), 86.
95) 『朝鮮耶蘇教 東洋宣教會 聖潔教會 第2回 總會會議錄』(1934), 86.
96) 李泉泳, 『聖潔教會史』, 79.

일제는 1931년 만주 사변에서 이기자, 괴뢰 정권인 만주국을 세우고, 만주국의 기독교를 하나로 통합하려 하였다. 따라서 만주에서 만주계 기독교를 하나로 통합하려 하였다. 따라서 만주에서 만주계 기독교는 만주 기독교 연합회로, 일본계 기독교는 전만(全滿) 일본 기독교 연맹으로, 한국계 기독교는 만주국 조선기독교연맹으로 각각 결성하기에 이르렀다.

당시 만주국에는 장로교와 감리회, 성결교, 그리고 동아기독교, 조선 기독교, 안식교 등 6교파가 존재하고 있었다. 그러나 이 6교파는 모두 통합하여 하나의 교파로 만들어야 한다는 만주국 정부의 압력을 받고 있었다. 이리하여 만주국 조선기독교연맹은 1941년 신경에서 민생부(民生部)[97] 종교장장인 일본인 쿠리하라(票原)와 협화회 참사인 카와모토(川本) 등의 알선으로 창립 총회를 개최하게 되었다.

그 동안의 준비 작업은 준비 위원장 심창덕과 서기 이형재로 진행하였다. 대한예수교장로회 만주 연합회 관리인인 정상인 목사는 회장으로, 부회장은 송득우, 서기는 계창봉, 부서기 이형재 등이 선출되었고 6교구와 교구장, 관할 구역을 설정하였다. 그리고 교회 정치는 장로회 정치에 준하여 장로 제도 가 채택되고, 교역자 양성 기관으로는 만주신학원(滿洲神學院)을 설립하여 교장은 정상인 총회장, 박윤선 목사와 박형룡 목사 등이 교수가 되어 가르쳤다.[98]

그러나 재만 성결교회는 만주국 기독교연맹의 큰 개입이 없이 선교 활동을 펼쳐 나갔다. 그러나 일제 말기에 재만 한국성결교회는

---

97) 오늘날 문공부와 같은 성격의 부서.
98) "만주 선교", 『基督敎大百科事典』, 제5권, 977.

본국 교회와 더불어 강력한 수난을 당하였고, 해방 후에는 공산화에 밀려 모든 교회가 폐쇄되다시피 했다. 따라서 반세기의 어둡고 지리한 압제에서 해방이 되는[99] 1945년 직전까지 북릉에 박용현 목사, 심양에 정운학 목사, 무순에 김도명 목사, 안동에 김광준 목사, 봉천에 김홍훈 목사 등이 목회에 전력하여 큰 성과를 거두었으나 1945년 8·15 해방 이후 만주가 중공군 치하가 되자 대부분의 성결교 교역자들이 거의 귀국하게 되었다. 그러나 끝까지 남아서 북릉교회를 지키던 정운학 목사는 공산당에 잡혀 옥살이를 하는 등 큰 옥고를 치렀다.

### 4) 재만 성결교회의 선교 방법

① 직접 복음 전도

만주에서의 선교 방법은 국내 선교에서와 마찬가지로 원래 독립된 교파가 아니고, 초교파적으로 동양에 전도할 목적으로 세워진[100] 동양선교회의 정신에 따라 시행되었다. 따라서 교파 의식을 지양하고 선교 지행의 정신에 따라, 학교와 병원 등 간접적인 복음 매체의 사용보다는 직접 불신자에게 복음을 전하는 호별 전도, 개인 전도, 노방(路傍)전도, 옥내 전도[101] 등 직접 복음 전도에 주력하였다.

이것은 동양선교회(OMS)의 주요 선교 방법인 복음적이며(evangelical), 직접적(direct)이고, 적극적(aggressive)이며 그리고 광범한(wide

---

99) 裵可禮, 『聖潔敎會女性史』(서울: 기독교대한성결교회 출판부, 1987), 144.
100) 李得梡, 『韓國宗敎史』(서울: 海文社, 1963), 381.
101) 『朝鮮耶蘇敎 東洋宣敎會 弟1回 年會 會議錄』(昭和 13), 17.

spread) 것에[102] 따른 것으로, 직접 복음 전도는 가두 전도와 순회 장막 전도로 나타났다.

매년 1회씩 열리는 성결교회 연회에서는 전국을 순회하며 복음을 전도하는 일을 총괄하는 이사를 임명하였고, 특별 전도 사업[103]으로 전국 부흥 순회 장막전도대(帳幕傳道隊) 대장을 임명하여 소도시와 대도시를 순회하며 장막(*천막) 대형 집회로 가지는 직접 전도에 주력하였다. 그 한 예로, 1931년 3월 2일에 가졌던 제3회 연회에서는 전국 순회 이사로 곽재근(郭載根) 목사를, 전국 장막전도대 대장으로 정남수(鄭南水) 목사를,[104] 부대장으로 차창선(車昌宣)을 임명하여 선만(鮮滿, 주로 조선) 각지에 이르러 순회하며 직접 복음 전도에 주력케 하였다. 이천영(李泉泳) 목사는 장막 전도대의 활동을 다음과 같이 말한다:

> 이 시대 부흥의 요소 중 직접적인 운동은 전도대의 활동이라 하겠다. 성결교회는 本來 직접 전도에 熱心한 교파이다. 그러기에 傳道館 시대에서 牧會 중심으로 기구가 개편된 후에도 전도대 운동은 쉬지 않고 都市 전도대와 農村 전도대를 조직하여 복음 운동을 전개하였으니....[105]

---

102) Robert D. Wood, *In These Mortal Hands* (Greenwood: OMS International, Inc., 1983), 30.
103) 1930년대에 가진 聖潔教會 第2回 年會 任命記에 보면 특별 전도 사업을 경성 시내 전도와 성별회, 지방 전도, 시장 전도로 정하고, 京城市內傳道館 館長으로 郭載根, 聖別會 廓載根, 地方傳道隊 第一隊長 崔淳, 第二隊長 河思路, 市長傳道隊 隊長 任鍾綸, 隊員 金英洙를 임명하였다. 「活泉」, 제8권, 제4호, 62.
104) 「活泉」, 제9권, 제8, 9호, 62.
105) 李泉泳, 『聖潔教會史』, 76.

1935년 3월 8일부터 13일까지 가진 성결교회 3회 각 지방회 의사록(議事錄) 촬요(撮要 *요점을 골라 간추림)에 보면 북부지방회는 결의 및 협정 사항 중에 중요한 안건으로 장막 전도대를 입북케 하여 관북(關北)과 동만에 집주(集湊)되는 민중에 대하여 대대적으로 순복음 구령운동을 일으키자는 안건을 내놓았다.[106]

재만 성결교회는 순회 장막전도대를 기다리기에 앞서서 개교회별로 자기 지역을 순회하며 전도하였다.[107] 봉천교회에서는 구령열에 불붙어 신우회로 조직된 전도대를 통해 각지에 복음을 전하였다.[108] 용정성결교회는 전도대를 만들어 근처 인접 마을에 가서 북을 치고 찬송을 부르며 모여든 군중들에게 복음을 전하였는데,[109] 이 광경은 흡사 1907년 성결교회 창립자인 정빈과 김상준이 매일 저녁마다 황토현에 가서 북을 치며 "믿기만 하오. 믿기만 하오"[110] 하고 찬송부르며 전도하는 모습[111]을 방불케 한다.

따라서 만주지방회에서는 연회에 재만 전도자들의 생활비 뿐만 아니라, 교회당비, 또한 순회 전도비도 사용할 만큼 충분히 지출해야 할 것을 건의하기도 했다.[112] 그리고 만주에 설립된 교회들을 순회, 시찰하고 성례를 집행하기 위한 순회사(巡廻師) 1인을 남만주의

---

106) 「活泉」, 제13권, 제6호, 34.
107) 『朝鮮耶蘇教 東洋宣教會 第一回 年會 會議錄』, 22.
108) 『朝鮮耶蘇教 東洋宣教會 第一回 年會 會議錄』, 27.
109) 「活泉」, 제14권, 제1호, 60.
110) 中央聖潔教會 出版委員會, 『中央教會 70年史』(서울: 中央聖潔教會, 1978), 33.
111) 정빈이 일본 東京聖書學院에서 공부하고 실습하여 익힌 전도 방식은 악대와 가두 전도 연설, 호별 방문과 같은 직접 복음 전도 방식이었다.
112) 중앙성결교회 출판위원회, 『中央教會70年史』, 21.

중앙인 봉천에 주재시킬 것을 건의하였고,[113] 후에 봉천에 남만 순회사 김광준 목사가 파송되었다.

② 대중 부흥 집회

만주에서의 성결교회의 선교 방법은 국내에서와 마찬가지로 주로 성별회(聖別會)[114]와 같은 대중 부흥집회였다. 강사는 자체 교회보다는 국내 성결 교회의 저명한 목사를 초청하여, 전만(全滿)을 순회하여 대중 부흥 집회를 가짐으로써 교회를 부흥시키게 했다. 만주에서 첫번째로 모인 대중 집회는 1925년 11월 22일 용정교회의 헌당식으로부터 시작되는데 4일간 이명직 목사를 강사로 가진 대중 부흥집회는 매 집회마다 400명 이상 참석하는 큰 성과를 거두게 되었다.

재만 성결교회는 특별한 어느 기간을 설정하여 집중적으로 대중집회인 성별회를 가짐으로써 교회를 설립케 하거나, 부흥의 계기로 삼았다. 다음의 글은 만주 몽고의 통요현(通遼縣) 교회의 설립 기사이다:

> 만주 몽고 등지에 류리하는 동포들이 수십 년 전부터 이곳에서 수천호가 살엇다. 그들은 하나님 앞에 예배하며 위안을 받아 오든 중 작년 9월 '안경호'자매가 가서 열심히 전도하였으며, 금년 1월 하순경에는 본직(盧忍: 필자 주)이 그 곳을 심방하야 만주인 복음당을 빌어서 1주간 집회를 하였으며 비로소 성결교회 간판을 부치고 일반은 많은 은혜를 받었으며...[115]

---

113) 중앙성결교회 출판위원회, 『中央敎會70년史』, 21.
114) 초기 한국성결교회는 心靈復興會를 가리켜 聖別會라고 불렀다.
115) 「活泉」, 제12권, 제5호, 54-55.

이처럼 재만 성결교회는 성별회 등 대중 전도집회를 선교의 중요한 방편으로 삼았는데, 순회 부흥 주강사는 이명직, 이건(李健), 한성과(韓成果), 조승각, 박현명(朴炫明), 김응조, 이성봉(李聖鳳) 목사 등이 맡았다. 그 한 실례로 이명직 목사는 1933년 7월 12일부터 8월에 걸쳐 만주를 순회하며, 봉천, 무순, 신경, 하얼빈, 포하, 북릉, 안동교회에서 대중 전도집회를 가졌다. 다음의 글은 '서중(署中)의 만주 순회기'로 「활천」에 실린 글이다:

今年 여름과 같이 數十年 以來 처음 當하는 주 署의 期七月에 나는 滿洲敎會 巡廻 任務에 當케 되었다.[116]

또한 용정교회 주임 교역자인 조승각 전도사는 만주 전역을 복음화하고, 재만 성결교회에 활력을 불어넣기 위해 경성 본부의 후원을 입어 '전 간도 심령 부흥대회'를 열었다. 대회 준비 위원장인 조승각 전도사는 이건 목사를 강사로 하여 1934년 12월 5일 저녁부터 15일 저녁까지 10일간 용정, 조양천, 국자가(局子街), 명일구, 도문 등에서 대중 부흥집회를 개최함으로써 큰 성과를 거두었다.

③ 자립 선교

성결교회의 자립 선교는 교회 건축비와 교역자 생활비 거의 전액을 동양선교회 선교부에 의존하였던 관계를 청산하고, 한국성결교

---

116) Ibid., 55.

회 교인들의 헌금으로 경제적인 자립[117]을 모색했던[118] 1932년의 자치 선언에서 출발한다. 1932년 3월 26일 성결교회 제4회 연회는 다음의 내용과 같은 자치 선언을 결의하였다:

> 하나님의 크신 능력과 넓으신 사랑과 깊으신 은혜를 찬송하야 마지않나니 우리 조선에 순복음이 전파된지 이미 二十六五년이라. 지금까지 선교 본부의 유지를 받아 여긔가지 발전됨은 진실노 감사하는 바니라. 이제는 우리가 자립하지 않으면 아니될 것은 년회를 조직 후 四개 성상의 훈련을 받고 또한 각오(覺悟)를 가지고 왓도다. 일반 교회와 교역자 제위는 비장(悲壯)한 결심과 담대한 용긔로 전진하기를 희망하며 이에 우리는 신앙 우에 서서 조선예수교 동양선교회 성결교회 헌법 제3편과 제4편과 부록 제1장으로 제5장까지를 폐지하고 자치(自治)를 선언(善言)함.
>
> 一千九百三十二年 三月 二十六日
> 조선 예수교 동양선교회 성결교 리사회
> 許仁守, 李明稙, 崔錫模, 郭載根.[119]

1932년 자치 선언은 정치적인 독립뿐만 아니라, 경제적인 자립의 의미도 가지고 있었다. 따라서 선만(鮮滿)의 교회 개척과 선교에 있어서도 자치 선언에 따른 자급 운영, 자립 선교가 강조되어 실시되었다.

---

117) 성결교회는 장로교나 천주교와 마찬가지로 만주에서 개척 농촌교회를 설치함으로도 경제적인 자립 위에 자립 선교를 꾀하려고 노력하였다. 玄圭煥, 『流移民史(上)』, 522.
118) 이덕주, "1936년 성결교 총회 분규 사건", 『韓國基督敎史硏究』, 제17호, 20.
119) 『朝鮮耶蘇敎 東洋宣敎會 聖潔敎會 第四回 年會 會議錄』(1932), 31-2.

한국성결교회가 1932년 자치 선언을 하고 자금 운영, 자치 제도, 자립 선교를 실시한 것은 장로교 선교 공의회처럼 존 네비우스(John Nevius) 박사의 선교 방법을 기초로 하여 자체에서 10가지 조항으로 요약하여 한국에서의 선교 방법으로 채택한 것은 아니었다.

그러나 한국성결교회도 감리교처럼 간접으로 네비우스 선교 방법에 어느 정도 접근해 있는 것은 사실이다. 네비우스 선교 방법은 네비우스를 개인적으로 잘 알고, 1890년 그가 한국을 방문하도록 초청하였던 언더우드(Horace Unerwood)에 의해 처음으로 4가지 원리로 설명되어졌고,[120] 한국의 선교사들은 앞으로 명심하고 지켜나가야 할 선교 방법의 원칙으로[121] 제공받았다. 클락(Charles Allen Clark)은 다음과 같이 9가지로 네비우스 선교 방법을 요약한다:

① 광범위한 순회 전도(itineration)를 통한 선교사 개개인의 복음 전도 ② 자립 선교(Self-Propagation) ③ 자치 제도(Self-Governmant) ④ 자치 운영(Self-Support) ⑤ 체계적인 성경 연구(Systematic Bible Study) ⑥ 성서의 교훈에 따른 엄격한 생활 훈련 ⑦ 타기관과의 협력(Cooperation)과 일치(union) ⑧ 불간섭(Non-interference) ⑨ 경제 문제에 있어서 가능한 협조 정신.[122]

성결교회가 자치 선언을 한 까닭은, 1930년에 들어오면서 교회

---

120) Roy E. Shearer, *Wildfire: Church Growth in Korea* (Michigan: WM. B. Eerdmans Pub. Co., 1966), 194.
121) 閔庚培, 『韓國基督敎史(改訂版)』(서울: 大韓基督敎出版社, 1982), 191.
122) Charles Allen Clark, *The Korean Churdch and the Nevius Methods*, 33-4.

수가 증가 하고 한국인 교역자가 늘어남으로 한국인 교역자의 역할과 책임이 요구되었기 때문이다. 그리고 종래의 동양선교회라는 외래 선교사 중심의 중앙 집권적 정체 제도라는 기구를 탈피하고자 하는 주체 의식[123]이 교단 저변에 형성되었기 때문이다. "우리의 각오와 전자치(全自治)"라는 이명직 목사의 글을 살펴보자:

> 至今까지 우리는 外資를 依하야 衣之食之作之하엿다..... 至今까지 우리가 믿어 온 것은 事實上으로 西洋을 믿엇고 宣敎師를 믿었다. 이것이 하나님을 믿는 것이 되지 못한다. 믿기는 믿엇다 하여도 間接의 믿음이라고 奇異한 文句나 붙이면 可할 것이 다. 우리가 祈禱할 때에 西洋에 잇는 維支者들을 祝福하시되 그 心靈과 事業을 祝福 하사 더욱 잘 宣敎의 精神을 뜨겁게 하시고 物質이라도 主께 많이 바치게 하여 달라고 하엿다. 이것은 말하면 남을 祝福하여 주고 自己는 그 祝福의 陰德을 입자는 一種 求乞式의 思想이엿다. 물론 이러한 祈禱도 좋은 것이다마는 우리가 하나님께 祈禱할 때에 내가 自給으로 일하고, 내 교회가 自給하게 해 달라는 기도가 믿음에서 勇敢스럽게 나가지 못하였다. 이제부터는 우리가 무엇에 必要를 느끼게 될 때에는 宣敎部를 依支하지 말고 하나

---

123) E. A. Kilbourne 총리는 1934년 4월 24일 제2회 성결교 총회 기간 중에 내한하여 勸辭를 말하는 중에 自治宣言을 한 한국성결교회는 정치적인 自治 뿐 아니라 經濟的인 自治까지 해야 할 것이라고 강조하였다. 동양선교회가 今日부터 경제적 보조를 끊더라도 낙심하지 말 것을 말하며, 그 이유로 미국의 불황을 들고 있다. 自治宣言에 대한 미국 OMS의 태도는, 경제적인 자립이 정치적인 자치와 反선교부적 선언으로 나가자, 경제적인 보조를 끊음으로써 제동을 거는 것으로 나타난 것이다. 이미 OMS 총본부는 한국성결교회가 자치에 앞서서 완전 자급을 못할 것이라는 경제적인 한계성을 내다보았다. 또한 1933년 제1회 총회에서 결의한 理事 선출권을 한국성결교회에 이양하는 것을 거절하고 계속해서 理事會를 장악하고 있었다. "朝鮮敎會의 理事選擧權은 自給과 兼行하여야 할 것과 總本部는 速히 理事選擧權을 朝鮮敎會에 讓擧하고 싶으나 朝鮮敎會의 自給形便을 보아서 時機尙早임으로 時期를 기다리라"는 것이었다. 『朝鮮耶蘇敎 聖潔敎會 第二回 總會會議錄』, 7, 37.

님을 직접으로 믿고 依支하기를 배우고저 한다.... 全自治라면 財政 問題가 앞설 것이다. 그러나 믿음으로 나아가자.

이명직 목사는 한국인의 독자적인 행정 능력이 없는 4년 간의 연회에서 총회로 바뀌는 역사적 시점에서 다음과 같이 지난 1년간 가졌던 자치 선언의 평가를 내리고 있다:

> 하나님께 感謝하는 것은 昨年 一千九百三十二年에 自治를 宣言한 以來 하나님의 祝福과 敎會 一般의 覺醒과 勞力으로 말매암아 나타난 結果는 甚히 큰 것이다. 모든 것이 다 倍로 增加됨에 이르럿다. 總計上 數字로 보면 宣敎費로는 增加된 것이 없다. 그러나 自治宣言 以後 增加는 新設 敎會 五十處, 新洗禮人 二千餘名, 獻金 四萬圓, 新求道者 一萬五千人, 新建築禮拜堂 十三, 主日學生 三千名 以上 數字가 總會를 지내기 前에는 아직 明瞭치 못한 點이 없지 않이하나 別노히 어김이 업을 줄노 믿는다.[124]

50곳의 신설교회가 설립되고, 세례인이 3천여 명에 달하는 놀라운 교세 발전과 함께, 1932년부터 1933년까지의 재정 형편을 살펴보면 자치 선언을 한 후에 자급 비중이 현저히 증가되었다. 즉, 1932년에는 자치 헌금이 전체 수입금액 중의 29%를 차지하는 1,016,794원이었고, 1933년에는 12,360,900원으로 28.7%에 해당되었다. 또한 만주 선교에 있어서도 큰 성과가 나타났다. 그것은 아래 도표의 통계와 같이 1932년 전에 용정 지교회까지 합하여 4교회

---

124) 「活泉」, 제11권, 제5호, 2.

였던 것이 자치 선언을 한 1932년에 들어오면서 사료(史料)로 나타난 곳 만도 1934년까지 14교회와 10곳 이상 기도처가 새로 신설되는 놀라운 양적 증가를 보이고 있다.

따라서 자치 선언을 통한 자립 선교는 만주 선교에 절대적인 영향을 미쳐 재만교회들로 하여금 자치적이고, 자기 의존적인 적극적인 교회 설립과 성장을 가져오도록 하는 효과적인 방법이 되었음을 알 수 있다. 이외에도 매년 선교 주일을 부활절로 정해[125] 선교 의식을 고취시켰고, 선교 주일에 나온 선교 헌금으로 만주 선교에 경제적 지원을 하였다.

표 8. 재만 성결교회 설립 통계(1925-1939년)

| 년도 | 1925년 | 1926-31 | 1932-34 | 1935-38 | 1939년 |
|---|---|---|---|---|---|
| 전체교회수 | 1 | 4 | 14(기도소 포함 26) | 21 | 22 |
| 신설교회수 | 1 | 3 | 13 | 7 | 1 |
| 폐지교회수 | | | 3 | | |

또한 자치 선언 후 선교열이 크게 일어나 경성성서학원의 3년 학기제가 6년 학기제로 바뀌어져 1년 중 봄과 가을에 공부하고, 나머지 기간인 여름과 겨울은 임지에 나가서 전도하여 교회를 개척하게 하였다.

---

125) 『朝鮮耶蘇教 東洋宣教會 聖潔教會 第一回 總會會議錄』, 7, 37.

# 닫는 글

지금까지 살펴본 바, 재만 한인교회의 형성기인 1920년대에 들어와 장로교와 감리교는 본격적인 만주 선교를 전개하였다. 재만 성결교회는 장·감보다 훨씬 늦은 1920년대 중반인 1925년이 되어서야 만주 선교 대열에 참여하고, 1930년에 들어와서 전만을 이분하여 동만은 동만 순회사 이정원이, 남만은 남만 순회사 김광준이 맡아 교회 26곳, 기도소 10곳 이상, 포교자 37명에 교인 약 2,000명 이상의 결실을 맺게 되었다.[126]

그동안 20년간 재만 성결교회가 가진 만주 선교의 한계성은 다음과 같다.

첫째, 재만 성결교회도 장·감처럼 외지 선교부인 동양선교회가 있었지만, 동양선교회는 장·감과 같이 주도적으로 이끌지 못하였고, 또한 결과적으로 영·미 선교사들의 치외법권적인 입장을 장·감과 같이 효과적으로 재만 한인사회의 선교에 활용하지 못했다.

둘째, 재만 성결교회는 동양선교회 창립 정신에 따라 간접 전도 매체를 사용하는 것보다 직접 복음 전도에 주력하여 사회 구원, 민족 구원보다 개인 영혼 구원에 치중함으로써 상대적으로 당시의 재만 한인사회가 가진 반봉건, 반제국주의, 항일 민족적인 성향에 부응하지 못하는 소극성을 보였다.

셋째, 재만 성결교회는 장·감 위주의 선교 구역이 할당된 뒤, 만

---

126) 玄圭煥, 『韓國流移民史(上)』, 563. 여기에 보면 재만 성결교회 교인 수가 1,290명으로 나오는데, 이것은 13교회의 통계이다. 따라서 史料로 나타난 바 26교회를 가진 재만 성결교회 교인 수는 약 2,000명 이상인 것으로 추정할 수 있다.

주 선교에 동참했으나, 1932년 자치 선언을 통해 자치 내에서 그 활로를 찾게 되었다. 그러나 1932년 자치 선언이 경제적인 자립을 얻지 못한 일시적인 정치적 자치 운동으로 끝나고, 1936년 성결교회 총회가 이사회에 의해 해산되어 연회로 다시 복고되자 만주 선교도 국내에서처럼 크게 속도가 둔화되었다. 그리고 1936년 성결교 총회 분규 사건이 일어나 '하나님의 교회' 교단이 12월에 창립되자, 장막 순회 전도대 대장인 정남수 목사 등 유능한 신진 개혁 주도 세력이 성결교회에서 이탈됨으로 인해 선교 열기는 식어지게 되고, 결국 답보 상태에 머물고 말았다. 그러나 이러한 부정적인 면에 앞서서 재만 성결교회의 만주 선교는 다음과 같은 긍정적인 평가를 내릴 수 있다.

첫째, 무엇보다도 만주 선교 사업은 한국성결교회의 최초의 해외 선교 사업으로, 선교를 우선하고 지향하는 성결교회의 본래적인 교단 특성을 회복시켜 주고 제자리 매김을 하는 귀중한 초석이 되게 하였다.

둘째, 성결교회의 재만 한인사회에서의 직접 복음전도는 당시 국내 뿐 아니라 만주에서도 장·감의 사회 개혁과 문맹퇴치, 민족운동과 결부되어 진행되었던 민족 구원에 있어 지역적 의의에 치중되는 복음의 변질을 막아 주는 것으로, 순복음(사중복음)의 유일한 보루로서 재만 성결교회가 재만 한인사회에 뿌리내리게 하였다.

셋째, 특히 장·감과 달리 재만 성결교회는 그 처음 시작에 있어서 외국선교부 동양선교회의 주도와 파송으로 세워지지 않고, 한국인의 주도 그것도 평신도 성결교인의 교회 개척으로 인해 자생된 점이 장·감과 매우 다른 인상적인 선교의 출발을 보여 주었고, 이것은 선교의 주체로서 토착적인 의식 확립과 신앙의 연결에 있어서 한국 교회에 커다란 의미를 던져주는 일이 되었다.

넷째, 한국성결교회가 1925년에 용정에 첫 해외 선교사를 파송하여 장·감에 비해 짧은 기간 동안 만주선교에서 큰 성과를 거두게 된 것은 성결교회가 본래적으로 가지고 있는 생리적 특성이 선교우선, 선교 지향성임을 확인하게 해주었다. 그리고 오늘날 한국성결교회가 해야 할 본연적이며, 당위적인 우선 과제가 세계선교임을 제시하여 주며, 특히 북방선교(동북 아시아 공산권 선교)에 대한 새로운 방향과 역할 감당에 많은 시사점을 던져주고 있다.

[성결대학교 「교수논문집」19집 (1990년)]

# 13

## 한국성결교회의 초기 문서운동
-1945년 이전 잡지를 중심으로-

# 한국성결교회의 초기 문서운동
-1945년 이전 잡지를 중심으로-

## Ⅰ. 여는 글

   기독교와 관련된 문서가 처음 한글로 간행된 것은 만주에서 번역성서가 간행된 시기와 거의 같이하고 있다. 한글역 성서간행으로 로스(J. Ross)가 『예수셩교문답』과 『예수셩교요령』을 1883년에 간행하였고, 1885년에는 이수정(李樹廷)이 매클레이(R. S. Maclay) 원저의 『랑자회기』(浪子悔改)를 번역 출간하였다. 한국에서는 1889년경부터 출판물이 나왔다.[1]

   해방이전 한국교회는 기독교 진리를 전달하고, 이해시키기 위한 수단 뿐만 아니라 교회생활을 비롯한 민족문제와 관련한 사회생활의 답변으로서 효과적으로 기독교 문서를 사용하였다. 따라서 초창기 한국교회의 선교의 특징은 문서를 통한 선교였다. 그리고 이러한

---

1) 李萬烈, 『韓國基督敎文化運動史』(서울: 大韓基督敎出版社, 1987), 332.

기독교의 문서선교가 한국 근대 문화에 끼친 영향도 지대하였다. 이러한 초기 기독교 성서, 교리서, 잡지, 신문 등 각종 기독교 문서는 순 한글로 되어 있어 일반대중들에게 한글 보급은 물론 서구사상을 접하게 함으로써 새로운 생활양식과 사고방식을 갖게 하였고, 현대문학을 형성시켰으며, 한국의 출판 인쇄문화 발전에 크게 이바지하였다.[2]

지금까지 해방이전 초기 기독교 문서 운동 중에 정기간행물에 속하는 신문과 잡지에 대한 지금까지 서지학적인 정리는 金根洙의 『韓國雜誌史』(靑鹿出版社, 1980), 『韓國雜誌槪觀 및 號別目次集』(1972)과 본격적으로 기독교 관련 잡지만을 전문적으로 연구한 尹春炳의 『韓國基督敎新聞· 雜誌百年史』(大韓基督敎出版社, 1984), 김봉희의 「한국기독교문서간행사 연구」(이대출판부, 1987), 이만열의 『韓國基督敎文化運動史』(大韓基督敎 出版社, 1987), 이덕주의 "한국기독교 신문·잡지 개관", 『한국기독교 정기 간행물 100년』(기독교문사, 1987) 등이 있다.

그러나 이와 같은 한국교회 문서운동 전반에 대한 연구와 달리 성결교회 문서운동에 대해 본격적으로 연구한 시도는 거의 전무하였다. 정기간행물(잡지)에 대한 교회사적 의의에 대한 해석 이전에 서지학적인 기본 정리 작업도 가지지 못한 것이 한국성결교회의 지나간 90년의 과거 역사연구의 현주소이다.

따라서 1907년 성결교 창립부터 1945년 해방 이전까지 한국성결교 문서운동을 잡지를 중심으로 발간내용을 소개, 정리함으로써 일제 치하(日帝治下* 일본제국주의 통치 아래)라는 시대적 상황 속에서 성결교

---

2) 김봉희, 『한국기독교문서간행사연구』(서울: 이화여자대학교출판부, 1987), 11.

와 관련된 교단 뿐만 아니라 개인, 단체의 기관지 형태의 정기간행물을 총망라한 성결교 잡지가 갖는 교회사적인 의의를 분석함으로써 성결교회의 정체성의 특징과 문서운동이 초기 발전과정에 끼친 영향을 살펴보고자 한다.

## II. 초기 기독교 잡지 발간의 배경

### 1. 잡지의 정의

잡지는 신문과 정기간행물이라는 점에는 공통점을 가지고 있으나 분명한 차이를 가지고 있다. 신문이란 넓은 의미로 말해서 많은 사람에게 정보, 의견, 감정을 대량 전달하는 점에는 Mass Communication이라 하겠고, 좁은 의미로 정보를 전달하는 News Paper라는 점에는 Personal Communication Medium이라고 할 수 있다.[3] 이와 달리 잡지는 신문에 비하여 발생 간격이 길고, 그 내용이 정보 전달보다는 의견 전달을 주로 하는 점에 있어서 신문과 같다고는 말할 수 없는 것이다.[4] 김근수(金根洙)는 잡지의 정의에 대해 다음과 같이 말한다:

雜誌는 特定한 題號下에서 一定한 間隔을 두고 (週刊, 旬刊, 半月刊, 月

---

3) 尹春炳, 『韓國基督教 新聞·雜誌 百年史』 (서울: 大韓基督教出版社, 1984), 23.
4) 金根洙, 『韓國雜誌史』 (서울: 청록출판사, 1980), 3.

刊, 季刊, 年刊等) 長期에 걸친 刊行을 意圖하고 每號 編輯 發行하는 出版物을 말한다. 그것이 印刷된 文字, 寫眞, 繪畵를 素材로 構成되는 「커뮤니케이션 미디어」(Communication Media)라는 點에 있어서는 新聞이라든가 書籍과 다름을 볼 수 있다.[5]

## 2. 한국 기독교 잡지의 시작

한국 기독교 뿐만 아니라 일반 잡지에서도 한국잡지의 효시로 언급되는 월간지는 1892년에 감리교 선교사 올링거(Dr. F. Ohlinger)가 발행한 월간 *The Korean Repository*를 들 수 있다. 초기 선교사들의 한국학 연구에 관한 중요한 자료들을 담고 있는 이 영문잡지는 주로 선교사들의 글을 수록하고 있다. 이 잡지는 1892년 12월에 정간되었다가 1895년 1월부터 다시 헐버트(H. B. Hulbert)를 발행인으로 하여 속간되어 1898년 12월까지 모두 60호를 간행하였다.[6] 그러나 김근수 교수에 의하면, *The Korean Repository*는 비록 한국 내에서 한국적 내용으로 발행되기는 했지만 선교사 자기내들이 읽기 위해 발행했다는데서 한국잡지라고 말할 수 없다고 한다.[7] 그것은 김근수가 한국잡지를 "韓國人이 韓國人을 爲하여 編輯·發行되고, 韓國語

---

5) 金根洙, 『韓國雜誌史』, 3
6) 이덕주, "한국기독교 신문·잡지 개관", 『한국기독교 정기간행물100년』 (서울: 기독교문사, 1987), 15.
7) 尹春炳, 24.

로 韓國內에서 發行되는 雜誌"[8]로 정의하고 있기 때문이다.

한국에서 The Korean Repository 이전에 기독교 정기간행물로 처음 나온 것은 1889년 5월에 감리교 선교사 아펜젤러(H. G. Appenzeller)가 펴낸 「교회」로 알려지고 있다. 반월간(半月刊)으로 간행되었다는 이 잡지는 잡지의 체제를 완전히 갖추지 못했고, 실제로 고증한 바가 없기 때문에 사실로 단언하기가 어렵다. 다만 배재학당 내에 설립한 미이미 활판소(Trilingual Press, 후에 삼문출판사로 알려짐)에서 출판된 것으로 추정되고 있다.[9]

순 한글로 발간된 월간 신학연구지 「神學月報」가 1900년 12월에 간행되었다. 한국 최초의 신학잡지라는 명예를 지니고 태어난 이 「神學月報」는 한국 신학의 새로운 첫 장을 제공하며 한국신학사의 원년을 획하였다.[10] 감리교 선교사 존스(Rev. G. H. Jones)를 발행인으로 하여 월간으로 발행된 이 잡지는 감리교 및 기독교의 기본교리를 해석하고 교회소식을 전달하는 내용을 담고 있는데 최병헌이 필자 및 편집인으로 참여하여 한국인으로 처음 자신의 사상을 피력했다.[11]

---

8) 金根洙, 3.
9) 이덕주, "한국기독교 신문·잡지 개관", 14.
10) 宋吉燮, 『韓國神學思想史』(서울: 大韓基督敎出版社, 1987), 120-21.
격월간으로 간행된 이 최초의 신학잡지는 가로 14cm, 세로 21cm이며 순한글로 출판되었다. 발행 부수는 초기에는 600부 정도였고, 나중에 이 월보에 감리교 청년부(Epworth League)와 주일학교부의 전용란을 설치한 후로는 1천 부 정도로 출간되었다. 1년에 평균 6회 정도로 1910년까지 계속되다가 1916년 2월에 감리교의 본격적 신학학술지인 「世學世界」가 출판된 후부터는 이에 흡수되었다.
11) 이덕주, 15.

## 3. 해방이전 기독교 잡지

1910년 일제 강점을 전후로 해서 기독교 잡지는 거의 나오지 않았다. 안식교의 전도용 잡지인「세 뎐스의 기별」, 천주교회의「경향잡지」정도가 계속 나왔고, 국내에서 나오던 앞서 언급한「神學月報」, 1906년 상동감리교회에서 유성준 사장, 유일선 편집, 발행으로 출간되었던「家庭雜誌」, The Korean Review 등이 모두 폐간되었다.

더욱이 1911년 105인 사건으로 기독교 민족운동 세력이 큰 타격을 받은 후에는 당분간 민간 차원의 잡지는 기대할 수가 없었다. 1919년 3·1운동이 일어난 후 일본이 문화통치를 표방하기 전까지는 민족주의적인 색채를 띤 잡지는 찾아보기가 어려웠다. 문화정치는 비록 민족의식을 말살하기 위해 고도로 계산된 위장된 것이었으나 외형적으로는 표현의 자유를 허용하는 것처럼 보였다.[12]

따라서 종래의 탄압정책이 다소 완화되고, 1919년 8월에서 1936년 말까지는 어느 정도 언론·출판이 다소 활기를 띠게 되어 한국인을 위한 신문으로 동아일보, 시대일보(뒤이어 中外日報 → 中央日報 → 朝鮮中央日報)등이 발행되고, 잡지로는「開闢」,「新天地」,「新生活」,「東明」,「朝鮮之光」,「東光」,「現代評論」,「新東亞」,「中央」,「朝光」등이 발간되었다.[13] 이러한 상황은 일제가 다시 강압적인 통치 정책으로 회귀할 때까지 10여 년간 계속 되었고, 이것은 기독교계에도 그대로 반영되어 기독교 문서운동도 활발하게 진척되었다.

---

12) 한국기독교역사연구소,『한국기독교의 역사 II』(서울: 기독교문사, 1991), 71.
13) 金根洙,『韓國雜誌史』, 7.

1911년부터 1945년 해방이전까지 발행된 편의상 가톨릭, 러시아 정교회를 포함한 기독교 계통의 잡지 목록을 창간된 종류수로 정리하면 도표 1과 같다.

도표 1[14]

| 시대(연대) | 창간 잡지 총수 |
|---|---|
| 무단통치시대 (1910-1919년) | 20종 |
| 문화통치표방시대(전기) (1920-1929년) | 43종 |
| 문화통치표방시대(후기) (1930-1936년) | 38종 |
| 일제말기:친일언론강요시대 (1937-1945년) | 16종 |

일제가 외형적으로 문화통치를 표방해서 유화정책을 폈던 1920-1936년 사이에 81종의 새로운 잡지들이 창간되었다. 이와 같은 현상은 일제의 완화된 정책에 기인한 바도 있겠으나 시대적 상황변화를 이용하여 보다 적극적으로 복음을 전파하려는 기독교계의 능동적 문서 선교자세에서 비롯된 것으로도 이해할 수 있다. 3·1운동을 겪으면서 민족종교로 정착한 기독교가 보다 효과적인 문서선교를 통해 그 역량을 발휘한 것을 살펴볼 수 있다.[15] 1920년 문화정치로 정치적 상황이 바뀌면서 민간차원의 잡지가 많이 나타나는 기독교 잡지계의 변화 속에 1922년 한국성결교회는 교단신학을 정립할 목적으로 신학 잡지인 「活泉」 교단지를 발간하였다. 「活泉」은 1916년 감리교 협성신학교 발행으로 창간된 「神學世界」와 1918년 평양장로회신학교에서 발생한 「神學指南」과 더불어 장로교·감리교·성결

---

14) 尹春炳, 『新聞·雜誌 百年史』, 52-78, 金根洙, 「韓國雜誌史」, 6-8, 한국기독교역사연구소, 「한국기독교의 역사 Ⅱ」, 72-78 참조.
15) 한국기독교역사연구소, 『한국기독교의 역사 Ⅱ』, 78.

교의 대표적인 잡지로 정착하였다.[16] 성결교는 「活泉」 창간 이후 해방이전 성결교와 직, 간접적으로 연관 된 잡지를 활천을 포함하여 8종을 발간하였다.

## Ⅲ. 해방이전 발간된 성결교 잡지

### 1. 해방 이전 성결교 잡지 개관

해방이전 발간된 성결교 잡지는 「活泉」을 필두로 해서 1922년 이후부터 1935년까지 일제가 문화통치를 실시하는 기간에 봇물처럼 쏟아져 나왔다. 성결교와 관련된 잡지는 지금까지 도표 2의 내용과 같이 나타난바 모두 8종의 잡지들이 발간되었음을 알 수 있다. 이것은 도표 2의 1920-1936년 문화 통치기간 내내 기독교 계통과 관련된 잡지 창간의 총수 81종의 10%정도가 되는 상당한 비율을 차지한다.

도표 2

| | 잡지 제목 | 창간 년대 | 종간 년대 | 편집 (주필) | 발행인 | 발행처 | 간행 주기 | 기타 |
|---|---|---|---|---|---|---|---|---|
| 1 | 活泉 | 1922. 11. 25. | 1941. 11. 25. 종간, 이후 다시 속간 | (주)이명직 | 킬보른 | 동양선교회 성결교회 출판부 | 월간 (국판) | 1946.10 속간-현재 |
| 2 | 主日 學生 | 1925. 9 (1925. 11) | ? | ? | 崔永澤 | 경성주일 학생사 (동양선교회 주일학생사) | 월간 | |

16) 이덕주, "한국기독교 신문·잡지 개관", 26.

| | | | | | | | |
|---|---|---|---|---|---|---|---|
| 3 | 眞光 | 1934. 2. | ? | (주)劉期泰 | 劉期泰 | 동경,진광사 | 월간 (국판) | 총회 승인잡지 (1934) |
| 4 | 嶺南 聖報 | 1934. 7. 17. | ? | (편)千世光 | 千世光 | 1호: 동경 2호: 경주성결교회 영남 성보사 | 계간 (국판) | |
| 5 | 기쁜 소식 | 1934. 11. 5. (1934. 12) | 1941. 10. | (편)朴富樂 (Miss E. M. Black) | | 동양선교회 성결교회 출판부 | 월간 (국판) | 기독교여성월간지 |
| 6 | 聖化 | 1935. 1. 22. | 1942. 4. 29. | (주)鄭南水 (Robert Chung) | 都瑪蓮 (M. B. Stokes) | 경성,성화사 | 월간 (국판) | 초교파전도용 잡지로 초기성결교에서 출발 했으나 점차 독립되어 나감. 1937년 皮道秀 (V. W. Peters)로 발행인이 바뀜. |
| 7 | 主校 指南 | 1935.4. | ? | (편)朴富樂 | 朴富樂 | 경성성결교회 주일학교 직원 연합회 | 계간 (국판) | 기독교종교교육 전문잡지 |
| 8 | 白衣 | 1930년 이후(?). | ? | ? | ? | 동경성결교회 | 계간 | 일본선교지방 기관지 |

## 2. 잡지의 내용

### 1) 「活泉」

한국성결교회는 1921년 교단 전환과 함께 가을학기 개학을 맞아 경성성서학원의 교수와 학생들을 중심으로 대부흥의 역사가 일어나 전국교회에 파급되면서 획기적인 발전의 일로에 서게 되었다.[17] 이때부터 성결교회는 한국 땅에서 선교 본위의 정체성을 가진 기성 교단으로서 목회 본위적인 교단형성을 이루었다. 그리고 조직의 정비가 요구되자, 1921년 4월부터 정식 의회가 아닌 교회 발전의 유익을 위해 수양회 기회를 이용하여 남녀교역자들 사이의 대화를 나누

---

17) 정상운, 『한국성결교회사(Ⅰ)』 (서울: 은성, 1997), 144.

는 간담회를 갖게 되었다.[18]

1921년 초기 한국성결교회는 1917년 조직된 일본성교회와는 달리 완전한 자치교회가 아닌 동양선교회의 치리를 받는 정치적 예속관계의 교회였고, 연회나 총회조직을 갖지 못했다.[19] 동년 3월에 가진 제1회 간담회에서는 교단 기관지 문제가 거론되어 장로교의 「神學指南」, 감리교의 「神學世界」와 같은 교단지를 만들기로 결의하여 내규를 정하고 명칭은 「活泉」으로 정해 그 이듬해인 1922년 11월 25일에 창간호를 발간하게 되었다.[20] 1922년 「活泉」의 발간은 성결교회 문서운동의 첫 열매였지만, 장로교나 감리교에 비해서는 20년이나 뒤처진 상태였다.

제 1회 간담회에서는 「活泉」 발간에 대해 ① 활천 발간기금(기본급)을 위해 전국 교역자들에게 기부금을 받되 남교역자는 10환, 여교역자는 5환씩을 거두어 500환을 저축하도록 하고, ② 금년 이후로 새로 경성성서학원 졸업자는 남자는 10환, 여자는 5환을 의무적으로 기부하도록 하고, ③ 활천의 내용은 성경 강해, 설교, 간증, 신앙위인들의 전기 그리고 매주 주교 성경공과를 냄으로써 신자의 신앙을 양성하여 이단과 속화를 퇴치하고 순복음을 전하는 것을 목적으로 정하고, ④ 강령은 중생, 성결, 재림, 신유로 하고, ⑤ 명칭은 요한복음 7장 37, 38절에 근거하여 「活泉」으로 명명하고, ⑥ 활천 발간 조직으로는 킬보른(E. A. Kilbourne)은 사장, 이명직 목사는 주필, 이상

---

18) 이명직, 『朝鮮耶蘇教 東洋宣教會 聖潔教會 略史』(京城: 朝鮮耶蘇教 東洋宣教會 出版部, 1929), 23. 以下 「略史」로 表記.
19) 정상운, 『한국성결교회사(Ⅰ)』, 144.
20) 정상운, 『한국성결교회사(Ⅰ)』, 144-45.

철은 편집주무로 결성하였다.[21]

교단 잡지인 「活泉」은 성결교회 교단기관지를 넘어서서 영적 중심인 잡지로 일제하에서 복음신앙(福音信仰), 영적 운동(靈的 運動), 인화주의(人和主義)를 신앙생활의 3대 강령으로 삼은 김인서(金麟瑞)의 「信仰生活」(1931년 창간)과 함께 쌍벽을 이루며 신앙의 활력소를 공급하였다.[22] 특별히 국한문을 섞어 쓰되, 구결체문(口訣體文)으로 내리써서 편집하고 있는 이 잡지의 한문 측면에는 반드시 한글로 토를 달되 '愛'자 옆에는 '사랑'으로, '行族'은 '나그네'로, '未完'은 '또 있소'로 색임토를 달아 한문족에게는 한문으로 읽게 하였고, 한문을 이해 못하는 사람에게는 한글로 자연스럽게 읽을 수 있도록 배려하였다.[23] 한자에서 한글을 현토(懸吐 *한문에 토를 다는 일)해서 독해력에 도움을 준 이와 같은 특색은 다른 잡지와는 다른 활천의 특징을 보여준다.[24] 「活泉」의 창간 목적에 대하여 초대 발행인인 킬보른은 다음과 같이 말하고 있다:

> 本誌의 目的은 信者의 心靈上 智慧만 養成코자 함이 아니오 特別히 靈的 品格을 培養하기를 目的함이며, 新舊約 聖經을 講解하야 男女敎役者와 平信徒에게까지 有益을 얻게 하려함이요 결코 營利하고자 함의 目的이 아니로라. 現代의 書籍과 雜誌가 甚多한 中 人生에게 害毒을 주며 靈魂을 滅亡시키는 書籍이 많토다. 如此한 시대를 當하야 하나님의

---

21) 「略史」, 25.
22) 尹春炳, 『韓國基督敎 新聞·雜誌 百年史』, 143, 200.
23) 尹春炳, 『韓國基督敎 新聞·雜誌 百年史』, 144.
24) 盧孤樹, 『韓國基督敎書誌硏究』 (釜山: 藝術文化史, 1981), 101.

眞理와 救援의 福音을 萬民에게 더욱 熱心히 傳播하여야 하겠도다. 本誌는 古昔 聖徒等이 世人에게 主의 言을 證據하야 사탄의 權勢下에서 束縛된 靈魂을 救援해 내어서 自由를 얻게 하던 그 方法으로 基礎를 삼아 하나님의 聖旨와 그리스도의 神聖에 對하야 證據하러 하노라. 主 예수 그리스도와 其言을 敬愛하시는 兄弟姉妹 等은 我活泉으로 더브러 合力하야 此世의 諸罪惡과 戰鬪하야 勝利를 얻으시기를 願하나이다.[25]

순수한 성서강해와 복음주의 논설을 실은 「活泉」은 처음 출판 목적을 구현하며 20년 동안 자기 역할을 감당해 왔으나 1938년부터는 일제의 압력에 굴복하여 황국신민서사를 포함하여 부일에 관한 글들을 기재하였다. 「活泉」 폐간 연대인 1941년대에 19권 1월호부터 12월호까지 이것과 관련된 글들의 제목은 도표 3의 다음과 같다.

도표 3

|  | 집필자 | 제 목 | 기타 |
|---|---|---|---|
| 1월호(218호) |  | 戰線에 있는 將兵을 잇지 말라 |  |
|  | 村上和之 | 國民總力運動과 吾等의 覺悟 |  |
| 2월호(219호) |  | 臣道實踐 |  |
| 3월호(220호) | 村上和之 | 陸軍記念日을 맞이하여 |  |
|  | 理事長 | 聖書의 敎訓과 善良한 國民 | 이명직 목사 |
| 4월호(221호) | 村上和之 | 公益優先 |  |
|  | 理事長 | 聖書와 戰爭 | 이명직 목사 |
| 5월호(222호) | 村上和之 | 支那事變의 새로운 段階 |  |
|  | 理事長 | 靈界의 總力戰 |  |
| 6월호(223호) | 村上和之 | 日蘇中立條約成立 |  |
| 7월호(224호) | 村上和之 | 國威에 感激하라 |  |
| 8,9월호(225호) | 村上和之 | 再出發의 興亞奉公日에 當하여 |  |

---

25) E. A. 길보른, "社說", 「活泉」, 제1권 1호 (1922, 12), 1-2.

|  | 理事長 | 敎會合同에 對하야 | 이명직 목사 |
|  |  | 한성과 | 事變下의 內地見學 旅行記 |  |
| 10월호(226호) | 村上和之 | 臨戰體制의 完成 |  |
|  | 理事長 | 皇國國民으로서의 基督信者 | 이명직 목사 |

결국, 1941(昭和 26)년 일제에 의해 통권 228호를 끝으로 강제로 폐간을 당하는 어려움을 겪게 되었다.[26] 폐간의 요인은 조선총독부에서 기독교의 언론을 통제하기 위해 장로교의 「장로회보」와 감리교의 「감리회보」 그리고 구세군의 「구세신문」과 성결교단의 「活泉」을 폐간시키고 2차 대전이 한창이던 1942년 4월에 이르러 4개 교단 연합으로 「기독교 신문」을 발간할 계획을 갖고 있었기 때문이었다.[27]

성결교단에서는 1945년 9월 10일부터 15일까지 총회를 열고 교단을 재건하면서 「活泉」 복간을 결의한 후, 1946년 1월 박현명 목사 발행, 김유연 목사 편집으로 통권 229호(尹春炳목사는 228호로 말함) 복간 제1호를 발행하였으나 재정과 물자난으로 잠시 중단하였다가 1953년 4월 22일 피란지 부산에서 편집, 발행 겸 주간 이명직 목사, 편집실무 이천영으로 통권 238호를 발간하였다.[28] 1985년에는 창간호부터 1967년 11월호(제334호)까지 복간하여 영인본으로 출판하였고,

---

26) 「活泉」의 폐간연대에 대해 尹春炳, 「韓國基督敎 新聞·雜誌 百年史」, 145에는 1942년 12월, 통권 제227호로, 김봉희의 「한국기독교 문서간행시연구」, 200와 李泉泳의 「聖潔敎會史」, 96, 필자의 「聖潔敎會와 歷史硏究」, 190에도 1942년 12월 통권 241호로, 金根洙의 「韓國雜誌史」, 102에는 1933년 7월 25일 통권 130호로 기록되어 있으나 이것은 모두 사실과 다르다. 「活泉」의 정확한 폐간 연대는 1941년이다. 해방이 전 1941년 11월 25일 발행일자를 끝으로 출판한 것이 제19권 12호(통권228호)이므로 1941년 11월(발행인)로 수정되어야 한다.

27) 尹春炳, 『韓國基督敎 新聞·雜誌 百年史』, 145.

28) Ibid.,

1996년 8월 31일에는 1968년 12월호(통권 제335호)부터 1995년 7월호(통권 제500호)까지를 묶어 2차 영인본을 출간하였다.

### 2) 「主日學生」

「主日學生」은 주일학교 학생들에게 전도를 목적으로 1925년 11월에 동양선교회 주일학생사(主日學生社)를 발행처로 하여 기독교 아동전문 잡지로 창간하였다.[29] 판형은 국판, 월간으로 매월 15일에 출간하였고, 편집 겸 발행인은 최영택(崔永澤)이 맡았다.[30] 수록 내용으로는 성경 해설, 종교소설, 지상(紙上)주일학교, 성경 현상문제 등이 포함되었다.[31] 4월호 목차에는 "卷頭辭, 紙上說敎, 思慕하는 하날나라, 越牆하는 소녀, 저녁 讚頌, 바다우헤 참사랑, 懸賞問題, 質問밧는 女聖徒, 놉힘을 밧은 十字架, 나를 누구로 아십니까, 외로운 한 몸, 愛의 學校, 學費輔助, 勞動은 損補 目的, 罪로 해서 自服하라, 하나님 發見, 언제 오심니까, 나는 保管者, 나의 所望, 天國이 몇 萬里임닛가, 報告, 義人 스데반, 紙上主日學校, 玉姬의 說敎, 너의 리웃, 懸賞解句文, 남은 말" 등이 수록되어 있다.[32]

### 3) 「眞光」

「眞光」은 1934년 2월 1일 일본의 동경 진광사(眞光社)에서 유기태

---

29) 盧孤樹, 『韓國基督敎書誌硏究』, 104-5. 尹春炳의 앞의 책 65에서는 창간일을 3개월 빠른 1925년 9월로 말하고 있다.
30) 尹春炳, 65.
31) 盧孤樹, 105.
32) 盧孤樹, 105.

(劉基泰)가 주필 겸 발행인으로 발행하였다. 매월 1일 발행된 「眞光」의 체재(體裁)는 국판 40면으로 국한문 혼용하여 2단으로 내리 편집한 잡지이다.[33]

「眞光」은 일본에 있는 교포들의 복음화를 위해 동경 한인성결교회에 소속한 유기태 주필이 동교회(同敎會) 담임 박현명 목사의 후원을 얻어 발간하였다.[34] 유기태 주필은 도쿄(東京), 오사카(大阪), 도요하시(豊橋) 각 성결교회 평신도 대표로 사역하였다.[35] 독립문교회에서 4년간 시무하고 안수를 받은 박현명 목사는 1929년 동경으로 부임하여 공석이었던 동경성결교회 담임을 맡아 6년간 사역하였다.[36] 헌신적으로 동경성결교회를 이끌어 가는 중 1934년 4월 23일부터 도쿄, 오사카, 도요하시를 대표하여 경성에서 개최되는 성결교회 제2회 총회에 참석하였다.[37]

박현명 목사는 2회 총회 다섯째날인 4월 27일에 변남성, 곽재근 목사와 함께 성결교단 잡지로 「眞光」을 승인해 줄 것을 건의하여 총회에서는 '순복음 중심의 잡지'로 인정하여 승인하기로 가결하였다:

2. 眞光雜誌 承認의 件 (受附 第 三六號) 建議者 朴炫明, 邊南星, 郭裁根, 右 眞光 雜誌는 純福音 中心의 雜誌이므로 本 總會는 承認하기로 可決하다.[38]

---

33) 尹春炳,『韓國基督敎 新聞, 雜誌 百年史』, 221.
34) 尹春炳,『韓國基督敎 新聞, 雜誌 百年史』, 222.
35) "東京通信", 「眞光」, 3월호 제2호 (1934. 3. 1), 38.
36) 성결교회 역사와 문학연구회,『성결교회 인물전(제1집)』(서울: 일정사, 1990년), 70.
37) "東京通信", 「眞光」, 3월호 제2호 (1934. 3. 1), 38.
38) 「朝鮮耶蘇敎 東洋宣敎會聖潔敎會 第二會總會會錄」(1934年), 36. 본문의 '部裁根'은

창간호를 구할 수 없어서 자세한 잡지의 내용은 알 수 없으나, 오두환(吳斗煥)의 "眞光을 손에 들고서" 글을 보면 일본에 있는 조선의 영혼(靈魂)들에게 하나님의 복음의 역사와 십자가 복음을 통한 평안을 전하기 위해 만들어진 것임을 알 수 있다.[39] 대부분 설교와 성경 연구 논문, 잡문(단편)을 싣고 있는 2호의 내용은 다음과 같다:

生의 目的은 眞理를 찾는데 잇다/ 骸骨谷의 復興/ 信仰의 빗/ 天父의 聖意(한사람도 滅亡치 않고 悔改하기를 願하심)/ 信仰은 무엇인가/ 書窓雜錄/ 主의 사랑을 認識하라/ 脫義的 生涯의 考察/ 主의 三大 吩咐/ 眞光을 손에 들고서/ 斷片(墮落한 信者는 다시 主께 돌아오라/ 死藏의 悲劇/ 聖書의 갑에 百十五 / 樂園으로 向하는 우리의 노래)/ 東京通信.

### 4)「嶺南聖報」

「嶺南聖報」는 1934년 7월 17일에 동경에서 천세봉(후에 千世光으로 개명) 목사가 편집 및 발행인으로 등사본 국판 국한문 혼용 65면 분량 계간지(季刊誌)로 발행하였다.[40] 동경교회(東京府 豊島구 高田本町 2-1459)에서 발행된 창간호와 달리 제2호는 좀 늦은 시기인 12월 30일 이성영(李聖英) 목사의 편집 도움을 받아 경북 경주교회의 영남성보사에서 발행하였다. 그 까닭은 천세광 목사가 동경교회를 사직하고 다시

---

郭裁根을 잘못 표기한 것임.
39) 吳斗煥, "眞光을 손에 들고서",「眞光」, 3월호 제2호, 34.
40)「嶺南聖報」, 창간호 (1934. 7), 65.

조선으로 임지를 변경했기 때문이다.[41]

천세광 목사는 1934년 제2차 총회에서 그곳에 있던 박현명 목사가 경성신학교로 임지를 바꾸면서 일본 동경교회에 파송되었으나, 곧 4개월 만에 귀국하여 경주교회[42]를 맡게 되었다.[43]

「嶺南聖報」 2호는 창간호 간행 때보다 본격적으로 주일학교, 교세 보고, 개교회 부흥 상황 등 성결교회의 부흥된 사실을 '嶺南復興記'를 통해 전하는 등 영남지방 성결교회 기관지의 역할을 담당하였다. 「嶺南聖報」는 작게는 영남지역, 크게는 삼천리 반도강산을 사중복음 전파를 통해 성화시킴으로 하나님께 영광 돌리기 위해 간행되었다.[44] '영남성보 창간사'에서 이것에 대해 천세봉(천세광) 목사는 다음과 같이 말한다:

> 嶺南聖報는 主의 同時代의 人物인 金首露王의 創業之地되는 權或一隅의 伽倻國 金官古都 (現 金海邑)에서 無窮花園 春日에 呱呱聲을 치고 誕生하였다. 聖報! 너의 使命은 重且大하다 年年新타는 春色외 實景도 그대로 드러낼 文人과 畵家도 없던 엇지 全世界 보담도 貴重한 人生의 心靈과 肉 가 復興의 春光을 마지하는 事實을 能히 다 記錄하야 紹介하리오. 그러나 聖報! 너는 聖神이 나타내이신 役事의 萬分之 一이라도 主의 再臨에 때까지 그대로 傳하야 不信者로 悔改 歸主케하야 重生과 神癒의 恩惠를 밧게 하며 重生者로 聖潔케하며 聖潔者로 日新 又日新

---

41) 「嶺南聖報」, 창간호 (1934. 7)와 2호(1934. 12)의 편집후기 참조.
42) 일명, 노동리(路東理)성결교회로도 알려졌는데, 1915년 6월에 설립되었다.
43) 「嶺南聖報」, 제2호 (1934. 12), 69(편집후기), 39.
44) 「嶺南聖報」, 제2호 (1934. 12), 69(편집후기).

하야 榮化의 所望으로 (고후 五 4) 主를 待望케 하며 肉身의 救援이 不完全하야 畜畜함과 歎息을 不免하는 우리들도 (고후 五 4. 2) 肉까지 完全히 救援하실 主(希 九 28)을 爲하야 每日 決死的 覺悟로 (哥前 一五 31) 至死忠誠하야 三千里를 聖化씨혀 主께 榮光을 돌이기를 빌어 마지 아니하노라(示 二 10).⁴⁵

영남지방기관지인 「嶺南聖報」의 특징으로는 다른 잡지와 달리 천세봉 목사가 찬송가를 개작한 성가(聖歌)를 싣고 있는 점이다. 창간호에는 '獻金頌歌', '天城門 向하야 前進'(李尙侯 작곡), '四角福音歌(作者 : 천세봉)', '靑年傳道歌(샛별歌曲으로)', 2호에는 '感謝하면서 밧이세(獻金聖歌)', '無窮花 東山에 일하러 가세' 등이 게재되어 있다. 또한 주필 천세봉 목사의 민족주의 정신을 상징적으로 드러내는 단어들 예를 들면 '無窮花園', '三千里를 聖化씨혀', '槿域'과 자신을 가리켜 이름 대신에 '槿園生'으로 칭하였다.⁴⁶

### 5) 「기쁜소식」

부인회 연합회에서는 기존의 교단기관지 「活泉」 이외에 성결교회 부인회 연합회의 활동과 여성의 권익 보호 및 교양 증진을 꾀하기 위한 부인회 여성 월간지 발간의 필요성을 제기하였다. 그 결과 1934년 9월 29일 부인회 연합회가 창립된 지 2개월도 채 안된 11월 5일에 「기쁜소식」(Good News)이라는 월간지를 발간하게 되었다. 「기

---

45) 「嶺南聖報」, 창간호 (1934. 7), 7.
46) 「嶺南聖報」, 제2호, 4.

쁜소식」 창간호는 1934년에 창간된 유일한 부인잡지로써 발간의 의의가 있으나,[47] 4×6배판 12면의 내용은 성결교회 뿐만 아니라 전 교계 여성을 상대로 펴낸다는 점에서는 다소 빈약한 점이 있었다.[48] 그러나 이후에 국판 20~30면으로 지면이 늘어나고, 내용도 충실히 꾸미는 발전을 보였다.[49]

문서선교의 양대 산맥을 이루며 전반적으로 성결교회의 정체성 함양과 성서에 근간한 신앙교육, 그리고 무엇보다도 「活泉」과 달리 여성부인회를 통한 여성들의 선교 활동, 또한 지위 향상에 대해 큰 일익을 감당하였다. 「기쁜소식」은 성결교회 부인회 연합회 기관지로 발행한 것이지만, 일반 부인들을 대상으로도 발행을 하였다. 따라서 다른 교단에도 없는 순수한 여성연합회 회지로 성결교회 부인 뿐만 아니라 일반 여성들의 활동과 대변지로서도 역할을 감당하였다. 그것의 실례로 「기쁜소식」의 내용은 성결교회부인과 일반 여성들을 상대로 성경공부, 설교, 신앙미담(간증문), 감상문, 기행문, 여성교양강좌 그리고 부인회 및 교회소식, 만국주일학과 등과 함께 여성지위 향상에 관한 내용을 다루고 있다.[50] 또한 「기쁜소식」은 여성들에게도 필요한 일상 생활의 교양내용도 포함하고 있다.[51] 이러한 점은 성결교회내의 여성은 물론 다른 교파인 장로교회, 감리교회에 속

---

47) 盧孤樹, 『朝鮮基督敎書誌硏究』, (釜山: 藝術文化史, 1981), 1.
48) 尹春炳, 『朝鮮基督敎 新聞·雜誌百年史』, 225.
49) 尹春炳, 『朝鮮基督敎 新聞·雜誌百年史』, 225.
50) 박태복, "초기한국성결교회 여성의 입교동기 및 신앙생활에 관한 연구", 「신덕교회 창립 70주년 기념 학술논문집」 (서울: 신덕성결교회, 1997), 467.
51) 실제로 「기쁜소식」은 가정부인과 미신 문제, 아동보육법, 산후의 위생, 부부 간의 주의할 세가지 조건, 음식물(바나나), 결핵예방七측, 독서격언, 혼인 내용 등 일반여성들에 교양적으로 생활에 필요한 계몽적인 내용을 담고 있다.

해 있던 많은 여성들로 하여금 구독을 희망하게 하고 멀리 해외에서까지 주문을 하게 하였다.[52] 그러나 「기쁜소식」이 창간된 이후 3, 4년간은 독자도 매우 소수일 뿐만 아니라 구독자들이 대금을 잘 안 낸 관계로 본부 출판부에 많은 손해를 입히게 되었다.[53] 아래 도표 4의 출판부 회계보고에 나타난 바 1936년 출판부에는 차인잔고(差引殘高)가 1934, 35년과는 큰 차이를 보인 2627원 96전으로 나와 있다.

도표 4 출판부 회계보고(1934-1936년)

|  | 1934년 | 1935년 | 1936년 |
|---|---|---|---|
| 수 입 | 9178,39 | 10810,61 | 7418,34 |
| 지 출 | 4746,81 | 10348,10 | 4790,38 |
| 차인잔고 | 4431,58 | 462,51 | 2627,96 |

도표 4에서 우리는 1934년에서 1935년까지 수입이 증가되다가, 1936년에 와서 수입이 급감한 것을 알 수 있다. 1936년에 와서 수입이 급감한 요인은 미국의 불황으로 인한 동양선교회 선교비의 감소와 1936년 제3회 성결교회 총회에서 변남성 목사가 총회장으로 선출되어 이사회와 총회가 부딪치는 정치적인 갈등과 혼란이 겹친 요인을 들 수 있다.[54] 「기쁜소식」 판매대(代) 수입은 도표 5의 다음과 같다.

---

52) 裵可禮, 『聖潔敎會女性史』 (서울: 기독교대한성결교회 총회 출판부, 1987), 164.
53) 裵可禮, 『聖潔敎會女性史』, 164.
54) 정상운, 『한국성결교회사(Ⅰ)』, 226-27.

도표 5 기쁜소식 판매대 및 부인회 보조[55]

|  | 1934년 | 1935년 | 1936년 | 1937년 | 1938년 |
|---|---|---|---|---|---|
| 기쁜소식 | 50,93 | 385,76 | 543,51 | 285,20(71,33) | 266,08 |
| 活 泉 | 1,203,38 | 1,027,37 | 1,542,14 | | |
| 부인회보조 | | | | 64,68 | 384,26 (전년 전월 차입금 포함) |

도표 4와 5에 나타난 것과 같이 1936년 이후 출판부의 수입이 줄어들고 1937년에 와서「기쁜소식」판매 실적이 1936년에 비해 부진해지자 1938년부터는 총회 출판부로부터 부인회 연합회는「기쁜소식」발간 중지의 결정을 답지하게 되었다.[56] 그러나 이 일 이전인 1937년 4월 8일 경성성서학원 강당에서 임시회의를 열어 부인잡지「기쁜소식」을 부인신자로써 책임을 지고 구독하여야 된다는 전금쇠 씨의 의견을 만장일치로 가결한 바 있었다.[57] 부인회 전국연합회에서는 그해 12월 3일 부인회 연합회 3차 총회 때에「기쁜소식」발간을 토의한 결과 부인회 연합회 단독으로 계속 발간할 것을 결의하였다.[58] 도표 5에 나타난 바와 같이 1938년부터 전년 전월과 차입금을 포함한 384원 26전을 부인회가 책임을 지었고 잡지 구독자를 넓혀 정기구독자를 약 1,700명을 확보하면서 일제말 힘든 시기에 문서선교에 대한 사명을 다하였다. 당시 부인 연합회의 각오는 주간

---

55)「第一回 年會 會議錄」(1937年), 14-6,「부인회 연합회 제4회 총회록」,「동양선교회 부인연합회 제2회 총회록」참조.
56)「第一回 年會 會議錄」(1937年), 14. "결의 사항-기관지 기쁜소식을 1938년 1월부터 연합회에서 인쇄비를 부담하고 발간하기로 함."
57) 박영애 "부인 연합회 임시 회의록",「기쁜소식」, 제 4권 5호, 8.
58) "부인회 연합회 제 3차 총회록",「기쁜소식」, 제 5권 1호, 12-14.

이건 목사의 다음의 글에서 읽을 수 있다:

> 또는 본지가 부인회 연합회의 기관지로서 존재가 뚜렷하도록 힘쓰려 하오며 부인의 게 이목(耳目)이 되며 부인의게 통신사(通信使)가 되며 부인의게 지도사(指導師)되려는데 더욱 노력하려 합니다. 경애하는 독자 여러분들이여. 본지 편집자의 고심을 아셔서 더욱 선전하여 주며 더욱 애독하여 주시며…[59]

「기쁜소식」은 1938년부터는 편집겸 발행인이 박부락에서 이건으로 바뀌었다. 면수가 16면으로 줄었고, 지면이 줄어들자 활천과의 중복을 피하기 위해 1939년 2월부터 만국주일공과 해석을 폐지했다가 독자들의 요구로 동년 6월부터 다시 싣기 시작했다. 그리고 1941년부터는 총독부 당국의 강요로 매호 권두에 소위 '皇國臣民의 誓詞'를 비롯하여 "보이지 않는 국경선" 등 전쟁에 관한 기사를 실어야 했다.[60] 창간 1년 후부터 1만부 이상을 발행하던 「기쁜소식」은 1941년 10월에 폐간을 당하였다.[61]

---

59) 주간, "주일학과 폐-지성약에 대하야", 「기쁜소식」, 제 6집 2호(1939년), 1.
60) 尹春炳, 「朝鮮基督敎 新聞·雜誌百年史」, 226.
61) Ibid., 「기쁜소식」은 1934년 11월 - 1941년 10월까지 월간으로 발간되었다. 李萬烈 교수의 「韓國基督敎文化運動史」(서울: 대한기독교출판사, 1987年), 408 에서도 동일한 내용을 말하고 있으나, 裵可禮 교수의 「聖潔敎會女性史」, 106에서는 「기쁜소식」이 1942년 12월에 폐간된 것으로 말하고 있다. 이것은 역시 박태복의 "초기 한국성결교회 여성의 입교 동기 및 신앙생활에 관한 연구"472에서도 중복된 내용으로 나타난다. 박태복은 배가례 교수의 주장에 동의를 표하며 그 이유를 다음과 같이 말하고 있다. "기독교대백과사전에는 「기쁜소식」이 7년간 발행되다가 1941년 10월에 폐간되었다'고 기록하고 있다. 기독교대백과사전 편찬위원회, 「기독교 대백과사전 2권」(서울: 기독교문사, 1982 년), 52. 이에 대한 필자의 견해는 배가례씨의 주장이 옳다고 본다. 왜냐하면 신생부인회 초대 연합회장인 박영애씨가 「기쁜소식」의 속간인 「새생명」(창간호) '창간기념사'에서 이렇게 말하고 있다. '…아! 우리 부인회 잡지

### 6) 「聖化」

「聖化」는 1935년 1월 22일 국판 37면(敎界뉴스 포함하여) 국한문 혼용의 월간으로 성화사(경성부 필운동 17)에서 주필 정남수(鄭南水, Rev. Robert Chung)목사, 발행인 도마련(都瑪蓮, M. B. Stokes) 선교사가 창간하였다.[62] 창간 초기에 편집을 도와주던 송태용(宋台用)은 이후에 편집국장으로 협력하였고, 1936년 2월부터 정남수가 사장을 맡아 보다가 송태용이 주필을 맡게 되었다.[63] 「聖化」 3권 7호(1937. 7)에는 도마련 감리교 선교사가 한국선교 30주년 축하를 받은 후 안식년을 맞아 미국으로 출국하므로 감리교 선교사인 피도수(皮道秀, V. W. Peters)가 발행인 임무를 맡게 되었다.[64]

「聖化」 잡지가 지금까지 연구에 의하면 감리교가 주축이 되거나, 감리교에서 발행한 초교파용 월간지로 말해지고 있으나, 이것은 좀

---

「기쁜소식」이 슬픈 소식으로 변하여 매장된지가 벌써 십이 년되여도 아직도 부활하지 못하였다가 「새생명」이란 이름 아래 이제 부활하게 되니…'라고 기록되어 있다. 새생명이 창간된 연도는 1954년 7월이다. 이렇게 연도를 계산하면 배가례 교수의 주장이 옳다." 이같은 주장과 달리 盧孤樹의 「韓國基督教書誌研究」, 114에서는 1937년 말로 말하고 있다.
그러나 이 모든 주장과 달리 「기쁜소식」은 1941년 10월에 폐간되었다고 보는 것이 옳다고 본다. 「活泉」 19권 11호, 24 (1941년) "出版部 편지"에서는 「기쁜소식」 폐간을 다음과 같이 말하고 있다. "기쁜소식 廢刊 七年間이나 發行하던 「기쁜소식」은 그 間 不得已한 事情으로 廢刊하였습니다. 事實缺損이 많았습니다. 讀者中에 그래도 남은 代金이 있으니 돌려보내라고 편지하시면 대금을 돌리겠아오니 形便上 出版部 發行으로 該當하게 보내겠아오니 海諒하시기를 바랍니다." 裵교수의 폐간연대는 「活泉」 폐간연대 1942년 12월을 잘못 기록한 것으로 추정된다.

62) 「聖化」창간호(1935. 1. 22)참조.
63) 「聖化」 1권 9월호(1935. 9) '敎界뉴스'에는 송태용이 편집주임으로, 1권 11호(1935. 12)에 '敎界뉴스'에는 편집국장으로, 2권 1호(1936. 2)에는 주필로 나와 있다.
「朝鮮耶蘇教 東洋宣教會 第二回 總會會錄」(1934년), 69에 보면 정남수 목사는 1934년 당시 연령이 40세로 1923년 에 안수받아 1931년부터 사역을 시작하였다. 송태용 전도사는 29세로 경성성서학원을 졸업하고 1932년 12월부터 사역을 시작하여 경성체부동성결교회 전도사로 사역하였다.
64) 尹春炳, 『韓國基督教 新聞·雜誌百年史』, 231.

더 자세히 검토할 필요가 있다. 이만열의 「韓國基督敎文化運動史」 (415면)에서는 「聖化」 발행교파가 '감리교'로 말하고 있고, 윤춘병의 「韓國基督敎 新聞·雜誌 百年史」(230면)에는 "주로 감리교회 목사들이 주축이 되어 다달이 펴내고 있는 「聖化」"라는 내용의 글이 실려 있다. 아마도 이것은 「聖化」가 발행인이 감리교 선교사인데서 비롯되지 않았나 사료된다. 윤춘병 목사는 「聖化」 8인 동인의 명단 중에 과반수가 감리교 선교사이거나, 목사임을 들어 간접적으로 「聖化」가 감리교가 주축이 되거나, 더 나아가서 어느 한 교파의 테두리에 얽매이지 않았음을 설명하고 있다:

> 본지의 동인이 도마련, 피도수, 김우현, 趙信日, 송태용, 卞鴻圭, 정남수, 田約翰등 인데, 도마련, 피도수는 감리교 선교사 중에서도 드물게 보는 부흥운동가들이요, 변홍규, 조신일은 감리교 한국인 중에서 부흥 목사들이며 김우현은 장로회의 부흥목사이고 정남수는 성결교회에서 활약하는 목사이며 송태용은 하나님의 교회의 중진 부흥목사이다.[65]

두 번째로 「聖化」 제1권 2호에 실린, 정남수 목사의 "敎派를 超越하여 救援에 盡力하자"를 보면, 「聖化」가 어느 특정한 교파에 한정되어 소속된 교단 기관지를 뛰어넘은 초교파적인 성향임을 알 수 있다:

> 主內에서 하나이 되어 救靈을 目的하고 傳道하는 것이 事實인즉 우리

---

65) 尹春炳, 229.

는 敎會의 머리되신 예수 그리스도를 中心으로 眞理안에서 하나이 되고 十字架 아래에서 救靈을 爲하야 한므껌이 되어서 크게 活動함이 있어야 하겠다. 可憐한 人生의 손을 붓잡고 저들의 靈魂을 主께 引導키 爲하야는 長老敎, 監理敎, 救世軍, 聖潔敎會할 것 없이 敎派를 超越하야 一致協同의 精神으로 일에 죽도록 忠誠을 다하자. 只今은 卓上空論으로 敎派合同을 云謂할 時代가 아니요 한갓 敎理, 信條, 政治에만 하야 救靈運動에 等閒히 할 時代가 아니다. 現代敎會의 情況을 一瞥하건대 모다 沈滯不振한 中에 잠겨 있다. 쓸대없는 敎派싸움으로 各 派가 隔墻을 지으며 疾視하며 誹謗하는 弊害가 없지 않다. 이것은 큰 罪惡이다. 敎派가 생긴 것이 罪가 아니요 敎派心의 惡癖이 罪惡이다. 이것을 聖神 불에 태워버리지 않으면 朝鮮敎會가 復興될 수 없다.[66]

이와 같은 내용은 1권 4호 "敎派의 眞理的 合同"에서도 다시 동일하게 나타나고 있다. 이것은 정남수 목사의 창간사에서 이미 밝힌 내용의 설명과도 같다. 정남수 목사는 창간사에서 다음과 같이 「聖化」의 발간 목적을 밝히고 있다:

復興傳道隊가 全鮮을 巡廻하며 福音을 웨쳤으나 크게 遺憾되는 것은 交通上 關係로 대개는 都會中心이었고 幽僻한 곳까지는 및이지 못하였다. 主의 再臨이 切迫한 이때에 우리는 한 靈魂이라도 더 主앞에 引導하기 爲하야 微弱하나마 文書傳道까지 兼하게 된 바이다. 이것이 本誌가 呱呱의 소리를 내게된 動機이며 目的인 것이다. 그런 故로 本誌는 一介

---

66) 정남수, "敎派를 超越하야 救靈에 盡力하자", 「성화」, 제1권 2호 (1935. 2), 2.

團體나 一介敎派만을 中心하미 아니요, 一般 基督敎界를 爲하야 純福音宣傳의 使命을 등에 지고 信仰諸賢의 懇篤하신 聲援과 끊임없는 鞭撻을 期待하면서 이재 匍匐의 一步를 내여 디디는 바이다.67

그러나 위의 내용의 글을 좀 더 자세히 살펴보면,「聖化」가 적어도 1935년 처음 출발할 때 초교파적 성격을 띤 전도용 잡지로 시작했으나, 교단적인 중심 배경은 감리교가 아니라 성결교에 치우친 잡지였다. 인용한 창간사 윗글의 '순복음 선전의 사명'이란 말은 곧 성결교회가 지칭하는 중생, 성결, 신유, 재림의 사중복음을 다른 말로 표현할 때 사용했던 용어였고, 또한 '우리 부흥 전도대'라는 말은 성결교회의 장막전도대를 가리키는 말이기도 하기 때문이다. 1934년 성결교회 제2차 총회회의록에는 정남수 목사와 차창선 목사가 일반 개교회 소속이 아닌 장막전도대 소속 목사인 것이 기록되어 있다.「聖化」는 창간호부터 수시로 '전선순회 장막전도회기(傳道巡廻帳幕傳道會記)'가 김광원(1934년에 26세로 경성성서학원을 졸업하고, 1932년부터 장막전도대에서 사역함)의 이름으로 수록되었다. 1929년 이후 총회조직(1933년)까지 매년 1회씩 열리는 성결교회 연회에서는 전국을 순회하며 복음전도 사업을 총괄하는 이사를 임명하였고, 특별전도사업으로 전국부흥순회 장막전도대를 조직하고 대장을 임명하여 소도시와 대도시를 순회하여 천막대형집회를 갖게 하였다.68

그 한 예로 1931년 3월 2일에 가졌던 제3회 연회에서는 전국순회

---

67) 鄭南水, "創刊에 際하야",「聖化」, 1권 1호 (1935. 1), 2.
68) "朝鮮耶蘇敎 東洋宣敎會 聖潔敎會 第2回 任命記",「活泉」, 제 8권 4호 (1930년), 62.

이사로 곽재근 목사, 전국장막전도대 대장으로 정남수 목사를 임명하여,[69] 선만(鮮滿)일대 각지에 이르러 자동차에 악대와 천막을 싣고 장막전도집회를 가져 성결교회에 큰 부흥을 가져오게 하였다.[70]

따라서 정남수 목사는 창간사에서 밝힌 것과 같이 성결교 특별전도기구인 장막전도대 일원으로 교통상 관계로 산간오지, 낙도에 이르지 못하는 아닌 도시 중심의 선교 한계를 문서전도를 통해 극복하고자 하여 「聖化」를 발간하게 된 것이다. 제1권 2호의 목차를 보면 13명의 필진 가운데 성결교 교역자가 아닌 사람은 토-리(Torrey)를 비롯한 5명이었고, 나머지 8명은 모두 성결교 교역자였다. 그러나 시간이 흐름에 따라 집필진이 점차 초교파적 성격을 띠고, 성결교 교역자들의 글이 줄어들고 있다. 이러한 주 요인은 1936년 성결교 제3회 총회시에 소장파 측 지방대의원인 변남성 목사가 총회장으로 선출되자 당시 중앙세력들과 동양선교회 측에서 제3회 총회를 무효로 선언하고, 총회대신에 이사회를 집권기관으로 만든 사건과 관련되어 있음이 분명하다.[71] 그것은 이같은 잘못된 내용을 거부하는 성결교회 신진개혁세력들 가운데 곽재근, 변남성, 안형주 목사와 함께 정남수 목사도 포함되었기 때문이었다. 정남수 목사는 이들과 함께 1936년 11월 25일 성결교를 탈퇴하여 어떤 정치적 기관도 배제하고, 법규도 세우지 않는 '하나님의 교회'를 세웠다.[72] 결국 이러한 일련의 과정은 「聖化」가 초기 성결교 교단적인 배경에서부터 벗어나

---

69) "朝鮮耶蘇敎 東洋宣敎會 聖潔敎會 第3回 任命記", 「活泉」, 통권 102호 (1931), 62.
70) 정상운, 『한국성결교회사(Ⅰ)』, 226.
71) 정상운, 『한국성결교회사(Ⅰ)』, 226.
72) 정상운, 『한국성결교회사(Ⅰ)』, 227.

점차적으로 친 감리교적인 초교파적인 성격의 잡지로 나가는 결정적 계기를 가져다주었다.

1935년 9월 발행된 「聖化」의 '敎界-뉴스'에는 편집 실무를 맡은 송태용 전도사가 경성 체부동성결교회를 사임하고 일본으로 건너가 초교파, 초사도적인 내용을 지향하여 순복음을 전하는 '하느님의 교회(Church of God)' 교단에서 목사안수를 받고 돌아와 「聖化」의 편집국장을 맡게 되었다.[73] 그리고 1935년 8월 19일 오후 6시 성화동인회(聖化同人會)가 조직되어, 이후에 「聖化」의 모든 운영 방침을 논의하였는데, 이때 성결교 교역자는 한사람도 포함되지 않았고, 감리교가 주축이 되어 나갔다.[74] 참고로 「聖化」의 투고내용을 보면 설교, 전기(평신도와 교역자를 물론하고 조선교회 인물에 한함), 신앙실화(간증), 목회미담, 성시, 감상, 수필, 교계소식(신자의 美擧, 교회내 각종 특별집회, 일반상황 등)을 들 수 있다.[75]

### 7) 「主校指南」

교회가 발전함에 따라 문서간행사업도 활발하여 많은 기독교 서적이 출간되었다. 이에 주일학교 교육의 필요성을 인식하여 한국주일학교 연합회를 조직하고 각종 주일학교 교재와 주일학교 교사들과 학생들을 위한 여러 종류의 잡지들, 참고서들이 발간되었다.[76]

---

73) 「聖化」, 2권 9호(1935.10) '敎界 뉴스'1권 11호(1935, 12), '敎界 뉴스' 참조.
74) 이날 참석한 회원 명단은 다음과 같다. 皮道秀, 卞鴻圭, 金禹鉉, 鄭南水, 出約瀚, 宋台用.
75) '敎界 뉴-스', 「聖化」, 1권 9호 (1935. 9), 33.
76) 김봉희, 「한국기독교문서간행사연구」, 46-47.

1912년 장로교는 전국적인 총회를 조직하면서 주일학교 교육의 틀을 잡아갔는데, 이것은 한 해 전인 1911년 세계주일학교 연합회의 특파원 브라운(F. H. Brown)을 맞아 주일학교 위원회가 조직되고, 이 세계기구의 지원 아래 주일학교 공과발행이 활발하게 진행되었기 때문이었다. 동년 「만국주일공과」의 편찬을 비롯하여 「주일학교 특별공과」(1912년), 「고등반 주일성경공과」(1915년) 등 이와 관련된 많은 책들이 추천되었다.[77]

주일학교 공과 편찬과 달리 기독교 교육기관 또는 교육연합회의 기관지로는 1918년 1월 25일 출간된 「主日學校硏究」를 들 수 있다. 이 잡지는 한석원(韓錫源)이 국판으로 발간한 월간지로 주로 주일학교 교사를 위한 교안과 연구물을 싣고 있어서 상당한 발행 부수를 올렸다.[78] 1925년 7월에 와서 조선 주일학교연합회에서는 계간으로 기독교 교육 전문월간잡지인 「주일학교 잡지」를 창간하였다.[79] 주일학교 연합회에서 잡지를 간행하는 동안 각 교단에서도 주일학교 교육을 위한 잡지를 간행하였다. 성결교에서는 1925년 출간 한 기독교 아동잡지인 「주일학생(主日學生)」에 이어, 10년 뒤인 1935년 4월 경성성결교회 주일학교 직원연합회에서 박부락(朴富樂, Miss E. M. Black) 선교사를 인쇄 겸 발행인으로 계간지 「主校指南」을 간행하였다.[80] 경성성결교회 유년주일학교 직원연합회는 1935년 9월 10일에 경성에 있

---

77) 李萬烈, 『韓國基督敎 文化運動史』, 338.
78) 盧孤樹, 『韓國基督敎書誌硏究』, 98.
79) 李萬烈, 400.
80) 京城聖潔敎會 主日學校 職員聯合會, 「主校指南」(京城: 主校指南社, 昭和 10), 41. 以下 「主校指南」으로 略함.

는 12교회 120여 명 교사가 모여 조직하였는데, 고문에는 이명직, 이건, 이상철 목사, 회장은 강치봉(姜致奉)이었고, 부회장은 신상균(申相均)이었다.[81] 「主校指南」은 1935년 4월 30일에 40여 쪽으로 출간되었는데, 실상은 그 이전에 발간되었다. 즉, 4월초에 등사물로 30면의 내용으로 출판되었는데, 나오자마자 각처에서 주문이 쇄도함에 따라 10여 면을 증면하여 같은 달 30일에 재판을 내었던 것이다.[82]

재판본은 활자본(活字本)으로 발행하였는데 노고수(盧孤樹)는 종교계 잡지로 창간호가 재판을 하게 된 것은 「主校指南」 하나뿐인 것으로 말하고 있다.[83] 「主校指南」을 발간하게 된 목적은 종교교육자를 상대로 하여 첫째, 사랑을 고취시키고, 둘째 인격을 함양하며, 셋째 수양의 재료를 제공하기 위해서였다.[84]

「主校指南」 창간호에는 편집부장 김유연의 창간사, 이명직의 "단합하라"를 비롯하여 이건, 구성서, 박현명 목사의 축사, 강치봉 회장의 '주일학교 진흥책에 대한 일고(一考)', 연합회 서기 서재철의 '교수법', 신약한(申約翰)의 '종교교육관리법', C.C.S의 '主日學校 始祖 라레이쓰 小考', 송태용의 '동화의 가치', 배은수의 '동화와 아동', 강약한(姜約翰)의 '主日學校 獻金을 어떻게 장려할가', 이영석의 '主日學校와 音樂', 海月의 '無題'(시조), 김유연의 '나일강변에 어린 모세'(설교), 신상균의 '세상에서 제일 비싼 보물', '통계로 본 구령운동', '아동교육금언(金言)', 은수의 '올밤이와 당나귀'(동화), '컨과 술'(아동일화),

---

81) 「主校指南」, 38.
82) 尹春炳, 『韓國基督敎 新聞·雜誌 百年史』, 231.
83) 盧孤樹, 『韓國基督敎 書誌硏究』, 115.
84) 「主校指南」, 2.

배은수 역(譯)에 이하엘레루 몬도푸의 '천사' 그리고 '소꿉질'을 비롯한 총 6편의 시조(동요), 나그네의 '生의 자욱'(수광 일편), 성결교회 유년주일학교 직원연합회 연혁과 소식란을 실고 있다.

특별히 「主校指南」은 한국교회 초창기에서부터 어느 교파보다도 종교교육의 첨단을 걸어온다는 감리교회에서도 일찍이 찾아볼 수 없는 '교육헌장'이 수록되어 있고, 그 헌장 속에는 맥맥히 흐르는 교육에 대한 뜨거운 열의와 굳은 각오를 엿볼 수 있다.[85] 전문 6조로 된 '선언(宣言)'의 내용은 다음과 같다:

우리는 아해들을 사랑한다. 예수께서 사랑하시든 것처럼 그들을 사랑하려한다.

「누구던지 내 일흠으로 이런 어린 아해를 迎接하면 곧 나를 迎接함이니…… 小者 하나를 犯罪케하는 者는 찰하리 돌을 그 목에 달고 깊은 바다에 빠지는 것이 나으니라」 마十八: 五~六- 이 聖言을 우리는 文字 그대로 믿는다.

우리는 모든 似而非의 宗敎敎育을 排斥한다. 하나님과 그 아들 예수와 救援 聖經 眞理를 가라치는 것은 우리 宗敎敎育의 처음이오 마지막이다.

宗敎敎育의 價値를 否認하는 모든 言論과 雜說을 우리는 排斥한다. 罪에 깊이 빠진 壯年 하나를 救援하는 것은 至極히 아름다운 일이다. 그러나 無垢한 兒童 하나를 救援하는 것은 더욱 아름다운 일이다. 우리는 그로조차 더 많은 結實이 잇음을 아는 同時에 구원받은 者의 多大數는

---

85) 尹春炳, 『韓國聖潔敎 新聞·雜誌百年史』 232.

그 幼年 或 少年時代에 福音의 씨를 받은 者라는 事實을 不動의 眞理로 믿는다.

우리는 어린이들을 위하야 모든 犧牲을 覺悟한다. 그들은 第二世의 「그리스도」人 이며 따라서 우리의 後繼者임을 믿어 疑心치 않는다.

兒童을 眞理와 救援으로 引導하는 대에 必要한 모던 最善의 方法을 얻기 위하야 우리는 不斷의 祈禱와 努力과 硏究가 잇을 것을 이에 盟誓한다. -(玉川洞人)-[86]

기독교대한감리회 감독과 역사편찬위원장을 지낸 윤춘병 목사는 「主校指南」에 대해 다음과 같이 평가하고 있다:

주일학교의 역사, 조직, 관리, 교수법, 음악, 동화와 동화의 중요성, 그리고 헌금 및 주일학교 진흥책, 곡보부 동요 등에 있어서 이만큼 알찬 내용의 책을 찾아보기 어려울 정도라고 해도 과언이 아니거니와 또 한편 비교적 세련된 편집과 철자법에 따른 선명한 인쇄 등 무엇으로 보나 당시로서는 훌륭한 잡지라고 하지 않을 수 없다.

더욱 경성성결교회 주일학교 직원 연합회의 고문인 이명직, 이건, 이상철 등 세 분의 사진과 동연합회 임원 일동의 사진은 본지의 무게를 더해 주는 정중한 것이었고 표지와 그 제호의 배치도 단순하면서 유치한 면이 보이지 않아 좋다. 1935년이라면 기독교가 이 땅에 전해온 지 50년이 지난 때라 기독교 교육에 있어서 이만한 잡지가 나왔다는 것도 결

---

86) 「主校指南」, 1.

코 무리는 아니라고 생각할 수 있다.[87]

### 8) 「白衣」

「白衣」는 동경성결교회의 백의사(白衣社)에서 계간으로 출판하였다.[88] 실물이 확인되지 않아 구체적인 창간 연대는 알 수 없으나 동경성결교회가 1930년에 설립된 것으로 보아 1930년 이후로 추정할 수 있다.[89] 「白衣」는 1934년 초에 일본 선교지방 기관지로 변경하였다:

> 東京聖潔敎會 季報
> 白衣는 今番에 日本 宣敎地方 機關誌로 變更하옵고 讀者級 原稿를 募集하오니 左 記規定에 依하야 多數 投稿하여 주시압[90]

투고규정에 의하면, 「白衣」의 수록내용을 알 수 있는데 설교, 강의, 간증, 교계 기사, 시가 등이 중심을 이루었다.[91] 책값을 받지 않고 독자들에게 무료로 증정하였으며, 자유롭게 후원헌금을 받았다.

---

87) 尹春炳, 『韓國基督敎 新聞, 雜誌 百年史』, 232-33.
88) 尹春炳, 『韓國基督敎 新聞, 雜誌 百年史』, 「(嶺南聖報」 春季號 目次)
89) 「朝鮮耶蘇敎 東洋宣敎會 聖潔敎會 第 二回 總會會錄」(1934년), 86.
90) 「嶺南聖報」, 창간호, 2.
91) 「嶺南聖報」, 창간호, 2

## Ⅳ. 닫는 글: 분석 및 제언

한국성결교회는 창립 초기부터 중생·성결·신유·재림의 사중복음을 전파하고, 신자 개인의 성결의 체험을 강조하면서도 1945년 해방이전까지 정기간행물중에서 8종류의 잡지 출간을 통해 한국교계의 문서운동에 기여하였다. 지금까지 살펴본 바 해방이전의 성결교회의 문서운동을 분석하면 다음의 몇 가지로 살펴볼 수 있다.

첫째, 성결교회는 성별회를 가짐으로 제2차적인 은혜, 성령세례를 통한 성결체험을 강조할 뿐 아니라 문서선교에도 주력하여 1921년 교단 전환과 함께 일제의 문화 통치 전, 후반기에 8종의 잡지를 출간하였다.

앞서 살펴본 바와 같이 윤춘병 목사는 1920년부터 1939년까지의 기간을 선교사와 한국인 동반시대(1920-1930년)와 한국인시대(1931-1939년)로 보았다.[92] 그는 선교사와 한국인 동반시기에 44종, 한국인 시대 47종의 정기 간행물이 기독교 각파에서 출간된 것으로 말하고 있는데,[93] 전자의 시기에 성결교회는 잡지를 2종, 후자의 시기에는 6종을 출간하였는데, 이와 같은 정기 간행물의 집중적인 증가는 1932년에 총회를 조직한 후 자치를 선언한 것과 결코 무관하지가 않다. 그리고 이때는 한국기독교 문서운동사에 있어서도 1930년대 전반기에 기독교 도서와 신문잡지의 출판이 최고의 전성기를 이룬 상황과 맞물려 있음을 볼 수 있다.

---

92) 尹春炳, 『韓國基督敎 新聞·雜誌 百年史』, 45.
93) 尹春炳, 『韓國基督敎 新聞·雜誌 百年史』, 83.

둘째, 1930년 전반기 교회 수 약 2,800개소에 교인 18만 명을 가진 장로교와 남북감리교가 합동을 하고 새 출발의 제일보(一步·한걸음)를 내딛던 감리교의 교세에 비하면 여러 면에서 열세인 성결교회가 8종 잡지를 간행한 것은 성결교회가 성결체험이라는 주관적인 신앙 추구에 치우쳤다는 지금까지의 성결교회 이미지에 대한 편향적 시각에 대해 재고를 요구하고 있다. 그것은 뜨거운 영적 신앙 체험과 함께 균형적으로 그것에 대한 보완의 지적인 작업도 병행했기 때문이다.

해방 전 한국성결교회는 교단 중앙기관지인 「活泉」 발간에 머무르지 않고, 여성을 대상으로 한 부인회 잡지인 「기쁜소식」 발간, 주일학교와 교사를 위한 기독교 교육잡지인 「主校指南」, 또한 주일학생을 위한 기독교 아동 전문지인 「主日學生」 발간, 영남지방 교회의 발전과 부흥을 위한 지방회지인 「嶺南聖報」, 그리고 일본에 있는 한인성결교회 교포들의 복음화와 신앙생활을 위해 만든 「眞光」, 「白衣」, 그리고 장막전도대의 도시 중심의 천막전도 집회를 보완하기 위해 초교파적으로 문서로 전도하기 위해 「聖化」를 출간하였다.

따라서 다양한 출판목적을 가지고 만든 잡지의 출간은 성결교회가 현재와 비교해 볼 때 여러 면에서 상대적으로 열악한 환경과 암울한 정치적 상황에 처해 있었음에도 불구하고 다양한 계층과 조직의 요구에 부응하고 또한 자기 역할에 대한 방향성 제시 등 문서운동을 통해 각기 조직의 발전과 효율성의 극대화를 꾀하고, 영적 자양분을 섭취할 뿐만 아니라 더 나아가서 교단 홍보 등 여러 면에서 초기 교단부흥과 발전에 유익을 끼치고 또한 성결교회 정체성보존에 결정적 역할을 감당했음을 살펴볼 수 있다.

셋째, 그러나 이러한 긍정적인 역할 감당과 함께 해방 이전 문서운동은 분명한 한계를 갖고 있다. 그것은 당시 일제강점이라는 정치적 현실과 타협하여 신사참배 강요와 일제의 군국주의 전쟁 놀음에 대해 부일하는 글들을 게재함으로 인해 창간 때 각자가 가졌던 고유의 간행목적과 정신을 살리지 못하고, 민족문제에 대해서도 몰역사성을 가지는 잘못을 범했기 때문이었다.

대표적으로「活泉」과「기쁜소식」에는 부일에 관한 글들이 일제가 친일언론을 강요하던 1937년 이후부터는 자주 나타남을 볼 수 있다.

따라서 다음과 같이 몇 가지 결론에서 도출된 바 제안을 한국성결교회에 하고자 한다.

첫째, 교단 내외의 해방이전 성결교회에 대한 이미지의 재고 내지 한 쪽으로 고착된 의식으로부터의 전환이 요구된다.

해방이전 성결교회가 잡지에 있어서 8종을 발간했다는 사실은 성결의 체험을 강조하면서도 성결교회는 주관적인 신비적 체험이나 영적인 자기만족에 빠지지 않고, 신앙의 역사성과 실존성에 있어서도 어느 한쪽에 치우치지 않는 성서적인 균형을 유지하는 지적 작업에도 충실을 꾀했던 교단이었기 때문이다.

둘째, 해방이전 자의든 아니면 강요에 의한 굴복이든지간에 일제에 부일한 일에 대한 역사적인 반성이 뒤따라야 한다.

지금까지 해방이후 출간된 성결교회의 많은 문서를 통해 지난 문서운동에 대한 오점과 잘못에 대해 뼈아픈 반성과 잘못을 시인한 고백적인 자기 반성이 부족했다. 또한 개인 영혼 구원의 열정과 경건에서 더 나아가 사회와 민족 그리고 역사문제에 대해서도 열려있는 문서선교의 지평을 넓혀감이 필요하다.

셋째, 해방이전 성결교회의 각 기관과 조직은 문서운동 즉 잡지를 통해 다양한 제 목소리를 내는 매스미디어의 다양한 전문성을 보였고, 또한 그 표현도 독특하였다. 그러나 해방이후, 성결교회는 여러 가지 이유로 인해 통합 과정을 거쳐 단일화시키고, 잡지명을 변경하는 변화를 보였으나, 그 결과는 흐지부지했다. 예를 들면, 현재 한국성결교회에서 발간되는 정기적으로 출간되는 교단지는 대표적으로 「活泉」과 「聖潔」 두 종류 뿐이다.[94]

특별한 이유가 없는 한, 해방이전 성결교회와 관련된 잡지들이 분명한 출간의 목적을 갖고 있었다면 될 수 있는 한 현시점에서도 다시 복간하거나, 아니면 다원화시대에 걸맞는 교단정체성과 각 기관의 특수성을 살린 새로운 전문잡지를 창간해야 한다. 현재 성결교 문서운동은 해방 이전과 비교해볼 때 수십 년이 뒤진 1920년대 상태를 답보하고 있다.

[성결신학연구소, 「聖潔神學硏究」제3집(1998년)]

---

94) 「성별(聖別)」에 이어 예수교대한 성결교회에서 간행된 「聖潔」은 1998년 12월 현재 잠시 발간이 중지되었고, 「聖靑」도 부정기적으로 내고 있다.

# 14

## 한국성결교회의 여성운동
### (1907-1945년)

# 한국성결교회의 여성운동
## (1907-1945년)

## I. 여는 글

철저한 가부장적 위계적이고, 남성 중심의 신분사회로서 유교적 가치관과 봉건적 체제를 유지하던 한말(韓末) 당시에 조선사회 여성들의 기독교 수용은 여성에 대한 근대적 의식을 발아(發芽)시킬 뿐 아니라, 새로운 세계를 열어 보였다. 조선 여성들에게 기독교는 성과 결혼에 관련된 새로운 질서를 제시함은 물론 여성의 개별 인격적 존재에 대하여도 새로운 이해 차원을 보임으로써 여성해방의 길을 보였다.[1]

기독교는 가부장제적 유교의 여성관과 남녀 이해관계의 변화를 가져오게 했고, 성과 결혼에 대한 새로운 이해를 촉진시켰을 뿐만 아니라, 여성의 생활공간을 가정의 울타리를 넘어 사회문제와 민족

---

1) 최만자, "한국 그리스도교 여성 경험에서 본 성서해석", 『성서와 여성신학』, 한국여성신학회편 (서울: 대한기독교서회, 1995), 103-48.

적 과제에 대해 참여와 책임의식을 갖게 하는 영역의 확대를 가지게 하였다. 따라서 기독교는 일부일처주의, 자유결혼, 개가허용, 남녀동석의 필요성 인정 등 기존의 유교주의 가족 제도와 질서를 붕괴시키면서 도전하였다.[2]

이처럼 초기 교회역사에 나타난 바, 기독교는 그 출발부터 선교의 방편을 삼았던 교육 활동을 통해 여성교육에 이바지했다. 그 때까지 여성의 존재는 가내 노동의 도구나 남자아이를 낳는 기계 이상의 인정을 받지 못하던 때에 기독교의 이상과 같은 성서적 남녀평등사상과 자유론은 한국 여성들로 하여금 자기들의 지위에 대한 천부적 평등론을 알게 하였다. 그리고 남녀 동등에 다른 나라 여성들의 평등한 지위와도 비교할 수 있게 하였다. 모든 면에 있어서 여성은 남성에 비하여 열등하다고 체념하고 있던 때에 기독교가 들어오면서 여성교육기관을 세워 본격적인 여성해방운동을 전개했던 것이다. 여기에 여성들이 호응하지 않을 수 없었다.[3] 그 결과 여성은 지적인 면에서도 남성과 비교할 때 뒤지지 않고 훌륭한 자질을 보였다. 한 실례로 교파를 초월하여 수많은 전도부인(Bible women)이 남자 교역자에 못지않게 초기 한국교회의 여성지도자로서 맹활약하여 한국교회의 기초석을 쌓았다.

그러나 지나간 과거 역사에 있어서 한국교회 성장과 발전에 끼친 여성운동의 영향은 과소평가 되거나, 소홀히 여겨 왔다. 상대적으로 성결교에 비해 장로교와 감리교에서는 과거 여성운동에 대한 활발

---

2) Ibid., 109.
3) 宋吉燮, 『韓國神學思想史』 (서울: 大韓基督教出版社, 1987), 88.

한 연구와 이해의 지평을 넓혀가고 있지만, 성결교단은 이에 미치지 않고 있다.

성결교회 여성운동에 대한 역사정리는 배가례 교수의 『聖潔敎會 女性史』(1987년)가 출간되어 있고, 성결교회 여성지도자에 대한 부분적인 인물중심의 정리는 성결교회 역사와 문학연구회가 펴낸 『성결교회 인물전』 1집(一正社, 1990년), 2집(一正社, 1992년), 3집(도서출판 성지, 1995년)에 기록되어 있다. 그리고 박태복 전도사의 "초기 한국성결교회 여성의 입교동기 및 신앙생활에 관한 연구"(『신덕교회 창립 70주년기념 학술논문집』, 1997년)의 논문이 발표되었다. 특별히, '한국성결교회와 여성사역'이란 주제로 1998년 3월 11일에 가진 성결교회 역사연구소의 제2회 영익기념 강좌에서 박명수 교수의 "성결운동의 역사와 여성사역"이란 논문이 발표되었다.

본 연구에서는 해방이전 한국성결교회의 여성 활동을 초기 한국성결교회 부인회 전국연합회를 중심으로 살펴봄으로써 성결교회 여성운동이 성결교회 발전에 끼친 영향을 다음과 같은 목적을 가지고 연구하고자 한다.

첫째, 한국성결교 역사 속에서 지금까지 남성 편향적으로 기록된 성결교회 역사 정리에 여성운동의 공헌을 규명함으로써 성적 차별이 없는 총체적인 역사 서술의 폭을 살펴보고자 한다.

둘째, 초기 한국성결교회 부인회 연합회의 활동과 그 역할을 살펴봄으로써 초기 한국성결교회 형성과 성장에 있어서 한국성결교회 여성들이 끼친 공헌을 살펴보고자 한다.

셋째, 부인회 연합회가 「기쁜소식」 발간을 통해 끼친 여성의 권익 뿐만 아니라 계몽의식에 대해 끼친 긍정적 결과와 또한 일제 말기 친일 경향의 반민족적인 부정적인 행동들을 규명함으로써 한국성결교회 여성운동이 걸어야 할 방향을 모색하고자 한다.

## II. 한국성결교회의 여성운동의 역사적 배경: 19세기 성결운동과 동양선교회

한국성결교회는 중생, 성결, 신유, 재림의 사중복음을 전파를 목적으로 세워졌고, 신학적 입장에 있어서는 칼빈주의와 대조적으로 웨슬리 알미니안의 전통을 견지하고 있다. 그러나 한국성결교회의 역사적 근원이 되는 19세기 성결운동은 우리가 피상적으로 생각하듯 오늘과 같은 보수적인 입장이 아닌 진보적인 면을 가지고 있다.

19세기 성결운동은 반노예제도를 찬성하고, 여성사역에 대해서는 개방적인 입장을 갖고 있었다. 웨슬리의 제자로서 웨슬리 사후에 감리교를 힘있게 끌고 나갔던 아담 클락(Adam Clarke)은 1811년부터 1826년까지 무려 15년간 성서주석을 완성하였는데, 감리교도들의 표준적인 주석으로 불리울 만큼 클락의 성서주석은 감리교회에서 널리 애용되었다. 여성의 사역을 긍정적으로 해석한 이 주석에서는 구약성서의 창조에서 나타난바 가르침으로 남녀차별이 없었고, 때때로 여성사역자들이 활동을 하였으며, 신약에 와서는 오순절 사건 이후로 남녀를 포함한 모든 사람들에게 복음을 전할 사명이 주어져 있음을 강조하였다. 19세기 많은 여성사역자들은 자신들의 입장을 옹호하기 위하여 한결같이 웨슬리안 전통을 반영한 클락의 주

석을 인용하였다.⁴

웨슬리에 의해서 개방된 여성사역의 문호는 19세기 미국에서 더욱 확산되었다. 19세기 미국의 성결운동에서 가장 대표적인 초기 인물은 푀비 팔머(Phoebe Palmer) 여사로 그녀는 1835년 성결의 체험을 한 후 그녀의 자매인 랭크포드(Sarah A. Lankford)의 응접실에서 성결촉진을 위한 화요모임을 갖기 시작하였다. 팔머여사는 성령세례를 통한 완전한 성화, 믿음, 고백(간증) 3가지를 강조하였다. 팔머의 성령세례 받은 후에 공개적으로 신앙고백을 해야 한다는 주장은 여성들로 하여금 공적인 모임에서도 이전과 달리 침묵 대신에 입을 열어 말하게 하였다.

팔머는 구약에서는 소수에게 성령의 역사가 임하여 그들로 하여금 활동하게 하였지만, 신약에 와서 오순절 이후 성령의 은혜는 남녀 구별없이 모든 사람에게 임하였기 때문에 남자나 여자 할 것 없이 모두 예언의 사역 즉, 하나님의 말씀을 전하는 사역을 감당해야 한다고 주장하였다. 팔머 여사의 사역에 결정적인 영향을 받은 사람은 성결운동의 한 멤버인 구세군 창시자인 윌리암 부드(William Booth)의 아내인 캐더린 부드(Catherine Mumford Booth)이었다. 구세군 공동 설립자이며, 구세군의 어머니로 불리운 캐더린은 팔머로부터 영향받은 여성사역에 대한 신념을 실천에 옮기는 일에 가장 앞서 나갔다.

캐더린은 『여성목회(Female Ministry)』에서 "오순절 사건을 통해 성령이 남성제자들 뿐만 아니라 여성제자들에게도 주어졌다…. 하지

---

4) Phoebe Palmer, *Promise of the Father; or A Neglected Speciality of the Last Days*(Boston: Henry V. Degen, 1859; reprinted by New York: Garland Publishing, 1985), 25, 98; 박명수, 「근대복음주의의 주요흐름」 324에서 재인용.

만 이 사실은 철저히 은폐하는데 성공한 사탄의 계략이 얼마나 대단한가 … 교회 내에 만연한 편견과 인습으로 인하여 하나님의 성령이 그 여종들에게 임하지 못함으로써 교회가 입은 손실은 이후 헤아릴 수 없을 정도"라며 크게 한탄하였다. 윌리암 부드가 병들었을 때 그녀는 그를 대신하여 강단에 서서 설교를 하였고, 포츠머스(Portsmouth)에서는 일천명의 군중들이 17주 동안 매일 저녁마다 그녀의 설교를 듣기 위해 운집하였다. 구세군의 여성사역의 절정은 1934년에 부드의 딸인 에반젤린 부드(Evangeline Booth)가 구세군의 최고 직위인 대장(general)으로 선출됨으로서 극에 달하였다.[5] 우리에게 잘 알려진 기독교연합선교회(C&MA)의 창설자인 심프슨(A. B. Simpson)은 그리스도가 '남성(a male)'으로 성육신하였다는 생각에 반대하였다.

   19세기 말에 들어서면서 성결운동에 속한 교단들은 여성운동의 원칙들을 점차 제도화하였다. 1880년대의 하나님의 교회(the Church of God, 미국 인디애나주 앤더슨 소재)는 초창기에 목회자 및 대의원들 가운데 20~25%가 여성들로 구성되었고, 나사렛 교회(the Church of the Nazarene)도 1894년도 창립헌법에 여성설교권을 허락하였고, 서부 테네시에서 개최된 한 총회는 잠시동안 여성목회자들로 구성된 경우도 있었다. 나사렛교회 초기 명부에는 이 교단 목회자 중 약 20%가 여성을 차지하였다. 동양선교회에 영향을 끼친 만국사도성결연맹 및 기도동맹(International Apostolic Holiness Union and Prayer League)도 마찬가지로 나타난다. 1897년 이 단체를 창립한 자는 회장 리스(Seth Cook Rees)

---

5) Donald Dayton, 『다시 보는 복음주의 유산: Discovering an Evangelical Heritage』, 배덕만 역(서울: 요단, 2003), 163~65.

와 부회장인 냎(M. W. Knapp)이다. 리스는 자신의 아내와 함께 1925년 필그림성결교회(the Pilgrim Holiness Church)로 개칭된 이 교단의 공동목회자와 전도자로서 공동사역을 하였다.[6] 처음 출발부터 여성사역을 인정한 만국성결교회(필그림성결교회 이전에 1913년부터 만국성결교회로 불리움)는 남자, 여자 구별 없이 안수를 주었다. 만국성결교회의 초기 지침서는 교회의 여러 분야에서 활동하는 목회자들 가운데서 약 30% 정도가 여성임을 보여주고 있다.[7] 만국성결교회 초기헌장(1905년)에는 가르침과 설교의 은사를 받은 성결한 형제나 자매는 위원회를 통해서 설교자, 권면자, 여집사의 자격을 주고, 2년간 봉사한 결과에 따라 인준을 거쳐 안수를 주었다. 필그림성결교회에서 안수 받은 교역자의 명단에 동양선교회 창립자인 카우만 부부의 이름이 들어 있다.[8] '1900년 8월 11일 오전 10시 30분'에 일본으로의 선교 소명을 받은 카우만이 전신회사를 그만두고 감리교 선교부에 선교사 지원서를 제출했으나, 회답이 없자 어떤 선교단체와의 연관 없이 오로지 하나님만 바라보고 1901년 2월 22일 일본에 도착하였다.[9] 일본으로 떠나기 전 카우만과 래티 카우만 여사는 1900년 12월 시카고의 메트로폴리탄 성결교회에서 만국성결교회 초대 회장인 리스(Seth. C. Rees)와 그의 아들 바이론(Byron) 그리고 냎(Martin W. Knapp), 찰스 스톨

---

6) Dayton, 169.
7) Dayton, 169.
8) *The Manual of the International Apostolic Holiness Union and Churches*(1905), 11, 26.
9) Robert D. Wood, *In These Mortal Hands: The Story of the Oriental Missionary Society, the First 50 Years*(Greenwood: OMS International, 1983) 42, 43, 정상운, 『한국성결교회사(I)』, 88.

커(Charles Stalker)에 의해 안수를 받았다.[10] 카우만과 카우만 부인은 한국성결교회의 모체인 동양선교회(OMS)의 창립 멤버였고, 나카다 쥬지, 카우만, 킬보른에 이어 카우만 부인은 동양선교회의 4대 총리로서 1928년부터 1949년까지 21년 동안 동양선교회를 이끌고 나갔다. 해방 이전 선교사들이 강제 추방되기 이전까지 한국성결교회의 모든 교역자들은 동양선교회 총재인 카우만 여사의 행정 지배체제 아래 놓여 있었다. 동양선교회는 1921년 총본부를 한국(조선)으로 옮기기까지 일본에서 복음전도관과 성서학원을 통해 선교사역을 감당하였다. 여성사역에 있어서도 자연스럽게 일본에서의 동양선교회의 개방적인 사역은 한국에도 그대로 전수되어 성결운동의 맥을 이어갔다. 이같은 일에 대한 단적인 예는 동경성서학원과 경성성서학원에서 똑같이 실행하였던 성서학원의 남녀공학제에서 그대로 나타나고 있다.

### III. 성서학원의 남녀 공학제 실시와 전도관 개척

1901년 4월 1일 중앙복음전도관의 개관과 함께 시작된 동경성서학원은 복음전도관 건물로도 함께 사용되었다. 복음전도관과 함께 성서학교로 한 건물을 두 가지 용도로 사용한 것은 경제적인 어려움의 연유에서 비롯되었으나, 복음전도와 전도자 양성이라는 이

---

10) Mrs. C. E. Cowman, *Charles E. Cowman: Missionary Warrior*(Los Angeles: The Oriental Missionary Society, 1946), 114.

중목표를 실현하기 위해서였다.[11] 동경성서학원은 1904년에는 가시와기(柏木) 4번가로 이전하면서 90명에서 111명까지의 남녀학생들을 수용할 수 있는 기숙사 뿐만 아니라 강의실, 도서관 그리고 식당까지 짓게 되었다.[12]

실제로 1903년 동경성서학원에는 남자 21명, 여자 6명 총 27명의 학생들이 공부하였다.[13] 동경성서학원을 졸업하고 귀국한 한국성결교회 창립자 정빈은 경성성서학원이 세워진 1911년 이전에 매일 아침시간에 성서교실을 열어 성서를 가르쳤다.[14] 정빈의 아침성서교실은 경성성서학원을 낳는 촉매 역할을 하였다. 경성성서학원은 이단과 속화의 인본주의 사상을 배격하고 진리를 사수하고자 하는 목적과 전도자 육성을 목적으로 설립하였는데, 처음부터 남녀 공학제를 실시하였다:

> 성서학원은 진격적(進擊的)으로 이단(異端)과 속화(俗化)와 죄악을 대적하야 분투(奮鬪)하자는 주의하(主義下)에서 남녀전도자를 양성하야 순복음을 동양전테에 전파 하야 령혼을 구원할 목뎍으로 설립한 동양선교회 교역자 양성(敎役者 養成)의 귀관 인대…[15]

한국성결교회가 전도자 양성을 목적으로 설립한 정식 교육기관

---

11) 정상운, 『한국성결교회사(Ⅰ)』 (서울: 은성, 1997), 61.
12) Wood, 52.
13) 土肥昭夫, 『일본기독교사』, 김수진 역(서울: 기독교문사, 1991), 2.
14) Eletric Messages 7. No.1 (November 1908), 1.
15) 李明稙, 『朝鮮耶蘇敎 東洋宣敎會 聖潔敎會略史』 (京城: 東洋宣敎會出版部, 1929), 33. 以下 「略史」로 표기.

에서 남녀 공학제를 실시하였다는 것은 당시로서는 파격적인 진보적인 일이었다. 전제 봉건주의 사회체제 안에서 여성이 남성과 함께 앉아 수업을 받고, 토론을 한다는 것은 당시에 있을 수 없는 불가능한 일이었기 때문이었다. 물론 기독교에 앞서서 먼저 초기 천주교가 미사를 비롯한 신앙집회에 남녀가 동석함으로 당시 유교적 관습과 규범이 지배하던 상황으로부터 혹독한 핍박을 받았기 때문에 이에 비해 가히 혁명적이라고 말할 수는 없어도 여전히 1900년 초에 와서도 내외법(內外法 *예전에 모르는 남녀가 서로 얼굴을 대하지 못하도록 규제하는 법)의 질서를 지키는 상황이 계속되었다. 기독교는 1900년까지 교회에 남녀사이에 휘장을 칠 정도로 심각한 내외법이 지배한 상황이었지만 여성들이 교회에 출석하고 있었다.[16] 1910년 초에 와서도 이같은 일에 큰 변화는 없었다. 그것은 1913년 예수교장로회 조선총회에서 교회 안의 휘장철폐 문제가 개교회 당회의 사정과 형편대로 해야 한다는 신중론이 대세이었기 때문이었다.[17]

경성성서학원이 처음부터 남녀 공학제를 실시하게 된 것은 일본에서 여성들에게도 남자들과 마찬가지로 공부할 수 있는 기회를 부여한 동경성서학원의 교육제도와 1907년 동경성서학원을 졸업한 성결교 창립의 주역을 맡았던 정빈의 개화사상에서 비롯되었다.

정빈은 1906년 동경성서학원에서 공부할 때 남녀학생이 한자리에서 공부하는 남녀 공학제를 보며, 당시 조선에 있는 서울 교회들이 교회당에 휘장을 치고 남녀를 구분하여 앉히는 유교전통의 구습

---

16) 주선애, 『장로교여성사』 (서울: 대한예수교장로회 여전도회 전국연합회, 1978), 48-49.
17) 정상운, 『聖潔敎會와 歷史硏究(Ⅰ)』 (서울: 이레서원, 1997), 41.

에 대한 개혁의 소견을 「그리스도 신문」을 통해 다음과 같이 피력하였다:

> 내가 이곳에 와서 보니 성경공부 할 때나 기도회로 모일 때와 남녀학도들이 한 방 안에 좌우로 갈라 앉고 기도 찬미하고… 중략 … 이것을 보고 우리 교회의 형편을 생각하니 다른 곳은 널리 보지 못하였은즉 자세히 알지 못하거니와 서울로 말하여도 이런 풍습이 적고 또한 이때까지 회당 한복판에다가 휘장을 치고, 내외를 불통하여 삼사년을 회당에 다녀도 어느 형제와 어느 자매인지를 알지도 못하고 지내는 사람들이 많으니, 이렇게 서로 알고 통하는 정이 없어서야 애정이 어디서 생기며 교회가 어찌 진보될 수가 있겠는가?[18]

경성성서학원은 1911년 무교정 복음전도관 안에 임시로 성서학원을 개설하고 십여 명의 남녀학생들을 가르치다가, 1912년 죽첨정 25번지에 새로 건축된 성서학원에서 남녀 공학제를 실시하였다. 따라서 남녀학생이 한 강당에서 배움으로 교실과 교수 그리고 경제적인 면에서 유익을 가져다 주었으나 남녀간에 지식의 격차가 크고 어려운 점도 많이 겪게 되었다.[19] 또한 교역의 보좌(輔佐)를 목적으로 남녀공학제의 일환으로 부부공학(夫婦共學)의 제도도 시행하였다.[20] 남녀공학제로 인한 여성사역자의 배출은 남존여비와 남녀유별 이라는 유교문화권에서 남자교역자들을 통한 여신도들에 대한 제한

---

18) 정빈, "감사", 「그리스도신문」(1906년 3월 8일).
19) 「略史」, 34-5.
20) 「略史」, 35.

된 교육과 전도의 시대적인 한계상황을 뛰어넘게 하였다.

처음 시작부터 남녀 공학제를 실시함으로 여성사역의 길을 열어 놓은 경성성서학원은 1912년 제1회 졸업부터 복음전도관에서 교단으로 변경되기 전 해인 1920년까지 총 졸업생 62명 가운데 여자가 19명을 차지함으로 전체 졸업생 중에 약 30% 비율에 달하는 결과를 갖게 하였다.[21] 1929년에 이르면 약 전체 중에 44%에 해당하는 비율을 차지함으로 그 숫자가 늘어나고 있다.[22] 1921년 교단으로 경화된 이후부터 1929년까지 살펴보면 1923년, 1925년, 1928년, 1929년은 남자보다 많았고, 1924년, 1927년은 그 숫자가 같음으로 그 비율이 남자와 대등함에 이르렀다.[23]

성서학원 여자졸업생들은 여성들을 위한 전담교역자로서 남녀 구별의 유교적 전통이 잔존해 있는 당시 상황에서 자신들의 역할을 훌륭히 수행함으로 경성성서학원이 세워지기전 세 곳이었던 교회(전도관)가 1929년에는 75교회로 증가되었다. 그러나 남녀 공학제로 인한 어려움도 있었다. 첫째는 조선 여자들이 구가정 교육을 받은 것 외에는 다른 교육을 받지 못한 일이 대부분 경우이므로 앞서 말한 남녀 지식의 우열로 인한 가르침의 어려움이 발생했고, 남녀가 함께 수학하고, 목회사역을 함으로 이성 간의 문제가 생긴 일이었다. 실제로 1921년 이장하 교수와 최홍은 사감은 이성 간의 불의

---

21) 「略史」, 47-48. 1912-20년까지 경성성서학원 졸업생 통계는 다음과 같다.

| 구분 | 1회(1912년) | 2회(1913년) | 3회(1914년) | 4회(1915년) | 5회(1916년) | 6회(1917년) | 7회(1918년) | 8회(1919년) | 8회(1920년) | 총계 |
|---|---|---|---|---|---|---|---|---|---|---|
| 여자 | 0 | 1 | 2 | 2 | 4 | 3 | 3 | 0 | 4 | 19 |
| 남자 | 1 | 2 | 6 | 3 | 2 | 6 | 1 | 7 | 15 | 43 |

22) 「略史」, 47-50.
23) 「略史」, 49-50.

한 관계로 인해 두 사람 모두 면직 출교되는 일이 나타났다.[24] 또한 1920년 겨울 이명직 목사는 동양선교회 감독 킬보른과 자기 동료 목사들에게 지나간 자기 허물과 실수를 고백하고 영적인 구도행각을 행했다.[25] 그것은 이명직 목사가 여전도사와 사역을 하던 중에 스캔들에 빠졌던 불미스런 일 때문이었다. 이 일들은 남녀의 공동사역을 강조하던 초기 성결교회로부터 남녀의 구별을 강조하는 전통적인 유교 윤리로 되돌아가는 결과를 낳았다.[26] 경성성서학원은 1921년 이 일로 인해 남녀 공학제를 폐지하고 남녀학원(男女學院)을 분립하였다. 경성 죽첨정에 있는 원래 건물은 여자학원으로 쓰고, 남자학원은 별도로 당시 고양군 아현리의 건물을 신축하여 남자와 여자부를 갑을 양반(甲乙 兩班)으로 나누어 가르치게 되었다.[27] 1927년 입학지원자의 연령이 23세에서 25세로 바뀌고, 입학 수속에 있어서도 몇 가지 조목이 개정되었다. 당시에 결정되었는지는 분명치 않으나 1930년대로 들어서면서부터 초기의 모습과는 달리 여성 사역에 큰 관심을 보였던 성결교회와 여성사역은 제한되어 갔다. 그 한 예로 성서학원의 여성들의 입학자격에는 남자들과는 달리 가정이 없어야 한다는 조항이 새로 삽입되었다.[28]

---

24) 「略史」, 37-8.
25) 이명직 목사는 최석모 목사의 통역으로 킬보른 감독에게 전후에 되어진 일과 심리적 상태까지 자백하였다.
26) 박명수, "성결운동의 역사와 여성사역", 『제2회 영익기념강좌자료집: 한국성결교회와 여성사역』 (부천: 성결교회 역사연구소, 1998), 35.
27) 「略史」, 38.
28) 문준경 전도사는 1931년 남편이 있으므로 입학이 거절되자, 웃스 원장에게 간곡한 청원을 함으로써 정식 학생이 아닌 청강생의 자격을 얻어냈다. cf『성결교회 인물전』제1집 (1991), 259.

## Ⅳ. 성결교회 여성운동과 부인회 전국연합회

앞서 살펴본 바와 같이 초기 역사와는 달리 1930년대로 들어서면서 성결 교회의 여성운동은 개교회 부인회와 전국조직의 연합체인 부인회 전국연합회(이하, 부인회 연합회)를 통하여 새로운 양상으로 전환되어 나가고 있다.

### 1. 부인회 조직과 활동

1921년 종래의 선교중심의 복음전도관 체제에서 목회 본위의 기성교단으로 한국성결교회가 체제의 전환이 이루어지고, 개교회마다 양적인 성장으로 인해 과거 복음전도관과 다른 교회 내의 목회적 사역의 협력이 요구되자 장·감과 같이 자연스럽게 성결교회도 부인회를 조직하게 되었다. 한국성결 교회의 최초의 부인회는 최석모가 무교동교회 지회 독립문교회 주임교역자로 파송되어 부인 기도회를 인도할 때인 1920년에 비로소 시작되었다.[29] 독립문교회는 1917년 9월 무교동교회 집사 한상호의 집에서 그의 가족과 근처에 사는 신자 이외에 김선애 자매를 비롯한 행촌동 제사공장(製絲工場 *실

---

[29] 한국성결교회의 최초 부인회는 독립문교회 부인기도회에서 시작되었으나, 그 시작 연대에 대해 박태복, "초기 한국 성결교회 여성의 입교 동기 및 신앙생활에 관한 연구" 논문의 46쪽에서는 1922년 독립문교회가 교회 건물을 매수 할 때로 말하고, 배가례교수의 『聖潔敎會女性社』 150쪽에서도 1922년으로 보고 있으나 실상은 1922년 이전에 시작되었다. 그것은 1917년부터 가정기도회로 시작한 기도 모임은 1920년에 와서 이미 60명 정도가 모였다. 이에 예배 처소를 세내어 정식으로 최석모가 무교동교회 지회로 파송되어 독립문교회가 교회조직이 되자 자연스럽게 부인기 도회가 최석모 목사의 지도 아래 인도되었기 때문이다. 「活泉」창간호(1922년) 44쪽 "소식"에서는 다음의 내용이 기록되어 있다. "獨立門 婦人祈禱會는 數年來 崔錫模 牧師가 引導하여 오던 바"

을 만드는 공장)에 다니는 12-13명이 주일날에 가진 가정기도회에서 비롯되었다.[30] 부인기도회에 참석하여 은혜를 받았던 제사공장 공녀(工女 *공장에서 일하는 여자) 부인회 자매들은 교회당을 매수하여 설립할 때 수리비 50여 원의 큰 돈을 헌금하기도 하였다.[31]

독립문교회를 필두로 해서 전국 각지에서 규모가 있는 대도시 교회에서부터 점차로 부인회 조직은 확대되었고, 이 일로 인해 개교회마다 부흥이 일어났다. 무교정교회 부인회는 1926년 봄에 우순성, 김몽선 자매의 활동과 한상호, 김정선의 적극적인 후원으로 구성되었고, 이어서 1929년에는 체부정교회, 1933년 천연정교회, 신의주 동부교회, 1934년 봉천교회, 만리현교회, 1935년 아현교회가 각각 부인회를 조직하였다.[32] 부인회의 설립 연대와 전체 숫자를 파악하기 어렵지만 1936년 부인회 연합회에 선교비를 보낸 교회는 봉천(서탑, 심양, 북릉)교회를 비롯하여 18교회의 부인회이었다.[33] 신의주 동부성결교회는 부인회 이름을 안나회로 명하기까지 하였다.[34] 이처럼 한국성결교회는 1920년대에 들어와서 점차적으로 부인회가 조직되어 활동하였는데, 이것은 장로교회에 비해서는 상당히 뒤처진 결과였다. 장로교는 이미 평양이나, 선천, 의주, 양시 지방에서 부인

---

30) 「略史」, 94-95.
31) "消息", 「活泉」, 제1권 1호(1922. 11), 44.
32) "지방교회 부인회 방문기", 「기쁜소식」제4권 6호(1937년), 16-17; "지방교회 부인회 방문기", 제4권 7호 25-26; "지방교회 부인회 방문기" 배가례 교수는 『聖潔敎會女性社』에서 대전교회 유천리 지회는 예배당 신축시에 부인전 도회에서 성미를 바친 일을 통하여 부인회가 조직되었음을 암시해 주고, 1925년에는 안성교회, 1928년에는 김천교회와 은산교회, 무교정교회 그리고 1929년에는 함흥교회와 의흥교회가 각각 부인회를 조직한 것을 말하고 있다. 배가례『聖潔敎會女性社』, 150-51.
33) "선교비 수입보고", 「기쁜소식」, 4권 3호 (1937년), 22.
34) "지방교회 부인회 방문기", 「기쁜소식」, 4권 9호, 17.

회와 성격과 같은 여전도회가 개교회별로 1908년 이전에 조직될 뿐만 아니라, 1908년에는 몇 지회씩 연합한 지방연합회가 일년에 4번씩 모여 각 지회별로 활동하였다.[35] 장·감에 비해 다소 부진한 점이 없지 않으나, 한국성결교회는 전국 각지의 부인회로 하여금 1934년 4월 27일 성결교회 제2회 총회시에 부인회 규칙을 총7장 28조로 제정하였다. 따라서 개교회 부인회가 자기 교회 형편대로 산발적인 목적과 이상을 가지고 활동하는 것을 지양하여 하나로 통일함으로 부인회가 성결교회 부흥 발전에 효율적으로 이바지하게 하였다.[36]

부인회 규칙은 회원 구성을 의무적으로 개교회 남녀교역자와 여직원 그리고 연령이 15세 이상의 부인신자(학습, 세례교인)로서 신앙이 독실하고 품행이 방정한 자를 회원으로 받아들였다. 또한, 임원의 선정은 총회시에 일반회원의 무기명 비밀투표로 선출하고, 회장 위에 일정의 고문격인 관장과 부관장을 두었다. 해당교회 주임교역자가 당연직으로 관장(館長)이 되고, 여교역자가 부관장이 되었다.[37] 부인회의 주요사업은 제6장 '사업(事業)'에 나타나는 바, 첫째는 일년 2회 전도회 개최, 둘째는 일년 2회 사경회 개최, 셋째는 구제에 주력하는 일이었다.[38] 총회에서 제정한 이러한 사업규칙은 성결교회 전국 각지 부인회에서 실행되었다.

실제로, 함경북도의 라남교회 부인회에서는 부인회 규칙에 따라 1937년 주임교역자의 인도하에 일주일간 사경회를 열고 재림에 대

---

35) 주선애, 『장로교 여성사』, 133.
36) 「朝鮮耶蘇教 東洋宣教會 聖潔教會 第2回 總會會錄」, (1934年), 31.
37) 「朝鮮耶蘇教 東洋宣教會 聖潔教會 第2回 總會會錄」, (1934年), 31-2.
38) 「朝鮮耶蘇教 東洋宣教會 聖潔教會 第2回 總會會錄」, (1934年), 33.

한 성경공부를 하고, 축호전도를 해서 26인의 구도자(求道者 *처음으로 기독교를 믿기로 결심한자)를 얻는 일이 있었다.[39] 1929년 함흥교회 부인회에서는 총회의 부인회 규칙 제정 이전에 벌써 교회 자급 실시와 성미(誠米 *정성껏 모아 바치는 쌀)와 헌금을 모아서 교회 종을 구입하고, 국내외 선교사업과 인근지역 일만 가구에 대한 전도사업을 펼쳤다.[40]

## V. 부인회전국연합회의 조직과 활동

### 1. 부인회 연합회 조직

1920년대 「활천」 등을 통해 각 교회에서 부인회의 조직과 활동이 소개되었다. 1930년 초에 이르러 이 일은 전국 각지에 부인회가 조직되는 파급 효과와 함께 그 활동 영역이 점차로 중요시되고, 넓어지자 자연히 교단적으로 그 역량을 극대화하고, 효율적으로 결집되기 위한 중앙조직체의 구성 문제가 제기되었다.

1934년 4월 27일 성결교회 제2회 총회시에 전국적으로 부인회 규칙 통일성의 필요를 인정한 이사회의 건의에 따라 부인회 규칙이 통상회(通常會)에서 통과되었다.[41] 동년 9월 10일에는 경성성서학원 강당을 임시 예배당으로 하여 1913년에 설립된 아현교회에 33명의 발기인이 모여 '부인회전국연합회'를 조직하기로 결의하였다. 이에

---

39) "통신", 「기쁜소식」, 제4권 5호 (1937년), 21.
40) "통신", 「활천」, 통권 84호 (1929. 11), 55.
41) 「朝鮮耶蘇教 東洋宣教會 聖潔教會 第2回 總會誌錄」(1934年), 31.

따라 9월 29일부터 30일에 거쳐 경성성서학원 강당에 부인회 대표들이 모여서 창립총회를 개최하므로 역사적인 '성결교회 부인회 연합회'가 조직되었다.[42] 창립되던 당시 부인회 연합회 회원은 종신회원과 일반회원들로 구분하였다. 종신회원은 일반회원과 달리 직속회원비와 기타 기관지대는 내지 않고 20원의 헌금을 회원 가입시에 내었다.[43] 그러나 1939년에 가진 5회 총회에서는 종신회원의 범위를 여교역자와 남교역자의 부인까지 확대하였다.[44]

창립총회에서는 백신영이 회장으로 선출되었다. 제2회 부인회 연합회 총회는 이듬해인 1935년에 열리지 않고 한 해 건너서 1936년 3월 19일부터 경성 아현교회당에서 열렸다.

부인회 연합회가 1935년에 2차 총회를 가지지 못한 것은 당시 성결교회 총회의 정치적 사건과 연관되었기 때문이었다. 1930년대에 들어서면서 한국인 목회자의 증가로 인해 종래 선교사 중심의 동양선교회의 교회정치에서 탈피하고자 하는 움직임이 1933년 제1회 총회 개최로 결실을 맺게 되었다.[45] 그러나 동양선교회는 1934년 2차

---

42) "통신", 「活泉」, 통권 148호 (1934. 9), 56.
 李萬烈 교수의 『韓國基督敎 文化運動史』(大韓基督敎出版社, 1987), 273쪽에서는 "성결교회도 교단 창립후 각 지방별로 부인회를 조직하여 활동하다가 해방후인 1947년에 성결교 부인회 전국총회를 창립하였다."고 말하나, 이것은 틀린 표현이다. 성결교 부인회 제1회 총회는 1934년에 개최되었다.

43) "성결교회 부인회 연합회 제4회 총회록", 「기쁜소식」, 제5권 1월호(1938년), 12-14.
 성결교회역사와 문학연구회 편, 『성결교회인물전』 1집 223쪽에는 "1937부터 부인회 전국연합회에서 종신회원제를 채택하여 회비는 1인당 20원으로 정하고" 기록되어 있는데, 이것은 사실과 다르다. 그것은 "부인회 전국연합회 3회 총회의록"(「기쁜소식」, 5권 1월호, 12-4)에 "종신회원에 대하여 - 본 부인회 연합회가 창립되던 당시에는 회칙에 의하여 종신회원은 직속회원비와 기타 기관지대까지도 그만두기로 되었으나"의 내용처럼 처음 창립부터 종신회원제를 받아들였기 때문이다.

44) "동선 부인회 전국연합회 5회 총회록 속회", 「기쁜소식」, (1939, 6), 12.

45) 정상운, 『한국성결교회사(Ⅰ)』, 226.

총회에 이사 선정의 권한을 양도하는 것을 반대하였고, 1935년 3회 총회 때에 소장파 지방 대의원인 변남성 목사가 총회장으로 선출되자 동양선교회는 일방적으로 제3회 총회를 무효로 선언하여 교단적인 큰 파문이 일어났기 때문이었다.[46]

아직도 어수선한 교단 정치적 상황이었지만 제2회 부인회 연합회 총회는 임원 개선을 통하여 회장-백신영, 부회장-박기반, 서기-이문희, 부서기-박영애, 회계-태애도, 재무-전금희를 선출하였다.[47] 제2회부터 5회 총회때까지 임원은 도표 1의 다음과 같다:

도표1  부인회 연합회 임원명단 (1936-1939년)

|  | 회장 | 부회장 | 서기 | 부서기 | 회계 | 재무 | 고문 겸 감사 |
|---|---|---|---|---|---|---|---|
| 2회(1936) | 백신영 | 박기반 | 이문희 | 박영애 | 태애도 | 전금희 | 없음 |
| 3회(1937) | 백신영 | 전금희 | 이문희 | 김선빈 | 태애도 | 정인열 | 없음 |
| 4회(1938) | 백신영 | 전금희 | 이문희 | 박영애 | 태애도 | 정인열 | 이명직 목사 |
| 5회(1939) | 백신영 | 성삼석 | 이문희 | 박영애 김선빈 | 태애도 | 정인열 | 이명직 목사 |

## 2. 부인회 연합회의 주요활동

앞서 살펴본 개교회의 부인회는 총회로부터 부인회 규칙 규정이 제정되기 전까지는 주로 일정한 수준 이상의 큰 교회에서부터 시작

---

46) 정상운, 『한국성결교회사(Ⅰ)』, 226.
47) "성결교회 부인회 연합회 제2회 총회회록", 「기쁜소식」, 제3권 4호 (1936년), 21.

되었고, 지정된 목표나 상위의 지도조직이 없었다. 성미 수집을 통해 부족한 교회경비 충당과 교회건축을 위한 헌금을 하는 등 개교회 수준에서 벗어나지 못하였다.

한도숙 전도사는 부인회 사업을 적극적 사업과 소극적 사업들로 나누어 그 활동 방향을 제시하고 있다. 소극적 사업으로는 각기 부인회가 속하여 있는 교회의 전도사업을 돕는 일을 들고 있다.[48] 구체적으로 ① 부인회 사업과 목적을 세운 후에 기도회 개최 ② 심방대를 조직하여 한달에 한번 정기적으로 대심방 실행 ③ 체계적인 성경공부 ④ 성미를 바침으로 그 대금을 통한 남녀교역자 생활비 일부 보조나 교회경비 부담 그리고 구제나 자선사업 시행과 같은 4가지 사업을 들고 있다.[49] 또한 적극적 사업으로는 부인회 전국연합회 사업에 참여를 말하며, 그것에 대한 중요성을 강조하고 있다. 당시 의무적으로 시행하였던 부인회 전국연합회에 대한 각 교회 부인회 부담금은 총 수입금액에 대한 30%이었다.[50]

### 1) 교회 개척

1930년대의 한국교회는 38만 여의 교세였으나 20년대의 경제적 시련과 지식의 황잡(荒雜 *거칠고 잡됨)에다가 심각한 정치적 위기가 겹들여 망망한 황원(荒原 *버려두어 거친 들판)을 걷는 것 같았다.[51] 국내 안팎으로 어둡고, 참담한 1930년대 시대적 여건임에도 불구하고, 부인

---

48) 한도숙, "부인회사업과 지도방법(一)", 「기쁜소식」, 제5권 3월호 (1938년), 8.
49) Ibid., "부인회 사업과 지도방법(二)", 「기쁜소식」, 제5권 4월호 (1938년), 9-10.
50) 한도숙, "부인회 사업과 지도방법(三)", 「기쁜소식」, 제5권 6월호 (1938년), 7.
51) 閔庚培, 『韓國基督敎會史』, 改訂版 (서울: 大韓基督敎出版社, 1982), 386.

회 연합회는 각 교회 부인회에서 후원한 선교비를 모아 연합회 사업들 가운데서도 우선적으로 국내외 교회개척에 전력을 다했다. 부인회 연합회가 교회 개척에 대해서 첫 번째로 사업에 착수한 곳은 남만주지역 심양에 위치한 심양교회였다. 한국성결교회는 1930년대에 들어오면서 때늦은 감이 없지 않으나 만주선교의 필요성을 강조했고, 이것은 동양선교회 이사회 이사진과 전국교회 교역자들에게도 공감대를 형성했다.

그러나 이러한 일 이전에 성결교회가 만주에 처음 선교를 개시한 때는 만주에 거주하고 있던 한국인 성결교인들의 독자적인 노력에서 비롯되었다. 1924년 간도지방 용정에 부여 규암교회 박기래 집사와 경주교회 박장환, 한치국 3인이 이주하여 기도회와 전도집회를 가진데서 시작되었다.[52] 1936년 3월 20일 성결교회 부인회 연합회 제2차 총회 때에 1933년 경성성서학원을 졸업하고 남만주 심양교회에 파송된 이춘화(李春和) 전도부인은 만주인으로부터 세내어 예배 드리는 곳이 불완전하여 고통당함을 호소하였다.[53] 선교지 상황의 어려움과 성전건축의 필요성을 들은 부인회 연합회에서는 그 즉시 약속 헌금을 포함하여 235원 21전을 특별헌금을 하여 심양교회 건축헌금을 모금하였다.[54]

부인회 연합회 첫 사업으로 건축된 심양교회는 1937년 8월 23일 헌당식을 가졌다.[55] 만주인 청부업자를 통해 벽돌을 쌓아올리는 연

---

52) 閔庚培, 『韓國基督敎會史』, 改訂版, 144, 「略史」, 120.
53) 『朝鮮耶蘇敎 東洋宣敎會 聖潔敎會 第1回年會會議錄』(1937년), 39, 48.
54) "성결교회 부인회 연합회 제2회 총회의록", 「기쁜소식」, 제3권 4호 (1936년), 23.
55) "봉천심양교회 헌당식 광경", 「기쁜소식」, 제4권 9호 (1937년) 속지.

와제(煉瓦制)양식으로 지은 심양교회는 총경비 1,210원이 공사비가 들었다. 지출 내역으로는 교우들의 헌금이 200원, 봉천 서탑교회에서 50원 그리고 나머지 부분은 부인회 연합회에서 보조하였다.[56] 실제로 부인회 연합회 선교비 내역 중에 총수입금(1935-1938년 4월 20일까지) 1590원 86전에서 봉천심양교회 건축비로 총수입의 2/3가 넘는 901원 47전을 지출하였다.[57]

외지선교의 열매인 심양교회 개척을 필두로 해서 부인회 연합회에서는 제3회 총회시에 전남 광주교회를 개척하기로 결의했다.[58] 1937년 군위교회, 임자도교회, 무순교회, 봉천교회, 정동리교회 5개 교회에서 교회보조에 대한 청원이 들어왔으나 부인회 연합회에서는 청원 요구를 거절하고 교회개척을 최우선 과제로 삼았다.[59] 부인회 연합회 5차 총회의 재정보고 지출 내역을 보면 교회 설립비로 1,968원을 지출하였다.[60] 따라서 부인회 연합회 교회개척 우선정책은 앞서 심양교회를 합쳐 광주교회(968원 지원), 재령교회(500원지원), 려주교회(500원 지원) 4교회를 새로 설립하는 결과를 낳게 했다.

### 2) 「기쁜소식」 발간

1921년 종래 선교위주의 복음전도관 형태에서 기성교단으로 복회 본위의 성결교회가 조직되자 문서 간행사업에도 힘을 기울이게

---

56) 리춘화, "봉천심양교회 건축긔", 「기쁜소식」, 제4권 9호 (1937년), 20-21.
57) "성결교회 부인회 연합회 제4회 총회의록", 「기쁜소식」, 제5권 5호(1938년), 9.
58) "부인회 전국연합회 제3차 총회의록", 「기쁜소식」, 제5권 1호(1938년), 12-14.
59) "부인회 전국연합회 제3차 총회의록", 12-14.
60) "동선 부인회 연합회 제5회 총회의록", 「기쁜소식」, 제51권(1939년), 15.

되어 1921년 4월 제1회 전국 교역자 간담회에서 기관지를 발간하기로 하였다. 기본금으로는 남자교역자는 10원, 여교역자는 5원씩을 기부하여 총 500원의 기본금을 목표로 성서학원 졸업생도 남자는 10원, 여자는 5원씩을 내기로 하여 1922년 11월 25일 교단기관지 「活泉」이 창간되었다.[61]

부인회 연합회에서는 기존의 교단기관지 「活泉」 이외에 성결교회 부인회 연합회의 활동과 여성의 권익보호 및 교양증진을 꾀하기 위한 부인회 여성 월간지 발간의 필요성을 제기하였다. 그 결과 1934년 9월 29일 부인회 연합회가 창립된 지 2개월도 안 된 11월 5일에 「기쁜소식(Good News)」이라는 월간지를 발간하게 되었다. 「기쁜소식」 창간호는 1934년에 창간된 유일한 부인잡지로써 발간의 의의가 있으나,[62] 4배판 12면의 내용은 성결교회 뿐만 아니라 전 교계 여성을 상대로 펴낸다는 점에서 다소 빈약한 점이 있었다.[63] 그러나, 이후에 국판 20~30면으로 지면이 늘어나고, 내용도 충실히 꾸미는 발전을 보였다.[64] 「기쁜소식」은 1922년에 발간된 「活泉」과 더불어 문서선교의 양대 산맥을 이루며 전반적으로 성결교회의 정체성 함양과 성서에 근간한 신앙교육, 그리고 무엇보다도 「活泉」과 달리 여성부인회를 통한 여성들의 선교활동, 또한 지위향상에 대해 큰 일익을 감당하였다. 「기쁜소식」은 성결교회 부인회 연합회 기관지로 발행한 것이지만, 일반 부인신자들을 표준으로 해서도 발행을 하

---

61) 김봉희, 『한국기독교 문서간행사 연구』(서울: 이화여자대학교 출판부, 1987), 200.
62) 盧孤樹, 『朝鮮基督敎書誌硏究』(釜山: 藝術文化史, 1981), 1.
63) 尹春炳, 『朝鮮基督敎 新聞·雜誌百年史』(서울: 大韓基督敎出版社, 1984), 225.
64) 尹春炳, 『朝鮮基督敎 新聞·雜誌百年史』, 225.

였다. 따라서 다른 교단에도 없는 순수한 여성연합회 회지로 성결교회 부인 뿐만 아니라 일반 여성들의 활동과 대변지로서도 역할을 감당하였다. 그것의 실례로 「기쁜소식」의 내용은 성결교회부인과 일반여성들을 상대로 성경공부, 설교, 신앙미담(간증문), 감상문, 기행문, 여성 교양강좌 그리고 부인회 및 교회소식, 만국주일학과 등과 함께 여성 지위 향상에 관한 내용을 다루고 있다.[65] 특별히 「기쁜소식」은 여성들에게도 필요한 일상생활의 교양내용도 포함하고 있다.[66] 이러한 점은 성결교회 내의 여성은 물론 다른 교파인 장로교회, 감리교회에 속해 있던 많은 여성들로 하여금 구독을 희망하게 하고 멀리 해외에서까지 주문을 하였다.[67]

1941년부터는 총독부 당국의 강요로 매호 권두에 소위 "황국신민서사(皇國臣民の誓詞)"를 비롯하여 "보이지 않는 국경선" 등 전쟁에 관한 기사를 실어야 했다.[68] 그러나 창간 1년 후부터 1만부 이상을 발행하던 「기쁜소식」은 1941년 10월에 폐간을 당하였다.[69]

### 3) 부인회 심령수양대회 개최

제1회 부인심령수양대회는 1938년 4월 18일부터 24일까지 일주

---

65) 박태복, "초기한국성결교회 여성의 입교동기 및 신앙생활에 관한 연구", 『신덕교회 창립70주년기념 학술논문집』 (서울: 신덕성결교회, 1997), 467.
66) 실제로 「기쁜소식」은 가정부인과 미신 문제, 아동보육법, 산후의 위생, 부부 간의 주의할 세가지 조건, 음식물(바나나), 결핵예방七측, 독서 격언, 혼인 내용 등 일반여성들에게 교양적으로 생활에 필요한 계몽적인 내용을 담고 있다.
67) 裵可禮, 『聖潔敎會女性史』 (서울: 기독교대한성결교회출판부, 1987), 164.
68) 尹春炳, 『朝鮮基督敎 新聞·雜誌百年史』, 226.
69) 尹春炳, 『朝鮮基督敎 新聞·雜誌百年史』, 226, 「기쁜소식」은 1934년 11월~1941년 10월까지 월간으로 발간되었다.

일간 경성성서학원 대강당에서 총재 이명직 목사와 주강사 이건 목사를 중심으로 개최하게 되었다.[70] 부인회 회원들의 영적 성숙을 목표로 개최된 수양대회는 지리적으로 동쪽은 강원도 강릉, 서쪽으로는 중국 상해, 남쪽은 일본 내지로부터 북쪽은 만주까지 교역자와 평신도 그리고 장로교, 감리교 교파 구분 없이 천 명에 가까운 숫자가 회집하여 대성황을 이루었다.[71] 제2회 부인회심령수양대회는 1939년 4월 17일부터 일주일간 열렸는데 600~700명이 회집되었다.[72] 이처럼 부인회 연합회 사업 가운데 연례 행사 중 가장 중요하고 대대적인 사업이 부인회 심령수양대회였다.[73]

제1회 부인심령대회가 열리기 바로 직전 「기쁜소식」의 주간(主幹)은 부인심령대회의 목적을 첫째는 여교역자와 사도들의 새로운 영적 부흥과 둘째는 신령한 지식을 계발하기 위하여 특별히 부인 심령의 부흥과 수양을 위하여 개최됨을 말하고 있다.[74]

제1회 부인수양회 집회 내용은 새벽에는 청신 기도회, 낮에는 사경회, 저녁에는 강설회로 구분되었고, 강의 수강과목은 사경법, 묵시록, 교리, 목회법, 교회사, 헌법이 포함되었다. 주강사 이건 목사외에 강사로는 이명직, 김응조, 테트, 한성과, 박현명 목사 등이 수고했다.[75]

제1회 부인회수양대회는 영적 부흥과 함께 예배당 건축과 교회

---

70) "부인대회광고", 「기쁜소식」, 제5권 4호 (1938년).
71) 리정애, "부인수양대회 인상기", 「기쁜소식」, 제5권 5호 (1938년), 11.
72) 주간, "제2회 부인수양대회를 보고서", 「기쁜소식」, 제51집 (1939년), 1.
73) 裵可禮, 『聖潔敎會女性史』, 166.
74) 주간, "부인수양대회가 열림", 「기쁜소식」, 제5권 3호 (1938년), 1.
75) "부인대회 광고", 「기쁜소식」, 제5권 4호.

건축비 보조, 또한 「기쁜소식」 홍보 등 많은 결과를 낳게 하였고, 지방에서 올라온 회원들을 경성 시내 관광을 통해 깊은 규중(閨中 *부녀자가 거처하는 곳)으로부터 새로운 세계에 대한 견문을 넓혀 주기도 하였다. 2회 부인회 수양대회도 대성황 가운데 1939년 4월 17일부터 일주일간 치루어졌다.[76]

## VI. 닫는 글

한국성결교회는 선교 1세기를 아직 9년을 채 못 남겨두고 있지만 선교 1세기의 짧은 역사에 비추어 괄목할 성장을 이루었다. 교세적인 면에서 볼 때 예성과 기성교단을 합쳐 3,000교회를 이미 넘어섰다. 이와 같은 양적인 성장은 초기 복음전도관 시대부터 현재에 이르기까지 성결교회 여성들이 성장의 그늘에서 음양으로 헌신, 봉사해 왔기 때문이었다. 그러나 지금까지 성결교회 여성들이 성결교회 성장과 발전에 끼친 공헌이 과소평가 되거나, 성결교회 역사서술에서 상당 부분 배제되어 왔다. 따라서 2007년을 목전에 두고 한국성결교회 1세기를 정리하며 2세기를 새롭게 전망해야 할 이 시점에서 지나간 성결교회 여성운동의 공과(功過)에 대한 객관적인 평가가 일차적으로 선행되어야 한다고 본다.

---

76) 주간, "제2회 부인수양대회를 보고서", 1.

## 1. 긍정적 평가

1) 성결교회 여성운동이 성결교회 초기 형성과 성장 과정에 있어서 끼친 긍정적 영향은 처음 출발부터 여성참여의 장을 크게 열어놓은 점이다. 경성성서학원은 남녀 공학제 실시를 통해 과거의 남존여비 구습타파와 여성활동 영역의 확대를 가져오게 하였다. 이같이 여성사역에 대해 문호를 열어놓는 개방적 자세는 당시의 사회적 관습을 깨뜨리는 이변에 가까운 일이었다. 따라서 경성성서학원의 남녀 공학제 실시(1911년)는 오랜 세월 남존여비의 사회 속에서 신음하다 여성들에게는 해방과 자유의 기회를 가져다주었을 뿐만 아니라 교회 내의 여성 이해의 인식의 폭과 더 나아가 여성사역의 영역을 넓혀주는 결과를 낳게 하였다.

2) 개교회 부인회와 부인회 연합회가 주체적인 선교의식을 갖고 교회 개척을 통해 펼친 성결교회의 여성운동은 초기 교단 발전에 지대한 영향을 끼쳤다. 앞서 언급한 바와 같이 개교회(個敎會) 부인회는 개교회의 성장에 경제적으로 도움을 줄 뿐 아니라 선교비를 부인회 전국연합회에 보냄으로 부인회 연합회가 해외선교의 일환으로 만주심양교회를 비롯한 4곳의 교회개척을 함으로써 성결교회 초기 성장에 견인차 역할을 감당했다.

3) 성결교회 여성운동은 여성 월간지 「기쁜소식」 발간을 통해 해방 이전 성결교회의 문서선교 운동에도 일익을 감당했다.

「기쁜소식」은 부인회의 활동과 사업 소개를 하는 부인회 연합회의 기관지를 넘어서서 여성의 신앙교육뿐만 아니라 교회 내에서의 여성의 권익과 남녀평등사상 또한 여성의 지위에 대한 향상과 교단 발전에 있어서 여성역할의 중요성에 대해 교단적인 공감대를 형성하였다.

4) 또한 부인회 전국심령수양대회는 신앙적 감화를 통해 구습(舊習)에 찌든 여성들에게 영적인 삶의 원동력을 배양시키고 이것을 자신의 가정과 개교회 봉사에 쏟음으로 여성 역량의 재창출의 기회로 삼았을 뿐만 아니라, 전국 각지의 부인회 회원들이 경성(京城)에 회집함으로 닫혀진 규중생활로부터 벗어나 새로운 세계에 대한 견문과 이해를 가져다주는 촉매 역할을 하였다.

### 2. 부정적 평가

해방이전 성결교회 여성운동은 다음과 같은 내용의 한계를 갖고 있다.

1) 성결교회 여성운동은 감리교에 비해 사회에 대한 참여와 활동이 부진했다. 그러나 이것은 해방 이전 성결교회의 전반적인 한계이기도 하지만, 영혼구원을 지향한 것이 오히려 독특한 성결교회성(聖潔敎會性)의 하나인 장점이기도 하다. 그러나 사회구원을 지향한 감리교와 비교할 때 사회구원에 대한 소홀성을 보였다. 초기 감리교 역사를 보면 남감리교 여선교회에서는 의료와 교육사업에 치중한 북감리교 여선교회와 달리 여성 및 아동복지에 대한 비중과 관심을 두면서 활동하였다. 남감리교 여선교회는 심령상의 문제도 중요하게 보았지만 사회적 제반 문제에도 책임이 있다고 보고, 당시 남녀의 노동문제, 여성지위 향상, 남녀의 균등한 인권문제, 아동복지 등

인간의 자기 보존의 권리로서 사회활동을 시행하였다.[77] 개인구원의 관심은 사회구원의 문제에 앞서지만 사회적 구원에 대해서 닫혀있는 구령운동은 재고의 여지가 있다. 이 점에서 향후 성결교회 여성운동의 한계를 극복하는 복음적인 다양한 사회참여의 방향이 새롭게 제시되어야 한다고 본다.

### 2) 역사 참여에 대한 한계점을 들 수 있다.

한국 여성의 개화가 기독교 선교에 의해 앞당겼으며 기독교 선교에 의한 한국 여성의 자각은 하나님의 자녀로서 이 땅에 어두움을 물리치고 그리스도의 밝은 빛을 방방곡곡에 비추어야 한다는 사명감에 불타게 했다.[78] 따라서 한국교회가 주도적이고, 주체적인 참여를 보인 3·1운동 때에 참여한 전체 여성 중의 70% 이상이 기독교인이었다는 점은 여성 민족운동에서 기독교인 들이 차지하는 비중이 절대적임이 나타났다.[79] 그러나 한국성결교회 여성운동을 통해서 민족운동에 대한 집단적인 참여나 투쟁이 미약한 점이 나타난다.

한국성결교회 부인회 연합회의 창설자이며 회장으로 해방이전까지 여성운동의 중심 인물이었던 백신영 전도사는 대한민국 애국부인회 결사대장으로 1919년 독립운동을 하다가 투옥까지도 당했지만 1930년대 후반기에 들어와 일제 황민화 정책에 부응하는 오류를 남겼다. 한 예로, 1939년 4월 22일 부인회 연합회 제5회 총회시에

---

77) 張炳旭, 『韓國監理敎女性史』 (서울: 聖光文化史, 1979), 406.
78) 주선애, 『장로교여성사』, 350.
79) 김승태, "종교인의 3·1운동 참여와 기독교의 역할", 「韓國基督敎史硏究」 25(1989.4), 19-21 참조.

회장 백신영 전도사의 사회 아래 국가 봉창과 궁성요배와 황국신민서사 낭독이 행해졌다.[80] 1938년에는 부인회 재정 보고 중에 나타난 바 부인회에서도 30원을 국방헌금으로 바치기도 했다.[81]

또한 앞에서 살펴본 바와 같이 「기쁜소식」에 "보이지 않는 국방선"을 비롯하여, "전도보국의 가을" 등과 같은 친일의 글과 황국신민서사[82]가 기재되었다.

3. 제언

해방이전 한국성결교회 여성운동은 일제강점이라는 혹독한 정치적 현실 속에서도 나름대로의 역할을 감당하여 교단발전에 밑거름이 되었다. 앞서 살펴본 바 초기성결교회에서는 여성운동에 대해 분명히 개방적이고, 열려진 상태였는데, 현재에 와서는 폐쇄적이며 닫혀진 모습들이 여러 방면에서 나타난다. 이러한 점은 깊이 재고되어야 하고, 미래 지향적인 발전적인 내용으로 나가야 한다.

무엇보다도, 우선적으로 성결교회 역사의 기록 작업에 있어서 지금까지 과거의 여성 활동에 대한 일방적인 배제에서 벗어나, 이제는 여성운동에 대한 객관적이며 정당한 평가를 통하여 여성사역이 충분히 고려된 총체적 역사서술이 선행되어야 한다. 여성운동이 성

---

80) "동선 부인련합회 제5회 총회록", 「기쁜소식」(1939년), 14.
81) "동선 부인련합회 제5회 총회록", 15.
82) 황국신민화란 국가 총동원 체제의 일환인데 조선인의 황민화라는 것은 일본제국 천황의 신민이 되게 하는 운동이다. 황국신민서사는 다음의 내용을 담고 있다.
①우리는 대일본 제국의 신민이다. ②우리는 마음을 합쳐서 천황폐하에게 충성을 다한다. ③우리는 단결하여 훌륭하고 강한 국민이 된다. ④우리는 황국신민으로서의 충성을 가지고 군국에 보답한다.

결교회 내의 진정한 자리매김을 하고, 그 잠재적이며 무한한 역량이 내일의 교단발전의 원동력이 되도록 유도하고, 계몽하는 점에 있어서 역사서술을 맡은 이들의 책임이 크다고 볼 수 있다.

또한 과거 잘못에 대한 뼈아픈 반성과 함께 과거 신앙적 유산들을 복광하고, 계승할 뿐만 아니라 다원화 사회인 현 시대에서 재해석을 하여 성결교회 여성운동이 21세기를 향한 새로운 교단적 부흥과 성장에 부응하여 주체적으로 모든 활동사업 영역을 확대해 나가도록 모든 노력을 다해야 한다. 또한 지나간 여성운동의 한계를 극복하는 현시점에서의 성결교 여성계 스스로의 다각적인 노력이 요구된다. 성결교회 총회는 성결교 여성운동에 대한 과거 역사정리를 통해 여성운동의 작금(昨今)의 현실을 냉철히 분석하고, 미래적 방향 제시에서 과거 초기 복음전도관의 역사에서 시행된 여성의 참여의 장을 열어 놓아야 한다. 최근에 기성(基聖) 총회에서 논의된 문제도 여성 안수 결정 이전에 이러한 점이 충분히 고려되어야 한다. 성결교 여성계에서 여성도 똑같이 신학교육을 받지만, 사역에서 불평등한 기회와 처우(?)를 받는다는 비판적 지적을 여성의 볼멘 소리로 듣거나 간과해서는 안 된다. 여성사역에 대한 보다 폭넓은 과거 역사 이해와 함께 목회적 현장에서 여성의 역할에 대한 깊은 관심과 교단의 정책적인 배려가 요구된다.

[성결대학교, 「교수논문집」27집(1998년)]

# 15

## 한국성결교회와 부일 행위

# 한국성결교회와 부일 행위

## I. 여는 글

1985년 8월 15일 제2차 세계 대전 당시 A급 전범 14명이 합사된 야스쿠니 신사에 나카소네 일본 총리가 공식 참배한 이후 매년 8월 15일을 전후로 하여 신사참배 문제로 한국과 중국은 일본과 불편한 외교 관계에 직면한다. 야스쿠니 신사참배에 대하여 NHK가 2013년 8월 9일~11일 사이에 한 여론조사에서 본국 각료들의 '8월 15일 야스쿠니 신사참배'는 반대(24%)보다 찬성(37%) 의견이 다수로 나왔다.[1]

심지어 지난 10월 2일 아베 일본총리가 일본 황실의 조상신인 천조대신(天照大神)을 섬기는 일본 침략전쟁의 정신적 기반이었던 국가신도의 총본산인 이세신궁(伊勢神宮)에 참배했다. 이같은 현상은 일본이 그동안 그들이 저지른 침략전쟁을 미화하고 일본 중심의 대동아

---

1) 「동아일보」, 2013.8.10. 19면.

공영권을 주장하는 잘못된 역사관에서 비롯된 것으로 과거 침략행위에 대한 역사적 반성 없이 지금도 그들은 국수주의 사관에서 바라보는 편향된 시각을 가지고 있다.

한국을 강점하던 시기에 일제는 천황제(天皇制) 이데올로기 침투의 도구로써 1925년 서울 남산에 조선신궁을 세우고 그곳을 거점으로 삼아 황민화 정책을 단계적으로 시행하였다. 신사는 언제나 전쟁과 함께 신장시켜 왔던 것으로 전쟁 확대와 황도주의 시류에 편승하여 다시 국체명징(國体明徵)의 결의로 급속히 확대되기에 이르렀다.[2] 일본은 만주사변을 계기로 1930년대부터 노골적으로 황민화 정책의 기반이 되는 신사에 대한 참배를 강행하며 식민지 정책과 침략 전쟁을 위해 한국교회에 여러 가지 부일 행위를 요구하였다. 한국성결교회도 이 시기에 일본제국주의 정책에 순응하면서 친일 협력이 시작되었다.

따라서 본 장에서는 일제강점기인 1930년 중반 이후부터 해방까지 일본제국주의에 대한 한국성결교회의 부일 행위 전모를 살펴보고자 한다.

## II. 일제 강점기 한국교회와 황민화 정책

성경의 가르침은 기독교인은 세상 나라의 국민이면서 동시에 하나님 나라의 신자임을 말하고 있다. 그런데 일제 말 기독교인들은

---

2) 飯沼二郎, 韓晳曦, 南永煥, 『일제통치와 일본기독교』 (서울: 所望社, 1989), 246.

로마 제국으로부터 황제 숭배를 강요당한 초기 기독교와 같이 정치적인 종교적 상황에 직면하여 양자택일을 강요당하여 갈등에 빠지는가 하면, 그것을 구분하지 못하고 충돌하기도 하였다.[3] 우리나라가 일제의 식민통치 지배 아래 들어가면서 그리스도인의 역사참여는 일제의 탄압과 수탈 그리고 황민화 정책으로서 주어진 신사참배 강요로 인해 자체 생존문제에 급급하고 애쓸 수밖에 없는 상황에 놓였다. 일제의 36년 한국 통치는 정치적 군사적 강압지배와 동시에 경제적 수탈과 종교 및 사상적 지배를 동반한 것이었다. 즉, 일제의 지배는 천황제 이데올로기하에서 황국신민을 만들어 내려고 한 이른바 내선일체 동화정책의 관철이었다.

신도는 천황제의 기반으로서 본래 일본의 고유 민족종교였다. 명치정부는 제사와 종교를 구별시켜 신사나 국가신도를 초종교로 규정하고 천황숭배와 신사참배를 국민의례로 종교와 상관없이 모든 일본인에게 강요해 왔다. 일제 강점기 초 한국에서도 기본적으로 동일한 정책을 취하였으나, 신사참배 강요와 같은 황민화 정책이 원활하게 진행되지 못했다. 그러나 1930년대 전쟁체제로 들어서면서 징병의 필요성으로 인하여 강압적인 내선일체 정책이 강행되었다.[4]

천황제의 종교성을 뒷받침하는 것은 황실신도와 신사 신도를 합한 소위 국가신도로서 그 체제가 1889년 일본 제국헌법에 법적으로 명문화되었다. 그리고 다음 해 국민의 충성을 요구하는 절대적인 국가원리의 교육칙어로 전국에 반포되면서 천황제 이데올로기는 정

---

3) 김영재, 『뒤돌아보는 한국기독교』 (수원: 합신대학원 출판부, 2008), 47.
4) 구라타 마사히코, 『일본정부로부터 극심한 한국기독교 탄압사』, 46-47.

치원리로서 확립되고 신사제도로서 발현되었다. 따라서 일본이 외국을 침략하여 자기 나라로 영토화한 곳이나 세력이 미치는 곳에는 일본 국내와 같이 동일한 법을 적용하고 이행하였다.[5] 전시체제 하의 일본은 천황제에 어긋난 모든 사상이나 신앙을 배제하고 그러한 것을 가진 사람들을 비국민으로 취급하였다.

일본 기독교는 대개 천황제 아래 허용된 신교(信敎)의 자유에 안주하기 위해서 일본적 국가 기독교로 변질하였고 천황제와 맞지 않는 신관이나 교리를 가진 극소수의 종파들만이 무자비한 탄압을 받았다.[6] 일본기독교 중에 일본 정부로부터 극심한 탄압을 받았던 대표적인 교단 중의 하나인 일본 성교회(日本 聖敎會)는 1943년 6월 26일 예수 재림을 신봉한다고 하여 목사 전원을 구금하였을 뿐만 아니라 다음 해 4월 7일에는 모든 일본 성결교단을 해체하였다.[7]

해방 이전 초기 한국교회는 일본교회와 달리 민족주의적 성격 때문에 처음부터 천황제 침투 과정과 부딪히게 되었고 성경을 가르치고 그 뜻을 구현하는 기독교 학교들은 일제의 교육원칙을 기초로 한 천황숭배 강요와 대립하게 되었다. 만주사변과 중일전쟁을 계기로 해서 강화된 전시체제하에서 황민화(皇民化) 정책과 국체명징(國體明徵)은 철저히 강압적으로 추진되었고 탄압과 전향 강요를 통해 일본 천황제에 어긋난 기독교 조직의 훼절(毁節)정책이 진행되었다. 따라서 일제말기 천황제의 한국침투 도구가 된 것은 신사로서 한국교회는 천황제의 이데올로기 앞에 무릎을 꿇고 부끄러운 부일의 길을

---

5) 한석희, 김승태 역, 『일제의 종교침략사』 (서울: 기독교문사, 1990), 167.
6) 구라타 마사히코, 『일본정부로부터 극심한 한국기독교 탄압사』, 64.
7) 오영필, 『성결교회수난사』 (서울: 성결교회출판부, 1971), 176.

걸어가게 되었다.

## III. 한국교회의 변절과 부일

1936년 8월 신사제도 개정에 관한 칙령 5건이 반포되고 이마이다 정무총감은 담화를 통해 1도(道) 1열격사(列格社)를 설치하는 방침을 발표하였다. 그래서 이듬해에 대구신사와 평양신사를 설치하게 하였고 1925년에 이미 설치된 조선신궁을 보좌하는 관폐대사로서 부여신궁이 1939년에 창립되고 경성(서울)과 나남에 호국신사 창립이 결정되었다. 그리하여 이세신궁에 직접 봉사하는 조선신궁과 그것을 보좌하는 부여신궁의 관례대사를 정점에 두고 그 밑에 국폐사로 열격된 신사, 그 다음에 거류민 설치신사, 밑바닥에 일상 대중과 끊임없이 접촉하는 신사(神祠)를 두어 신사제도 계층 서열이 만들어졌고 우리 영토 구석구석까지 빠짐없이 신사(神社)와 신사(神祠)를 배치하였다. 이로써 황민화 정책 강령의 거점을 구축하고 국체명징의 시류에 편승하여 신사참배 강요를 급속히 강화시키고 있었다.

1937년 이후 중국 침략이 본격화되면서 전시체제가 강화되고 신사중심으로 애국반이 조직되어 신사참배, 궁성요배(宮城遙拜), 국기게양, 황국신민서사(皇國臣民誓詞) 제창, 근로봉사 등의 월례행사가 강조되고 각 가정에 가미다나(神棚)가 강제 설치되어 이세신궁의 대마(大麻: 오후다 - 신체대용으로 사용되는 부적의 일종)가 강제로 반포되었다. 그리고 경찰서마다 그것에 대한 감시반을 조직하여 매일 아침 신사참배 이

행에 대한 유무를 사찰케 하고 내통자(內通者)를 두었다.⁸

남산에 설치된 조선신궁의 참배자가 1930년대에는 일본인 319,636명, 조선인 63,900여 명이었던 것이 1940년에 와서는 2,158,861명으로 급증하였다. 이것은 단적으로 일본이 신사참배 강화의 정도를 잘 드러내 주고 있다.⁹ 이처럼 1930년대에 들어와 일본의 정치적 상황 변화와 함께 신사참배 강화 쪽으로 방향이 설정되면서 황국신민교육의 궁극적 목적과 이상이었던 국채명징을 위하여 학교에서부터 강요를 시작하였다. 1932년 9월 역대 천황이나 황족의 영을 모시는 의식을 행하는 추계황영제에 평양 서기산(瑞氣山)에서 만주사변 전몰장병 위령제가 거행되었을 때에 기독교 계통의 학교는 성경의 가르침에 위반되는 것이기에 참가를 거부하는 일이 일어났다. 그리고 1935년 11월 14일에는 평안남도 지사 야스다게(安武道夫)가 도내 공·사립 중고등학교 교장회의를 소집하고 개회 직전에 평양신사참배를 명령하였으나 숭실전문학교 교장 맥쿤(George S. McCune)과 숭의여학교 교장 스눅(Velma. L. Snook)은 이것을 끝까지 거부하여 이듬해 1월 교장직에서 해직되었다.¹⁰ 일본은 기독교 학교에 이어서 한국교회에 대해서도 직접 일본적 전향을 요구하고 신사참배를 강요하였다.

일제는 1938년 2월 기독교에 대한 지도 대책을 세워 일반 신자들의 신사참배를 지도 강화하도록 하였다. 1938년 9월 9일 장로교의 굴종에 앞서서 감리교는 6일 전인 9월 3일에 총리사 양주삼 목사의

---

8) 오영필, 『성결교회수난사』, 158-59.
9) 한석희, 김승태 역, 『일제의 종교침략기』, 250-51.
10) 飯沼二郎, 韓晳曦, 南永煥, 『일제통치와 일본기독교』, 252.

이름으로 '신사참배는 국민이 당연히 지켜야 할 국가의식이지 종교가 아니므로 교리에 위배되거나 신앙에 거리낌이 없다'고 발표하며 자발적인 굴종의 길을 앞서 걸어갔다. 1801년 순조 때 신유교난을 필두로 큰 4대 박해를 조상제사 거부로 받았던 조선 천주교는 신사참배 문제가 발생하였을 때 천주교 장정에 의하여 1918년과 1931년 두 차례에 걸쳐 국가신도(國家神道)를 종교행위라고 반대의사를 표하였다. 그러나 1938년 5월 25일에 로마 교황청이 포교성(Congregation of Propaganda Fide)을 발표하여 신사참배는 황실 존경과 애국용사 존경을 나타내는 문화인으로서 애국심의 발로(發露)라고 하자 지금까지의 거부 자세와는 달리 신사참배를 공식적으로 수용하는 이율배반적인 모순된 태도를 보였다.[11]

일제는 한국교회에서 가장 교세가 큰 장로교회에도 손을 뻗쳐 1938년 2월 장로교 평북노회를 필두로 하여 9월 총회에 이르기까지 전국 23개 노회 중 반수가 신사참배에 결의하였다. 같은 해 9월 9일 제27회 조선예수교장로회 총회에서 총회장 홍택기 목사는 무장경관에게 둘러싸인 강압적인 분위기에서 신사참배를 총회적으로 가결하였다. 그리고 다음 날 아래와 같은 성명서를 발표하고 총회 폐회 이후 총회 임원들과 각 노회장이 함께 노회를 대표하여 평양신사에 참배하였다.[12]

---

11) 金南植, 『신사참배와 한국교회』, 145.
12) 金南植, 『신사참배와 한국교회』, 260.

성명서

아등(我等)은 신사는 종교가 아니고 기독교의 교리에 위반하지 않는 본의(本意)를 이해하고 신사참배가 애국적 국가의식임을 자각하며 또 이에 신사참배를 솔선 여행(勵行)하고 추(追)히 국민정신총동원에 참가하여 비상시국 하에서 총후(銃後) 황국신민으로써 적성(赤誠)을 다하기로 기(期)함.

우(右) 성명함

소화 13(1938)년 9월 10일

조선예수교장로회 총회장 홍택기(洪澤麟)[13]

한국교회는 1938년 9월 장로교 총회의 신사참배 수용 결의를 정점으로 수용형식에 상관없이 대부분 모든 교단이 일제 신사참배의 망령 앞에 무릎을 꿇게 되었다. 다음 달 10월 17일에는 지난 9월 감리교 총회에서 하였던 "천황존숭, 경신숭조, 국가에 충성을 구함. 황국신민의 근본정신에 반대하는 종교는 절대로 존립을 허락하지 않을 것"이라는 경고가 담긴 똑같은 내용의 미나미 지로(南次郞) 총독의 훈화를 듣고 '시국대응 기독교장로회대회' 참석자 약 3,000명 전원이 황국신민 서사를 제창하고 우미유가바(바다에 가면)을 연주한 뒤 일장기를 앞세우고 시가행진을 하며 조선신궁을 참배한 뒤 황거요배, 국가합창, 무운장구 기도시간을 가졌다. 한번 신사참배에 굴복하니 교회나 개인이나 구분할 것 없이 그 후에는 무력하게 계속 굴종으로 나아갔다.

12월에 들어서자 당시 한국교회를 대표하였던 각 교단대표 홍택기,

---

13) 한석희, 김승태, 『일제의 종교침략사』, 173.

김길창, 양주삼, 김종우, 이명직 목사 등이 이세신궁, 가시하라신궁에 참배하기 위해 조선총독부의 안내를 받고 일본을 향해 떠났다.[14]

## IV. 한국성결교회의 부일 행위

### 1. 신사참배 강요와 이명직 목사의 변절

한국성결교회는 정빈과 김상준의 자생적 개척으로 1907년에 시작되었다. 1921년 초기 복음전도관 체제에서 기성교단인 성결교회로 전환된 후 해방 이전까지 한국성결교회를 이끌고 간 대표적인 중심 인물은 바로 2세대 지도자인 이명직 목사이다. 태평양전쟁을 앞두고 미국과 일본의 정치 상황이 악화하여 1940년 10월 주한 미국 공사였던 마쉬(Gaylord Marsh)가 한국에서 사역하는 미국 선교사들에게 귀국명령을 내리자 경성에 주재하는 선교사와 그 가족들 일동이 11월 15일과 16일에 전부 철수하게 되었다.[15] 그리고 1940년 11월 제1회 성결교회 총회에서 이명직 목사는 이사장으로 선출되었다.[16]

동양선교회 선교사들이 모두 빠진 상태에서 이명직 목사는 바야흐로 총회의 최고 수장인 이사장 직책 뿐 만 아니라 「活泉」 편집인 겸 발행인 그리고 경성신학교 교장으로 한국성결교회의 모든 권한을 독점하게 된 최고 책임자가 되었다. 따라서 해방 전후 한국성결교

---

14) 한석희, 김승태, 『일제의 종교침략사』, 173-74.
15) "通信", 「活泉」 제217호(1940년 12월호), 35.
16) "通信", 「活泉」 제217호, 34.

회의 사부(師父)로 칭송될 만큼 이명직 목사가 한국성결교회에 끼친 영향과 그 위상이 지대했다는 점에 대하여 부정할 사람은 아무도 없다.

1986년 필자가 이명직 목사에 대한 생애 논문을 발표하며 성결교단 내에서는 처음으로 신사참배에 대한 이명직 목사의 태도를 어렵게 끄집어냈던 적이 있다.[17] 당시 직접적인 자료를 통한 단정적인 표현을 피하고 간접적으로「活泉」에 연재한 그의 부일에 대한 글의 제목 등을 통하여 독자들로 하여금 스스로 이명직 목사의 변절을 인지하도록 하였다. 그리고 다른 한편 "옥에도 티가 있다던가"라는 표현을 통하여 교단 최고 지도자로서 신사참배를 해야 할 수밖에 없는 당시 참혹한 현실과 고뇌를 이해하도록 하였다. 다시 말하면 신사참배는 우상 숭배 죄라고 생각했지만, 교단의 폐쇄를 막으려는 일념으로 앞서 언급한 대로 이명직 목사는 1938년 12월 12일에 일본에 건너가 이세신궁과 가시하라신궁에서 신사참배를 하였다고 기술하였다. 그리고 신사참배를 종교적인 우상 숭배 죄라고 생각했으나 교단 폐쇄라는 마지막 순간까지는 막기 위해 고심하고 내린 결정으로 이명직 목사가 개인적인 변절은 실행하였지만, 성결교회 지도부는 교단적인 결의를 거부하고 개인의 각자 신앙양심에 따라 행할 것을 권고하였다고 서술하였다.[18] 그러나 좀 더 당시 상황을 자세히 살펴보면, 이명직 목사의 변절은 신사참배 강요가 극심하게 나타난 1938년 전후에 걸쳐서 분명히 나타나고 있다.

---

17) 정상운, "한국성결교회 사부 이명직 목사",「한국기독교역사회보」, (1986년)에 발표.
18) 정상운,『새벽을 깨우는 사람들』(서울: 은성, 1995), 121.

먼저 1938년 이후를 살펴보면, 1941년 9월 16일 신사참배 굴복과 재림문제로 인한 불경죄로 일제로부터 심문을 당한 금화성결교회 박윤상, 한명우 집사와 관련된 증인심문과정에서 나타난다. 검찰 심문과정과 공판과정에서 박윤상은 불기소처분을 받았고, 한정우는 전향이 인정된 채 경성지방법원의 공판을 받아 징역 1년의 판결을 받았다.[19] 이 사건과 관련되어 이명직 목사는 증인으로 소환되어 심문을 받았다.[20] 이명직 목사가 소환된 이유는 같은 해 2월 19일 금화성결교회 헌당식에 와서 다음 날까지 '무화과나무의 비유'란 제목의 종말론 설교를 한 것을 불경사건(不敬事件)의 원인으로 보았기 때문이다.

이명직 목사는 검찰의 증인심문과정에서 신사참배에 대한 자신의 분명한 입장을 피력하고 있다. 즉, 신사참배는 우상 숭배가 아니라고 말하였다. '우리 기독교인들은 신사참배를 당연히 해야 한다. 인간의 모습이나 동물의 모습을 두고 있지 않고 신사에는 그러한 것이 없을 뿐만 아니라 종교와 신사와는 별개의 문제'라고까지 강변하고 있다.[21] 이것은 일제의 신사참배 강요에 대해 순응한 것을 단적으로 말해주고 있다. 이명직 목사는 검찰심문 때 성결교회 교인들은 시국에 대한 각오를 새롭게 하여 일본 당국의 정책에 부응하여 폐를 끼치지 않을 것까지 다짐하는 모습까지도 보여주고 있다.[22]

---

19) 구라타 마시히코, 『일제의 한국기독교탄압사』, 112.
20) 박명수, 『이명직과 한국성결교회』 (부천: 서울신학대학교출판부, 현대기독교역사연구소, 2008), 224.
21) 이명직, 『증인심문조서』 1회, (1941.8.17.), 2회(1941.8.18.) 참조.
22) 이명직, 『증인심문조서』 1회, 2회.

이명직 목사의 신사참배에 대한 이러한 훼절 태도는 이보다 앞선 1937년 9월 27일~10월 4일 체부동교회(體府洞敎會) 특별집회 기간 중인 10월 1일에 보다 분명히 잘 나타나고 있다. 집회기간 중에 장로교인인 김태익(金泰益)이 방문하여 신사참배에 대하여 질문을 하자 이명직 목사는 아주 편안한 분위기에서 다음과 같이 답변하였다:

> 혹이 신사(神社)에 대하여 우상과 동일시 하나 성경에 비추어 연(然)하야 사고(思考)하면 우상은 영계 또는 인간, 동물의 상(像)을 제조하여 하나님을 대신하고 참신(眞神)께 예배하는 것을 금하는 것이다. 이것은 비열하며, 정욕이며 미망(迷妄)이며, 폭력이다. 그러하나 신사(神社)에는 사실로 우상이 없다. 그러할 뿐만 아니라 문부성(文部省)에서는 신사는 종교가 아니다. 조선(祖先)에게 경의를 구하는 국가의식이라 하는데 공연히 우상이라고 지명할 필요가 없지 않는가? 서양인은 위인의 동상 앞에서 탈모하여 경의를 표한다고 하니 나는 신사참배(神社參拜)를 동일한 뜻으로 인식한다.[23]

이 때는 성결교회에 대한 신사참배 강요가 노골적으로 주어지기 전으로써 이 같은 이명직 목사의 신사참배 무죄론(無罪論)에 대한 주장은 이후 김응조 목사와의 논쟁과 갈등을 빚게 되었고[24] 끝내 김응조 목사는 1938년 5월 4일로 성결교회를 떠나 자유전도의 길을 나서게 되었다.[25]

---

23) 李明稙, "主와 同行記", 「活泉」, 180호(1937.11), 34-35.
24) 김응조, 『나는 기도해서 얻었다』 (서울: 성청사, 1971), 99.
25) "김응조 목사 사임", 「活泉」, 16권 6호(1938.5), 4.

## 2. 한국성결교회와 부일

부일(附日)의 사전적 정의는 "일본에 부역하다"는 뜻으로 친일(親日)이라는 어휘보다도 '일제를 적극적으로 도운다'는 뜻이 있다. '일제의 천황제와 군국주의에 능동적으로 협력하는 것'으로 일반 대중이 이해하는 친일보다 더 심한 반민족 행위의 개념으로 받아들여진다. 일제 말, 한국성결교회의 부일 내용은 다음과 같다.

### 1) 황민화 정책과 신사참배 수용

이명직 목사 한 개인의 황민화 정책과 신사참배에 대한 수용은 한국성결교회가 장로교와 같이 교단적 결의는 없었으나 이와 동일한 영향을 끼친 것으로 보아도 무리가 없다. 이명직 목사의 신사참배 무죄론 주장은 1943년 5월 24일 성결교회 사중복음 재림론이 일본 국시와 맞지 않는다 하여 많은 교역자와 성도들을 구속하고 12월 29일 강제해산을 당하기까지 변함이 없었다. 이것은 해방 이후, 신사참배 망령에서 벗어난 후 성결교회 재흥총회가 구성되면서 이건 목사를 비롯한 성결교회 지도자들의 통렬한 회개가 이어졌으나 정작 중심인물이었던 이명직 목사는 이것에 대해 여타 신앙적인 반성 없이 교단해산을 통한 성결교회 해산에 대한 책임을 통탄하여 공식에서 물러난 것을 보면 그대로 드러난다. 이것은 일제에 신사참배 강요로 인한 강제적인 외압으로 어쩔 수 없이 이루어진 타의적 행위라기보다는 자발적 행위로서 신사참배 수용에 대한 이명직 목사의 입장에 대한 불가피성을 변호하는데 일관했던 지난 과거 연구들에 대한 재해석을 요구한다.

이명직 목사의 신사참배는 우상 숭배가 아니고 정치의례라는 주장은 주로 「活泉」에 게재한 사설에 주로 나타난다. 1937년 중일전쟁 발발 이후 내선일체를 강조해 온 일본은 조선을 전시체제로 이끌고 가기 위해서 잡지를 비롯하여 모든 언론을 통제하고, 황민화 정책을 수용하도록 강요하였다. 이때부터 이명직 목사에 대한 일제의 압력이 점점 가중되었고 그 결과로 1937년부터 이사장(주간)의 이름으로 황국신민으로서 부일 협력하는 글들을 사설을 통해 계속 게재되었다.[26] 「活泉」에 실린 글들을 연도별로 살펴보면, 1937년에는 '聖書와 國民', 1938년에는 '使徒 바울이 誤解받은 一面', '基督敎의 祖上 崇敬', 1939년에는 '傳道報國', '國家總動員과 '基督敎會', '基督敎가 果然 西洋宗敎인가?', 1940년에는 '防共防諜', '皇紀二千六百記念式 年에 當하여', '宗敎와 國家', 1941년에는 '聖書와 戰爭', '敎會合同에 대하야', '皇國臣民으로서의 基督信者', '國民皆勞와 聖書의 敎訓' 등이 있다.

이명직 목사가 일제의 황민화 정책에 적극적으로 부응한 것은 최인식에 의하면 일본제국주의에 대한 이명직의 성서 이해에서 비롯된 것이라고 말한다. 즉 기독신자가 국민정신총력운동 즉, 일본이라는 신체제에 순응하는 것이 성서의 교훈에 순응하는 것이라는 확신 때문에 초지일관 교회가 무조건 국가에 충성을 바쳐야 한다는 국가관을 피력하고 있다.[27] 이명직 목사는 유대민족주의자와는 정반대 길을 걸어간 사도 바울의 자세야말로 조선 민족이 일제에 합병된 상황

---

26) 정상운, 『성결교회역사총론』 개정판 (안양: 성결교회와 역사연구소, 2012), 342-43.
27) 최인식, "이명직 목사의 생애", 한국성결교회연합회 신학분과 위원회 편, 『이명직, 김응조 목사의 생애와 신학사상』 (서울: 바울서신, 2002), 66.

에서 선택해야 하는 성서적 입장이라고 확신하고 있었다고 한다. 따라서 이명직의 어떤 점을 비판하거나, 변론하기에 앞서 그 자신이 진짜 어떤 확고한 신념을 지니고 있었는지 그리고 신념의 근거는 무엇이 있는지 그의 입장에 철저히 서서 물어야 한다고 말하고 있다.

그러나 앞서 살펴본 바와 같이 일제의 신사참배 강요에 순응하고 황민화 정책에 부일한 것은 정치적 상황에 따라 자기 합리화를 꾀한 성서 이해에서 비롯된 것이라는 것을 부정하기가 쉽지 않다. 천조대신이 하나님보다 높고 신사는 우상 숭배가 아니고 국가의례라고 애써 변호하며 신앙의 변절을 하면서까지 가시적인 교회 형태인 교단 체제를 이끌고 가려 한 교회관의 한계와 불신앙에서 비롯된 것임을 간과해서는 안 된다.

이명직 목사가 일제로부터 해방된 1945년 8월 15일 이후 「活泉」의 글(1946년)과 1953년에 발표된 3편의 글들을 자세히 보면, 일제 당시 신사참배 수용과 부일에 대한 분명한 태도를 알 수 있다. 이명직 목사는 신사참배가 우상 숭배가 아니고 정치의례이며, 부일 행위도 국가에 대한 신민으로서 의무로 그것이 하나님의 뜻이라고 말하고 행동하였으나, 해방 이후 그것이 부끄러운 일이었고 죄였음을 토로하고 있다. 그러나 과거 신사참배나 부일 행각에 대한 어떤 개인적 반성은 보이지 않는다. 1946년 「活泉」(重刊號) "默默할 때와 말할 때"에서 "日本 天皇은 하나님이라고 해서 소위 皇道를 선양하라는 주문과 무삼 기사든지 전쟁에 협력하는 기사만 주문하니 그러한 주문에 응하여 活泉의 사명을 다 하지 못할 바에는 폐간하는 것도 사양할 것이 없었고 아까울 것이 없었다."에서 눈물을 머금고 「활천」을 폐간하지 않을 수밖에 없는 당시의 형편을 말하고 있으나

신사참배에 대한 참회가 섞인 언급은 하고 있지 않다. 그러면서도 그는 다음과 같이 말하고 있다:

> 여하간에 이러한 억압하에서 성서해석이나 설교에까지도 양심껏 신앙껏 하고 싶은 말을 다 발표하지 못하고 반벙어리 짓을 하다가 그나마도 마지막에는 아조 벙어리가 되어 4, 5년간을 참벙어리가 되어 잠잠하다가 이제는 말할 때가 되어 말하게 되었스니 실로 감개무량하다.[28]

이명직 목사는 말해야 할 때는 침묵하였고, 해방 후 침묵할 때는 말을 하는 상반된 모습을 보여준다. 이명직 목사가 처음부터 일제가 일본 천황은 하나님이므로 황도를 선양해야 한다는 강요를 할 때 그것을 거절하고 「活泉」 폐간과 교단 폐쇄까지라도 불사하고 항거하여 나가서 훗날 일제로부터 해방되었을 때 역사 앞에 당당히 섰다면 어떻게 되었을까? 정말 해방 이후 한국성결교회를 힘 있고 바른 교단으로 바로 세우는 일을 할 수 있었을 터인데, 잠시 눈앞의 안일을 바라보므로 고난을 통해 얻어지는 값진 축복의 기회를 놓쳐버렸다.

그리고 같은 해 3개월 후에 발표된 "조물주를 기억하라" 글에서 '신사의 중심에 천황제가 있고, 천황이 곧 산 하나님으로서 성경에서 말하는 우상'임을 말하고 있다. 일본의 신개념과 기독교의 신개념을 비교하면서 여호와를 하나님으로 섬기는 나라가 복을 받기 때문에 일본의 패전 원인도 과학의 부족이라 하지만 하나님께 대항하

---

28) 李明稙, "默默할 때와 말할 때", 「活泉」(重刊號), 219호(1946년).

여 천황 이외에 다른 하나님이 없다 하여 신사참배를 강요함으로써 패전하게 되었음을 말해주고 있다:

> 그 패전의 원인은 하나님을 무시하고 대항한 일이다. 자기 임금 곧 천황은 산 하나님이니 천황 이상에는 다른 하나님이 없다 하며, 우리 신도를 잡아다가 천황이 높으냐, 여호와 하나님이 높으냐 하여 만일 하나님이 높으시다 하면 갖은 악행을 다하여 가진 거짓말을 다하여 신자를 가두고, 징역을 시키고, 죽이기까지 하며 교회를 해산시키고, 갖은 수단을 다하여 교회를 없이 하려고 하였던 것이다. 그러나 하나님께서 허락하지 않으시고, 마침내 1945년 8월 15일 일본으로 항복하게 하심으로 일본은 망한 것이다. 그러나 일본의 패전 원인이 과학의 부족이라고 하지만, 하나님 대항인 줄 알고 회개하면 다시 복을 받을 것이 명백한 사실이다.[29]

한국전쟁이 끝날 즈음인 1953년 5월 「活泉」 '속간사'에서는 더 분명히 당시 자신의 심정을 그대로 드러내며 양심에 없는 말과 행동이 죄가 되고 추한 것이 되는 것이었음을 말하고 있다:

> 1942년에 일본정부로부터 황국사상이 보여지지 않는다고 발행정지의 제재를 당하다가 해체가 되었으나 양심에 없는 말을 하려니 죄가 되고 추한 것뿐이라. 그러하더라도 분을 참고 욕을 참아가며 어느 시기까지 견디어 볼까 하다가 역시 생명 없는 위선행위 할 수 없어 수개월(수

---

29) 李明稙, "조물주를 기억하라", 「活泉」(重刊), 제3호 (1946.8), 3.

삭) 후인 1942년에 자진 폐간하고 말았으니 건천(乾川)이나마 아주 마르고 말았다.[30]

이명직 목사는 "양심에 없는 말을 하려니 죄가 되고 추한 것 뿐"이라고 말하였다. 이것은 그가 신사참배가 정치의례가 아니라 십계명중 1, 2계명을 저버리는 우상 숭배, 죄였음을 스스로 자인하고 있음을 여실히 보여준다. 스스로 신앙을 저버리고 일제라는 정치적 현실과 타협한 이명직 목사의 반신앙적 행보는 개인의 신사참배 수용뿐만 아니라 한국성결교회로 하여금 교단적으로도 부일에 일조를 하는 결과를 초래하게 하였다.

### 2) 신사참배와 황민화 침략전쟁에 대한 부일 행위(1938~1943년)

앞서 살펴본 바와 같이 한국성결교회는 일제 당시 교단기관지인 「活泉」을 통하여 황민화 정책을 수용하고, 당시 교단 최고 책임자였던 이명직 목사는 이세신궁에 참배하기 위해 1938년 12월에 일본으로 건너갔을 뿐만 아니라, 일제의 황민화 정책에 따른 침략 전쟁을 적극적으로 지원하는 부일 행보를 보였다. 일제는 1931년 만주사변을 시작으로 1937년 중일전쟁, 1941년 태평양전쟁을 일으켜 대동아공영권 건설이라는 신사참배를 하고 침략전쟁을 확산시켜 나가면서 조선을 천황 이데올로기로 주입하려는 방편으로 신사제도를 확립하고 신사참배를 강요하였다. 1938년부터 교단이 해산당한 1943년까지 한국성결교회가 일제의 황민화 정책에 부응하여 침략전쟁

---

30) 李明稙, "續刊辭", 「活泉」, 238호 (1953.5), 1.

에 대한 지원과 부일 협력을 「活泉」에 잘 드러나고 있는데, 그것을 연도별로 살펴보면 다음과 같다:

1. 조선 기독교연합회결성식에 참가함(1938.7.7): 지나(支那)사변 1주년을 기념하여 오전 10시에 경성 장곡천정 공회당(京城 長谷川町 公會堂)에서 전선연합회 지방 대의원 중에 성결교회 4~5명 목사가 참가하여 전선이 전도보국(傳道報國)의 적성(赤誠)을 다하는 결성식에 참석함.[31]

2. 장로교 총회장 홍택기 목사와 감리교 양주삼 총리사 등 각 교단 대표들과 함께 이명직 목사는 일본으로 건너가 이세신궁과 가시하라신궁에 참배함(1938.12.12).

3. 「活泉」에 '황국신민서사(皇國臣民'誓詞')'가 게재됨(1939.1.).[32]

4. 일제 어용기구인 국민정신총동원 성결교회연맹 결성식을 1939년 9월 10일 오후 3시에 제2회 연회에서 가입하기로 결의한 대로 경성성서학원에서 행하고, 이명직 목사가 이사장으로 선출됨.(1939.10.8.) 결성식 순서에는, 국가봉창, 궁성요배(宮城遙拜), 황국신민서사 제창, 취지, 규약(규약에는 내선일체 거국일치 국민정신동원이란 취지를 달성하고 전도보국을 달성하기 위해 각 지방회도 연맹을 조직하여 강연회, 전도회, 사경회, 좌담회를 개최하도록 함)선언, 내빈축사, 묵도(皇軍將兵과 동양평화를 위해), 축

---

31) "內外 交界 消息片片", 「活泉」, 제189, 10호(1938.9), 77.
32) 「活泉」, 194호. (1931.1)

도가 있음.[33]

5. 조선총독부의 지시로 경성성서학원이 '京城神學校'로 개명되어 본과 3년제, 예과 1년제 도합 4년의 학제인 전문대학에 준하는 학교로 승격됨(1940.5.31).[34]

6. 제9회 정기 이사회에서 성결교회 헌법의 수정을 결정하여 총칙 중에 일제 부일에 대한 내용을 첨가함. "우리는 성서(聖書) 교훈(敎訓)에 의(依)하여 모든 권세(權勢)는 하나님께로 난줄로 믿으며, 대일본제국(大日本帝國)을 통치(統治)하시는 만세일계(萬世一系)의 천황(天皇)을 봉재(奉載)하고 국헌(國憲)을 중(重)히 하며 국법(國法)을 순종(順從)함"(1940.9.10-13).[35]

7. 동양선교회(OMS) 선교사들이 10월 5, 16일에 모두 철수한 상태에서 성결교회 임시연회가 소집되어 헌법 개정과 자치 문제를 다루었고, 국방헌금으로 70원 10전을 거둠(1940.10.22-25).[36]

8. 경성신학교 개교식(1940.11.5.) 경성신학교 대강당에서 이건 목사의 사회 아래 개교식이 진행됨. 순서에는 교장 이명직 목사의 일본어 식사를 비롯하여 궁성요배, 일본국가 봉창, 묵도, 교육칙어 봉독, 도지사 고

---

33) "通信", 「活泉」, 204호, 45~46.
34) "通信", 「活泉」, 211호, 37, 212호 37.
35) "通信", 「活泉」, 215호, 32.
36) "通信", 「活泉」, 216호, 35.

사(告辭), 황국신민서사 제창, 만세삼창 등이 들어 있음.[37]

9. 국민총력성결교회연맹 이사장으로 11월 12일에 선임된 이명직 목사가 전국성결교회 애국반원에 다음과 같은 내용의 사항을 실시할 것을 시달함(1940.12.6).

실시요항
1) 위문대 모집 출정 장병을 위하여 기록한 것(左記) 참작하여 솔선 모집할 일
① 모집기간 12월 15일까지
② 1포대 이상(1포대 2원)
③ 물품은 본부에 일임하여 본부에 송금
(교회 수입의 십일조와 같은 비율로 할 것)
④ 본부에서는 수합하여 연말까지 군부(軍部)에 제출하고, 「活泉」 지상(紙上)에 보고
2) 저축 행위건 - 전선본년도(全線本年度) 5억원의 저축 의무가 있고 특히 이것에 협력을 요하니 비용을 대대적으로 절약, 저축할 것
① 혼상비용 반(半)감
② 연말연시 주고받는 선물과 연회 폐지
③ 생활비, 학비, 사무비 절약, 正月 요리 간소
④ 상여금과 임시수익금은 전부 국채를 사고, 유람여행을 중지
⑤ 저축 인출 또는 국채 매도는 하지 않을 것.

3) 애국행사와 회합에는 적극 활동할 것. 애국일 행사를 엄수하며, 시국강연회, 좌담회 등 적극 출석
4) 국기 게양, 황거(皇居) 요배, 무운장구 기도, 선몰영령을 위한 기도, 출정군인 환송 등에 한층 노력할 것

---

37) "通信", 「活泉」, 216호, 36.

5) 기타(필자가 임의로 생략).
이상 실행한 바를 본부에 보고할 것을 요함(이상).[38]

10. 1940년 12월 6일부로 설교 중이라도 정오 1분간 국가를 위해 묵도하고 비행기 윤활유로 피마주를 재배하도록 통지함.[39]

11. 「活泉」 218호(1941.2)부터는 사설에 '臣道實踐'을 필두로 매호마다 국민총력 성결교연맹의 신도 실행보고가 게재됨.[40]

12. 1941년 6월 2일~7일 경성신학교에서 제6회 성서신앙대회를 개최하였는데 5가지 강연 주제 중에 이명직 목사는 '聖書와 愛國'에서 사회와 국가를 위해 그리스도인들이 희생하여야 하고, 우리 국가의 국민총력은 국가 보존의 비결"로 말하며 일제에 순응할 것을 말함.[41]

13. 성결교회 부인회에서 7년간 발행해온 「기쁜 소식」이 11월부로 폐간되고[42], 사실결손을 들어 다음 달인 12월에 물자절약과 국책순응정신 명목으로 「活泉」이 폐간 당함(1941.12).

「活泉」이 폐간된 다음 해인 1942년 국민총력성결교회연맹 연성회를 개최하여 일제의 충실한 협력단체로서 부일에 앞장서고, 남

---

38) 「活泉」, 217호(19권 1호), 40-41.
39) "通信", 「活泉」, 219호, 38.
40) "通信", 「活泉」, 218호, 1, 36.
41) 李明稙, "聖書와 愛國", 「活泉」, 223호, 9, 35.
42) 「活泉」, 227호, 24.

산에 세운 조선신궁을 찾아가 단체로 참배하고, 동방요배를 하였다. 1943년에는 일본기독교조선성결교단으로 교단 명칭까지도 변경하는 일에 협력하고 나섰는데 이 일에 아랑곳없이 5월 24일 성결교회 교역자 전원이 체포되어 구금되었다.[43] 일본성결교회가 폐쇄(1943.4.7.)된 것과 같이 성결교회 예배중지령이 내려 폐쇄되고(1943.9), 이명직, 박현명 목사를 비롯한 성결교회 지도자들이 교단 해산서를 쓴 후 교단해산 성명서가 발표되었다(1943.12.28.). 이사장 이명직 목사에게 적산처리 명령을 하달하고 성결교회 땅과 건물을 처리하게 함에 따라서 대부분 성결교회 건물과 땅은 피복 공장, 개인, 동양척식회사, 조선신탁회사로 넘어가게 되었다. 일제에 의하여 폐교된 교회당은 증산보국을 구호로 가마니공장, 새끼공장 등으로 바뀌고 젊은 교역자들은 보국대, 강제노무를 감당하거나 남양군도(월남)까지 강제징용에 끌려가거나 산과 들로 방황하며, 도피하는 신세로 전락되었다.[44]

## V. 닫는 글

한국교회는 1930년 중반부터 1945년 해방 때까지 일제의 신사참배 강요로 인해 큰 시련을 겪게 되었다. 1931년 만주사변을 계기로

---

43) 친일반민족행위진상규명위원회, 『친일반민족행위진상규명보고서Ⅲ-3』 (서울: 현대문화사, 2009), 367.
44) 基督教大韓聖潔教會, 『韓國聖潔教會史』(서울: 기독교대한성결교회출판부, 1992), 373.

일제의 침략전쟁을 위한 황민화 정책이 본격적으로 시행되고, 신사참배 양상은 날로 격화되었다. 이러한 과정에서 한국성결교회는 장로교, 감리교와 마찬가지로 일제의 천황제 이데올로기에 무릎을 꿇고, 스스로 반신앙적이며 반민족적인 부일의 길을 택하였다.

지금까지 살펴본 내용을 몇 가지로 나누어 평가하면 다음과 같다.

첫째, 한국성결교회는 일제가 신사참배를 강요한 처음부터 신사참배를 우상 숭배가 아닌 정치적 의례로 받아들이고 그것을 수용하였다. 뿐만 아니라 더 나아가 자발적으로 부일하는 태도를 일관되게 견지하였다.

1943년 일제에 의한 교단 해산도 강압적 것으로 볼 수 있으나, 그 자체도 일제의 강압을 수용하는 부일 협력적인 성격이라는 지적을 피할 수 없다. 그것은 교단 해산과 함께 시행된 성결교회 재산 처분 과정에서 전쟁 중인 일제에 바친 행위가 신사참배 솔선 시행 못지않은 일제에 대한 실질적 부일 행위였기 때문이다. 한국성결교회는 장로교의 경우와 같이 총회의 교단적인 결의를 거친 신사참배 수용 결정 과정이 없었지만, 일제 말 한국성결교회 최고 책임자인 이명직 목사를 비롯한 수뇌부들의 굴종과 부일 협력은 이에 못지않은 동일한 부일의 태도였다.

둘째, 1938년 12월 당시 한국성결교회 최고 책임자인 이명직 목사는 장로교 홍택기 목사와 감리교 양주삼 목사와 함께 일본으로 건너가 이세신궁에 참배하였다. 그리고 1940년 성결교회 「헌법」에까지 일제가 제시하는 모든 황민화 정책을 수용하는 부일 요구를 받아들였다.

따라서 한국성결교회가 교단 해산 직전 비록 일본기독교단 가입을 주저하고 구약성서 폐기론을 반대하였으나, 장·감과 마찬가지로 신사참배, 동방요배, 국방헌금을 비롯하여 일제의 황민화 정책에 따른 침략전쟁을 적극적으로 수용하고 협력하는 일관된 부일 행위를 보였다. 이명직 목사가 신사참배는 우상 숭배가 아니고 단순히 국가의례이므로 천황숭배와 신사참배가 배교가 아니라는 주장은 성서의 권위를 최고로 하고 성서적 복음주의를 주창하며 사중복음 전파를 사명으로 하는 성결교회의 정체성에 정면으로 위배된 것이었다.

한국성결교회가 일제통치 당시 정치적 현실과 타협하여 정교일치를 구현하여 황국신민으로서 일제에 대한 충성스러운 국가교회로 변신하고 나선 것은 정교분리 원칙 아래 영혼 구원을 우선시하는 성결교회의 순복음(사중복음) 신앙을 변질시켰고 더 나아가서 1945년 해방 이전까지 부일에 대한 끊임없는 동력을 제공하였다.

셋째, 근래에 오기 전 대부분 성결교회 역사 서술들은 지난 과거 자신의 부적절한 모습에 대해 자기변명이나 합리화를 통해 미화시키거나 순화시키는 일에 머물렀다. 그러나 오늘의 진정한 역사서술은 과거를 넘고 자기 고백적인 역사적 반성을 통한 미래지향적인 사실 기록에 힘써야 한다.

성결교회의 역사는 일제 말 강압적이고 포학적인 정치적 현실에서 성결교단 수호를 위한 불가항력적인 상황에서의 차선책으로 택할 수밖에 없었던 정치적 현실도 고려하여 역사서술을 해야 한다. 하지만, 그렇다고 해서 분명한 신사참배 용인에 대해서까지 구차한 변명(?)과 같은 역사서술을 지양하고 부일 행위에 대한 역사적 반성을 통하여 고백적으로 써야 한다. 그것은 부끄러운 과거를 청산할 때만이 비로소 새로운 역사를 쓰는 소망스런 미래로 나아갈 수 있기 때문이다.

[성결신학연구소, 「성결신학연구」 제25집(2013)]

# 16

## 한국성결교회의 재건
### (1945-1950년)

# 한국성결교회의 재건
## (1945-1950년)

## I. 여는 글

일본제국주의는 대륙 침략의 불타는 야욕을 가지고 1931년 만주사변을 일으켜 만주를 대륙 침략의 근거지로 삼았다. 그리고 여기에서 끝나지 않고, 동양제패의 꿈은 중국 본토의 침략 뿐만 아니라 더 나아가 1941년 12월 8일 진주만 공격을 감행함으로써 태평양전쟁까지 일켰다. 그러나 교회의 종까지 강제 헌납케 하므로 총기와 군납품을 만들어 태평양 전쟁요충지와 필리핀까지 점령한 일본은 1942년 8월을 기점으로 전세가 약화되었고 끝내는 1945년 8월 6일 미국이 히로시마와 나까사기에 투하한 원자탄을 통하여 무조건 항복문에 조인하게 되었다. 1945년 8월 15일, 이 날은 조선민족에게 있어서는 백의민족 전체 가슴속에 목 메이는 기쁨의 감격의 눈물을 경험케 한 일제로부터 자유를 찾은 해방의 날이었다. "朝鮮의 解放과 基督信徒의 覺醒"이란 사설에서 이건 목사는 8·15해방에 대하여

다음과 같이 피력하고 있다:

> '칼을 쓰는 者는 칼노 亡한다'는 基督의 聖訓대로 이다. 日本은 日淸, 日露戰役과 滿洲事變으로 支那事變 乃至 所謂 大東亞 戰爭까지 無辜한 피로 東亞大陸과 太平洋 大海를 물드린 나라이다. 하나님이 어찌 이런 나라를 이 따우에 서게 할 것인가? 亡 하는 것이 因果의 當然이로다.
> 기쁘다! 一九四五年 乙酉六月 十五日! 이 날 우리는 朝鮮이 日本의 絆에서 解放되는 放送에 接하게 되었다. …… 아! 우리들은 此茄敵의 敗亡으로 因하야 思想의 桎枯에서 벗어났다.[1]

1943년 교단 해산으로 강단을 떠났던 교역자들과 교회를 떠나 타 교회와 개인 가정집에서 예배를 드리던 교인들이 모여 성결교회를 다시 재건하는 활기찬 운동을 전개하였다.[2] 1945년 해방으로부터 6·25 한국전쟁이 발발한 1950년까지를 시대적인 연구범위로 삼고, 편의상 교단도 장로교, 감리교 두 교단으로 한정하여 성결교회의 재건운동의 과정과 활동 내용을 살펴보고자 한다.

## II. 시대적 정황

일제의 심한 압제로부터의 돌연히 찾아온 해방은 일본의 외신(外

---

1) 李鍵, "朝鮮의 解放과 基督信徒의 覺醒", 「活泉」, 219호(1946. 1), 6-7.
2) 정상운, 『聖潔敎會와 歷史硏究(Ⅰ)』(서울: 이레서원, 1997), 193.

信) 통제로 인한 정보 입수의 어려움과 맞물려서 적절한 대책을 세우는데 혼란을 가져왔다. 연합군이 즉시 진주하고 임시정부가 곧 귀국하여 정권을 담당할 것을 기대하는 송진우(宋鎭禹) 계통의 민족주의자들과 연합군이 진주할 때까지 민족대표 기관을 설치할 필요가 있다고 생각하는 여운형(呂運亨) 계통의 공산주의자들의 대립이 날카로워지고 있을 때, 미·소 양군이 진주하였다. 소련은 일본의 패망이 거의 확실하여진 8월 9일에 일본에 선전(宣戰 *한나라가 다른 나라에 대하여 전쟁을 시작한다는 의사표시를 하는 일)을 포고하고, 한소국경(韓蘇國境)을 넘어왔다. 그리고 일본이 항복한 뒤에 계속 진군하여 평양, 함흥 등 주요 도시를 점령하였다. 한편 미국은 9월 9일에야 비로소 인천에 상륙하여 서울로 들어오고 점차 남한 일대에 주둔하였다. 미·소 양군은 북위 38도선을 경계로 삼아 반도를 남북으로 갈라서 점령하였다.[3] 38도선은 이로부터 미·소 양측의 군사해제선에서 군사경계선으로 발전되었고, 6·25 한국전쟁을 통하여 군사분계선으로 고착되어 민족의 분열과 비극을 초래하는 결과를 낳게 하였다.

민족분단의 외적요인은 제2차 대전 말기의 미·소양군에 의한 38도선의 확정과 분할점령에 있다. 그러나 한반도가 강국들의 힘의 각축장이 된 것은 2차 대전이 끝날 때가 아니며, 반도로서의 지정학적인 위치문제 때문에 그 이전에도 여러 차례 겪은 일이었다.[4] 한반도를 둘러싼 대륙세와 해양세의 무력충돌을 피하기 위해 한반도를 분단시켜야 한다는 발상은 19세기 말부터 나타나고 있다.[5] 해방이후

---

3) 李基白, 『韓國史新論』(서울: 一潮閣, 1974), 393-94.
4) 姜萬吉, 『韓國民族運動史論』(서울: 한길사, 1987), 95.
5) 19세기 후반 이후부터 제기된 이와같은 논리는 청·일 전쟁이 발발할 위험이 높았을

미·소 양국의 북한점령에 편승한 좌우대립이 식민지 시대의 그것보다 더욱 격심해져 갔고, 그것은 1945년부터 6·25 한국전쟁이 발발하기 전까지 한반도 전체를 불안과 혼란이 점철된 시대로 이끌고 갔다.

남북한을 분할 점령한 미소양군은 점령지역에 군정을 실시하였다. 북한에 진출한 소련은 김일성을 위원장으로 하는 소위 '북조선 임시 인민위원회'를 조직하고 조만식(曺晚植)을 위시한 많은 민족주의자들을 추출한 뒤, 공산주의 정치를 실시하였다. 공산주의 학정에 못 견디어 38도선을 넘어 남한으로 이주하는 사람의 수는 격증하였다.[6] 개략적으로 1945년부터 1949년까지 월남인구(越南人口)는 약 70만에 달하는 숫자이었다.[7]

정치적 자유가 허락된 남한은 송진우의 한국민주당을 비롯하여 50개 정당이 난립하여 정치적인 통일을 기하기가 어렵게 되었다. 미국에서 이승만이 귀국하고, 중국에서 김구를 비롯한 임시정부 요인들이 귀국하였으나 혼란은 여전하였고, 일본과의 경제적인 단절로 인한 경제적인 혼란이 정치적 무질서와 함께 겹쳐 나타나게 되었다. 이런 와중에 1946년 5월 미·소 공동위원회가 1차로 서울 덕수궁에서 열렸고, 제2차 공위(共委)가 1947년 5월에 열렸으나 소련측은 신탁통치에 반대하고 정당과 단체를 협의 대상에서 제외하자는 종

---

때 나왔는데, 영국은 한반도에 대한 청·일 양국의 공동점령안을 내놓은 바 있고, 그 분단선은 한반도 중심부인 38도선이 되는 경우가 많았다.
6) 李基白, 『韓國史新論』, 394-95.
7) 이태영, 권태환 편, 『한국사회: 인구와 발전I』 (서울: 서울대학교, 1978) 참조하라.

전의 주장을 되풀이함으로 결렬되고 말았다.[8] 결국 한국의 독립문제는 미국에 의해 유엔 국제연합에 제출되었고, 1948년 2월 26일 UN 총회에서 UN한국위원단 감시 하에 북한을 제외한 가능한 지역만이라도 선거에 의한 독립정부 수립이 결의되어 1948년 8월 15일 대한민국 정부가 수립되어 국내외에 공포되었다.

## III. 한국교회 재건 활동

해방! 1945년 8월 15일은 백의 겨레 3천만의 가슴에 오히려 목멘 감격의 눈물을 흘리게 하였다. 그 반가운 종소리가 하나님의 섭리의 음성인 것 같아서 도처에 무릎을 꿇었던 이들은 기독교인들이었다. 그러나 해방과 함께 우리나라는 아직까지 몸의 가시처럼 남아있는 아픈 상처를 걸머지게 되었다. 북위 38도선의 양단이 그것이다.[9] 앞서 살펴본 바와 같이 국제연합의 의도는 평화적으로 문제를 해결하려는 데 있었으나 38이북을 위임받은 소련은 이와는 전혀 다른 계획을 갖고 있었다. 곧 그들은 자기들이 맡은 북한에 시급히 정체를 조직하여 이를 자기들의 공산주의 사상대로 다스리고 그 세력을 한국 전체에 뻗히어 결국은 한국 전체를 통치하려는 수십 년 전부터 지녔던 꿈을 실현해 보려고 했던 것이다.[10]

과거에 너무도 일본의 군국정치에 시달린 국민들이라 아무리 하

---

8) 李基白, 『韓國史新論』, 398.
9) 閔庚培, 『韓國基督教會史』, (서울: 延世大學校 出版部, 1996), 512.
10) 郭安全, 『韓國敎會史』, (改訂 增補版) (서울: 大韓基督敎書會, 1973), 195.

면 그들의 정치만 못하겠느냐는 생각에 소련 사람들의 소위 해방운동을 대대적으로 환영하였다. 물론 이들의 정책에 대하여 의아심을 품은 사람도 없지 않았다. 그러나 너무도 갑자기 맞은 해방의 감격에 싸여 미처 여기에 대하여 깊이 생각할 여유가 없었다. 다만 이상적인 나라를 건설해야 한다는 것만이 국민들의 소원이었다. 모두가 해방의 기쁨에 날뛰었다. 특히 그리스도인들의 기쁨은 말할 것도 없었다.[11]

그러나 이러한 기분도 잠시였고, 북쪽에 있는 교회는 해방을 반기던 손길로 다시 공산당에 의해서 감옥에 끌려가는 엄청난 설움을 겪어야 했다.[12] 북한교회는 남한교회와는 대조적으로 교회 재건과 함께 수난을 당하는 어려움 속에 점점 깊이 빠져 들어갔다:

> 해방의 기쁨이 채 가기도 전에 한국에 진주한 연합군은 한국을 둘로 나누어서 38선 북쪽은 쏘련군이, 38선 남쪽은 미군이 통치하게 되었다. 원통하도다. 한국을 점령하였던 일제의 패잔병이 무장을 해제하기 위하여 정한 분계선인 38도선이 한 겨레끼리의 국경선이 될 줄이야 누가 알았으랴? 북한, 38도선 북쪽의 백성들은 해방의 기쁨을 누리기도 전에 쏘련군과 그 앞잡이 공산당들의 쇠사슬에 다시 얽매이게 되었으니, 그 얼마나 원통한가? 정치의 자유는 물론, 종교의 자유도 없이 교회는 모두 폐쇄 되어 인민위원회의 사무실로 변하였다. 그 얼마나 비참한 일인가?

---

11) 郭安全, 『韓國敎會史』, 196.
12) 閔庚培, 『韓國基督敎會史』, 512-13.

그러나 남한은 다행의 미군의 주둔으로 정치와 종교의 자유를 얻었다. 일제의 탄압으로 흩어졌던 교인이 모여들어 무너진 제단을 다시 쌓고, 오늘에 이르도록 자유 민주주의 정부 밑에서 교회가 크게 성장하여 세계의 자랑거리가 되었다. 이 얼마나 하나님의 축복인가! 북한과 남한은 아주 대조적이라 하겠다.[13]

### 1. 북한교회 재건

기독교가 한국에 전래된 이래 한국 기독교의 중심지는 사실상 북한지역이었고 그중에서도 평양, 선천 등을 중심으로 하는 관서지방이었다. 이에 따라 일제의 수난의 폭도 다른 지역보다 그 지역이 더 컸으며, 해방에 따른 감격도 남달랐고, 재건의 의욕도 드높았다.[14] 평양 감옥에서는 전후 7-8년 동안 옥고를 겪으면서 일제의 신사참배 강요를 물리치고 신앙을 지켜오던 이기선, 채정민 목사 등 20여 명의 교역자들이 풀려 나왔고, 지하에 숨어있었던 교역자들도 모두 나와 교회 재건을 서둘렀다.[15]

교회 재건 문제를 토의하는 중에 이들이 당면한 가장 심각한 문제 중의 하나는 신사참배를 찬성했던 목사나 장로들의 복직 문제였

---

13) 안수훈, 『한국성결교회 성장사』 (Los Angeles: 기독교 미주성결교회 출판부, 1981), 180.
14) 全澤珷, 『韓國敎會發展史』 (서울: 大韓基督敎 出版社, 1987), 272.
15) 金光洙, 『韓國民族基督敎百年史』 (서울: 基督敎文社, 1978), 300.

다.¹⁶

신사참배를 끝까지 거부했던 생존자 20여 명의 출옥 성도들은 교회와 가정으로 돌아가지 않고 주기철 목사가 시무하던 평양 산정현교회에 모여 약 2개월간 기도하며 한국교회의 재건 원칙을 9월 25일에 표명하였다. 교회 재건의 기본 원칙은 다음과 같다:

>첫째, 교회의 지도자(목사, 장로)들은 모두 신사에 참배했으나 권징의 길을 취하여 통회 정화한 후 교역에 나갈 것.
>둘째, 권징은 자책, 혹은 자숙의 방법으로 하되 목사는 최소한 2개월간 휴직하고 통회 자복할 것.
>셋째, 목사와 장로의 휴직 중에는 집사나 혹은 평신도가 예배를 인도할 것.
>넷째, 교회 재건의 기본 원칙을 전국 각 노회 또는 지교회에 전달하여 일제히 이를 실행할 것.
>다섯째, 교역자 양성을 위한 신학교를 복구 재건할 것.¹⁷

그러나 박형룡 목사를 비롯한 출옥 성도들이 제기한 재건 5원칙이 발표되자 일제 부일에 앞장섰던 이들은 재건안을 받아들이고, 자숙하는 입장보다는 이것에 대한 반발을 보이기 시작했다. 이들의 노골적인 견해의 표명은 1945년 11월 14일부터 일주일간 평북노회 주최로 열린 선천 월곡동교회에서 가진 교역자 '퇴수회'에서 나타났

---

16) 郭安全, 『韓國敎會史』, 196.
17) 李永獻, 『韓國聖潔敎史』 (서울: 컨콜디아사, 1991), 228.

다. 친일행각을 앞장서서 해온 홍택기 목사를 비롯한 기성교회(旣成敎會) 목사들은 신사참배에 대한 회개의 문제는 개개인이 하나님과의 직접 관계에서 해결될 성질의 것이라고 단언하며, 옥중에서 고생한 사람이나, 교회를 버리고 해외로 도피한 사람보다는 교회를 등에 지고 일제의 강요에 할 수 없이 굴한 사람들의 수고가 더 높이 평가되어야 한다는 궤변식의 주장을 하였다. 홍택기 목사의 과거사 청산 방법은 반박 못 할 정연한 논리와 신학[18]이기 전에 다시 한번 하나님과 역사 앞에 죄를 짓는 자기 오만이며, 명백한 범죄 행위였다.

동년 11월 14일에는 평안노회와 함경노회 대표들과 몇 사람의 감리교와 성결교회 대표가 모여 예비적인 회의를 하고, 다시 12월에 회의를 열고 38 이북에 있는 다섯 도의 노회가 모여 소위 '5도 연합노회'를 조직하게 되었다. 이것은 38이북에서의 소련의 군정이 교회에 대하여 너무나 탄압적이었기 때문에 이에 대해 대처하기 위함이었다. 장로교를 중심으로 조직된 5도 연합노회는 다음과 같은 사항을 결의하였다:

    1. 5도 연합노회는 남북이 통일 될 때까지는 총회의 역할을 한다.
    2. 5도 연합노회에서 채택한 헌법은 기독교 교단이 조직되던 이전의 장로회 헌법을 그대로 채택한다.
    3. 전체 교회는 신사참배함으로써 지은 죄를 자복할 것이며, 교직자들은 2개월동안 통회를 할 것이다.
    4. 전국적으로 독립기념 전도회를 개최한다.

---

[18] 閔庚培, 『韓國聖潔敎會史』, 514.

5. 5도 연합노회는 대표를 파견하여 동맹군 본부에 가서 감사의 뜻을 표명한다.[19]

위의 결의 사항에 따라 평양신학교가 다시 개교되어 김인준(金仁俊) 목사가 책임을 맡게 되었고, 독립기념 전도회는 전재선(全載先) 목사의 지휘아래 큰 성과를 거두었고, 비밀리에 남한의 교회와 연락을 하며, 남한에 대표를 파견하여 유엔당국에게 북한 기독교인들의 감사의 뜻을 표시하는데까지 나아갔다.[20] 5도 연합노회를 중심한 북한 교회가 북한 내에서 정치, 경제, 사회를 비롯한 모든 면에서 큰 영향력을 행사하는데까지 발전하자, 소련 점령군이나 공산주의자들은 이 같은 일을 통하여 탄압의 필요성을 자극받았다. 사실상 기독교를 말살하거나 손아귀에 넣기만 하면 북한 전 지역을 지배하는 것은 식은 죽 먹기와 같은 것이었다.

뿐만 아니라 북한에는 기독교인을 중심으로 한 두 개의 정당 즉, '기독교 사회 민주당'과 '기독교 자유당'이 결성된 바 있는데, 이는 북한 교회의 탄압을 가중시키는 요인 중에 하나가 되었다.[21] 그러나 개신교의 자유를 '김일성 강령'에서 표면적으로 내세운 공산주의자들은 직접적인 박해의 구실이 없어 그 실행이 지체되고 있는 차에, 박해의 구실로 1946년 11월 3일 주일에 조선민주주의 인민공화국

---

19) 金良善, 『韓國基督敎 解放 十年史』 (서울: 大韓예수敎長老會 總會 宗敎敎育部, 1956), 47-8.
20) 金良善, 『韓國基督敎 解放 十年史』, 197.
21) 全澤鳧, 『韓國敎會發展史』, 274.

정부수립을 위한 총선거를 실시하기로 하였다.²²

계속적인 주일행사 반대투쟁으로 신앙생활의 고수를 위해 노력해 온 교회는 주일 선거결정에도 크게 반발하였고, 10월 20일 5도 연합노회를 회집하여 대책을 논의하였다. 그러자 공산당은 어용 기구를 조직하고 교회 치리권을 장악하는데 전직 목사이며 김일성 외숙으로서 비서 노릇을 하였던 강양욱을 앞장세웠다. 공작의 주요 내용은 신앙에 철저하지 못한 교역자들을 매수하여 하나의 교회 기관으로 만들고, 그들에게 교권을 부여하여 내분을 초래하고 이로써 교회가 자멸하도록 하는 것이었다. 이런 의도에서 생긴 단체가 바로 '기독교도 연맹'이었다.²³ 왕년의 부흥사였던 김익두(金益斗) 목사와 산동성 선교사로 갔던 박상순(朴尙純) 목사를 감언, 공갈로 가맹시킨 다음, 교회를 공산주의 선전에 악이용하며, 교회의 이름으로 남한을 공격하며, 김일성을 절대 지지하며, 선리에 솔선수범한다는 해괴한 결의문까지 발표하게 했다.²⁴ 기독교연맹은 연맹가입을 끝내 거부하는 교역자들을 투옥, 처단하였다. 이로 인해 6·25 한국전쟁 직전까지 몇몇 교역자를 제외하고는 대부분이 투옥되었고, 교회당은 정치 계몽 장소로 이용되었다.²⁵

---

22) 閔庚培, 『韓國基督敎會史』, 515.
23) 全澤鳧, 『韓國敎會發展史』, 276.
24) 閔庚培, 『韓國基督敎會史』, 515-6.
25) 全澤鳧, 『韓國敎會發展史』, 276.

## 2. 남한교회 재건

한편 남한에 있는 교회들은 미군의 진주 때문에 완전한 신앙의 자유를 누렸다. 비록 일제가 설정 강요한 것이기는 하지만 교파의 합동으로된 교단의 존속[26]을 그대로 계속하려는 운동도 있었다.[27] 당시 교단 책임자들은 해방의 기쁨에 벅차면서도 한편으로는 당황하였다. 더군다나 일본기독교 조선 통리 였던 김관식 목사의 당혹감은 더했다. 일정시대 탄압을 받아 활동의 자유까지 빼앗겼던 그가 아베(阿部) 총독에 회유되어 교단 통리로 취임한지 겨우 15일 만에 일본이 항복했기 때문이었다.[28]

당시 교단책임 자들은 다분히 정치적인 입장에서 교단이 그대로 유지되기를 희구했다. 그들이 명분으로 내세운 이유는 새로 설 국가의 지도자들 곧 이승만, 김구, 김규식 등은 모두 그리스도인들이니 그들과 손잡고 일하려면 다시 여러 교파로 갈라지기보다는 통합된 조직 그대로 두는 것이 좋다는 것이었다.[29] 이들은 이북5도 노회와 비슷한 이름인 '교단남부대회'를 1945년 9월 8일 새문안교회에서 열었고, 여기에 참가한 교단은 장로교, 감리교였다. 그러나 교회는 이들이 의도한대로 교단 유지를 원하지 않았다. 원래 교단은 장로교보다 시국을 잘 타던 감리교 중심이었고, 그들의 횡포에 밀려났

---

26) 일제는 해방 직전인 1945년 7월 강제로 한국내에 모든 교파를 하나로 통합하여 '일본 기독교 조선교단'을 결성하였고, 초대통리(統理)는 김관식 목사가 맡게 되었다.
27) 閔庚培, 『韓國基督敎會史』, 456.
28) 李永獻, 『韓國基督敎史』, 230.
29) 郭安全, 『韓國敎會史』, 198.

던 감리교 인물들, 이규갑, 변홍규 같은 이들 이 여기에 호응할 리가 없었다. 그들은 대회석상에서 감리교회의 재건을 부르짖고 퇴진하며 동대문 감리교회에 모여 재건 중앙위원회를 결성하고(위원장 이규갑), 동부(회장 변홍규), 서부(회장 이윤영), 중부(회장 이규갑) 세 연회를 조직하였다.[30] 1946년 1월 14일 서울 정동교회에서 감리교 재건 중앙위원회는 연합연회를 개최하여 감리교회 재건과 신학교 복구를 가결하였다.

이에 대해 동년 4월 7일 강태희 목사를 중심으로 한 반대측(일명 부흥파)은 수표교회에서 '기독교 조선 감리회 부흥 신도대회'를 열고 "감리교의 부흥과 수습대책에 있어서 감리회의 전통 헌장과 신도의 여론을 존중하여 합리적 타당한 방도를 취하되 양심과 여론에 호소하여 실시되기를 희구한다"는 성명을 발표함으로써 사실상 2개의 감리교가 되고 말았다.[31] 그러나 이 두 파, 남한 총회파와 재건총회파가 1949년에 완전한 통합총회를 개최하여 '기독교 대한 감리회'를 조직하였다.[32]

한편 장로교에서는 1946년에 시작된 고려신학교, 1947년의 제33회 총회에 제출된 조선신학교 김재준 교수에 대한 진정서 등으로 교단 분열의 조짐이 보이기 시작하였다.[33]

---

30) 李永獻, 『韓國基督敎會史』, 230.
31) 全澤鳧, 『韓國敎會發展史』, 277.
32) 郭安全, 『韓國敎會史』, 199.
33) 全澤鳧, 『韓國敎會發展』, 277.

## Ⅳ. 성결교회의 재건

해방이전 한국성결교회는 성결교회가 초기 때부터 주창해 온 사중복음 중에 재림신앙이 일본 천황과 국체에 비례(非禮)가 된다고 하여 일제에 의해 1943년 12월 29일 강제로 해산당했다.[34] 그러나 1945년 8·15해방과 함께 성결교회의 재건의 메아리는 3천리 방방곡곡을 울리게 되었으니 공장으로 빼앗겼던 예배당을 회수하고 흩어졌던 신자들이 돌아와서 굳게 닫혔던 교회들이 일제히 문을 열게 되었으니 각 지방회별로 앞을 다투어 재건하게 되었다.[35]

그 결과 북한과 만주에 있는 교회들이 조속히 재건되면서, 보다 자유로운 남한교회에 영향을 미치어 해방이후 3개월이 지난 뒤 재건총회를 소집하게 하였다. 당시 재건교회 현황을 이천영은 다음과 같이 말하고 있다:

> 비교적 큰 피해를 입지 않았던 만주에 있던 교회들은 만주 기독교단에서 還元하게 되었으니 南滿에서는 봉천교회 무순교회 북릉교회 안동교회 심양교회 등이요, 東滿에서는 명월구교회 조양천교회 연길교회 용정교회 목단강교회 도문교회 등이었고, 北滿지역에는 咸北지방에 회령교회 청진신암동교회 포항동교회 운연동교회 나진교회 웅기교회 나남교회 서수라교회 城津교회 등이었고, 咸南지방에는 咸興복부정 山 水정두교회를 비롯하여 興南교회 永興교회 高原교회 신북청敎會 北靑교회

---

34) 정상운, 『聖潔敎會와 歷史硏究(I)』 (서울: 이레서원, 1997), 191.
35) 李泉泳, 『聖潔敎會史』 (서울: 기독교대한 성결교회 출판부, 1970), 93.

魚포리교회 元山교회 등이요, 西部지방에는 新義州 東西 양교회를 비롯하여 義州교회 陽市교회 비현교회 평양상수리교회 암정교회 기림리교회 新安洲교회 진남포교회 진지동교회 황해도 沙里院교회 信川교회 文化교회 北票교회 海洲교회 등이 현재 北韓지역에 편입된 開城 東部교회 西部교회를 비롯하여 延安교회 鐵原교회 금화교회 등이 차례로 열게 되었다.[36]

### 1. 1945년 재흥 총회

따라서 1945년 해방이 되자 해산된 교단을 재건하기 위해 동년 11월 9일부터 성결교회를 재건하기 위한 역사적인 기독교 조선성결교회 재흥총회가 경성신학교 강당에서 개최되었다.[37] 38선 문제로 서북선(西北鮮)에서 북한교회 교역자들이 다수 참석하지 못했어도 북한대표로 이성봉, 조한수 외 3인이 38선을 넘어 참석하였는데, 총회원은 모두 70여 명이 회집하였다. 해산 전 과거 헌법에 따라 총회가 개최되고 총회 임원으로는 의장 천세봉, 부의장 김유연, 서기 김창근, 부서기 오영필, 회계 한영환, 부회계 최영택이 선출되었고, 본부 사무국 총리에 총리 박현명, 부총리 이건 목사가 선임되었다.[38] 해방이전 성결교회를 이끌고 간 이명직 목사는 교단 해산의 책임을 들어 자숙함으로 일선에서 물러나 본부 사무국 고문의 직임을 갖게

---

36) 李泉泳, 『聖潔敎會史』, 93-94.
37) 『基督敎 朝鮮聖潔敎會 再興總會錄』(1945. 11), 1.
38) 吳永必, "再興聖潔敎會 總會撮要", 「活泉」, 299호 (1946. 1), 20.

되었고, 경성신학교 교장도 이건 목사가 맡게 되었다.[39]

재흥준비위원장 박현명 목사는 재흥 총회에서 다음과 같은 성결교회 재흥 선언서 7개 강령을 낭독하였다:

再興聖潔敎會 七個 綱領

一. 우리는 舊新約 聖經을 經典으로 하되 特히 新生 聖潔 再臨을 聖經 解說의 要題로 함.

二. 우리는 敎派主義에 偏重하지 않고 그리스도를 中心으로 한 敎會를 設立함.

三. 우리는 使徒信經을 信條의 根幹으로 하고 聖書를 眞理의 大海로 하야 靈的 無限 發展을 圖謀하기 함.

四. 우리 敎會의 政體는 一般信徒 信仰良心을 基礎한 會議制度를 採擇함.

五. 우리는 禮拜가 人間이 하나님께 對한 最高行爲로 알아 모일 때마다 嚴肅하고 敬虔되게 執行함.

六. 우리는 信仰을 健全한 知와 聖潔한 情과 健實한 意志에 基礎하야 開發的으로 指導함.

七. 우리는 文書와 說敎로 傳道에 주力하는 同時에 모든 實際生活로써 示範하기를 期함.[40]

재흥총회는 각 교회 손해조사위원으로 경기교구에 김유연, 박형

---

39) 吳永必, "再興聖潔敎會 總會撮要", 20-21.
40) 「活泉」, 229호(1946. 1), 표지 안쪽.

규, 유세근 목사를 비롯하여 충호, 영남, 서부, 북부, 일본과 만주교구로 나누어 각기 조사위원을 통하여 피해를 접수하고, 이것을 미군정 당국 책임자와 교섭하여 대책을 세우기로 하였다. 재흥총회는 임원회, 중앙위원회, 본부 사무국, 상설 위원회의 임원과 재단 이사회 이사를 선임하였다. 주요 안건은 다음과 같다.

첫째, 신학교 개교

경성성서학원은 1940년 5월 31일 일제 전문학교령에 의해 경성신학교로 인가 받았으나, 1943년 교단이 해산되면서 신학교도 함께 폐교되었다. 이후 1945년까지 경성신학교는 '동흥실업학교', '황도선양회'등 신성한 교육의 장이 아닌 일제의 소굴이 되어 버렸다. 재흥총회는 경성신학교 설립자에 이명직 목사, 교장에 이건 목사를 추대하였고, 신학교 이사로는 천세봉, 박형규, 김유연, 최영택, 이영갑을 선임하였다.[41]

해방 이후 처음으로 11월 20일 개교할 때 5, 60명이 지원하여 수업을 받게 되었다.[42] 경성신학교 명칭은 해방된 당시 수도가 경성에서 서울로 개칭되자 자연적으로 서울신학교로 변경했고, 명예교장 이명직, 교수로는 박현명, 김유연, 김응조, 사감으로는 최석모, 학교

---

41) 吳永必, 『再興聖潔敎會 總會撮要』, 21. 이명직 목사 후임으로 경성신학교 교장으로 이건 목사가 선임된 것에 대해 오영필 목사는 다음과 같이 말하고 있다: "취조관이 제 마음대로 만든 해산성명서를 이 목사님의 이름으로 강제 발표하였다. 이 목사님은 이 성명서 때문에 늘 뜨거운 눈물에 잠기었으며 해방후 교회가 복구되어 신학교 교장으로 추대하여도 해산성명서 책임자로 자처하고 교장직을 받지 않았다." 오영필 편저, 『성결교회 수난기』(서울: 기독교대한성결교회 출판부, 1971년), 13-14.
42) "聖潔敎會 再興喜報", 「活泉」, 229호, 23.

유지 총무로는 박형규, 서무에는 한영환를 선임하였다.[43] 열악한 신학교 재정 후원을 위해 고성지(高成地)씨가 자신의 전 소유재산인 트럭 2대를 신학교에 기증하고 '성운사(聖運社)'라는 회사를 운영하여 그 이익금 전부를 학교에 헌납하였다. 또한 개성십자병원 의사 최창순(崔昌順)씨는 3천원, 개성교회 신자 이재홍도 5천원을 후원하는 등 신학교 운영을 위한 재정후원이 잇달았다.[44] 당시 서울신학교 커리큘럼에는 철학, 논리학, 사회학, 국문학, 영어 등의 교양과목과 성서신학, 이론신학, 신학원론, 구약 사천년사, 교회사, 성서각론, 찬송가학, 히브리어, 헬라어 등이 포함되어 있었다. 그러나 경성신학교 커리큘럼에 들어있던 사중복음, 신학대강, 신약사경보감 등이 교과과정에서 누락되었다.[45]

둘째, 활천 복간 결의

1921년 간담회에서 거론되어 1922년 11월 25일 월간으로 발행했던 성결교회의 대표적 기관지인 「活泉」이 사중복음을 중심으로 성경강해, 설교, 간증 등 주로 영적인 신앙의 활력소를 담은 내용으로 교단 안팎에 영향을 끼쳤는데, 일제에 의하여 1941년 11월 25일 발행일자(제19권 12호)를 끝으로 폐간되었다.[46]

그러나 교단 재건과 함께 「活泉」도 복간하기로 결정되어 1946년

---

43) "소식", 「活泉」, 231호(1946, 8), 29, 李泉泳, 「聖潔敎會史」, 95-96.
44) "聖潔敎會 再興喜報", 22-23.
45) 한명우 원로목사 증언; 『韓國聖潔敎會史』, 409에서 재인용.
46) 정상운, 『聖潔敎會와 歷史硏究(Ⅱ)』(서울: 이레서원, 1999), 58-62.

1월에 229호(重刊號)가 다시 발간되었다.[47] 「活泉」 발간의 경비는 윤판석 집사가 전액 맡게 되었다 :

> 今番 本 再興과 同時에 本誌도 그 前提號 그대로 時急히 續刊하기로 하엿으나 紙物과 印刷費는 高騰한지라. 着手할 길이 漠然하더니 뜻박게도 新孔德里 敎會 尹判石 執事가 十數滿圓의 資本을 갖인 「다이루」會社를 經營하게 되매 그 會社名을 「聖活社」라 하여 本誌 一切 經費를 擔當키로 하니 實은 「여호와-리레」로다.[48]

셋째, 신생회(新生會) 조직

신생회(新生會)는 이전에 '부인회(婦人會)'의 명칭을 개칭한 것으로써 성결교회가 재건함에 따라 변경한 것이다. 부인회는 부인회 전국연합회를 지칭한 것으로써 1934년 9월 10일에 경성성서학원에서 33명의 발기인이 모여 조직한 단체이다.

부인회 전국연합회는 초대 회장 백신영 전도사를 중심으로 여성잡지 「기쁜소식」 발간, 심양교회를 비롯한 교회개척, 부인회 심령수양대회 개최 등 해방이전 활발한 활동을 벌였다.[49] 조국의 해방과 함께 열린 재흥총회의 결의에 따라 '부인회 전국연합회'가 '신생회 전국연합회'로 명칭이 바뀌어 재건되었다. 신생회는 전도부, 문예부, 교육부, 후생부, 구제부를 두어 그 목적 달성을 위한 사업을 하

---

47) 「活泉」, 229호, 28.
48) "聖潔敎會 再興總會", 23.
49) 정상운, 『聖潔敎會와 歷史硏究(Ⅱ)』 101-9 참조.

였다.[50] 신생회 5대 강령은 다음과 같다 :

一. 新舊約 聖書가 하나님의 말삼인 것을 미드며 이를 向上의 活動的 信仰으로 推進하기를 期함.

二. 우리 信仰의 体驗을 證據하야 基督敎 敎會運動에 努力함.

三. 人類를 爲하야 몸을 바치신 예수님의 사랑을 體받어서 이웃을 사랑하며 協助하며 抱容하는 德性을 涵養함.

四. 依賴心, 懶惰, 無識, 疾病을 우리의 四大 敵으로 하야 自主, 勤勉, 文盲 退治, 保健運動에 努力함.

五. 우리의 生活에 道德的, 文化的 價値를 缺한 風俗, 習慣, 制度 等을 打破 又는 改善하기를 努力함.[51]

과거와 같이 전국부인심령대회는 사업부가 맡아 전국적 단결을 도모하고, 국제 관계도 논구(論究)하기로 했다.[52]

넷째, 교단 명칭 변경

1907년 정빈과 김상준에 의해 성결교회가 처음 시작할 때 초기 한국성결교회의 명칭은 '동양선교회 복음전도관'이었다. 1921년 복음전도관 시대를 마감하고, 기성교단으로 정치체제가 바뀔 때 '조선야소교 동양선교회 성결교회'의 명칭으로 바뀌었다. 1940년 10월 22일 제1회 총회에서 다시 '기독교 조선성결교회'로 개칭하였고,

---

50) "新生會 綱領及會則", 「活泉」, 229호(1946. 1), 26.
51) "新生會 綱領及會則", 26
52) "新生會 綱領及會則", 27.

1945년 4월 18일 제4회 총회 때, 1948년 8월 15일 해방과 함께 대한민국이 건립되었으므로, 국호를 반영해서 조선에서 대한으로 바꾸고, 동양선교회는 선교기관임으로 성결교회와 횡적 관계일 뿐이고, 독립 한국에 자주교회이므로 선교사가 일제에 의해 강제로 추방되던 때와 마찬가지로 동양선교회를 뺀 '기독교대한성결교회'로 교단명을 변경하였다.[53] 또한 이것에 앞서서 1947년 10월 7일부터 9일까지 서울 충정로 경성신학교 대강당에서 개최된 제2회 총회는 과거 이사회 중심의 총리제를 폐지하고, 회장제(會長制)로 바꿈으로 명실상부한 자주적이며, 자치적인 교단으로 나아갔다.[54]

2. 교회 건물의 재건

앞서 언급한 바와 같이 재흥총회에서는 전국성결교회를 6개 교구로 나누어 각 교회의 피해 상황을 조사하였다. 1943년 교단해산 이후 1945년까지 성결교회가 받은 피해는 상당히 큰 정도로 나타났다. 따라서 1943년 5월 23일 적산(敵産)으로 처리되어 개인, 타교회, 기관, 동양척식회사, 조선신탁회사 등으로 넘어간 성결교회 건물과 시설은 그냥 찾지 못하였다. 방매(放賣)된 교회와 비품은 경제적인 여건이 전혀 허락되지 않은 상황에서 헌납과 헌금으로 되찾게 되었다. 다음의 글은 비교적 당시의 상황을 사료에 입각해서 잘 드러내 주고 있다:

---

53) 李泉泳, 『聖潔敎會史』, 95 참조.
54) "第 二回 總會撮要", 「活泉」, 233호(1947. 11), 37.

김천교회의 경우, 6,820원을 주고 방매된 성전을 되찾고, 경찰서와 중학교로 흩어졌던 교회의 비품도 회수하였다(「제1회 영남교구회의사록」:15). 수정동교회도 교회와 비품을 되매수하였다. 진주교회는 타교파 간판이 붙어 있어 성결교회 간판을 다시 붙였다. 김해교회와 기도소는 방매처분된 것을, 김해교회는 본부에서 5,186원 50전을 지불하고 되샀고, 활기도소는 일본성결교회 신자가 퇴각하며 자진 헌납하여 재건되었다(「제1회 영남교구회의사록」: 16-17).

경성신학교도 방매되어 동흥실업학교, 황도선양회, 특별경찰대 등이 분할점령하여 강단은 무너지고, 벽이 무너지고, 창이 깨어지고, 도구는 다 매각되었다. 9월 첫 주일 재경 교인들이 300명 가량 모여 5,000원을 헌금하여 강당이 새로 수리되었다(오영필, "성결교회재흥회보" 「활천」 229호 [1946. 1. 1]).

독립문교회도 정회(町會, 동회사무소)로 넘어갔던 것을 고성지 씨의 헌금 3,000원으로 되샀다. 만리현교회는 정회사무소로 넘어가 삼능사원료 건물을 접수하는 한편 천리(일본 신도)교회를 매수해 신개척도 했다. 신공덕리교회는 윤판석이 매입했었으므로 헌납되었다. 논산교회도 매도되어 일본인 가옥을 차용해 시작했다. 공주교회는 적산으로 몰수되어 일본인의 사원을 현금 1,000원으로 차용해 재건했다. 강제 방매된 체부동교회는 제과 공장으로 사용되어 장석구 씨가 15만원가치의 건물을 헌납하여 재건되었다(「활천」중간호).

**기타 수많은 교회들이 방매된 교회당을 매수하거나, 포기하고 새**

로 시작하는 희생정신을 실천했다. 그러나 무교정교회와 창신정교회처럼 방매된 것을 찾지 못하는 안타까움도 있었다. 신의주교회는 주택에서 오랫동안 예배드리다 건물을 찾은 후 대수리를 하고 예배를 드렸다. 양시교회는 하나님의 교회당을 매수하여 예배를 시작했다(「활천」중간 4호). 개성교회도 방매되어 새로운 건물을 세 얻어 시작하였고, 군산교회는 일본인 불교당을 접수하여 예배를 드렸다(「활천」중간 3호). 미아리교회는 36만원의 헌금으로 사가지고 예배를 드렸다. 안양교회는 강습소를 세 얻어 재건예배를 드렸다. 무교정교회도 세 얻어 재건예배를 드렸다. 무교정교회는 결국 4년 후에 법정에서 오제도 검사의 정의로운 결재로 무상 반환받았다(「활천」중간 8호). 그러나 아직은 6·25 직전까지 되찾지 못한 교회당도 상당수 있었다.[55]

앞서 살펴본 바와 같이 감리교와 장로교가 신사참배 문제로 인해 교단분열과 상호대립으로 치닫는 중에 성결교회는 해방이전 최일선에서 부일 행위를 하던 지도자의 자진 퇴진과 함께 과거의 아픈 상처를 빠르게 치유하고, 성결교회의 생리적 특성인 자생적 개척과 복음전도 우선주의에 따른 직접전도, 전국심령수양대회의 개최등을 통해 짧은 시간 빠르게 진척되는 복원력을 나타냈다. 1949년 교세 통계표에 보면 교회수가 152교회, 신개척교회 수 33교회에 달하는 재건의 활기찬 모습을 보여준다.[56]

---

55) 기독교대한성결교회역사편찬위원회, 『韓國聖潔敎會史』 (서울: 기독교대한성결교회 출판부, 1992), 411.
56) 「基督敎大韓聖潔敎會 總會會錄」(1949年).

## 3. 1947년 4개년 계획안

1947년에 들어와 성결교회 총회 본부에서는 4월 14일부터 일주일간 경성신학교 강당에서 제2회 전국수양대회를 개최하였다. 이때 남한 각 교회는 물론 38선 이북에 있는 성결교회까지 위험을 통과하여 남녀 교역자와 신도 천여 명이 회집하여 오전 사경회, 오후 특별강좌 그리고 주야로 부흥회를 개최하여 큰 은혜를 받고, 신학교 유지와 교회재건 그리고 신설을 위해 110여 만원 헌금이 모아졌다. 또한 1950년까지 1,000교회를 증설하려는 계획 가운데 금년에는 우선 100교회를 설립하자는 결의를 하였다. 실제로 1947년 중반기에 40여 곳에 교회를 신설하거나 재건을 하였다.[57]

1947년 제2차 재흥총회를 앞두고 4개년 계획안을 만들어 교회설립에 박차를 가하였다. '기독교 조선성결교회 4개년 계획안'은 다음과 같다:

〈基督教 朝鮮聖潔教會 四個年 計劃案〉

一. 一千教會 新設豫定

(一) 1947年內 100教會 新設을 實現하기로 함. (二) 1948年內 150教會 新設을 實現하기로 함. (三) 1949年內 250教會 新設을 實現하기로 함. (四) 1950年內 350教會 新設을 實現하기로 함.

二. 一千教會 新設에 關한 實踐 要項

---

57) "本部事務局通信",「活泉」, 232호 (1947, 10), 36.

(一) 敎會堂은 資金調達에 따라 建築할 것이나 于先 開拓에 適當한 處所에 住宅을 가진 信者는 家庭을 開放하여 聖書的으로 '家庭敎會'로부터 出發할 것

(二) 査經會와 復興會에 힘쓰며 이에 擔當한 責任者는 一千敎會 建設의 目的 達成을 爲하야 注力할 것

(三) 福音傳道 및 天幕傳道隊나 自動車 傳道隊를 再建하여 一千敎會 建設 目的을 爲하야 動員할 것

(四) 船舶을 利用하여 各島嶼傳道에 注力할 것「(활천」20권 4호 47. 10)

(五) 京城神學校 男女 神學生의 冬夏休期를 利用하여 各 地方에 傳道隊를 組織하여 新開拓 運動에 注力할 것

(六) 月刊 雜誌 等 各種 出版物을 刊行하여 널리 傳播할 것

(七) 各 敎會 敎役者는 勿論 모든 長老, 執事, 主日學校職員들까지 一千敎會 新開 拓者의 一員으로 覺悟할 것

(八) 各 敎會 新生婦人會, 聖友靑年會, 主日學校 職員에게 會合 時마다 「一千敎會 新設의 슬러건」을 걸어 놓고 推進시킬 것

(九) 男女 神學校는 優秀한 學生을 多數 募集하여 新設敎會의 開拓者로 充滿케 하며 卒業生中 將來性 있는 者는 海外의 福音的 神學校에 留學을 시켜 明日敎會의 主人이 되게 할 것

(十) 우리 聖潔敎徒는 이 四個年 計劃案의 實現을 爲하여 總力을 傾注하기로 굳게 決心하고 이 巨大한 事業을 爲하야 邁進할 것이니 이는 國家와 民族을 爲하야 最高의 奉仕인줄 自信하고 物心兩面으로 協助할 것

(十一) 이 運動은 결코 敎派擴張이나 事業的 虛榮心에서가 아니라 純救靈的 情熱로써 하나님이 우리에게 주신 福音을 겸손한 마음과 간절한 마음으로 傳할 것

(十二) 이 事業은 一時 氣分的 行動으로는 不可能한 것이요, 우흐로 하나님의 도우심과 아래로 우리들의 힘이 合쳐서 實現될 것이니 적어도 一週日 一次式은 이 問題를 爲하여 各 敎會가 合心 祈禱할 것.[58]

### 4. 동양선교회와의 관계

1930년대만 하더라도 한국성결교회 최고 정치기관인 선교사 중심의 이사회 체제로 고압적으로 한국성결교회를 치리하던 동양선교회가 1940년 일제의 강제 선교사 추방에 따라 철수하였다. 이로써, 1943년 교단 해산시까지 외국 선교사 없이 한국성결교회는 한국인 교역자 중심으로 교단 행정과 정치가 진행되어 왔다. 해방 이후 미국이 우방국으로 남한에 진주하였고 이때부터 선교사들과 서로 교신을 통하여 한국교회 재건상이 알려졌고, 기도를 통하여 서로 간의 영교를 나누게 되었다. 그러나 물질적으로 교회 재건을 돕거나, 신학교를 경제적으로 돕는 일은 없었고, 다만 우호적으로 방문하는데 그쳤다.[59] 따라서 경성신학교는 신학교 운영을 위하여 '3천명 신학교 유지회원 운동'을 벌여 부족한 재정을 메꾸어 나갔다.[60] 한국성결교회는 선교부에 도움 없이 완전 자치적이었고, 완전 자립이었다. 교회의 도움도 없는 학교 운영이란 곤란한 점이 한 두 가지가 아니었지만 여러 교수들의 희생적 봉사와 전국교회의 적극적인

---

58) "本部事務局通信", 「活泉」, 232호 (1947, 10), 표지 안쪽면.
59) 李泉泳, 『聖潔敎會史』, 101.
60) "進展하는 神學敎 維持運動", 「活泉」, 233호(1947. 12), 32.

협조로써 신학교를 우리의 힘으로 유지하게 되었고, 사명 받은 신학생들 역시 피눈물 나는 고학으로 수양에 힘썼으며, 원망이나 불평 없이 학업을 쌓아 나갔다.

1949년 1월 동양선교회의 개척자 중 한 사람인 킬보른(E. A. Kilbourne)의 손자인 선교사 에드윈 킬보른과 엘머 킬보른 형제가 동양선교회의 지시에 따라 중국 광동(廣東)에서 내한하여 신학교 교수의 직임을 맡게 되었다.[61] 1949년 이때까지도 동양선교회로부터 선교비나 기타 보조가 없었고 한국교회는 자립적인 재건의 메아리 속에 해를 거듭할수록 교회가 늘고 신자가 증가하므로 교회는 단기간 급속적인 성장과 발전을 보게 되었다.[62]

## V. 닫는 글

1945년 8월 15일, 우리 민족은 일제로부터 식민지 지배에서 벗어나서 자유로운 해방된 국가가 되었다. 이 해방의 사건은 이 민족 모두에게 기쁨의 날이었지만, 특별히 기독교인들에게 있어서 그 감격은 그 이상의 것이었다. 그러나 해방과 더불어 38선을 분계점으로 북한에 먼저 소련군이 진출하고, 남한에도 미군정이 실시되므로 분단의 경계선이 그어지고, 좌우 이념의 갈등과 대립 그리고 혼란이 가중되는 어려움 가운데 대한민국 정부가 수립되었다. 한국교회는

---

61) "성결교회 총회본부소식", 「活泉」, 235호(1949. 3), 35.
62) 李泉泳, 『聖潔敎會史』, 102.

이런 와중에 해방의 기쁨도 잠시, 곧 신사참배 유무로 인한 갈등과 대립으로 분열의 위기까지 나갔고, 북한지역 교회가 공산당에 의해 신앙의 자유가 제한되고 탄압받는 곤란에 처하게 되었다. 그러나 성결교회는 장로교와 감리교에 비해 비교적 큰 난관 없이 성결교회의 재건운동을 벌임으로 1950년까지 짧은 기간 속에 발전과 성장의 기틀을 다지게 되었다.

따라서 해방이전 1936년 '하느님의 교회사건'으로 인한 분규와 1938년 이후 일제로부터 신사참배의 강요를 받는 이중고에 놓일 때보다, 스스로의 힘으로 더욱 내실있고, 발전된 모습을 보여주었다. 이것은 당시 한국교회가 신사참배 문제로 인해 갈등과 반목을 빚은 장로교, 감리교와는 사뭇 대조적인 모습을 보여준다. 1949년 동양선교회 선교사들의 내한 이전에 어떤 외부의 경제적 도움 없이 신학교 재건 뿐만 아니라 교회 그리고 각 기관 복원과 교단지 복간 등을 자립, 자치적으로 성공적으로 운영한 것은 성결교회의 잠재적인 무한한 발전적 가능성을 보여준다. 현재, 한국교회에서 성결교회가 장, 감 다음으로 차지하는 교세 비율은 해방이후 6·25전쟁 이전의 재건운동을 통한 교세 성장의 결과에서 연유된 것으로 사료된다. 지금까지 나타난 내용에서 도출된 결론적인 내용은 다음의 몇 가지로 정리할 수 있다.

첫째, 해방이후 성결교회 재건운동은 동양선교회 선교사들의 도움 없이 경제적 자립과 정치적 자치 양면의 균형을 이루며 발전을 이루어 나갔다.

외부의 도움 없이 주체적이며, 자립적인 재건에 대한 열망과 발전의지는 교단 성장의 가장 중요한 제2의 기초석을 놓았고, 동시에 이것은 성결교회 초기 개척 때와 마찬가지로, 성결교회의 본래적 특성인 자생적 개척의 일면을 보여준다.

둘째, 해방이전 성결교회의 모든 지도권을 행사해온 이명직 목사의 공직에서의 사퇴는 장로교, 감리교와 다른 성결교회 지도자의 성숙한 모습을 보여준다.

이명직 목사의 사퇴로 인해 다음 세대로 지도권이 넘어간 성결교회는 해방이후 장, 감과 달리 세대교체를 통한 교권 이양이 순조롭게 진행되었다. 그러나 신사참배에 대한 참회에서 나온 자숙과 회개의 열매라기보다는, 교단 해산 성명서에 서명을 한 책임의 결과로서의 자숙과 반성은 분명히 하나님과 역사 앞에 아쉬움을 가져다 준다. 과거 신사참배에 대한 진정한 회개와 반성 없이는 뼈아픈 과거와의 단절을 통해 발전적인 미래로 나갈 수 없다. 한국성결교회는 교단적인 참회와 반성의 고백을 한국교회와 역사 앞에 표명해야 한다.

셋째, 과거 이사회가 총회제도로 되어 있던 교회 행정제도를 재흥총회시 헌장 개정으로 인해 의회제도로 일원화시킴으로, 선교사와 한국인 교역자들 사이에 그동안 야기되었던 교단 행정의 이원화로 인한 갈등의 소지를 주체적 입장에서 없앰으로 인해 성결교회는 자주적이고, 자치적인 독립된 교단 교회로 발전해 나가게 되었다.

넷째, 해방 이후 북한교회가 재건되면서, 다시 북한 정치집단의 탄압으로 한국성결교회도 폐쇄, 말살되었는데, 남북통일을 대비한 북한성결교회 재건에 대한 구체적인 계획과 준비가 실질적으로 시행되어야 한다.

[성결신학연구소, 「聖潔神學硏究」제5집(2000년)]

# 17

## 한국성결교회와 6·25 한국전쟁

# 한국성결교회와 6·25 한국전쟁

## I. 여는 글

오늘을 살아가는 우리에게 6·25 한국전쟁은 무엇인가? 이 질문이 김대중 대통령의 방북을 통한 '6·15 남북성명서'가 채택되고, 김정일 위원장이 내년도 서울 답방이 약속되는 현시점에서도 중요한 까닭은 반세기전에 발발한 6·25 한국전쟁의 충격이 아직도 이 시대를 살아가는 남·북한 6천만 동포들의 삶에 근본적인 영향을 미치고 있기 때문이다. 돌이켜 보건대, 6·25 한국전쟁은 우리 민족사에 있어서 참으로 불행한 사건이었으며, 국내외적으로 엄청난 영향을 미치는 결과를 초래하였다.

6·25 한국전쟁에 대한 일반적인 연구는 대체적으로 70년대 후반에서 80년대까지 소장파 학자들을 중심으로 일어났다. 이들의 공통적인 관심은 남북분단과 민주화의 진통, 그리고 계층 간의 소득분배의 불균형이라는 현실문제에서 출발하는 현대사에 대한 사회적 수요 욕구를 충족시키는 의도에서 시작했다. 1950년 6월 25일에 일어

나 1953년 7월 27일에 정전된 6·25 한국전쟁에 대한 연구는 1970년대 이후 국외에서부터 활발히 진행되어 왔다. 6·25 한국전쟁에 대한 연구가 국외에서 활발하게 일어난 것은 1970년대 초 긴장완화를 지향하는 탈냉전, 탈이데올로기라는 국제관계의 성향이 자리를 잡게 되어 냉전의 부산물이었던 6·25 한국전쟁에 대한 객관적 연구를 가능케 하고 1970년대에 들어와 미국무성이 편집한 「미국의 대외관계(Foreign Relations of the United States)」에 공개되는 기밀문서 등 1차 자료들이 공개되거나, 개방된 것에 연유한다. 국내에서는 1980년대에 들어와 6·25 한국전쟁에 대한 관심이 높아졌다. 한국전쟁과 기독교의 관계에 대한 연구는 1990년대 초반부터 몇몇 종교사회학자들이 이 주제에 대한 연구에 가담함으로써 그 폭이 넓어지고 있다.[1] 노치준의 "한국전쟁이 한국종교에 미친 영향"(1992년), 강인철의 "한국전쟁기 반공 이데올로기 강화, 발전에 대한 종교인의 기여"(1992년), 최중현의 "The Korea War and Messianic Group; Two Cases in Contrast" 박사 학위 논문, 김홍수의 "한국전쟁의 충격과 기독교회의 기복신앙 확산에 관한 연구"(1998년) 박사 학위 논문이 1990년 이후에 들어와 6. 25 한국전쟁에 대해 쓰여진 주요한 논문들이다.

특별히 6. 25한국전쟁과 성결교회와 관련된 연구논문은 지금까지 전무한 형편이며, 성결교회사 내용 중의 일부분을 차지하는데 그칠 뿐 아니라, 내용에 있어서도 상당한 부분이 중복되는 등 본격적인 연구물이 나오지 못한 실정이다.

---

1) 김홍수, 『한국전쟁과 기복신앙 확산 연구』 (서울: 한국기독교 역사연구소, 1999), 13.

## Ⅱ. 한국교회와 6·25 한국전쟁의 특성

6·25 한국전쟁이 해방 후 5년 만에 일어났다는 것을 미루어, 한국교회의 문제는 한국전쟁을 통하여도 계속 해방과 국토양단의 후유증과 연관시켜 생각하지 않을 수 없다. 이것은 한국의 기독교를 일제의 식민지 정책이라는 역사적 상황 안에서 보아야 한다는 것이며, 한국전쟁이 공산주의 세력과의 싸움이라는 이데올로기의 문제라는 것과 한국교회를 연결시켜야 한다는 것이다.[2]

6·25 한국전쟁은 제2차 세계 대전(1939-1945) 이후 최초의 분단국의 큰 전쟁인데다가 최초의 자유민주주의 이데올로기 대(對)사회주의 이데올로기의 전쟁이었다는 점에 그 특징이 있다. 이러한 특징은 일본제국주의의 한반도에 대한 식민지배와 미·소 양군의 분할 점령이라는 외인(外因)과 함께 민족사회 내부의 이데올로기적 대립이라는 내인(內因)으로써 한국전쟁의 원인을 차지한다.[3] 한국에서의 전쟁이 국제적인 이데올로기 전쟁으로 확대된 배경에는 제2차 세계 대전 이후 미국과 소련을 중심으로 시작된 '냉전(Cold War)'이 놓여 있다. 제2차 세계 대전은 1945년에 끝났으나, 곧바로 세계는 미국과 소련 두 강대국을 중심으로 '철의 장막(The Iron Curtain)'을 경계로 하여 둘로 나눠졌다. 냉전이 시작되면서 20세기 중반의 세계는 두 개의 세계, 즉 두 개의 독일, 두 개의 유럽, 자본주의 국가와 공산주의 국가로 나뉘어졌다. 일제로부터 해방되자마자 한국 역시 냉전의 기

---

2) 徐光善, "六·二五 戰爭과 敎會分裂",「기독교사상」(1976, 6), 37.
3) 강만길,『고쳐 쓴-한국현대사』(서울: 창작과 비평사, 1998), 215.

류 속에서 남과 북으로 분단되었다.[4] 한반도에서의 이데올로기 대립은 마르크시즘이 유입되고 있던 1920년대에 그 징조가 나타났으며, 1945년 남북분단 이후 더 두드러지게 나타났지만 이 대립은 일부 엘리트 집단에서 볼 수 있는 현상에 불과하였다. 남북분단 이후에 두 개의 정부가 수립되었지만 일반 시민들은 이념과 거주지에 상관없이 남북한 주민들은 한겨레로 생각하였다.[5] 실제로 미군정기 기간에 남한으로 이동해온 사람들의 월남 동기는 아래의 도표와 같이 단순히 공산주의 이데올로기에 대한 혐오에 의한 것만이 아닌 다양한 동기들로 구성되어 있다.[6]

도표1. 1947년 조사된 월남동기[7] (단위: 명, %)

| 월남동기 | 비중 |
|---|---|
| 생활난 | 20,731 (65.1) |
| 구직 | 892 (2.8) |
| 사상 | 502 (1.6) |
| 향학(向學) | 82 (0.3) |
| 귀향 | 9,400 (29.5) |
| 상용(商用) | 252 (0.8) |
| 계 | 31,859 |

개략적으로 볼 때, 1945년부터 1949년까지 월남 인구가 약 70만, 6·25 한국전쟁 기간 중 월남인구가 약 65만으로 추산되어 해방이후 전쟁이 끝나는 1953년까지 약 130여만이 거주지를 북한에서 남

---

4) 김홍수, 『한국전쟁과 기복신앙 확산연구』, 19.
5) 김홍수, 『한국전쟁과 기복신앙 확산연구』, 21.
6) 이동원, 조성남, 『미군정기의 사회이동』 (서울: 이화여자대학교, 1997), 76.
7) 조선은행 조사부, 「조선경제연감」(1948년) 참조.

한으로 옮긴 것으로 추계된다.[8]

공산주의가 싫어서 월남한 이데올로기가 월남의 동기로 가장 크게 차지하는 경우는 1950년 이후 전쟁기를 고비로 큰 비중(61.9%)으로 나타나고 있다.[9] 3년 1개월 기간 동안 전쟁이 진행되면서 점차적으로 남과 북 사이의 대립은 격화되었고, 이데올로기 대립이 일반시민에게까지 확산되었다. 전시에 양측은 이데올로기적 적대감에 압도되어 인간의 존엄이나 동족애를 상실하고 상대측에 대한 무차별적 살상을 감행하였다.[10]

6·25 한국전쟁 중에 생명을 잃거나 실종된 인구의 숫자는 100-150만 내외로 추정되고, 15-34세의 청장년층의 손실이 가장 컸다.[11] 전시에서의 적개심은 전후에 북한에서는 대내적으로는 북한의 '주체'를 위한 민족적 감정과 결부되었고, 대외적으로는 '남조선혁명' 즉 통일 사명감으로 발전되었다. 남한에서의 적개심도 반공 이데올로기와 결부되어 나타났는데, 이것은 남한사회를 보호하고 강하게 결속시키는 기능을 해준 최고의 국가이념이었을 뿐만 아니라 기존 질서를 의문시하는 모든 형태의 사회적 갈등을 제압할 수 있는 무기이기도 하였다.[12]

1953년 7월 7일 휴전협정이 체결됨으로써 전쟁이 끝나는 것을 계기로 하여 북한에서는 전쟁이전 기독교 탄압에서 기독교 말살 정책

---

8) 이태영, 권태환 편, 『한국사회: 인구와 발전』 (서울: 서울대학교, 1978) 참조.
9) 이동원, 조성남, 『미군정기의 사회이동』, 77.
10) 김홍수, 『한국전쟁과 기복신앙 확산 연구』, 21.
11) 金環東, "오늘의 觀點에서 본 6·25의 社會的 痕迹", 「現代史를 어떻게 볼 것인가」(2), 443.
12) 김홍수, 『한국전쟁과 기복신앙 확산 연구』, 22.

으로 방향을 설정하여 기독교를 완전히 뿌리뽑기 위한 행동으로 매진하기 시작하였다. 북한정권에서는 전후 복구사업을 자행한다는 명목으로 전쟁시기에 파괴된 곳을 수리하면서 교회 구조를 변경하여 탁아소나 회의장소 또는 공산당의 선전실 등으로 만들어 버렸다. 따라서 북한 어디에서도 십자가 표식이 있는 건물이나 시설물들은 전혀 보지 못하게 되었다.[13]

이처럼 남북분단 이후 북한지역에서 공산주의에 의해 북한교회가 탄압을 받고, 멸절의 위기에 놓이는 고난 중에 남한교회는 한국전쟁과 이후 분단 상황에서 반공이데올로기를 지지 또는 강화시키도록 했으며, 적개심과 결부된 반공 이데올로기는 심지어 신앙체계에까지 스며들어 갔다.[14]

해방전후 초기의 이데올로기 지형과는 달리 기독교의 이데올로기 지형은 전반적으로 우경화된 지형에 가까웠는데, 6·25 한국전쟁은 이것을 더욱 고착화시키는 결과를 가져오게 하였다.

---

13) 金光洙, 『北韓基督敎 探究史』 (서울: 基督敎文社, 1994), 278.
14) 김홍수, 『한국전쟁과 기복신앙 확산 연구』, 23.

도표2. 1940-50년대의 개신교 부문 이데올로기 지형[15]

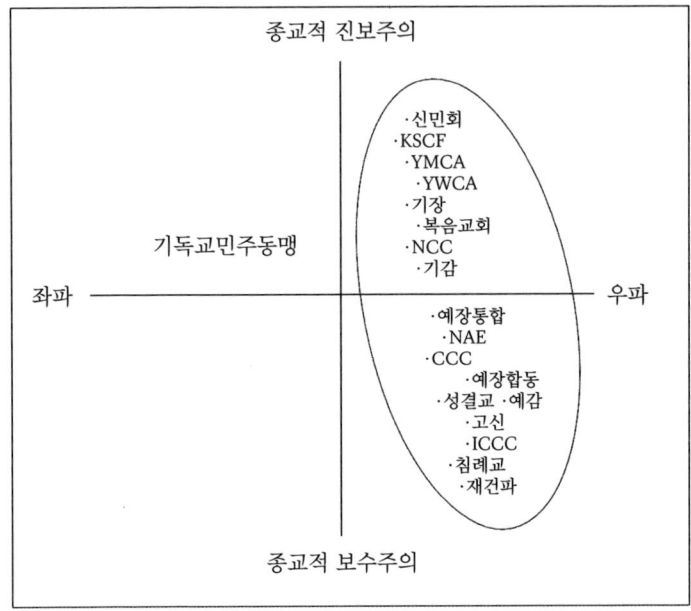

민경배는 공산주의와 대결하는 체제로서 반공의 교회로 형성되는 한국교회에 대해 다음과 같이 말하고 있다:

> 共産主義와의 대결은 1920년대 滿洲에서 浸禮敎, 監理敎 및 長老敎의 교직자들이 赤道에게 순교의 면류관을 쓰던 날부터 시작되었다. 이념적으로 민주주의는 공산주의와 대결하는 체제로 서 있고, 따라서 한국교회는 민주주의적 유산의 계승에 偏寄한 입장에 서도록 돼 있었다. 그날부터 이 교회는 반공의 교회로 그 체질이 자동적으로 형성되었던

---

15) 강인철, 『한국기독교회와 국가·시민사회 1945-1960』 (서울: 한국기독교 역사연구소, 1996), 264.

것이다. … 중략 … 해방되었다는 기쁨의 긴 狂熱 속에 한국교회사, 그 핵심체의 타원형 중심점 둘이 解體되는 과정을 知覺하지도 못하고 있었다는 사실이 심각하였다. 그 自覺이 있었다면 그 이후의 역사는 훨씬 다른 양상을 띠고 전개되었을 것이다. 이 未知覺의 不幸은 6·25동란의 참화 속에서, 아니 그런 것이 있는데도 불구하고, 졸지에 진행되고 있었다.[16]

## III. 6·25 한국전쟁과 성결교회의 수난

### 1. 해방 후 1950년 사이의 성결교회 상황

해방이후 한국교회는 신사참배 문제로 각 교단마다 진통을 겪었는데, 그 중에 장로교는 정도가 심하였다. 감리교는 장석영 감독을 중심으로 한 재건파와 강태희 감독을 중심으로 한 부흥파의 양진영이 '무조건 통합'이라는 기본 원칙에 따라 1949년 4월 1일 불행하게 나누어져 악몽과 미로에 방황하던 과거를 씻고 양측교회가 통합하기로 의견일치를 보이는 성숙된 모습을 보였다. 그러나 장로교는 단일체제를 이뤄낸 감리교와는 달리 장로교 내의 신학교 문제와 관련되어 복잡한 양상으로 발전되어 분립의 조짐으로 보이는 반목현상까지 나갔다.[17]

---

16) 閔庚培, 『敎會와 民族』 (서울:大韓基督敎 出版社, 1981), 419-21.
17) "한국 장로교회는 해방 후 일제 식민지 잔재를 청산하자는 문제로 진통을 겪었다. 그 진통이 한편으로는 '고신파(高神派)의 분열'로 나타났고 다른 한편으로는 '재건

이와는 달리 성결교는 해방직전 성결교의 모든 권한을 쥐고 있었던 이명직 목사의 자숙과 공직에서의 자진 사퇴 의사에 따라 모든 지도권이 다음 세대로 이양되는 재건의 순탄한 모습을 보였다. 박현명 목사를 위원장으로 추대하여 교단 재건을 서둘렀던 재흥준비위원회는 1945년 11월 9일 기독교 조선성결교회 재흥총회를 개최하였다.[18] 총회시 과거의 선교사 중심의 이사 정치제를 탈피하여 의회정치제도에 따라 박현명 목사를 총회의장, 이건 목사를 부의장으로 선출하였다. 이때에 총회원 70여명이 모인 중에 북한대표로서 이성봉, 조기함, 조한수, 이용사, 최학철 제씨가 3·8선을 넘어 참석하였다.[19] 계속된 총회에서 1945년 제1회 총회 헌법으로는 총리제도가 존속되었던 관계로 총회 중앙위원회는 앞서 선출한 총회의장과 부의장을 총리에 박현명 목사, 부총리에 이건 목사를 선임 발표하였다. 이로써 총회의장이 교단총리로 선임되었으므로 총회는 새로운 의장에 천세광 목사, 부의장에 김유연 목사를 선출하였다. 재건총회는 다음과 같이 몇 가지 중요한 결의를 하였다.

---

파의 형성'으로 나타났다. 출옥성도들은 그들의 주장에서 보이는 순수성이 강한 만큼 정치적이지는 못했다. 그들은 일제하에서는 식민통치배들의 눈치를 살피며 생존의 지혜를 터득했고 해방 후에는 '반민족행위자처벌법'조차 무력하게 만들면서 자신의 친일 행위를 정당화했던 교권주의자들의 상대가 될 수 없었다. 그들은 주장의 정당성을 확보한 그만큼 그것을 정치역량화 하지 못했다. 그들의 주장을 지지하는 양심적인 성도들이 많았음에도 불구하고 그것을 '선한 세력'으로 묶어내지 못했다. 그들은 소위 '경남노회' 문제로 장로회 총회로부터 대표권을 빅탈당했고, 결국에는 '추방'당하게 되었다. 거두절미하고 이것이 한국 장로회의 최초의 교단적 분열로 기록되는'고신파의 분열'이다. … 고신파의 분열이 기장의 경우와 거의 마찬가지로 6·25 동족상잔이 자행되고 있던 1951-1952년 사이에 이루어졌다."
이만열, "한국교회사를 통해 본 분열과 연합의 변주곡", 「목회와 신학」 (1995. 3), 51-52.

18) 「기독교조선 성결교회 재흥 총회록」 (1945년), 1.
19) 李泉泳, 『聖潔教會史』 (서울: 기독교대한 성결교회 출판부, 1970), 95.

첫째, '조선 예수교 동양선교회 성결교회'에서 한국성결교회의 상위정치 기구인 동양선교회를 뺀 '기독교 조선 성결교회'란 명칭으로 교단명을 변경하였다.[20]

둘째, 1942년 전문학교령에 의해 조선총독부로부터 인가받아 경성성서학원에서 경성신학교로 개칭되었다가 1943년에 폐교된 경성신학교의 교명을 서울신학교로 변경하였다. 교명 변경의 원인은 해방후 수도 명칭이 일제 당시 경성에서 '서울'로 바꿔졌기 때문이다.[21]

셋째, 1922년 11월에 창간되어 일제로부터 1941년 11월 통권 228호로 폐간된 「활천」이 복간되었다.

넷째, 1934년에 조직된 부인회 전국연합회를 복구하고, 그 명칭도 신생부인회로 개칭하였다.

재흥총회 이후 동년 11월 26일 최석모 목사는 동양선교회의 귀환을 촉구하는 서한을 당시 군목단장 로우리(G. Lourie)에게 띄우고, 12월 24일 동양선교회 선교사인 에드윈 킬보른에게 재흥총회와 신학교 재가, 「활천」 복구 등 당시 정황을 알리면서 선교사 파송을 요청하였다.[22]

그러나 1947년 중국 본토가 완전히 공산화되어 중국 광동(廣東)에서 선교하던 킬보른이 한국으로 선교지를 옮겨 지방교회 순회와 신

---

20) 기독교대한성결교회역사편찬위원회, 『韓國聖潔教會史』 (서울: 기독교대한성결교회 출판부, 1992), 405. 이하 『韓聖』으로 略함.
21) 서울신학교의 명칭 변경과 함께 학교체제의 쇄신이 일어나 이건 목사가 교장으로, 이명직 목사가 명예교장으로 박현명, 김유연, 김응조 목사가 교수로 추대되고, 최석모 목사가 사감으로 임명되었고, 학생은 신구입생(新舊入生) 포함하여 70여 명에 이르렀다.
22) 『韓聖』, 405, 407-8.

학교를 돕기 시작할 때까지 한국성결교회는 선교부의 도움 없이 정치적으로 교단은 완전 자치적이었고, 신학교도 완전 자립을 꾀하며 발전을 이루어 나갔다.[23] 1947년에는 기독교 조선 성결교회 4개년 계획안을 마련하여, 1947년 100교회 신설을 필두로 하여 1950년 내에 1,000교회 신설에 대한 실천요항(實踐要項)을 만들며 교세 확장에 노력하였다.[24] 1950년에 와서는 오사까(大阪府) 성결교회가 김경만 목사 주도하에 재건되고, 히로시마(廣島) 교회도 재건되는 등 일본지역에서도 재흥의 역사가 일어나고, 서울신학교 학생도 250명(본과 남자 92명, 여자 3명, 별과 여자 57명)에 달하는 등 확장 일로에 들어서게 되었다.[25]

## 2. 6·25 한국전쟁과 성결교회의 수난

### 1) 6·25 한국전쟁 발발과 납북

1950년 6월 25일 북한의 기습공격으로 인해 전쟁이 발발되고, 낙동강까지 파죽지세로 밀려가다가 맥아더 장군의 인천상륙작전 성공으로 인해 9월 28일 수도 서울이 탈환되었다. 서울 수복이 되기까지 3개월간 남한 내 서울에서 성결교회는 큰 수난을 받게 되었다. 그것은 당시 지도자급인 성결교 수뇌부 인사들이 강제 납북된 사건이었다.

---

23) 李泉洙, 「聖潔教會史」, 101-2. 1946년 6월 상해에서 한국 입국을 허락받고 동년 10월 입국한 동양선교회 허인수 선교사는 남선(南鮮)일대를 시찰하다가 1947년 1월 중국광동으로 돌아갔다가 신병을 얻어 본국으로 돌아가 치료를 받았다. 「活泉」, 232호(1947. 10), 36.
24) 「活泉」, 232호(1947, 10), 표지 안쪽.
25) 「活泉」, 236호(1950, 4), 47-51.

주지하는 바와 같이 북한교회의 압박과 피해는 해방직후부터 시작되었고, 6·25 한국전쟁을 전후로 하여서 이미 모든 교회가 폐쇄, 접수되고 공산주의자로 전환하거나, 협조하지 않은 모든 성직자들이 체포되어 순교하거나, 행방불명이 되는 상황이 연출되었다.[26] 북한교회의 잔혹한 시련은 6·25 전쟁과 함께 남한교회에 연장선으로 나타났고, 남한교회의 피해는 교회 지도력 상실에서 크게 나타났다.

서울이 함락되었을 때 경동교회 교인이라 자칭하는 김욱(金旭)이 나타나 종로 YMCA 건물에다가 '기독교 민주동맹'이라는 간판을 걸고, 김일성 환영식을 준비하였다. 또한 1933년 평양장로회 신학교를 졸업한 전직 목사 최문식(崔文植)은 1946년 철도파업을 주도하던 주모자로 공산주의 사상범으로 종신형을 받아 옥살이를 하는 중에 공산군 남하로 출옥하여 지하로 은닉한 성직자들을 찾아내어 8월 21일 김일성 지지 궐기대회를 열어 강제로 참여케 하고 60여 명의 교역자들을 검속하는 만행을 저질렀다.

유엔군의 개입으로 인천상륙작전이 성공리에 이루어져 서울 수복이 눈앞에 오자 북한군은 지하에 숨어있던 목사들 검거에 혈안이 되었다. 김인선(金仁善), 김윤실(金允失) 목사는 유치장에서 순교하였고 나머지 목사들은 대부분 납북되는 비운을 맞게 되었다. 장로교의 송창근, 남궁혁, 김영주, 유재현 목사 등과 감리교의 김유순 감독을 비롯하여 양주삼, 방훈, 조상문 목사 등이 납북되었다.[27] 성결교회에서는 총회장 박현명 목사, 서울신학교장 이건 목사, 신학교 교수인 김

---

26) 장영옥, 『6·25공산 남침과 증언』 (서울: 한국교육공사, 1983), 307.
27) 金仁洙, 『韓國基督敎會史』 (서울: 장로교출판사, 1996), 333.

유연, 박형규 목사, 아현교회 최석모 목사, 독립문교회 유세근 목사 등 6명이 납북되었다.

당시 이들은 성결교회 수뇌부 지도자들로서 이들의 강제 납북됨은 성결교단의 발전에 큰 손실을 가져오게 하였다.[28] 당시 이들의 납북사건을 직접 목격하고, 함께 끌려갔다가 탈출한 한명우 목사의 증언은 다음과 같다 :

> 1950년 8월 8일 장로교 송창근 목사가 가르친 제자가 인민군 서울시 인민위원장이었다. 그는 송창근이 '공산주의 내에도 신앙의 자유가 있느냐?'고 묻고 신학교를 돌려달라 하자 한국신학대학을 찾아주었다. 이 소식을 들은 박현명, 이건, 김유연, 최석모도 신학교를 찾으러 아현동 서울신학교에 갔다. 이때 '조선기독교민주동맹'에 소속한 (서호교회에서 자랐고 기독교에 반감을 가진) 박현명의 조카 박승산은 인민군 청년지도회(민주동맹)에 들어가 군위(群尉)가 되었다. 최석모의 아들 한 명도 인민군에 들어가 있었다. 성결교회 분열의 주역이었던 변남성의 아들도 인민군 고급 장교였다. 박현명과 최석모는 조카와 아들로 인하여 신학교를 찾았다고 마음 놓았다. 인민군은 8월 20일 장·감·성 신학교 교수들을 승동교회로 소집하였는데다 감옥으로 끌고 갔다.[29]

한편 이건, 박현명, 김유연 등 납북된 이들은 1951년 5월 초순 평양 방면을 가기 위해 그동안 수용되었던 만포를 떠나 대동군 대성

---

28) 鄭祥雲, 『聖潔敎會와 歷史硏究(Ⅰ)』(서울:이레서원, 1997), 195.
29) 『韓聖』, 429-30.

리(大同郡 大聖里) 근방에 다시 수용되었다가 북한에 남아 지하신앙운동을 일으키던 김인준(金 仁俊), 박상철(朴相澈) 목사와 연결되어 수용소 안에서 신앙운동을 일으키다가 발각되어 주모급 죄명을 쓰고 정치보위부에 연행되어 간 후 생사를 알 길이 없다.[30]

### 2) 피란총회와 피란신학교

#### ① 피란 총회

1950년 10월 이후 유엔군과 국군은 북진을 계속, 10월 19일에는 평양을 점령했다. 10월 29일 주일에는 남한교회의 사절단들이 평양에 도착하여서 서문 밖 교회에 모여 예배를 드렸고, 이 때에 한경직 목사가 수천 명의 주민들이 성경을 들고 부흥회와 기도회에 몰려들어 한달여 기간동안 이사야 60장 1절을 본문으로 하여 설교를 하였다. 이후 계속되고 있을 때 중공군이 남하하기 시작하였다. 중국 공산당의 6·25 한국전쟁 개입으로 인해 전세는 역전되어져서 국군과 유엔군의 후퇴가 시작되었다. 그리고 이에 놀란 방북 목회자들은 서둘러 월남하였다. 이와 함께 남아있던 북한의 기독교인들이 대거 월남하였고, 1951년 1·4후퇴시에는 서울 등지에 남아있던 교회 지도자들이 모두 남으로 피란하여 대구, 부산 등지로 몸을 피하였다.

1950년 6월 인민군이 서울을 점령하기 직전 서울을 떠난 주민은 서울인구 160만 명 중에 10만 명에 불과했으나, 1.4 후퇴 시에는 100만명 이상의 시민이 부산을 목적지로 하여 서울을 떠났다. 교회

---

30) "죽음의 歲月 (拉北人士 北韓生活記)", 「동아일보」, 1962년 4월 30일자.

지도자들도 역시 1951년에는 납북인사들을 제외한 대부분 사람들이 부산에 모이게 되었다.[31] 동년 1월 9일 부산중앙교회에서 결성된 '기독교 연합전시 비상대책위원회'[32]는 미국의 트루먼 대통령, 유엔 사무총장, 맥아더 사령관에게 호소문을 보내 한국 정황을 설명하고, 미국 내에서 여론을 환기시키기 위해 한경직, 류형기 목사를 파견하였다.

이런 때에 성결교회에서도 대전 이북에 있던 모든 교회가 부산과 거제도, 제주도에 교역자와 신자들이 집결되었다. 이들은 한결같이 거처와 식생활 문제로 고난을 당하고 있었다.[33] 동역자를 잃은 설움과 전쟁포화가 그치지 않는 피난기간 중에 성결교회는 3차에 걸쳐서 피란총회를 개최하게 되었다. 피란 1차 총회는 1951년 5월 부산 수정동교회에서 개최되었는데 중요의제는 다음과 같다. 첫째, 복음전열(戰列)의 정비, 둘째는 피란교회의 수습문제, 셋째는 교역자 구호대책, 넷째는 피란신학교 개교였다. 재건의 강한 의지와 함께 동양선교회의 도움으로 인해 짧은 시간을 통하여 교회재건이 활기를 띠게 되었다.[34] 따라서 총회본부를 부산 영주동에 임시로 정해 교단 사무행정 및 구호사무를 담당하게 하였고, 총회 임원을 선출하여 박현명 총회장 등 교단 지도자 납북으로 인한 지도자 부재의 공백을 메꾸었다. 다음 도표 3은 1~3차 피란총회의 총회 주요 일지(일시, 장소)이다.

---

31) 김홍수, 『한국전쟁과 기복신앙 확산연구』, 61-2.
32) 회장 한경직 목사(장로교), 부회장 류형기 목사(감리교), 김창근(성결교), 황종률(구세군), 총무 김양선(장로교).
33) 안수훈, 『한국성결교회 성장사』, (L.A.: 기독교미주성결교회출판부, 1981), 195.
34) 李泉泳, 『聖潔敎會史』, 109-10.

도표 3. 1~3차 피란총회(1951-1953)

| | 일시 | 장소 | 총회장 | 부총회장 | 총무 |
|---|---|---|---|---|---|
| 피란1차총회 | 1951. 5 | 부산 수정동교회 | 이명직 | 김창근 | 안창기 |
| 피란2차총회 | 1952. 4. 19 - 23. | 대구 봉산교회 | 이명직 | 김창근 | 안창기 |
| 피란3차총회 | 1953. 4. 22 - 26 | 부산 수정동교회 | 김창근 | 김송수 | 천순봉 |

도표에 나타난 것처럼, 박현명 총회장의 납북은 그동안 일제 신사참배로 인해 자숙하며 뒤로 물러나 있던 이명직 목사가 다시 교단 일선으로 등장하는 결과를 가져오게 하였다. 피란총회 기간 성결교회는 교단 재건과 교회 개척에 힘을 써서, 3차 피란총회인 '기독교대한성결교회 제8회 총회의사록'에 보면, 아래의 도표 4에 나타난 것과 같이 신개척 교회수를 빼더라도 264교회에 달하는 양적 성장을 보이고 있다.

도표 4. 1953년도 교세보고 통계표[35]

| 지방별<br>요항 | 서울 | 중부 | 강원 | 충북 | 충남 | 전북 | 전남 | 경북 | 경남 | 합계 |
|---|---|---|---|---|---|---|---|---|---|---|
| 교회수 | 21 | 43 | 11 | 39 | 32 | 21 | 29 | 27 | 41 | 264 |
| 목사(전도사) | 13(11) | 11(31) | 6(4) | 7(26) | 16(24) | 9(5) | 7(16) | 8(22) | 24(37) | 101(179) |
| 교인총수 | 1583 | 6015 | 1009 | 3638 | 3229 | 2723 | 2414 | 1834 | 4653 | 27,098 |

또한 전란의 어려움 중에 1953년 5월 「活泉」을 다시 속간하였고, 편집 및 발행인을 이명직 목사가 맡게 되었다.[36]

---

35) 「基督教大韓聖潔教會 第八回 總會議事錄」(1953年), 61.
36) 1950년 한국전쟁 발발 직전 「活泉」의 발행인은 박현명 목사, 주간은 이건 목사가 맡았다.

② 피란신학교

앞서 논의한 바와 같이 제1차 피란총회의 안건 중에 중요 의제는 피란신학교 개교 문제였다. 전란 중에 임시신학교 개교는 여러 가지 난관을 갖고 있었는데, 그것은 경제적인 문제와 이건 교장 등 교수들의 납북으로 인한 교수진 재구성 문제였다. 동양선교회의 재정적 후원으로 동래온천교회를 임시교사로 정하여 신과(神科)는 개교를 하였고, 여자부 별과(別科)는 신마산(新馬山)에서 임시로 교사를 정해 동시에 개교를 하였다. 동양선교회의 경제적 보조를 자세히 살펴보면, 1952년 2차 피란총회 회계 결산에 나타난 바 수입액 총 4,082,000환 중에 3,000,000환을 동양선교회로부터 경제적 보조를 받음으로 인해 해방이전 동양선교회와의 관계가 원활하던 때와 같이 신학교 운영은 경제적으로 크게 의존하는 관계로 다시 돌아갔다.[37] 동양선교회는 한국전쟁을 통해 경제적인 보조를 하면서, 한국성결교회에 선교사를 주재시켰다:

宣敎師 駐在

우리 團體는 過去부터 二, 三名의 宣敎師가 常駐하여 神學校 敎援로써 敎職者養成 에 協力하였고 한편 物質의 援助로 敎會를 크게 돕다가 우리 敎團이 自給을 宣言한 後 暫時 中斷되었다가 六, 二五事變으로 赤鬼의 侵略을 當하야 敎會는 餘地없이 破壞되고 主要幹部 敎職者는 拉致되고 全國敎職者들은 避亂 等으로 一大悲運에 잠겨 있을때에 이 報道를 드른 東洋宣敎會 本部에서는 우리를 慰撫하랴고 네 사람의 宣敎

---

37) 「基督敎大韓聖潔敎會 第七回 總會議事錄」 (1952年), 8.

師를 派送하였는데 其中에 들올 길보른 宣敎師는 그동안 일하다가 韓國 事情을 報告하기 爲하여 美國에 가서 活動中이고 헤인스 바울 宣敎師는 韓語를 工夫하기 爲하여 來九月까지 限하고 日本 東京에 滯留中이고 엘마 길보른, 헤인스 메리드 兩宣敎師는 現在釜山에 駐在하여 從前의 使命을 다하고 있다더라.[38]

당시 각처에서 모여든 학생수는 약 150명으로 교장 이명직 목사를 중심으로 천막이나, 판자 교실과 같은 열악한 교육 환경 속에도 불타는 향학열을 보였다.[39] 1953년에 와서 서울신학교는 '서울신학대학'으로 대학인가 수속을 밟으면서 3월 17일 졸업식에는 본과 11회 졸업생 28명, 별과 5회 졸업생 4명 등 총32명을 배출하고, 본과와 별과를 합쳐 86명이 재학하고, 일년에 110명씩 신입생을 모집하는 등 전란 중에서도 발전일로에 들어섰다.[40] 피란신학교가 제자리를 잡아가는 중에 동래 피란신학교가 개강할 때 대구를 중심한 최정원(崔正元) 목사가 연경원(硏經院)이란 야간성경학교를 개교하여 대구신학으로 발전함으로 이들을 흡수하여 단일화하려는 계획이 무산됨으로 소위 '임마누엘교회 사건'으로 인해 진통을 맛보기도 하였다.[41]

---

38)「活泉」, 238호 (1953. 4), 40.
39) 李泉泳,『聖潔敎會史』, 110.
40)「活泉」, 238호 (1953. 4), 40.
41) 최정원 목사의 대구신학, 임마누엘 교회사건은 다음 연구주제로 남겨두고자 한다.

### 3) 성결교회의 피해와 재건

① 성결교회의 피해

6·25 한국전쟁으로 인한 인명 손실은 남한에서만 사망 및 실종이 962,000명(군인 210,707명, 민간인 704,263명)이었고[42], 전쟁 초기 곧 제1차 남하 때 이미 광공업을 비롯한 주요 산업시설은 큰 피해를 입었다.[43]

앞서 잠시 언급한 바 남한교회의 저명한 교역자들과 신학자들의 북한으로 납북되어 순교하거나, 납치당한 교역자는 민경배 교수에 의하면 장로교 177명, 감리교 44명, 성결교 11명, 성공회 6명 등 238여 명에 이르렀다.[44] 그러나 기독교대한성결교회는 납북자로 박현명, 박형규, 이건, 김유연, 유세근, 최석모 목사 6명과 6·25 동란 전후에 체포되어 행방불명된 자로 박태준, 함석진, 서두성, 김상운, 김성달, 오계식, 정운학, 변남성 목사와 최애주, 김영태 전도사 10명 등 총 16명을 들고 있다.[45] 그러나 15명이 정확한 통계이다. 그것은 변남성 목사는 1939년 소천하였기 때문이다.[46] 또한 파손, 손실된 교회의 수는 남한에서만 장로교 541교회, 감리교 239교회, 성결교 106 교회 그리고 구세군 4영문 등 기타 교파에서도 그 손해가 막심

---

42) 安秉永, "6·25가 미친 정치적 영향", 『현대사를 어떻게 볼것인가?(2)』, 401.
43) 李大根, "6·25가 미친 경제적 영향", 『현대사를 어떻게 볼 것인가?(2)』, 419.
44) 閔庚培, 『韓國基督敎會史』, 526.
45) 오영필, 『성결교회 수난기』 (서울: 기독교대한성결교회 출판부, 1971), 100-44, 354.
46) 정상운, "변남성-개혁의 젊은 주자", 『성결교회인물전』4집 (서울: 도서출판 두루, 2000), 116.

하였다.[47]

또한 6·25 한국전쟁 당시 인민군에 의해 순교당한 성결교 교인들은 교역자들을 포함하여 지금까지 사료에 의해 나타난 바 총 154명에 해당한다. 순교자의 명단은 김영범(이원), 함남 북청교회 조한수, 정용현(신천), 웅기교회 이정순(종성), 오덕삼(평양), 회령교회 김인석, 전기찬(혜산진), 신고산교회 강축수(병사), 이주홍(영흥) 등 목사 9명과 문준경(중동리), 임수열(강릉) 전도사 2명, 문봉교(신천), 윤응대(신의주), 김호련(함흥) 장로 3명, 이인석(여량) 영수 1명, 김지봉(신안주), 전모(全某, 신안주), 노형래(대전형무소)[48] 집사 3명 총 17명을 비롯하여 병촌교회 정수일 집사를 비롯한 66명, 그리고 임자도 진리교회 이판일 장로를 비롯한 48명, 정읍 두암교회의 김용은 목사 가문의 23명(정읍 제1교회 박호준 집사 포함)이 순교의 잔을 마시게 되었다.[49]

그러나 한국전쟁 시 순교자는 154명 이상으로 사료될 수 있다. 그것은 앞서 언급한 웅기교회 이정순 목사는 포함되었으나 목사 9명에 포함되지 않은 자 중에 신북청에 전기찬 목사, 청진에 박태조 목사 등도 순교한 것으로 간주되고, 평양 중심으로 남하하지 못한 교직자 가운데 김상은 목사(楊市성결교회), 함석진 목사(신의주), 김성달 목사(의주), 이기백 장로(해주교회)도 순직으로 알려지고 있기 때문에 이들 6명을 포함하면 성결교회의 순교자 수는 총 160명에 달한다고

---

47) 閔庚培, 『韓國基督敎會史』, 526.
48) 한성성결교회 노형래 집사는 도둠, 비인, 태성, 길산교회를 순회 하며 전도사역을 감당하다가 1950년 7월 26일 서천읍 소위 자유대 사무소에 체포감금되어, 8월 3일 대전형무소에서 화형당하였다.
49) 오영필, 『성결교회 수난기』, 351-4참조. 오영필은 순교자 수를 154명으로 파악하고, 「韓聖」 431쪽에서는 156명으로 계산하고 있다.

볼 수 있다.[50]

북한지역의 성결교회는 해방 이후와 한국전쟁 중에 남하했거나, 위에 언급한 것과 같이 미처 남하하지 못하고 교회를 지킨 교직자들의 희생(순교, 또는 강제 노동에 끌려감, 지하로 도피)과 함께 교회는 폐문(閉門)되었고, 그 자취는 전쟁의 포연과 함께 사라지게 되었다.

② 재건과 구호 활동

전쟁의 위기 속에서 교회는 신앙부흥의 일환으로 교회재건과 전도활동에 나섰다. 인명의 손실과 교회당의 파괴, 기독교 기관이 폭격과 화재로 소실되는 등 그 피해의 정도는 대단히 컸다. 교회재건운동은 1952년 1월 14일 한국기독교연합회(NCC)의 주도하에 각 교파를 망라한 재건연구위원회가 결성됨으로써 시작되었다.[51] 이 위원회의 활동은 2월 29일에 한국교회재건의 사명을 띤 기독교세계봉사회, 국제선교협의회, 기독교국제연합위원회의 세계적 기관의 3대 표들이 내한함으로써 활기를 띠게 되었으며, 이때로 부터 각 교파별의 재건운동은 본격화되었다.[52] 장로교회는 1953년 6월 2일에 열린 선교협의회에서 한국교회를 조속히 복구할 것을 결의하였고, 감리교회도 1954년 6월 22일 미국 선교본부 로부터 복구위원들이 내한한 것을 계기로 하여 교회 복구사업을 구체적으로 착수하였다.[53]

1951년 9월 8일 동양선교회는 주한 선교부를 재발족하여 부산으

---

50) 李泉泳, 『聖潔教會史』, 116
51) 김홍수, 『한국전쟁과 기복신앙 확산연구』, 80.
52) 郭安全, 『韓國教會史』 (서울: 대한기독교서회, 1973), 211-2.
53) 김홍수, 『한국전쟁과 기복신앙 확산연구』, 80-1.

로 피란 간 교역자들과 피란총회, 피란신학교를 돕는 재정적 도움을 주며, 선교사 4명을 파송하는 등 한국성결교회와의 관계를 재개하며, 아낌없는 원조를 하였다.[54] 또한 1953년 동양선교회 본부 이사장인 어니 박사가 직접 내한하여 4월 18일에는 대전에 폐환자(肺患者)를 위한 성결교회의 특수교회인 애경원(愛敬園)교회[55] 봉헌식에 참석하고, 4월 22일부터 개최되는 제8회 한국성결교회 총회에 참석하여 설교를 하는 등 한국전쟁으로 파괴된 성결교회를 시찰하고, 격려하였다.[56]

한국성결교회는 1952년 7회 총회(피란 2차 총회)를 가지며 동양선교회의 경제적 원조에 대해, 다소나마 부분적인 경제적 자립을 통해 선교비를 감소시키므로 정치적 자치를 함께 꾀하려 했다. 그러나 이 일은 실패로 돌아갔고, 1953년에도 동양선교회에로부터 막대한 재정적 후원을 받았다.[57] 다음의 8회 총회 선언서는 당시 성결교 지도부의 심정을 잘 말해준다:

> 우리로서 붓그러움을 늣기는 바는 第七回 總會時에 우리들이 아멘으로 決心하기는 現今 宣敎本部에서 이렇게 授助하여 주는 機會를 捕捉

---

54) 「活泉」, 238호(1953. 4), 41-2.
55) 세계적인 부흥사 피얼스(Rev. Piers) 목사는 1950년 한국전쟁 전후로 내한하여 부흥회를 통해 큰 성과를 거두었고, 애경원과 특수교회 설립도 도와 대전 용두동에 50여평되는 건물을 신축하게 하였다.
56) "第八回 總會印象記", 「活泉」, 239회 (1953. 5), 2-3
57) 1951년도에 동양선교회로부터 받은 보조금은 ① 총회 회계결산 보고(1951년도)에 의하면 일년총회 총수입금 4,082,000환 중에 총회경비 보조금(선교사 보조금)이 3,000,000환을 차지했고 ② 서울신학교 1951년 회계 결산 보고에는 총수입 110,065,700환 중에 선교사 보조금은 104,964,000환이었다. 『基督敎大韓聖潔敎會 第七回 總會議 事錄(1952年)』, 9, 36.

하여 實力을 養成하야 宣敎費를 縮少시키고 우리의 自治量을 더욱 넓혀야 할 것을 期하였으나 그 期待하였든 것과 같이 實行되지 못함을 붓그러워 않이 할 수 없는 일이다.[58]

1953년 총회선언서를 보면, 일년 기간 동안 동양선교회의 재정적 후원에 힘입어 한국성결교회는 파괴된 교회당을 복구하고, 교역자의 생활보조비를 지급하였다. 그리고 30명의 종군목사[59]를 군대에 파송하고, 십자군 전도대[60]를 6대(六 隊)로 나누어 순복음을 전국 각지에서 전하게 하였고, 고아원과 양로원을 세우고, 서울신학교[61]와 교수 십수인과 약 300명 학생을 양성하는 등 전란 중에도 활발한 활동을 하는 발전된 모습을 보이고 있다.[62] 한국성결교회는 한국전쟁 3년 기간동안 피란생활 가운데서도 전도와 신개척에 힘쓰다가 1954년 4월 환도 총회를 계기로 교회재흥에 총력을 기울였다. WRC(세계구호 위원회)와 WCS(기독교 세계봉사회)가 도왔고, UN군 부대도 건축자재를 지원하였고, 환도 후 IBRD자금도 도움을 주어 충무로

---

58) 「基督敎大韓聖潔敎會 第八回 總會議事錄」 (1953年), 2-3.
59) 1953년 총회 대의원 명부에는 양석봉, 오봉은 목사가 종군목사를 대표하고 있다.
60) 십자군 전도대는 동양선교회의 십자군 전도운동이라는 선교정책의 일환으로써 한국전쟁(1953년 8회 총회)기간에 6개대가 아닌 4개대로 재구성되었는데, 총책임에 김창근 목사, 총무 김희택 목사 그리고 1대 대장 장이초(황성지구), 2대 대장 최창도(원주지구), 3대 대장 천세광(충주지구), 4대 대장 조기성 목사(제천지구)가 맡았다.
61) 1953년 서울신학교(피란신학교) 교수진은 교장 이명직 목사, 교감 김창근 목사, 교무과장 황성택 목사, 학생과장 문이호 목사, 서무과장 한영환 교수로는 김응조, 장창덕, 황경찬, 이천영, 메리드, 헤인쓰, 강사로는 이규용, 교관으로는 박정식, 여사감 전혜완 총13인이었고, 1951년 졸업생 별과 11명, 1952년 53명(본과 44명, 별과 9명), 1953년(5월) 32명(본과 28명, 별과 4명)을 배출했고, 53년 당시 192명 재학생이 있었다.
62) 「基督敎大韓聖潔敎會 第八回 總會議事錄」, 2-3.

교회를 비롯하여 130여 교회를 재건하였다. 월드비젼(선명회)도 동양선교회를 통해 성결교회 재건에 참여하여 자선과 구호사업을 통한 선교활동에 큰 기여를 했다. 교회재건이 활발하게 일어나는 중에 신개척 교회도 크게 증가하였다.[63] 1956년 8월까지 각 교파별 새로 설립된 교회 수 통계에서 장로교 1,200교회, 감리교 500교회, 성결교 250교회, 기타 교파 100교회로 약 2,000교회가 설립되었다.[64] 1955년 교세보고 통계표에 나타난 바 성결교회 교회 수는 353개소였고,[65] 1956년 교세 통계표에는 383교회로 나와있다.[66]

## Ⅳ. 6·25 한국전쟁이 성결교회에 미친 영향 분석

1953년 7월 27일 휴전 협정의 조인과 함께 20세기 한국 역사에서 가장 비극적인 그리고 20세기 세계사의 한 중요한 전환기적 사건이었던 6·25전쟁이 멈추었다. 그러나 어떤 변형이나 발전으로 각색되면서도 그것의 원상은 현대 한국사의 자장(磁場)을 이루며 많은 역사의 부분들이 그것에 흡인되고 있는 사실을 간과할 수 없다.[67] 전쟁과 그 여파는 사회현상의 세 가지 측면인 사회질서와 규범, 퍼스낼리티를 변형시키거나 손상시켰고, 그 영향은 오늘날 까지도 우리 사회의

---

63) 『韓聖』, 439.
64) 郭安全, 「韓國敎會史」 (서울: 大韓基督敎書會, 1973), 213.
65) 「基督敎大韓聖潔敎會 第十一回 總會議事錄」 (1956), 62.
66) 「基督敎大韓聖潔敎會 第十二回 總會議事錄」 (1957), 64.
67) 고은, 『1950년대』 (서울:청하, 1989년), 13-4 ; 『한국전쟁과 기복신앙 확산연구』, 30에서 재인용.

여러 부분에서 작용하고 있다.[68] 한국전쟁은 한국성결교회에 영향을 미친 바 그것을 몇 가지로 나누어 분석하면 다음과 같다.

첫째, 6·25 한국전쟁은 남과 북에 산재한 성결교회를 남한 중심의 성결교회로 이동하여 편중화시키는 결과를 낳게 했다.

전쟁은 한국사회를 크게 변형시켰지만, 가장 큰 변화는 피난민으로 인한 대규모의 인구 이동과 기존의 사회계층의 질서를 붕괴시킨 것이다. 1944년에 남한의 인구는 1,588만 명이었으나 광복 후 1949년에 이르러 2,019만 명으로 폭증하였다.[69] 1945년 이후부터 1953년 정전까지의 북한 태생으로 북에서 남으로 이동한 순수한 월남자 인구는 84만 명을 약간 상회하는 것으로 보인다.[70]

앞서 언급한 대로 이 기간 동안 대략적으로 130여 만 명이 북에서 남으로 월남하였는데, 북한 지역의 성결교 교역자들도 대부분 이 기간동안 남으로 이동함으로 지역적으로 반쪽에 불과한 남한 중심의 성결교회로 발전하는 남한 편중화라는 불균형을 보이고 있다.

둘째, 6·25 한국전쟁은 동란 초기에 총회와 신학교 핵심 교역자들의 납북으로 인해 지도력의 공백을 보였고, 이것은 신사참배 문제로 자숙하던 이명직 목사를 다시 성결교회 일선으로 복귀시키는 결과를 초래함으로써 일제 잔재를 청산하는 역사적 명분을 잃고 세대교체로 인한 지속적인 개혁 발전도 꾀하지 못한 채 해방 이전의 성결교회와 크게 다를 바 없는 답보협상을 가져오게 하였다.

앞서 살펴본 바, 이명직 목사는 1950년 한국전쟁으로 인해 이건

---

68) 김홍수, 『한국전쟁과 기복신앙 확산연구』, 30.
69) 김홍수, 『한국전쟁과 기복신앙 확산연구』, 30
70) 강정구, 『분단과 전쟁의 한국현대사』 (서울: 역사비평사, 1996), 280.

교장, 박현명 총회장의 납북으로 인한 지도력 공백의 기간에 교단 총회장과 신학교 교장 그리고 활천의 주간, 발행인을 다시 맡게 되었다.

셋째, 6·25 한국전쟁은 일제 당시 1940년 10월에 들어와 일제에 의한 강제적인 선교사 추방을 통해 얻어진 정치적 자치권 행사에 있어서 경제적인 문제로 동양선교회에 예속되고, 향후 그 관계를 다시 조율해야 하는 결과를 갖게 하였다.

한국성결교회는 해방 이후 교단 명칭에서 '동양선교회'를 빼고 국호인 대한민국을 반영하여 '기독교대한성결교회'로 명명하고, 동양선교회에 종속되지 않는 자주적인 교단 운영을 도모하였다. 그러나 한국전쟁으로 인해 '생존'이라는 절대적인 필요로 인해 동양선교회의 경제적인 원조를 받게 됨으로 동양선교회와의 관계가 복원되었다. 그러나 다행스럽게도 한국전쟁 이후의 한국성결교회와 동양선교회와의 정치적 관계는 해방이전 이사회의 지배를 일방적으로 받는 종속적 관계가 아닌 협력관계로 발전되어 나간 것을 볼 수 있다. 1955년 개정된 헌법은 해방 후 가진 1회 재흥총회에서 헌법개정을 결의하고, 다음 해인 1947년 제2차 총회에서 개정한 이사회 제도를 폐지하고 대의정치인 총회제도를 채택한 것을 그대로 표방하고 있다. 다음은 1955년 개정헌법 중의 '제1조 기독교대한성결교회의 기원 및 연혁'의 일부분이다 :

> 1940년 10월에 한국에 주재하던 선교사의 철수를 계기로 하여 한국성결교회는 비로소 완전히 독립하게 되었다. 1945년 8월 15일 - 이날 한국이 일본제국의 가혹한 속박에서 벗어나게 되었으니 - 기독교조선성

결교회(基督敎朝鮮聖潔敎會)라는 이름으로 일어나 동년 11월 9, 10 양일에는 제1회 총회를 서울에 소집(召集)하고, 제정된 헌법(憲法)을 발표(發表)하였으니 이것이 본 교회의 획기적 또는 역사적 발족의 제 일보였다.[71]

1956년 11회 총회에서 '선교부 방문결과 보고' 내용 가운데 다음의 내용은 의미심장하다:

> 3. 宣敎協議會 組織與不의 件은 總會와 宣敎部 間에 發展과 建設的인 協助와 理解와 祈禱를 가지기 爲하야 組織하기를 布望하는 바이며 名稱과 構成其他一切는 總會에 一任하겠으며 宣敎部 側에서 五名을 參席케 한다고 하였음.[72]

그러나 이러한 변화된 모습에도 불구하고 1955년에 가진 10회 총회 '경리 보고'를 보면 총 수입금 15,465,846환 중에 선교부 지원비가 수입의 대부분에 해당하는 15,441,488환을 차지하는 경제적인 예속관계를 벗어나지 못했다. 이 일은 점차 한국성결교회의 발전을 통해 극복되었다.

넷째, 6·25 한국전쟁은 성결교회로 하여금 전쟁을 치루고 난 뒤 이데올로기 중에 북한에 대한 적개심과 결부된 반공 이데올로기가 해방이후 보다 더욱 고착되는 결과를 갖게 하였다.

---

71) 「基督敎大韓聖潔敎會 第十回 總會議事錄」 (1955年), 15-6.
72) 「基督敎大韓聖潔敎會 第十一回 總會議事錄」 (1956年), 45.

이것은 1956년 11회 총회에서 성결교회 교역자는 정치운동에 관여하지 말아야 한다고 건의안이 통상회(通常會)에서 논의되어 가결되었지만[73] 자유당 정권과 이후 군사정권 시절 정치와 이데올로기의 폭력 앞에서도 예언자적인 비판 기능을 상실하는 모습을 드러냈다.

또한 이 일은 한국전쟁이 끝난 후 1960년대로 들어서면서 용공(容共)과 반공(反共)의 문제로도 발전되어 한국복음동지회(NAE, National Association of Evangelical)의 반공주의 노선과 세계교회협의회(WCC, World Council of Churches)의 에큐메니칼 노선과의 충돌로 인해 결국 이것은 예성과 기성이라는 교단 분립의 한 요인이 되기도 하였다. 교단분립의 요인으로는 한국전쟁으로 인한 교회의 피해에 대한 외국선교기관의 구호물자 배부와 관련된 이해 관계도 한 몫을 차지했다. 교단분립의 요인은 추후에 다시 집중적으로 논의하기로 한다.

지금까지의 영향 이외에도 한국전쟁은 동양선교회 지원을 통한 십자군 전도대의 조직과 활동을 통해 선교에 주력하는 모습을 갖게 되었고, 동란시에 군목 파견을 통해 군복음화의 일익을 감당함으로 군 선교에 크게 기여하게 하였다.

## V. 닫는 글

지금까지 살펴본 바, 1950년 6·25 한국전쟁은 국내외적으로 큰 영향을 미쳤을 뿐 아니라 한국성결교회에도 상당한 변화를 가져오

---

73) 「基督教大韓聖潔教會 第十一回 總會議事錄」 (1956年), 45.

는 영향을 끼치었다.

　성결교회는 해방 이후 1950년에 들어오기까지 짧은 시간에 과거 선교사에게만 의지했던 양태를 벗어나 정치적인 자치와 경제적인 자립의 기틀을 다지며 교단과 신학교에 있어서 장·감에 비해 도약의 발판을 마련했다. 그러나 1950년 한국전쟁의 발발로 인해 교회 재건의 노력이 무산되고, 교단 지도자들과 신학교 교수들이 납북됨으로 지도력 공백이 생기고, 154명 이상이 순교하며, 106교회가 파괴, 손실됨으로 1943년 일제에 의한 강제적인 교단 해산 이상으로 큰 수난을 당했다. 따라서 교회의 복구에 있어서 동양선교회의 재정적 원조를 받음으로 한국성결교회 내에 동양선교회의 활동이 재개되고, 성결교회 본연적인 특성인 선교 열정으로 인해 종전 직후 353 교회로까지 교회가 복구, 개척되고 단기간에 신학교가 정상화 수준에 올라서는 빠른 복원력을 보였다. 지금까지 연구된 바에서 도출한 바 결론적 제언은 다음과 같다.

　첫째, 6·25 한국전쟁으로 인해 성결교회는 동양선교회와의 관계가 경제적인 지원으로 재개되었지만, 그 관계 설정은 과거와 같이 일방적인 정치적 종속적 관계가 아닌 주체적인 관계에서 상호 협력 관계로 발전시켜 나갔다. 한국전쟁 기간 그리고 그 이후 성결교회 재건에 있어서 동양선교회가 차지한 공헌은 재기에 있어서 결정적이었음을 간과해서는 안 된다. 1932년 자치 선언 이후 보인 고압적이며, 일방적인 동양선교회의 모습과 사뭇 다른 면을 볼 수 있다. 외국 선교부가 성결교회에 끼친 영향은 부정적인면 뿐만 아니라 긍정적인 측면에서도 평가하는 통합적 시각이 요청된다.

　둘째, 6·25 한국전쟁으로 인해 성결교회는 주체적인 개혁을 추구하던 교단 수뇌급 인사들의 상실로 인해 부일행각에 직·간접적으로 앞장섰던 과거와의 단절을 통한 새로운 역사적 전기를 갖지 못하고 보수 지향적인 상태에 다시 머물렀다. 성결교회는 과거의 역사적 반성과 함께 단계적인 세대교체를 통한 지도력 이양을 통해 미래를 향해 나가는 의식전환이 당시에 필요한 것을 발견한다. 이것은 비단 친일에 관한 문제와 결부된 것만은 아니다.

셋째, 6·25 한국전쟁으로 입은 한국성결교회의 피해는 단순히 건물 복구와 피해 상황 조사로 그칠 것이 아니라, 신앙을 위해 피를 쏟은 순교자들의 신앙적 자세와 교훈을 배우고, 되새기는 실증적인 역사적 기록과 함께 이것을 보존, 확산시키는 일에 성과 위주의 어떤 가시적 형태의 사업보다도 중요함을 인식해야 한다. 이 일은 비단 한국전쟁과 관련해서가 아니라 신사참배에 항거한 순교자들도 포함하여 기성과 예성 연합으로 좀더 내실 있게 유적지 보존과 관리, 홍보를 위해 성결교회 100주년 기념 역사유물관을 건립하는 역사 바로 세우기 운동이 요청된다.

넷째, 6·25 한국전쟁으로 인해 북한지역의 성결교회가 완전히 강제 폐쇄, 말살됨으로 남한교회 중심의 성결교회 발전이 이루어진 바, 남북이 통일을 향한 열기와 정치적인 잦은 행보가 있는 이 시점 북한교회 재건에 대한 구체적인 실제적 대안과 준비가 필요하다.

[한국복음주의역사신학회, 「역사신학논총」2집(2000년)]

# 18

## 한국성결교회의 분립

## 18

# 한국성결교회의 분립

## I. 여는 글

한국성결교회는 1907년 5월 30일 조선 땅 한 중심인 경성에서 '동양선교회 복음전도관'이란 간판을 내걸고 출발하였다. 1907년은 평양대부흥운동이 절정에 달했던 '한국의 오순절 해'로서 1893년 미국 장로교와 북감리교 선교회가 체결한 선교지 분할정책이 뿌리를 내려 이미 이 땅에서는 장로교, 감리교가 한국 개신교의 주류를 형성하고 있던 때였다. 1907년 장로교의 교세는 989개 교회당과 예배처소를 갖고 있었고, 장로 53명, 1만 9천명의 세례 교인을 포함한 총교인수 약 7만 명을 차지하고 있었다.

장로교와 감리교의 주무대가 되어버린 당시 상황에서 어디 한 곳 비집고 들어가 교회를 세울 곳이 없는 형편이었지만 정빈과 김상준 두 전도자는 오로지 뜨거운 복음전도의 열정으로 '순복음(純福音)'으로 불리운 사중복음을 전파함으로 한국교회 역사에 성결교회의 새로운 장(場)을 열었다.

성결교회는 처음 출발할 때 복음전도관 체제였으나 선교 본위의 기성교단으로 전환하여 3,300여 개 교회의 교세를 가진 한국교회의 대표 교단중의 하나로까지 성장하였고, 이제 4년 후면 창립 100주년이라는 역사적 전기를 맞이하게 되었다. 그러나 한국성결교회는 지나간 90여 년이라는 역사적 과정을 거치면서 발전과 전진만을 거듭하지 않고 작고, 큰 교단 분립이라는 갈등과 진통의 역사도 갖게 되었다.

작게는 1936년 성결교회 1차 분규를 통해 하나님의 교회가 떨어져 나갔고, 크게는 1961년 성결교 16차 총회에서 시작된 갈등과 대립은 결국 1962년 예수교대한성결교회(예성)와 기독교대한성결교회(기성)로 성결교회가 크게 둘로 양분되었다.

작금의 한국성결교회의 분위기는 과거 예성과 기성이라는 대립과 갈등, 반목을 넘어서서 외견상으로는 연합과 일치운동으로 진행되어 나가는 한층 고무된 모습이다.

예성과 기성으로 분립이 되었지만 1988년 예성과 기성의 뜻있는 사람들이 모여 순수한 학문적 입장에서 성결교 역사와 문학연구를 목적으로 '성결교 역사와 문학연구회'를(창립 발기인 예성 정상운 교수와 기성 백수복 목사 2인) 태동시킨 것을 필두로 하여 부분적으로 양교단의 교류와 협력사역이 시작되었다. 그러던 중에 2000년에 들어와서 이보다 구체적으로 예성과 기성 교단 사이에 '한국성결교 교류협력위원회'가 구성되어 실제적인 교류와 협력의 길이 열리게 되었다. 이것은 2001년 4월 '한국성결교회연합회(한성연)' 창설로 발전되었고, 한 해 뒤인 2002년에는 한성연 신학분과위원회(위원장: 정상운)를 비롯한 제분과위원회가 조직되어 양 교단 상호 교류와 협력 증진이라는

연합회 공동목표에 부합한 사업을 계획하고 실행하게 되었다.[1]

그것에 대한 대표적인 실례는 2002년 가을 학술논문집 발간과 양 대학에서 개최된 공동학술대회를 통해 양 교단의 신학적 일치를 확인하고, 공유하였던 신학분과위원회의 업적을 들 수 있다. 혹자는 일치와 화합의 시류에 역행하는 예성과 기성교단 분립연구가 양측에 과거 상처를 다시 건드려, 부정적인 모습을 드러냄으로 정통성 시비로 인해 논쟁을 재차 유발하는 결과를 가져다주지 않느냐?라는 조심스런 질문을 할 수 있다. 그러나 본 연구의 목적은 과거 지향적 연구가 아닌 새로운 역사 창출을 위한 미래지향적인 지표를 연구목적으로 삼는다.

왜냐하면 과거 역사에 대한 올바른 이해 없이는 오늘의 문제와 상황을 바르게 직시하거나 분석할 수 없고, 내일의 발전적인 방향을 도출할 수 없기 때문이다. 양 교단의 일치와 협력 문제는 과거 분규 역사의 정확한 이해와 역사적 반성과 고백 없이는 피상적이고 형식적인 단시적 연합운동과 정치적인 하나됨의 외장에 불과하기 때문이다. 지금까지 1962년 성결교회 분립사건은 기성측의 일방적인 연구와 해석에 치중되어 성결교회 내외에 각인되었고 보편화되었다. 이 점에 있어서는 기성측의 편향적인 자기 시각에서 갖는 역사 서술의 문제보다도 예성측에서의 1962년 분립에 대한 분명하고도 책임감 있는 역사 이해의 부족과 예성과 기성의 입장을 뛰어넘어 한국성결교회 전체에서 조명하는 균형잡힌 역사서술이 전무한 것이

---

1) 한국성결교회 분규는 1936년과 1961년 이외에 더 세밀하게는 1973년 예수교대한성결교회내에서 발생한 연합(혁신 측)교단의 분규와 1996년 광림하우스에서 개최된 교단총회와 비상총회까지 들 수 있다.

더 큰 문제점으로 남는다. 미래를 향한 진정한 하나 됨으로 나가는 역사서술은 한 쪽의 일방적인 서술로 대중화되거나, 보편화되어서는 안 된다.

## II. 1960년대 역사적 상황

### 1. 1960년대 전후의 상황

8·15해방 후 국토가 양단된 비극적인 상황 속에서 민주국가 대한민국은 6·25 한국전쟁을 통해 또 하나의 민족적 비극을 치르는 동안에 이번에는 안으로부터 큰 시련을 치러야 했다. 과도기적 사회 변천과정에서 한국사회는 경제적 불안정과 더불어 연쇄적으로 일어난 사회적 무질서 속에 불안과 실업률이 점증되었고, 새로운 가치관이 확립되기 전에 기존의 전통적인 윤리관은 파괴되어 갔다.[2] 6·25 한국전쟁을 전후한 한국의 정치적 상황도 예외는 아니었다. 이승만 자유당 정권은 처음과 달리 한국이 가고 있는 방황과는 아랑곳없이 권력유지에 긍긍(矜矜)하였고, 정치적 부패와 부정은 1960년 3월의 정부통령 선거에 이르러 그 절정에 달하였다. 마침내 3.15 부정선거는 학생들의 저항을 일으키는 4.19 혁명을 일으켰고, 한국사회는 극도의 혼란과 대결의 국면으로 나아갔다.[3]

---

2) 韓㳓劤, 『韓國通史』(서울: 乙酉文化社, 1970), 588-89.
3) 韓㳓劤, 『韓國通史』, 590-1, 『基督敎大韓聖潔敎會 第十回 總會議事錄』.

## 2. 한국교회의 상황

4·19 학생 혁명이 있은 이후 한국교회의 많은 지식인들과 지도자들은 정치 및 사회에 대한 의식을 새롭게 하였다. 교회가 무분별하게 정부를 맹목적으로 지지한 사실에 대하여 반성하며 공개적으로 사과하는 이들 가운데는 기독교 윤리에 관심을 가지는 자유주의적이며 진보적인 신학의 배경을 가진 교육지도자들이 많았다.[4] 보수적인 교회지도자들은 여전히 정치와 교회의 분리를 명분으로 내세우면서 정치에 관여하지 않는다고 하였다. 5·16 군사 혁명이 일어난 이후에는 더욱 그러한 영향으로 나타났다. 그러나 정치에 대한 무관심과 불관여는 정부에 무조건 순응하며 동조하는 결과로 나타났다. 가령 대통령 조찬기도회는 교회지도자들의 성원과 충성의 다짐을 과시하는 집회였다. 따라서 자유주의적인 신학의 배경을 가진 교회지도자들과 보수주의 시각을 배경으로 한 교회지도자들이 정치 문제를 두고 서로 대립되는 길을 걷게 됨으로써 서로 간의 입장은 더욱 양극화로 나타났다.[5]

이러한 1960년대의 한국교회의 양극화 현상은 전혀 새로운 것이 아니라 해방 이후 1950년대를 거쳐 이미 한국교회에서 서서히 드러나는 현상의 연속과 일부분에 불과했다. 한국교회 역사를 보면, 1950년대는 분열과 반목의 비극이 연속된 시기였다. 그 대표적인 예로 1950년대 3차례나 분열을 거듭한 장로교를 들 수 있다:

---

4) "한국정변과 교회의 반성", 『基督敎思想』, (1960.6); 48-57, 金英才, 『韓國敎會史』, 275에서 재인용.
5) 金英才, 『韓國敎會史』 (서울: 개혁주의신행협회, 1992), 276.

1950년 6·25사변으로 남북이 나뉘어 동족 간에 서로 죽이고 죽는 피 흘리는 비극을 세계 앞에 노정시키고 말았다. 6·25가 남기고 간 유산은 민족과 강토의 나뉨, 그것뿐 아무것도 아니었다. 민족과 강토가 나뉘면서 교회도 나뉘었는데, 특히 장로교회가 50년대에 세 번씩이나 나뉜 것은 실로 가슴아픈 일이 아닐 수 없다. 61년에는 소위 통합, 합동이라는 두 개의 교단으로 나뉘게 된 것이다.[6]

한국장로교는 6·25 한국전쟁 중에 경남노회에서 분파된 고신파를 주측으로 소위 경남법통노회를 조직해서 동노회의 이름으로 별도의 총회를 대행하는 행정조직기구를 갖춤으로 고신파 분열을 갖게 되었고, 김재준 교수의 진보적 신학이나 성서의 문서설이 문제가 되어 급기야는 1953년에 기장 분열을 초래했고, 1959년에 또 한 차례의 분열을 갖게 되어 승동파라 불리는 합동측과 연동파라 불리는 통합파로 분열되어 지금까지 하나로 화합하지 못한채 평행선을 긋고 있다. 예장 합동과 통합의 분열을 가져다준 원인은 다음의 세 가지 사건으로 요약할 수 있다.

첫째는 장로교 신학 기지매입을 둘러싼 총회신학교 교장 박형룡 박사의 3천만환 부정인출사건, 둘째는 에큐메니칼 운동을 지향하는 WCC 탈퇴 문제이고, 셋째는 1958년 5월 14일 경기노회 총대 선출시에 검표과정의 부정을 둘러싸고 일어난 시비로 인해 야기된 1959년 제44회 대전총회의 경기노회 총대 선정 사건이다.

따라서 한국교회를 대표하는 대교단인 장로교의 1950년대의 계

---

6) 金仁洙, 『韓國基督敎會』 (서울: 한국장로교출판사, 1994), 348.

속적인 분열은 1960년대에 와서도 당시 사회적 상황과 맞물려 서로 간의 다른 신학적 입장을 그대로 드러내며 반목과 대립을 나타내었다. 또한 당시의 급속하게 진행된 WCC와 NAE 더 나아가서 ICCC라는 국제 기독교 기구의 교류에 있어서 첨예한 양극화 현상을 보이며, 분열이라는 바이러스를 한국교회에 퍼트리는 상황을 연출했다.

## III. 예성과 기성교단의 분립

위에서 살펴본 바와 같이 1950년대에 장로교에 불어 닥친 교단 분열의 여파는 적지 않은 영향을 한국성결교회에 미치었다. 1992년 기독교대한성결교회 역사편찬위원회에서 출간한 『韓國聖潔敎會史』에서는 교단분립의 원인을 첫째는 물질 관리문제, 둘째는 수구와 개방문제, 셋째는 연합기관 탈퇴문제 3가지로 설명한다.[7] 그러나 분립의 주요인은 6·25 한국전쟁이후 NCC, NAE, OMS를 통한 구호물자 배급과 관련된 문제도 없지 않지만, 1961년 성결교회 분립의 직접적 요인은 NCC와 NAE 연합기관 탈퇴문제에서 직접적으로 비롯되었다.

---

7) 기독교대한성결교회역사편찬위원회,『韓國聖潔敎會史』(서울: 기독교대한성결교회 출판부, 1992), 473.

## 1. NCC와 NAE

### 1) NCC와 성결교회 가입

한국교회는 선교사연합회(1905년)로부터 시작하여 장·감연합회(1911년)가 조직되어 최초로 교회연합사업을 위한 단체가 조직되었고, 1924년 조선예수교연합공의회를 조직하여 세계교회와의 관계를 맺게 되었다. 1945년 8월 15일, 일제로부터 해방됨에 따라 교회도 본연의 기능이 부활되었다. 그리고 1946년 9월 3일에는 KNCC(Korean National Council of Church, 한국기독교연합회)가 창립되었다.[8] 여기에는 장로교, 감리교, 구세군 그리고 국내의 각 선교부와 교회기관들이 가입되었고, 성결교도 가입하여 국외단체와 아무런 연관 없이 결성된 한국기독교연합회의 연합사업에 적극적으로 참여하였다. 한국기독교연합회(KNCC)의 목적은 회원 상호 간의 경험과 사상을 교환하여 친선과 협조를 도모하고, 그리스도의 교훈 안에서 전도사업과 봉사 사업을 증진하며, 전체적인 기독교연합운동을 도모하기로 되어있다. 초대 총무로는 임영빈 박사가 추대되었다.[9] KNCC가 결성된 후 2년 뒤인 1948년 8월 WCC 창립총회가 전후의 재건과 재생의 기대감을 안고 네덜란드 암스텔담에서 개최되었다.[10] 8월 22일에 개최된 WCC(World Council of Churches, 세계교회협의회) 제1회 창립총회에 한국교회에서는 한국장로교 대표로서 총무인 김관식 박사와 엄요섭 목사를 파

---

8) 박영호, 『WCC운동 비판』 (서울: 기독교문서선교회, 1984), 173.
9) 박영호, 『WCC운동 비판』, 173.
10) Ernest W. Lefever, 전호진역, 『암스텔담에서 나이로비 대회까지』 (서울: 한국기독교교육연구원, 1981), 29.

견하고 가입 수속을 밟았다.[11] 제2차 총회가 미국 시카고 북쪽 에반스톤에서 모였을 때에는 김현정, 명신홍, 유호준 목사를 대표로 보냈다. 이렇게 장로교회와 WCC의 관계가 진척되고 있었으나, WCC는 용공(容共), 신신학, 그리고 교파통합운동이라며 이 기구의 성격문제에 문제 제기를 하는 사람들이 있었다.[12] 고려신학교장인 박윤선 목사는 1950년 4월에 발간된 『大韓예수敎 長老敎는 어디로 가나?』 소책자를 통하여 장로교회가 WCC에 참가하는 것은 장로교 교리에 위반되며, 그 모임 안에는 신신학자, 위기신학자, 사회복음주의자 등이 주동 인물로 되어있음을 지적하며 반대 의견을 주장하였다. 1951년에는 22명의 기독교인과 국회의원들이 WCC는 용공적(容共的)인 기관이라는 성명을 발표하였다.[13] 시간이 흐름에 따라 장로교 뿐만 아니라 대부분 보수지향의 한국교회에 있어서 WCC에 대한 반감이 늘어갔다. 1961년 분규 당시 성결교신학교 교장인 김응조 목사는 다음과 같이 평가하고 있다:

> WCC는 성경유오설을 주장하며 성경을 과학으로 해석하며 성경 중에 과학으로 해석할 수 없는 신비적 이적 기사 같은 것은 신화, 전설, 상징, 추상, 시적으로 해석할 수 있다고 주장하며, 성경 중에 과학으로 증명할 수 없는 동정녀 탄생으로부터 이적 기사 같은 것도 이상의 방법으로 해석하므로 현대인에게 이해할 수 있도록 해석하는 방법이다. 그들은 말하기를 성경중에는 마귀의 말, 사람의 말, 짐승의 말도 있으니, 다

---

11) 박영호, 『WCC운동 비판』, 173.
12) 金仁洙, 『韓國基督敎會史』 (서울: 한국장로교출판사, 1994), 354.
13) 金英才, 『韓國敎會史』, 258.

믿을 수 없고 골라서 믿어야 한다고 한다. - 중략-

WCC는 세계교회를 하나를 만들어 단일 교회주의로 지향하고 있는 것은 사실이다. 이 이념을 실현하기 위하여는 두손을 내밀어 왼손으로는 공산 세계의 그룹에 있는 소련의 정교회와 악수하고, 오른손으로는 로마 카도릭 교회와 악수를 하고 있음을 엿볼 수 있다. 1961년 11월에 인도 뉴데리에서 열리는 WCC 제3차 대회에 소련의 정교회를 가입시키는 동시에 소련비밀 공산당원인 32세의 대주교 니코딤을 중심한 16명의 대표가 참석하여 대회를 좌우했다는 사실은 너무나 유명하였다. 우리가 WCC를 용공단체라고 생각하는 것도 이 까닭이다.[14]

오늘날까지 세계교회의 가장 대표적인 국제기구로서 에큐메니칼 노선을 지향한 WCC가 이처럼 비판을 받은 것은 각 교파가 지니고 있는 교파 간의 특성이나 교리 등의 장벽을 뛰어넘어서 적어도 그리스도라는 이름 아래 모이는 모든 기독교인들이 협력해서 세계를 정치적으로든, 경제적으로든 또 인종 갈등적으로든, 종교적인 갈등으로 부터든 해방시켜서 세계의 교회에 구현하고 화해를 심자는 목표를 가지고 있기 때문이다.[15]

이천영 목사는 1946년 9월 3일에 조직된 해방이후 순수한 연합체이던 NCC가 이념적인 에큐메니칼 운동에 왜 앞장서야 했는지를 개탄하면서 다음과 같이 말한다:

---

14) 김응조, "세계기독교협의회(WCC)는 어디로 가는가?", 「活泉」통권 318호(1963년), 40-1.
15) 서정민, 『한국교회논쟁사』, 232.

WCC와의 관계서이다. 초창기는 순전한 韓國的인 교회연합체였으나 WCC의 支部로 변질되었고 경제적 원조를 받게 됨에 韓國的 主體性은 상실되고 WCC가 指向하는 에큐메니칼 운동에 侍女 노릇을 하게 되었던 것이다. 그리하여 初代 NCC의 지도자들은 福音的 人物이었으나 이 때는 主導 人物들이 차츰 변경되어 信仰的인 명망을 잃은 때였다.[16]

## 2) NAE

NAE(National Association of Evangelicals, 복음동지회 또는 '복음주의자 협의회'로 불리움)는 미국에서 일어난 복음주의운동으로 19세기 이후 사상적 혼란과 세속주의 대두와 자유주의 신학에 대하여, 신도들의 건전한 신앙 발전과 복음주의 신앙의 보수가 절감케 된 바, 1942년 미국 세인트루이스(St. Louis)에서 조직되었다.[17] WCC 창립대회가 열렸던 1948년 같은 해에 스위스의 클라렌스에서 모임을 가진 뒤, 이 모임이 한층 결속되어 1951년에는 약칭 WEF(World Evangelical Fellowship, 세계복음주의협회)로 발전되면서 화란의 우드쇼튼에서 24개국 대표들이 모여 국제기구로 자리를 잡았다. 한국에서는 1948년 김재준 목사의 자유주의 신학에 반기를 들고 일어서 조선신학교 학생 51명이 주축이 되어, 복음동지회라는 단체를 구성하여 1952년 7월에 개최된 여름수양회에서 한국 NAE 조직을 협의하였다.

같은 해 12월 WEF 총무 엘윈 라이스 박사를 통하여 정식으로 가

---

16) 이천영, 『聖潔敎會史』 (서울: 기독교대한성결교회 출판부, 1970), 147.
17) 중앙성결교회 출판위원회(편), 『中央敎會70年史』 (서울: 중앙성결교회, 1978), 83.

입신청을 하면서 시작되었다.[18] NAE 운동은 교파연합운동이 아니고 순수한 신앙적 협동체로서 각국의 실정에 따라 그 명칭까지 따로 부를 수 있으나 아래의 신앙 고백 17조를 가입 조건의 원칙으로 삼고 있다:

① 우리는 성경이 성령의 감동으로 기록된 유일 정확무오한 권세의 말씀임을 믿는다.

② 우리는 성부 성자 성령의 삼위로 영존하시는 유일하신 하나님을 믿는다.

③ 우리는 그리스도의 신성을 믿으며 그의 무죄하신 생애와 그의 이적과 그가 흘리신 피를 통하여 성취하신 대속적 속죄의 죽음과 그의 육체의 부활과 성부의 좌우에 승천하심과 권세와 영광중에 친히 재림하실 것을 믿는다.

④ 우리는 멸망받을 죄인이 구원을 얻기 위하여는 성령을 통하여 중생됨과 믿음으로 칭의됨이 절대 필요함을 믿는다.

⑤ 우리는 내주하시는 성령의 현존사역을 통하여 기독신도는 경건한 생활을 살며 주를 위하여 증거할 수 있음을 믿는다.

⑥ 우리는 구원을 받을 자나 못받을 자나 한결같이 부활함을 믿으며 전자는 영생 부활에, 후자는 영벌의 부활에 들어감을 믿는다.

⑦ 우리는 그리스도 안에서 성도들은 영적으로 통일되어 그리스도의 몸인 교회를 이룸을 믿는다.[19]

---

18) 金仁洙, 『韓國基督敎會史』 (서울: 한국장로교출판사, 1994), 355.
19) 金昌根, "福音主義協會NAE運動에 對하여". 「活泉」, 통권258호(1955년), 3- 4.

성결교회는 NAE에 대해 1955년 4월 22~24일에 가진 제10회 총회에서 만장일치로 교단가입을 가결하였다:

2) NAE 가입문제

현하 교계에 복잡한 신학사조와 자유주의 신앙노선이 혼선을 이루는 비제에 이 회에 가입문제는 중요사건이니 본 회에서는 만장일치로 가결하다.[20]

## 2. 15회 총회(1960년)와 NCC와 NAE의 동시 탈퇴

1955년 4월 총회에서 결의된 대로 NAE에 성결교회가 가입하는 것은 결과적으로 기존의 NCC 가입문제를 놓고 볼 때 한 교단의 두 기관에 동시 가입으로 인해 교단 분립의 불씨를 갖게 되었다. 김창근 목사가 NAE 운동에 대해 소개하는 말미에 한국기독교연합회인 NCC의 관계에 대하여 논의한 바, NAE와 NCC는 각각 그 성격과 활동 분야가 다르므로 하나는 교파연합의 친선과 외부적 역할에 치중하고, 다른 하나는 신앙 중심의 복음전파의 사명에서 비롯되었으므로 양자가 상충됨 없이 각자의 입장에서 복음을 위하여 공헌하기를 바라는 마음을 피력하였다.[21]

---

20) "성결교회 전국 수양회와 제10회 총회 소식", 「活泉」, 통권 258호, 43-44.
21) "성결교회 전국 수양회와 제10회 총회 소식", 「活泉」, 통권 258호, 44.

그러나 시간이 차츰 흐르는 동안 점차 NCC와 NAE사이에는 기구적인 연합사업으로서의 교단발전의 일익을 주기보다는 미묘한 이념논쟁으로 돌입하였고, 앞서 야기된 1950년대 후반의 장로교의 상황이 재연되기 시작하였다.

문제 원인은 NCC가 처음 출발할 때와 달리 차차 변질되어 WCC적 경향으로 치닫고 있다는 데에 공감대를 갖고 우려와 염려를 보이는 쪽에서 NCC 탈퇴 주장이 불거져 나온데서 비롯되었다. 결국 NCC 탈퇴 주장은 NAE까지 확산되었고, NCC와 마찬가지로 NAE에 대한 갖가지 이론(異論)이 표출되어, 양 기관에서 동시 탈퇴하여 교단의 독자적인 길을 두 기관이 서로 마찰되어 상충될 바에는 교단의 평화를 위해 동시탈퇴가 선결문제라는 생각이 교단 저변에 공감대를 형성하였다. 그러나 연합사업에 애착을 느끼는 양 기관 대표들은 결사반대를 하며 나왔다. 1960년 4·19의거가 일어난 바로 그 날에 서울신학교 강당에서 개최된 제15회 성결교 총회는 김정호 목사를 총회장으로 선출하는 것을 끝으로 총회를 정회하고, 한 달 뒤 대전에서 속회를 하였다. 총회가 서울신학교에서 개회되지 않고 대전에서 속회된 것은 서울신학교 교수단 일동이 WCC의 에큐메니칼 운동에 대하여 반대성명을 발표하며, '성결교회는 NCC에서 단연코 탈퇴해야한다'고 선언하였기 때문이었다.[22]

서울신학교 당국은 5월 20일에 개최될 총회 속회장소로 서울신학교 강당 사용을 불허하기로 결정하였다. 보류파들은 이에 대전으로 총회 속회 장소를 바꾸었다. 대전에서 속개된 15회 총회에서 학

---

22) 안수훈, 『한국성결교회 성장사』 (Los Angeles: 기독교 미주성결교회 출판부, 1981), 236.

장 이명직 목사는 "NCC를 탈퇴해야 한다"고 주장하였는데, 학감인 김창근 목사는 "NCC를 탈퇴해서는 안 된다"고 반대 주장을 함으로 혼선을 야기시켰다. 문제는 일선 목회현장의 목회자보다 신학교에 더 있었다. 서울신학교 교수진에는 NCC와 NAE의 두 거두가 있었는데 김창근 목사는 NCC 회장이었고, 황경진 목사는 NAE의 회장이었다. 장창덕 목사는 NAE를 옹호하였고, 방상증 교수는 그 반대로 NCC를 두둔하고 있어서 신학교 내에서부터 두 쪽으로 갈라져 있었다.[23] 그러나 보류파들은 미리 치밀하게 계획하여 일 년 동안 보류하여 연구하자는 안을 상정하여 43대 40이라는 표 결과로 실효로 거두며 일 년 동안 시간을 벌게 되었다.[24]

마침내 일 년 뒤인 1961년 4월 11일부터 14일 사이에 서울 희년기념관에서 역사적인 제16회 총회가 개최되었다.[25] 경기지방회장 이우호 목사는 NCC, NAE 동시 탈퇴안을 제출하였다. 그러나 이 안건을 받아 한명우 목사는 작년에 이미 보류하기로 결의한 것을 금년 내 다시 제출하지 말자고 개의를 하여, 논란 끝에 다시 투표를 한 바 한명우 목사 개의안이 40대 19로 채택되었다:

> 京畿地方會長 李禹浩氏가 提案한 NCC, NAE 同時 脫退件은 이미 作年에 保留하기로 한 것을 다시 再論하지 말자는 韓明愚氏의 改議가 四十 對 十九로 採擇되다.[26]

---

23) 안수훈, 『한국성결교회 성장사』, 237-8.
24) 16회 총회(1961년)와 NCC, NAE 동시 탈퇴 보류 결정.
25) "第十六總會要", 「活泉」, 제30권 1호(1961년), 43.
26) 「기독교대한성결교회 제16회 총회회의록」(1961년), 46.

지난 일 년 동안 몇몇 인사들의 꾸준한 정치 활동이 효과를 보게 된 셈이었다.[27] 일년 후 제16회 총회에서는 15회 총회에서 결의한 바 대로 연구한 결과를 정식의제로 제출했어야 함에도 불구하고, 정치적 책동으로 인한 가결에 들어가 교단분립의 길을 열어 놓는 결과를 빚게 되었다. 이천영은 이것에 대해 다음과 같이 말하고 있다:

> 연합사업에 애착을 느끼는 兩기관 대표자들은 決死反對였으니 계획적으로 一年만 보류하고 더욱 硏究하자는 것이다. 이 案이 實效를 걷우어 보류안이 통과된 것이다. 위에서 기록된 바와 같이 停會되었던 15회 總會는 5월 20일 大田에서 속개하게 되었으니 장소가 변경된 理由도 역시 탈퇴냐 保留냐 하는 難題를 앞에 놓고 보류파의 책략이었다. 이 重大한 理念문제를 서울神學교수단에서는 에큐메니칼 운동에 對한 聲明書를 발표하였고 탈퇴문제에 意見을 모았던 것이다.
> 이로 因하여 서울神學강당에서 속개하지 않고 地方으로 끌고갔든 것이니 마침내 43대 40이라는 근소한 차로 보류결의를 보게되었고 이로써 一年 후 제16회 총회에서는 1년 보류된 것이니 再論돼야 됨에도 불구하고 一言半句 논의없이 묵살되어 버린 것이다. 여기서 反對派의 큰 반발을 샀으니 여기까지 이르는 동안 兩波의 정치활동이란 심각했던 것이니 여기에는 인위적인 手段과 方法이 말이 아닐 지경이었으며[28]

16회 총회는 NCC와 NAE 동시 탈퇴안을 보류하는 것을 재론하

---

27) 안수훈, 『한국성결교회 성장사』, 237.
28) 이천영, 『성결교회사』, 147-48.

지 않는 결정 뿐만 아니라, 양 기관에 교단대표를 파송하였다. 14회 총회에서는 NCC 대표를 9명 파송하였는데 16회 총회에서는 그보다 6명이 많은 15명을 파송하였다. 그리고 NAE 대표는 37명에서 반수 정도를 줄인 18명을 파송하였다.[29] 16회 총회 NCC 대표는 김창근, 안창기, 박명원, 한명우, 김중환, 김기주, 조명석, 김선제, 김동완, 이종규, 강계헌, 조병철, 박룡현, 김홍순, 김말준이 파송되었고, NAE 대표로는 황성주, 황성택, 이우호, 황대식, 고래열, 안창기, 차보고, 이헌용, 김신근, 홍순균, 신대균, 조명석, 박승은, 남영호, 이복상, 김인기, 조병두, 윤판석이 파송되었다.[30] 이와 같은 제16회 총회의 처사에 대하여 탈퇴 주장자들은 격분한 나머지 폐회에 앞서 퇴장하고 말았다.

탈퇴주장자들은 제16회 총회에서 NCC와 NAE를 탈퇴하고 내적 단결을 희망했었다. 그러나 오히려 정반대로 NCC 대표를 더 많이 파송하므로 16회 총회는 교단분열의 불씨를 일으킨 불미스런 총회가 되었다.[31]

### 4) 복음진리동지회와 예수교대한성결교회 창립

탈퇴 주장자들은 4월 14일 저녁 10시에 서울 무교동에 위치한 송죽여관에서 한보순 목사를 임시회장으로 선출하여 복음진리수호동지회를 결성하였고 여기에 황성택, 김응조, 이성봉, 이명직 목사가

---

29) "제14회 총회 결의내용", 「활천」, 통권 304호(1959년), 68-69.
30) 「기독교대한성결교회 제16회 총회회의록」(1961년), 47.
31) 안수훈, 『한국성결교회 성장사』, 237.

합세하였다.[32]

　복음진리수호동지회는 NCC 및 NAE 두 기관에서 단연히 탈퇴하고 "모든 세속적 부패성을 제거하여 성결교회 본래의 순복음 신앙으로 돌아간다"고 선언하였다.[33] 이튿날 이들은 총회에 '양 기관 탈퇴안 재검토'의 제목의 긴급건의서를 제출하였으나 부결되자, '보수동지회'로 모임의 명칭을 변경하고 1961년 5월 1일 양 연합기관에서 탈퇴한 날에는 피차 기쁨으로 합칠 것을 염원하면서 성명서와 결의문을 발표하였다. 다음의 글은 성명서의 일부와 결의문이다:

> 우리 교단은 조국 광복과 함께 일제의 탄압으로 이산되었다가 재회된 기쁨을 가지고 민족단결과 함께 교회사업에도 연합의 필요를 느끼어 1946년에 '한국 기독교 연합회(N.C.C)'에 1955년에는 '한국 복음주의동지회(N.A.E)'에 단체적으로 가입하였던 것이다.
> 　이상 두 연합 기관이 초창기에는 교회 친목과 복음운동으로 출발하였으나, 시일이 경과하는 동안 한국의 NAE 운동은 본래의 목적에서 이탈된 감이 불무하고 WCC는 비성서적 자유주의 신학 사조로 흐르는 WCC적 에큐메니칼 운동과 관련되어 있는 기관으로 드러나게 되었다.
> 　이러한 두 기관에 가입되어 있다는 것은 우리 교단의 신조와 사명과 목적에 위반인 동시에 옛날 가족적 분위기는 파괴되고 은연중 의사 대립이 생기게 되었음은 부인 못할 사실이다. 이것을 통한히 여기는 우리는 교단의 성격과 신앙 노선을 밝히는 동시에 시일이 경과하는 동안 한

---

32) 『中央敎會 70年史』, 85.
33) 「복음진리동지회 회의록」, 1961년; 안수훈, 『한국성결교회 성장사』, 238에서 재인용.

국의 WCC 운동은 본래의 목적에서 이탈된 감이 불 무하고 NCC는 비성서적 자유주의 신학사조로 흐르는 WCC적 에큐메니칼 운동과 관련되어 있는 기관으로 드러나게 되었다.

이것을 통탄히 여기는 우리는 교단의 성격과 신앙 노선을 밝히는 동시에 교단의 평화와 일치를 위하여 14회 총회와 15회 총회에서 우리의 원로되신 이명직 목사님께서는 단장의 심정으로 양 연합 기관에서 탈퇴하자고 호소하였으나, 총회는 교단 본래의 사명과 신앙 노선을 이탈하고, 소위 다수 표결이란 정치력을 사용하여 성회나 보류시켜왔다. 그러나 우리는 교단의 명예를 위하여 논쟁을 회피하고 은인자중하여 왔으나, 금번 제16회 총회에서도 우리는 어떠하든지 평온리에 이 문제를 해결지으려고 최선의 노력을 다하였다. 즉 "양측의 의견을 청취한 후에 표결하자"고 동의 재청까지 있었으나, 회의법상 또는 사건 성질상 보류 개의란 있을 수 없는 것임에도 불구하고 보류 개의를 하고는, 언필칭 "법이라"해서 일체의 토의도 못하게 언권을 봉쇄하고 거수가결을 강행하였으니, 신성한 교단 총회에서 이런 처리가 어디에 있을 것인가?

이와 같이 불법을 감행하며 대의원의 언권을 봉쇄하여 가면서 보류를 강행할 이유는 나변에 있는가?

14회 총회시에는 "연구를 위하여 보류한다"하였고 15회 총회 시에는 "NCC는 아직은 WCC적 에큐메니칼 운동이 아니라"고 하여 보류하였고 금번 16회 총회에는 NCC 정체가 드러났음에도 불구하고 또 무슨 이유로 보류시키는가?

이것은 반세기간 하나님의 축복과 선배들의 눈물과 땀과 피로 쌓아놓은 순복음 주의의 성결교회와 수많은 영혼을 비복음적인 자유주의 신학의 암흑의 구렁텅이로 몰아넣으려는 술책이라고 볼 수밖에 없다.

이렇게 하는 것이 알고 하는 것인지? 몰라서 그렇게 하는 것인지? 모르거니와 단언하노니, WCC적 에큐메니칼 운동은 순복음 신앙을 가진 우리 성결교회는 절대 가지 못할 길인 줄 안다. 왜 그런가? 그것은 첫째로, WCC의 구성된 주요 인물들이 자유주의 신학계열임은 세계가 주지하는 바요, 둘째로, 그 헌장과 그 운동이 비성서적이니, 이는 1960년 6월에 주한 선교부 성명서에 해명되어 있다.

즉, 선교부 성명서에 의하면 WCC의 "우리 주 예수 그리스도를 하나님과 교주로 받아들이는 교회의 사귐이라는 신조는 그것이 표현된 대로는 틀릴 것이 없지만 그 주요한 약점은 바로 그 신학적 부적당성에 있는 것이다.

슬프다! 금번 제16회 총회는 성결교회 의회사상 일찍이 볼 수 없었고, 씻을 수 없는 과오를 범하였고, 그 중에도 두 연합 기관 탈퇴 보류는 교단 본래의 신앙 사명 목적에 위배됨에도 불구하고, 헌법 (제2조 3항, 제3조, 제16조, 제17조, 제160조) 정치적인 다수의 전횡으로 신성한 헌법은 유린되었으니, "네가 살았다 하는 이름은 가졌으나 죽은 자로다"함과 같이 이름만 남은 것이라 하겠다.(묵3) 우리는 우리 자신과 수많은 영혼을 이끌고 비성서적인 WCC적 에큐메니칼 운동에 절대 추종할 수 없다.

우리는 참다못하여 본교단의 복음신앙 노선을 수호하기 위하여 살아계신 주를 의지하고, 당연히 일어나서 신앙 동지들을 단합하여 성결교회 보수동지회를 결성하고, 아래와 같은 결의문을 채택하고 이를 전국 교회 앞에 발표하는 바이오니, 전국의 교우 제위는 성결교회 본래의 순복음주의 신앙 노선으로 돌아가는 이 성사에 적극 협력하심을 요망하나이다.

결의문

'우리는 NCC 및 NAE 두 연합 기관에서 단연히 탈퇴하고, 모든 세속적 부패성을 제거 광정하여 성결교회 본래의 순복음 신앙 노선으로 돌아감을 목적으로 한다.' 다시 부언하는 바는 우리가 이렇게 동지회를 조직하고 성명서를 발표함은 절대 분파를 목적함이 아니요, 단지 탈선된 현교단 노선을 원상 복귀케하는 동시에 교단의 평화와 일치를 위함이다. 그런고로, 보류를 강요한 형제들도 언제든지 두 연합 기관에서 탈퇴하는 날에는 파차 기쁨으로 합치될 것을 믿고, 또는 그렇게 되기를 희망하면서 이 성명서를 발표하나이다.

1961년 5월 1일[34]

복음동지회는 한 달 정도 기간을 주어도 성명서를 통해 발표한 내용이 기독교대한성결교회 총회에서 받아들여지지 않자 1961년 5월 30일 서울 독립문교회에서 보수총회를 결성하였다. 보수총회에서는 총회 결성 이유를 '기성 측 인사들의 그동안의 활동을 세밀히 검토한 결과 도저히 쉽게 타협점을 찾을 수 없다고 인정되었기 때문에 복음진리수호동지회를 정치단체로 발전시키게 되었다'라고 말하고 있다.[35]

그러자 이에 놀란 기성총회에서는 8월 1일부터 4일까지 개회된

---

34) 안수훈, 『한국성결교회 성장사』, 239-42.
35) 「복음진리동지회 회의록」(1961년).

전국 교직자수양대회에서 분열된 교단을 수습하기 위해 지금이라도 양 기관에서 탈퇴해야 한다는 50명 대의원 서명으로 임시총회를 성립시켰다. 8월 24일 총회 임원들은 불참한 대의원들에게는 서면 결의를 받아 개표한 결과 대의원 87명 중 탈퇴 찬성 64표, 보류 8표, 기권 15표로 양 기관에서 탈퇴할 것을 결의하고, NCC와 NAE 두 연합기관에 탈퇴 공고를 비로소 제출하였다.

이로써 기독교대한성결교회는 교단합동의 명분을 뒤늦게 세우기는 했으나, 시기적으로 이미 때는 지난 상태였다. 보수총회에서는 제16회 총회임원 전원 사퇴와 NCC 산하 단체에서도 완전 탈퇴할 것을 주장하였다. 9월 25일에는 기성총회 측 김창근, 오영필, 안창기 목사 등과 보수총회 측에서 황성택, 조병두, 전영식, 김영용 목사 등이 참석하여 교단합동 수습 방안을 모색하였으나 별다른 효과를 보지 못했다.[36] 사태가 여기까지 이르자 보수총회는 동년 12월 29일부터 21일까지 부산 동광교회에서 제16대 총회 대의원 36명, 보수총회 대의원 60명이 모여 과거 16회 총회와 보수총회를 백지로 하고 성결교회 합동총회를 개최하여 김홍순 목사를 총회장으로 선출하고 24인에게 목사 안수식을 행하였고, 국제기독교연합회(ICCC) 가입문제에 대하여 토의한 후 만장일치로 가결하였다.[37]

부산에서 가진 합동총회가 끝난 뒤 다음 해인 1월 13일 동양선교회(OMS) 유진 어니 박사가 한국에 나와 이명직 목사를 비롯한 양측 대표를 만나 양 교단의 합동을 권유하였다.[38] 그러나 아무런 실효를

---

36) 기독교대한성결교회 역사편찬위원회, 『韓國聖潔教會史』, 478.
37) "消息",「活泉」, 통권 315호(1962.4), 44.
38) 안수훈, 『한국성결교회 성장사』, 244.

거두지 못하고 끝났다. 1962년 4월 24일-26일에 성결교회의 모교회인 중앙성결교회에서 작년 12월에 개최한 합동총회에 이어서 제17회 총회를 열게 되었다. 제17회 총회는 ① 성결교회 본래의 사명과 신조와 특색을 재확립하는 신앙노선 환원과 더불어 ② 경남지방 회장 김도명 목사 외 4인이 내놓은 총회 횟수 소급 계산 변경의 안을 받아들여 교단 연차대회 횟수를 교회조직 연대인 1921년으로 환원하여 17회 총회를 41회 연차대회 및 총회로 바꾸고 ③ 교단명칭도 교단 조직 초기 명칭인 예수교로 환언하여 '예수교대한성결교회'로 개칭하였다.[39]

당시 총회장으로 선출된 황성택 목사가 17회 총회를 41회 총회로 소급결정하고 성결교단이 기독교대한성결교회와 예수교 대한성결교회로 나뉘게 되는 분립 이유와 과정을 총회장 메시지를 통하여 다음과 같이 피력하였다:

> 5. 1961년 4월에 이르러서는 슬프게도 우리 교단은 양개의 교단으로 분립케 되었으니, 그 이유는 1945년 재흥 이래 신앙 사상이 상반되는 연합 기관에 가입한 일로 인하여 교단은 신앙과 사상이 갈라지고 속화와 부패로 흐르게 되었다. 이를 염려하는 다수 교직자 및 성도들은 연합 기관에서 탈퇴 운동을 수년간 계속하였으나, 시일이 갈수록 탈퇴보다 도리어 보류 운동이 강화되어 교단의 생명인 본래의 복음 신앙과 사명을 상실케 되었음으로 신앙 보수를 원하는 교회 및 지방 대표가 회집하여 연합기관에서 탈퇴하는 동시에 모든 세속적 부패를 제거

---

39) 「예수教大韓聖潔教會 憲章」(1962年), 9.

광정하여 본래의 성결교회 복음 신앙노선으로 돌아가게 하는 것을 목적으로 한 교단 개혁총회 즉 "보수 총회를 조직하고 신앙 부흥운동을 힘써 왔고, 동년 12월에는 교단의 평화와 합동을 위하여 원로목사들로 조직한 합동특별총회 준비위원회 회장 이명직 목사 명의로 합동 특별 총회를 부산에 소집하였는데, 양측에서 97명의 대의원이 모여 평화로운 분위기 속에서 회무를 진행하는 동시에 본 합동 특별 총회를 기독교대한성결교회 제16회 총회로 결정하였고

6. 1962년 4월에 열린 제17회 총회에서는 신앙 노선의 환원과 아울러 교단 연차 횟수를 교회 조직 당시 연대, 즉 1921년으로 환원하여 금번 대회 및 총회로 소급 결정하는 동시에 교단의 명칭도 그간 사용하던 "기독교를 역시 교회 조직 당시 명칭인 "예수교로 환원할 것을 대의원 전원이 기립함으로 만장일치 결의하였다. 이상과 같이 우리가 새 출발케 된 것은 어떤 사람의 계획으로 만든 일이 아니요, 영원히 살아 계셔서 만사를 당신의 좋으신 뜻대로 이루시는 하나님의 섭리 중에서 이루어지는 일인 줄 믿고, 감(甘)고(苦) 간에 그저 순응할 것 뿐인줄 안다. 가족적 분위기 속에서 살던 우리가 이렇게 분립하게 됨은 심히 마음 아픈 일이 아닐 수 없다. 그러나 하나님께서 말씀하시기를 "내 생각은 너희 생각과 다르며, 내 길은 너희 길과 다르다고 하셨으니(사 50:58) 하나님의 뜻에는 이렇게 마음 아픈 일을 당하여야 되겠기로 당케 하는 것이고, 또는 "거룩한 씨가 이 땅에 그루터기니라"하신 말씀과 같이(새 6:13)이 교단의 그루터기라도 남겨 두시려는 하나님의 자비에 기인함인 줄 믿는다. 그런고로 우리 예수교 성결교회 성도들은 하나님의 이 섭리를 깨닫고 겸비한 마음으로 자기 반성을 힘쓰며 더욱 삼가 범죄하지 말고 상대방을 적대시하거나, 원망하거나, 증오심도 가

지지 말고 상대방의 탈선적 행동에 대한 책임이 상대에게도 있음을 깊이 느끼어 저들을 위하여 기도하며 우리할 일만 힘써 하면서 하나님께서 허락하신 때를 기다려야 하겠다. 이것이 성도의 태도이다.[40]

이로써 한국성결교회는 1962년 둘로 분립되어 1961년 총회시에 총 교회 수 474교회 중에 반수가 넘는 257교회(목사 128명, 전도사 121명, 장로 128명)[41]가 예수교대한성결교회로, 이보다 40교회가 적은 217교회가 기독교대한성결교회로 분열되어 지금까지 한 뿌리의 두 교단으로 나오게 되었다.

그러나 이후에 ICCC(International Council of Christian Churches, 국제기독교연합회)의 가입 문제로 인해 예수교대한성결교회 자체 내에서의 이견으로 인해 다시 많은 교회가 떨어져 나가는 아픔을 겪게 되었다.[42] 예수교 대한성결교회에서 기독교대한성결교회로 옮기게 된 교회들의 이적 요인의 주요 이슈는 맥킨타이어가 주도하는 근본주의로 반공을 주장하던 국제단체인 ICCC 가입문제였다.

한국의 보수주의 신학노선을 대표하는 자로서 한국장로교회의 신앙과 신학형성에 지대한 영향을 미친 박형룡 교수는 근본주의를

---

40) "전국의 성결교회 성도들에게!", 「活泉」, 통권 316호, 제2집, 8-9.
41) 1962년도 예수교대한성결교회 총회 교세통계표. 예성과 기성으로 분열되기 전 1960년도 제15회 총회시에 교세통계 표에는 교회 461교회, 목사 257명, 전도사 218명, 장로 252명으로 나와 있다. 교세 통계가 양측의 교세표에 약간의 차이를 보이고 있다. 이것은 아마도 분립과정에서 중립에 서있거나, 분명한 태도를 보이지 않은 교회들과 각자 교단의 교세 우위를 나타내려고 통계 처리를 하는데서 연유된 것으로 추정된다.
42) ICCC 가입문제는 해를 거듭할수록 예성 자체 내에서 논란을 가져다주는 문제로 비화되어 1965년 12월 31일에 'ICCC 탈퇴성명서'가 발표되었고, 급기야는 서울지방회 신촌교회를 비롯한 118교회가 기성으로 이적하는 사태까지 발전되었다.

개혁주의적인 장로교 정통신앙과 동일한 것으로 이해하였다:

> 근본주의는 별다른 것이 아니라, 정통주의요 정통파 기독교이다. 한 걸음 더 나아가서 근본주의는 기독교의 역사적, 전통적, 정통적 신앙을 그대로 밀고 지키는 것, 즉 정통신앙과 동일한 것이니만큼 이것은 곧 기독교 자체라고 단언하는 것이 가장 적당한 정의일 것이다. 근본주의는 기독교 자체이다.[43]

근본주의를 표방한 ICCC의 가입문제에 대해 김응조 목사는 다음과 같이 피력하고 있다:

> 우리가 이번에 국제기독교연합회에 가입한 것은 첫째는 우리의 신앙과 부합됨이요, 둘째는 국제적으로 순복음주의의 단체와 보조를 같이하여 WCC의 부패와 속화로 더불어 싸우지 않으면 아니될 필요를 깨달은 까닭이다. 이로써 우리 한국 순복음주의 성도들이 반복음주의자들과 세계적으로 투쟁하는 단계에 이르게 되었다. 앞으로 우리는 교회나 교역자 자체가 복음 이외에 교회부패의 원인되는 사회사업과 기타 속무에 종사하는 것을 배격한다. 비성서적 성경해석과 속화적 주의와 주창을 배격하고 선인들이 주창하든 사중복음을 살려서 그대로 가르치고 믿는다. 신구약 성경은 정확 무오한 하나님의 말씀으로 의심없이 믿는다. 우리는 우리와 신앙이 같은 개인이나 단체와 교회와 성도의 교제를 아끼지 않는다. 우리는 선교사나 개인이나 아무 감정이나 악의가 있을 수 없

---

43) 朴亨龍, "根本主義", 「神學指南」, 25권 1호(1960年), 12-24.

다. 다만 우리의 신앙노선과 다름을 슬퍼할 것뿐이다.⁴⁴

## Ⅳ. 닫는 글 : 평가 및 제언

1961년 16회 총회는 NCC와 NAE 동시 탈퇴안 보류 결정을 통하여 그 다음해 1962년 성결교회를 둘로 분립하여 한 뿌리 두 교단인 예수교대한성결교회와 기독교대한성결교회로 분립되어 발전하는 결과를 낳게 했다. 이것은 1936년 교단분규로 인해 대한기독교하나님의 교회가 창설되고 더 나아가 정남수 목사를 통하여 나사렛성결교회까지로도 발전되었던 한국성결교회를 동근생 교단의 범주에 4개의 교단으로 포함시키게 하였다.

아직도 분립에 관계된 당사자들이 생존해 있는 가까운 과거사이기 때문에 원색적인 여운과 갈등의 여지가 남아 있지만, 1962년 성결교 분립사건은 어떤 특정한 신학적 이슈에 대한 상반된 견해나 장로교에서 볼 수 있는 신사참배로 인한 신앙적인 분열 문제로 빚어진 것이 아니었다. 그것은 앞서 논급한 바와 같이 1950년대 후반 장로교에서도 이미 교단의 갈등과 대립, 분립으로 나타난 바 외면적으로는 교회연합기관인 NCC와 NAE라는 외래사조에 대한 보수 대 ⑶ 진보의 이념 논쟁이었으나, 내면적으로는 NCC, NAE와 관련된 세속적 이해관계와 더 나아가 교권욕에서 비롯된 것이라는 지적을 피할 수 없다.

---

44) 주간, "성결교회의 진로", 「活泉」, 통권 315호(1962.4), 6.

지금까지 연구에서 도출된 연구의 결과는 다음의 몇 가지로 나눠 볼 수 있다.

첫째, 1962년 교단 분립 사건의 주요 원인은 신학적인 면에서 볼 때 보수진영과 자유진영의 노선과 관련된 이해관계의 상충과 대립에서 비롯되었다.

교단분립은 당시 외래교회 연합기관인 NCC와 NAE의 동시가입으로 인한 이념 노선과 관련된 이해관계에서 비롯된 진보측 계열과 보수측 계열의 주도권 싸움이었고, 성결교단 내의 신학적 논쟁과 관련된 본격적인 논쟁으로 야기된 분열이 아니었다. 따라서 1962년 분열의 직접 원인은 한 교단이 성격이 서로 다른 연합기관(NCC와 NAE) 동시 가입과 또한 16회 총회파가 연구하여 차기 총회 때 상정하여서 재론하지 않고 NCC에 더 많은 대의원을 파송하고, NAE에 대의원 파송을 감축한 다분히 정치적인 일방적인 결정에서 비롯되었다. 예성의 ICCC교단 가입 결정은 교단 분립의 2차적 원인이며, 이것이 일차적 원인에는 해당하지 않는다. 지금까지 역사서술과 평가는 이 점을 소홀히 여겨 간과하거나, 왜곡시키는 한계를 보이고 있다.

둘째, 1962년 당시 교단지도부와 OMS의 지도력의 한계 그리고 성결교회에 대한 역사의식이 부족한 한계점을 지적할 수 있다.

NCC와 NAE의 동시 가입문제 보류나 탈퇴문제는 1907년 사중복음의 전파를 목적으로 설립된 성결교단이 둘로 분립되는 파국만큼 더 큰 중대 사안이 될 수 없다. 성결교회가 분립되어가는 상황에서까지 피차 양보, 이해 대신에 정치적 모략과 선동으로 자파의 이익 관철을 위해 자신과 관련된 연합기관과 손잡고 파당을 짓고, 대립과 갈등을 빚은 모습은 자파의 정당성을 주장하기에 앞서서 겸허히 과거에 대한 역사적 반성과 회개가 먼저 선행되어야 한다.

당시에 중립적 입장을 취할 수 있었던 OMS도 좀 더 능동적으로 대처할 필요가 있었다. 한국성결교회와 분열을 원치 않았던 동양선교회는 비교적 중립편에 서려고 애쓰다가 1961년 6월 19일 NCC를 탈퇴하였다. 그러나 11월 6일에 OMS 지도부는 제16회 총회측을 지지하는 쪽으로 돌아섰다. 사태가 여기에 이르자 보수동지회는 12월 29일에 부산 동광교회에 모인 합동총회에서 ICCC에 가입하게 되었다.[45] 1960년까지 막대한 선교비를 지원하던 OMS가 기성총회를 지지할 때 합동총회는 OMS 대신에 ICCC와 손을 잡게 되었다. OMS의 리더십 한계도 분열에 한 몫을 하였고, 서울신학교 교수들의 이념 부조화는 분립을 가속화시키는 결과를 빚게 했다. NCC와 NAE 더 나아가 ICCC는 한국성결교회의 신학과 역사에 직접적인 아무런 연관이 없다.

셋째, 지금까지 1962년 한국성결교회 분립에 대한 역사서술은 편향적으로 쓰여졌고, 과거 지향적 성향 즉, 자파의 일방적 정통성 주장에 머물렀다. 따라서 교단 분열의 정당성 확보를 위한 논리 비약이나 감정적 대응에 머물러 분립 요인에 대한 바른 이해나 역사적 반성 없이 책임 회피나 상대 측의 부정적인 모습을 부각시키고 지적하는 이분법적인 틀에 묶여 있음을 지적할 수 있다.

대표적인 한 실례로 기성에서 출간한 성결교회사 책에서 예성교단을 '잔존 예수교대한성결교회'로 1970년(이천영, 『聖潔敎會史』)부터

---

45) 「基督教大韓聖潔敎會 第十七回 總會會議錄」(1962년), 82-83.

1992년(기독교대한성결교회역사편찬위원회, 『韓國聖潔敎會史』)까지 부정적이고 폄하적으로 서술하고 있다. 구체적으로 그 내용은 1961년 서울신학대학에서 신약과 성서신학을 가르친 이천영 교수의 『聖潔敎會史』 151~153쪽을 들 수 있다. 기독교대한성결교회역사편찬위원회가 간행한 『韓國聖潔敎會史』에서는 교단분립의 주된 원인을 총회측의 다각적인 화합의 노력에도 불구하고 보수측이 김응조 목사를 성결교신학교 교장으로 선임함으로 교단분쟁이 야기되었다고 말한다:

> 이러한 다각적 화합의 노력에도 불구하고 보수측은 예정대로 교단분립을 감행하면서 ICCC가입을 결의하였고, 신학교를 별도로 설립키로 하였다. 이를 '성결교신학교'라 하고, 초대교장에 김응조 목사를 선임하므로 마침내 교단이 분열되고 말았다.

반대로 예성교단에서도 ICCC 가입으로 인한 논란 끝에 예성교단 내에서 일부가 합동총회를 개최하여 기성으로 가는 모습을 보고 그들의 행위를 그리스도와 벨리알을 들어서까지 비신앙적으로 보고, 배격하면서 다음과 같이 말하고 있다:

> 이것이 성별이다. 이스라엘 백성이 가나안에 들어가서 토민과 합하는 것은 그들의 자멸책이다. 「알곡과 쭉정이를 합할 수 없다면」, 「기름과 물을 합할 수 없다면」, 「그리스도와 벨리알을 합할 수 없다면」, 「의와 불의를 합할 수 없다면」 우리도 합할 수 없다는 사실을 알아야 하겠다. 우리는 결코 개인을 미워하거나 원수시 하지 않는다. 다만 그들의 비신앙

적 행위를 미워하고 배격할 것 뿐이다.[46]

교단분쟁에 대한 평가는 어느 한쪽의 과거지향적 일방적 평가보다는 기성과 예성을 넘어선 동근생(同根生)의 한국성결교회 입장에서 미래지향적이고, 자기 고백적이며, 반성적인 면에서 서술되어져야 한다.

결론적으로 우리는 1962년 교단 분립 연구를 통해 얻어진 몇 가지 제언을 다음과 같이 정리할 수 있다.

첫째, 1962년 한국성결교회 분립은 신학노선에 대한 주도권 싸움에서 시작된 역사의식의 부족, 지도력 부재, 성결정신의 퇴색에서 비롯되었으므로 이제는 과거 분열과 대립을 넘어서서 화해와 일치로 나가야 한다. 2001년 4월 예성과 기성 두 교단이 연합하여 한국성결교회연합회를 창설하고, 제 위원회를 조직하여 선의의 협력을 도모하는 일이 지속적으로 양 교단에 현실적인 도움을 주는 선에서 계속 수행되어 나가야 한다.

둘째, 1962년 예성과 기성의 교단 분립은 양교단의 입장 더 나아가서 미래 지향적이며, 발전적인 한국성결교회의 통합적인 시각에서 서술되어야 한다. 그리고 역사서술에 앞서 양 교단은 하나님과 역사 앞에 과거 치욕과 의미 없는 분투를 회개하고 이제는 상호이해와 용서, 사랑 그리고 협력이라는 상호 동반적 입장에서 서술되어야 한다. 2003년 이후의 역사서술은 자파적 독선적인 역사서술에서 벗어나 쌍방적 상호 이해의 시각에서 기록되어져야 한다.

---

46) 주간, "합동이라는 미명에 속지 말라", 「성결」제325호(1964. 4): 4.

셋째, 1962년 과거와 같이 교단정체성을 잃어버리고 외래사조 유입에 따른 시류 변화에 강박적으로 민감해질 필요가 없다. 21세기 다원화, 국제화 시대에 외부 국제적인 연합기관이나 신학에 매이지 않고 주체적인 한국성결교회 입장에서 지나간 100년 동안 걸어온 성결교회의 본연의 역할과 사명에 충실하며, 그 목적에 부합된 것을 탄력적으로 받아들일 필요가 있다. NCC는 한국성결교회의 신학적 정체성에서 비추어 볼 때 맞지 않다. 이 점에 있어서는 ICCC도 마찬가지이다. 다행인지는 모르나, 예성교단은 ICCC 탈퇴에 대한 교단결정은 없었지만 오래 전부터 ICCC와 실제적인 협력관계가 끊어진지 오래이다.

[성결대학교, 「교수논문집」제32집(2003년)]

# 19

## 성결교회 백주년과 21세기 비전

## 19

# 성결교회 백주년과 21세기 비전

## Ⅰ. 여는 글

한국성결교회는 지금까지 살펴본바 한국에서 선교의 장을 열었던 장로교, 감리교의 교파형 선교와는 다르게 외국 선교사를 중심으로 시작하여 세운 교단이 아니었다. 한국성결교회는 한국에서 일본으로 건너가 동경성서학원을 졸업하고, 1907년 5월 2일 이 땅에 다시 돌아와 동양선교회 복음전도관이란 간판을 붙이고 성결교회를 세운 한국인 두 전도자 정빈과 김상준의 자생적 개척(自生的 開拓)에 의해 시작되었다. 한국성결교회는 2007년을 역사적 기점으로 창립 백주년이라는 장족의 세월 가운데 바야흐로 다른 세기 즉 새천년이라는 새로운 변화된 시대를 맞이하게 되었다. 21세기 새로운 변화를 맞이한 성결교회는 지난 백년 과거 역사에 대한 냉철한 평가와 함께 다음 한 세기를 위한 새로운 비전과 더불어 감당해야 할 성결교회 본연의 역할과 사명에 대해 더욱 분발하여 진력하여 나가야 할 것이다.

## II. 100년 성결교회 유산과 역사적 평가

### 1. 사중복음과 웨슬리신학에 대한 신학적 평가

한국성결교회는 초기 개척에 있어서 한국인의 주체적인 동인(動因)의 역할을 하였지만 미국 신학의 이식성 즉, 19세기 성결운동을 통한 동양선교회(OMS)의 교리에서 벗어날 수 없다. 그것은 한국성결교회가 강조하고, 주창하는 신학은 성서적이고, 전통적인 복음주의 신학전통의 맥을 잇는 것으로써 19세기 북미성결운동의 다양한 강조점들이 20세기초 동양선교회를 통해 직접적으로 반영된 것이기 때문이다. 따라서 지난 과거의 웨슬리신학 편중이나 반대로 사중복음 편중에서 벗어나 칼빈주의와는 대조적인 면에 있어서 웨슬리 알미니안 신학전통 위에서 있으나 창립 때부터 지금까지 성결교회의 판별적 전통으로 견지하고, 주창된 사중복음의 신학화와 생활화로 나아가야 한다.

### 2. 성결교회 성장에 대한 목회적 평가

1907년 복음전도관에서 출발하여 1921년 기성교단으로 전환한 한국성결교회는 복음전도 지향의 목회정책으로 100년이라는 한 세기간 괄목할 성장과 발전을 가져왔다. 그 결과 복음전도에서 목회본위의 성결교회의 양적 성장은 교세에 있어서 한국교회의 대표적인 교단의 하나로까지 부상하였다. 그러나 교단 정체성에 입각한 참된 불가시적 교회로서 하나님 나라 확장에 따른 교회성장이라기보다는 시류에 따른 가시적 양적 성장에 치중한 지난 과거의 행보에 대한 갱신이 뒤따라와야 한다.

### 3. 성결운동에 대한 평가

1921년 성결교회로 교단 명칭 변경과 더불어 사중복음 중의 성결의 복음에 대한 강조는 성결교회를 성결교회로 만들고, 규정하는 복음의 원동력이다. 따라서 개인의 성결체험은 시대의 변화에 따른 사회적 도전과 상황에 대한 사회적 성결(성화)의 복음으로 이어지고, 연계되어 열매를 맺어야 한다. 그러나 지난 한세기 격랑과 혼돈의 시대에서 우리 사회의 다양한 도전과 위기에 대해 제 역할을 다하지 못하였다. 일제 강점기 신사참배 강요에 순응하였고, 유신 독재시절 민주화에 대한 열망에 부응하지 못하고 침묵으로 일관하였다. 따라서 몰역사의식에 대한 철저한 반성 가운데 지난 과거를 청산하고 이제는 새로운 미래를 향해 힘차게 나가야 한다. 개인, 사회 간의 통전적인 성결복음의 확산이 세속적 가치에 침잠되어가는 이 시대에 유일무이한 희망과 대안이 되도록 강력한 성결운동을 일으켜야 한다.

### 4. 성결교회와 복음 선교에 대한 평가

성결교회의 생득적인 특성은 처음 출발부터 복음 선교를 지향하는 선교적 강조점에 두고 있다. 따라서 초기 동양선교회가 동아시아를 넘은 세계선교의 중심센터로서 비전을 일본, 한국, 중국에서 전

세계로 확장한 것과 같은 연장선에서 세계선교에 대한 구체적이며, 현실적인 정책과 실행으로 이어져야 한다. 이 일에 대한 국내전도와 세계선교에 대한 구체적인 21세기 선교정책의 일원화, 협업화, 전문화가 뒤따라야 한다.

### 5. 교단 분립과 일치에 대한 평가

1936년 하나님의 교회와 1962년 예성, 기성 두 교단 분립을 통한 성결교회의 교단적 파국과 아픔을 넘어서서 이제는 서로 간의 잘못을 밝히고 논하기보다는 1907년 한 뿌리 동근생 교단으로서 화해를 넘어서 선의의 협력과 교류를 통해 상호발전과 부흥을 꾀하는 실질적인 노력을 다해야 한다. 이 시대 한국성결교회에 부여된 역사적 사명과 역할을 감당하기 위해서는 지난 과거 서로를 이해하고 이제는 손을 맞잡고 하나님 나라를 확장하며 미래를 향하여 성경적인 교회일치와 협력운동으로 나가야 한다. 이 점에 있어서 현재 한국성결교회연합회의 역할을 좀 더 강화시켜 현실적으로 발전시킬 필요가 있다.

## Ⅲ. 닫는 글: 21세기 새로운 변화와 성결교회의 사명

우리가 맞이한 21세기 새천년은 과거 오랜 시간 경험하지 못한 변화가 몇 달 또는 몇 시간에 이루어지는 변화의 시대이다. 바야흐로 몇 천년 동안에도 경험하지 못한 변화들을 우리는 한세대에 겪게 되었다. 오늘 우리 앞에 펼쳐지는 세계는 다양한 지역화와 세계화가 맞물려 지방화와 세계화가 연계되어 세계가 하나를 지향하고, 글로벌의 기치아래 경제효율의 법칙들이 정치, 사회, 문화 제반을 지배하는 현상으로 나가고 있다. 과학 기술과 산업화의 폐해로 지구촌 구석마다 환경이 파괴되어 생존이 위협받고, 종교다원주의로 인해 기독교 우월성과 예수 그리스도 한 분을 통한 구원의 유일성이 심각하게 도전받아 종교혼합주의가 득세하는 시대로 이미 들어섰다.[1]

급변하는 21세기 새로운 변화와 도전에 직면하여 이 땅에서 한국성결교회가 해야 할 사명과 역할은 무엇인가? 새천년 시대 우리가 나아갈 방향을 모색하기 전에 무엇보다도 우선적으로 한국성결교회는 성결교회로서의 본연의 정체성 회복이 요구된다. 지금까지 일백년의 장구한 성결교회 역사가 우리에게 비전으로 제시하는 사명은 5가지로 요약, 정리된다.

첫째, 21세기 성결교회성 회복과 확산이 시급하다.

1907년 성결교회가 이 땅에 시작할 때 창립자들의 의지와 개척정신은 100년 한국성결교회에 이르기까지 자생적 개척 교단으로 그 정체성을 자리매김해 주고 지나간 역사 속에서 성결인들로 하여금 무한한 민족적, 주체적인 자긍심을 가지게 해주었다. 따라서 주께서 성결교단에 허락하신 사중복음 전파라는 천부적인 신앙 유산인 성결교회성을 계승, 복원시키고 다원화된 현 시대에 뿌리내림으

---

1) 정상운, "새천년을 향한 한국성결교회의 신학적 과제", 『성결교회와 역사』 1집(성결대학교 성결교회와 역사연구소,1999), 64-65.

로서 이 시대를 변화시키는 복음의 동인이 되게 하는데 있어서 우리의 책임을 다해야 할 것이다.[2]

둘째, 성결교회가 받은 신앙적 유산인 사중복음의 생활화와 이에 대한 체계적인 교육과 신학화 작업이 요청된다.

한국성결교회는 21세기 종교다원주의시대 성경적 복음주의의 요체인 사중복음을 신앙의 유산 뿐만 아니라 삶에 있어서 생활 속에 적용하고, 이를 확장하여야 한다. 이일을 위해 사중복음의 체계적인 신앙교육과 현대적 재해석을 위한 작업이 지속적으로 시행되어 교단의 미래적 역할과 방향을 제시해야 한다.

셋째, 성결복음의 체험과 함께 사회적 책임이 균형있게 강조되고 실행되어야 한다.

한국성결교회는 본연적으로 교단의 특성인 성결복음의 체험을 강조하면서도 성결인들의 체험적 신앙과 복음 전도의 정열이라는 내연을 민족적, 사회적 외연으로 확장하는 일에도 열린 교단으로 나가야 한다. 그것은 지난 한세기 과거 역사 속에서 민족적, 사회적인 책임을 다하지 못한 반성을 딛고 일어나 이 민족과 우리 사회를 사중복음의 외연화를 통해 이끌어야 할 책임이 오늘 우리에게 주어졌기 때문이다.

넷째, 성결교회의 본연의 선교적 사명을 통해 '동아시아를 넘어

---

2) 정상운, "예수교대한성결교회의 신학적 배경과 역사 및 현황", 『성결교회와 신학』(서울신학대학교(2001년)을 보라.

세계로(Beyond East Asia to the World)' 선교하는 교단이 되어야 한다.

　한국성결교회의 생득적 특성은 명칭부터 복음전도관으로서 처음 출발부터 보여준 바, 선교우선주의를 지향한다. 따라서 21세기 들어와서 더욱 두드러지고 있는 타종교와의 대화를 넘어선 종교혼합주의과 종교다원주의적 시대적 사조 가운데에서도 더욱 성경적 복음(고전 15:3-4)을 강조하고 주창할 뿐만 아니라 동아시아를 넘어 세계로까지 선교하는 교단으로서 예수 그리스도의 지상명령에 부응하는 선교적 책임을 다하는 소망스런 교단으로 나가야 한다.

　다섯째, 양분된 성결교단들의 선의의 협력과 하나 됨을 위해 끊임없이 노력해야 한다.

　앞서 논급한 바대로 한국성결교회는 1936년과 1962년 교단 분립으로 양분된 동근생 교단들과의 성결교회의 하나 됨을 위하여 상호간에 인내를 가지고 노력해야 한다. 무엇보다도 정치적인 타결에 앞서서 미래의 밝은 발전적인 한국성결교회의 위상과 역할을 위하여, 각 교단의 저변에서부터 동질성을 회복하고, 선의의 협력과 일치를 통하여 신뢰와 공감대 형성에 주력해 나가야 할 것이다.

[정상운, 「한국성결교회 백년사」, 517-524]

# 부록

1. 성결교회의 주요 인물 스케치
2. 월력(月曆)으로 본 성결교 인물
3. 日本ホーリネス教會 分裂事件의 原因되는 兩方의 書翰
4. 성결교 해산 성명서(1943.12.29)
5. 李明稙 先生을 論함
6. 한숭홍 교수의 김응조 목사 신사참배 주장과 그 비판
7. '독립 유공자 김응조 목사 친일 의혹'에 대한 한국기독교 역사연구소의 의견
8. 한국성결교회 100주년의 역사적 의의
9. 예수교대한성결교회 100주년 선언문

**부록 1**

# 성결교회의 주요 인물 스케치

## 1. 예수교대한성결교회 역사 기행과 믿음의 이야기들

### 여는 글

예성총회로부터 2022년 교단 달력(calendar)에 대한 집필 의뢰를 받고, 과거 100년이 넘는 장구한 역사 중에 성결교회를 위해 땀을 흘리고 피를 쏟으며 헌신하였던 성결인들을 찾아서 성결교회 역사 기행 속에 담긴 믿음의 이야기들을 모아 보았다. 성결교회에 영향력을 끼친 인물들을 소개하는 형식을 띠고 있는 내년도 달력은 2022년을 여는 1월은 100년전 1922년 함경도 북청읍교회에서 일어난 곽재근 목사의 놀라운 전도 부흥운동을 시작으로 하여 각 인물들의 출생(이성봉, 이명직)과 소천(정순석, 홍대실, 김응조, 카우만, 김상준)에 맞추거나 5월 성결교회 창립일(정빈)과 6월 6.25 한국전쟁(문준경) 그리고 8월은 8.15해방(박봉진) 또한 11월은 해방 직후 11월에 개최된 재흥총회(천세광)에 맞추어 보았다.

따라서 우리는 12인 인물을 담은 2022년 달력을 통해 성결교회가 동양선교회를 시작으로 1907년 한국 땅에 어떻게 시작되었고, 일제 지배 당시 받은 고난과 교회 재건 그리고 1950년 6.25 한국전쟁, 이후 교단 분립으로부터 오늘에 이르기까지 걸어온 역사를 들여다 볼 수 있다. 매월 인물들(1.간추린 생애소개 2.어록<語錄>)에 대해서 간략히 소개하면 다음과 같다.

1월 인물
• 곽재근(郭載根, 1893-1970) 목사 – 온유와 겸손의 목회자

1. 1922년 4월 함경도 북청읍교회로 파송받은 곽재근 교역자(1923년 안수)에 의해 한 달 뒤인 5월 22-23일 대대적인 전도 부흥 운동이 일어났다. 은혜받은 성도들이 전도대를 조직하여 사방 30리 촌락으로 흩어져 전도한 결과 어포리교회, 예원리교회 등 5교회가 새로 개척되는 놀라운 일이 일어났다.

2. "말라빠진 내 심령을 위해 늦은 비 내림을 간구하라."
- "만우(晩雨)를 빌라" 중에서 -

2월 인물
• 정순석(鄭順石, 1922-1981) 목사 - 한국성결교회의 다미엔

1. 신의주 사범학교를 졸업하고 양시초등학교에서 학생들을 가르쳤다. 공산당 탄압을 피해 잠시 후에 다시 만날 것이라는 기대 속에

1.4후퇴 때 남하하는 UN군을 따라 가족을 북에 두고 월남하였다. 전쟁 후 휴전선이 그어지고 남북의 왕래가 끊어지자 가족을 생각하며 몇 해를 눈물로 지내다가 하나님의 신실한 종이 되기 위해 신학교를 들어갔다. 1959년 신학교를 졸업 후 인적(人跡)이 드문 두메산골 '영락원'이라는 음성나환자촌(충남 서산군 음암면 도당리)에 들어가 천막 교회에서 목회를 시작하였다. 북한에 두고 온 아내를 생각하여 독신을 고집하고 나환자들과 같이 움막에서 기거하며 평생 나환자들을 돌보는 사역을 하였다.

2. "십자가 사랑으로 우리도 서로 사랑하면서 살아야 한다."
- '설교 말씀' 중에서 -

### 3월 인물
• 홍대실(洪大實, 1901-1971) 권사 - 헌신과 믿음의 여장부

1. 주위의 사람들은 모두 호의호식 하는 삶을 사는 것으로 이해했지만 실은 늘 똑같은 회색 저고리와 밤색 치마에 고무신 터진 곳을 꿰매어 신으면서 하나님 나라 확장에 물질과 시간과 정성을 쏟아 부었던 신실한 여종이었다. 성결대(현 총회 본부의 238평 땅과 4층 건물을 지어 신학교 교사로 바치고, 안양 성결대 부지를 헌납)와 단독으로 자비를 들여 8교회(진지동교회, 강릉제일교회, 온양교회, 묵호교회, 속초교회, 백은교회, 고기리교회, 대전성결교회)를 설립하였다. 성결교회의 모교회인 중앙성결교회 초대 권사로 부인회 회장으로 봉사하였고, 성결교신학교(현 성결대) 4대 이사장과 성락원 원장을 맡아 기도와 물질로 헌신하였다.

2. "인간 삶의 밑천은 믿음과 활동이다."

- 홍대실 권사 '좌우명' 중에서 -

4월 인물

• 김응조(金應祚, 1896 - 1991) 목사 – 예수교대한성결교회의 사부

1. 경북 영덕에서 출생한 김응조 목사는 12살 때 교회에 입교한 부친을 따라 기독교를 접하였다. 대구 계성학교를 졸업하고 1919년 경성성서학원 재학 중 3.1운동에 참여하여 옥고를 치루었다. 1926년 목사 안수 받은 후 미개척 북선지방 감리목사로 임명받아 북간도까지 사역하는 중에 큰 부흥을 일으켰다. 유달산에서 신유를 체험하고 신사참배 거부로 성결교를 떠나 문서 선교('생명지광')를 하였다. 해방이 된 1946년 성결교회로 다시 돌아와 서울신학교 교수로 초빙 받아 1961년까지 사역을 하는 중에 저작 활동에 주력하고, 1957년 교단 총회장으로 피선되었다. 1961년 이명직, 이성봉, 황성택 목사와 함께 WCC노선을 반대하여 복음진리동지회를 조직하고 이후 예수교대한성결교회 설립시 주역의 역할을 맡았다. 1962년 9월 성결교신학교(현, 성결대)를 설립하고 초대 교장이 되어 많은 후학들을 길러내었다. 『말세와 예수 재림』을 비롯하여 40여권의 책을 저술하였다.

2. "복음을 위하여 목숨을 다하라. 만일 그렇지 않거든 물러나라."

- "조선교회는 무엇을 요구하는가?" 중에서 -

5월 인물
• 정빈(鄭彬, 1873년경-1940년경) - 성결교회 창립의 주역

1. 황해도 해주 출신인 정빈은 1905년 일본 동경성서학원에 입학하여 수학(修學)중에 일본 한인 유학생 모임인 태극학회에서 주일마다 성경을 가르치고, <그리스도신문>에 여러 차례 글을 특별 기고하였다. 1907년 5월 2일 동경성서학원을 졸업하고 귀국하여 같은 달 30일에 경성(현, 서울) 종로 염곡에 노방 전도를 통해 얻은 구도자들을 모아 이 땅에 최초로 성결교회(복음전도관)을 설립하고 주임 교역자로 사역하였다. 1911년 경성성서학원이 설립되자 무교동복음전도관 주임 교역자를 사임하고 경성성서학원 최초의 한국인 교수가 되어 후학을 가르쳤다. 동경성서학원 사사오 원장이 노방 전도하다가 소천한 1914년 북간도로 넘어가 자유롭게 복음 전도를 하였다. 1917년 다시 돌아와 안성복음전도관(1917년), 인천복음전도관(1919년)을 설립하고 성서학원 교수로 봉직하였다. 1921년 성결교회가 복음전도관에서 목회 본위의 기성교단으로 체제를 전환하자 다시 사임하고 북간도로 넘어가 동아기독교(현, 침례교전신)과 관계를 유지하면서 이름 없이 빛도 없이 무명 전도인으로 오로지 복음 전도를 하다가 황막한 만주 땅에서 생을 마치었다.

2. "참 자유는 특별한 곳에 있지 않고, 하나님의 말씀 속에 있다."
- 「태극학보」 (1906년) "그리스도는 참 자유" 중에서 -

6월 인물

- 문준경(文俊卿, 1891-1950) - 6.25 한국전쟁 때 순교자('새끼를 많이 깐 씨암탉')

1. 문준경 전도사는 전남 신안의 암태면 수곡리의 작은 섬에서 태어나 결혼 후 37세의 늦은 나이에 예수를 믿었다. 1931년 청강생으로 경성성서학원에 입학하여 방학을 이용하여 신안의 임자면 진리로 내려가서 교회를 개척하여 보고하고 이성봉 전도사의 보증으로 입학이 허락되어 정식 학생이 되었다. 낙도 선교에 대한 비전을 품은 그녀는 나룻배를 타고 이 섬 저 섬을 오가며 복음이 들어가지 않은 증동리와 대초리, 제원리 등 다섯 곳에 교회를 세우며 글을 가르치고, 예수를 전하였다. 그녀는 복음 전도자 외에 섬마을의 어머니, 선생님, 우체부, 간호사, 짐꾼 등 궂은 역할을 가리지 않고 봉사, 헌신함으로 인해 신안 일대 10여면(面)에서 모르는 이가 없을 정도였다. 1950년 6.25 한국전쟁 때 공산 도배(共産徒輩)들에게 체포되어 증동리 해변에서 '새끼를 많이 깐 씨암탉'이란 죄명으로 공산도배에 의해 죽임을 당하였다.

순교자 문전도사 밑에서 신앙 교육을 받은 섬마을 아이들 중에 김준곤(한국대학생선교회 설립자), 이만신(기성 총회장, 한기총 대표회장), 이성봉(기성총회 총무), 정태기(치유상담대학원대학교 총장) 등이 배출되어 훗날 한국교회를 이끌어가는 지도자가 되었다.

2. "예수 믿어야 산다."

- 평상시 늘 하던 '말씀' 중에서 -

7월 인물

• 이성봉(李聖鳳, 1900-1965) - 성결교회가 낳은 세계적 부흥사

1. 1900년 7월 4일에 태어난 이성봉은 소학교를 졸업하였으나 가세가 빈한하여 장사를 하다가 병이 들어 3년 투병 중에 중생을 체험하고 주의 종으로 소명을 받았다. 신학생 시절부터 어린이 부흥 강사로 활동하다가 신학교 졸업 후에 교회 건축과 전도에 큰 부흥을 일으켰다. 교단으로부터 탁월한 부흥사로 인정받아 평안도, 함경도, 만주 그리고 일본에 이르기까지 큰 부흥을 일으켰다. 1954년 임마누엘 특공대를 조직하여 성결교 뿐만 아니라 초교파적으로 복음 운동을 일으켰다. 시골 구석에까지 들어가 '말로 아니면 죽음으로' 외치며 불같은 뜨거운 사랑의 설교를 통해 교회 부흥과 함께 수많은 영혼들을 주께로 인도하였다. 신촌성결교회를 개척하였고, 미국 순회 부흥회 때에는 미국 신자들로부터 '제2의 무디'로 불리웠다. 성결교단 분열시 합동을 위하여 '통일 수염'을 기르고 480교회를 순방하며 말씀을 전하였다.

2. "순간 순간 주님과 호흡하고, 한걸음 한걸음 주님과 동행하라."
- 이성봉 목사 '좌우명' 중에서 -

8월 인물

• 박봉진(朴鳳鎭, 1890-1943) - 신사참배를 거부한 성결교회 순교자

1. 경기도 평택에서 태어나 어릴 때 한학을 공부하다가 17세에 교회에

서 전도하는 청년들의 전도를 받고 교회에 나가기 시작하였다. 부흥회에서 큰 은혜를 받은 그는 금은방 가게를 개설하고 사재를 털어 1923년에 평택성결교회를 건축하여 봉헌하였다. 그리고 금은방 사업체를 평택, 천안 등 7곳에 지점을 개설하며 큰 부(富)를 쌓게 되었다. 이후 사업이 부진한 중에 기도하다가 사업을 정리하고 43세에 신학교를 들어가 하리성결교회를 개척하였다. 졸업 후에 목사 안수를 받고 여주교회, 이천성결교회를 거쳐 1941년에 철원교회로 파송을 받았다. 1943년 5월 27일 철원경찰서에 구속되어 끝까지 신사참배는 우상 숭배의 죄임을 주장하여 모진 고문을 받다가 죽을 지경에 이르자 8월 10일에 만신창이 된 몸으로 가족들에게 인계되었다. 그로부터 박 목사는 5일후 해방을 2년 앞둔 8월 15일에 순교하였다.

2. "나는 여호와 하나님 외에는 참 신이 없다고 믿는다"
- 신사참배 거부로 취조받을 때 '답변' 중에서 -

### 9월 인물
• 찰스 카우만 (Charles E. Cowman, 1868-1924) - 동양선교회 설립자

1. 카우만은 1894년 9월 3일 시카고에서 개최된 선교 집회에 참석하여 주강사인 심프슨 박사의 선교 초청에 응답하여 부인인 레티 카우만과 함께 선교사로서 헌신을 하였다. 무디성서학원에서 만난 나까다 쥬지의 일본 선교 요청을 받고 1901년 피아노를 판 여비로 태평양을 건너와서 일본 동경에서 나까다 쥬지(中田重治)와 함께 동양선교회를 설립하였다. 동양 각지에 사중복음을 전하기 위

해 전도자 육성을 위한 동경성서학원을 세웠다. 한국성결교회는 동양선교회가 설립한 동경성서학원을 1905년에 입학하여 1907년에 졸업한 정빈과 김상준에 의해 창립되었다.

2. "너희는 온 천하에 다니며 만민에게 복음을 전하라."
- 마가복음 16장 15절 -

10월 인물
• 김상준(金相濬, 1881-1933) - 성결교회 교리의 기초석, 창립자

1. 평남 용강에서 출생한 김상준은 엄격한 유교 집안에서 태어났다. 20세가 갓 넘은 어느 날 평양 시장에 나갔다가 노방 전도를 통해 기독교로 입신하게 되었다. 기독교 신앙을 갖게 되면서 상투를 자르고, 조상 제사를 폐하자 부친과 김 씨 문중으로부터 매를 맞고 멍석말이 죽임을 당하게 되었다. 천우신조로 살아난 김상준은 일본으로 건너가 정빈과 함께 동경성서학원에 입학하였다.

1907년 귀국하여 정빈과 함께 염곡 복음전도관을 개설하고 부교역자로 사역하다가 1912년 주임 교역자가 되었다. 1914년 성결교회 최초로 목사 안수를 받고 경성성서학원 교수가 되어 후학을 가르치게 되었다. 1917년 성결교회를 사직하고 초교파 부흥 목사로 복음 전도를 하다가 1919년 3.1운동 때 고향 용강에서 독립운동을 하다가 체포되어 투옥되었다. 1920년 이후 기독교 창문사를 통해 문서 선교를 하였다. 특별히 1921년에 출간한 『사중교리』를 비롯하여 『묵시록강의』와 『단이리서 강의』는 성결교 교리의 기

초석을 제공하였다. 전국을 순회하며 부흥 집회를 하다가 과로로 1933년 10월 12일에 소천하였다.

2. "하늘을 향하여 마음을 열어두고 기도하면 반드시 얻게 된다."
- 『百牧講演』 1집(1920년) '추수의 비(雨)를 빌라' 중에서 -

11월 인물

• 천세광(千世光, 1904-1964) - 민족과 교회를 사랑한 복음 신앙가

1. 본명은 천세봉으로 1921년 경성성서학원 남자 기숙사 신축 기념 예배에 참석하여 큰 감명을 받고 민족 구원의 방편으로 기독교로 개종하였다. 1923년 11월 23일 성령 체험과 함께 중생을 하게 되었고, 2년 뒤인 1925년 경성성서학원에 입학하였다. 1926년 6.10 만세 운동 때 종로6가 오간수교에서 단독으로 십자가를 그려 넣은 구한국기를 흔들며 만세를 고창하다가 일경에게 붙잡혀 투옥되었다. 조치원교회 주임 교역자로 사역하는 중인 1933년 목사 안수를 받았다. 경주교회, 부산교회에 이어 삼천포교회에서 목회하였고, 「영남성보」를 통해 문서 선교를 하였다. 1940년 신사참배 거부로 삼천포주재소에서 7개월간 옥살이를 하고, 1943년 교단 해산시 재차 검속되어 9개월간 대구형무소에서 옥고 생활을 하였다. 1945년 사상범 예비 검속으로 수감 중에 8.15 해방을 맞아 출옥하였다. 같은 해 11월 성결교 재흥총회에서 의장으로 추대되어 교단 재건에 힘쓰다가 제 궤도에 오르게 되자 미련 없이 모든 것을 내려놓고 다시 지방으로 내려갔다. 목포교회를 맡으면서

도서전도대를 조직하여 호남 지역 복음화를 위해 주력하였다. 그리고 1953년 십자군 전도대를 재조직하는데 참여하여 제3대 대장을 맡아 충주를 중심으로 원주, 안동, 묵호 등에 교회를 개척하며 36년 교역 생활 중에 76,294명 결신자와 38개 교회를 신개척하였다.

2. "지식의 교만이 기도의 겸손을 대적한다."
- 『활천』 "하나님의 사람" 중에서 -

### 12월 인물
• 이명직(李明稙, 1890-1973) - 한국성결교회의 교부(敎父)

1. 1890년 12월 서울에서 전형적인 유교 집안에서 출생한 이명직은 정치학을 공부하러 일본 유학을 떠났으나 방황하는 중에 동경에서 구세군의 전도 강연을 듣고 감동을 받았다. 그 다음 날 YMCA 총무 김정식을 만나 기독교의 핵심 진리를 접하고 기독교로 입교하였고, 동양선교회 총리인 나까다 쥬지로부터 세례를 받았다. 1911년 동경성서학원을 졸업하고 귀국하여 1916년 경성성서학원 교수와 아현교회 주임 교역자가 되어 신학교육과 목회에 전념하였다. 이후 성결교회 제1회 총회 총회장이 되면서 연임하고, 「활천」 편집인, 1935년 경성성서학원 원장, 1941년 성결교회 재단 이사장이 되면서 해방 이전 한국성결교회의 최고 책임자로 사역하였다. 이후 서울신학대학 초대 학장과 성결교신학교 명예 교장을 맡았다.

2. "이전 행위를 그대로 하고 고치지 아니하면 그것은 회개가 아니다."

- 『조선의 강단』, "회개" 중에서 -

### 닫는 글

올해는 1907년 시작한 한국성결교회가 복음전도관으로 있다가 1921년 교단으로 전환한 역사적인 해이다. 이에 과거와 다르게 지난 114년 역사 가운데 100회기 총회를 기념하여 총회장(이상문 목사)의 정책 일환으로 추진된 2022년 교단 달력을 통하여 성결교회의 역사적 정체성이 함양되고 자랑스런 신앙적 유산이 계승되어져 말세지말 사중복음(四重福音) 전파의 사명을 바르게 감당하는 소망스런 교단이 되기를 기도한다.

[「성결신문」, 제521호(2021년 9월 7일), 8-9면]

## 부록 2

# 월력(月曆)으로 본 성결교 인물

**1월의 인물**

곽재근 목사

## 겸손과 온유의 목회자

**여는 글**

"샤론의 꽃 예수 나의 마음에 거룩하고 아름답게 피소서. 내 생명이 참 사랑의 향기로 간 데마다 풍겨나게 하소서."

5-7월에 붉은 색, 주홍색, 주황색으로 하늘을 향해 꽃을 피우고 향기를 발하는 백합처럼, 상처는 받되 아름다운 향기로 조용히 응수하는 삶을 살았던 곽재근 목사의 생애를 되돌아본다.

### 1. 출생과 구원의 체험

곽재근(郭載根)은 1893년 7월 9일에 평남 강서군 수산면 운남리에서 곽유익의 둘째 아들로 태어났다. 조부 곽룡한은 대대로 내려오는 한학자이었고, 부친 역시 한학자인 선비 집안으로 공맹지도(孔孟之道)의 한학에 조예가 깊었다. 곽재근은 어릴 때부터 남달리 두뇌가 총명하여 7살 때 사서삼경을 마칠 정도였기에 '운남리의 신동'이라는 별명까지 듣게 되었다. 15살이 되던 해에 같은 군에 사는 백동린의 셋째 딸 백운근(白雲根)과 결혼하였다.

결혼 후 그는 순안 의명중학교에 3학년으로 편입하여 신학문을 배우게 되었다. 기독교 미션 학교를 택한 것은 예수 가정이었던 이모님 내외분의 권유 때문이었다. 의명중학교에서는 성경을 토대로 신학문을 가르쳤다. 의명중학교에 입학하여 곽재근은 성경 말씀과 자연스럽게 가까워졌는데, 그 중에서도 요한복음 3:16을 통하여 하나님의 사랑과 구속의 도를 깨우쳤다.

"나는 지금까지 공자와 맹자의 교훈만을 받아 도덕과 예의로써만 자기를 완전케 해보려고 애썼습니다… 오직 예수 그리스도의 대속하신 공로를 믿음으로만 죄인인 내가 의롭다함을 얻을 수 있음을 깨달았습니다."

구원의 체험 후, 그는 방과 후나 토요일 오후 학생 전도대를 조직하여 전도하였고, 전도를 어찌나 열심히 하였는지 학교에서는 '전도사'로 통하게 되었다. 1913년에 의명중학교를 수석으로 졸업한 그는 고향으로 돌아와 부모님을 섬기며, 새벽마다 산에 올라가 부모 형제들의 구원을 위하여 남모르게 눈물을 흘리며 기도하였다. 그러는 중에 하나님의 은혜 가운데 자신을 부르시는 주의 음성을 듣고 주의 종이 될 것을 결심하였다. 그는 용강에 계신 이모님 내외를 찾아가 주의 종이 되는 길을 열어줄 것을 부탁드렸다.

## 2. 목회와 교회 개척 사역

마침내 이모부님의 친동생인 아현복음전도관 주임 교역자 강시영 전도사의 주선으로 1914년 봄 경성성서학원에 입학하게 되었다. 성서학원에서 공부하던 중 모친의 별세 소식을 듣고도 교수 회의의 만류로 가보지 못한 일로 인해, 곽씨 문중은 곽재근의 아내와 어린 자식들을 집에서 쫓아내었다. 이 일을 알게 된 성서학원과 교수들이 거처할 방을 마련해 주어 다른 수양생들과는 달리 식구들이 함께 살도록 하였다.

온갖 어려움 중에 그는 1916년 졸업하여 충남 부여의 금천리교회를 창립하였고, 다음해에는 전성운 전도사가 주임 교역자로 있는 부여군 홍산교회로 파송되었다. 곽 전도사의 파송으로 홍산교회가 부흥되자, 지교회인 '바야위교회'가 개척되고, 그 곳의 주임 교역자가 되었다. 얼마 후 전성운 전도사가 이직하자, 1920년까지 홍산교회의 주임 교역자가 되었다. 1920년 대전교회, 1921년 부강교회, 1922년에는 함경남도 최초의 성결교회인 북청 교회를 역시 창립하여 개척하였다. 기도와 전도에 남다른 은사와 능력을 보이던 그는 북청교회를 개척한지 1년 만에 홍원, 여포리, 예원리, 평산, 니망지리, 나하대 인근 마을에 지교회를 세우고, 예배당 건축에 힘을 써 1923년 7월 북청교회 헌당식을 올리고 성결교회가 한반도 최북단 관북 지방에 진출하는 데 교두보를 놓는 큰 결실을 보게 되었다.

### 3. 성시학원 교수와 이후의 사역

1923년 목사 안수를 받은 그는 이듬해 함남지방회 감리사를 맡아 크게 사역하는 중에, 경성성서학원 교수로 발탁되었다. 그는 성경강해, 교회사, 조직신학, 교리사 등 맡겨진 다양한 과목들을 잘 소화해 내어 가르침으로 학생들로부터 만능 교수로 이름이 났다. 뿐만 아니라 전도에도 열심을 보여 1928년에는 서대문전도관 관장으로 임명되었다.

곽 목사는 1929년 5월 30일 영국 선교 단체인 스타홀 선교회(Star Hall Mission)에 소속된 크로슬리(E. A. Crossly)양과 메리 해치(Mary Hatch)양이 건축헌금으로 보내온 7,000원 거금을 가지고 서대문전도관 건물을 건립하고 헌당 예배를 드렸다. 헌당 예배 후 시내 각 교회에서 자원자가 합세하여 기존의 전도 대원들과 힘써서 전도한 결과 결심자가 719명이나 되는 열매를 맺게 되었다. 뿐만 아니라 1929년 제1회 연회에서 곽목사는 한국인으로서는 처음으로 최고의결기관인 이사회의 이사가 되었다. 1931년에는 순회 이사로 북으로는 함남, 함북 지방을, 남으로는 일본 각지에 흩어져 있는 재일 조선성결교회를 순회하며, 부흥 집회를 통해 큰 은혜를 끼쳤다. 1932년 자치 선언에 힘입어, 1933년 제1회 총회가, 한국인 교역자들의 전체적인 의사를 결정하여 실행하고자 하는 근대 민주주의적 대의 정치 제도에 대한 간절한 염원에 따라 실시되었다. 곽 목사는 이 창립총회에서 부회장으로 선출되었고, 다음 해에도 부회장으로 재임되었다.

그러나 안타깝게도 1936년 제3회 총회에서 변남성 목사의 합법적인 총회장 당선을 무효화시킨 사건이 발생하자, 이에 동양선교회의 일방적인 횡포에 가까운 처사와 중앙 간부들의 태도에 회의를 느껴 일체 세상적인 방법으로 항거하지 않고 기도 중에 '하나님의교회'에 합류하였다. 이후 곽 목사는 8.15 해방 후 목포교회를 재건하며 한국독립촉성위원회 위원장을 맡았고, 1946년에는 국민회 회장으로 피임되었고, 1948년에는 '하나님의교회' 제2대 공의회장으로 피선되었다. 이듬해는 목포 덕인중고등학교 이사장으로 피임되었다. 6·25 한국전쟁 후인 1956년에는 대한기독교하나님의교회 한양신학원(현 한양신학교)를 창설하여 초대 원장으로 취임하여 사역하다가 1970년 2월 17일 향년 78세로 하나님의 부르심을 받았다.

### 닫는 글

평생 하나님 나라 확장을 위하여 복음 전도와 목양의 사명을 다한 곽재근 목사는 불의와 타협하지 않고 모진 고난과 수모 속에서도 겸손히 주의 말씀을 붙잡고 순종과 온유의 삶을 살아간 자랑스러운 성결인으로 기억된다.

[「활천」, 제572권(2001년)]

2월의 인물

정순석 목사

# 한국교회의 다미엔

## 여는 글

하와이를 처음 방문하게 되면 대부분 호놀롤루(Honolulu) 주정부 청사 앞에 세워진 동상을 보게 된다. 흉측하게 일그러진 얼굴 모습을 한 이 동상은 바로 하와이 제도에서 다섯 번째로 큰 섬인 몰로카이(Molokai)의 성자로 불리는 다미엔(Damien, 1840-1889) 신부이다. 그는 몰로카이섬에 들어가 나병환자를 돌보며 자신도 스스로 나병환자가 되어 죽기까지 그들을 사랑하며 헌신하였다. 한국성결교회에도 십자가 사랑으로 아무도 들어가기 싫어한 나환자촌에 들어가 그들에게 복음을 전하며 죽기까지 봉사, 헌신한 자가 있으니, 그는 우리에게 잘 알려지지 않은 이름도 생소한 정순석 목사이다.

## 1. 출생과 성장

정순석(鄭順石)은 1922년 3월 29일에 평안북도 용천군 양화면 장송리에서 정인택의 다섯 번째 아들로 태어났다.(정순석은 '산정무한<山情無限>'으로 우리에게 잘 알려진 정비석 소설가의 동생.) 신의주 사범학교를 졸업하고 양시초등학교에서 학생들을 가르쳤다. 공산당 탄압을 피해 잠시 후에 다시 만날 것이라는 기대 속에 가족을 북에 두고 월남하였다. 전쟁 후 휴전선이 그어지고 남북의 왕래가 끊어지자 가족을 생각하며 몇 해를 눈물로 지내다가 하나님의 신실한 종이 되기 위해 신학교에 들어갔다.

## 2. 영락원 사역의 시작

1959년 신학교를 졸업 후 충남 서산의 인적(人跡)이 드문 두메산골 '영락원'이라는 음성 나환자촌(한센인 정착촌)에 들어가 천막 교회에서 목회를 시작하였다. 이곳은 아무도 가지 않는 곳, 그래서 복음이 전해지지 않는 곳으로 신학교 졸업을 앞두고 정순석이 기도하던 '아무도 가지 않는 곳으로 보내 주소서! 복음이 전해지지 않은 곳으로 보내 주소서' 두 가지 기도 제목에 부합하는 곳이었다.

당시에는 과거 문둥병, 나병(癩病)이라 불린 한센병에 대한 의학 지식이 부족해서 그런지 나균(나종균)이 대부분 호흡기나 피부를 통해 감염되며, 치료받지 않는 환자와 오랜 시간 가까운 접촉을 통해서 전파가 된다는 사실에 대해 대부분 잘 알지를 못했다. 일반 사람들은 음성 나환자도 불치병 감염환자로 생각하고 접촉하면 바로 옮긴다는 생각에 혐오스럽고 공포를 가져다주는 사회적 격리 대상으로 간주하였다. 따라서 음성 나환자들을 감염의 통로로 생각하고 접촉이나 만남을 극도로 기피하였다. 심지어 문둥병을 퍼뜨린다며 노골적으로 돌을 던지며 가까이 못 오도록 적개심을 드러내기도 하였다. 나환자들은 이런 수모 속에 자신의 신세를 한탄하며 마을과 멀리 떨어진 외진 곳에 집성촌을 이루며 죽을 수도 죽지도 못하는 내일이 없는 비참한 삶을 하루하루 살아가야만 했다.

## 3. 나환자들의 대부, 정순석

정순석의 영락원의 천막 교회 사역은 그리 쉽지 않았다. 숙소가 마련되기 까지 음암에서 영락원을 오가며 한 손에는 성경을 들고 다른 손에는 직접 삽과 괭이를 들었다. 혼자 몸이라 나환자 성도들과 함께 일과 후 식사를 해야 하였다. 식사 때마다 죽기를 각오하고 들어왔으나 그들이 주는 밥을 제대로 먹을 수가 없었다. '어디든지 주를 위해 가겠습니다.' 서원 기도를 지키기 위해 죽기까지 순종할 것을 각오하고 영락원에 들어왔으나 도저히 나환자 성도들이 주는 밥을 제대로 먹을 수 없었다. 매 식사 시간은 밥을 먹는 것이 아니라 배가 고파 억지로 입으로 밀어 넣는 심적 고통의 연속이었다. 그들에게 성경 말씀을 전하는 주의 종이지만 자신도 한센병에 대한 두려움과 편견 속에 사로 잡혀있는 영락원 밖의 세인(世人)들 중의 한 사람이었다. 그러는 중 새벽기도회를 마치고 혼자 기도하면서 사범학교 시절에 감명 있게 읽었던 데미안의 기억이 새롭게 일어나면서 자신도 모르게 뜨거운 눈물이 계속 쏟아지기 시작하였다.

"그렇습니다. 지금까지 저는 희생한다고 했으나 내게 진정 그리스도의 십자가의 사랑이 없었습니다. 몸은 이 곳에 와있으나 나의 몸은 다른 더 아름다운 교회에 있었습니다. 나는 내 몸에 나병이 옮겨질까 봐 얼마나 두려워하며 경계하면서 살아왔는지요. 용서해 주세요. 제게 주님의 그 크고 깊은 십자가의 사랑으로 가득 채워 주소서. 내 죽으면 죽으리이다." 아침 햇살이 천막 안에 환하게 비쳐올 때 정순석은 일어나 영락원에서 가장 몸 상태가 안 좋은 집사에게 찾아가 아침밥을 부탁하였다. 그리고 마침내 일그러진 손으로 지어 준 집사의 밥을 감사한 마음으로 처음 맛있게 먹었다.

이 일은 정순석을 나환자들의 목자로 다시 태어나게 하였다. 이 사건 이후 정순석은 평생 나환자들의 손과 발이 되어주었고, 그들에게 영적인 양식 뿐 만 아니라 육의 양식을 먹이는 대부(代父)가 되었다. 비탈진 황무지를 일구어 밭을 만들었다. 처음에는 일을 하지 않고 그저 바라만 보던 이들의 마음이 움직여 하나 둘씩 합세하기 시작하였다. 이들과 함께 손과 입술이 부르트고 얼굴은 까맣게 타도록 하루 종일 일하고, 돌을 골라내며 씨를 뿌리고, 길을 만들어 마을을 정비해 나갔다. 소문이 퍼져 나환자들이 몰려들자 이들을 위해 사방으로 다니며 도움을 청하고 한푼 두푼 모은 돈으로 국유지를 불하받아 나환자들에게 분배하며 닭과 돼지를 키워 스스로 자립하도록 하였다. 야산을 개간하여 유실수를 심고, 교회 천막을 거두어내고 돌과 흙으로 빚어 성전을 건축하였다.

정순석은 1961년 4월 5일 목사 안수를 받고 하나님 앞에 더욱 다짐하였다. "주님! 저를 붙잡아 주옵소서. 주님의 사랑하는 양들을 기억하옵소서. 그들을 더욱 사랑하게 하옵소서."

## 닫는 글

정순석 목사는 이후 북한에 두고 온 아내를 생각하여 독신을 고집하고 우리 사회의 가장 소외된 이들인 나환자들과 같이 평생을 함께 하며 그들을 돌보는 사역을 하다가 1981년 2월 21일 하나님의 부르심을 받았다. 한국교회의 다미엔, 그는 성결교회가 낳은 십자가 사랑의 실천자 정순석 목사이다.

「성결신문」, 제530호(2022.1.18.)]

**3월의 인물**

홍대실 권사

# 헌신과 믿음의 여장부

**여는 글**

　한국성결교회의 과거 역사의 면면(面面)을 자세히 들여다보면, 성장과 발전의 뒤안길에는 교단의 발전과 부흥을 위해 드러나지 않게 봉사하고, 헌신한 성결인들이 있음을 발견할 수 있다. 예수교대한성결교회의 초창기에 지대한 공을 남긴 헌신과 믿음의 여장부 홍대실 권사가 바로 이에 해당한다.

　1. 성장과 입신

　홍대실(洪大實)은 1901년 10월 6일 평안남도 용강군 금곡면 월곡리에서 부친 홍석필(洪錫弼)과 모친 정건백(鄭健伯)의 2남 2녀의 막내딸로 태어났다. 홍대실은 완고한 전통적인 유교 가정이었지만 너그럽고, 인자한 아버님의 가르침과 어지신 어머니의 사랑과 보살핌 속에 큰 어려움 없이 곱게 성장하였다. 그녀는 같은 용강군에 살고 있는 장학섭 청년과 부모님의 소개로 중매결혼을 하게 되었다. 결혼 후 남편을 따라 생업을 구축하며 시간이 갈수록 손을 대는 일마다 흥왕되어 경제적으로 풍요로움을 맛보게 되었다. 그러나 물질이 쌓이는 것에 비례해서 마음은 어딘지 모르게 한쪽이 비어있음을 느끼게 되었고, 이 땅에서 하는 생업이 인생의 전부가 아니라는 회의감을 가지게 되었다.

결국 이러한 마음은 영원을 사모하는 마음으로 발전하여 몇 년이 지난 어느 날 봄 그녀는 교회에 첫발을 내딛게 되었다. 하나님의 남다른 은총과 섭리가 있어서인가? 홍대실은 교회에 발을 디뎌놓기가 무섭게 신앙의 진보를 나타내기 시작했다. 열심히 교회를 출석하여 설교를 듣고, 하나님의 말씀을 배우는 중에 예수님을 알게 되었고, 십자가에 피 흘려 죽으신 예수 그리스도를 영접하게 되었다. 열심을 다하여 교회에 출석하는 중에 1928년 입석교회에서 세례를 받게 되었다.

## 2. 교회 건립과 신사참배 거부

그녀는 기도 중에 남편의 고향인 용강군 지운면 진지리에 친지들의 도움을 받아 처음 교회를 설립하였다. 진지리에 교회를 세운 것은 출석하는 입석교회가 거리가 먼 연유도 있었다. 그러나 실상은 이보다 성경 말씀을 읽다가 예수께서 승천하시기 전에 제자들에게 주신 마가복음 16장 15절의 "너희는 온 천하에 다니며 만민에게 복음을 전파하라"는 말씀에 큰 감동을 받은 데서 기인하였다. 홍대실은 구원의 방주인 교회를 통해서 사람들이 자신과 같이 복음을 듣고, 예수를 믿게 하기 위해서는 교회가 세워지지 않은 곳에 교회를 세우는 것이 자신의 사명인 것으로 받아들였다. 홍대실이 교회를 나가면서 간절히 기도하며 전도하자 남편이 교회에 입교하게 되었다. 과거와 달리 이제는 남편이 예수 그리스도를 잘 믿게 되자 그녀는 더욱 큰 힘을 얻고 교회봉사에 혼신의 힘을 다 쏟아 봉사하는 중에 집사 직분을 받게 되었다. 홍대실 집사는 하나님께 더욱 감사하며 힘든 줄도 모르고 주께서 세우신 교역자들을 섬겼다. 교회의 힘든 대소사를 맡아 수고하면서 전도를 열심히 함으로 신앙의 모범된 삶을 살며 많은 영혼들을 주님께 인도하였다.

그러는 중에 1943년 5월 24일 일제가 성결교회 교역자와 장로, 집사 등 300여명을 검거할 때 투옥되었다. 홍대실 집사는 옥고를 치루면서 고문을 당할 때 자신을 위해 십자가의 고초를 당하신 예수를 바라보며 기쁨 가운데 오히려 하나님께 감사의 기도를 드리며 믿음으로 승리하였다.

### 3. 홍대실 권사의 사역과 헌신

6.25 한국전쟁 피난 기간 중에 부산 동래온천교회 집사로 피택받아 충성과 봉사를 하다가 서울로 귀경한 홍대실 집사는 1954년 성결교회 모교회인 중앙성결교회 집사로 임명받았다. 1959년에는 부인회 회장으로 선출되어 봉사하다가 신생부인회 전국연합회 부회장직을 수년간 맡아 교단적으로 전국부인회를 이끌며 전국을 대상으로 순회 사역을 하였다.

1960년대에 들어오면서 안타깝게도 성결교회가 교단 분립의 고통 속에 둘로 나뉘어지고 서울신학교가 기독교대한성결교회에 남게 되었다. 그러자 성결교회 본래의 사명을 완수하기 위해 1962년 9월 20일에 서울 충정로 김응조 목사 사저에 성결교신학교 임시 교사를 마련하고 개교하였다. 그러나 개인 가정집에서 시작한 신학교가 교사(校舍)가 마련되지 않아 많은 난관이 있었다. 김응조 목사는 절박했던 초창기 상황에 대해 다음과 같이 말하고 있다:

다음 해에 또 학생을 모집하니 역시 50명이다. 이제는 100명이 한 집에서 법석대는 판이다. 온 집안에 사람 천지이다. 안방과 복도까지 공개해도 100명을 수용하기는 불가능이다. 비용 문제도 막심하다. 누구 하나 도와주는 사람도 없고 위로해 주는 사람도 없었다.

교장 김응조 목사는 ICCC국제대회 참석과 성결교신학교 건립 기금을 목적으로 도미하였으나 별다른 성과 없이 귀국하였다. 김응조 목사가 자신을 찾아와서 성결교신학교를 건축하여 하나님께 바치는 것이 어떻습니까? 하고 조심스럽게 홍대실 집사에게 권고를 하자, 그녀는 그 자리에서 기쁘게 바로 허락하였다. 홍대실 집사는 1963년 11월 10일 서울 종로구 행촌동에 대지를 매입하고 238평의 3층 벽돌 건물(현, 예성총회 본부 건물)을 단독으로 건립하여 신학교 교사로 봉헌하였다. 그리고 이듬해인 1964년 8월 20일에는 다시 4층 62평을 증축하여 확장시켜 주었다. 여성의 혼자 힘으로 한 교단의 신학교 건물을 지어 봉헌한 것은 한국교회 역사에 있어서 보기 드문 예외적인 일이었다.

홍대실 집사는 1964년에 중앙성결교회에서 초대 권사로 피택되었다. 그녀는 성결교신학교 학생들의 수용 관리가 현재 시설로는 교단의 교역자 수요에 부족함을 느끼고, 기도하는 중 남편에게 동의를 얻어 예수교대한성결교회의 미래 백년을 바라보며 자신이 보유한 경기도 안양시 안양 8동의 22,228평을 학교 교지로 기증하여, 성결교신학교의 안양 캠퍼스 시대를 열게 하였다. 성결교신학교는 홍대실 권사가 건립한 행촌동 건물을 신학교 건물로 사용하면서 발전의 계기를 갖게 되었다. 건물 건립 이후 성결교신학교는 문교부에 학교법인 성결교신학원 재단 설립을 신청하고 1964년 12월 16일 설립

인가를 받게 되었다. 1966년에는 4년제 정규 대학과 동등한 학력 인가를 받음으로 오늘의 기독교 명문 사학인 성결대학교로서의 굳건한 발판의 기틀을 마련하게 되었다. 그녀는 성결교신학교 4대 이사장으로 3년이란 짧은 시간이었지만 1971년 3월 2일 하나님의 부르심을 받을 때까지 학교 발전을 위해 지사충성하였다.

홍대실 권사는 교회 개척에도 온 힘을 쏟아 생전에 그녀가 건립한 교회는 진지동교회를 비롯하여 강릉교회, 온양교회, 묵호교회, 속초교회, 백은교회, 고기리교회, 대전성결교회까지 총 8개 교회를 건립하여 봉헌하였다. 또한 1968년 4월 예수교대한성결교회 성락원 원장으로 취임하여 소리 없이 섬김의 봉사를 하였다.

## 닫는 글

홍대실 권사는 칠십 평생을 오로지 하나님과 주께서 피로 값 주고 사신 교회 그리고 예수교대한성결교회와 성결대학교의 발전을 위해 희생하고 헌신한 삶을 살았다. '大實'이란 이름 뜻대로 하나님을 위해 '큰 열매'를 맺은 아름다운 신앙의 삶을 살아간 홍대실 권사는 우리 모두가 본받아야 할 믿음의 여장부요, 헌신의 여종이다.

[「성결신문」, 제532호(2022.2.22.)에 게재]

**4월의 인물 ①**

김응조 목사

# 예수교대한성결교회의 사부

## 여는 글

김응조 목사는 한 세기 한국성결교회의 지주(支柱)이자, 예성의 사부(師父)이다. 그는 하나님과 민족 앞에 철저한 성경적인 복음주의의 보수주의 신학자로서 큰 획을 그으며 예수교대한성결교회뿐만 아니라, 한국교회에도 지대한 영향을 끼치는 삶을 살았다.

## 1. 출생과 입신

김응조(金應祚) 목사는 소백산 줄기에 놓인 경북 영덕에서 1896년 1월 26일에 강직하고 유연한 성격의 부친 김원섭과 모친 함영국의 차남으로 출생하였다. 그는 어린 시절 부모의 가르침과 사랑을 받으며 건강하게 성장하면서 열심히 한학을 공부하였다. 소년 김응조는 12살 때에 부친이 교회 출석으로 인해 처음으로 교회에 발을 들여놓게 되었다. 교육열이 강한 김응조의 부친은 아들을 경산에 있는 계동학교에 보내어 신학문을 배우게 하였다. 계동학교를 마친 그는 대구에 있는 계성학교로 진학하게 되었다. 당시 계성학교는 영남에 있는 유일한 기독교 계통의 학교였는데 그는 어려운 고학 생활 중에도 우등생이 되고, 1916년 9월에 졸업하게 되었다.

## 2. 경성성서학원 입학과 일본 전도

계성학교를 졸업한 그는 고민 끝에 변호사가 되려고 법률전수학교에 입학시험을 쳤는데 부족한 일본어 지식으로 낙방의 쓴 잔을 마시게 되었다. 그러자, 이번에는 미국으로 건너가 공부를 하겠다는 뜻도 실패로 끝났다. 1917년 4월 15일 경성성서학원에 입학한 지 한 달 만에 동양선교회로부터 일본 전도에 합세하게 해 달라는 통지가 오자 김응조는 선발된 7명 중의 한 사람으로 뽑혔다. 도일하여 해리스 선교사의 전도대에 배속되어 일본 최남단인 구주 지방 각지를 다니면서 전도 활동하다가 1년 뒤 승리의 개가를 부르며 고국으로 돌아왔다.

## 3. 3·1독립운동과 선만(鮮滿) 전도

1919년 고종의 인산일인 3월 3일을 기해 이보다 이틀 앞선 3월 1일에 전국적으로 대한 독립 만세 운동이 일어났다. 경성성서학원 대표로 독립운동에 참석한 신학생 김응조는 80명 가운데 한 사람으로 만세 운동에 참여하였다. 이 일로 인해 귀향한 김응조는 고향 영덕에서 검거되어 대구형무소에서 투옥되어 대구 법정에서 4년 구형되었으나, 폭행에 가담치 않았다는 증거가 주재소 구류로 증명되어 1년 6개월 형이 최종 언도되었다. 1920년 7월 15일에 출옥 후, 동년 10월 1일 성서학원을 졸업한 김응조는 본부의 파송 결정에 따라 강원도 철원교회로 부임하였다. 그리고 다음 해는 경기도 광주 경안교회, 그 뒤에 안성교회, 아현교회를 거쳐 5년간 전도사로 사역하다가 1926년 4월 10일에 목사 안수를 받았다.

## 4. 유달산 신유 체험과 신사참배 거부

　북선지방 감리목사로서 북선과 만주에서 자신의 몸을 돌보지 않고 동분서주하며 온 힘을 다하여 전도 사역에 힘쓴 결과 성결교회 부흥과 함께 김응조 목사 자신에게는 중병인 폐병을 가져다 주었다. 교단 본부에서 정양을 위해 따뜻한 남쪽 지역에 위치한 목포교회로 임명하였으나 목포교회는 미자립교회였다. 김응조 목사는 교회와 주택, 그리고 생활고에 시달려 정양은 고사하고 병이 더 가중되어 고통과 낙망 가운데 죽음만을 기다리게 되었다. 최후로 하나님께 죽느냐 사느냐, 이 두 문제를 갖고 호소하기 위해 유달산을 올라가 기도하다가 신유(神癒)의 체험을 하게 되었다. 그는 자신이 앉아서 기도한 곳을 영암(靈岩, 이후 '영암'을 아호로 사용)이라 칭하였다. 이후 신유에 대한 간증을 하고, 새벽에 기도회를 낮에는 사경회로 100일간 부흥회를 한 결과 새 신자를 120명이나 얻게 되었다. 1931년부터 1936년까지 호남 지방회를 맡아 사역하는 중에 신개척 39개소, 교회당 건축 36처소, 신자의 증가 4,000명이라는 결실을 맺었다. 그는 1936년 4월 연회에서 중부 지방 순회 이사로 임명을 받아 지방교회 순회에 몰두하며, 독립문교회를 겸임하게 되었다.

　1938년부터 일제가 신사참배를 한국교회에 노골적으로 강요하기 시작하였다. 성결교회의 최고 간부인 모씨가 신사참배 무죄론을 주장하면서 지상에 글을 발표하였다. 김응조 목사는 '신사참배는 국가 의식이요 우상이 아니다'는 변절된 주장에 대해 몇 차례 반대하였으나 불응하자 위로 하나님만 바라보고, 교단과 교회를 1938년 5월 4일부로 떠났다.(필자가 김응조 목사 신사참배를 제기한 장신대 한숭홍 교수에 대해 다년간 지상 논쟁을 벌인 바 최종 국가보훈처가 필자의 의견을 1997년 공식 채택함) 1938년 성결교회를 떠난 김응조 목사는 초교파적인 부흥 목사로서 시국이나 사상 문제를 떠나 각 교파를 막론하고 <생명지광(生命之光)>을 만들어 복음을 전하였다.

### 5. 8.15 해방과 부산 피란신학교 교수

해방 직후 전국 각지로 순회하면서 부흥 집회를 인도하던 그는 1946년 7월에 원고를 기고하기로 약속하는 것을 계기로 다시 성결교회로 돌아오게 되었다. 그리고 곧 경성신학교 전임교수로 초빙을 받게 되었다. 성결교회는 김응조 목사의 복귀와 함께 이건, 박현명, 김유연 목사를 중심으로 일제로 부터 무너지게 된 교회 재건의 발판을 새롭게 놓게 되었다.

그러나 해방의 기쁨은 잠시 1950년 동족상잔의 6.25 한국전쟁이 일어났다. 김 목사는 전쟁 중이지만 마음에 끓어 오르는 성령의 불길을 참을 수 없어서 영남 일대에 초교파적으로 부흥회를 인도하였다. 독특한 자신의 메시지인 '말세와 예수 재림'을 통하여 피난 중의 절망 속에 빠져있는 성도들에게 새로운 소망의 활력소를 불어넣어 주었다.

피난 후 4년 만에 다시 피란신학교가 서울로 복귀하자 집필에 들어가 『사막의 생수』, 『부흥의 불꽃』, 『말세와 예수의 재림』을 위시한 수많은 단행본을 출간하는 저력을 보이면서 이후 『나는 기도해서 얻었다』, 『성서대강해』 등 총 40 여권의 책을 출간하였다.

### 6. 교단 분열과 성결교신학교 설립

김응조 목사는 1957년 4월 총회에서 총회장으로 당선되어, '정화와 부흥'이라는 슬로건 아래 성결교회를 바로잡고자 애썼다. 그러는 중에 한국성결교회는 1960년에 들어오면서 분열이라는 열병을 앓기 시작하였다. 1961년 4월 11일 16회 총회에서 15회 총회에서 NCC와 NAE 두 기관에 대한 동시 탈퇴안이 보류되어 이월됨에도 불구하고 이 문제가 거론되지 않고 오히려 양 기관에 더 많은 대표를 파송하기로 결정되었다. 사태가 여기에 이르자 양 기관 탈퇴를 이명직, 이성봉, 황성택 목사와 함께 주장하던 김응조 목사는 이들과 함께 '복음 진리동지회'(이후 예수교대한성결교회로 발전)를 조직하고 NCC 및 NAE 두 기관에서 단연히 탈퇴하여 성결교회 정통성을 수호하고 정체성을 확립하여 성결교회 본연의 순복음 신앙으로 돌아갈 것을 천명하였다. 서울신학교가 기독교대한성결교회로 넘어가자 1962년 9월 20일 자신의 사저에서 성결교신학교를 개교하여 수많은 교단 교역자와 복음의 일꾼들을 배출하였다. 한 평생 하나님과 이 땅의 복음화를 위해 혼신의 힘을 다해 사역하던 영암 김응조 목사는 1991년 4월 17일 정든 예성 교단과 선지 동산을 떠나 주님 오시는 날까지 영면에 들어가게 되었다.

## 닫는 글

영암 김응조 목사, 그는 격동과 전환의 20세기 한국사와 운명을 같이하며, 한평생 이 땅에 복음만을 외치고 오로지 그 일만을 위하여 살다 간 성결교회가 낳은 위대한 하나님의 사람, 한국교회가 낳은 모세였다.

[「성결신문」, 제534호(2022.3.23.)에 게재]

**4월의 인물 ②**

레티 카우만(Lettie B. Cowman)

# 동양선교회 4대 총리

## 여는 글

생명의 기운이 약동하는 4월, 오로지 위에 계신 하나님 한 분만을 의지하고 동양의 죽어가는 영혼들의 구원을 위하여 사막의 생수 같은 귀한 삶을 살아간 동양선교회 믿음의 여장부 레티 카우만 여사를 생각해 본다.

### 1. 출생과 카우만과의 결혼

레티 버드(Lettie Burd)는 1870년 3월 3일 미국 아이오아의 애프톤에서 은행가로 성공한 아이작 버드(Isaac M.Burd)의 막내딸로 태어났다. 부유한 집안에서 남부럽지 않게 자란 그녀는 문학을 즐겨 했고 피아노를 잘 쳤다. 맑고 깨끗한 목소리를 가진 그녀는 음악적 재질이 있어서 주위로부터 음악가가 되라는 권유를 받았으나 이 꿈은 이루어지지 않았다. 그녀에게 인생의 전환점이 된 사건은 동네 정거장에서 전신기사로 일하고 있었던 청년 카우만(Charles E. Cowman)을 만나고 일어났다. 레티 어머니의 주선으로 둘의 만남은 열매를 맺게 되어 1889년 6월 18일 결혼식을 올리게 되었다.

록키 산맥 한가운데서 시작된 신혼 생활은 산의 고도가 너무 높아 레티에게 심장병이 생기자, 시카고 전신국으로 전근하면서 그 기회에 집도 옮겨 버렸다. 시카고로 옮겨온 레티는 남편 카우만이 승승장구하여 전신국 부하직원 50명을 거느리는 등 안정된 생활을 갖게 되었다.

## 2. 은혜 체험과 선교사의 소명

1893년 레티는 성탄절을 앞둔 어느 날 밤, 이웃 교회의 집회에 초대받았다. 음악에 관심이 많은 레티는 초청에 응했다. 은혜감리교회(Grace Methodist Episcopal Church)였다. 그날 밤 간증과 함께 복음성가를 부른 가수는 무디(D. L. Moody)와 함께 전도 운동을 벌인 생키(Ira Sankey)였고, 노래의 내용은 '아흔 아홉 마리 양'이었다. 레티는 그 자리에서 깊은 은혜의 체험을 맛보게 되었고, 그 자리에 엎드려 하나님을 잊고 살았던 과거의 삶을 회개하며 자기 자신을 하나님께 드리는 헌신의 기도를 드렸다. 찰스 카우만은 이후에 이 날을 회상하며, "이는 한밤중에 울린 바울과 실라의 노래였고, 세상의 즐거움에 빠져 살았던 레티의 마음에 영적 지진을 동반했다"고 말했다.

레티가 회심한 후, 그녀는 카우만을 권면하여 은혜감리교회에 나가게 하였는데, 성령의 도우심으로 카우만 역시 주님께 돌아오는 회심의 역사가 일어났다. 카우만은 회심 체험 후, 전도자로 변했다. 카우만은 반년 사이에 75명을 주님께로 인도하였는데, 전도의 첫 열매로 이후에 동양선교회의 설립뿐 아니라 평생 믿음과 사역의 동역자가 된 킬보른(E.A.Kilbourne)을 주님께 인도하였다.

1894년 레티는 자기 남편과 함께 심프슨 박사의 선교 대회에 참여하였고, 이 자리에서 자신들을 하나님께서 부르신다는 확신을 갖고 선교사로서의 소명을 받게 되었다. 이들 부부는 처음에는 인도로 가서 선교를 하려고 하였으나, 레티의 건강이 인도 기후에 견딜 수 없다는 진찰 결과를 듣고 일단 보류했다. 2년간 하나님의 때를 기다리던 이들에게 마침내 주님의 음성이 들렸다. 일본이었다. 카우만 부부는 오로지 하나님만 의지한 채 1901년 2월, 긴 21일의 항해 끝에 일본에 도착하였다.

### 3. 동양선교회의 선교 사역

이때부터 레티 카우만은 카우만을 도와 나까다 목사와 함께 동경에서 중앙복음전도관과 동경성서학원을 설립하였고, 이후 1905년 11월에 동양선교회를 창설하였다. 카우만 여사는 선교사로서 주로 미국에서 오는 후원자들의 편지에 회답하고, 후원금을 관리하는 재정 분야의 회계 업무를 맡아보았다. 또한 동양선교회의 기관지인 *Electric Messages*(후에 *Oriental Missionary Standard*로 이름을 변경)라는 정기 간행물이 발간되자 많은 글을 기고하였고, 주필로 활동하기도 하였다.

레티는 카우만의 건강이 악화되자, 1918년 일본을 떠나 미국으로 가서 병중의 남편을 간병하였다. 그녀는 동양선교회 일로 영국을 자주 왕래하고, 선교보고회에서 설교를 하며 큰 감동을 끼쳤다. 그리고 틈틈이 사역과 간병기간 중에 하나님께서 주신 은혜를 생각하며 영적인 감사와 사색의 글들을 쓰기도 하였다. 1920년 카우만이 소천되자, 킬보른을 도와 동양선교회의 확장과 선교 활동에 주력하였다. 그러나 그도 4년 뒤에 로스엔젤레스에서 하나님의 부르심을 받자, 킬보른에 이어 동양선교회 4대 총리가 되어 동양선교회를 이끌어 가며, 1933년부터는 한국, 중국, 일본, 대만 등 동양 지역을 순회하며 천막 전도 집회를 통한 십자군 전도 운동을 대대적으로 일으켰다.

1949년 팔순의 나이에 기력이 쇠하자 동양선교회의 총리직을 유진·어니 박사에게 물려주었다. 그리고 십자군 전도 운동과 문서 선교 운동을 배후에서 돕는 일을 하는 중에 1960년 4월 17일 부활 주일 아침에 하늘의 부르심을 받았다.

다음은 레티 카우만이 남긴 저서이다. 1924년: 『사막의 생수(The streams in the Desert)』, 『위로(Consolation)』, 『골짜기의 샘물(The Springs in the Valley)』, 1928년: 『선교의 전사, 찰스 카우만(Missionary Warrior, Charles E. Cowman)』, 『산꼭대기를 바라보고』, 『돋는 해를 바라보며 떠난다』.

## 닫는 글

목련꽃이 한바탕 흐드러지게 피어 봄을 알리고, 떨어지는 4월에 평범한 전신국 기사의 아내에서 동양선교회 총재에 이르기까지 젊어서 받은 선교적 사명을 위해 90평생 자신의 삶을 하나님께 드림으로 동양 선교의 큰 꿈을 만개한 꽃처럼 현실로 바꾼 레티 카우만 여사의 복음에 대한 뜨거운 열정과 사랑이 가슴에 와 닿는다.

[「활천」, 제569호(2001년)에 게재]

**5월의 인물**

정빈 복음 전도자

# 한국성결교회 창립의 초석(礎石)

## 여는 글

하나님의 크신 섭리는 어디에 있었는가? 동양선교회가 일본에서 미처 눈을 떼기도 전인 1907년 5월 30일 구한 말 주변 열강의 횡포로 날로 쇠약해져 가는 암울한 조선 땅에 동경성서학원을 졸업하고 귀국한 정빈은 김상준과 함께 한국성결교회를 태동시켰다.

## 1. 성장과 입신(入信)

정빈(鄭彬)은 1871년 척화비(斥和碑)가 이 땅에 세워지고 신미양요(辛未洋擾)의 여파로 인해 천주교에 대한 박해가 계속 심화되어 가는 중인 1873년경 황해도 해주(海州)에서 태어났다. 그는 8세부터 서당에 들어가 학문을 배우기 시작했고, 계속해서 자기 적성에 맞는 대로 외국어와 산술, 그리고 또 다른 학문까지 익히기 시작했다. 정빈은 학문에 대한 남다른 열의가 있어서 신학문을 습득하는데 열심을 다하여 주력하였다. 동기는 확실히 모르나 그는 나이어린 10살쯤에 이미 기독교로 입신하게 되어 교회에 나가 신앙생활을 하였다.

정빈은 일본으로 유학을 가기 전에는 1893년에 선교사 모삼열(牟三悅, Moore)과 조사 김영옥, 천광실의 전도로 인해 그 이듬해에 세워진 연동(蓮洞)교회의 청년 신자였다. 정빈은 이미 일본 유학을 떠나기 전에 성경 말씀에 대한 지식과 신앙의 깊이가 있었다.

## 2. 동경성서학원과 일본에서의 활동

정빈은 1905년 7, 8월경에 일본으로 건너갔다. 정빈의 유학 시절은 일제에 의해 주권이 사실상 빼앗기고 침략의 마각(馬脚)이 여실히 노출된 울분과 참담의 시기였다. 정빈은 민족 주체 의식이 철저한 일본 유학생 단체인 태극학회(太極學會)의 청을 받아 매 주일마다 태극학회 회원 가운데 기독교를 알기 원하는 유학생들에게 설교를 하는 시간을 가졌다. 그러나 태극학회에 연결되어 성서를 가르치는 중에 기독교를 전하면서 그들의 모임에 자주 회동하였으나, 정빈은 일제에 대항하는 정치적 구국 운동에 다른 깊은 관계를 갖지 아니하였다. 왜냐하면 정빈은 십자가 외에 다른 것에서는 이 나라의 소망스런 전정(前程)을 생각할 수 없었기 때문이었다.

도일(渡日)한 1905년 가을 동경성서학원에 입학하여 신학 수업을 받기 시작했다. 정빈은 새벽부터 밤늦게 까지 일본 말을 배우기 위해 노력했고, 얼마 안 가서 그는 일본 말을 말하고 이해할 수 있게 되었다. 정빈은 동경성서학원에서 주로 성경에 관한 공부와 노방 전도 및 호별 방문 등 전도 실습에 대한 것을 배웠는데, 특별히 '사중복음(The Fourfold Gospel)'에 대해서 공부하며 많은 책들을 번역하는 작업을 하였다.

## 3. 동양선교회 복음전도관의 개척

1907년 5월 2일, 정빈은 김상준과 함께 동양선교회 소속 동경성서학원을 졸업하고 귀국하였다. 정빈은 그 해 5월 30일에 김상준과 함께 경성 종로 염곡(谷)에 위치한 다 쓰러져 가는 조선식 기와집 몇 칸을 세(貰)내어 '동양선교회 복음전도관'이라는 간판을 붙이고 복음전도관을 개설하였다. 동양선교회가 조선에서의 선교 사업을 시작할 만한 여유를 가지지 못할 때에 최초로 한국성결교회를 자생적 개척(自生的 開拓)함으로써 자국인의 모국 선교의 장을 열었던 정빈은 이미 동경 유학 시절 그곳 복음전도관에서 한 주간에 수십 명씩 결신하는 부흥의 모습을 보면서 그의 가슴 속에는 한국 땅에서의 복음 전도의 청사진을 가지고 있었다.

정빈은 처음부터 특정한 교파 의식을 갖지 않고, 일본에서 공부하고 실습하여 익힌 전도 방식으로 악대와 가두 전도 연설, 호별 방문에서 복음을 전하여 결신시키고, 결신자들은 인근 다른 교파 교회로 인도하였다. 매일 저녁 한 사람은 장등(長燈)을 들고 한 사람은 북을 치며 황토현(黃土峴)에 가서 "믿기만 하오. 믿기만 하오." 찬송을 부르며 전도를 하였다. 그러나 이와 같은 직접 전도 방법은 많은 오해를 빚기도 했다.

1911년 3월 경성 무교정전도관 안에 임시로 성서학원이 개설되었는데, 이때 정빈은 한국인으로서는 최초로 성서학원의 교수가 되어 학생들을 가르치게 되었다. 이듬해인 1912년 3월 죽첨정(현 충정로)에 정식으로 성서학원이 신축되어 이전하자, 정빈은 무교정전도관 주임 교역자직을 사임하고 신학 교육에만 전념하였다. 1914년 김상준과 의견 충돌로 인해 교수 사직서를 제출하고 북간도(北間島)로 떠나고 말았다.

## 4. 정빈과 동아기독교(현, 침례교)

북간도로 건너간 정빈은 아무런 제약없이 복음을 전하다가 3년 후인 1917년 다시 성결교로 돌아와 동양선교회의 파송을 받고 안성교회를 창립하였다. 1919년에 인천교회에 다시 파송되어 3년간 목회하였다.

1921년 9월 종래에 사용하던 복음전도관이라는 명칭을 폐지하고 교회를 조직하여 교회의 명칭을 성결교회로 바꿔 기성교단으로 경화되어 갈 무렵, 그는 인천교회를 사직하고 다시 북간도로 떠났다. 정빈이 성결교회를 떠난 사건은 창립자에 대한 여러 가지 안타까움과 함께 부정적인 평가(교단 의식의 미약)와 또한 여러 의문을 던져 준다. 그러나 처음 이 땅에 김상준과 함께 복음전도관(성결교회)을 세울 때에 두 가지 선교 원칙(첫째, 어떠한 새 교단을 만들지 않는다. 둘째, 복음을 받아들이지 않는 곳에 가서 직접 복음을 전한다.)에 입각한 행동의 발로였다. 1921년 재차 북간도로 건너간 정빈은 나라를 잃고 실의에 젖어 단지 생존만을 위해 살아가는 대다수의 재만(在滿) 한국인들에게 사중복음을 전하였다.

재차 동아기독교(東亞基督敎)에 온 정빈은 감로(監老)로서 북만주 간도의 용정(龍井)교회에서 사역하였다. 정빈은 용정교회에서 복음을 전하는 일 외에 1921년 이종덕(李鍾德) 감목의 뜻에 따라 만주 종성동에 세워진 종성동성경학원에서 교수로서 성경을 가르치는 일을 하였다.

## 닫는 글

1931년 만주 사변(滿洲事變) 이후 괴뢰 정권인 만주국이 만주 내에 있는 기독교를 하나로 통합하려고 할 때, 정빈은 동아기독교와의 관계는 계속 유지하면서 다만 복음의 교사와 전도자로서 수다한 영혼들을 주 앞으로 인도하는 일에만 전력을 다하다가 끝내는 60이 넘는 노년의 무명 전도자로서 이름 없이 빛도 없이 생명이 있는 동안 순복음만 전하다가 아골 골짝 빈들과 같은 황막한 만주 땅에서 주 오시는 날까지 잠들게 되었다.

[「성결신문」, 제536호(2022.4.19.)에 게재]

**6월의 인물**

문준경 전도사

# 새끼를 많이 깐 씨암탉

## 여는 글

100년이 훨씬 넘는 장구한 역사를 가진 한국성결교회의 면면(面面)을 살펴볼 때 우리는 자랑스런 한국교회의 믿음의 여종인 문준경 전도사를 만나게 된다. 그녀는 낙도 선교의 어머니로 '새끼를 많이 깐 씨암탉'이란 죄명으로 순교의 잔을 마신 순교자이다.

### 1. 출생과 결혼

문준경(文俊卿)은 1891년 2월 2일 전남 무안군(현재, 신안군) 암태면 수곡리에서 문재경의 3남 4녀 중에 3녀로 태어났다. 그녀가 태어난 곳은 남해의 작은 섬이었으나 조부가 진사였기 때문에 양반 가문의 미풍아래 비교적 유복한 생활을 하였다. 그러나 어려서부터 총명하고 배우기를 좋아하는 그녀는 남존여비의 유교 관습에 젖은 부친으로 인해 서당에서 글을 배우지 못하였다.

17살이 되던 때 1908년 지도면 등선리에 사는 정근택과 결혼하였다. 그러나 어린 나이 부모를 떠나 시집을 왔으나 '남편있는 생과부'라는 말을 들을 정도로 그녀의 결혼 생활은 순탄하지 않았다. 남편의 사랑을 받지 못하였으나 시부모를 지극 정성으로 모시자 시아버지는 어려서부터 글공부가 소원이었던 문준경에게 한글을 가르쳐 주어 바로 글을 깨우치게 되었다. 시부모만 의지하며 살았던 그녀는 시아버지가 별세하자 슬픔에 빠져 3년상을 치루고 지도면에서 효부상을 받기까지 하였다. 시어머니가 큰 시숙댁에서 모시게 되자 문준경은 홀로 남게 되었고 목포의 큰오빠가 사는 근처로 가게 되었다.

## 2. 기독교로의 입신과 경성성서학원 입학, 5교회 개척

목포의 북교동에 방 한 칸을 얻어 재봉틀로 삯바느질을 하며 슬픔과 외로움을 달래가며 살아가던 어느 날, 한 여인으로부터 전도를 받고 교회의 문을 두드리게 되었다. 그녀가 처음 찾아 간 교회는 이성봉 목사(당시 전도사)가 개척한 북교동 성결교회였다. 이내 예수를 구주로 영접한 그녀는 완전히 새 사람으로 변하여 구원의 기쁨을 이기지 못해 목포 전 지역을 돌아다니며 축호전도하였다. 곧 집사가 되고 기도가운데 경성성서학원 입학을 위하여 기도한지 2년이 되던 1931년 드디어 응답을 받고 청강생을 거쳐 정식 학생이 되었다. 그녀는 방학 때마다 섬마을 고향으로 내려가 전도를 하며 진리교회, 증동리교회, 대초리교회, 제원리교회, 우전리교회 5교회를 세웠다.

## 3. 낙도 사역과 신사참배 거부

학업을 마친 후 증도로 내려와 도서의 영혼들을 위한 낙도 선교에 본격적으로 헌신하였다. 지금과 달리 섬과 육지로 잇는 다리도 놓여있지 않고 교통수단도 열악하여 조그만 나룻배를 의지하여 섬과 섬을 방문하며 복음을 전하였다. 새벽 기도회가 마치면 큰 보따리를 짊어지고 집집마다 심방을 다녔다. 보따리 속에는 전국교회에서 답지한 후원 물품들로 가득 채워져 연고, 소화제, 항생제 등 약품과 잔칫집에서 얻은 음식들과 누룽지가 들어 있었다. 피부병을 앓는 자에게 연고를 발라주고, 배 아픈 사람 배를 어루만지고 기도하는 간호사, 산파 역할, 우편배달부, 섬마을 어린이들에게 글을 깨우쳐 성경을 가르쳐주는 선생님으로 신안 앞바다의 섬들을 순회하며 복음을 전하였다. 얼마나 열심히 사역에 헌신하였는지 일 년에 고무신이 9켤레씩이나 떨어질 정도였다고 한다.

1943년 일제에 의해 성결교회가 강제해산 당할 때 교회당을 빼앗기자 교회 주택에서 예배를 드렸고, 신사참배를 거부했다는 이유로 목포경찰서로 불려가 모진 고문을 당하기도 했다.

### 4. 6.25 한국전쟁과 순교

8.15 해방과 함께 일제 때 빼앗긴 증동리교회를 되찾기 위해, 기도 중에 법정에까지 제소하는 어려움 끝에 교회를 되찾았다. 그러나 기쁨과 평화도 잠시였다. 1950년 6월 25일 북한 공산군은 기습 남침을 하여 전쟁이 일으키고 파죽지세로 남쪽으로 내려왔다. 공산잔당들이 목포 신안 앞바다까지 쳐들어와 비밀리에 예배를 드렸다고 문전도사를 목포 내무서로 연행해갔다. 잔인한 매질 속에 밤마다 몇 사람씩 불려나가 총살을 당하였으나 나이가 많다는 이유로 풀려났다.

이사야서 26장 20절 "내 백성아 갈지어다. 네 밀실(密室)에 들어가서 네 문을 닫고, 분노가 지나기까지 잠간 숨을지어다"는 말씀을 인용하며 교회로 복귀하지 말고 잠시 피할 것을 간곡히 권면하는 이성봉 목사님의 말씀을 뿌리치고, "비록 돌아가 죽을지언정, 내 양을 버릴 수 없습니다."고 말하며 다시 돌아왔다. 그러는 중에 예배를 드리다가 중간에 머리채를 잡혀 증도(증동리) 백사장으로 끌려가서 순교의 잔을 마시게 되었는데 그 날은 1950년 10월 5일(새벽 3시경)이었다.

## 닫는 글

동족상잔의 6.25 한국전쟁 때 증동리 해변에서 공산도배들에 의해 '새끼를 많이 깐 씨암탉'이란 죄명으로 죽임을 당한 순교자 문준경 전도사, 그녀는 낙도 선교의 어머니뿐만 아니라 한국교회의 신앙의 어머니이다. "예수 믿어야 산다."고 평상시 늘 하던 '말씀을 듣고 문전도사에게 어릴 때부터 신앙 교육을 받고 자란 섬마을 아이들 가운데 김준곤 목사(C.C.C.총재), 이만신 목사(한기총 대표회장), 정태기 총장(치유상담대학원대학교), 이만성 목사(기성총회장) 등이 배출되었다. 그녀가 흘린 피는 영원히 썩지 않는 한 알의 믿음의 씨앗이 되어 수많은 열매로 맺히게 되었다.

[「성결신문」, 제538호(2022.5.17.)에 게재]

**7월의 인물**

이성봉 목사

# 성결교회가 낳은 세계적 부흥사

## 여는 글

지난 한국교회 역사를 회고하면 한국교회 부흥과 복음 전도를 위해 헌신한 여러 일꾼 가운데에서도 우선적으로 기억되는 두 인물이 있다. 그들은 초기 한국교회에 대부흥사로 크게 사역한 김익두 목사와 8.15해방 전후 부흥의 불길을 일으킨 이성봉 목사이다. 이성봉 목사는 한국성결교회가 낳은 세계적인 부흥사로 19세기 위대한 인물인 무디를 연상케 할 정도로 한국의 무디로서 복음 전도자의 삶을 살았다.

### 1. 출생과 성장

이성봉(李聖鳳)은 1900년 7월 4일 평남 강동군에서 부친 이인실과 모친 김진실의 장남으로 태어났다. 평범한 가정에서 태어났으나 어머니가 6살 때 교회에 나가 신앙생활을 하게 되자 자연스럽게 모친의 영향을 받아 기독교를 접하게 되었다. 이성봉의 모친은 신천의 경신소학교의 교원으로 청빙을 받아 3년간 교편 생활을 할 정도로 신학문에 열려있는 개화 여성이었다.

이성봉의 모친을 경신소학교에 추천하고 후견인 역할을 한 사람이 김익두 목사로 어려서부터 이성봉은 김익두 목사를 가까이에서 대하고 그의 집회에도 어머니 손길에 끌려 참석하였다. 이성봉은 어머니와 김익두 목사의 영향을 받으면서 소학교를 졸업하였다. 그러나 가정 형편으로 중학교에 진학하지 못하자 비탄에 잠겨 고민하다가 생업에 뛰어들어 달구지에 나뭇짐이나 과일을 싣고 30리길 떨어진 평양을 오가며 장사를 하였다. 소년 시절 어머니 권면에 따라 교회에 출석은 하였지만 사춘기 시절 이성에 대한 흥미로 친교 삼아 교회에 나갔다. 면학의 꿈이 사라진 공허한 마음 한 구석에 이제는 오직 돈을 버는 일이 그에게 유일한 삶의 목적으로 자리를 잡게 되었다.

## 2. 중생의 체험과 신학교 입학

어머니의 간곡한 신앙의 권면도 아랑곳하지 않고 세상길로 나가던 이성봉은 19세 되던 해에 그의 마음을 바로 잡기 위해 결혼을 주선한 부모님의 뜻에 따라 이영기 장로 딸인 이은실과 결혼을 하였다. 그러나 결혼 후에도 세상을 향해 걸어가던 세속적인 삶은 조금도 변화가 없었다. 그러는 중에 21살이 되던 1920년 6월 어느 주일에 과수원에서 과일을 싣고 평양으로 가던 도중에 가자묘 앞길에서 원인도 모를 통증이 오른쪽 넓적다리에서 생기더니 이내 쓰러지고 말았다.

"주일날 돈벌이 하겠다고 하나님의 계명을 어기고 부모 말 안 듣고 제멋대로 하다가 잘되었다."는 어머니 김진실 집사의 핀잔스러운 책망 속에 3년의 투병 생활을 보내며 인생의 허무함을 뼈저리게 느끼고 회개와 함께 중생(重生)의 체험을 가지게 되었다. 하나님의 은혜를 철저히 깨닫고 그는 어머니께 불효를 사죄하며 인생의 설계를 다시 하였다. 새롭게 재출발을 한 이성봉은 하나님께 1925년 26살의 나이에 경성성서학원에 입학하여 성경공부와 기도, 전도 실습 등 영적으로 수련과 학업을 정진하였다. 신학생 시절부터 어린이 부흥회를 인도하며 가는 곳마다 큰 부흥을 일으켰다. 신학교 졸업할 당시 3일 금식 기도 중에 예레미야서를 읽다가 주께로부터 소명을 받게 되었다.

## 3. 초교파 부흥사 사역과 임마누엘특공대

1928년 졸업과 함께 수원교회를 개척하여 시무하는 중에 큰 부흥이 일어나 교회를 붉은 벽도로 아름답게 건축하였다. 1931년 목포 북교동교회로 파송되어 목회를 하다가 그 이듬해 목사 안수를 받았고 유달산 돌을 가져다가 교회를 지었다. 이어서 1936년에 최북단 신의주교회로 전임하여 당시 성결교회 가운데 제일 큰 교회를 건축하였고, 성경학교를 설립하여 지방 교역자들을 육성하고 신의주 마천동에 지교회까지 세웠다. 신의주교회 목회할 때부터 이성봉 목사는 부흥 집회를 인도하며 양시, 안동, 비현 등 여러 교회에서 큰 부흥을 일으키며 부흥사 사역을 시작하였다. 성공적인 부흥 집회의 소문은 장로교, 감리교까지 퍼져서 여러 곳에서 부흥회 초청을 받게 되었다. 평양의 경창문 밖에서 천막을 치고 부흥 집회를 할 때에는 수 천명이 운집하여 대성황을 이루며 수많은 사람들이 중생의 체험을 하는 큰 부흥의 역사가 일어났다.

1939년 교단 총회시에 교단 소속 부흥사로 공식 임명을 받으며 전국 순회 부흥 강사로서 본격적인 사역을 시작하게 되었다. 국내는 물론 일본과 만주지방에 이르러서 부흥 집회를 인도하며 복음 선교에 진력하였다. 8.15 해방이 되자 교단 해산으로 문을 닫게 된 신의

주성결교회를 재건하였으나 공산당의 방해로 전도 활동의 제약을 받자 남하하여 남한 성결교회의 재건을 도우며 부흥사로서의 명성을 떨치었다.

6.25 한국전쟁의 소용돌이 속에서 공산당에게 맞아서 죽을 어려움 중에도 살아남게 되자 하나님이 자신에게 주신 제2의 소명의 삶으로 생각하고 '말로 못하면, 죽음으로' 모토 아래 1954년 임마누엘 특공대를 조직하였다. 복음 전도의 투사로서 전투적인 자세로 사역하며 전국 방방곡곡 산간 오지마을까지 들어가서 복음을 전하며 수많은 영혼들을 그리스도께로 인도하고 교회를 세웠다. 1955년 서울 신촌의 자택에서 신촌성결교회를 개척하고, 1959년에는 미국 교회 초청으로 도미하여 로스앤젤레스로부터 시작하여 9개월간 미주 순회 부흥 집회를 열어 큰 은혜를 끼치고 미국 교회 성도들로부터 '제2의 무디'로 칭송을 받을 정도로 놀라운 부흥의 불길을 일으켰다. 1961년 성결교단이 분열되어 1962년 두 개의 교단으로 분립되자 교단 합동을 위한 통일 수염을 기르고 400개가 넘는 양 교단 교회들을 찾아가 순방 집회를 하며 합동을 위해 노력하다가 1965년 8월 2일에 하나님께 부르심을 받았다.

## 닫는 글

한국성결교회가 낳은 위대한 복음 전도자인 이성봉 목사는 간결하고, 힘이 있는 순수한 복음 메시지를 담은 불같은 뜨거운 사랑의 설교를 통해 초교파적으로, 해외까지 큰 복음 운동을 일으키며 이 땅에 죽어가는 많은 영혼들에게 영적인 회심과 감동을 주었다. "순간 순간 주님과 호흡하고, 한걸음 한걸음 주님과 동행하라."는 이성봉 목사의 말씀은 지금도 오늘을 살아가는 성결인들에게 살아있는 묵직한 말씀으로 뜨겁게 들려온다.

[「성결신문」, 제540호(2022.6.21.)]

8월의 인물

박봉진 목사

# 신사참배를 거부한 순교자

### 여는 글

   1945년 8.15 해방까지 우리 민족은 36년간 일본 제국주의의 강점 아래 식민지 압제를 당하였다. 일제는 1925년 남산에 조선 신궁을 세운 이후, 이 땅을 내선일체를 통한 침략 전쟁의 병참기지로 삼기 위하여 신사참배를 한국교회에 까지 강요하였다. 1938년에 들어와 신사의 망령 앞에 감리교가 자진 굴복한 것에 이어서 장로교가 교단 총회에서 신사참배를 결의하였고, 성결교도 별다른 저항 없이 신사참배 대열에 합류하였다. 그러나 이런 광란과 질곡의 역사 중에도 신사참배를 거부하고 순교한 이가 있으니 그는 가시밭의 백합화 같은 삶을 살다간 박봉진 목사이다.

### 1. 출생과 입교(入敎)

   박봉진(朴鳳鎭)은 1885년 아펜젤러 선교사와 언더우드 선교사가 제물포로 들어와 교파형 선교를 통해 복음의 기초를 놓기 시작한지 얼마 안 된 1890년 경기도 평택군 청북면 어소리에 있는 가난한 농가에서 출생하였다. 어려서부터 총명하고 다부진 그는 도회지가 아닌 시골에서 성장하며 마을 서당에서 한학을 배웠다. 17세가 되던 어느 날 그는 부자가 되는 사업가의 꿈을 가지고 고향을 떠나 수원으로 갔다.

시골집을 떠났으나 특별히 자신을 반겨주는 이가 없어 거리를 헤매며 방황하던 중에 수원교회 (현 종로감리교회) 앞 청년들에게 전도를 받고 바로 교회를 나가게 되었다. 수원교회에 입교하여 교회를 다니며 금은방 견습공이 되어 세공 기술을 익히게 되었다. 얼마나 신앙생활에 열심을 보였는지 교회나간 지 3년 만에 집사가 되었다. 말씀을 통해 은혜를 경험할수록 그는 고향에 교회가 없는 것을 안타깝게 생각하게 되었다. 이러한 생각들은 결국 실행으로 옮겨져 25살이 되었을 때 그의 발걸음을 고향으로 돌리게 하였다. 고향으로 돌아 온 그는 그동안 배웠던 기술을 활용하여 금은방을 개업하고, 이내 마을 사람들에게 복음을 전하며 평택성결교회를 개척하였다. 그리고 자기 재산을 헌납하여 교회 건물을 완공하였다(1923년).

체구는 크지 않았지만 성품이 곧고 강직한 그는 1919년 나라를 잃은 설움에 온 민족이 한 마음으로 독립을 쟁취하려는 3.1운동이 일어나자 만세 운동에 적극적으로 참여하여 일경에 잡혀서 투옥이 되기도 하였다.

2. 소명과 헌신

그는 사업가로서 역량도 뛰어나 40세가 되기 전에 오늘날 일종의 전문 백화점과 같은 매장을 수원에 개설하고 금은 귀금속 판매와 세공, 화장품, 모자 등 악세사리를 판매하면서 평택, 천안까지 7개 매장을 확장하며 재산을 많이 모았다. 사업이 흥왕할수록 그의 신앙도 뜨거워지고 교회에 대한 헌신도 식을 줄 몰랐다. 그러나 불경기를 만나 경기가 침체되고 사업이 진척되지 않는 가운데 그는 깊은 기도 가운데 사업을 접고 남은 인생을 하나님께 온전히 드리기로 결심하였다. 1932년 그의 나이 42살 박봉진은 경성성서학원에 입학하였다. 졸업을 하기도 전인 재학 중에 그는 불타는 구령열에 교회를 개척하였고 3년 후에 졸업하였다. 1935년에 여주교회에 부임하였고, 이후 1937년 이천성결교회를 맡다가 1941년 5월 철원성결교회로 파송을 받았다.

3. 신사참배 거부와 순교

앞서 언급한대로 일제는 1925년 조선 신궁을 남산에 설립한 뒤 1930년대로 들어와 신사참배를 학교에서부터 실행하게 하더니 한국교회에까지 강요하다가 1938년에 와서는 정점에 이르게 되었다. 일제는 거기에 멈추지 않고 1940년대에 들어오면서 점차 한국교회를 강제로 통합하여 소위 일제의 어용기관에 불과한 '조선기독교혁신교단'으로 개편하였고, 성경과 찬송가 일부도 삭제하는 만행을 저질렀다. 그리고 1943년 5월 24일 재림 교리를 강조하는 성결교회는 일제 국체와 맞지 않는다 하여 전국의 성결교회 교역자, 장로, 집사들을 검속하였다.

이때에 철원성결교회에서 목회를 하던 박봉진 목사도 5월 27일 일제 고등계 형사들에게 연행되어 투옥되었다. 일경은 잡혀 온 박봉진 목사를 심문하면서 감언이설로 회유도 하고 위협도 하면서 신사참배를 수용하도록 강요하였지만 거부하였다. "신사참배는 하나님 앞에 우상 숭배의 죄이고, 나는 여호와 하나님 외에는 참 신이 없다고 믿는다"고 말하며 끝까지 거부하는 박 목사에게 주리를 틀고 천장에 매달아 장작 패듯 매로 때리며 정신을 잃을 때까지 고문을 하였다. 박 목사는 피나는 모진 고문들을 3개월 이상 받으면서도 끝까지 믿음으로 이겨 나갔다. 결국 일경은 인사불성이 되어 다 죽게 된 박봉진 목사를 방면하였고 출소한지 5일 만에 박봉진 목사는 하나님의 부르심을 받았다. 그때가 1943년 8월 15일로 그토록 애타게 기도하며 사모하던 해방이 되기 바로 2년 전이었다.

## 닫는 글

성결교인들도 대부분 신사참배를 거부하여 순교한 목사를 말하면 장로교 산정현교회의 목사였던 주기철 목사를 먼저 떠올린다. 그러나 우리에게도 매 맞아 죽어가면서도 신사참배를 끝까지 거부하여 순교의 잔을 마신 목회자가 있다. 그는 한국성결교회 역사에서 별과 같이 찬란히 빛나는 철원성결교회 박봉진 목사이다.

[「성결신문」, 제542호.(2022.7.19.)에 게재]

**9월의 인물**

찰스 카우만 (C. E. Cowman)
# 동양선교회(東洋宣敎會)의 설립자

## 여는 글

한국성결교회는 장로교, 감리교와 달리 외국 선교사가 직접 들어와 세우지 않고 한국인 전도자 정빈과 김상준의 자생적 개척(自生的 開拓)으로 시작되었다. 그러나 1907년 자생적 개척으로 세워졌음에도 불구하고 한국성결교회의 모체(母體)는 엄연히 동양선교회(東洋宣敎會)이다. 초기 한국성결교회는 교리와 신조 등 동양선교회와 불가분의 직접적 연관이 있다. 동양선교회는 명칭 그대로 동양(아시아)에 사중복음(四重福音)을 전파하기 위하여 나까다 쥬지와 함께 카우만이 일본 동경에 세운 선교 단체이다.

### 1. 출생과 성장

찰스 카우만(Charles E. Cowman)은 미국 일리노이(Illinois)주 툴론(Toulon)에서 1868년 3월 13일 부친 데이비드 카우만과 모친 메리 카우만 사이에서 태어났다. 미국 개척자의 후손인 카우만 부친은 1870년 아이오와로 농장을 구입하여 이사하면서 정착하였다. 감리교회를 출석했던 카우만 부모는 교회 봉사를 열심히 하며 신앙생활을 하였다. 카우만도 어릴 때부터 부모의 손에 이끌려 교회를 다녔다.

15세 어린 나이에 카우만은 부모 집을 떠나 전신 기사가 되어 철도국에 취직하게 되었다. 2년 후 그는 미국 최대 철도국으로 발전한 벌링톤 철도국(Burlington Railway)에서 기차 발송계원으로 일하게 되었고, 그 다음해는 시카고로 승진하여 전근을 가게 되었다. 시카고 전신국에서 일할 때 동종 업종에서 수년간 일한 직원들이 받는 월급을 받기까지 인정을 받았다. 승승장구하던 그는 교회를 가는 것을 소홀히 여겼고 유혹이 가득 찬 도시의 거리를 방황하기도 하였다 그러나 어린 시절 신앙의 훈련과 부모의 모범적인 삶과 기도는 그를 지켜 주었다. 이후 로키 산맥 중심의 멋진 온천지인 콜로라도 글렌우드 스프링즈에 있는 서부연합전신국(The Western Union Telegraph) 사무실 책임자로 일하다가 1889년 6월 8일에 감리교도인 레티 버드만(Lettie Burd)과 결혼을 하였다.

그러나 로키 산맥 중심부에 보금자리를 차리고 천국 같은 신혼의 달콤함도 잠시 로키 산맥 고지대에 적응하지 못한 아내 레티가 중병에 걸렸다. 아내의 병세가 중하여 위독하게 되자 뜻밖의 위기상황에 직면한 카우만은 어릴 적 신앙을 다시 찾게 되었다. 카우만은 간곡히 주님께 기도하고 매달렸다. "주님! 나의 아내의 생명을 구해 주세요. 어렸을 때 기도했던 이 소년의 기도를 들어 주세요." 간절히 기도한 후 극적으로 아내의 병이 회복되자 그는 의사의 권유로 도시 생활을 선택하여 시카고로 이사하였다. 그 곳에서도 전신국의 책임을 맡게 되어 수하에 많은 직원들을 통솔하는 지위에 있었다.

## 2. 소명과 헌신

시카고로 전임한 카우만은 경제적으로나 정신적으로도 여유 있는 생활을 지내게 되었다. 하루는 레티 카우만이 우연히 시카고에 소재한 은혜감리교회 예배당을 지나가다가 복음성가 가수의 찬양을 듣고 부흥회에 참석하였다가 은혜를 받고 회심(回心)을 하였다. 카우만도 아내의 권면을 받고 함께 참석하게 되어 성령의 강권적인 역사를 통하여 큰 은혜를 받고 회심의 체험을 갖게 되었다. 이 날 이후로 카우만 부부의 삶은 이전과 180도로 달라져서 전적으로 주님을 의지하고 동행하는 믿음의 삶을 살게 되었다.

그러던 중에 1894년 9월 3일 두 부부는 시카고 무디교회에서 개최한 선교 집회에 참석하였다. 대회 주강사였던 심프슨(A. B. Simpson) 박사를 통해 아내와 어린 자녀가 있는 한 회사원이 하나님께서 그들의 필요를 채워주실 것을 믿고 순전한 믿음을 가지고 아프리카 오지로 떠났다는 말씀을 듣고 마음이 이상하게 요동침을 느꼈다. 이내 성령의 강권적인 선교의 초청을 받고 그 자리에서 선교사로 헌신하기로 작정하였다. 선교사의 부르심의 시간에 그는 한 달치 봉급과 차고 있던 금 시계를 헌금 접시에 올려놓았다. 그리고 서로 약속이나 한 것처럼 두 부부가 함께 일어섰다. 하나님이 부르시는 곳에는 어느 곳이든지 가겠다고 선교의 부름에 응답한 카우만 부부는 이후 선교사로서의 새로운 사역을 시작하였다.

카우만은 전신국에서 신우회를 결성하여 시카고 전역에서 전도하며 보다 전문적인 선교 사역을 위해 에반스톤에 위치한 개렛신학교(Garrett Tteological School of Evanston) 특별 과정을 마치고, 무디성서학원(Moody Bible Institute)을 6년간 수학하며 졸업하였다. 어느 주일 아침, 은혜감리교회에서 동양의 무디를 꿈꾸며 무디성서학원에 수학하고 있는 일본인 나까다 쥬지를 만나게 되었고, 그를 통해 앞으로 그의 사역의 중심지가 될 일본 동경을 알게 되었다. 그는 레티 카우만과 하나님의 때를 기다리며 기도하며 준비하던 중에 마침내 1900년 8월 11일 일본으로 부르심을 받게 되었다. 그의 성경책 여백에는 "1900년 8월 11일 오전 10시 30분, 일본으로 부르심을 받다"가 기록되어 있다.

카우만은 부인과 함께 1901년 2월 피아노를 판 여비로 미국 샌프란시스코를 떠나 태평양을 건너 일본에 도착하였다. 그리고 이미 귀국한 나까다 쥬지(中田重治)를 만나 동양선교회를 함께 설립하였다. 이후 카우민은 동양 각지에 사중복음을 전하기 위해 전도자 육성을 위한 동경성서학원을 세우고 사역하다가 1924년 9월 24일에 하나님의 부르심을 받았다.

## 닫는 글

동양선교회 설립자 찰스 카우만은 마가복음 16장 15절 "너희는 온 천하에 다니며 만민에게 복음을 전하라"는 주님의 선교 명령에 따라 순종하여 자신의 남은 삶을 복음 전파를 위해 바쳤다. 카우만과 그의 아내의 순교적 열정과 믿음의 선교 항해를 통해 한국성결교회는 두 부부에게 사랑의 큰 빚을 지게 되었다. 참으로 동양선교를 위해 죽기까지 헌신한 카우만은 하나님께서 세우신 20세기 초 위대한 복음의 전사(Missionary Warrior)였다.

["성결신문」, 제544호(2022.8.30.)에 게재]

**10월의 인물 ①**

김상준 목사

# 한국성결교회의 교리의 기초석

## 여는 글

1907년 김상준은 정빈과 함께 이 땅에 동양선교회 복음전도관이라는 간판을 붙이고 성결교회를 시작하였다. 그는 한국성결교회의 교리의 기초석을 쌓은 성결교 창립의 멤버이다.

### 1. 기독과 입신과 일본 유학

김상준(金相濬)은 1881년에 평안남도 용강군 오신면 구룡리에서 엄격한 유교집안 의성 김 씨의 외아들로 태어났다. 천성이 곧고, 강직한 성격인 그는 성장하면서 부모의 가르침에 따라 유교의 전통에 익숙해졌다. 그러나 20살이 갓 넘은 어느 날 평양 시내에 나갔다가, 길에서 전도하는 사람들로부터 전도를 받아 기독교에 입신하게 되었다. 그 후 상투를 자르고, 제사를 폐하였는데, 이 일로 인하여 부친으로부터 매를 맞고, 김 씨 문중으로부터는 야소교를 버리라는 회유와 설득을 받았으나, 조금도 자기 소신을 굽히지 않았다. 이로 인해 멍석말이로 죽임을 당할 뻔했던 김상준은 바로 일본 유학을 떠나 동경성서학원에 입학하여 수학하였다.

## 2. 경성 복음전도관과 김상준

정빈과 함께 졸업한 김상준은 1907년 5월 2일에 귀국하여 종로 염곡에 어떤 교파적 배경 없이 독자적으로 '동양선교회 복음전도관'을 세우고 전도를 시작하였다. 매일 저녁마다 한 사람은 등(燈)을 들고, 한 사람은 북을 치며 황토현에 가서 뜨거운 구령열로 충성되게 순복음(사중복음)을 전하였다.

1912년 3월 김상준은 정빈의 후임으로 복음전도관 제2대 주임 교역자가 되어 1913년까지 시무하다가 이듬해인 1914년 한국성결교회 최초로 목사 안수를 받았다. 김상준은 북간도로 떠난 정빈에 이어 성서학원 교수와 사감을 맡았고 아현교회에서 목회도 하게 되었다. 1916년 아현교회와 성서학원을 사임하고 개성교회 주임 교역자로 전임하였다. 그리고 1917년 정빈이 북간도에서 성결교회로 돌아오자 김상준 목사는 돌연히 성결교회 교역자직을 사직하고 동양선교회를 떠나 조선 장로교회와 감리교회의 부흥 목사가 되었다.

## 3. 자유복음 전도와 문서전도 활동

김상준 목사는 1917년 성결교회를 떠나 10여년간을 조선교회 부흥 운동에 전력을 다하였다. 그는 장로교회와 감리교회의 교회들을 순회하며 순복음을 전하는 자유전도 활동을 하였다. 주로 평양과 개성 일대에 집회를 많이 갔고 많은 사람들에게 영감이 깊은 설교를 하였다. 또한 만주 재만 한인사회까지 들어가서 복음을 전하였다.

3·1운동 당시에는 독립운동에 참여하였다가 체포되어 평양 형무소에 수감되어 고초를 당하기도 하였다. 이후 김상준 목사는 부흥회를 인도하면서 기독교 창문사를 통해 문서전도 운동에 참여하였고,

『사중교리』(1921년), 『묵시록강의』(1918년), 『단이리서강의』(1932년)를 출간하였다. 김상준 목사는 향년 52세로 1933년 10월 12일에 하나님께 부르심을 받았다.

### 닫는 글

성결교회의 창립자인 김상준 목사는 정빈과 함께 교파 의식을 지양하고 선교 본위의 복음전도관을 세운 터 위에 재림론을 중심으로 한 사중복음 교리형성에 지대한 영향을 주었다.

[「성결신문」, 제528호(2021.12.21.)에 게재]

10월의 인물 ②

손택구 목사

# 성결의 복음을 주창한 복음의 일꾼

## 여는 글

1907년 이 땅에서 출발한 한국성결교회는 안타깝게도 1960년대 들어와 둘로 나뉘어졌다. 예수교대한성결교회(예성)와 기독교대한성결교회(기성)로 양분되었을 때 손택구 목사는 예성 교단에 남아 교단의 성장과 발전에 초석(礎石)을 놓았다. 그는 일평생 성결의 복음을 외치며 성결한 삶을 하나님과 사람 앞에 살아갔다.

## 1. 출생과 성장

손택구(孫澤九)는 1920년 9월 6일(이 날은 음력으로 양력으로 환산하면 10월 17일이나, 10월 23일의 기록도 있음) 강원도 철원 관전리에서 부친 손갑종과 모친 정은영의 6남매 중에 3남으로 출생하였다. 손택구의 부친은 우리에게 이미 잘 알려진 대로 1943년 9월 일제에 의하여 전국 성결교회에 예배 중지령이 내리고 신사참배를 강요할 때 신앙의 길을 멈추지 않고 매일 일곱 지교회와 기도처를 순회하며 예배를 드리다가 하나님의 부름을 받은 순교적 삶을 살다간 손갑종(孫甲鍾) 목사이다. 모친 정은영은 구한국 조선 왕조 정3품의 관직을 지낸 정문선의 3녀로 왕실과 가까운 사대문 내의 낙선재 근처에서 자랐다. 그녀는 어려서부터 양반 가문의 기풍이 몸에 배인 품성이 고운 여인이었다. 어린 손택구는 조용하면서도 덕성과 지혜를 지닌 어머니의 영향을 받아서인지 어려서부터 매사 예의가 바르고 말수가 적었고, 또래 아이들과 달리 진중하였다.

한문을 수학하던 부친 손갑종 목사는 장인의 주선으로 1902년 궁내부 서기로 5년간 봉직하였다. 1905년 을사늑약으로 외교권을 빼앗기고 결국 일제 강점으로 나라를 잃게 되자 슬픔과 고통 중에 있다가 기독교 복음을 통한 구국의 길을 찾아 숙부로부터 복음을 듣게 되었다. 이내 목회자가 되기 위해 경성성서학원에 들어가 1917년에 졸업하고 개성전도관에 부임하였다.

이후 1919년 강원도 철원으로, 1921년 경기도 양성, 1922년 경북 김천, 그리고 1925년에는 충청도 홍산으로 파송 받았다. 1931년 홍산에서 전도사로 사역하는 중에 목사 안수를 받고 이리를 거쳐 마지막 목회지인 충남 은산성결교회에 부임하였다. 손택구는 부친을 따라 여러 곳을 옮겨 다니면서 학업을 이어 나갔다. 출생은 강원도였지만 주로 충청도에서 성장하였는데 강경상고에 입학하여 목포상고를 1938년에 졸업하였다.

### 2. 소명과 연단

1944년 22살 나이가 되자 현숙한 믿음의 여인을 만나 결혼을 하여 가정을 이루게 되었다. 그리고 그 이듬해인 해방이 되던 1945년부터 4년간 충남 부여의 은산국민학교에서 초등학교 교사로 어린 학생들을 가르쳤다. 끼니를 걱정하던 가난한 시골 교회 목회자였던 부친과 달리 교회 집사로 봉사하며 공립 학교 교사로 비교적 안정된 삶을 살아갔다.

그런 가운데 구체적 이유는 잘 알 수 없지만 주의 부르심 가운데 목회자의 길로 돌연 나서게 되었다. 1949년 9월 서울신학교에 입학하였다. 신학교에 들어가서 열심히 공부하는 중에 민족상잔의 비극인 6.25 한국전쟁이 발발하였다. 1950년 6월 25일 북한군의 기습 남침으로 한국전쟁이 일어나자 서울을 바로 내주고 남하하는 국군을 따라 부산까지 피난을 가게 되었다. 힘들고 지친 피란 생활을 하며 전쟁이 끝나기를 학수고대하며 기도하였다. 그러나 자신의 염원대로 전쟁이 끝나지 않고 길어지게 되자 이듬해 부산 동래 온천동 금정산 기슭에 판자집 임시 교사로 세운 피란신학교에 들어갔다. 전쟁 중 어려운 상황이었지만 학업을 계속하여 1953년에 졸업하였다. 비록 서울 충정로의 서양식 벽돌집이 아닌 마대자리가 놓인 천막 강의실이었으나 그 곳은 손택구 목사에게 고난 속에 경건의 훈련과 연단을 통해 평생 사명의 길을 고집스럽게 한 길로 걷도록 충분한 영적 자양분을 공급하였다.

### 3. 목회와 신학 교육의 사역

손택구 목사는 신학교 재학시 군산 해망동에 해망동성결교회를 개척하였다. 졸업 후 3년이 되던 1956년 제11회 교단 총회에서 목사 안수를 받았다. 목회에 전념하여 사역하는 중에 서울신학교 학장인 이명직 목사로부터 제의를 받아 서울신학교 서무과장과 전임 강사로 봉직하였다. 성결교단이 예성과 기성으로 분립된 후 1963년 혼란스런 상황에서도 미국으로 유학을 가서 필라델피아 Faith신학교에서 한 학기를 마치고 Asbury신학교로 옮겨 졸업하였다. 1968년

2월 8일 귀국하여 1972년까지 성결교신학교에서 교수로 후학을 가르쳤고, 1973년부터 성결신학교 교장을 맡으며 사중복음과 성결의 복음을 가르치며 다년간 총회장으로 교단 발전을 위해 헌신하다가 2011년 6월 19일 이 땅에서 달려 갈 길 다가도록 성결(聖潔)의 복음을 전하다가 주오시는 날까지 잠들게 되었다.

### 닫는 글

"오직 너희를 부르신 거룩한 이처럼 너희도 모든 행실에 거룩한 자가 되라." 베드로전서 1장 15절 이 말씀을 붙잡고 평생 성결의 복음을 전하고, 가르치며 성결의 삶을 살다간 복음의 일꾼인 손택구 목사는 그를 기억하는 모든 이들에게 성결의 모본(模本)을 보여주고 있다.

[「성결신문」, 제546호(2022.9.27.)에 게재]

11월의 인물

천세광 목사

# 민족과 교회를 사랑한 복음 신앙가

## 여는 글

3·1운동과 달리 한국교회는 순종(純宗)의 인산(因山)을 기해 일어난 6·10만세 운동에 교회 조직을 동원하여 참여하지 않았다. 그러나 6.10만세 운동 때에 경성성서학원에 재학 중인 천세광(군위성결교회 집사)의 단독 거사 참여는 한국성결교회가 개인 영혼 구원에만 치우쳐 민족 구원의 문제에 등한시 하는 민족성이 박약한 교단이라는 비판적인 지적을 다소나마 일소하게 해주었다.

## 1. 출생과 성장 배경

천세광(千世光)의 본명은 천세봉(千世鳳)으로, 그는 1904년 3월 7일 경북 군위군 소보면 보촌에서 천기선의 장남으로 태어났다. 천세광은 비교적 부유한 명망가(名望家)의 집안에서 태어났다. 그는 대한 제국 시대 말경 경복궁 오위장(五衛將)으로 원세개(袁世凱) 장군과 함께 활동하다가 낙향한 무관 출신인 조부로 부터 만득장손(晩得長孫)이라 하여 남다른 고임을 받고 자랐다. 부친은 평범한 유교 선비였으나, 조부는 독실한 불교 신자로 그는 자연히 유·불 (儒·佛)의 영향을 받고 성장하였다. 천세광은 온 가족이 함께 연중 행사로 절에 가서 드릴 정도로 유년 시절 불교 문화에 젖어 성장하였다.

그러는 중에 14살이 되었을 때에 군위 읍내에 세워진 공립보통학교 2학년에 입학하여 3년 만에 우등으로 졸업하고, 보성중학(保成中學)에 입학하였다. 17살에 보성중학에 입학한 해는 1920년으로 3·1운동이 바로 지난 해였다. 천세광은 보성중학에 입학하였을 때 민족주의 의기가 충천해 있었다. 민족적 좌절감 속에 이것을 밖으로 표출시키지 못하고 속으로만 벙어리 냉가슴 앓듯 고민한 그는 우국충절의 마음으로 인해 결국 신경쇠약증에 걸리게 되었다. 이로 인해 보성중학을 끝마치지 못하였다. 그러나 이듬해 양정고보 보결시험에 응시하여 합격함으로 숙소를 종로에서 북아현동으로 옮기게 되었다. 이 일은 그에게 기독교적 새로운 전기를 마련하게 해주었다. 왜냐하면 숙소 바로 옆에 동양선교회 본부와 아현성결교회가 속해 있는 경성성서학원이 위치하고 있었기 때문이었다.

## 2. 개종과 중생의 체험

어릴 때부터 유·불교에 깊이 심취된 그에게 아현동으로 하숙을 옮겨 생활의 변화가 찾아 왔으나, 심령상의 내적인 변화는 아직 일어나지 않고 있었다. 그는 기독교에 대한 관심과 이해가 전무한 상태일 뿐더러 오히려 기독교를 서양의 사교(邪敎)로 간주하는 기독교에 대해 부정적인 사고의 소유자였다.

그러나 그는 1921년 하숙집 옆에 위치한 경성성서학원 남자부 교사를 신축하고 기념하는 전도 집회에 참석하여 개종을 하게 되었다. 그가 개종을 결심하게 된 것은 그날 전도 집회의 설교 메시지를 통해 이루어 진 것이 아니었다. 극심한 자학 증세로 매일 한숨과 탄식으로 보내는 자기와는 달리, 집회에 참석한 사람들의 기쁨에 가득차서 찬송을 부르며, 증거하는 삶의 모습을 보고난 이후이다. 따라서 그의 개종은 기독교 본질의 신앙적인 접근이 아닌, 현실적으로 드러난 가시적인 결과에서 이루어졌는데, 이것은 그에게 있어서 나름대로의 민족 구원에 대한 해결책의 방편이었다.

천세광은 지금까지 자신이 신봉해 왔던 유불(儒佛) 양교(兩敎)를 과감히 청산하였다. 이후 그는 생명의 종교인 기독교에 헌신하겠다는 굳은 결심아래 약 1년간 아현교회에 출석하면서 양정고보 학생들에게 전도를 하기 시작했다. 1922년 3월 초에 전국 교역자 수양 대회가 열렸다. 이때 그는 경성에 있는 4교회 연합으로 경성성서학원 침례장에서 전성운(全聖運) 목사의 주례로 침례를 받게 되었다. 침례를 받던 중 그는 "너는 나를 위하여 싸워라"는 음성을 홀연히 하늘로부터 듣고, 동시에 성신의 검권(劍權)이 손에 하사되는 환상을 체험하게 되었다.

이 일후 가족의 반대로 유학이 이루어지지 않자, 고향에 교회를 세울 뜻을 굳혀 가족과 문중친척 등 50호를 돌아다니며 전도하여 결심자 6, 70명을 얻었으나, 가족의 반대와 박해로 교회 설립에는 실패하였다. 집에서 쫓겨난 천세광은 부근에 있는 조양(朝陽)학원에 교사로 근무하기 시작하였고, 이듬해는 군위읍에 있는 근일(權一)학원 교무주임으로 자리를 옮기게 되었다. 그는 민족의식이 투철한 젊은 교사로 학생들로부터 두터운 신망을 받으며, 군위읍교회에 참석하였다.

천세광이 군위교회에 출석하여 열심히 활동하자, 곧 큰 부흥이 일어나게 되었다. 천세광은 군위교회 집사로 청년들을 모아 전도대를 조직하여 자신이 회장을 맡았다. 그리고 비안(比安)에 지교회까지 세우며 교회 학교 교사로 봉사함으로 교회와 지역 사회에서 그의 명망은 점점 높아갔다. 천세광은 신개척한 교회의 교회당 건축과 전도부인(여전도사)의 청빙을 위해 40일 기도회를 개최하였다. 매일 전 교인이 모여 기도회를 가지던 중 30일이 지난 어느 날 천세광이 설교를 하고, 기도를 시작할 때, 성령의 역사가 요한복음 3장 38절의 말씀과 함께 바람처럼 휘몰아쳤다. 그는 갑자기 전신에 전율을 느끼며 방성대곡하며 통회자복하기 시작했다.

천세광을 대성통곡하게 한 죄는 7, 8년 전에 친구들의 유혹에 넘어가고서(古書) 몇 권을 훔친 일이었다. 기도회를 통해 성령 체험과 함께 중생(重生)을 경험하게 되었다. 천세광은 참된 평안과 기쁨을 갖게 되었고 과거의 죄책감으로부터 해방되어 참된 영혼의 자유를 누리게 되었다. 회개의 열매를 맺기 위해 그날 아침 천세광은 보통학교에 옛날 훔쳤던 고서 잡지를 되돌려주었다. 일본인 교장으로부터 "안심하고 가라"는 말을 듣고 사죄함의 기쁨 속에 1923년 11월 16일을 자신이 새로 태어난 중생의 날로 생각하였다.

이로부터 천세광은 바리새인과 같은 틀에서 벗어나 능력 있는 하나님의 종이 되었다. 겸손히 더욱 교회를 섬기며, 50여 명 집안 식구들을 주께 인도하였다. 그리고 본격적으로 연단을 받아 하나님이 쓰시는 도구가 되기 위해 경성성서학원에 1925년에 입학하였다.

3. 6·10 만세 운동과 천세광

천세광은 기숙사에서 같은 군위 출신으로 술꾼이었다가 개종하여 전도인이 된 맹인 김영수(金英洙)와 가까이 지내며 학업에 열중하였다. 그러나 천세광이 입학한지 2년째가 되는 1926년에 6·10 만세

운동이 일어났다. 조선의 마지막 왕, 순종의 국장일을 택해서 일어난 6·10 만세 운동은 일제에 대한 한국 학생들의 항거 의식에서 비롯되었다.

순종 인산날인 6월 10일이 다가오자 천세광은 태극기를 준비하고 거기에다가 십자가를 그려 넣었다. 그는 아침 일찍 경성성서학원 기숙사에 있는 신학생 30여 명을 모아놓고, 만세 운동에 동참할 것을 권유하였다. 그러나 반대 의사에 밀려 자기 혼자 거사를 하기로 마음을 먹었다. 인산 행렬이 오후 1시 10분경 삼엄한 일경의 호위를 받으며 막 종로 6가의 오간수교에 이르러 다리를 통과하는 순간이었다. 천세광은 품안에 숨긴 태극기를 꺼내 높이 흔들며 "대한 독립 만세"를 외치다가 이미 구석구석에 배치된 일경에 의해 그 자리에서 체포되었다. 잠시 소요가 일어났던 인산 행렬은 계속 진행되었고, 천세광은 동대문경찰서에 압송되었다.

그해 7월 7일 그는 경성지방법원으로 부터 보안법(保安法) 위반의 죄목으로 징역 8개월에 집행 유예 3년을 선고받았다. 그러나 상고를 포기함으로 석방되어 1개월간 옥고를 치루고 풀려 나왔다. 마지막 까지 기소된 11명 주모자 중의 한 사람으로 기소되어 법정 판결을 받은 천세광을 통해 6·10 만세 운동에 기독교의 참여가 이루어졌다. 이 일은 한국교회사와 민족 운동사에 비중 있게 다루어져야 한다.

### 4. 신사참배 항거와 천세광

조선 총독부에서는 6·10 만세 운동에 관련한 학생들을 전과자로 취급하여 입학 불허의 압력을 가했으나, 천세광은 복학하여 1928년에 졸업하게 되었다. 졸업 후 그는 조치원교회의 주임으로 파송을 받았고, 1933년 4월 성결교회 제1회 총회에서 목사 안수를 받았다. 김해교회의 주임으로 전임한 천세광 목사는 1934년 제2회 총회에서 일본 동경에 위치한 동경(東京)교회에 파송되었으나, 곧 4개월 만에 귀국하였다. 그는 동경교회에 가기 전에 이미 김해교회에서 부터 문서 선교를 통한 민족 복음화와 민족의식 구현에 주력하였는데, 그것은 「嶺南聖報」에 잘 드러난다. 천세광 목사는 경주교회(1925년)와 부산교회(1939년), 다음 해인 1940년에는 삼천포교회, 그리고 광주교회(1942년)로 전임(轉任)하였다.

그는 1940년 삼천포교회 재임 시에 신사참배 운동을 하다가 삼천포 주재소에 검속되어 진주 형무소에서 7개월간 옥살이를 하였다. 그리고 1943년 교단 강제 해산 시에 전국 교역자를 검속할 때 다시 붙잡혀 대구 형무소에서 9개월간 옥고를 치루고 1944년 2월에 기소 유예로 출옥하였다. 그러다가, 1945년 8월 11일에 사상범 예비 검속 때에 다시 구금되었다가 옥중에서 8·15 해방을 맞게 되었다. 그는 일제 신사 망령과 맞서서 3번이나 구금되면서까지 신앙의 절개를 지켰다. 옥중에서도 해방 예언시와 탈옥문을 써서 일경에게 이 민족에 대한 하나님의 뜻을 전하였다. 이로 인해 악형을 견디지 못할 때에는 불호령을 고문하는 자에게 하므로 그들의 죄를 깨닫게 했다. 그는 3년간 감옥에 갇히는 고난 중에 하늘로부터 "세상에 있을 때에 환란을 당하나 안심하라. 내가 세상을 이기었노라"는 성언(聖言)을 들으며 믿음으로 승리하였다.

해방이 되자 그는 일제의 고문 후유증으로 인한 병구(病軀)에도 불구하고 고향 군위에서 3, 4개월간 치안유지회 위원장을 맡다가 군정(軍政)에 인계하고, 그 해 11월 초순에 경성에 올라와 교회 재건에 힘을 다 쏟았다. 그는 성결교회 재흥총회 의장으로 당선되자 일제

말 해산되고, 없어진 300여 개의 교회를 재건키 위해 남선북마(南船北馬)로 동분서주하였다. 그 결과 조국의 광복과 함께 성결교회를 다시 재건시켜 놓았다. 그리고 교회 재건이 본 궤도에 오르게 되자 그는 미련 없이 바로 총회 의장직에서 내려왔다.

다시 지방으로 떠나 호남 교구장을 맡아 목포교회를 담임하면서 도서전도회 회장을 맡는 등 호남지역 전도에 주력하였고, 봉산, 통영, 부산 영도에서 목회를 하였다. 그리고 1953년에는 십자군 전도대를 재조직하는데 참여하여, 제3대 대장을 맡아 주로 충주를 중심으로 원주, 안동, 의성, 보촌, 묵호 등에 교회를 개척하였다. 그는 36년간 교역자 생활 동안 결심자 총 76,294명과 신개척교회 38개소를 세웠다. 1962년 질병으로 요양하기까지 복음 전파에 주력하였고, 6.25한국전쟁으로 인한 남북 분단을 가슴 아파하였다. 남북통일의 고려연방국을 건설과 통일론을 역설하며, 이 민족의 구원과 교회의 진정한 부흥을 위해 기도하다가 1964년 2월 28일 서울 북아현동 고인의 자택에서 하나님의 부르심을 받았다.

## 닫는 글

하나님과 이 민족을 그 누구보다도 뜨겁게 사랑하며, 수난과 격랑의 이 민족의 역사 앞에 부끄럽지 않게 살아온 이는 자랑스러운 성결인, 하나님의 사람이었던 천세광 목사였다.

[「성결신문」, 제548호(2022.10.25.)에 게재]

**12월의 인물**

이명직 목사

# 한국성결교회의 교부(敎父)

## 여는 글

한국성결교회는 정빈, 김상준 두 한국인 전도자의 자생적 개척에 의하여 1907년 태동되었다. 순복음으로 불리운 사중복음 전파를 목적으로 세운 한국성결교회를 해방 전후로 이끌었던 대표적인 지도자는 성결교회 교부(敎父)로 일컫는 이명직 목사이다.

### 1. 이명직의 성장과 입신

이명직(李明稙)은 고종 27년인 1890년 12월 2일에 서울 충정로에서 이성태의 맏아들로 태어났다. 이성태는 궁중 주전원 전무과 주사로 있었으나 생활은 어려웠다. 이성태는 구한말 차츰 무너져 가는 조정의 현실을 피부로 느끼며, 사법권이 1909년 일본으로 넘어가자 관직에서 물러났다. 그는 아들 명직에게 정치에 입신하여 출세할 것을 기대하였다. 그러나 이명직은 입신양명(立身揚名)이라는 목적에는 그의 부친과 뜻이 같았으나 그 방향은 달랐다. 이명직은 15세의 어린 나이에 불교에 귀의하여 도승(道僧)이 되어 평생을 바칠 결심을 하였다. 그러나 어렸을 때의 종교 심성의 발휘는 불교에서 이루어지지 않았다. 그가 처음으로 기독교를 알게 된 것은 종로에 있는 황성 기독교청년회(YMCA) 학관에 입학할 때였다.

이후 이명직은 박감은과 결혼하고, 1년 후인 19살 때에 부친의 뜻을 따라 정치학을 공부하려고 1909년에 일본 유학길을 떠났다. '배워야겠다'는 굳은 신념 아래 무단 가출의 형태로 무작정 일본에 건너간 그는 거의 1년 동안은 방황하며 경제적인 어려움 속에서 살았다. 그러던 중에 그의 인생을 변화시킨 일이 일어났다. 어느 날 동경 거리를 걷다가 한 모퉁이에서 요란한 나팔소리와 북소리가 들려와 그 쪽으로 발걸음을 옮겨갔다. 거기에는 구세군 전도대가 열심히 전도하고 있었다. 할 일 없이 거리 구경을 나온 터이라 전도 강연을 들었다. 전도 강연을 들은 이명직의 마음은 이상한 충동을 받았다. 그 뒤 어느 날 저녁에 동경 YMCA 총무 김정식을 만나 기독교에 대한 많은 이야기를 듣고 기독교를 믿기로 작정하였다.

기독교로 입신한 후 이명직은 주일마다 한국 유학생들이 YMCA 회관에서 모여서 드리는 예배에 참석하였다. 그리고 김정식의 안내로 동양선교회에서 경영하는 동경성서학원에 입학하게 되었다. 1909년 5월 3일 나까다 쥬지로부터 세례를 받았다.

## 2. 성결의 체험과 사역

1911년 동경성서학원을 졸업한 이명직은 개성교회 전도사로 시무하였다. 1914년 성결교회 최초로 목사 안수를 받았다. 이후 그는 10년 가까이 중생의 체험을 잊고 생활하다가. 1920년 겨울 동양선교회 감독 킬보른과 자기 동료 목사들에게 지나간 자기의 허물과 실수를 고백하고 영적인 구도 행각을 재개하였다. 1921년 가을 어느 날 자신의 성결을 위해 골방 문을 걸어 잠그고 성결의 확신이 있기까지 기도하였다. 문을 잠그고 기도를 한지 3일째 되는 저녁에 주의 음성이 임하고, 순간적으로 뜨거운 성령의 역사를 체험하게 되었다. 웨슬리(J. Wesley)의 올더스게이트(Aldersgate)의 체험과 같이 그의 이 성령 체험은 지금까지의 모든 갈등과 내적 모순을 소멸시키고, 그로 하여금 성숙한 신앙인으로서의 삶을 가지게 하였다. 이명직 목사의 성결의 체험은 그의 주변을 변화시키고, 신학교 및 성결교회의 부흥 운동으로 확산되어 1921년 성결교회 대부흥 운동을 일으키게 하였다.

1922년에는 성결교회의 유일한 기관지인 「活泉」을 창간하면서 주필을 맡게 되었다. 1929년에 들어와서 동양선교회 조선교회 감독의 고문(顧問)을 맡게 되었고, 이후 이사가 되었다. 1933년 성결교회 제1회 총회에서 초대 총회장으로 선출되었다. 1935년에는 경성성서학원 원장까지 겸하며 해방 이전 신학교와 한국성결교회 교단 총책임자로 사역하였다.

이명직 목사는 『4천년사』, 『구약 영해전집』 등 대소 저작 24권을 남겼다. 이명직 목사는 실로 사변적인 이론과 추상적인 논리로 이루어진 학문으로서만의 신학을 부정하면서 생생한 신앙 체험과 구체적 목회 현장과 연결을 맺고 있는 실천적 학문으로서의 신학 체계를 세우기 위해 분투하였다. 그 결과 이명직 목사의 독창적인 교리는 아니나 기독교의 근본적인 교리를 이루는 신학 내용인 사중복음을 한국성결교회의 근본 신학으로 확립하는 결과를 가져오게 하였다.

### 3. 일제의 탄압과 수난

일제는 1942년 3월 강제로 한국교회를 일본 기독교 조선혁신교단으로 개편케 하고, 성경과 찬송가의 일부를 삭제하는 만행을 서슴지 않았다. 또한 같은 해 12월에는 창간 20년의 성결교단 기관지

『활천』(통권 241호)을 폐간시키고, 1943년에는 경성신학교를 폐쇄했다. 그리고 성결교회에 대해서는 4중복음의 교리 가운데 재림 신앙이 일본 천황의 존엄에 비례가 된다고 하여, 1943년 5월 24일 전국의 성결교회 교역자와 장로, 집사 등 300여명을 검거하였다. 이때 이명직 목사도 교단의 대표로 검거되어 5월부터 12월까지 8개월 옥고를 치루었다.

8.15 해방 후 교회가 복구된 뒤, 그는 교단 해산의 책임을 통감하여 서울신학교 교장으로 추대 받음을 거절하였다. 그러나 1950년 6.25 한국전쟁으로 신학교 지도자들이 납북되자 1951년 서울신학교 교장으로 취임하여 신학교 발전에 혼신의 힘을 쏟았다. 1961년 정년을 맞아 학장직을 사임하고 명예학장으로 있었다. 1973년 3월 30일 7시 30분에 84세의 일기로 하나님의 부르심을 받았다.

## 닫는 글

한국성결교회는 한국인으로 시작한 자생적 개척교단으로, 복음으로는 비교파적이고, 초교파적인 선교 단체(복음전도관)에서 기성교단으로 전환, 성장하였다. 이명직 목사는 한국성결교회의 초기 성장기의 과정에서 사중복음을 자신의 체험 가운데 새롭게 성결교회의 집약적 중심 교리로 발전시킨 한국성결교회의 교부(敎父)였다.

[「성결신문」, 제550호(2022.11.22.)에 게재]

* 위의 글들은 한국성결교회 주요 인물들의 출생이나 소천에 맞추어 2021년 12월부터 2022년 한 해 동안 예수교대한성결교회 <성결신문>에 매달 연재한 내용과 기독교대한성결교회 교단지 「활천」에 실린 내용을 일부 수정하여 게재함.

# 日本ホーリネス教會 分裂事件의 原因되는 兩方의 書翰

### 1. 監督이 五教授에게 보낸 通文

　聖書學院의 五教授事件에 대하여 更次諸兄과 相議코져 하였으나 小生은 聖潔之友誌上 又는 個人的으로 말씀한 바에 依하여 小生의 方針과 所信은 大略 아시는 줄로 압니다. 小生은 어디까지든지 主의 指示하신 바에 依하여 邁進코자 합니다. 그런데 五友兄은 聖句의 解釋에 대하여 多少間 相違한 점도 있겠으나 團体의 統一上 小生의 方針과 所信에 合致하여 그를 個人教室及 教會에서 말씀하여 小生을 補佐하심을 바랍니다. 이렇게 말씀하는 小生의 苦通을 同情하여 주심을 願하나이다.

昭和 八年 九月 二十日

中田重治

## 2. 五敎授가 監督에게 보낸 通文

我等은 우리 敎會 監督의 近來 方針과 所信에 대하야 左記 諸點을 了解키 難하며 遺憾이나 合致할 수 없음을 슬퍼합니다.

一. 施政方針에 대하여 우리 敎會 憲法을 無視하는 事
二. 所信에 대하여는
1) 從來 우리 敎會의 重大 使命의 一인 傳道와 救靈을 輕視하며 또 無關心한 態를 取할 뿐 아니라 比에 대하여 否定하는 것과 같은 言動이 有한 事
2) 猶太人의 民族的 恢復과 其建國을 爲한 祈禱가 우리 敎會의 主要한 使命이라고 하는 事
3) 現今의 個人的 救援보다도 大患亂 時代에 있어서 日本人의 民族救援과 使命을 力說하는 事

我等 五敎授 一同의 進退에 대하여는 上述 事項에 대한 臨時總會의 審議를 기다려 決定할 것을 認합니다.

昭和 八年 十月 十二日
車田秋治　米田豊　土屋顯一　一宮政吉　小原十三司

東洋宣敎會 日本ホーリネス敎會 監督 中田重治 殿

[「嶺南聖報」(創刊號), 1934년]

부록 4

# 성결교 해산 성명서
(1943.12.29)

우리 조선예수교 동양선교회 성결교회는 조선에 포교이래 삼십 오륙 년, 그간 장기에 걸쳐서 미국인 선교사의 지도를 받은 것 뿐이 아니라 재정적 기초도 역시 미국에 의존하여 왔기 때문에 부지부식 간에 적(敵) 미·영사상의 포로가 되어 지금도 그 잔재를 말살키 어려움은 유감으로 생각하는 바다. 더구나 교리로서 신생(新生), 성결(聖潔), 신유(神癒), 재림(再臨)의 네 가지 가운데 복음을 고조하여 왔는데 그 가운데 재림의 항은 기독이 가까운 장래 육체로써 지상에 재림하여 유태인을 모으고 건국하여 그 왕이 될 뿐 아니라 만왕(萬王)의 왕인 자격으로서 전세계 각국의 주권자로부터 그 통치권을 섭정(攝政)하여 이를 통치한다는 것으로 근본적으로 국체의 본의에 적합하지 못할 뿐더러, 신관(神觀)에 대하여도 성서의 해석에 기초하여 '여호와' 이외에 신이 없다는 사상을 선포하여 온 것은 현재 우리들의 심경으로 보면 실로 국민 사상을 혼미(昏迷)에 빠뜨린 것으로 그 죄를 통감하는 바이다. 우리들은 최근 이 점에 깊이 깨달은 바 있어 여하히 하여 성서의 해석을 우리 국체의 본의에 적합케 할 것이냐에 관한 연찬(硏贊)을 거듭하여 왔으나, 필경 성서는 그 기지(基地)를 유태

사상에 두어 우리 국체의 본의에 배반하는 기다적(幾多的) 치명적 결함을 포장하는 것으로서 성서 자체로부터 이탈치 못한다면 온전한 국민적 종교로서 성립하지 못할 것으로 결론에 도달하였다. 다수 유력 신도간에는 현 시국에 감(鑑)하여 우리들의 전시(前示) 소견(所見)과 동일 소견 하에 자숙 자계, 교단(敎團)의 자발적 해체의 요망이 있자 이들 신도의 총의에 응하는 것은 우리들 교단 간부에게 부하(負荷)된 책무인 것을 통감하고 이에 우리들은 단호히 조선예수교 동양선교회 성결교회 (개명 일본기독교 조선성결교단)를 자발적으로 해체(解體)하게 되었다. 우리들은 오랜 세월동안 부지부식 중에 그와 같은 불온(不穩)한 포교를 하여 온 책임을 통감하고 이제 맹서하여 결전하 황국신민의 자격을 실추지 않을 것을 기함.

우(右) 해체에 즈음하여 중외에 성명함.

[「東洋之光」, 1944년 2월호]

**부록 5**

# 李明稙 先生을 論함

### 김기삼 목사

　이 원고(原稿)는 이명직(李明稙) 선생의 몰후(沒后)이나 혹 내가 죽은 후에 유고로써 정리발표 되기를 바라는 마음으로 적어둔 구고(舊稿 *전에 써둔 원고)이다. 오영필 목사가 제옥심방(第屋尋訪) 때 활천 원고 청탁을 하시기에 어느 때이고 활천 지상에 상재(上梓 *출판하기 위하여 인쇄를 돌림)하는 것이 좋겠기에 이것을 발표하는 바이다.

　이명직 선생은 여러 가지 칭호로 불리 울 수 있다. 선생, 목사, 교수, 학장, 박사와 같은 칭호 중에도 평범하기는 하지마는 이명직 선생이라고 부르고 싶다. 왜 그러한가하면 이명직 선생은 나의 선생이요, 모든 목사들의 선생이요, 모든 신학도들의 선생이요, 역대(歷代) 교수들의 선생인 까닭이다.

　선생은 미주 아주사신학교에서 명예 신학박사 학위를 수여받았다. 서울신학대학 학장 체제로 보나, 성결교회라는 단체에 대한 공적으로 보나 박사의 학위 대접은 옳은 줄로 생각했다. 그러나 옛날 어느 때 선생이 말씀하시기를 목사의 칭호는 하나님이 주신 것이요,

---

*는 독자의 편의를 위해 임의로 설명.

박사의 칭호는 사람이 준 것이라고 하신 말씀을 나는 상기하고 있다. 이 말씀은 금상첨화(錦上添花 8비단 위에 꽃을 더함)라는 뜻보다 목사가 박사의 학위를 받았다고 해서 목사의 칭호를 소홀하게 생각하는 것이 못마땅하여서 하신 말씀인 줄 짐작한다. 허례(虛禮)와 허식(虛式)을 불긍(不肯 *옳게 여기지 않음)하시는 선생의 성격으로 보아서도 박사의 칭호는 이명직 선생에게 있어서는 한복에 실크모(*실크로 된 박사모)을 쓴 것 같이 어울리지 아니하는 거추장스러운 감투 같이 생각된다. 서울신학대학의 학장으로서 박사의 학위가 체제상 명실상부한 칭호라고 생각한다면 학장의 지위를 벗고 난 오늘에 있어서는 매시(每時) 선생의 마음에 원하는 칭호가 아닐 줄로 생각한다. 내가 선생을 논평함에 있어 적당한 사람으로 생각되지 아니하나 후일에 성결교회의 과거를 말하고 이명직 선생의 말할 때에 한가지 문헌으로 남겨두는데 필요와 의의를 느낀 까닭에 감히 붓을 든 것이다.

### 1. 생애, 사상, 성격

선생의 유시(幼時 *어린 시절)는 내가 잘 알지 못하나 근본 서울 태생으로 역시 넉넉하지 못한 중인(中人) 계급의 범속(凡俗)한 가정에서 태어나신 것 같다.

소시(小時 *어릴 때)에는 한학을 배워 사서시경은 물론 통감을 읽어 동양의 역사와 한학 문장에 능통하셨다. 선생이 20대 청년 시절에 미국인 카우만 씨와 길보른 씨 같은 기독교 신앙의 열성가들이 동양에 선교를 목적하고 OMS라는 단체를 조직하였는데 동양 각국, 각 민족에게 복음을 전하는 기독교 지도자를 양성하는데 있어서 제

1착으로 일본 동경에 성서학원을 창설했다. 이 때에 한국 학생을 모집했는데 제1회로 정빈, 김상준 선생의 뒤를 이어 이명헌, 이명직 선생이 수학을 했다. 선생이 동경에 수학한 동기와 인연을 나는 잘 알 수 없으나 이때에 도미 유학하고 돌아온 일본인 笹尾(*사사오), 中田(*나카다 쥬지) 같은 신앙 부흥가들의 밑에서 선생은 성서의 강의를 듣고 신앙의 훈련을 받았다. 이 분들의 신앙체계는 초대 기독교 사도들의 부흥체계를 본받아 사람의 영혼을 죄악에서 구원하는 순복음(純福音)을 외쳤다. 이 복음은 성서를 중심하여 4중교리(四重敎理)라는 것을 체계화하여서 주창했다. 지금 알고 보면 18세기 영국의 부흥가 죤·웨슬레 형제의 알미니안 신앙전통을 본 받은 것이라고 하겠다. 선생도 이러한 신앙 전통을 체계 받아 신생, 성결, 신유, 재림의 교리해설에 열중하셨다. 선생은 연소하면서도 연로한 학생들을 잘 가르치는 재질을 소유했다.

일시(一時 *한 때)는 부여복음전도관 전도사로 시무한 때도 있었으나, 실패하고 성서학원으로 되돌아와 교수생활로 일관했다. 선생의 생애에 있어 공생활에 끝이기로 하고 사생애인 가정생활은 언급하고자 아니하나 남이 부러워할 정도의 축복은 받지 못한 가정인 것 같다.

선생은 무슨 주의(主意)나 사상은 자기에게 없다고 하신다. 제1차 대전 후에 한국의 청년계에 있어서 여러 가지 주의와 사상이 성행하고 있었다. 미국에서 건너온 데모크라시 라던가 소련의 볼세비키 혁명에서 오는 사회주의 사상이 팽창했다. 칼 맑스나 레닌의 유물사상이라든가, 윌손 선생의 민족자결주의에 의한 국가민족주의라든가, 심지어 쿠르포도킹의 무정부주의라든가, 톨스토이의 인도주의 같은 것까지 제창하여서 중구난방으로 떠들던 시절이라 기독교도 한가지 주의나 사상으로 알고 믿으려는 경향이 있었던 까닭에 선생은 성경을 펼쳐 드시고 주의나 사상이란 말이 한마디인들 여기 있는가? 찾아보라고 격분하시던 때도 있었다. 물론 선생은 무슨 사상가도 아니요, 무슨 주의자도 아니다. 다만 복음만을 믿고 복음만을 전하는 신앙가로 자칭(自稱)하였다. 선생에게는 학문적인 신학이 없는 까닭에 신학자도 아니요, 다만 한 권의 성경이 있을 뿐이라고 하였다. 그러나 성경에는 주의니 사상이니 하는 뚜렷한 낱말은 많이 없으나 유대인의 헬레니즘이라든가, 헬라인의 철학사상, 로마인의 정치사상 바리새인의 율법주의, 사두개교인의 정치사회주의라든가 예수님의 제자들이 가진 국가민족주의 같은 것도 찾아볼 수 있는 것 같이 없다는 선생의 언행에서 나는 얼마든지 주의와 사상을 찾아 볼 수 있지 아니한가 생각한다. 신학사상도 분류하여 볼 때에 선생은 엄연히 근본주의, 보수주의이라 하겠다. 선생의 주창하는 4중교리는 보수사상의 금과옥조이다.

선생은 보수사상 본존(本尊)이요, 서울신학교는 이 보수사상의 권화(權化)요, 아성(牙城)이었다. 4중교리는 이단을 막아내는 정통이 되었고, 이단을 판별하는 척도이고, 사설(邪說)을 잘라내는 전승의 보도(寶刀 *보검)로 삼았던 것이다. 그래서 성서학원을 신학교로 교명을 바꿀 때에 선생은 신학이라는 말을 기피하였다.

선생의 배운바 유교와 주정사상(朱程思想)은 기독교사상과 대치된다거나 모순이 없는 것으로 믿어왔다. 관혼상제에 있어서도 그 풍습과 의식에 있어 기독교로 탈피하였다는 것 뿐이고 그 내용의 도덕관에 있어 삼강오륜은 기독교 교의에 상반되지 아니하며, 오히려 미풍양속으로 영원히 수호되어야 할 것으로 생각하는 봉건적 사상은 지금도 선생의 머리를 점령하고 있을 줄로 생각한다. 이러한 수구사상을 고집하는 완고성이 선생의 특성이 되어 있는 까닭에 선생은 철저한 반공주의인 것은 물론 오늘날의 휴머니즘이라든가, 민주주의 사상이 비위에 맞을 리가 없다고 생각한다. 그러면 나를 독재주의자로 생각하느냐고 반문하시면 나는 할 말은 없으나 선생은 신식이라든가, 유행, 모방 같은 것을 싫어하는 성벽(性癖 *몸에 밴 습관)인 만큼, 자유라든가, 평등이라든가, 해방 같은 낱말도 환영하지 아니하는 고루성(固陋性)을 소유하고 계신다 하여 과히 틀림이 없을 줄로 생각한다. 거세개탁(擧世皆濁* 온세상이 다 혼탁함)이나 유아독존(唯我獨尊) 격으로 계시는 선생도 지금은 선생 자신도 모르게 민주주의, 정치, 사회, 문화의 분위기 속에 끌려 들어가고 있다고나 할까.

이명직 선생의 성격은 간결하신 편이다.

형식적이거나 황당하다거나 가식이란 것은 조금도 없다. 언제나 담담하고 청렴하고 냉철한 풍모와 성격은 만인에게 호감을 사기에 넉넉하다. 비록 삼순구식(三旬九食 *30일 동안에 9끼니를 먹는다는 뜻으로 몹시 가난함을 의미)의 난을 당할지라도 청초한사(淸楚寒士 *화려하지않지만 깨끗하고, 가난하거나 권력이 없는 선비)의 품격이다. 버터의 기름기 있는 텁텁한 음식보다 짜고 매운 김치 깍두기나 매운 고추장을 좋아하시는 선생의 성격은 칼칼하고 매웁고 쌀쌀한 점도 없지 아니하다. 동양적인 전통을 가진 적은 체구에 양복은 어울리지 아니하나 한복은 맵시 있게 어울린다. 평생을 서양인 선교사와 접촉하고 살아왔건만 영어 한마디 알려고도 아니하며 또 배우려고 힘도 안 쓰며, 미주(美洲 *아메리카)나 구라파 같은 곳을 가보려고 하는 성격도 아니시다. 언제나 민속을 좋아하시고 너절하다거나 추근추근 하다거나, 교활하다는 점은 추호도 찾아보기 힘들 뿐 아니라 모든 일에 솔선수범인 것이다. 그러나 이러한 반면에 후덕하다거나 위덕(偉德)한 사람은 아니다. 선생의 구미에 안 맞으면 뱉아 버리고 잘라버리고 끊어 버리는 말하자면 포용성이 적은 성격이라고 볼 수도 있는 것이다. 선생의 의지는 약한 편이다. 뱃심이 없고 한번 작정한 것이면 꿋꿋하게 버티고 밀고 나아갈 만한 추진력이 부족하다고 생각한다. 두뇌는 냉철하고 명석하여서 감정과 지성이 잘 조화되어 있는 다감 다정한 인물이기도 하다.

### 2. 풍채와 설교

선생의 풍채는 서리 아침에 곱게 핀 국화와도 같이 청초하고 깨끗하다. 살짝 벗어진 대머리 턱밑에 늘어진 순백한 수염, 알맞게 튀어나온듯한 이마, 오똑 솟은 코, 그 위에 걸려있는 안경, 빈틈없이 꽉 짜여 있는 조화된 얼굴이다. 귀인(貴人)의 타잎이라고 할까, 선생은 이따금 미션계통의 학교에 채플인도를 위하여 초청될 때가 많았다. 강단 위에 설 때마다 학생들은 "야, 예수님이 오셨네. 참 예수님 같이 생긴 목사님이시로구나. 어쩌면 저렇게 예수님 사진과 꼭 같은 얼굴이어" 하며 수군대는 학생들을 볼 수 있었다. 선생의 얼굴에서 예수님을 형상화한 모습을 발견할 수도 있었다. 자그마한 키에 가냘픈 몸맵시 언제 보아도 몸에 꼭 알맞고 어울리는 한복의 빛깔과 맵시, 강단 위에서 외치는 언어의 억양, 알맞게 움직이는 손짓, 한참 영력에 충만한 절정의 대목에 가서 민활하게 움직이는 몸의 동작은 모든 사람으로 하여금 황홀하게 만든다.

  선생의 설교는 더욱 유명하다. 학자의 학술강연같이 냉철하지도 아니하고, 약장수의 PR같이 다변하지도 아니하고, 정치가와 같이 웅변도 아니다. 물론 무대 위의 배우처럼 울리고 웃기는 셀리프 같지도 않다. 사람의 심령을 쥐 흔드는듯한 박력은 듣는 사람으로 하여금 강단 앞에 엎드리게 만든다. 어떠한 때에는 노골적이며 공격적인 부흥식 설교가 될 때에는 듣는 사람의 얼굴을 화끈화끈 닳게 만들기도 한다. 언어의 묘미 또한 감화력도 컸다. 선생의 설교는 먼저 제목에 부합한 성경을 읽고, 읽은 성구의 전후문맥을 따라 조리있게 주해를 하고, 다음에 논리적이면서도 실제적인 설교를 하시는 것이 듣는 자에게 더욱 인상을 깊게 한다. 어떤 계급의 사람들이 들어도 잘 이해가 되는 싫증나지 아니하는 설교다. 어느 때는 교직자들을 목표로 하는 선이 굵직한 방망이질하는 듯 박력있는 설교는 듣는 자의 심령을 쥐어흔들어 단하(壇下)에 꿇어 엎드려 통회자복케 한다. 그러나 선생은 지금은 늙었다. 사람의 심령에 육박(肉縛)하여 부딪혀 오는 듯한 쟁쟁한 설교, 카랑카랑한 음성은 들을 길 없다. 그래도 교회의 특별 행사 때에는 초청을 받아 의례적인 설교를 할 때에도 조리 정연한 설교를 하신다. 선생은 설교뿐 아니라 문필인이다. 30여 년을 일관하여서 「활천지」를 주간하였을 뿐 아니라 저서 중에는 「성서신학」, 「성서영해전집」, 「구약 4천년사」, 「사대복음」, 수종(數種 *여러 종)의 설교집, 전도문서 등이 많다. 언제나 직언직필(直言直筆 *구애되지 않고 말하고 씀)이다. 한문에 능하나 문장에는 기교가 적고, 수사에 둥한한 까닭에 문장은 말보다 거칠어서 구태를 벗어나지 못한 데서도 선생의 수구사상(守舊思想)은 나타나고 있다.

## 3. 선생의 공과(功過)

　성결교회 하면 이명직 선생을 말한다. 오늘의 성결교회를 형성한 것도 선생의 공로를 얕게 평가할 수 없다. 선생은 성서학원시대로부터 서울신학교에 이르기까지 선생의 훈육을 받은 교직자는 천이요. 또한 만일런지도 모른다. 타 교파에서까지 부급(負笈)사사(負笈師事)한 교역자의 수도 상당수에 이를 줄로 안다. 선생은 반공(反共)의 선구자로도 철저하지마는 일제 치하에 있을 때에는 친일적(親日的) 태도라고는 말할 수 없으나, 그러하다고 배일적(排日的) 태도라고도 할 수 없을 것이다. 제2차 대전 말기에 있어서 선생은 일본 신사참배에 어느 정도 적극적 태도를 취한 것은 신앙의 지조(志操)라는 점으로 보아 큰 과오(過誤)를 범하였다고 생각하지 아니할 수 없다. 물론 그 당시의 각 교파 지도자들이 공통된 정치적 압박과 운명에 처하여 있었다 할지라도 평소에 정치와 사회에 타협하지 아니하고 복음(福音)의 순수성(純粹性)만 각별히 부르짖던 선생만은 꿋꿋하기를 바라던 사람들에게 적지 않은 실망을 주었던 것이다.

　1941년에 일본 정부는 기독교 압박 정책의 하나로 먼저 일본 안에 있는 일본 성결파 교회를 탄압했다. 성결파의 믿는 예수 재림교리는 일본국체(日本國體)에 반대되는 교리라고 해서 성결파에 속한 교역자를 유죄로 판결하고 교회를 폐쇄했다. 이러한 교난선풍(敎亂旋風 *종교적인 박해가 돌발적으로 일어나 세상을 뒤흔드는 사건을 의미함)의 여파로 한국 내에 있는 성결교회에도 파급되어 폐쇄 비운에 빠지게 되었다. 성결교회가 이렇게 폐쇄될 줄 알았더라면 신사참배를 거부하여 버리고 일본식민지 정책에 항거하였더라면 조국광복과 함께 그 얼마나 큰 소리를 외치며 권토중래(權土重來 *땅을 말아 일으킬 것 같은 기세로 다시 온다로 어떤 일을 실패한 뒤에 힘을 가다듬어 다시 그 일에 착수함을 의미함)의 교회재건을 하였을 것인가. 1,000인이 좌(左)에 쓰러지고 10,000인이 우(右)에 넘어져도 선생만은 피로 부딪힐 줄 알았던 후배들을 실망케 했고 침울하게 만들었던 것이다. 선생이 그 신앙적 지조와 절의(節義 *절개와 의리)를 사수하지 못하였다는 것은 지통지한(至痛至恨)의 일이다. 이 때에 심한 옥고를 겪은 사람들에게나 순교를 당한 사람들에게는 면목 없는 일이 되고 말았다. 이것은 선생 개인의 책임에만 돌릴 것이 아니지마는 이때의 교난(敎難)을 높이 평가할만한 기념행사라든가 순교자와 그 유족에게 위로와 기념될만한 일을 단체로서 행하지 못하는 것은 유감스런 일이라 아니할 수 없다. 그러나 선생의 양심은 살아 있었다. 자기 자신의 과오에 대한 반성은 해방 후 자숙의 태도를 취하심으로도 짐작할 수 있었다. 다시 교회를 재건하고 신학교를 자립시킬 때도 선생은 후배들에게 맡기고 전면에 나서지 아니했다. 그 후 선생이 또다시 교회를 영도케 된 것은 6.25사변으로 유수한 후배의 지도자를 잃게 된 후의 일이라 하겠다.

　내가 선생을 논평함에 있어서 또 한가지 빼놓을 수 없는 사실은 후배의 인물 양성에 너무나 소극적이었다는 것과 타교파 간의 대외적 관계에 너무 융화성이 없었다는 점이다. 그것은 자기를 너무 협소화 하고 고정화한 배타적인 성격의 탓이라고 할 것이다. 교역자는 박학다식(博學多識)이 필요없고 갈릴리 어부들도 성신만 받으면 위대한 복음의 전도사업을 이루었다고 했다. 물론 성결교회의 조창기에는 미국이나 구라파에서는 신신학(新神學) 사조가 범람한 때이다. 이러한 외국풍을 쐬고 오면 성결교리의 교리의 태두리에서 벗어난 이설(異

說)이라도 주창하게 되지나 아니할까 하는 의구심도 다분히 작용하여서 한국 학생의 외국 유학을 찬성하지 아니했다. 이것은 구데기 무서워서 장 못 담그는 격이 되고 말았다. 선생의 이러한 생각이 인물 빈곤이라는 오늘의 성결교회를 만들었다고 볼 수 있는 것이다. 그 동안 60년이라는 세월이 흘러 지식의 수준이 높아지고 문화의 발전이 급속도로 진보된 오늘의 사회적 정체에 있어서 타교파에 비교해서 성결교회의 후진성을 초래케 된 것이라고 볼 수도 있겠다.

　남녀차별에 대한 선생의 봉건사상(封建思想)은 또한 철저하였다. 여목사, 여장로, 여자 국회의원, 여총장, 여장관들이 배출되고 있는 이 사회적 판국을 선생은 비소하고 있었던 한 아무리 부인회의 조직이 치밀하고 특출한 인물이 나온다해도 성결교회의 여성의 지위는 향상 될 수 없었던 것이다. 남녀로 혼성된 교회의 찬양대는 남녀간 연애의 온상이라고 선생은 냉혹한 비평을 하였다. 교회의 사회사업 같은 것도 복음의 순수성에 배타되는 것으로 알고 계신다. 이러한 선생의 극우보수사상의 안테나에 감수되고 주입받은 교역자들은 순복음, 신령한 복음만을 강단에서 기계적으로 외치게도 되었다.

　선생의 사상은 신학적으로 보수노선인 것은 당연한 사실이라 할지라도 그가 영도하는 교회정책이 너무나 고식적이요 소극적이었던 까닭에 성결교회의 후진성에 결정적인 영향을 주게 된 것은 사실이라 아니 할 수 없는 것이다. 다 같은 보수사상이라 할지라도 좀더 시야를 넓히고 문호를 열어서 학문적인 이론의 기초 위에 심화되고, 실제적으로 이 민족과 이 사회를 구원하는데 큰 힘이 되어야 할 것이 아닌가? 선생의 신령한 순복음 노선이 그 얼마나 순수하고 신령한 성결교회를 만들어 놓았는가? 정치적으로 부패하고 경제적으로 빈곤하고 도둑과 자살자와 협잡군이 우굴거리는 이 사회적 현상에 성결교회는 책임이 없다고 보는가?

4. 선생과 교회의 분열

교회의 분열은 수년 전부터 유행병과 같이 각 교파에 만연되더니 성결교회도 마침내 이 병에 걸리고 말았다. 제2차 대전 후에 세계기독교연합체인 WCC가 조직되고, 세계 각 나라에서는 그 지부인 NCC가 설치되어서 교회의 에큐메니칼 운동이 일어나게 되었다. 이미 조직되어 있었던 한국기독교연합회는 한국의 NCC로서 에큐메니칼 운동을 하는 셈이 되었다. 한국의 성결교회는 해방 후 재건되었고, 6.25사변 후에는 NCC뿐 아니라 NAE라는 순복음단체에도 가입(加入)되어 급템포로 교회의 발전을 보게 되었다. 그러나 호사다마(好事多魔 *좋은 일에는 방해되는 일이 많음)격으로 성결교회의 16회 총회 때부터 NCC와 NAE 탈퇴문제(脫退問題)로 분규가 일어나고 그 후에 총회파, 보수파로 분열(分裂)되었다가 1963년 후에는 기성파(基聖派), 예성파로 완전분열(完全分裂)을 보게 되었다. 이때에 선생은 서울신학교 학자의 지위(地位)에 있어서 신학교 교수회 이름으로 한국성결교회가 NCC에서 탈퇴(脫退)하여야 된다는 성명(聲明)을 발표했다. 그 이유는 NCC의 모후(母侯)인 WCC는 자유주의 신학노선이라는 것이었다. 성결교회의 총회파는 장로교회 파들의 말과 같이 NCC는 그러하지 않다는 것을 여러 가지로 변명하여 왔으나 교회의 분열을 막기 위하여 NCC에도 탈퇴하여 버렸다. 그러함에도 불구하고 성결교회가 완전 분열되어 버린 것은 무엇을 의미하는 것일까? 기장파, 예장파는 신학사상에 근본적 차이에서 분열 되었지만은 성결교회는 신학사상에 있어서 차이가 없는 다같은 근본주의, 보수사상이라 하였는데 왜 분열되고 말았는가? 여기에는 신학사상의 자유보다 교회정책의 차이에 있는 줄로 생각한다. 여기에 개인의 감정문제도 상당히 작용하였지만은 이 교회 정책의 차이는 어떠한 점에 있을 것인가? 총회파가 WCC는 전부가 자유주의 신학노선이 아니며 더구나 한국 NCC의 에큐메니칼 운동은 타교파와의 제휴(提携)와 대외적 관계에 있어서 필요하고 교단 발전상 유익한 일이라고 생각했다. 그러나 이명직 선생은 에큐메니칼 운동은 불긍(不肯)했고 또 못마땅하게 생각한 것이다. 그것은 교회의 사회성은 속화(俗化)를 의미하는 것이며 순복음 신앙노선이 아니라는 점일 것이다. 앞으로 성결교회가 순복음주의, 보수신앙 사상을 기반(基盤)으로 하되, 교회정치는 좀 더 사회성을 띠고 구호사업, 교육사업 같은 것도 하여서 너무나 고루(固陋)한 교회정책을 탈퇴하자는 것이 총회파의 주장일 것이다. OMS 선교부(宣敎部)는 이 두 파(派)의 분열의 위험성을 느끼고 되도록 융화(融和)에 노력했고, 분열의 표면적 이유가 되는 NCC 탈퇴(脫退)를 종용하여서 마침내 총회파의 굴복으로 NCC 탈퇴를 결의선언(決意宣言)하고 말았다. 그러나 소위 보수파는 그것이 일시적이며 가면적 탈퇴라고 주장하며 부산에서 합동총회라는 가면적인 연극을 꾸며냄으로 교회는 완전분열의 결말을 짓고 말았다. 이명직 선생은 물론 보수파의 주장에 찬동은 하나 그러하다고 교회의 분열을 찬동하지는 아니하였다. 총회파의 굴복 사과로 합동을 원하며 앞으로 총회지도권을 보수파에서 장악하기를 원했다. 그러나 총회파는 교회분열을 막기 위하여 NCC탈퇴까지 하여가며 보수파의 반발을 막고 다수결에 의한 자기들의 권하(權下)에 보수파를 포섭하려 하였고 따라서 선생도 포섭하여서 특별한 대우로 모시려 했다. 그러나 보수파는 그들대로 선생을 옹호함으로 대다수의 교회를 포섭하리라는 자신 밑에서 분열작용을 하고 있었다. 이때에 선생은 분연히 일어나서 분파작용을 막고 양파의 화해운동을 일으켰다면 오늘과 같은 분열의 비극은 면하였을는지 모르겠다. 그러나 선생의 말은 분열을 원하지 아니한다 하면서, 늘 보수파에 찬동함으로 보수파는 비밀리에 메켄타이어 ICCC의 선교자금 약속을 받아 놓고 소위 합동총회라는 명목으로 선생을 부산까지 끌어 내려오게 하였다. 그래서 다분히 모략적이며 계획적인 대세에 몰입한 선생은 마침내 ICCC의 복음적이며 진리인 것을 선언하고 자기는 보수파에 완전 가담함으로 성결교회는 예성파, 기성파로 완전분열 되었다. OMS선교부도 보수파가 ICCC에 가입하여 메킨타이어의 선교자금을 받는 것은 자기네들을 배반하는 행위로 간주하고 보수파와의 화합을 단념하고 이명직 선생와의 결별을 각오하게 되었다. 선생은 자기가 쌓은 공든 탑을 자기 손으로 무너뜨리고 누구보다 가장 많은 은혜를 받은 OMS를 헌신짝같이 버린다는 것은 선생의 큰 오산이라 아니할 수 없으며, 배덕(背德)이라 않을 수 없는 일이라고 생각한다. 비록 그들이 처음 주장과 달리 구호물자로 교회의 부패를 초래케 하는 일이 있다할지라도 한국의 현실이 옛날과 다르며 선교방침에 과오가 있다면 단체를 위하여 경고하며 힐책하여 가면서라도 그들과 함께 보조를 같이하며 여생을 마쳐야 할 것이 아닌가 한다. 선생은 양파의 감정적이며 극단적인 대립에 대하여는 속수무책이였고, 양파는 선생을 자파(自派)에 끌어들여 상좌(上座)에 앉게 함으로 자파(自派)의 우열을 판가름하는 줄로 알고 서로들 끌어 모시려 할 때에 선생은 우상화의 존재가 되어버렸다. 선생이 보수파에 완전가세(完全加勢)되어 ICCC의 복음적 진리를 말하였으나 ICCC의 메켄타이어 신앙노선은 분명히 칼빈주의 신학사상의 노선인데 OMS선교단의 신앙 노선은 웨슬레의 알미니안 신학 노선임을 선생은 왜 판별하지 못하였는가 의심한다. 선생이 일생을 바쳐 절규하던 성결의 교리가 칼빈의 예정과 은총의 교리와 상반된 신학사상인 것을 식별하지 못하였다면 이것은 분명히 분열의 마신에 미혹됨이 아닌가 생각한다. OMS선교단이 선생에 대한 실망도 이러한 점에 있는 줄 안다. 해방후 성결교회가 재건될 때에는 교회정책에 있어서 분명히 개혁적인 점이 많았다. 경성성서학원이 서울신학교로 변경되었고, 사중교리 중 신유는 여러 가지 미신적 폐단을 조장할 우려가 있다하여 빼버렸고, 장례식 조례문에는 영구를 향한 선열 묵념으로 수정되었고, 인천, 여주, 부여 등지에 교육기관을 접수하여 문화사업에도 착수했다. 그러나 선생은 한국의 실정에 알맞는 창의적이요, 개혁적인 교회정책도 불긍(不肯)하여서 사변 후 교회와 신학교의 주도권이 또다시 자기 손에 넘어올 때에 미온적 태도를 취하였다. 그래서 모처럼 개혁적인 교회정책도 복고상태로 되돌아가고 그 후에 급속도로 추진된 구호 사업도 오불관독(吾不關篤)으로 지나가던 선생이 ICCC 산하(傘下)로 쉽사리 전향하여 버리는 것은 선생의 완고성으로 보아 알고도 모를 일이다. 위에서 논급(論及)한 바와 같이 선생은 다만 총회파가 에큐메니칼 운동을 지지하여서 자유주의 신앙사상에 기울어지고 교회가 구호사업으로 사회성을 띠고 복음운동에서 탈선되어 세속화하고 부패하여가니 예성파로 분열하여 성결의 도리를 지키고 살아간다고 하실 것이다.

## 5. 선생과 나

내가 이명직 선생을 만나기는 20대 새파란 청년 시기였는데 지금은 인생의 황혼 길에 접어들어 백발낙엽의 노인상이 되었다. 선생은 나보다 10년의 장으로 고희에 넷을 더한 나이다. 내가 선생을 만날 때는 제1차 세계 대전이 끝난 뒤가 되어서 사회의 급격한 변동기였고 새로운 사상조류가 물밀 듯 밀고 들어 왔다. 나는 옛날의 봉건적 도덕관이라든가, 묵은 사회적 질서를 탈피하여 버리고 20세기의 여명을 신흥 기독교에서 찾으려고 성서학원에 들어와서 이명직 선생을 만나게 되었다. 그러나 내가 성서학원에 들어간 동기는 다음과 같다.

내가 동래고보(東來高普)를 거쳐서 일본에서 대학 예과를 마치고 교편생활을 했다. 이 때에 일인학교장이 께다란 사람이었는데 나를 문필인으로 출세하는 것이 좋겠다고 하면서 그의 동학인 경성일보 편집국장 다카하시에게 소개 편지를 써주었다. 며칠 후에 올라오라는 기별을 받고 상경했더니 나를 매일신보 견습기자로 일하라는 것이었다. 그러나 이 신문이 그때의 조선총독부 기관지였던 까닭에 선뜻 마음이 내키지 않아서 확답을 보류하고 여관으로 돌아왔다.

내가 상경했다는 소식을 듣고 향우 박문회 군이 비오는 밤 여관으로 찾아왔다. 이때에 박 군은 성서학원을 졸업하고 독립문교회의 전도사로 시무하는 그때의 가장 연소한 교역자였다. 내가 상경한 이유를 듣더니 나를 성서학원에 입학을 하라고 권했다. 나는 전도자가 될 자신이 없었을 뿐 아니라 이 때의 내 가슴은 공명심(功名心)에 부풀어 있었던 까닭에 박 군의 권면을 받아 드리지 못하고 주저했다.

내가 성서학원에 입학을 하면 선교사들에게서 직접 영어를 배워 일년이 못 가서 회화에 능통할 수 있고 또 외국 유학의 길도 열릴 것이라는 화려한 이야기였다. 그뿐 아니라 미모의 신식 여성들도 많아서 좋은 배필을 만나 장가도 들 수 있다는 달콤한 이야기도 했다.

밤늦도록 조르다가 나의 확답을 듣지 못하고 비오는 밤에 쓸쓸히 돌아갔던 박 군이 아침에 일찍 여관으로 나를 찾아왔다. 어제 밤에 잘 생각해 보았느냐고 했다. 아직 작정할 수 없노라고 했더니 덮어놓고 바람도 쐴 겸 나가자는 것이었다. 나는 박 군을 따라 나섰더니 아현(阿峴) 마루턱에 높이 솟아있는 5층 벽돌집으로 나를 끌고 갔다. 이때에 2층에 있는 이사회의실의 문이 열리고 무슨 회의가 끝난 듯이 사람들이 나오고 몇 사람이 남아 있었는데 박 군이 나를 끌어 드려 그분들에게 소개를 했다. 내가 성서학원에 입학할 의향이 있어 찾아온 것 같이 소개를 했다. 이 때에 이명헌 선생이 말씀하시기를 형제가 예수교 전도자 될 사명감이 있느냐, 또 중생의 경험이 있느냐 하며 마치 구두시문을 하듯이 물으셨다. 기독교의 진리를 배워야 할 처지에 있으니까. 모든 경험이 부족하고 사명감이 확실하지 못하노라고 자신 없는 대답을 어물어물하고 말았다. 김 군은 소질이 풍부하고 총명하니까, 배우기만 하면 훌륭한 교역자가 될 수 있다고 박 군이 거들었다. 이 말을 듣고 있던 이명헌 선생이 우리 사람은 다 같이 세상에 종 된 생활을 하고 있는데 이미 종의 생활이라면 하나님의 종으로서 생활하는 것이 얼마나 영광스러운 일이겠느냐 하시며 심문하는듯 하던 태도가 권면하는 태도로 변하였고, 곁에 있었던 이명직 선생도 조언을 하였다. 박 군은 나를 성서학원에 입학허락이 되었다 하며, 동 3층 기숙사방으로 밀어 넣고 말았다. 피동적으로 입학한 당시의 성서학원 분위기라는 것은 마치 중세기의 수도원 생활과 다름이 없었다. 배우는 것은 성서 한 권 뿐이었고 이 성서 강의한 것을 학생끼리 프린트하여서 가졌고, 서양인에게 찬송가를 공부했다. 아침에 기도회를 보고 밤에는 노방전도와 전도관에서 전도를 하고 주일 오후에는 성별회를 보는 것이 수양생활의 전부였다. 식사 후에 한 30분 동안 식당에 놓여 있는 신문을 들여다보면 수양생들은 신문도 안 보는 것이 좋아 신문을 보면 세상으로 나가고 싶으니까 하며 사감 선생은 신문 보는 학생에게 경고를 주었다.

이른 봄에 나는 겨울 동안 온실에서 자라난 시크라멘 꽃이 하도 아름다워 보이기에 사다가 기숙사 창문턱에 놓았더니 또 사감 선생이 지나가다가 보고 수양생은 꽃을 좋아하면 못쓰는 법이여 하며, 경고를 주고 돌아갔다. 어느 날 일본 신학교에서 공부를 하던 경우 김우현 선생이 내 소식을 듣고 성서학원으로 나를 찾아와서 하천풍언(賀川豊彦)의 저서 「人間苦 人間建築」이라는 책을 빌려주고 갔다. 내 책상 위에 있는 이 책을 우연한 기회에 이명헌 목사님이 보시고 "형제, 하천(賀川)의 쓴 책을 보면 생각이 복잡해서 안돼" 하며 나는 또 경고를 받았고 교수들에게 물의를 일으킨 모양이었다. 나는 서구적이면서도 현대적인 신사조를 추구했고 새로운 사상을 호흡하는데 가장 의욕적인 태도로 기독교를 배우려 하였다. 그러나 이명직 선생과 그밖에 여러 교수들의 사상과 신앙의 태도는 가장 봉건적이요, 보수적이었던 까닭에 이러한 환경과 분위기에서 공부를 한다는 것은 내 믿음이 질식할 지경이었다. 그러나 나는 이 기막힌 환경을 뛰쳐나올 용기가 없었고 하루 이틀 한 달 두 달 세월이 흘러가는 동안에 이러한 분위기에 적응하여 살아가려고 노력했고 내 영혼의 정화를 위해서 기도했다. 죄를 고백함으로 회개를 하고 정욕적인 내가 죽음으로 내 영혼이 다시 살아나 새사람이 되고 성신의 세례를 받음으로 성결의 은혜를 받는다는 선생의 지도와 훈육을 받았다. 이명직 선생은 한 때나마 부여지방 전도관에서 전도사로 시무할 때에 어느 여성과 시련에 빠진 일이 있었다. 선생은 심령에 퍽 고민을 느끼다가 이 시련의 죄를 고백하고 회개한 자기 경험을 가지고 이성과의 연애는 비록 그것이 처녀와 총각 사이일 때에는 죄악이라고 주장하면서 고백과 회개를 촉구했다. 그래서 수양생 중에는 과거에 있어서 이성과의 성적 관계를 노골적으로 파렴치하게 고백하는 사람도 많았다. 수양생 중에도 남녀 간의 접촉을 되도록 금하여 왔고 교회 안에서도 청년 남녀의 접근은 마귀의 틈타는 기회를 주는 것이라고 주창하여 왔었다. 내가 단순한 성서의 강의를 듣고 4중교리를 구두선(口頭禪)과 같이 외우고 설교를 하고 노골적인 죄의 고백과 간증을 하는데 그것이 감정적의 여러 가지 망동과 폐단을 자아내는 것을 보았다. 그래서 나는 아무리 간증을 촉구하여도 내성적인 내 개성을 버릴 수 없어 응하지 아니했다. 이렇게 매일 단순한 성서의 강의를 듣고 회개자복으로 기도를 하는가하면 어떤 때는 금식을 하여가면서 마루바닥을 두들기며 밤새도록 울며 기도를 하는 학생들도 있어 내 마음은 동정과 자조와 실외의 감정이 뒤범벅이 되어 나도 잠을 이루지 못하고 신경쇠약에 걸리기도 하였다. 이러한 수양생활도 2년이라는 세월이 흘러 지나가고 보니 저절로 권태를 느끼고 천편일률적인 수양생활도 무위도식의 의의 없는 생활로 느끼게 되었다. 나를 성서학원에 강권하여서 밀어 넣다시피 하던 박문회 군은 교회 전도사 직분을 가지고도 신간회, 복풍회 같은 민족주의 사회주의 사상단체에 자주 출입을 하더니 사회운동으로 아주 미끄러지고 말았다. 나도 이 단조로운 수양생활을 청산하여 버리고자 했으나 배신(背信)이라는 자조(自助)가 앞을 가로막아서 용기가 없었다. 이때에 나는 참 공부를 하여야 하겠다는 자각적 반성이 생겨서 독서하기를 시작했다. 광화문 네거리에 기독교 전문서점이 있었다. 이 서점에서 성경주석 강의책과 기독교 문학, 교리신학 책들을 사기도 하고 바꾸고 빌리기도 하여서 남이 기도할 때에도 책을 읽었다. 밤 소등 시간이 되어도 촛불을 가리워 놓고 책을 읽었다.

  남들이 전도를 나갈 때에도 나는 도서관에 들어 박혀서 책을 읽었다. 하루는 이명직 선생의 창세기 강의 시간에 하나님은 생물의 종류를 따라 각각 창조하셨다는 구절에 가서 생물의 진화론을 토론하게 되었다. 이명직 선생은 진화론 하면 벌써 다윈의 무신론적 진화론을 연상하게 되어 선생은 덮어놓고 무조건 진화의 법칙까지 부인하는 태도였다. 가르치는 선생이나 배우는 학생들이 다윈의 진화론 한 권 읽지 못한 까닭에 그 질문이나 답변이 아무 학문적인 근거가 없이 무질서하게 토론이 된 까닭에 신앙적으로도 아무 소득 없이 시간을 보내고 말았다. 나는 마지막에 생물의 진화법칙까지 부인하는 선생에게 하나님이 창조한 생물이 오랜 시간이 지나고 환경이 변하여도 창조할 그 때의 형태를 그대로 지니고 있는 것이냐 하며 항의를 했다. 나는 120여종이나 분류되어 있는 비둘기의 예를 들어서 생물의 진화 현상을 설명했고, 이 진화의 원칙을 유신론과 연결시켜서 아무런 모순이 없다는 것을 역설한다는 것이 너무 도가 지나쳐서 닭과 꿩은 그 형태와 습성으로 보아 하나님께서 같은 종류로 창조하신 것인지도 모른다고 주창했다. 나는 선생의 강압적이고 모순된 이론에 반발을 한 셈이 되었다. 이 일이 있은 후 몇 날이 못 가서 교수회에 호출을 당했다.

마치 갈릴레오가 지동설을 주창하다가 종교재판을 받은 것 같이 나는 과학적인 이단자로 몰리게 되었다. 하나님께서 생물의 종류를 따라 각각 창조한 사실을 믿으나 그 창조함을 받은 각 종류가 오랜 법과 환경의 변화를 따라 진화도 되고 혹은 퇴화도 되는 것이라고 나는 내 이론을 굽히지 아니했다. 지금도 그때의 동창인 김연욱(金連旭) 목사는 나를 대할 때마다 그때의 진화론 문제를 계기로 졸업기를 반년 앞두고 성서학원을 떠나면서 선생의 사택을 방문하고 나의 심경을 토로했더니 선생은 나를 격역만류 하였으나 나는 나의 모친의 병환을 핑계하고 성서학원을 떠나가고 말았다. 내가 수양 중에는 여름방학 때는 「활천」 잡지의 편집사무를 도우며 서울에 머물러 있었던 까닭에 2년 반 만에 고향에 돌아오게 되어 나의 어머님께 효행 한번 못해보고 어머님과 사별하고 말았다. 그 후에 나는 마산과 부산 다대포에서 교편생활을 하면서 주로 장로교회의 강단에 자주 서기도 했다. 평택에서 농사일을 하며 목장도 경영했다. 그러나 결국 하나님은 나를 감리교회의 교직자로 홍성교회 강단에 서게 하셨다. 내가 감리교회 교직자가 된 동기에는 재미나는 에피소드가 있었고 내가 또 다시 성결교회에 돌아오게 된 것도 오묘한 내용이 있으나 이명직 선생을 논하는 글에서 나에 대한 사연을 장황하게 길게 기록할 수 없다. 나에게 관한 말은 여기에서 거두절미하기로 하고 18세기 영국이 부패하여가는 교회와 사회의 기풍을 요한 웨슬레가 성결의 복음으로 부흥케 할 때에도 옥스퍼드 대학의 홀리 클럽을 중심으로 성결의 복음적 부흥운동을 전개하여 왔는데, 왜 우리 한국에서는 요한 웨슬레 선생의 신앙노선인 성결의 복음을 전승하여 권한 다하여 60년 전 우리 나라 문화의 여명기에 있어서 문화의 시대적 요구를 무시하여왔느냐 말이다. 20세기 구미에서 성행하고 있는 자유주의 신학사조에 대항하여 전투적 태세를 취하여 오던 근본주의 보수 신앙가들의 OMS를 조직하였다 할지라도 성결교회 초창기의 한국의 실정은 신학사상으로 보아 신개지요. 처녀지인 까닭에 복음의 공격적 전도태세는 필요치 않다고 본다. 비록 일제의 식민지 압박정치 밑에 있었다 할지라도 인심은 현시점보다 한결 순박하고 소박하였으니 죄악을 공박하는 전투보다 오히려 OMS의 근일의 선교이념과 같이 써클이나 클럽식으로 기독교의 계몽적 전도방식이 유효하지 아니하였겠는가 한다. 사회사업이나 문화사업은 인류의 영혼을 죄악에서 구원한다는 복음의 근본이념으로 보아서는 제2차적 의의가 있다할지라도 이미 전도관 시대를 벗어나서 성결교회 출발할 때에는 문화사업은 당연히 교회가 하여야 할 일이 아니겠는가? 이명직 선생은 이 시대의 교회 영도자로서 교회의 부패와 세속화에 관여하지 아니하는데 오산이 있으며 성결교회의 후진성을 초래하였다고 본다. 선생과 나와의 교회 정책의 의견차이도 이러한 점이 있다고 생각한다.

   내가 결국 성결교회 목사가 되기는 하였으나 과거에 소설을 쓰는 목사도 되었고, 영화전도를 하는 목사도 되었고 마지막으로 교장목사도 되어 선생에게 환영을 받는 제자 노릇을 못한 것이다. 나는 나만이 가지고 있는 독특한 개성이 있다. 나의 개성의 결점도 나는 잘 알고 있다. 그러나 하나에서 열까지 나의 개성을 버리고 선생의 지도이념에 순종할 수는 없다. 권위에 대한 복종은 우리 한국사람의 아름다운 습성이 되어있다. 좋은 신앙은 겸손과 복종의 미덕에서 이루어지는 것도 나는 잘 알고 있다. 그러나 맹종은 비굴한 인격을 조성하는 까닭에 나는 선생의 지도에 고분고분 순종하지 못한 불초한 사람이 되었다. 나는 개혁적인 나의 소신과 역량대로 성결교회를 위하여 한번도 일하여 보지 못하고 병들고 늙고 말았다.

  나는 위에서 나의 은사인 이명직 선생의 자세를 너무 조잡하게 그려 놓은 것을 죄송하게 생각하는 바이다. 그러나 마음에 없는 찬사을 늘어놓는 것도 속인(俗人)의 악덕과 같이 생각됨으로 마음에 떠오르는 대로 기억의 보따리를 들추어서 기록을 했다. 망평(妄評)을 다사(多謝)할 것 뿐이다. 사람은 관 뚜껑을 닫아 놓고 보아야 그 진가를 안다 하였으니 선생의 참된 인간적 가치도 그때에 가서 나타날 줄로 생각한다.

[1964년 김기삼 목사의 유고(遺稿)]

## 필자 후기(後記)

이 글은 3.1운동 만세시위 가담과 신사참배 거부로 두 번이나 옥고를 치룬 김기삼 목사의 유고(遺稿)로서 고인의 생전 바램대로 이명직 목사나 본인이 소천 이후에도 「활천」에 실리지 못했다. 글이 다소 거친 표현이 있고, 사실의 진위 문제도 역사적으로 검증할 부분들이 있어서 그대로 받아들일 수는 없으나 지난 과거 당시의 시대적 상황을 반추하며 많은 생각들을 우리에게 가지게 해준다. 유고에 대한 평가와 해석은 입장에 따라 서로 다르겠지만 이 글을 읽는 독자들의 각자 판단의 몫으로 남겨둔다.(본문의 *는 독자들의 이해를 돕기 위한 필자 임의적인 설명)

부록 6

# 한숭홍 교수의 김응조 목사 신사참배 주장과 그 비판

정상운

(성결교 신학대학 교수)

**여는 글**

　1991년 4월 17일 성결교 신학대학의 설립자이자 초대 학장이며, 예수교대한성결교회(이하 예성으로 약칭) 창립의 주역인 영암 김응조 목사는 하나님의 부르심을 받아 안식에 들어갔다. 800여 예성교회 교우들뿐만 아니라 성결교 신학대학 동문들, 2,500여명의 재학생, 교직원에 이르기까지 교단 전체가 슬픔에 잠겨 고인의 유해를 성결교 신학대학 뒤에 자리한 수리산 양지바른 곳에 모신 지 반년도 못 된 지난 9월 『목회와 신학』(9월호)에 '김응조의 신학과 사상'이라는 제목으로 그의 생애(生涯) 전편인 해방 이전까지의 삶이 장로회신학대학 한숭홍 교수에 의해 발표되었다.

　한 교수의 글은 김응조 목사가 96세라는 고령의 교계 원로이었기 때문이기도 하지만 방대한 저서와 한국 신학계에 미친 지대한 영향 때문에 즉각적인 교계의 관심을 받는 것은 당연하다 하겠다. 특히 한 교수가 자신의 교단도 아닌 타 교단 성결교회 인물을 한국

신학사상의 흐름란에 다루어 준 것에 대해 감사한 마음과 동시에, 필자 역시 김응조 목사의 생애에 대해 이미 다른 주요한 성결교 인물 5인과 함께 묶어 '한국성결교 인물사'를 출판하고자 계획한 바 이미 탈고한 상태라서 관심을 가지며 읽어 보았다.

그런데 필자는 "김응조 목사 생애(I)" 후반부 내용 중 신사참배(神社參拜)에 대한 서술에 있어 몇 가지 언급할 필요를 느끼게 되었다. 그것은 필자가 한 교수의 글을 읽고 난 후, 한숭홍 교수의 김응조 목사에 대한 신사참배 유죄 주장은 실증적 사실에 입각하지 않은 주관적인 논리와 전개라는 결론을 갖게 되었기 때문이다. 또한 한 교수의 김응조 목사에 대한 생애 정리는 역사적인 인물 조명이나 친일과 부일 행각의 진상 규명에 앞서서 예성교단과 성결교 신학대학 그리고 김응조 목사와 그의 유족에 대한 명예를 훼손하는 요소가 있다고 생각한다.

따라서 필자는 성결교 신학대학에 봉직하는 교회사 교수로서 한 교수의 김응조 목사 평가에 대해 사실과 다른 부분들을 지적하고 실증사적 사료들을 중심으로 김응조 목사의 생애와 사상을 독자들이 바로 이해할 수 있도록 하기 위해 이 글을 쓰고자 한다.

## 1. 김응조 목사의 신사참배에 대한 한숭홍 교수의 주장

한 교수는 「목회와 신학」 9월호에서 김응조 목사의 생애 전반부인 해방 이전까지의 삶을 정리하고 있는데, 1966년에 출간된 임종국(林鍾國)씨의 『친일 문학론(親日文學論)』에 수록된 내용을 연세대 민경배 교수가 집필한 『한국기독교회사(韓國基督敎會史)』에 인용한 것을 들어서 김응조 목사가 신사참배를 한 것은 기정의 사실인 것으로 기록하고 있다. 한 교수는 생애 전반부 정리의 3분의 1 정도의 많은 양을 김응조 목사 신사참배에 대해 할애함으로 교계 원로에 대한 잘못된 평가가 될 것을 염려하고 있으나 결과적으로는 김응조 목사의 신사참배를 단정하고 있으니 유감스러운 일이 아닐 수 없다.

그러면 먼저 한 교수가 김응조 목사가 신사 참배한 사실이 분명하다는 확신을 갖게 해 준 임종국 씨의 『친일 문학론』에 대해 살펴보자.

임종국 씨는 『친일 문학론』에서 어두운 정치적 상황이 전개된 일제 말엽은 국문학사에 있어서 흑암기 또는 공백기라 불리우는 시대이며 일제의 광란적인 군국주의적 전쟁 놀음에 협력하여 당시의 대다수 지식인들(문학인)이 반민족성과 몰역사의식이라는 범죄적인 친일 행각을 그들의 작품과 어용 단체 구성을 통해 활동한 것을 고발하고 있다. 그 가운데 한 교수가 김응조 목사의 신사참배의 근거로 삼은 문제가 되는 부분은 정비석론(鄭飛石論)의 한 부분이다:

> 38년 4월 25일에는 서대문 경찰서 2층에 집결한 유형기, 최석모, 임학, 행판외지, 장정심, 이완용, 박연서, 김응조, 김유순, 강주희, 김명현, 김종우, 김용성, 임석길, 김종만 등의 각 교회 대표자들에 의해 신사참배는 물론 기타 총후보국 강조 주간 행사에 참가할 것과 및 일본적 기독교에 입각하여 (선언문 제9항) 황도(皇道)정신을 발양하겠다는 선언문 본문) 결의 및 선언문이 채택되었고[1]

---

1 임종국, 『친일 문학론』(서울: 평화출판사, 1963), 351.

이 내용을 민경배 교수는 1982년에 출간한 『한국기독교회사(개정판)』 438페이지에 큰 수정없이 거의 그대로 인용하였고, 인용의 근거로 임종국 씨의 『친일 문학론』에서 비롯되었음을 주(註)에서 밝히고 있다. 다음의 글은 민경배 교수의 『한국기독교회사』의 438페이지의 내용 가운데 일부이다:

> 반 년 후인 1938년 4월 25일, 장로교 총회의 비극적인 신사참배가 가결되기 5개월 전 서대문 경찰서에서는 유형기, 최석모, 김응조, 장정심, 박연서, 김유순, 김종우 등의 여러 교파 대표들이 신사참배는 물론 기타 총후보국(總後報國) 강조 주간 행사에 참가할 것과 일본적 기독교에 입각하여, 황도정신을 발양하겠노라는 결의를 거쳐 선언문을 채택하고 있었다.[2]

이 두 글의 내용을 살펴보면 얼핏 똑같게 보이나 그렇지 않다. 민경배 교수는 임종국 씨의 글을 인용하면서 임종국 씨가 원문[3]의 가나다 순서에 상관없이 유형기로부터 김종만에 이르기까지 서대문 경찰서에 모인 15인의 이름을 원문에 나와 있는 대로 기재했으나 기록상 편의에 따라 어떤 원칙 없이 감리교에 속한 유형기, 박연서, 김유순, 김종우 4인과 성결교의 최석모, 김응조 2인과 여자절제회 장정심 등 7인만 언급하고, 나머지 8인은 생략한 것으로 나타나 있다. 나머지 8인을 합하여 교파(교단)로 분류해 보면 다음과 같다. 감

---

2 민경배, 『한국기독교회사(개정판)』 (서울: 대한기독교출판사, 1982), 438.
3 여기서는 「每日新報」를 말한다.

리교: 총 5인, 성결교: 총 3인, 구세군: 총 3인, 천주교: 1인, 성공회: 1인, 여자절제회: 1인, 일본기독교회: 1인 등 구세군의 숫자가 성결교회와 동수이지만 성결교 두 사람의 이름을 거명하여 결과적으로는 성결교회를 상대적으로 강조하는 차이를 보이고 있으나 민 교수의 기록에는 임종국 씨와 마찬가지로 '신사참배는 물론 기타 총후보국 강조 주간 행사에 참가할 것과 일본적 기독교에 입각하여 황도정신을 발양하겠노라는 결의 및 선언문이 채택되고'라는 내용에는 공통점을 보이고 있다.

민 교수는 자신의 글의 주(註)가 말하듯이 당시 사건 보도가 기록된 원자료에 근거하지 않고 임종국 씨의 글에 의존하여 김응조 목사 이름을 명기하였다. 한 교수는 이처럼 임종국 씨의 책에 기록된 내용을 인용한 민 교수의 글만을 보고 다음과 같이 김응조 목사의 신사참배에 대한 유죄 판정의 심증을 굳히며, 이것을 기본적 바탕과 관점으로 삼아 자신의 논지를 펼쳐나가게 되었다. 다음의 글들은 김응조 목사에 대한 한 교수의 입장을 말해 주고 있다:

> 필자는 김응조의 신학과 사상을 조명하려는 의도에서 이 글을 쓰기 때문에 그가 신사참배자였는지 아닌지를 판결하고 비판하려는 생각은 없다. 그는 부인하였고, 교회사가들은 기록을 가지고 증명하였기 때문에 더 이상의 진실은 독자들이 이 문제만을 집중 추적해서 판단할 수밖에 없다.[4]

이 내용을 보면 한 교수는 김응조 목사의 생애와 사상을 조명하

---

4 한숭홍, "김응조의 신학과 사상(1)", 「목회와 신학」, 1991년 9월호, 167.

려는 의도에서 글을 썼기 때문에 그가 신사참배자였는지 아닌지를 판결하고, 비판하려는 생각은 없다고 자신의 주관적 입장을 밝히고 있다. 그러나 그는 이미 이러한 표명 이전에 앞서 같은 페이지의 윗부분에서, 그리고 앞선 166페이지 상단부에서 이미 김응조 목사를 신사참배자로 낙인찍어 단정한 상태에서 다음과 같이 쓴 것을 볼 수 있다:

> 그의 진술과는 다르게 이미 그는 성결교단의 대표자로서 1938년 4월 25일 각 교단 대표들과 함께 결의를 거쳐 선언문을 적극적으로 발표할 정도로 그 이전부터 열심히 신사참배 했음을 증명하고 있는 것이다.[5]

> 은총 뒤에는 시험이 뒤따랐다. 그에게 닥친 시험은 본인이 철저히 부인하고 있으나, 민족교회 앞에 엄청난 잘못으로 기록되었다. 물론 당시 일제 치하의 목회자들의 힘과 능력에는 한계가 있었기 때문에 선택의 폭이 별로 크지 않았다고 말하는 사람도 있으나 어떻든 성결교단의 대표자의 한 사람이었던 중부 지방 감리목사 김응조의 실수는 돌이킬 수 없는 그의 생애의 과오요, 치욕으로 기록될 수밖에 없다. 그것은 그가 신사참배에 참여하는 선언에 동참하기로 한 것이다.[6]

우리는 김응조 목사의 신사참배에 대한 한 교수의 유죄 단정을 "김응조의 신학과 사상(1)"의 결론부에서 분명히 읽을 수 있다:

---

5  위의 책,
6  위의 책, 166.

그의 반평생은 그의 삶에 역사적 오점을 남기면서 어려운 시기를 그에게 넘겨 주었다. 은둔자의 생활처럼 묘사되고 있는 그의 생활도 실상은 어려움과 궁핍의 시기였다. 그는 스스로 산골 시냇물에 발을 담그고 말씀을 연구한다. 반석 위에 앉아서 밤으로는 하늘을 쳐다보고 기도한다며 매우 여유 있고 낭만적인 시간을 만끽하는 자연에서의 삶처럼 묘사하였지만 그의 생활 자체는 판잣집을 짓고 짐승을 기르면서 지내야 하는 매우 초조한 때를 보내야 했다. 그것은 절박한 시간이었으며, 실존의 한순간이었다. 그리고 그의 생애에 가장 절망적인 순간의 연속이었다. 전쟁의 태풍이 언제 지나갈 것인지, 교단이 없어진 목사의 미래는 어떻게 될 것인지, 많은 식구들을 언제까지 이렇게 남겨 두고 수양과 기도에만 힘쓸 수 있을 것인지, 이런 인생사의 문제들이 그 주위를 에워싸고 있는 짐이었다. 당시는 일본이 최후 발악하는 상황이었기 때문에 조선 사람 누구나 겪는 삶의 현실이었다. 이 시간은 김응조 목사 개인에게 있어서는 제2의 생애를 준비하는 시점이기도 했다. 공교롭게도 그의 생애의 중간점에서 그는 하나님 앞에 죄를 짓고, 은둔 생활로 참회의 시간을 가진 것이다. 그리고 해방 후에 제2의 김응조는 한국 기독교 교회사에서 새로운 모습을 양각하면서 활동하기 시작했고, 하나님의 도구로 다시 쓰임받는 은총을 체험했다.[7]

이처럼 한숭홍 교수는 김응조 목사를 치욕과 오욕의 신사참배라는 역사적인 과오(過誤)를 남긴 신사참배자요, 반민족주의 종교가라는 결론으로 그의 논지를 펼쳐 나갔다.

---

7  위의 책, 168.

## 2. 총후보국 선언문과 천장절 봉축식

그러면 이제는 문제의 초점이 되는 1938년 김응조 목사와 관련된 총후보국(總後報國) 선언문과 천장절 봉축식에 대하여 살펴보자. 한교수는 앞서 살펴보았듯이 임종국 씨의 글을 인용한 민 교수의 글을 보고, 김응조 목사는 1938년 4월 25일 각 교단 대표들과 함께 결의를 거쳐 선언문을 적극적으로 발표할 정도로 그 이전부터 열심히 신사참배를 한 자로 단정하였다.

그러면 임종국 씨가 『친일 문학론』에서 인용 주(註)를 표시 안했으나, 그의 책에 직접적인 자료를 제공한 원 사료격인 「每日新報」를 중심으로 1938년 이후의 김응조 목사와 관련된 사건들을 살펴보자. 「每日新報」 1938년 4월 27일자 3면에는 다음과 같은 내용의 글이 실려 있다:

> 25일 오후 1시부터 서대문 경찰서 2층에 14교회 대표자가 모여서 시국 인식 좌담회를 개최하고 우근(羽根) 서대문 경찰서장으로부터 '시국과 교도의 용심(用心)'이라는 연설이 있고 고등계 주임으로부터 당국의 방침을 구체적으로 제시한 다음 별항과 같은 선언 결의를 하야 전 조선 교도로 하여금 총후보국 강조 주간에 적극적으로 참가하기로 하였다.
>
> 참석자
> 감리회 총리원 본부 유형기, 동양선교회 본부 최석모, 성공회 본부 임학, 일본 기독교회 행판외지, 여자 절제회 장정심, 구세군 사관학교 이완용, 감리회 석교 예배당 박연서, 독립문 성결교회 김응조, 감리회

만리현교회 김유순, 천주교회 강주희, 천연정 성결교회 김명현, 감리회 정동제일 예배당 김종우, 구세군 제5영 김용섭, 구세군 제2영 임석길, 감리교회 신학교 김종만.

선언서

우리 기독교는 현하(現下) 비상 시국에 발하야 황국 신민으로서 의자에 내선일체의 실을 거하여 황국 정신을 발하야써 총후의 적성을 기하고저 자에 좌기와 여히 결의 실행할 것을 선언함.

- 아등(我等)은 시국을 정당하게 인식하고 황국 일본의 정의와 사명을 자각하고, 그 이상을 세계에 선언할 것을 기함.
- 아등(我等)은 거국 일치 국난을 극복하야 익익희생 봉공의 성을 다할 것을 기함.
- 아등(我等)은 일본적 기독교에 입각하야 기독의 대사명을 자각하여 경신의 대의를 명확하게 할 것을 기함.[8]

이 글을 보면 각 교회 대표자 15인이 총후보국 주간을 맞이하여 총후보국을 결의하여 선언서를 자발적으로 채택한 것으로 나타난다. 그러나 당시의 정치적 상황을 생각하면 이 선언서는 계획적인 각본에 의해 미리 작성되고, 경찰서에 강제 출석하게 하여 일방적으로 통보한 의도적인 내용에 불과하다. 그리고 신문 기사 내용처럼 14교회 대표자(교단별로는 7교단)가 아니라 참석자는 15명이었고, 그들

---

8 「每日新報」, 1938년 4월 27일자.

은 각 교단의 대표자 자격으로 출석한 것이 아니었다. 앞서 인용문에 기재된 것처럼 일제는 서대문 경찰서장의 연설 후에 바로 일제 당국의 구체적인 시국 방침 통보와 총후보국 주간 행사에 대한 시국 선언서를 강압적으로 동의 아닌 동의를 얻어 내고, 그 내용을 친일에 앞장선 친일 기관지인 「每日新報」에 기재케 하여 공식화시켰다. 이 선언서의 내용에 당시의 상황에서 친일로 전향하지 않은 교역자 가운데 친일의 앞잡이 노릇을 한 자도 있었다. 이 25일 모임에 김응조 목사의 이름도 참석자란에 들어 있었다. 그러면 왜 김응조 목사가 서대문 경찰서에 불려가고, 참석자 명단에 그 이름이 들어갔을까? 이러한 의문에 대한 답은 당시 서대문경찰서와 독립문성결교회가 가까이 인접해 있기 때문인 것으로 생각된다.

또한 천연정성결교회 김명현이 참석자 명단에 들어간 것도 의문점을 던져 준다. 그것은 1934년 제2회 총회 회의록에 보면 김명현이 당시에 중부지방회 금화교회를 맡은 정주(定住) 전도사로서 연령은 29세의 젊은 나이로 1932년 12월에 교역을 처음 시작했던 신참 교역자였기 때문이다.[9]

일제가 자기 관할 경찰서와 인접한 교회의 목사인 김 목사를 성결교회를 대표하는 인물로 생각하여 강제 출석하게 했는지는 모르나, 당시 한국성결교회의 최고 대표자는 한국인으로서는 김응조 목사가 아니라 이명직 목사였다. 일제가 33세밖에 안 되고, 교역을 시작한지도 얼마 안 된 김명현을 서대문경찰서로 불러들이고 참석자 명단에 기록한 것을 볼 때 교단 대표 자격으로 최석모와 같은 동격

---

9 『조선야소교 동양선교회 성결교회 제2회 총회회록』, 1934년 12월, 74.

으로 김응조 목사와 김명현을 소환한 것은 아닌 것 같다.

　김응조 목사는 중부지방 순회 이사로 독립문성결교회가 교역자 결원이 생기자 그 교회를 겸임하면서 중부지방을 순회하며, 교회를 개척, 자급시키며 전도하는 일에 힘썼다.[10] 1937년 당시의 순회 이사는 강시영, 강송수, 이정원, 김응조, 이문현 5인이었고, 지방의 한 지역을 맡아 사역하는 이들보다 상위에 본부 이사인 상무이사가 있었는데, 그들은 선교사 허인수(P. E. Haines),[11] 지일(W. E. Thiele),[12] 그리고 한국인으로는 이명직, 이건, 최석모, 박현명[13]이었다. 성결교회의 모든 문제는 상임이사와 순회이사로 구성된 이사회에 의해 결정되었는데, 주요 안건은 주로 상임이사 6인의 손에 의하여 결정되었다.

　따라서 서대문경찰서에 참석한 15인 가운데 최석모 목사는 김응조 목사보다 성결교회의 대표적인 상임이사 가운데 한 사람인 중요 인물이었다. 이것은 김응조 목사가 성결교 대표자이므로 그 자리에 있게 된 것이 아니고, 임의적인 일제의 생각에 의해 강제적으로 소환된 것임을 보여 준다. 임종국 씨가 1977년에 「월간 대화」에 기고한 "일제 말의 친일 군상"(p.188)과 『친일 문학론』 그리고 그것을 그대로 인용한 민 교수의 책에는 "신사참배는 물론 기타 총후보국 강조 주간 행사에 참가할 것과"라는 글이 나오는데 이것은 「每日新報」 원 기사 내용이 아닌 '총후보국 강조 주간 행사를 결의'라는 기

---

10　「조선야소교 동양선교회 성결교회 제1회 연회회록」, 1937년 12월, 21.

11　헤인스(Haines)는 허인수로도 불리웠는데 1921년에 내한하였고, 처와 자녀 2인을 슬하에 둔 동양선교회 소속 미국인 선교사였다. 한국학연구소, 『朝鮮在留歐美人調査錄(1907~1942)』 (서울: 한국학연구소, 1981), 820~21.

12　위의 책, 632~33. 1936년에 내한한 자로 처와 1인의 가족을 가진 동양선교회 소속 선교사이다.

13　「조선야소교 동양선교회 성결교회 제1회 연회회록」, 1.

사 제목의 부제 아래에 편집 기자의 주(註)와 같은 형식의 글에서 발췌한 것에 불과하다.

지금까지의 4월 25일 서대문 경찰서의 모임에 대한 「每日新報」의 기사 내용을 분석한 것을 정리해 보면 김응조 목사는 타의로 서대문경찰서에 참석하게 되었고, 앞으로 있을 29일 총후보국 강조주간 행사에 교단적으로 참가할 것을 강요당했다는 것을 알 수 있다. 그러나 주지할 사실은 한 교수의 김응조 목사에 대한 신사참배 주장이 실제로 신사참배를 하였던 직접적인 사료에 근거한 실증적 결과에서 얻어 낸 주장이 아니라는 것을 보여 주고 있다.

총후보국 주간 첫째 날이기도 한 다음 날 4월 26일 일제는 내선일체를 통한 총후보국을 위해 기독교 청년회관에 모여 오전 8시 조선신궁 참배를 하게 하고,[14] 29일 천장절에는 경성 시내 기독교 각 교파와 내선인(內鮮人) 목사들을 위시한 1천여명을 강제 동원하여 비상시국의 인식을 철저히 하고, 봉군(奉君)의 무운을 빌기 위해 오전 11시에 정동정(貞洞町)에 있는 배재중학에 모여 성대한 봉축식을 거행할 것을 계획하였다. 다음의 글은 4월 26일과 29일에 있을 일에 대한 「조선일보」의 기사 내용이다:

> 지나 사변 이래로 각 종교가 솔선 각기 교의를 통하야 시국하 종교로서의 보국의 지성을 다하고 있는데 기독교 방면 특히 경성에서는 작년 팔월이래로 김우현(金寓鉉), 차재명(車載明), 김종우(金鍾宇), 정춘수(鄭春洙), 원익상(元翊常) 등 제씨가 중심이 되어 가지고 내지인 목사와 협력

---

14 「每日新報」, 1938년 4월 26일자.

해서 매주일 시국에 대한 인식을 계발함과 함께 기독교도로서의 종교 보국을 어떻게 할 것이냐에 대해서 여러 가지로 연구를 거듭해 왔는데 이번 총후보국 국민 총동원 주간에 있어서도 솔선 그 모범을 보일 필요가 잇다 하야 제 일일인 오는 이십륙일을 기하야 전기 제씨의 주최로 시내 내선인 중요 목사 다수가 조선 신궁에 참배하야 황군의 무운장구를 기원하기로 되었다 한다.

그리고 제사일인 이십구일 천장절 날에는 조선인측으로는 김종우, 김우연 양목사, 내지인측으로는 삼정(三井), 산구(山口) 양씨의 발기로 오전 십일시부터 시내 배재중학교 교정에서 전 경성 기독교 각교파 연합으로 약 일천오백여명의 신자가 모여서 봉축식을 성대히 거행하리라 한다.[15]

다음은 4월 29일에 가진 천장절 행사에 대한 「每日新報」의 기록이다:

정동교회의 김종우 감리사로부터 천장절 봉축식을 거행한다는 것을 마이크를 통하야 사회하고 주악(奏樂)을 하고 국기 게양을 하니 일동은 미풍에 휘날리며 정숙하게 게양되는 국기에 시선을 한가지 하고 국가 합창과 멀리 황거(皇居)를 요배하야 최경례를 하얏다. 계속해서 조합 기독교회(組合基督敎會) 대표자 단우(丹羽) 목사의 선창으로 일동은 목소리를 높이어 황국신민서사를 제창한 후 제222장 찬송가를 고창하얏다. 그리고 정춘수 목사로부터 성경 낭독이 잇고 교도(敎島) 배(裵)량 목사로부

---

15 「조선일보」, 1938년 4월 26일자.

터 기도를 올리고 일동은 천황 폐하 만세를 불러 의미깁흔 축하식을 마추엿다. 이와가티 전 조선기독교도에게 한가지 큰 시사(示唆)를 보이는 내선인 교도의 연합 축하회는 예정대로 순서를 마추어 동11시 반에 폐회하고 곳 단우 목사의 안내로 각 교회 대표자는 한가지로 조선 신궁에 참배하니 이로서 내선인 기독교의 뜻깁흔 악수는 조선 종교계에 력사적인 한 페지를 만들었고 또 다시 그 후에 황국 신민으로서 뚜렷한 내선일체의 인을 치게 되었다.[16]

### 3) 한숭홍 교수의 주장에 대한 비판

지금까지 한숭홍 교수의 김응조 목사에 대한 신사참배 주장 및 천장절 봉축식과 선언문에 대해 살펴보았는데, 한 교수의 주장에서 나타나는 문제점은 다음의 몇 가지로 정리할 수 있다.

(1) 사료 수집과 취급의 한계성 문제

우리는 먼저 한숭홍 교수의 극히 부분적이고, 한정된 사료 수집의 문제를 지적할 수 있다. 한 교수는 김응조 목사 생애의 반평생을 정리하고, 평가하는 데 있어서 42개의 주(註)를 근거로 하여 자신의 논지를 전개시켰다. 그러나 42개 주에서는 대부분이 김응조 목사의 저서인 『은총 90년: 영암 김응조 목사 자서전』(1983년, 성광문화사 발행)과 김응조 목사 생전에 『크리스찬 신문』에 연재한 "나의 생애와 신

---

16 「每日新報」, 1938년 4월 30일자.

학"(1980. 5. 31~7. 5)에서 40회나 인용하였고, 그 외의 자료 인용은 1956년에 김응조 목사가 쓴 『실천신학 목회학』에서 1회 인용하였다.

따라서 한 교수의 글은 김응조 목사가 쓴 저술 외에 인용한 책이라고는 오직 42회 가운데 1회인 1989년판 민경배 교수의 『한국기독교회사』 그것도 438페이지가 전부이다. 따라서 그가 인용한 참고문헌이 보여주는 것처럼 한 교수는 성결교단 기관지인 「活泉」과 해방 이전의 교단 『총회 회의록』, 『성결 신학보』 그리고 해방 이전의 1차 사료(예를 들면 「每日新報」 등) 등을 폭넓게 섭렵했어야 했다.

원론적인 이야기이나 역사 서술에 있어서 사료(史料)의 취급은 실증적(實證的)이고, 과학적(科學的)이며, 객관적(客觀的)으로 다루어야 한다. 그러나 한 교수는 김응조 목사의 글을 통해 김응조라는 인물을 접하고, 김응조 목사의 생애를 전적으로 정리하면서도, 신사참배에 있어서는 김응조 목사의 유일한 관점을 민경배 교수가 인용한 임종국 씨의 글에 맞추었다. 그 결과 김응조 목사의 신사참배에 대한 사료적 근거에 기초한 귀납적인 역사적 사실 규명 과정에 앞서서 기존의 김응조 목사에 대한 신사참배 단정이라는 주관적 편견에 치우쳐서 왜곡된 인물 평가와 역사 서술로 신앙의 절개를 꺾은 신사참배자로 단정하는 해석을 취하였다.

그러므로 김응조 목사의 반평생에 대한 한 교수의 생애 정리는 임종국 씨의 글 한 단락을 통해 전적으로 정리했다는 말이 합당할 것이다. 적어도 한 교수는 김응조 목사의 생애 정리를 하려면 『은총 90년』과 『크리스챤 신문』 내용 외에 김응조 목사의 초기 자서전 『황야의 과객(過客)』과 『나는 기도해서 얻었다』(1971년) 등에서 김 목사의 신사참배에 대한 분명한 거부 의사를 인지했어야 했고, 임종국 씨의 글 이외에 또한 일반 사료를 통해 김 목사의 직접적 신사참배 사실을 입증했어야 했다. 그러나 한 교수는 김 목사의 신사참배 유증(有證)을 미검증된 사료 하나에 전적으로 의존하는 일방적인 논지를 펴고 있다.

역사는 고전적인 과학 방법론의 필수적인 요인인 실험의 가능성을 결핍하고 있으나, 비판적인 사고 방식을 요구하는 점에 있어서 과학적이다. 따라서 사가(史家)는 역사 서술에 있어서 기존 견해에 대해 비판적이며, 사료를 검토하는 데 엄격해야 한다.

자신의 주관적 편견에 빠져 총체적인 역사 이해의 눈을 가지지 못하고 선입관을 지닌 채 사료를 보거나 한 사료에 치중하여 객관적인 형평성을 잃고 다른 사료들을 경시하는 역사 평가와 서술을 가한다면 그것은 기독교의 문화 창출과 한국교회의 미래 사회에 아무런 도움도 주지 못한다. 이 문제는 비단 한 개인의 평가에 국한되지 않고, 한국교회사의 역사 정리의 과제이기도 하다. 적어도 앞으로 쓰여질 한국교회사의 통사 서술과 마찬가지로 한 개인의 과거 삶에 대한 자취 정리와 평가도 총체적인 관점에서 실증적이고, 객관적인 자료 수집과 해석을 통해 서술될 때 한 개인의 생애에 있어서 순기능적인 공헌과 역기능적인 과실이 모두 밝혀질 수 있다.

그러나 이러한 역사 서술에 있어서 원론적인 것을 바탕으로 한 한승홍 교수의 김응조 목사에 대한 평가는 이루어지지 않았다. 한 교수의 김응조 목사의 신사참배에 대한 논리 전개는 귀납적인 방법보다는 연역적인 방법을 택해 이루어졌다. 따라서 단지 한 사료에 입각하여 이미 단정한 결론적인 명제에 대해 김응조 목사의 글을 의지한 것 같지만 오히려 반증을 하여 부정하는 쪽으로 흘러갔고,

더 나아가 자신의 주관적 생각을 객관화시키려는 노력을 하는 작업에 머물렀다. 한 교수는 김응조 목사 신사참배 단정을 하기 위해서는 「每日新報」 한 줄이 아닌 직접적인 다른 사료들을 통해 김 목사의 신사참배 사실을 입증하여야 한다. 「每日新報」 이 외에 다른 직접적인 사료가 어디 있는가?

### (2) 한숭홍 교수의 신사참배 주장에 대한 비판

김응조 목사 신사참배에 대한 기록은 「每日新報」가 아닌 오히려 김응조 목사의 자서전에 기록되어 있다. 김응조 목사는 1938년(자서전에는 1937년으로 되어 있음; 필자 주) 배재중학에서 있었던 천장절 봉축식에 강제로 참여하였다. 그러나 그는 예정된 내선인 교도의 연합 축하회가 11시 30분[17]에 마치자, 단우 목사의 안내로 조선신궁으로 신사참배하러 가는 순간에 그 대열에서 빠져 나왔다. 이 일 후에 김응조 목사는 30여년이 지난 뒤 기록한 자서전 『나는 기도해서 얻었다』의 "천장절 축일 배재학교 운동장에서 주여 이 때를 면케 해주옵소서"에서 다음과 같이 말하고 있다:

> 때는 1936년 4월 15일[18] 천장절 축하일을 당하였다. 각 교파의 간부와 교역자와 제직들과 교회 학교 책임자들을 배재 학교 운동장에 모아 놓고 김종우 감독의 사회하에 축하식은 거행되었다. 참석인이 무려 천여 명이다. 나는 여기에 참여하지 않으려고 가진 노력을 다하였으나 형사

---

17  위의 책.
18  아마 김응조 목사는 30년 전 일이라서 그런지 1936년 4월 15일로 기억하고 있는 것 같다. 김응조 목사의 자서전에 나오는 숫자상 연대들은 약간의 오차가 있다.

가 매일같이 와서 권유하다가 때로는 공갈협박으로 참예하겠다는 각서를 받아 간다. 목회자로서 교회의 영향을 생각하고 참예하였다. 수백 명의 경관 입회하에 정사복 형사들의 감시하에 축하식은 거행되었다. 참석한 사람들은 공포와 염려와 의구심 달려와 의구심으로 모두가 죽은 사람의 얼굴 같았다. 그 가운데서도 활기를 띠고 춤추는 목사도 있었다.

식을 마친 후에 형사들과 정사복 경관들은 문마다 지켜서고 남산 신궁으로 직접 참배하러 가자고 선언한다. 사람들은 얼굴이 별안간에 창백색으로 변한다. 나는 생각하기를 그들의 수단에 빠졌구나. 이제는 하늘과 땅이 딱 붙는다. 천지가 캄캄해진다. 일부의 사람들은 끌려서 남산으로 향하여 나간다. 나는 눈을 감고 기도하기를 '주여 이 때를 면해 주옵소서' 기도를 마치고 눈을 뜨니 어떤 선교 부인이 뒷길 가시철 사이를 빠져서 나가는지라. 나도 빠져서 나와서 위기를 면하였다.

형사들이 앞문과 옆문만 지키고 여기까지는 생각지 못한 모양이다. 호구를 탈출한 나에게는 한없는 슬픔과 고통 중에 달려서 집에 돌아오니 온몸에 진땀이 흐른다. 통곡의 눈물로 주님 앞에 호소하고 앞날에 당할 일을 생각하니 앞이 캄캄해진다. 사단은 나의 순결한 신앙의 정조를 노린다. 50년간[19] 지켜온 신앙의 정조는 위기를 당하였다. 이때는 목사의 수난의 때이다. 참배를 하고 목회를 하느냐 그렇지 않으면 교회를 사면하느냐 양자 택일의 단계에 서게 되었다. 모두가 난처한 사정이다.[20]

---

19 '50년간'이라는 숫자도 잘못 표기된 것 같다. 김 목사가 1896년에 출생했으므로 '50년간'을 50세로 간주하여도 1946(1896+50=1946)이라는 계산이 나온다. 이때는 일제 통치가 막을 내린 해방 이후의 연대이다.
20 김응조, 나는 기도해서 얻었다』(서울: 성청사, 1971), 97-98.

우리는 이 글에서 김응조 목사가 천장절 축하식의 1부에는 참석하였으나 남산신궁으로 신사참배차 인도되는 과정에서 탈출하였음을 알 수 있고, 분명히 신사참배를 하지 않은 것을 알 수 있다. 하나님 앞에서 보수 교단에서 한평생 목양의 사명을 감당한 목사가 기록을 남길 때 거짓과 위선으로 자기 변명을 위해 글을 썼으리라는 추측은 근거없는 비판일 뿐이다.

혹자는 윗글이 김응조 목사 자신의 자서전적인 글이기 때문에 객관적인 평가의 논리가 약하다고 말할 수 있을지는 몰라도 자기의 일을 자기 영(靈) 외에는 누가 정확히 알 수 있다고 할 수 있겠는가? 그러나 바로 이 점에서 한 교수는 실증적이고, 객관적인 논증이 아님을 들어 그는 부인하였고, 그러한 부인의 근거를 '교회사가들은[21] 기록을 가지고 증명했기 때문에 김응조 목사가 신사참배자였다'고 주장하고 있다.

지금까지 나타난 사료를 분석함으로 거기에 나타난 내용으로 이미 김응조 목사를 "김응조의 신학 사상" 168페이지에서 신사참배자로 정죄한 후에 한 교수는 김응조 목사가 신사참배자였는지 아닌지를 판결하고 비판하려는 생각이 없다고 말하며, 더 이상의 진실은 독자들이 이 문제만을 집중 추궁해서 판단할 수밖에 없다는 우회적인 설득 방법으로 김 목사가 신사참배자였음을 거듭 주장하였다.

한 교수는 한국교회사 학자인 민경배 교수를 들어 앞서 살펴본 바와 같이 『한국기독교회사』 166페이지의 내용을 인용하여 자기 입장을 공고(鞏固)히 시키고자 하였다. 따라서 한 교수는 후대의 교

---

21 '교회사가들은'에서 '교회사가들은'은 '교회사가'로 바꿔야 한다. 왜냐하면 민경배 교수 글 이외에 한국교회사가들의 책에 어디에도 언급된 적이 없기 때문이다.

회사가인 민 교수가 역사적 기록을 가지고 김응조 목사 신사참배를 논증하고 있다고 다음과 같이 말하고 있다:

> 한국기독교 교회사가인 민경배 교수가 정확하고, 실증적인 자료를 갖고 김응조 목사의 신사참배를 언급하였다.[22]

그러나 한국교회사라는 특정 분야와 전문가의 학문적 권위나 사회적 명성에 호소하는 이같은 한 교수의 논리 전개는 역사적 사실의 진위에 상관없이 귀납적인 사료 검증과 해석을 통한 사실 발견으로 얻어지는 논증의 타당성과 결론보다는 단순히 타인의 권위로부터 자신의 논증의 확실성과 객관성을 얻어 내려는 내용 없는 공허한 노력에 불과하다. 한 교수는 민 교수의 권위에 호소하기 전에 연속적이며 객관적인 사료의 제시를 통한 분명한 논증을 해야 한다.

그러나 사실상 민경배 교수도 그의 책 인용 주(註)가 자인하듯이 「每日新報」 1차 자료 인용을 하지 않았고, 임종국 씨의 『친일 문학론』을 인용하는 데 그쳤을 뿐이고, 임종국 씨의 『친일 문학론』도 사료 분석이나, 원 사료의 인용 표기 주(註)처리를 하지 않고 서술되어 있을 뿐이다. 한 교수는 이러한 전이해와 실증적 사료에 입각한 전후 맥락의 비판적 분석없이 그들의 글을 그대로 받아들였을 뿐이다. 이것은 한 교수가 주어진 원사료(source materials)의 신빙성(authenticity)과 확실성(reliability)을 확인하려는, 역사가에 있어서는 가장 중요하고 필수적인 역사 서술의 노력을 등한히 했음을 보여 준다.

---

22  한승홍, "김응조의 신학과 사상(1)", 166.

그리고 2차 사료를 사용함에 있어서도 사료를 분석하고 테스트 하며 관찰하여 결론을 내리기보다는 자신의 주관적 의도나 성향 (bias)에 치우쳐 왜곡되게 사료를 취급하는 잘못을 범하였다. 왜냐하면 한 교수도 인용의 근거로 주(註)란에 더 이상 사료에 입각한 김응조 목사의 신사참배에 대한 논증이 없이 2차 사료적인 민 교수의 글을 인용하는 데만 그쳤기 때문이다.

그러나 분명한 사실은 4월 25일자 「每日新報」에 보면 김응조 목사가 참석한 것은 보이나 신사 참배한 사실은 나타나 있지 않고, 다만 「每日新報」 편집 기자의 주(註)로 "신사참배할 것과"라는 미래형 시제의 글이 보일 뿐이다. 따라서 신사참배의 주장에 대한 분명한 실증적인 직접적 근거는 제시되지 않고 있다.

다음의 사료는 김응조 목사가 신사참배자가 아니었음을 보여 주는 결정적인 중요 내용이다. 당시 성결교단 기관지인 「活泉」 제16권 6호(통권187호, 1938년 6월호)의 41페이지에 보면 다음과 같은 글이 나온다:

> 김응조 목사 사임
> 김응조 목사는 5월 4일부로 사직하였고 금후(今後) 자유 전도의 길에 나서게 된다는데 주(主)의 축복(祝福)이 함께 하시기를 바라나이다.[23]

김응조 목사는 1938년 5월 4일자로 그동안 사역하고 정들었던 성결교회를 미련 없이 떠났다. 이미 김응조 목사는 이 일이 있기 전

---

23 「活泉」, 16권 6호(1938. 5), 41.

인 1938년 신정에 인왕산에 올라 기도하는 중에 신사참배를 거부하고 성결교단을 떠날 것에 대한 다음과 같은 내용의 확고한 다짐을 갖게 되었다:

> 我足을 聖케 하사 邪曲한 世路를 떠나 正義의 聖路만 行케 하옵소서... 내가 땅에 사는 날까지 내 몸에서 主를 第一 높이는 生活이 變치 말게 하시고 나의 家族의 將來와 나의 使命의 向方도 主께 一任하오니 聖旨대로 引導하시고 마즈막으로 나의 生命까지 부탁하오니 죽던지 살던지 處分대로 하옵소서.[24]

김응조 목사가 만일 신사참배를 했다면 왜 성결교회를 기약없이 떠났겠는가? 신사참배를 했다면 그는 다른 성결교 지도자들과 함께 남아 있었을 것이다. 그러나 그는 신사참배를 정치적인 의례로 수용하는 당시의 성결교 지도자들과 합류하고 그 부류에 편승하는 것을 거부하였다.

『나는 기도해서 얻었다』를 보면 김응조 목사는 천장절 행사에 강제로 참석하게 되었지만 식을 마친 후에 남산신궁으로 신사참배를 떠나는 대열에서 극적으로 도망쳐서 위기를 면하게 되었음을 말하고 있다.[25] 또한 천장절에 놀란 뒤에 장차 신사참배를 하고 목회를 해야 할지 아니면 신사참배를 거부하고 교회를 떠날 것인지에 대해 3개월간 고민하며 기도하는 중에 신사참배 무죄론을 주장하는 이명

---

24  靈岩, "主를 찾어 仁王山에", 「活泉」, 제16권 4호(1938), 28.
25  김응조, 『나는 기도해서 얻었다』, 96-97.

직 목사에 대하여 수차례 반대하고, 그 뜻을 불응하다가 마침내 성결교회와 교단을 떠나 홀로 '자유 독립 전도'를 하기로 결심하였다고 말하고 있다.[26]

1938년 김응조 목사의 성결교회 사직 사건은 신사참배는 곧, 우상 숭배라는 인식하에 신앙적 고투 끝에 신사참배를 거부하고, 이런 와중인 1937년에 성결교 수뇌부인 이명직 목사와의 갈등에서부터 진리 편에 서고자 하는 신앙적 결단에서 비롯되었다. 당시 1938년 12월 12일에는 성결교의 대표격이 되는 이명직 목사가 조선 총독부의 안내를 받고 일본에 건너가 이세신궁, 가시하라 신궁을 참배하였다.[27] 당시 성결교의 한국인 교역자를 대표하였고 정치적 실권을 가진 이명직 목사는 「活泉」에 친일에 부합되는 글들을 수편 연재하였다. 분명한 것은 김응조 목사의 글에서 언급하는 '본단체 최고 간부인 모씨'는 이명직 목사이다:

> 내가 꿈에도 신사참배를 떠나서 자유로 전도하겠다고 생각하면 앞에 광명이 비춰고 마음이 기뻐진다. … 차마 판결을 하지 못한 때에 한 사건이 발생했으니, 그것은 본단체 최고 간부인 모씨가 신사참배의 무죄론을 주장하여서 지상에 세 번이나 발표하였다. 그의 주장은 국가 의식이요 우상이 아니라는 뜻이다. 나는 여기에 대하여 수차 반대하였으나 불응하므로 이것으로 나의 노선을 확정하였다. 이 같은 단체에 머리를 맞대고 있을 필요가 없다는 생각이다. 이것이 두번째 내가 주저할 때에 하

---

26  위의 책, 98-99.
27  민경배, 『한국기독교회사』, 438-39.

나님의 지시라고 믿고 단연히 단체와 교회를 떠나서 위로 하나님만 바라보고 홀로 외로운 길을 가겠다고 결심하였다.[28]

김응조 목사는 이명직 목사의 신사참배를 반대하여 성결교회를 떠났다. 김응조 목사는 자신이 1938년 5월 성결교를 떠난 이유를 분명히 두 가지로 말하고 있다:

> 내가 공직에서 떠난 두 가지 이유가 있으니 첫째, 교회의 책임자로 있으면 참배를 면치 못할 것과 둘째, 성결 단체가 다른 단체에 솔선하여 신사참배 무죄론을 주장한 것이 비신앙이라는 점이다.[29]

김응조 목사가 신사참배에 앞장서고, 신사참배 무죄론에 동조했다면 당시 성결교회 수뇌부와 함께 해방 이전까지 성결교회에 남아 공생(共生), 공영(共榮)했을 것이다. 김응조 목사가 1938년 이전에 신사참배에 대해 실절(失節)했다면, 이명직 목사와 신사참배에 대해 다툴 이유가 없었을 것이고, 성결교회를 떠나지도 않았을 것이다. 이 점에 있어서 김응조 목사의 신사참배 문제에 대해 회고하는 성결교회의 원로인 김정호 목사의 분명한 증언은 다음과 같다:

> 김응조 목사는 일제 시대에 시국이 시끄럽고, 복잡했기 때문에 정치적으로 시국에 편승하여 가담하거나 신사참배와 올가미에 걸려들지 않

---

28   김응조, 『나는 기도해서 얻었다』, 99.
29   김응조, 『은총 90년: 영암 김응조 박사의 자서전』(서울: 성광문화사, 1983), 60.

았다. 그는 조용히 부흥 집회와 문서 선교에 치중하였다. 김응조 목사는 절대 신사참배를 하지 않았다.[30]

1938년 5월 8일, 김응조 목사가 성결교를 떠난 지 4일 뒤에 부민관 대강당에서는 서울 거주 일선(日鮮) 교도들의 일치 단결을 도모하는 경성기독교연합회의 발회식이 있었다.[31] '40만 십자 군병들아 다 같이 일어나 총후보국의 보조를 맞추자'는 슬로건 밑에서 결성된 경성기독교 연합회는 기독교의 내선 일체, 황민화 체제의 첫 출발로 그 임역원을 선출하였는데 위원장으로는 단우 청차랑, 부위원장에 한국인으로는 정춘수, 서무위원 김우현, 재무위원에 차재명, 위원에 구자옥, 김종우, 원익상, 장홍범 등이 내정되었고, 평의원은 80여 명의 한국인과 20여 명의 일본인으로 구성되었다. 이같은 조직을 통하여 집단적으로 경성 시내의 각 기독교회가 굴복하자 이 일은 지방교회로까지 확산되기 시작했다. 이 경성기독교연합회에 성결교회 측에서는 이명직, 이건, 박현명, 최석모 4명의 상임이사가 전부 소속되어 있으나, 시국 선언문 참가자 명단에 올랐던 최석모 목사와는 달리 김응조 목사의 명단은 평의원 80명 속에 빠져 있다.

(3) 한 교수의 신사참배 기간 설정 문제와 1938년 이후의 김응조 목사의 삶

한 교수의 역사 서술의 방법에 많은 문제점이 나타난다. 한 교수는 김 목사를 신사참배자로 단정하고, 1938년 이전과 이후 1943년

---

30  김정호 목사 증언(1991년 10월 10일 자택에서)
31  『월간 대화』, 1977년 8월호, 188.

12월 성결교단이 강제 해산당할 때까지 반평생을 치욕의 삶을 살았다고 강변하고 있다. 그러나 김응조 목사에 대한 한 교수의 역사 서술은 사료의 제약을 뛰어넘은 주관적인 추정으로, 객관적 사료에 의하지 않은 일방적인 역사 평가라는 것이 여실히 드러난다.

1938년 전후로 김응조 목사가 열심히 신사참배를 했다고 단정한 한 교수의 진술과는 다르게 '왜 해방 이전에 교회와 손을 끊고 야인 생활[32]을 했는지 그 이유가 분명하지 않다'고 말한다. 그는 자서전에는 이러한 몇 가지 점들이 정확하게 규명되지 않은 채 기술된 곳이 있다고 의아심을 표하고 있다.[33] 여기에 대한 답은 분명하다. 첫째는 한 교수가 김응조 목사가 1938년 5월 4일부로 정식으로 성결교회를 떠난 것을 알지 못했기 때문이고, 둘째는 5월 4일자로 성결교회를 떠나게 된 이유가 바로 신사참배 거부로 말미암아 당시 성결교단 지도부와 충돌과 마찰로 인한 것임을 사료를 통해 접하지 못했거나 접했어도 이미 김응조 목사를 신사참배자로 단정하였기 때문이다. 따라서 한 교수는 사료적 근거 없이 김응조 목사의 신사참배 기간을 1938년 이전부터라고 간주하여 1943년 12월 교단 해산 전까지로 단정하고 있다. 그리고 그는 단지 1944년부터 1945년 8월까지의 약 1년 8개월 기간을 초교파 부흥선교의 전도 집회와 은둔 생활이라는 참회 기간을 가진 것으로 말하고 있다. 이것을 도표로 구체화하면 다음과 같다.

---

32  한 교수는 김응조 목사가 해방되기 1년 전 한 해 동안 산골에 가서 은둔 생활에 가까운 삶을 살았다고 말하고 있다. 한숭홍. "김응조의 신학과 사상(1)", 168.
33  위의 책, 167.

| 단계 | 1단계 | 2단계 | 3단계 | 4단계 |
|---|---|---|---|---|
| 기간 | 1938년 이전 | 38년 이후~43년 | 43년~44년 | 44~45년 8월(1년간) |
| 내용 | 신사참배함 | 신사참배 열심히 함 | 초교파 전도 집회 | 참회와 은둔 생활 |

이 같은 내용은 한 교수의 다음 글이 입증해 준다:

1·2 단계 : "이미 그는 성결교단의 대표자로서 1938년 4월 25일 각 교단 대표들과 함께 결의를 거쳐 선언문을 적극적으로 발표할 정도로 그 이전부터 열심히 신사참배했음을 증명하고 있는 것이다."[34]

3단계: "1943년 12월에 성결교는 강제 해체되었다. 이후로 김응조 목사는 교파가 없어졌기 때문에 초교파로 부흥 설교를 하며, 그를 부르는 곳에 가서 전도 집회를 하면서 일제 말기를 보냈다."[35]

4단계: "해방되기 1년 전 한 해 동안 그는 산골에 가서 은둔 생활과 가까운 삶을 살았다."[36]

그러나 이러한 한 교수의 역사서술 방법과 그 내용은 사실과 다르다. 김응조 목사는 1938년 5월 4일 교단을 떠난 뒤에 1946년에 다시 성결교회로 귀환했다. 따라서 한 교수의 주장대로 김응조 목사는 1943년 교단 해산과 함께 성결교회를 떠나지 않고, 1938년 5월

---

34 한숭홍, "김응조의 신학과 사상(1)", 167.
35 같은 글, 168.
36 같은 글.

에 떠난 이후부터 초교파 부흥 설교와 문서 선교에 주력하였다.

　김응조 목사는 1938년 5월 성결교회를 떠나 초교파적으로 독립적인 부흥 전도집회를 가졌고, 「기독신보」와 같은 「생명지광」이라는 신문을 제작하여 간접 선교에 힘쓰게 되었다.[37] 그는 「생명지광(生命之光)」[38]을 간행하면서 이 겨레 3천만 민족을 상징하는 의미에서 3천부씩 발행하여 국내와 만주, 일본 등에 배포하여 「생명지광」 문자 그대로 일제라는 흑암의 권세 아래 신음하는 이 민족과 성도들에게 생명의 빛을 발하게 하여 환난 중에 소망과 위로를 주었다.[39] 「생명지광」은 최고 5천부가 발행되는 등 큰 호응 속에 4년간 계속되다가 일제의 탄압으로 발간이 중지되었다.

　다음의 통계는 김응조 목사가 1926년부터 1968년까지 순회 부흥 집회를 한 횟수를 보여주는데, 1938년부터 해방 이전까지의 통계를 볼 수 없는 한계가 있지만 장로교 136회, 감리교 54회 등 성결교를 제외한 장. 감의 집회를 통해 그의 부흥 집회를 미루어 짐작해 볼 수 있다. 김응조 목사는 1945년 해방 이후에도 지방 각지로 순회하면서 부흥 집회를 인도하였다.[40]

---

37　김정호 목사(성결교회 증경 총회장, 89세)는 김응조 목사가 부흥 집회를 인도하면서도 시간이 틈틈이 나는 대로 원고지를 꺼내 원고를 쓰는 것을 목격하였다고 증언하고 있다.
38　잡지가 아닌 신문을 말하는데 체제는 4페이지로 「기독신보」와 같은 판이다. 김응조, 『나는 기도해서 얻었다』, 106.
39　「생명지광」의 내용은 김응조 목사의 설교문과 성경 해석, 강의, 성도들의 근황을 기록하고 있다. 김응조 목사 장남인 김장희 씨의 증언(1991. 10. 14).
40　「活泉」, 제20권 2호(1948. 6), 40.

김응조 목사의 순회 부흥 집회 통계(횟수) (1926~1968년)[41]

| | 성결교 | 장로교 | 감리교 | 합계 |
|---|---|---|---|---|
| 만주 | 11 | 3 | 5 | 19 |
| 함북 | 24 | 10 | | 34 |
| 함남 | 29 | 4 | | 33 |
| 평남북 | 5 | | 2 (기타 1) | 8 |
| 황해도 | 5 | 3 | | 8 |
| 경기도 | 32 | 3 | 11 | 46 |
| 서울 | 38 | 32 | 26 | 96 |
| 강원도 | 15 | 2 | 2 | 19 |
| 충북 | 16 | 1 | 2 | 19 |
| 충남 | 42 | 1 | 5 | 48 |
| 전북 | 17 | 8 | | 25 |
| 전남 | 17 | 3 | | 20 |
| 경북 | 19 | 49 | | 68 |
| 경남 | 30 | 17 | | 47 |
| 합계 | 290 | 136 | 54 | 480 |

김응조 목사는 1946년 7월부터 「활천」에 원고 기고할 것을 약속하는 것을 계기로 하여 다시 성결교회로 돌아오게 되었다:

> 김응조 목사께서도 차호(次號)부터는 옥고(玉稿)를 주시기로 하였습니다.[42]

만일 김응조 목사의 기도의 내용대로 그가 실절(失節)하였다면 무슨 염치와 무슨 면목으로 강단에서 신자를 대하고 하나님께 기도하

---

41 김응조, 『황야의 과객』 (서울: 성청사, 1968), 324~30. 필자가 임의로 통계 처리하여 다시 정리했음.
42 앞의 책.

였겠는가? (이명직 목사는 해방 이후 공직을 떠나는 회개와 자숙의 태도를 보였다.) 그는 1938년부터 1946년까지 8년간을 생활고의 위협에도 불구하고 신사참배 쪽으로 기울어진 교단을 떠나 신앙의 절개를 지키며 독립 전도와 교파를 망라한 부흥 집회를 인도하였다. 김응조 목사는 해방 기념호인 「활천」 20권 3호에 "무화과나무의 비유를 배우라"는 글을 의미깊게 기고하면서 성결교로 복귀하였다:

> 신부여 머리를 들고 우를 쳐다보라. 우리의 구속이 짓터오고 눈을 들어 나를 보라. 재란의 시작이 급급하고, 고개를 돌여 교회를 보라. 모든 처녀가 잠을 잔다. 가슴에 손을 얹고 너를 생각하라. 과연 정결한 동정녀로서 그리스도께 드릴 수 있을까? 그러므로 깰지어다. 저 무화과를 보고.[43]

윗글에서 보이듯 신앙의 절개를 지키고 신사참배의 시험을 이긴 그는 그리스도의 신부인 교회가 세상과 타협하는 영적 간음을 거부하고 신랑되신 그리스도의 정결한 동정녀가 되어야 할 것을 강조하였다. 그는 곧 경성신학교에서 전임 교수로 초빙을 받아 취임하였다. 다음은 1946년 8월 15일에 발행된 『활천』의 소식란의 일부이다:

### 경성신학교의 신진용(京城神學校 新陳容)

작년 11월에 오직 믿음으로 개교한 이래 만란을 돌파하고 나가는중 주의 손이 늘 가치하셔서 현재는 50~60명 유수한 학생들 이 공부하는

---

43 「活泉」, 제20권 3호, 29.

중인데 오는 9월 새학기에는 모든 기구와 교수 진용을 일층 새롭게 하야 이명직 목사께서는 명예 교장이 되시고 최석모 목사께서는 실임(?) 자가 되시고 김응조 목사께서는 전임 교수로 취임하셨으며 변홍규(卞鴻圭) 박사께서는 강사로 성경 원서를 담당하셨다는데 그 외에도 유력한 강사들을 초빙할 계획이라더라.[44]

이로써 김응조 목사는 1938년 5월에 성결교회를 떠난 지 8년 만에 독립 부흥집회와 문서 선교를 하다가 다시 돌아오게 되었다.

한 교수가 한 가지 또 궁금하게 여기는 것이 있다. 김응조 목사 생전에 1966년 임종국 씨의 글이나 1982년 민경배 교수의 글이 책으로 발표되었을 때 왜 반박을 하거나 논문을 통해 자기 변명을 하지 않았는가? 하는 점이다. 그러나 한 교수는 이러한 의문에 앞서 김응조 목사가 임종국 씨의 글이 나온 후 2년이 지난 1968년에 『황야의 과객』(부록: 은총 60년 자서전, 120페이지 분량)과 이것을 1971년에 좀더 자세히 기록한 본격적인 자서전인 『나는 기도해서 얻었다』가 출간되고, 1983년 다시 『은총 90년』이라는 책을 통하여 김 목사 자신이 신사참배에 대해 분명한 언급을 했던 점에 대하여 간과(看過)하고 있다.

굳이 한 교수의 논지에 맞추자면 그간에 김응조 목사나 후학들이 이에 대한 반박문이나 논문을 발표하지 않은 잘못(?)이 있었는지는 모르나 김응조 목사는 무방비적으로 역사적 기록에 묵묵히 수용한 것이 아니라 이들의 글이 나온 후나 이미 그 이전에 죽어도 신사참

---

44 위의 책.

배를 하지 못하겠다고 신사참배를 거부하고, 이에 대한 자신의 입장을 그의 글을 통해 분명히 천명하였다.

더구나 한 교수가 3·1 운동과 관련된 김응조 목사의 행적을 정리해서 알겠지만 그는 1919년 3월 1일, 고종의 인산일인 3월 3일을 기해 전국 방방곡곡에서 거족적으로 3·1운동이 일어날 때 미리 33인 민족 대표와 접속하여 만세운동을 고창하기로 계획하고, 실행에 옮긴 민족주의자였다. 그는 경성 시내 전문학교급인 연희전문, 보성전문, 감리회신학교 학생들과 더불어 경성성서학원의 참석자의 대표 20명과 함께 3월 1일 오전 8시 서울역에 집결하여 불란서 영사관까지 돌진하며 대한독립만세를 고창하였다.

그는 3·1 운동 이후 학교가 임시 휴교에 들어가자 고향 영덕에 독립선언서를 휴대하고 귀향하여 독립만세운동을 주도하려다가 미리 대기한 형사들에 의해 병곡지서에 구금되고, 대구 법정에서 4년 구형에 1년 6개월 실형이 선고되어 옥고(獄苦)를 치르고 나왔다. 이 일 이후에 대한민국 정부로부터 인정을 받아 1977년에 독립유공자 표창을 받았으니 이런 독립운동자가 어찌 신사참배의 오욕의 삶을 살았겠는가? 다음의 글은 『대한민국 독립운동사 광복 39년사』에 김응조 목사에 대해 기록된 글이다:

(김응조 선생) : 경북 영덕 1986. 1. 26~3.1 운동 표창
　　선생은 1919년 3월 1일 서울 파고다공원에서 독립 선언식이 거행될 때 서울 시내 4개 전문학교 학생을 선동, 독립 만세 운동에 참가하도록 하여 당일 오전 8시에 태극기를 흔들면서 서울역에서 파고다 공원으로 출발하였다. 남대문에서 일경과 충돌하게 되어 염천교로 빠져나와 다시

시민들과 합세하여 독립 만세 운동을 계속하였다. 선생은 학교가 휴교하였으므로 고향인 영덕으로 내려가서 서울에서의 3·1 운동을 설명하고 동년 3월 19일 독립 선언문과 태극기를 만들어 군중을 동원하여 독립만세를 주도하였다. 선생은 출동한 일군 수비대에 의해 체포되어 징역 1년 6개월을 언도받아 복역하였다. (경기도 안양시 안양동 474-24).[45]

김응조 목사는 누구보다도 이 민족과 나라를 사랑한 경천(敬天), 애국(愛國), 애인(愛人)의 사람이었다:

> 인생의 의무를 셋으로 나누면 1. 하나님 사랑 2. 나라 사랑 3. 영혼(사람) 사랑이라 할 수 있다. 이 세 가지를 떠나서 인간의 의무를 다했다 할 수 없다. … 중략 … 하나님이 정해 주신 나라를 보존하지 못하고 잃어버린 것은 나라를 사랑치 못한 민족적 죄악이라 할 수 있다. 우리가 사는 집을 개인의 집이라고 한다면 나라는 국민의 큰 집이라 할 수 있다. 제 집을 잃은 자의 서러움과 나라를 잃은 민족의 서러움이 다름이 없을 것이다. 이것은 과거 36년 동안 망국의 서러움과 근자에 일어난 월남인들의 서러움이 말없이 증명하고 있지 않은가. 그들이나 우리나 슬픔의 원인은 나라를 사랑치 못한 까닭이라 할 수 있다. 본인은 일제 때에 망국의 서러움을 너무나 뼈저리게 당한 때문인지 80 평생에 애국애족의 정신에 살아왔다고 생각한다.[46]

---

45 광복 39년사 편찬위원회 편, 『대한민국 독립 운동사 : 광복 39년사』(서울: 동아도서, 1987), 499.
46 김응조, "우리가 주장하는 삼애주의(三愛主義)", 『성결신학보』, 1980년 4월 3일자, 1면.

## 닫는 글

96세를 향수한 김응조 목사는 한평생 나라와 민족을 배반함 없이 뜨거운 사랑을 가지고 살아간 애국자요, 절개를 지킨 지조(志操) 있는 신앙인이었다.

한숭홍 교수가 스스로 "김응조의 신학과 사상(1)"에서 말한 것과 같이 영암 김응조 박사는 성결교단의 큰 사람 가운데 한 사람으로 평가받는 인물인 동시에 철저히 보수주의 신학을 주장하면서도 교파주의에 빠지기를 거부한, 지나간 한국교회 백년사에 있어서 한 획을 긋는 탁월한 복음주의 신학자였다.[47] 그는 서구 신학을 무비판적으로 이 땅에 이식시키는 신학 놀음이나 신학의 이념을 사회 이념의 도구화로 사용하는 것을 지양하고, 오로지 순수한 복음(四重福音)만을 강조하고, 학문적으로 체계화시킨 신학자였다.

96세, 그의 인생 여정이 말하듯이 역사의 소용돌이가 치는 격랑의 한 세기에 복음을 진지하게 믿고, 삼천리 강산 뿐만 아니라 만주와 일본에 이르기까지 그것을 전하며, 교회와 민족을 열렬히 사랑한 신앙인이었다. 그러나 한 교수는 임종국의 『친일 문학론』과 이를 재인용한 민경배 교수의 글 등 단일 자료에 근거하여 김응조 목사의 진실된 신앙의 모습을 왜곡시켰다. 역사 서술은 역사적 자료에 입각한 접근을 통해 실증적이며 비판적인 분석에서 나온 객관적 해석이어야 한다. 한 교수가 언제라도 김응조 목사에 대한 신사참배 유증에 대한 분명한 직접적 사료를 제시한다면, 이에 대해 필자는 받아

---

47    한숭홍, "김응조의 신학과 사상(1)", 159.

들일 용의가 있음을 밝혀 둔다.

중언(重言)하지만 실증사적인 사료 전거와 이에 대한 바른 분석과 이해 없이는 역사는 한 줄도 쓰지 못한다. 왜냐하면 역사는 발(史料)로 쓰는 것이고, 있었던 그대로의 사실(史實)이지 역사가의 편향된 주관적 선입견으로부터 주장된 사실(私實)이 아니기 때문이다.

[「현대종교」(1991년 12월호)]

## 필자 후기(後記)

1. 이 글은 필자가 1991년 9월에 『목회와 신학』 통권 27권에 기고한 한숭홍 교수의 논문을 10월에 접하고, 3주에 걸쳐 이에 대한 반박 논문을 완성하여 『현대종교』(1991년 12월호)에 특집으로 발표한 글이다.

2. 이후 한숭홍 교수가 『한국신학사상의 흐름』을 출판함으로 이에 대응하여 필자가 1997년 『성결교회와 역사연구(1)』 책으로 이레서원에서 출판하였다.

3. 1997년 김응조 목사에 대한 신사참배 친일의혹 제보로 의해 국가보훈처가 개입하였고, 국가보훈처의 '국가유공자 김응조 목사 친일 의혹'(보훈처 문서번호: 35850-520) 조사가 이루어졌다. 국가보훈처로부터 의뢰받은 한국기독교역사연구소(소장 이만열 박사, 국사편찬위원장)의 두 교수에 대한 쌍방의 논문과 주장들에 대해 엄밀한 다각적 검증을 통해서 최종적으로 김응조 목사의 친일의혹에 대한 "신사참배를 인정할 수 없음"의 의견으로 종결되었다. (이후 국민일보를 비롯한 교계신문 매체에 이 결과가 기사로 보도됨.)

4. 2001년 김응조 목사 소천 10주기를 기념으로 성결교회와 역사연구소(소장 정상운)에서 그동안 7년간 논쟁한 글들을 모두 모아 『영암 김응조 목사와 신사참배』(저자, 정상운)를 성결교회와 역사연구소/도서출판 이레서원을 통해 출간하였다.

# '독립 유공자 김응조 목사 친일 의혹'에 대한
# 한국기독교역사연구소의 의견

(제목: 보훈처 의견 조회에 대한 회신)

귀 기관에서 문서번호 자료 35850-520(1997. 8. 7)로 조회하신 '독립유공자 김응조 목사 친일 의혹'에 대해서 보내 주신 자료를 면밀히 검토하고 우리 연구소에서 여타 자료를 조사한 결과 다음과 같이 우리 연구소의 의견을 제출합니다.

1. 우선 우리 연구소는 교파와 교단을 초월하여 한국 기독교의 역사를 객관적으로 연구하는 기관으로서, 일제 강점기에 자의든 타의든 간에 기독교인이 저지른 친일적 과오에 대해서 숨기거나 감추어서는 안 되며 오히려 이를 밝혀내서 반성해야 한다는 입장을 가지고 있음을 밝힙니다(이러한 입장은 우리 연구소에서 지은 『한국기독교의 역사 II』, 기독교문사, 1990, 제9장 3절 "기독교의 훼절" 참조).

2. 조회하신 문제와 관련하여, 1938년 4월 25일 오후 1시 서대문 경찰서 2층에서 열린 이른바 '시국 인식 좌담회'에 당시 그 경찰서 부근의 독립문 성결교회에서 목사로 시무하던 김응조 목사가 참

석했으며, 이 회합에서 참석자들의 이름으로 친일적인 '선언서'를 발표한 것은 역사적 사실입니다(일제 기관지 『매일신보』 1938년 4월 27일자 3면, "銃後報國을 宣言, 京城의 敎役者가 會合").

3. 그러나 그 서대문 경찰서 회합은 당시 아래와 같은 여러 가지 객관적 정황을 고려할 때 참석자들의 자발적인 회합이 아니라 일제 경찰 당국이 의도적으로 계획하고 강제한 회합이며, 이른바 '선언서'라는 것도 참석자들의 의사와는 상관없이 일방적으로 제안하여 발표한 것으로 보입니다. 일제는 1937년 7월 7일 중일전쟁을 일으켜 이 전쟁이 장기화되자, 식민지인들의 협력을 얻고자 각종 관제 운동과 행사를 강요해 왔습니다. 특히 그 가운데 민족정신을 말살하고자 강요한 신사 참배에 기독교계가 신앙의 자유와 우상숭배불가론을 들어 강력히 반발하자, 이러한 반발이 다른 관제 정신동원운동에 영향을 미칠 것을 우려한 일제는 기독교에 대해서 강력한 태도를 보였습니다. 특히 1938년 2월에는 기독교에 대한 '지도 대책'이라는 것을 세워 일제 경찰들을 동원하여 신사 참배를 강요하고 기독교에 대한 탄압을 강화했습니다(조선 총독부 경무국, 『最近に於ける朝鮮治安 狀況』(1938), 390-391쪽; 『동아일보』 1938년 5월 6일자, "新義州署 繼續活動, 三一敎會 牧師 檢擧, 牧師事件 益擴大"). 더욱이 이 사건이 일어나기 직전인 1938년 4월 1일 총독부 관제 기관인 조선중앙정보위원회는 국민정신 총동원 주간을 정하고 (『조선감리회보』 1938년 4월 16일자) 1938년 4월 9일에는 총독부 정무총감이 총독부 산하 각 기관장들에게 "官通牒 제11호, 國民精神總動員 銃後報國强調週間 實施 에 關する件"(총독부 기관지 『朝鮮』 1938년

5월호, 120-121쪽)을 보내 그 해 4월 26일에서 5월 2일까지 한 주간을 '강조 주간'으로 지정하여 적극적인 행사를 독려하였습니다. 이에 따라 각급 기관에서도 기관장 대책회의를 하는가 하면 관련된 기관의 인사들을 관청으로 불러서 대책을 마련하도록 종용했습니다(『동아일보』 1938년 4월 18일자, "총후보국주간예배"). 경찰서에서 교회 목사들을 경찰서로 불러 이러한 행사를 강요한 예도 많았습니다(예를 들면 『매일신보』 1938년 4월 28일자, "敎役者 座談會 開催코 時局認識을 强調, 春川署의 斡旋 奏效").

따라서 서대문 경찰서에서 가진 그 행사도 상부의 지시에 부응하고 서대문 경찰서의 실적을 올리기 위해서 그 관할 지역에 있는 기독교 지도자들을(참석자들은 대부분 서대문 경찰서 관할 지역에서 사역하는 사람들임) 모아 놓고 이러한 상황을 설명하고 '성명서'를 강요한 것이라고 보여집니다(앞서 제시한 「매일신보」 4월 27일자 참조). 따라서 김응조 목사가 여기에 참석하여 참석자 이름에 들어 있다는 이유만으로는 일제에 협력하였다고 단정하기 어렵다고 봅니다.

4. 김응조 목사는 그 후 어떠한 친일적 단체나 순회 강연자, 성명서의 명단에도 들어 있지 않으며(예를 들면 1938년 5월 8일에 조직된 조선기독교연합회나 1940년 10월 8일에 조직된 국민정신 총동원 성결교회연맹 등에 이름이 없음), 더욱이 신사참배 문제 때문에 1938년 5월 4일부로 교회를 사직하고 "금후 자유 전도의 길"에 나선다고 공표하고 있습니다(성결교 기관지 『활천』 1938년 6월호, 41쪽). 따라서 그가 이러한 사건에 직접 휘말려 고민한 기간은 1938년 4월 25일부터 5월 4일까지의 10일간으로 볼 수 있는데, 이 기간에 그가 자의적으로 어떤 친일적인

행위를 했다고는 인정할 수 없습니다.

5. 결론적으로, 지금까지 드러난 자료만으로는 김응조 목사가 어떤 친일적인 행위를 했다고 인정할 수 없습니다.

그가 신사참배를 했는지의 여부는 귀 기관에서 보내 주신 정상운 교수의 논문에 소상히 밝혀져 있으나, 설령 그가 신사참배를 일시적으로 했다고 하더라도 일제의 강요에 의해서 자신의 의사에 반해서 한 신사참배나 자신의 의사와는 상관없이 참석자 명단에 올린 '성명서'는 친일 행위와는 구별하여 보아야 할 것으로 생각됩니다.

이상 우리 연구소의 의견을 밝힙니다. 끝.

사단법인 한국기독교역사연구소

부록 8

# 한국성결교회 100주년의 역사적 의의[1]

이 땅에 사중복음 전파를 목적으로 정빈과 김상준 두 전도자의 자생적 개척에 의해 시작된 한국성결교회가 하나님의 은총 가운데 올해로 100주년을 맞이하게 되었습니다. 한국교회의 3대 주요 교단 가운데 하나로 우뚝 서기까지 성장과 부흥을 지속적으로 경험한 오늘날 한국성결교회의 자랑스런 모습은 전적으로 하나님의 은총과 사랑의 결과입니다.

지난 한 세기 동안 한국성결교회는 하나님의 영광을 드러내기 위해 눈물과 수고의 길을 걸어왔지만, 한편으로는 하나님과 역사 앞에 부끄러운 모습을 보였던 과거가 있었음을 고백하지 않을 수 없습니다.

돌이켜보면, 일제 말 신사 망령 앞에 비록 교단적 결의는 하지 않았다 해도, 생명을 걸고 거부하지 못한 채 부일행각에 동조하였습니

---

[1] 정상운, "한국성결교회 100주년의 역사적 의의". (2007. 05. 20) 예성백주년기념대회 팜플렛.

다. 곁길로 들어선 형제를 끝까지 인내하지 못하고, 교권주의의 유혹을 뿌리치지 못하여 한 형제가 둘로 갈라섰고, 군사정권 아래 자행된 반민주화의 행태들에 대해서도 역사의 책임적 주체로서 바른 목소리를 내지 못하였습니다.

오늘 한국성결교회는 100년을 마감하고 새로운 100년을 시작하는 역사적인 자리에 섰습니다. 이 자리에서 우리는 하나님의 은총에 감사하기 위해 엎드리면서, 먼저 과거의 잘못된 일들을 하나님 앞에 고백하고 참회합니다. 하나님께서는 우리의 얼룩진 과거를 던져버리시고, 미래를 향해 힘차게 전진하도록 도우실 것입니다.

오늘날 우리는 21세기 변화의 중심에 서 있습니다. 따라서 수구적이며 답보적인 자세를 버리고 선교 지향적 사중복음의 내연(內燃)을 현시대 속에서 민족적, 사회적, 문화적 외연(外延)을 통해 자기표현과 실현으로 구체화시켜 나가야 할 것입니다.

한국성결교회는 한국인의 자생적 개척에 의해 세워진 교단으로서 민족적 긍지를 갖고, 사중복음의 신학화, 문학화, 생활화를 통해 성결교단 신학과 신앙전통을 수립해야 합니다. 또한 세속주의와 배금주의를 청산하는 '성결성 회복운동'을 통하여 성결교회로서의 자리매김을 분명히 함으로써 이 땅에 하나님의 형상을 회복하고, 하나님 나라를 확장하는 소망스런 교단으로 거듭나야 할 것입니다. 그리고 우리는 형제교단과 한국교회와의 연합과 협력을 통해 민족복음화의 극대화를 꾀하고, 양성평등과 환경의 보존과 치유를 도모할 뿐만 아니라 남북의 민족통일과 평화를 정착시키는 일에 앞장서야 할 것입니다. 또한 초기 정체성을 구현하기 위해 동아시아를 넘어 세계로까지 선교하는 교단으로서, 전 세계로 흩어진 디아스포라 한인교회와 네트워킹을 통해 주님 오시는 날까지 중생, 성결, 신유, 재림의 복음을 전파함으로써 한국교회와 세계 교회를 주도해 나가야 할 것입니다.

한국성결교회는 지난 100년 동안의 성과를 바탕으로 오늘에 이어서 장래에 이르기까지 하나님과 세계, 그리고 이 민족과 한국교회 앞에 역동적으로 일하는 교단으로서, 미래의 새 역사를 열어가는, 작지만 큰 일을 하는 영광스럽고 자랑스런 교단이 되어야 할 것입니다.

"100년 한국성결교회! 성결교회는 이 세상의 기쁨과 소망입니다."

성결교회와 역사연구소 소장·성결대학교 총장
정상운 목사

부록 9

# 예수교대한성결교회 100주년 선언문

　오늘 우리는 이 땅에 사중복음을 전파한지 100주년을 맞이하여 하나님께 영광을 돌리고 앞으로 100년 새로운 시대에 성결교인의 사명을 다짐하기 위하여 여기에 모였다. 우리는 일제의 박해와 6.25 전쟁, 그리고 분단의 역사 속에서도 거룩한 순교의 전통을 이어가며 성경적 신앙전통인 사중복음을 이 땅에 전파하여 우리의 민족과 역사에 사랑의 수고를 다하여 왔음을 자부한다.

　그러나 과연 우리는 성결교인의 사명을 다하여 왔는가? 우리도 교파의 분열과 반목에서 자유롭지 못하였으며 때로는 불의한 권세 앞에서 침묵하였고 죄악으로 어두워져가는 이 시대에 성결의 빛을 온전히 발하지 못하였음을 통렬히 회개한다. 무엇보다 성결은 온전한 사랑인 바 우리가 서로 사랑하지 못하고 서로에게 상처를 주고받았던 과거의 부끄러움을 진심으로 고백한다. 그러나 그럼에도 불구하고 우리는 이 모든 죄에서 우리를 용서하시고 회복시키시는 하나님의 속죄의 은총을 믿는다. 이제 우리 성결교인은 지나온 100년을 감사와 회개로 마감하고 이제 영광스런 100년의 미래를 향하여 힘차게 전진하고자 한다. 이를 위하여 우리의 자랑스런 사중복음의 유산을 새 시대에 새롭게 적용함으로서 우리의 정체성을 회복하여야 할 것이다.

중생, 우리는 십자가의 대속과 부활을 통한 중생의 복음을 선포하는 것은 우리시대의 가장 긴급한 사역임을 확인한다.

성결, 우리는 이 시대의 모든 인본주적이고 세속적인 신학과 삶을 거절하고 오직 성령충만한 성결한 삶을 회복하고자 한다.

신유, 우리는 피조물의 고통을 초래한 모든 형태의 인간의 죄와 탐욕을 회개하고 오직 성령의 능력에 의존하여 인간과 자연을 포함한 모든 피조세계를 치유해 나갈 것이다.

재림, 우리는 이 땅에 하나님 나라의 온전한 도래를 고대하면서 온갖 비진리와 불의에 대항하며 다시 오실 그리스도의 주되심을 선포할 것이다.

오늘 우리는 100주년을 맞이하는 이 자리에서 성결성회복과 복음전도 운동으로 우리의 정체성을 회복하고, 그리스도의 온전한 사랑인 성결의 복음으로 우리 안에 있는 온갖 갈등과 반목을 극복하고 예수교대한성결교회의 평화와 화합과 일치를 선언한다.

나아가 2020년 300교회 100만 성도 전도운동의 시작을 선언한다. 나아가 북한과 아시아와 전 세계에 선교한국의 네트워크를 구축하여 성결교회 세계화의 기반을 세울 것을 선언한다.

이제 우리는 앞으로 100년의 역사 속에서도 주님의 영광스러운 재림을 고대하며 살아갈 성결교인으로서 이 '온전한 구원'의 복음을 전파하여 21세기 교회사의 새로운 장을 열어나갈 것임을 온 교회와 사회 앞에 엄숙히 선언하는 바이다.

주후 2007년 5월 20일<br>
예수교대한성결교회 교역자와 성도일동

# 정상운(鄭祥雲)

### 학력

성결대학교 신학대학 신학과
한양대학교 철학교육 전공 석사, 한국사 전공 문학박사(Litt. D) 과정 수료
침례신학대학교 역사신학 전공 신학석사, 철학박사(Ph. D)
Moldova Free International University 명예 인문학박사(Doctor Honoris Causa)

### 주요 경력

**현재**

성결대학교 신학과 교수(1987년 - 2023년 현)
성결교회와 역사연구소 소장
한국기독교한림원 원장
한국대학기독총장포럼(KUCPK) 회장
한국신학회 회장
대한민국기독교원로의회 실행섬김이(공동회장)
Vietnam Hongbang International University 명예총장
한국성결교회연합회 연구위원장
예수교대한성결교회 신학연구위원장
문준경전도사 순교기념관 특별학술위원장

과거

성결대학교 총장(제5-6대)

성결대학교 신학대 학장, 교목실장, 신학대학원장, 선교대학원장, 목회대학원장 등

성결신학연구소 소장

영암신학연구소 소장

Yale University 연구교수(Research Scholar)

Washington Baptist University 객원교수

한국복음주의역사신학회 회장(2-3대)

한국복음주의 신학대학협의회 회장

한국신학대학총장협의회(대교협) 부회장

전국기독교 대학원장협의회 회장

한국성결신학회 회장

한국성결교회와 문학연구회 회장

한국성결교회연합회 신학분과위원장

한국성결교회 백년사 집필위원장

2005세계한인신학자대회 대회장

2007포럼 공동회장

라이즈업 코리아(사) 대표회장

저서

『새벽을 깨우는 사람들: 인물로 본 성결교회사』(1995, 은성), 『교회사의 사람들』(1995, 이레서원), 『성결교회사』(1997, 은성), 『성결교회와 역사 연구(Ⅰ)』(1997, 이레서원), 『성결교회와 역사 연구(Ⅱ)』(1999, 이레서원), 『영암 김응조 목사와 신사 참배』(2001, 이레서원), 『성결교회와 역사 연구(Ⅲ)』(2001, 한국복음문서간행회), 『성결교회와 역사 연구(Ⅳ)』(2002, 한국복음문서간행회), 『성결교회역사총론』(2004, 한국성결신학회/성결교회와 역사연구소/한국복음문서간행회), 『성결교회와 역사 연구(Ⅴ)』(2004, 한국복음문서간행회), 『사중복음』(2005, 성결교회와 역사연구소), 『사중복음』 개정판(2010, 성결교회와 역사연구소), The Fourfold Gospel (Institute of the Korean Sungkyul Church and History, 2010), 『성결

교회역사총론』 개정판(2012, 성결교회와 역사연구소),『쉽게 풀어 쓴 한국교회사』(2016, 소망플러스),『한국성결교회 백년사』(2019, 성결교회와 역사연구소/킹덤북스),『겸손과 온유의 목회자, 곽재근 목사』(2021, 대한예수교장로회(합동한신)/킹덤북스),『성결교회와 역사 연구(6)』(2023, 성결교회와 역사연구소/ 킹덤북스),『한국성결교회와 역사』(2023, 성결교회와 역사연구소/ 킹덤북스),『한국성결교회와 사중복음』(2023, 성결교회와 역사연구소/ 킹덤북스)


공저
『성결교회와 세대주의』(1999, 성결대학교 출판부),『새천년과 한국성결교회』(1999, 성결교회와 역사연구소/바울서신),『알기쉬운 교회사』(2000, 이레서원),『영암의 신학 사상』(2001, 성결교회와 역사연구소/바울서신),『신유』(2002, 바울서신),『이명직 김응초 목사 생애와 신학 사상』(2002, 한국성결교회연합회 신학분과위원회/ 바울서신),『알기 쉬운 세계 교회인물사』(2002, 성결대학교 출판부),『성결의 기수』(2002, 성결대학교 출판부),『유아 세례 다시 보기』(2004, 성결교회와 역사연구소/바울서신),『사중복음 연구』(2005, 성결교회와 역사연구소/연음사),『성결교회인물전 1집』(1989, 일정사),『성결교회인물전 2집』(1992, 일정사),『성결교회인물전 3집』(1995, 도서출판 성지),『성결교회인물전 4집』(2000, 두루),『성결교회인물전 5집』(2001, 두루),『성결교회인물전 6집』(2003, 두루),『성결교회인물전 7집』(2004, 두루),『성결교회인물전 8집』(2005, 두루),『성결교회인물전 9집』(2005, 두루),『성결교회인물전 10집』(2006, 두루),『성결교회인물전 11집』(2006, 두루),『우리 세대 미래가 있는가: 이 시대 대학 총장에게 길을 묻다』(2019, 대학총장포럼/ 킹덤북스),『천주교는 개신교와 무엇이 다른가』(2019, 한국신학회/킹덤북스) 외 다수의 논문.